Das Recht
selbstbestimmter Baugestaltung

Europäische Hochschulschriften
Publications Universitaires Européennes
European University Studies

Reihe II
Rechtswissenschaft

Série II Series II
Droit
Law

Bd./Vol. 3268

PETER LANG
Frankfurt am Main · Berlin · Bern · Bruxelles · New York · Oxford · Wien

Nancy Kapell

Das Recht selbstbestimmter Baugestaltung

Verfassungsrechtliche Grenzen ästhetischer Anforderungen an bauliche Anlagen

PETER LANG
Europäischer Verlag der Wissenschaften

Die Deutsche Bibliothek - CIP-Einheitsaufnahme

Kapell, Nancy:

Das Recht selbstbestimmter Baugestaltung : verfassungsrechtliche Grenzen ästhetischer Anforderungen an bauliche Anlagen / Nancy Kapell. - Frankfurt am Main ; Berlin ; Bern ; Bruxelles ; New York ; Oxford ; Wien : Lang, 2002

(Europäische Hochschulschriften : Reihe 2, Rechtswissenschaft ; Bd. 3268)
Zugl.: Bielefeld, Univ., Diss., 2001
ISBN 3-631-38460-2

D 361
ISSN 0531-7312
ISBN 3-631-38460-2

www.peterlang.de

„Ein Mann in einem Mietshaus muß die Möglichkeit haben, sich aus seinem Fenster zu beugen und - so weit seine Hände reichen - das Mauerwerk abzukratzen. Und es muß ihm gestattet sein, mit einem langen Pinsel - so weit er reichen kann - alles rosa zu bemalen, so daß man von weitem, von der Straße, sehen kann: dort wohnt ein Mensch, der sich von seinen Nachbarn unterscheidet (...)“

Hundertwasser (1958)

„Sag mir, der du so empfänglich bist für die Wirkung der Architektur, hast du nicht beobachtet, wenn du dich in der Stadt ergingst, daß unter den Bauwerken, die sie ausmachen, einige stumm sind, andere reden, und noch andere schließlich, und das sind die seltensten, singen sogar?“

Phaidros zu Sokrates

Vorwort

Die vorliegende Arbeit wurde im Mai 2001 von der Fakultät für Rechtswissenschaften der Universität Bielefeld als Dissertation angenommen. Das Erstgutachten wurde von Frau Prof. Dr. Lübbe-Wolff, das Zweitgutachten von Herrn Prof. Dr. Wieland erstellt.

Von der ursprünglichen Idee bis zur vorliegenden Arbeit vergingen zweieinhalb intensive und spannende Jahre. Ohne die ermutigende Begleitung vieler Menschen hätte ich kaum alle Herausforderungen meistern können.

Mein Idealbild von einem Wissenschaftler wird immer geprägt sein von Frau Prof. Dr. Gertrude Lübbe-Wolff, an deren Lehrstuhl ich viereinhalb Jahre zunächst als studentische, dann als wissenschaftliche Mitarbeiterin und Doktorandin tätig sein durfte. Sie hat mit ihrer wissenschaftlichen Kompetenz und Aufgeschlossenheit in mir die Begeisterung an der Juristerei geweckt. Die vertrauensvolle Einräumung größtmöglicher Freiräume sowohl bei der Auswahl des Themas als auch bei seiner Bearbeitung war für mich von unschätzbarem Wert.

Für all dies danke ich Ihr herzlich.

Danken möchte ich auch meinen Eltern, Käte und Wilfried Kapell, die mir nicht nur finanziell das Studium ermöglicht, sondern mich bis heute in jeder Hinsicht unterstützt haben. Ich bin einfach froh, daß es sie gibt.

Am meisten zugemutet habe ich meinem Mann, Martin Eigenberger. Ihm gilt mein abschließender und besonderer Dank. Ohne seinen geduldigen moralischen Halt wäre diese Arbeit undenkbar.

Schwerin, im Juni 2001

Nancy Kapell

Inhaltsverzeichnis

Abkürzungsverzeichnis

Soweit im folgenden nicht anders angegeben, richten sich die Abkürzungen nach Kirchner, H., Abkürzungsverzeichnis der Rechtssprache, 4. Aufl., Berlin 1993, sowie Duden, Rechtschreibung der deutschen Sprache, 21. Aufl., Augsburg 1999.

BauGVO	Baugestaltungsverordnung vom 10.11.1936
BbgBO	Brandenburgische Bauordnung
bzgl.	bezüglich
ders.	derselbe
dies.	dieselben
Einl.	Einleitung
HChE	Entwurf des Verfassungskonvents auf Herrenchiemsee vom 10.-23.08.1948
insb.	insbesondere
Lsbl.	Loseblattsammlung
minist.	ministerial
PrWohnG	Preußischen Wohnungsgesetz vom 28.03.1918
SächsBO	Sächsische Bauordnung
SOG	Gesetz über einstweilige Maßnahmen zur Ordnung des deutschen Siedlungswesens vom 03.07.1934
STZ	Schweizerische technische Zeitschrift
SZ	Süddeutsche Zeitung
ThürBO	Landesbauordnung des Freistaats Thüringen
Überbl.	Überblick
VG 1902	Gesetz gegen die Verunstaltung landschaftlich hervorragender Gegenden vom 02.06.1902
VG 1907	Gesetz gegen die Verunstaltung von Ortschaften und landschaftlich hervorragenden Gegenden vom 15.07.1907
Vorb.	Vorbemerkung
v.u.Z.	vor unserer Zeitrechnung

1. Teil: Grundlagen

§ 1 Einführung

I. Gegenstand

Baurechtliche Beschränkungen ziehen zumeist den Unwillen der mit ihnen konfrontierten Bauherren auf sich, weil bestimmte funktionale Anliegen mit diesen Beschränkungen nicht zu realisieren sind. Zwar steht für den bauwilligen Grundeigentümer regelmäßig die funktionale Einschränkung im Vordergrund, die mit der hohen Regelungsdichte des Baurechts verbundene Restriktion individuell schöpferischen Bauens ist gleichwohl nicht zu unterschätzen.

Die unterschiedliche Betroffenheit des Bauherrn korrespondiert dabei nicht zwingend mit einem entsprechenden Regelungsziel des Normgebers. Eine Vielzahl baurechtlicher Bestimmungen schränkt eine im Belieben des Bauherrn stehende äußere Gestaltung des Bauwerks zum Teil erheblich ein. Dies gilt für vorgegebene Baugrenzen und Bebauungstiefen, für Vorschriften zu Baustatik, Bodenmechanik, Bauphysik und Brandschutz ebenso wie für Stellplatzpflichten, Lärm- und Hygieneschutznormen und andere verkehrs- oder gesundheitspolitisch motivierte, gefahrenabwehrende oder sozialpflegerische Anforderungen. Von den eigentlichen Baugestaltungsnormen im Sinne der hier verwendeten Terminologie[1] unterscheiden sich diese Bestimmungen nicht im Hinblick auf die Intensität der Beschränkung baugestalterischer Freiheit, sondern in ihrer Zielsetzung. Baugestaltungsvorschriften dienen ästhetischen Zwecken. Ist eine bestimmte optische Wirkung anderer Bestimmungen allenfalls ein willkommener Nebeneffekt[2], verfolgen baugestalterische Normen ausschließlich optisch-ästhetische Belange. Die Beschränkung der Baugestaltungsfreiheit ist hier nicht lediglich mittelbare Folge, unmittelbarer Bezugspunkt baugestalterischer Normen ist vielmehr die optische Erscheinung der Anlage selbst. Diese Besonderheit baugestalterischer Bestimmungen - die Verbindung von ästhetischer Intention des Normgebers mit der Be-

1 Als Baugestaltungsrecht werden im allgemeinen nur bauordnungsrechtliche Anforderungen bezeichnet. Diese Unterscheidung liegt vor allem in kompetenziellen Unterschieden begründet. Siehe dazu Friauf/Wendt, S. 16ff. Der hier gewählte materiellrechtliche Ansatz läßt indes ein umfassenderes Begriffsverständnis sachgerechter erscheinen.

2 Siehe dazu Kuhn, DVBl 1968, 497 (501); Heinz, S. 11 und passim.

schränkung individuell schöpferischer Baugestaltung - steht im folgenden im Vordergrund des Interesses.

Bauästhetische Forderungen gründeten vor allem in den Jahren des Wiederaufbaus nach dem Zweiten Weltkrieg in der Kritik an einer verbreiteten „standardisierten, nur wirtschaftlichen und funktionalen Gesichtspunkten gehorchenden Silo- oder Schuhkartonarchitektur“[3]. Bemängelt wurden die Unwirtlichkeit, nüchterne Funktionalität und Trostlosigkeit der Gegenwartsarchitektur. In den letzten Jahren wurde eine anwachsende Sensibilisierung für die ästhetische Dimension der Umwelt beobachtet[4], während der zunehmende Individualismus immer mehr extravagante Bauformen entstehen läßt[5]. Baugestaltungsanforderungen - insbesondere baugestalterische Generalklauseln - sind indes vor allem „Postulate der Unauffälligkeit“[6]. Potentiell betroffen sind Architektur, die aus dem Rahmen des Gewohnten fällt, Skulpturen, mit Graffiti gestaltete Fassaden und andere, als bauliche Anlagen oder deren Bestandteil dem Baurecht unterliegende Kunstobjekte, Satellitenschüsseln und Windenergieanlagen - Ergebnisse schöpferischen Gestaltens ebenso wie rein funktionale Objekte.

Bauen im öffentlichen Raum wirkt unweigerlich auf die Lebensbedingungen der Mitmenschen ein. Die Begegnung mit ästhetischen Eindrücken von Bauwerken erfolgt nur bedingt freiwillig. Dennoch erübrigt sich nicht die Frage, ob eine in anderen Bereichen[7] undenkbare staatliche Geschmackskontrolle im Baurecht zu Recht als unverzichtbar anerkannt ist.

Die propagierte Standpunkt der 30er Jahre, auch beim Hausbau sei im Gleichschritt zu gehen, das eigene Haus müsse nicht anders aussehen als das des Nachbarn[8], ist zunächst der Überzeugung gewichen, Bauaufsichtsbehörden haben gegen gestalterische Verantwortungslosigkeit und bauliche Undisziplin, gegen einen Mißbrauch des deutschen Heimatraumes vorzugehen und den ästhetischen Gesetzen gegenüber kulturwidrigen Übertreibungen Geltung zu verschaffen.[9] Inzwischen herrscht die Überzeugung vor, der Staat dürfe Baukunst nicht diktieren, im Rahmen der Verunstaltungsabwehr und der positiven Stadtgestaltung sei ein Vorgehen jedoch zulässig und unabdingbar. Die nur graduelle Unterscheidung

3 Engel, AfK 1975, 213 (214).
4 OVG Berlin, 13.01.1984, BRS 42, Nr. 135; Simon, Art. 11, Rn. 37; Koch/Molodovsky/Famers, Art. 11, Rn. 5; Alexejew/Haase/Großmann/Möhl - Alexejew, § 12, Rn. 1, 33.
5 Göpfert, BauR 1999, 312.
6 Geis, S. 43, zu bauordnungsrechtlichen Verunstaltungsverboten.
7 Eine vergleichbare Problematik bietet nur das Recht der Friedhofsgestaltung. Siehe dazu Spranger, passim.
8 Lange, S. 52, mit der Einschränkung, Haustüren sollten schön gestaltet werden.
9 Büge/Zinkahn S. 6. Gegen den plan- und rücksichtslosen Übereinsatz der modernen Außenreklame Zinkahn, DVBl 1951, 397 (398).

zwischen für unzulässig gehaltener Reglementierung und als gerechtfertigt angesehener baugestalterischer Einflußnahme sowie die fehlende Begründung der Unabdingbarkeit entsprechender Bestimmungen legen die nur selten gestellte Frage nicht nur nach der Eignung zur Zielerreichung, sondern aus juristischer Sicht vor allem nach der Legitimation rechtlicher Instrumentarien zur Einwirkung auf die Baugestaltung nahe.

Der verfassungsrechtliche Rahmen baugestalterischer Anforderungen ist Gegenstand der folgenden Untersuchung. Die ästhetische Ordnung der Bautätigkeit wirft vor allem als Beschränkung grundrechtlicher Freiheiten verfassungsrechtliche Fragen auf, die auf der Basis heute anerkannter Verfassungsdogmatik nur unzureichend thematisiert sind.[10]

Insbesondere dem Verhältnis bauästhetischer Normen zur grundrechtlich garantierten Kunstfreiheit wird in Rechtsprechung und Literatur nur wenig Beachtung gewidmet, was vor allem auf der Annahme beruht, Konflikte zwischen Baugestaltungsrecht und Art. 5 III 1 GG seien nicht der Regelfall.[11] Daß die Irregularität eines Konflikts das Problem selbst nicht auflöst, vielmehr eine Auseinandersetzung erst dann überflüssig macht, wenn der Problematik die praktische Relevanz abzusprechen ist, bedarf keiner Verdeutlichung. Obendrein ist bereits die Prämisse, die Betroffenheit von Baukunst sei ein atypischer Ausnahmefall, erörterungswürdig, nicht zuletzt angesichts des nicht von der Hand zu weisenden, zeitökonomisch bedingten vorauseilenden Gehorsams vieler Bauherren und Architekten[12]. Wird im Zusammenhang mit der Verfassungsmäßigkeit baugestalterischer Normen Art. 5 III 1 GG thematisiert und erschöpfen sich die Erörterungen nicht in knappen Behauptungen[13], werden verschiedene Modelle zur Auflösung des Konflikts angeboten. Daß im Ergebnis baugestalterisch motivierte Einschränkungen der Kunstfreiheit zulässig seien, kann dabei als weithin anerkannter Grundkonsens gelten.[14] Die vorliegende Untersuchung will die ver-

---

10 Verfassungsrechtliche Erörterungen bei Seybold, S. 41ff; Moench/Schmidt, S. 44ff; Watzke, S. 46ff; Looks, S. 60ff; Koenig/Zeiss, Jura 1997, 225; Dolderer, BauR 1999, 691; Voßkuhle, BayVBl 1995, 613; Schütz, JuS 1996, 498; Zeiss, ZfBR 1997, 286; Vesting, NJW 1996, 1111; Manssen, Verw 1991, 33.

11 Manssen, S. 176.

12 Dazu bereits Kuhn, DVBl 1968, 497.

13 Siehe etwa BVerwG, 28.06.1955, E 2, 172 (179); OVG Lüneburg, 04.05.1979, BRS 35, Nr. 132, bestätigt durch BVerwG, 10.12.1979, BRS 35, Nr. 133; BVerwG, 27.06.1991, NVwZ 1991, 983; OVG Münster, 28.07.1952, DVBl 1953, 180; HessVGH, 13.08.1953, BRS 3, S. 197ff; Zinkahn, DÖV 1953, 161 (165); Engelmann, S. 212; Friauf/Wendt, S. 28; Koch/Molodovsky/Famers, Art. 11, Rn. 1; Alexejew/Haase/Großmann/Möhl - Alexejew, § 12, Rn. 71f.

14 Looks, S. 117ff; Watzke, S. 84ff; Maunz/Dürig/Herzog/Scholz - Scholz, Art. 5 III, Rn. 72; v. Mangoldt/Klein/Starck - Starck, Art. 5 III, Rn. 319; Seybold, S. 133ff;

schiedenen in Literatur und Rechtsprechung zu findenden und darüber hinaus weitere denkbare Ansätze darstellen bzw. entwickeln und auf dem Boden anerkannter Verfassungsdogmatik überprüfen.

Dieses Interesse an grundsätzlichen Fragen zur Legitimität der gezielten, das heißt ästhetisch motivierten Einschränkung gestalterischer Freiheit begründet die prinzipielle Fokussierung der Untersuchung auf Regelungen zur Verunstaltungsabwehr. Nach allen Bauordnungen sind bauliche Anlagen so zu errichten, daß sie nicht verunstaltet wirken oder das Straßen-, Orts- und Landschaftsbild verunstalten. Auch bauplanungsrechtlich steht gemäß § 35 III Nr. 5 BauGB die Verunstaltung des Orts- und Landschaftsbildes als Beeinträchtigung öffentlicher Belange der Zulässigkeit eines Bauvorhabens im Außenbereich entgegen. Als Verunstaltung wird in ständiger Rechtsprechung ein Zustand bezeichnet, der das ästhetische Empfinden des gebildeten Durchschnittsmenschen verletzt. Verunstaltungsverbote sind Prototypen baugestalterischer Normen. Erkenntnisse über ihre Legitimität sind grundlegend für die verfassungsrechtliche Beurteilung des gesamten Baugestaltungsrechts. Soweit andere baugestalterische Anforderungen Aspekte erkennen lassen, die eine differenzierte Beurteilung begründen könnten, sind auch diese Materien ins Blickfeld der Bearbeitung zu stellen.

Verunstaltungsverbote stehen auch deshalb im Zentrum nachfolgender Erörterungen, weil die generalklauselartige Verweisung auf einen fiktiven Durchschnittsgeschmack in besonderer Weise Fragen nach der hinter der Norm stehenden Motivation stellt. Zu erinnern sei nur an die im Mai 1989 neben der Kunsthalle der Stadt Bielefeld errichtete Skulptur „Axis“ von Richard Serra. Diese gefaltete Anordnung von drei 10 m hohen und jeweils 4,80 m breiten Platten aus rostendem Cortenstahl löste einen breiten Protest in der Bevölkerung aus, der den Schluß zuläßt, daß die Skulptur ganz überwiegend als häßlich empfunden wurde. Entsprach diese mehrheitliche Beurteilung nicht dem Empfinden des gebildeten Durchschnittsmenschen? Oder ist nicht vielmehr die Vermutung naheliegend, als auf privatem Grund zu errichtende Skulptur wäre dieses Projekt ungeachtet seines Umgebungsbezuges an Baugestaltungsanforderungen gescheitert? Darf die Zulässigkeit von im öffentlichen Raum einsehbarer Kunst von ihrer ästhetischen Qualität abhängig sein?

Manssen, Verw 1991, 33 (43ff); Dolderer, BauR 1999, 691 (695ff); Koenig/Zeiss, Jura 1997, 225 (228ff); Zeiss, ZfBR 1997, 286 (290f); Mick, S. 74ff; Zinkahn, DÖV 1953, 161 (165); Ropertz, S. 163ff; Erbel, S. 170; Engelmann, S. 212; Große-Suchsdorf/Lindorf/Schmaltz/Wiechert - Wiechert, § 53, Rn. 16; einschränkend Voßkuhle, BayVBl 1995, 613 (621f); Schütz, JuS 1996, 498ff; Müller, Kunst, S. 128; Koch/Molodovsky/Famers, Art. 11, Rn. 1. Anderer Auffassung soweit ersichtlich nur Moench/Schmidt, S. 57.

II. Gang der Untersuchung

Bevor verfassungsrechtliche Fragen zur Erörterung stehen, ist im 1. Teil die faktische Bedeutung baugestalterischer Vorgaben anhand einer Vergegenwärtigung der historischen Entwicklung (§ 2) sowie eines Überblicks über das geltende Baugestaltungsrecht (§ 3) und zu ihm ergangener Rechtsprechung (§ 4) zu beleuchten.

Im Vordergrund der verfassungsrechtlichen Betrachtung im 2. Teil stehen die mit dem Versuch einer Begriffskonkretisierung verbundene Klärung der Vereinbarkeit von Verunstaltungsverboten mit Bestimmtheitsanforderungen (§ 1) und das Verhältnis zur in Art. 5 III 1 GG garantierten Kunstfreiheit (§ 2). Da Fragen der Rechtfertigung von Freiheitsbeschränkungen regelmäßig nicht ohne Rückgriff auf Erkenntnisse anderer Disziplinen beantwortet werden können, ist sodann (§ 3) die Grundrechtsbetroffenheit im übrigen und die sozio-psychologische Relevanz der ästhetischen Dimension von Baugestaltung zu erörtern.

Im 3. Teil gilt es, die gewonnen Erkenntnisse thesenartig zu bündeln (§ 1) und verfassungspolitisch zu bewerten (§ 2).

§ 2 Die historische Entwicklung des Baugestaltungsrechts

I. Die vorabsolutistische Zeit

Im frühen Mittelalter existierten noch keine baurechtlichen Vorschriften. Die Bauweise war geprägt von weit voneinander entfernt stehenden primitiven Holzhäusern, so daß kein Bedürfnis für entsprechende Regelwerke bestand.[15] Erst das immer engere Zusammenleben der Menschen in der Zeit des mittelalterlich-kommunalen Städtebaus machte Regelungen des Bauwesens erforderlich.[16] Gleichzeitig wurden, bedingt durch ein ausgeprägtes Repräsentationsbedürfnis, auch die optischen und ästhetischen Werte besonders betont; die Baugestaltung wurde zu einem bedeutenden Aspekt der Bauaufsicht. Harmonisch gestaltete Stadtbilder bekamen einen hohen Stellenwert.[17] Rechtsgrundlagen für Baugestaltungsregelungen waren der Sachsenspiegel von 1224 und örtliche Regelungen. Eine bedeutende Rolle spielten dabei zur Schaffung geschlossener Stadtbilder normierte Baupflichten.[18] Ein umfassend normiertes Baugestaltungs-

---

15 Plate, S. 5.

16 Plate, S. 6; Bauer, S. 4; Lisken/Denninger - Boldt, Teil A, Rn. 2.

17 Dieckmann/Lange - Boeckh, Band 1, Teil 4, Kap. 2, § 12, 1.1; Engelmann, S. 7; Ernst/Hoppe - Hoppe, Rn. 144.

18 Plate, S. 10.

recht existierte dennoch nicht.[19] Zum einen lag die Bestimmung der Baugestaltung im wesentlichen bei den Zünften. Deren Gewerbebetriebe waren durch strenge Statuten geregelt, die eine darüberhinausgehende staatliche Reglementierung entbehrlich machten.[20] Ein anderer Grund für die hohe Bedeutung der Baugestaltung trotz nur vereinzelt normativer Regelung findet sich in den weitgehend einheitlichen Werten dieser Zeit: Die Menschen waren einer tiefen inneren Ordnung verhaftet, individueller Geschmack war nicht ausgeprägt. Schönheitsvorstellungen konnten tatsächlich noch universelle Geltung beanspruchen.[21] Die Einheitlichkeit und Ordnung des Stadtbildes war zudem in hohem Maße auf funktionale Zwänge zurückzuführen.[22] Anforderungen an die Feuer- und Standsicherheit von Gebäuden kam ebenso Gestaltrelevanz zu, wie der nur eingeschränkten Verfügbarkeit verschiedener Baumaterialien.[23]

II. Der Absolutismus des 17. und 18. Jahrhunderts

Mit dem Ende des 30jährigen Krieges ersetzte landesherrliche Territorialgewalt die Vormachtstellung der Städte, der Einzelne war nun unbegrenzt der staatlichen Macht unterworfen. Die Polizeigewalt umfaßte die Regelung des gesamten bürgerlichen Lebens, aller Angelegenheiten des allgemeinen Wohls. Praktisch keine rechtlichen Schranken banden den jeweiligen Landesherren bei der Ausübung seines ius politae.[24] Polizeianordnungen im Einzelfall und temporäre Polizeiverordnungen bildeten eine verwirrende Vielfalt an gesetzlichen Grundlagen.[25]

Auch die Baufreiheit wurde durch weitgehende Reglementierungen ersetzt.[26] Die Baukunst diente der äußeren Selbstdarstellung des Landesherren.[27] Die schönheitliche Gestaltung stand so sehr im Vordergrund, daß Bauten bestimmte positiv bezeichnete Schönheitserfordernisse zur Zierde der Städte und Verschönerung des Landes im Sinne der ästhetischen Vorstellungen des jeweiligen Lan-

---

19 Watzke, S. 5.

20 Engelmann, S. 8.; Watzke, S. 6f m.w.N.; Plate, S. 18f.

21 Plate, S. 19.

22 Siehe auch Trieb/Grammel/Schmidt, S. 20.

23 Siehe detailliert zu Stadtgestaltungspolitiken im Mittelalter Trieb/Grammel/Schmidt, S. 20ff, insbesondere zu den Stadtstaaten Siena und Bern, S. 24ff.

24 Drews/Wacke/Vogel/Martens - Martens, S. 3; Plate, S. 20; Watzke, S. 8; Götz, Rn. 7ff; Schmidt-Aßmann - Friauf, Rn. 6; Drews/Wacke, S. 2; Bauer, S. 7; Lisken/Denninger - Boldt, Teil A, Rn. 11ff.

25 Bauer, S. 8.

26 Zu allem Watzke, S. 7ff; Bauer, S. 8; v. Münch - Friauf, S. 440.

27 Plate, S. 20; Trieb/Grammel/Schmidt, S. 20.

desherren erfüllen mußten.[28] Auf diese Weise konnten die ausgeprägten baugestalterischen Vorstellungen der Landesherren, die Vorbilder in Italien, Frankreich und Holland hatten, verwirklicht werden.[29] Es ist nicht verwunderlich, daß Baugestaltungsregelungen den bedeutendsten Platz unter den Bauvorschriften einnahmen.[30]

III. Der Liberalismus in Preußen

Die liberalistische und individualistische Idee der Aufklärung schuf im 18. Jahrhundert einen neuen Polizeibegriff. Dieser beschränkte die allgemeine Handlungsvollmacht der Polizei auf die Gefahrenabwehr. Die Wohlfahrtspflege galt nicht mehr als polizeiliche Aufgabe.[31]

A. Die Entwicklung bis zur zweiten Hälfte des 19. Jahrhunderts

In Preußen wurde dieser Polizeibegriff 1794 in § 10 II 17 des Preußischen Allgemeinen Landrechts übernommen.[32] Eine auf diese Generalklausel gestützte Einschränkung der Baufreiheit kam nur noch aus Gründen der Sicherheit in Betracht.[33] Eine Einschränkung aus ästhetischen Gründen blieb aber im Rahmen konkreter Regelungen des PrALR möglich.[34] Zu diesen speziellen Regelungen

---

28 Engelmann, S. 9; Watzke, S. 8ff; Plate S. 20f mit zahlreichen Beispielen; Justi, S. 48.

29 Plate, S. 20.

30 Plate, S. 20. Detailliert zur Stadtgestaltungspolitik in der Zeit des Absolutismus siehe Trieb/Grammel/Schmidt, S. 31ff, insbesondere zu den Residenzstädten Karlsruhe und München, S. 37ff.

31 Engelmann, S. 10; Watzke, S. 11; Götz, Rn. 9f; Bauer, S. 9.

32 PrOVG, 14.06.1882, E 9, 353 (376); Engelmann, S. 10; Schmidt-Aßmann - Friauf, Rn. 7. A.A. Götz, Rn. 11. In den Gebieten, in denen das PrALR nicht galt, verlief die Entwicklung ähnlich. Teilweise wurden entsprechende Regelungen normiert, andernteils schloß man sich durch gewohnheitsrechtliche Übernahme den preußischen Grundsätzen zum Polizeibegriff an. Engelmann, S. 13; Watzke, S. 12f; Schmidt-Aßmann - Friauf, Rn. 8; Drews/Wacke, S. 7.

33 Engelmann, S. 10; Büge/Zinkahn, S. 11.

34 Im Gebiet des Gemeinen Rechts und des Rheinischen BGB bestanden im Gegensatz zu kleineren Landesteilen keine den § 66, § 71 I 8 PrALR entsprechenden Rechtsgrundlagen für ästhetische Beschränkungen der Baufreiheit, Watzke, S. 13; Büge/Zinkahn, S. 11; Weißgerber, S. 11. Siehe Dekret vom 16.07.1807 für das Großherzogtum Berg, Passus Nr. 3: „Sie [die Baupolizeikommission - Anm. N.K.] hat nicht nur für das Gute, Solide und Bequeme der Baulichkeit zu wachen, sondern auch überhaupt für Symmetrie und Baugeschmack. Sie muß daher auch alles ent-

gehörten vor allem[35] § 66 I 8, § 71 I 8 und § 78 I 8 PrALR. § 66 I 8 PrALR enthielt ein Verbot von Verunstaltungen der Städte und öffentlichen Plätze durch Bauten oder deren Veränderung.[36] Gemäß § 71 I 8 PrALR waren ohne vorhergegangene Anzeige entstandene Bauten, die zur groben Verunstaltung einer Straße oder eines Platzes führten, bei entsprechender Anweisung zu ändern.[37] § 78 I 8 PrALR bestimmte allgemein, daß Straßen und öffentlichen Plätze nicht verunstaltet werden durften.[38]

Diese Normen waren zunächst bedeutungslos, sie entsprachen nicht der liberalen Anschauung, daß jeder in der Nutzung seines Eigentums frei sei.[39] Doch schon mit Beginn des 19. Jahrhunderts besann man sich wieder auf den wohlfahrtsstaatlichen Polizeibegriff des Absolutismus.[40] Grund dafür waren Befürchtungen, daß die revolutionären Ideen der französischen Revolution auch auf Deutschland übergreifen könnten.[41] Der Beschränkung der Baufreiheit aus gestalterischen Gesichtspunkten kam, trotz der dem Wortlaut des PrALR nach nur begrenzten Einschränkungsmöglichkeiten, durch eine äußerst weite Auslegung der Generalklausel in § 10 II 17 PrALR und des Verunstaltungsbegriffs des PrALR[42] wieder große Bedeutung zu.

---

fernen, was den öffentlichen Anstand beleidigt, worunter z.B. die geschmackswidrig angestrichenen oder auch unausgebauten Häuser gezählt werden. Auch müssen die das Auge beleidigenden Anstriche unter Genehmigung der Baukommission nach und nach verändert und rohe Mauern entweder mit einer geschmackvollen Bekleidung versehen oder doch anständig gestrichen werden [...]“, dazu PrOVG, 27.09.1892, PrVerwBl 14, 163; Goldschmidt, S. 18. Siehe auch Verwaltungsordnung vom 05.06.1816 für das Herzogtum Nassau, nach der die Polizei „für möglichste Anständigkeit der Gebäude im Äußeren zu sorgen hat“, dazu PrOVG, 15.06.1899, E 35, 387ff; Goldschmidt, S. 18; Schultzenstein, DJZ 1902, 468 (469).

35 Auch § 36 I 8 PrALR, der den Abbruch von Gebäuden regelt, kann als Norm gegen Verunstaltungen durch Baulücken verstanden werden. Dieser Bestimmung kam nie praktische Bedeutung zu, Plate, S. 54; Büge/Zinkahn, S. 26.

36 „Doch soll zum Schaden oder zur Unsicherheit des gemeinen Wesens, oder zur Verunstaltung der Städte und öffentlichen Plätze, kein Bau und keine Veränderung vorgenommen werden.“

37 „In allen Fällen, wo sich findet, daß ein ohne vorhergegangene Anzeige unternommener Bau schädlich oder gefährlich für das Publikum sey, oder zur groben Verunstaltung einer Straße oder eines Platzes gereiche, muß derselbe nach der Anweisung der Obrigkeit geändert werden.“

38 „Die Straßen und öffentlichen Plätze dürfen nicht verengt, verunreinigt, oder sonst verunstaltet werden.“

39 Engelmann, S. 10.

40 Götz, Rn. 11; Drews/Wacke, S. 3ff; Plate, S. 26. Siehe aus diesem Zeitraum auch Baumeister, S. 261ff.

41 Engelmann, S. 11; Watzke, S. 14 m.w.N.; Bauer, S. 10.

42 Watzke, S. 16 mit Beispielen.

B. Das Kreuzbergurteil und seine Folgen

Erst ab 1848, mit dem politischen Durchbruch des liberalen bürgerlichen Rechtsstaates, begann sich allmählich in Schrifttum und Rechtsprechung die im PrALR normierte Beschränkung der allgemeinen Befugnisse der Polizei auf die Gefahrenabwehr durchzusetzen.[43] Von erheblicher Bedeutung[44] war dabei die Entscheidung des PrOVG vom 14.06.1882[45], die als „Kreuzbergurteil“ in die Rechtsgeschichte einging. Das Polizeipräsidium in Berlin erließ 1879 eine Polizeiverordnung, nach der in den Bauvierteln am Kreuzberg nur so hoch gebaut werden durfte, daß die Aussicht auf das auf dem Berg errichtete Nationaldenkmal und die Aussicht von diesem Denkmal auf die Stadt nicht beeinträchtigt werden. Das PrOVG stellte fest, daß die Polizeiverordnung nicht mit geltenden Gesetzen in Einklang stand. Weder besondere gesetzliche Grundlagen noch allgemeine Bestimmungen zu den Aufgaben der Polizei enthielten nach Feststellung des PrOVG eine derartige Befugnis. Insbesondere sei die Erhaltung der öffentlichen Ordnung i.S.v. § 10 II 17 PrALR keine Polizeiaufgabe, die die Erhöhung des allgemeinen Wohls zum Gegenstand habe, so daß Polizeiverordnungen zum Schutz ästhetischer Interessen nicht auf Grundlage dieser allgemeinen Befugnisnorm ergehen konnten. Für die Abwehr von Verunstaltungen waren daher, so stellte das PrOVG fest, allein die §§ 66, 71, 78 I 8 PrALR maßgeblich.[46]

Durch dieses Urteil paßte das PrOVG den Polizeibegriff wieder den Prinzipien eines liberalen Rechtsstaates an.[47] Für gestalterische Einschränkungen der Baufreiheit hatte die Kreuzbergentscheidung dennoch nicht die Wirkung, die insbesondere die ausführlichen Darlegungen zum Verunstaltungsbegriff hätten erwarten lassen. Zwar wird rückblickend zum Teil festgestellt, die öffentliche Hand sei zumindest nach dem Kreuzberg-Urteil im wesentlichen nur zur Gefahrenabwehr tätig gewesen und habe nur besonders grobe Verunstaltungen abgewehrt, Baukunstbelange hätten grundsätzlich hinter den wirtschaftlichen Interessen an

---

43 Watzke, S. 16f; Engelmann, S. 12; Bauer, S. 11; Plate, S. 26f.

44 Götz, Rn. 12 „epochemachendes Urteil“. In Süddeutschland waren für den Übergang zum rechtsstaatlichen Polizeibegriff die Polizeistrafgesetzbücher maßgeblich. Götz, Rn. 12f; Bauer, S. 11ff.

45 PrOVG, 14.06.1882, E 9, 353ff.

46 Das Gesetz über die Polizeiverwaltung vom 11.03.1850 (GS. S. 265) hat die Polizeibefugnisse nicht erweitert. Zwar war nach § 6 i dieses Gesetzes auch „alles andere, was im besonderen Interesse der Gemeinden und ihrer Angehörigen polizeilich geordnet werden muß“, Gegenstand des ortspolizeilichen Verordnungsrechts, dies galt jedoch nach allgemeiner, wenn auch nicht unumstrittener Meinung nur im Rahmen des § 10 II 17 PrALR. Goldschmidt, S. 10; Biermann, S. 8.

47 Götz, Rn. 12.

der Nutzung des Eigentums zurücktreten müssen.[48] Die zahlreichen baugestalterischen Verordnungen[49] und auch sie bestätigende gerichtliche Entscheidungen, welche zum Teil die vom PrOVG im Kreuzbergurteil dargelegten Grenzen für baugestalterische Eingriffe weit überschritten, sind jedoch unübersehbar. Verschiedene Ortspolizeiverordnungen[50] legten Mindestlängen für Gebäude fest, bauliche Anlagen durften nicht in auffälligem Widerspruch zum Charakter der Straße stehen, sichtbare Hintergebäude nicht häßlich sein. In der Provinz Hannover wurde 1896 eine Polizeiverordnung erlassen, wonach Grundstücksbesitzer und Mieter nur öffentliche Anzeigen, die ihr eigenes Interesse betreffen, anschlagen durften.[51] Zahlreiche baupolizeiliche Verordnungen schrieben „landhausmäßige Bebauung“[52] vor oder legten fest, daß die gesamte Breite der Dachfenster einen bestimmten Teil der Länge des Daches nicht überschreiten durfte[53]. Andere bestimmten, daß von Straßen aus sichtbare Flächen von Gebäuden die Straße nicht verunstalten dürfen und in dauernd gutem Zustand zu halten sind.[54] Bestimmungen über „offene“ oder „beschränkte“ Bebauung wurden unter Rückgriff auf die Generalklausel erlassen.[55]

Das 1875 erlassene Preußische Fluchtliniengesetz[56] wurde zur Rechtsgrundlage für örtliche Planungen. Es wurde zur Durchsetzung gesundheitlicher, verkehrspolizeilicher und ästhetischer Zwecke herangezogen.[57] Auf § 1 IV des

---

48 Michel, K., S. 3; Büge/Zinkahn, S. 11; v. Münch - Friauf, S. 440.

49 Goldschmidt, S. 25.

50 Zu Ortspolizeiverordnungen von Frankfurt am Main (1894), Trier (1883), Kassel (1885) und Wiesbaden (1895) siehe Biermann, S. 139.

51 Das PrOVG, 12.04.1901, E 39, 410 (412), begründete die Rechtsgültigkeit dieser Verordnung mit den hinter ihr stehenden nicht-ästhetischen Zwecken, dem Schutz von Ordnung, Sicherheit und Leichtigkeit des Verkehrs, die gefährdet seien, wenn Publikum zum Stehenbleiben und Lesen von Plakatanschlägen veranlaßt würde.

52 PrOVG, 02.07.1900, E 37, 401 zur Rechtswidrigkeit einer Polizeiverordnung zu Landhausvierteln; PrOVG, 13.01.1894, E 26, 323 begründete die Rechtmäßigkeit einer landhausmäßige Bebauung vorschreibenden Baupolizeiordnung mit dem Verordnungszweck, der Abwendung sanitärer Gefahren durch Mangel an Luft und Licht, zur Verhütung von Gesundheitsgefahren sei die Verordnung von § 10 II 17 PrALR gedeckt.

53 Das PrOVG, 18.03.1886, E 13, 389, sah diese Regelung als nicht von der Generalklausel gedeckt und nicht der Verhinderung grober Verunstaltungen dienend an.

54 Siehe dazu PrOVG, 25.01.1896, E 29, 372.

55 Siehe PrOVG, 07.03.1898, E 34, 375ff; PrOVG, 07.04.1902, E 41, 360; PrOVG, 08.01.1910, E 56, 423 (425).

56 Gesetz betreffend die Anlegung und Veränderung von Straßen und Plätzen in Städten und ländlichen Ortschaften vom 02.07.1875 (GS S. 561). Siehe dazu Plate, S. 33f; Ernst/Hoppe - Hoppe, Rn. 147.

57 Baltz/Fischer, S. 3.

Gesetzes wurden entgegen dessen Wortlaut[58] zahlreiche Verordnungen[59] gestützt, welche die Anlage von Vorgärten vorschrieben und darüberhinaus auch deren Gestaltung und Einfriedung regelten. Das PrOVG hatte nie Zweifel an der Rechtmäßigkeit dieser Verordnungen.[60] Das Gericht ging sogar soweit, eine Anordnung, die das Abstellen von Wagen auf einer Einfahrt verbat, damit zu rechtfertigen, daß das Parken auf der Einfahrt dem Zweck von Vorgärten widerspräche und der Gesetzgeber bei Erlaß des Fluchtliniengesetzes 1875 selbstverständlich davon ausgegangen sei, daß in dem Bereich zwischen Straßen- und Bauflucht Vorgärten angelegt werden. Eine entsprechende Pflicht bestehe daher auch ohne entsprechende Verordnung durch § 1 IV des Gesetzes vom 02.07.1875.[61] Von einer „sehr engen Auslegung der §§ 66, 71, 78 I 8"[62] kann, zumindest die Exekutive betreffend, nicht die Rede sein.

Wenn auch die Rechtsprechung mitunter Polizeiverordnungen oder -anordnungen wegen Unvereinbarkeit mit den im Kreuzbergurteil aufgestellten Grundsätzen für nichtig erklärte[63], so ist doch das besondere Interesse der Verwaltung, ästhetische Regeln allgemeinverbindlich zu normieren, nicht zu übersehen. Die grundsätzlich enge Auslegung des Verunstaltungsbegriffes durch das PrOVG führte vor allem dazu, daß nach neuen Argumenten gesucht wurde, um baugestalterische Vorstellungen durchsetzen zu können. So versuchte man, die Rechtsgültigkeit gestalterischer Verordnungen mit dem Argument zu begründen, die Verhinderung ästhetischer Unlustgefühle diene der Gefahrenabwehr oder der Leichtigkeit des Verkehrs.[64] Die Verwaltung war bestrebt, den nach dem Kreuzbergurteil gebliebenen Spielraum für die Durchsetzung ästhetischer Interessen so weit wie nur möglich auszuschöpfen.

---

58 Jebens, PrVerwBl 1905, 819 (820).

59 Zu den Verordnungen von Frankfurt am Main (1892) und Halle (1889) siehe Biermann, S. 145. Zur Polizeiverordnung von Berlin (1855) siehe PrOVG, 23.05.1894, PrVerwBl 15, 583 (584). Zur Anordnung von Vorgärten durch Polizeiverordnungen siehe auch Jebens, PrVerwBl 1905, 819.

60 Jebens, PrVerwBl 1905, 819 (820) m.w.N. Siehe PrOVG, 26.09.1889, E 18, 371 (378f); PrOVG, 03.03.1891, PrVerwBl 12, 405; PrOVG, 23.05.1894, PrVerwBl 15, 583; PrOVG, 04.04.1898, E 33, 422.

61 PrOVG, 03.03.1891, PrVerwBl 12, 405. Siehe auch PrOVG, 29.06.1892, PrVerwBl 14, 17 (18); PrOVG, 18.10.1892, PrVerwBl 14, 114; PrOVG, 14.02.1893, PrVerwBl 14, 514, die dem Fluchtliniengesetz unmittelbar eine Pflicht zur Errichtung und Einfriedung von Vorgärten entnehmen.

62 Watzke, S. 19.

63 PrOVG, 08.09.1881, PrVerwBl 3, 44; PrOVG, 26.06.1888, PrVerwBl 10, 96; PrOVG, 18.10.1897, E 32, 341; PrOVG, 24.03.1898, E 33, 404; PrOVG 24.11.1903, E 44, 388. Siehe auch zur landrechtskonformen Auslegung des Dekrets des Großherzogtums Berg vom 16.07.1807 (siehe Fn. 34), PrOVG, 27.09.1892, PrVerwBl 14, 163.

64 Siehe dazu PrOVG, 16.04.1901, E 39, 415 (416).

IV. Die Preußischen Verunstaltungsgesetze

A. Die gesellschaftliche Situation zur Zeit der Jahrhundertwende

Um die Jahrhundertwende kam es zu von breiten Volksschichten getragenen Bestrebungen um den Heimatschutz, die auch die Pflege heimatlicher Bauweise und die Erhaltung der Eigenart der Orts- und Landschaftsbilder umfaßten.[65] Man sah das „malerische Aussehen der Dörfer und Städte im Schwinden begriffen"[66]. Der Schutz ästhetischer und historischer Kulturwerte und die Förderung idealer Kulturgüter wurden zu einer vordringlichen Aufgabe erklärt.[67]

Entscheidende Ursache[68] für diese Entwicklung war der mächtige wirtschaftliche Aufschwung bereits in den Gründerjahren nach 1871. Durch Eisenbahnen, Automobile und Schiffe kam es zu ausgedehntem Handelsverkehr. Geschützte Absatzverhältnisse, wie sie zur Zeit der Zünfte bestanden, gab es nicht mehr. Zusammen mit der Entwicklung des kapitalistischen Großbetriebes und der Entstehung neuer Geschäftsformen, wie Warenhäusern und Versandgeschäften, verschaffte dies der Reklame für Handel und Gewerbe eine zuvor nie dagewesene Bedeutung. Die Reklameindustrie blühte auf. Zahlreiche Werbetafeln säumten Eisenbahnlinien, Straßen und Uferstrecken.

Der wirtschaftliche Aufschwung führte zu einem gewaltigem Anwachsen der großen Städte. Dem dringenden Bedürfnis nach neuen Wohnungen wurde durch den schnellen Bau vieler Mietskasernen entsprochen. Geschichtlich und künstlerisch hervorragende Bauwerke mußten daher nicht selten hochstöckigen, gleichförmigen Mietshäusern weichen. Nicht zuletzt war der wirtschaftliche Aufschwung aber auch mit wachsendem Wohlstand verbunden. Dieser neue Wohlstand, die Innovationen auf dem Gebiet der Baukonstruktionen und bei der Herstellung von Baustoffen sowie der erleichterte Verkehr, der es ermöglichte, Baustoffe schnell über größere Entfernungen zu transportieren, weckten das Interesse, Wohnhäusern ein auffälliges Äußeres, eine moderne Erscheinung zu geben. Der Einzelne hatte mehr als zuvor das Bedürfnis, durch Gestaltung seines Hauses auf sich aufmerksam zu machen. Vorlieben entstanden für die Formen des Großstadthauses und für Bürgerhäuser in Mittel- und Kleinstädten aber auch

---

65 Büge/Zinkahn, S. 11; Michel, K., S. 3; Watzke, S. 20. Zur Bedeutung der Heimatschutzbewegung für den Erlaß der Verunstaltungsgesetze siehe auch Richter, S. 30f.

66 Minist. Runderlaß vom 29.12.1905, Minist. Blatt für die innere Verwaltung 1906, 24, abgedruckt bei Goldschmidt, S. 128f.

67 Naumann, DVBl 1951, 398.

68 Zu den Ursachen dieser Entwicklung Goldschmidt, S. 12, 40. Minister. Runderlaß vom 10.01.1908, Minist. Blatt für die innere Verwaltung 1908, S. 43, abgedruckt auch bei Goldschmidt, S. 129ff; Mataja, Die Reklame, S. 342, 368ff.

in ländlichen Gegenden, die darüberhinaus mit verschiedensten Motiven, Architekturgliedern und Zierformen ausgestattet wurden. Dies stellte einen Bruch mit der Tradition dar. Bislang nur aus bestimmten Baustoffen hergestellte Bauglieder wurden durch andere, aus neuartigen Stoffen bestehende und häufig in fabrikmäßigen Verfahren, wie Zementguß und Gipsdruck hergestellte Elemente ersetzt. Baute man zuvor abhängig vom örtlichem Herkommen der Rohstoffe und unter dem Einfluß zünftiger Regeln handwerksmäßig schlicht, drohte nun die Charakteristik bestimmter Bautypen für bestimmte Gegenden zu verschwinden. Der wachsende Wohlstand begründete auch ein erhöhtes Maß an Offenheit weiter Volkskreise für ästhetische Eindrücke. Das aufeinandergedrängte Zusammenleben in den Städten ließ eine ausgeprägtere Naturverbundenheit entstehen, Wandern wurde zu einer verbreiteten Freizeitbeschäftigung. Beide Aspekte führten zu einer wachsenden Empfindlichkeit gegen die „Verschandelung" landschaftlich schöner Gegenden. Zahlreiche Vereine zur Pflege heimischer Bauweisen und der Bund für Heimatschutz wurden gegründet.

Mit Hilfe des Rechts sollte eine „Gesundung" erreicht werden. Bauten in mittleren und kleinen Städten hätten schlicht bürgerlich zu sein, in Dörfern sollte sparsam, praktisch, mit heimischen Baustoffen und der Landschaft angepaßt gebaut werden. Das Äußere sei zu beschränken auf das, was dem Haus seiner Art und Zweckbestimmung nach zukomme. Auch eine gewisse Einheitlichkeit wurde angestrebt: Die Häuser sollten nach Gliederung, Flächenbehandlung, Umfassungswänden, Umrißlinien, Dächern, Zierformen, Farben und Baumaterialien das Gepräge tragen, das sich am jeweiligen Ort herausgebildet hatte. Darüberhinaus sollte auf eine klare Gestaltung des Aufbaus, eine maßvolle Gliederung der Außenwände, eine sorgfältige Abwägung von Tür- und Fensteröffnungen und eine der Eigenart der Baustoffe entsprechende Farbabstimmung geachtet werden.[69] Das bestehende Recht konnte eine Befriedigung dieses neu entstandenen Bedürfnisses, das Ursprüngliche zu bewahren, nicht leisten. Zwar bestanden zahlreiche Baupolizeiverordnungen zur Durchsetzung ästhetischer Aspekte, nicht selten gingen sie jedoch über die gesetzlichen Ermächtigungen hinaus. Die einschlägigen Normen des PrALR boten nur die Befugnis, grobe Verunstaltungen[70] zu verhindern. Die Möglichkeiten des § 66 I 8 PrALR waren beschränkt auf geschlossene Ortschaften.[71] Die §§ 65 ff I 8 PrALR bezogen sich auf Bauten, so

69 Minist. Runderlaß vom 10.01.1908, Minist. Blatt für die innere Verwaltung 1908, S. 43, abgedruckt auch bei Goldschmidt, S. 129ff.

70 Auch §§ 66, 78 I 8 PrALR, die, im Gegensatz zu § 71 I 8 PrALR, nicht auf eine grobe Verunstaltung Bezug nehmen, waren in diesem Sinne zu verstehen, PrOVG, 14.06.1882, E 9, 353 (Anm. S. 380); PrOVG, 24.03.1898, E 33, 404 (405ff).

71 Goldschmidt, S. 33 m.w.N.

daß regelmäßig keine Möglichkeit bestand, gegen Außenreklame vorzugehen.[72] Mit Argumenten wie: Außenreklame lenke den KfZ-Führer vom Verkehr ab und beeinträchtige so den Straßenverkehr, oder die Schreibart eines Namenszuges einer Bettenfirma sei sittenwidrig[73], wurde versucht, das Fehlen gesetzlicher Befugnisse zu umgehen. 1902 und 1907 wurden in Preußen[74] Verunstaltungsgesetze[75] erlassen, um auf die sich verändernde Gestalt der Ort- und Landschaften Einfluß nehmen zu können.[76]

B. Das Gesetz gegen die Verunstaltung landschaftlich hervorragender Gegenden vom 2. Juni 1902

Anlaß für den Erlaß dieses Gesetzes[77] war die Entscheidung des PrOVG vom 16.04.1901[78], die eine Verordnung, die am Rheinufer außerhalb geschlossener Ortschaften die Anbringung von Reklameschildern verbot, wegen fehlender Rechtsgrundlage für rechtsungültig erklärte.[79] Nicht nur unmittelbar baugestalterische, auch wirtschaftliche Erwägungen hinsichtlich des Fremdenverkehrs waren ausschlaggebend für den Erlaß des Verunstaltungsgesetzes von 1902.[80] Aufgrund dieser Gesetzgebung wurde es möglich, aus ästhetischen Gründen mittels Polizeiverordnungen gegen Reklameschilder außerhalb geschlossener Ortschaften vorzugehen. Das Gesetz war von Anfang an nicht unumstritten. Schultzenstein[81] hielt es für einen Bruch mit dem Grundsatz, daß die Polizei zur Erhaltung von

---

72 Goldschmidt, S. 17; Schultzenstein, DJZ 1902, 468 (469).

73 Beispiele zitiert nach Naumann, DVBl 1951, 398 (399).

74 In den anderen deutschen Ländern verlief die Entwicklung ähnlich. Beispielhaft seien angeführt das Hessische Gesetz vom 16.06.1902, das Sächsische Gesetz gegen Verunstaltungen von Stadt und Land vom 10.03.1909, das Braunschweigische Gesetz gegen die Verunstaltung von Stadt und Land vom 01.02.1911 sowie das Hamburgische Gesetz vom 06.12.1920. Siehe dazu Weißgerber, S. 13.

75 Gesetz gegen die Verunstaltung landschaftlich hervorragender Gegenden vom 02.06.1902 (GS S. 159) und Gesetz gegen die Verunstaltung von Ortschaften und landschaftlich hervorragenden Gegenden vom 15.07.1907 (GS S. 260).

76 Nicht nur Gesetze sollten Verbesserungen bringen, es ergingen zudem zahlreiche Runderlasse, z.B. zur Denkmalspflege. Vgl. Goldschmidt, Anm. S. 15.

77 Zur Entstehung siehe Überblick bei Schultzenstein, DJZ 1902, 468 (469). Zu ästhetischen Bestimmungen der Bayerischen Bauordnung vom 17.02.1901 siehe Nipperdey - Kitzinger, Art. 142, S. 473.

78 PrOVG, 16.04.1901, E 39, 415.

79 Zur Entwicklung außerhalb Preußens siehe Richter, S. 31ff, 73ff. Die meisten anderen Gesetze lehnten sich eng an die preußische Gesetzgebung an. Richter, S. 33.

80 Plate, S. 30 m.w.N.; Engelmann, S. 17. Siehe aber auch zu den einem Verunstaltungsschutz entgegenstehenden wirtschaftlichen Interessen Richter, S. 34, 86.

81 Schultzenstein, DJZ 1902, 468ff.

Schönem nicht eingreifen dürfe. Seine Kritik betraf des weiteren die Verhältnismäßigkeit und die Unbestimmtheit. Doch auch Befürworter[82] dieses neuen Gesetzes sahen in ihm einen erheblichen Eingriff in den Rechtskreis der Grundstückseigentümer und Gewerbetreibenden und befürworteten eine enge Auslegung. Bereits am 16.06.1902 erging zu diesem Gesetz ein ministerieller Erlaß[83], der sich jedoch fast ausschließlich mit den Zuständigkeiten befaßte und keine Aussagen zur Auslegung der im Gesetz verwendeten Begriffe „Verunstaltung", „landschaftlich hervorragende Gegend" und „Verunzieren" enthielt. Die Schwierigkeiten, diese Begriffe zu konkretisieren, zeigten sich vor allem in der Diskussion zur Bestimmung landschaftlich hervorragender Gegenden. Zum Teil wurde dem Flachland generell die Eigenschaft, landschaftlich hervorragend zu sein, abgesprochen.[84] Ein anderes Problem lag in der Beurteilung der Bahnstrecken zu den Urlaubsgebieten.[85] Auch eine sachgerechte Definition der Verunzierung bereitete Schwierigkeiten. Das zeigt nicht zuletzt der ministerielle Hinweis[86], Anzeigen, mit denen Ortseingesessene ihre Interessen publizieren, seien in der Regel keine Verunzierungen.

C. Das Gesetz gegen die Verunstaltung von Ortschaften und landschaftlich hervorragenden Gegenden vom 15. Juli 1907

Bereits fünf Jahre später wurde ein weiterer Vorstoß zum Schutz ästhetischer Interessen unternommen. Das Gesetz gegen die Verunstaltung von Ortschaften und landschaftlich hervorragenden Gegenden vom 15. Juli 1907[87] enthielt im Wesentlichen drei Neuerungen. Zum einen erstreckten sich die Möglichkeiten, gegen gröbliche[88] Verunstaltungen auch im Außenbereich vorzugehen, nun auch auf Verunstaltungen durch Bauten (§ 8). Bis dahin war ein Vorgehen zum Schutz der Landschaft nur gegen Verunstaltungen durch Werbeanlagen möglich. An der Beschränkung der Schutzobjekte auf landschaftlich hervorragende Gegenden wurde festgehalten. Zweitens konnte eingeschränkt bereits gegen ästhetische Beein-

---

82 Goldschmidt, S. 33f.

83 Erlaß des Ministers des Innern vom 16.06.1902, die Verunstaltung landschaftlich hervorragender Gegenden betreffend, Minist. Blatt für die innere Verwaltung, 1902, S. 132, abgedruckt auch bei Goldschmidt, S. 45.

84 So Goldschmidt, S. 34; Kronecker, DJZ 1911, 1202.

85 Kronecker, DJZ 1911, 1202 (1203); Goldschmidt, S. 34.

86 Minist. Erlaß vom 16.06.1902, Minist. Blatt für die innere Verwaltung, 1902, 132, abgedruckt bei Goldschmidt, S. 45 (47).

87 GS, S. 260.

88 Mit der Begriffswahl war sicher ein größerer Schutz beabsichtigt, das PrOVG unterschied in Folge jedoch nicht zwischen groben und gröblichen Verunstaltungen, Richter, S. 31, 74.

trächtigungen eingeschritten werden, auch wenn diese noch keine grobe Verunstaltung darstellten. Zum Schutz bestimmter Straßen und Plätze von geschichtlicher oder künstlerischer Bedeutung genügte für ein polizeiliches Einschreiten eine bloße Beeinträchtigung der Eigenart des Orts- oder Straßenbildes durch eine bauliche Anlage. Gleiches galt für bauliche Änderungen an entsprechenden Bauwerken und die Errichtung und Änderung baulicher Anlagen in der Umgebung solcher Bauwerke (§ 2). An die Bebauung von Landhausvierteln, Badeorten, Prachtstraßen und dergleichen konnten besondere Anforderungen gestellt werden (§ 4). Für beides waren entsprechende Ortsstatute nötig.[89] Drittens konnte nun aufgrund eines entsprechenden Ortstatuts zu baupflegerischen Zwecken auch gegen Reklame in Ortschaften vorgegangen werden (§ 3). Das Verunstaltungsgesetz von 1902 sah nur eine Verhinderung der Verunstaltung der Landschaft durch Reklame vor. Darüberhinaus erstreckten sich die Befugnisse durch das PrALR nun auf die gesamte Monarchie (§ 1). Am 04.08.1907 erging eine ausführliche ministerielle Ausführungsanweisung[90]. Mit Erlaß des Verunstaltungsgesetzes 1907 wurden für zahlreiche Normierungen, die bislang - hält man die baugestalterische Einflußnahmen für unentbehrlich - „unter dem Zwang praktischer Notwendigkeiten“[91] auf das PrALR gestützt wurden, und deren Rechtsgültigkeit im engen Rahmen des PrALR regelmäßig zumindest zweifelhaft war, weitgehende rechtliche Grundlagen geschaffen.

D. Der Einfluß der Verunstaltungsgesetze auf die Baugestaltung

Die Verunstaltungsgesetze von 1902 und 1907 konnten die mit ihrem Erlaß verbundenen hohen Erwartungen nicht erfüllen.[92] Die Gründe dafür waren vielgestaltig:

Das Stoffgebiet war stark zersplittert, was sich als Hemmnis für die praktische Durchsetzung erwies.[93] Die Ausführung der Gesetze war nicht einheitlich geregelt. Für die Durchsetzung des Gesetzes von 1902 waren die Landespolizeibehörden zuständig, die Zuständigkeit für die Ausführung des Gesetzes von 1907 und des 1918 erlassenen PrWohnG[94] lag bei den Bauaufsichtsbehörden.[95] Nur

89 Bezweckt wurde wohl der Schutz mittelalterlicher Stadtbilder, die entgegen dem bauästhetischen Geschmack im späten 19. Jahrhundert („systematische, schablonenhafte Rasterbebauung“) wiederentdeckt wurden. Engel, AfK 1975, 213 (214).

90 Ausführungsanweisung vom 04.08.1907, Minist. Blatt für die innere Verwaltung 1907, 281, abgedruckt auch bei Goldschmidt, S. 106ff; Büge/Zinkahn, S. 114ff.

91 Goldschmidt, S. 24f. Siehe dazu Biermann, S. 145f.

92 Büge/Zinkahn, S. 14; Plate, S. 31; Watzke, S. 22; Richter, S. 75, 85.

93 Büge/Zinkahn, S. 13.

94 Siehe dazu unten unter V. A.

wenige Normen waren unmittelbar anwendbar. Die Verunstaltungsgesetze bedurften weitgehend der Umsetzung durch Landespolizeiverordnungen, Ortsstatute oder durch Vorschriften des Regierungspräsidenten.[96] Viele gesetzliche Begriffe waren nur schwer bestimmbar.[97]

Daß aufgrund des Verunstaltungsgesetzes von 1907 nur im Zusammenhang mit der Entscheidung über die Erteilung einer Baugenehmigung gegen ästhetische Beeinträchtigungen vorgegangen werden konnte, wurde als weiterer Grund für eine fehlende Wirksamkeit kritisiert.[98]

In der nicht bestehenden Möglichkeit, gegen jede Verunstaltung einzuschreiten, wurde ebenfalls eine Ursache für die geringe Effektivität der Verunstaltungsgesetze gesehen.[99] Die Möglichkeiten, die die Gesetze eröffneten, waren jedoch sehr weitreichend. Gegen bloße Verunzierungen landschaftlich hervorragender Gegenden durch Reklame (VG 1902) und gegen Beeinträchtigungen von Straßen, Plätzen und Bauwerken von geschichtlicher oder künstlerischer Bedeutung (durch Gebäude: § 2 VG 1907, durch Reklame: § 3 i.V.m. § 2 VG 1907) konnte eingeschritten werden. An bauliche Anlagen in Landhausvierteln, Badeorten, an Prachtstraßen und dergleichen konnten besondere Anforderungen gestellt werden, die über eine Verunstaltungsabwehr hinausgingen (§ 4 VG 1907). Im übrigen bestand ein Schutz gegen grobe Verunstaltungen von landschaftlich hervorragenden Gegenden und von Ortschaften durch Gebäude (§ 8 bzw. § 1 VG 1907, § 66, 71, 78 I 8 PrALR). Die Gesetze eröffneten aber tatsächlich nicht die Möglichkeit, gegen jede Verunstaltung einzuschreiten. Nur wenn man die Instrumentarien, die mit den neuen Gesetzen bereitgestellt wurden, an den hohen Ansprüchen mißt, die an die Pflege einer heimatlichen Bauweise gestellt wurden[100], kann von einer mangelnden Wirksamkeit aufgrund der Beschränkung der Gesetze auf die Abwehr bestimmter Beeinträchtigungen die Rede sein.

Auch die fehlende Einheitlichkeit der Gesetze in der Verwendung der die Beeinträchtigung beschreibenden Begriffe wurde bemängelt.[101] Diese Argumentation vermag jedoch nicht zu überzeugen. Die verwendeten Begriffe „Verunstaltung", „grobe Verunstaltung", „gröbliche Verunstaltung", „Verunzierung" und „Beeinträchtigung" beschreiben unterschiedlich intensive ästhetische Beeinträchtigungen. Schon frühzeitig entwickelte die Rechtsprechung eine Defi-

95 Büge/Zinkahn, S. 13; Watzke, S. 22; Michel, K., S. 4.
96 Büge/Zinkahn, S. 13; Watzke, S. 22; Michel, K., S. 4.
97 Plate, S. 31.
98 PrOVG, 29.10.1936, E 99, 212; PrOVG, 12.05.1938, E 102, 237 (240).
99 Büge/Zinkahn, S. 13; Watzke, S. 22; Michel, K., S. 4.
100 Siehe Minist. Runderlaß vom 10.01.1908, Minist. Blatt für die innere Verwaltung 1908, S. 43, abgedruckt auch bei Goldschmidt, S. 129ff. Dazu oben unter IV. A.
101 Büge/Zinkahn, S. 13; Watzke, S. 22; Michel, K., S. 4.

nition des Begriffs „grobe Verunstaltung“, und auch für die übrigen Begriffe gab es alsbald unbestrittene Definitionen[102]. Nicht die Tatsache, daß der Gesetzgeber je nach Schutzgut eine unterschiedliche Intensität der ästhetischen Beeinträchtigung forderte, schmälerte die Wirksamkeit der Gesetze, sondern allenfalls der Umstand, daß trotz anerkannter Definition die praktische Umsetzung Schwierigkeiten bereitet. Diese Schwierigkeiten liegen aber in der Natur allgemeiner ästhetischer Anforderungen - und nicht in gesetzestechnischen Unzulänglichkeiten - begründet.

Schließlich wurde der uneinheitliche Auslegungsmaßstab der Rechtsprechung zur Begründung der mangelnden Wirksamkeit der Regelungen herangezogen[103]. Zur Bestimmung einer groben Verunstaltung war auf das Urteil des Durchschnittsbeschauers abzustellen, das feiner ausgebildete ästhetische Empfinden eines Sachverständigen war ausschlaggebend für die Bestimmung einer Beeinträchtigung.[104] Ist demnach der unterschiedliche Auslegungsmaßstab durch die unterschiedlichen Begriffe bedingt, kann auch dieser Aspekt ebenso wenig wie die Verwendung unterschiedlicher Begriffe ursächlich für die geringe Wirksamkeit gewesen sein.

V. Die Baugestaltungsverordnung

A. Die Entwicklung bis 1936

Abhilfe gegen die trotz der Verunstaltungsgesetze von 1902 und 1907 verbreitet als unbefriedigend empfundene Entwicklung auf dem Gebiet der Baugestaltung wurde zunächst durch andere Maßnahmen gesucht. Wettbewerbe, zum Beispiel für Entwürfe von ästhetisch ansprechenden Bauern- und Bürgerhäusern, wurden veranstaltet.[105] Durch ministeriellen Runderlaß[106] wurde 1908 zu öffentlichen Vorträgen, der Bildung von Ortsausschüssen zur Beratung der Bauwilligen, zu Ausschreibungen von Wettbewerben, der Erteilung von Baukostenzuschüssen

102 PrOVG, 14.06.1882, E 9, 353 (380ff); PrOVG, 27.09.1892, PrVerwBl 14, 163; PrOVG, 24.03.1898, E 33, 404 (408); PrOVG, 29.06.1915, E 69, 321; PrOVG, 07.04.1927, E 82, 438; PrOVG, 05.11.1936, E 99, 202; PrOVG, 21.12.1936, E 99, 207; PrOVG 04.04.1940, E 105, 250. Goldschmidt, S. 38, 54f.

103 Büge/Zinkahn, S. 13; Watzke, S. 23. Zu weiteren Aspekten siehe Richter, S. 86.

104 PrOVG, 07.04.1927, E 82, 438; PrOVG, 21.12.1936, E 99, 207.

105 Vgl. Minist. Runderlaß vom 29.12.1905, Minist. Blatt für die innere Verwaltung 1906, 24, abgedruckt auch bei Goldschmidt, S. 128f, zu Wettbewerben in Trier und Minden.

106 10.01.1908, Minist. Blatt für die innere Verwaltung 1908, S. 43, abgedruckt auch bei Goldschmidt, S. 129.

und der öffentlichen Anerkennung durch Ehrenpreise und ähnlichen Aktivitäten sowie zum Erlaß das Verunstaltungsgesetz von 1907 umsetzender Ortsstatute aufgerufen.[107] Mit dem Preußischen Wohnungsgesetz vom 28.03.1918[108] war ein weiteres Mittel zur Durchsetzung ästhetischen Bauens gegeben. Gemäß Art. 4 § 1 PrWohnG konnte durch Bauordnungen eine offene Bauweise festgelegt (Nr.1), der Verputz und Anstrich bzw. Ausfugung von Bauten geregelt (Nr. 4) und zu Denkmal- und Heimatschutzzwecken eine einheitliche Straßenbildgestaltung (Nr.4) erreicht werden. Eine entsprechende Regelung enthielt die preußische Einheitsbauordnung vom 25.04.1919[109], mittels der die etwa 300 bestehenden Bauordnungen vereinheitlicht werden sollten.[110] Gemäß § 24 dieser Musterbauordnung durfte das Äußere baulicher Anlagen in Bauart, -form, -stoff und Farbe die einheitliche Gestaltung des Straßenbildes nicht stören, auf die heimische Bauweise war Rücksicht zu nehmen, von öffentlichen Flächen aus sichtbare Wände mußten in gutem Zustand gehalten werden. Ein ministerieller Erlaß[111] ordnete 1923 an, daß weitere Gestaltungsvorschriften in die Bauordnungen aufzunehmen sind. So durfte die Gestaltung von Außenwänden das gesunde Empfinden für Ordnung nicht verletzen, der Anstrich mußte die einheitliche architektonische Absicht und die Einheitlichkeit der Farbenwirkung wahren. 1929 wurde mit dem Entwurf eines preußischen Städtebaugesetzes[112], erneut eine Normierung in Angriff genommen, um einen größeren Einfluß auf die Bauästhetik nehmen zu können. Zu einer Verabschiedung des Entwurfes, der eine Verschärfung der ästhetischen Anforderungen vorsah, kam es in der Weimarer Republik nicht mehr. Gleich nach der Machtergreifung durch die Nationalsozialisten erging das Gesetz über Aufschließung von Wohnsiedlungsgebieten vom 22.09.1933[113], wonach die Genehmigung für die Teilung oder Auflassung bestimmter Grundstücke auch von die schönheitliche Gestaltung des Bauwerks betreffenden Auflagen abhängig gemacht werden konnte.[114] Zu nennen sind darüber hinaus: die erste Durchführungsverordnung[115] zum Gesetz über einst-

---

107 Runderlaß des Ministers für Wohlfahrt, 03.01.1921, Amtsblatt des Preußischen Ministers für Volkswohlfahrt 1921, abgedruckt bei Büge/Zinkahn, S. 126.

108 GS S. 23; Teilabdruck bei Büge/Zinkahn, S. 122.

109 Muster für eine Bauordnung, erlassen vom Staatskommissar für das Wohnungswesen, abgedruckt und kommentiert bei Baltz/Fischer, S. 273ff (258f).

110 Baltz/Fischer, S. 273.

111 Erlaß vom 29.06.1923, Teilabdruck bei Baltz/Fischer, S. 359.

112 Siehe dazu Büge/Zinkahn, S. 14; Watzke, S. 23.

113 RGBl I S. 659, Teilabdruck bei Büge/Zinkahn, S. 128f.

114 §§ 4 I, 7 I i.V.m. Runderlaß des Reichswirtschaftsministers vom 27.06.1934, RABl 1934 I S. 161.

115 05.07.1934, RGBl I S. 582.

weilige Maßnahmen zur Ordnung des deutschen Siedlungswesens[116], die sich unter anderem mit der Verhinderung von Störungen des Straßen-, Orts- und Landschaftbildes befaßte[117], die ebenfalls aufgrund des SOG erlassene Verordnung zur Regelung der Bebauung vom 15.02.1936[118], wonach durch Baupolizeiverordnung eine eingeschossige Bauweise vorgeschrieben werden konnte, und das Reichsnaturschutzgesetz vom 26.06.1935[119], welches zumindest auch dem Schutz der Landschaft vor verunstaltenden Eingriffen zu dienen bestimmt war[120].

B. Der Inhalt der Baugestaltungsverordnung vom 10. November 1936

Der nationalsozialistischen Ideologie entsprechend mußten auch die Dörfer und Städte Ausdruck deutschen Gemeinsinns, deutscher Baukultur werden.[121] Der Staat ging von einem Ideal zentral geplanter Wirklichkeitsgestaltung aus, ein von Gemeinschaftsgeist und fachlichem Können zeugendes Gesamtbild sollte erreicht werden.[122] Mit diesem Ziel war ein ungeregeltes Durcheinander verschiedener Architektur- und Stilformen nicht vereinbar. Das Repräsentationsbedürfnis des Dritten Reiches schlug sich daher auch in einer strengeren Reglementierung der Bauwilligen in Gestaltungsfragen nieder. Das liberale Prinzip materieller Baufreiheit wurde endgültig aufgegeben.[123] Die ehemals landesrechtliche Regelung des Baurechts sollte zu einem einheitlichen Reichsbaurecht zusammengefaßt werden. Infolge des Zweiten Weltkrieges ergingen jedoch nur baupolizeiliche reichsministeriale Verordnungen.[124] Eine der bedeutendsten und einschneidendsten reichsgesetzlichen Regelungen auf dem Gebiet des Baurechts[125] war die Baugestaltungsverordnung.[126] Diese wurde am 10.11.1936 auf Grundlage des

116 03.07.1934, RGBl I S. 568.

117 Runderlaß des Reichsarbeitsministers vom 30.01.1935, RABl I, S. 76.

118 RGBl I S. 104, abgedruckt auch bei Büge/Zinkahn, S. 135f; Runderlaß des Reichsarbeitsministers vom 19.02.1936, RABl I S. 42, abgedruckt auch bei Büge/Zinkahn, S. 136ff.

119 RGBl I S. 821, Durchführungsverordnung vom 31.10.1935, RGBl I S. 1275, beides in Auszügen abgedruckt bei Büge/Zinkahn, S. 130ff.

120 LVG Hamburg, 28.07.1955, BBauBl 1956, 82.

121 Erlaß des Reichsarbeitsministers vom 17.12.1936, Reichs-Archiv 1937, 17. Zum Ideal nationalsozialistischer Baukunst, durch „germanische Tektonik“ die „Einfachheit und Geradheit der Gesinnung eines jeden Deutschen“ widerzuspiegeln, siehe Looks, S. 86ff.

122 Erlaß des Reichsarbeitsministers vom 17.12.1936, Reichs-Archiv 1937, 17 (18); Looks, S. 90.

123 Ernst/Hoppe - Hoppe, Rn. 153.

124 Engelmann, S. 21; Bauer, S. 16.

125 Büge/Zinkahn, S. 14; Michel, K., S. 5.

126 RGBl I S. 938 (BauGVO).

Gesetzes vom 03.07.1934 über einstweilige Maßnahmen zur Ordnung des deutschen Siedlungswesens[127] vom Reichsarbeitsminister erlassen. Sie sollte in erster Linie das Baugestaltungsrecht für alle Länder vereinheitlichen und damit vereinfachen sowie Lücken schließen.[128] Mit der Forderung, bauliche Anlagen und Änderungen so auszuführen, daß sie Ausdruck anständiger Baugesinnung und werkgerechter Durchbildung sind und sich der Umgebung einwandfrei einfügen (§ 1 BauGVO), enthielt diese Regelung erstmals statt negativer Verunstaltungsbegriffe positive Gestaltungserfordernisse, die für alle baulichen Anlagen und unabhängig von ihrem Standort galten.[129] Sie ging damit weit über die bloße Verunstaltungsabwehr hinaus.[130] Die Anforderungen des § 1 BauGVO galten unmittelbar, konnten aber gemäß § 2 durch Ortssatzungen oder Baupolizeiverordnungen konkretisiert werden.[131] Diese Norm ermöglichte Vorschriften zur Firstrichtung der Häuser, zu Trauf- und Firsthöhen, zur Geschoßzahl und Gebäudetiefe, zur Dachform, Dachneigung sowie zum Werkstoff und Farbton der Dacheindeckung, zu Werkstoff, Putz, Farbe und Beschriftung der Außenwände und zur Gestaltung der Grundstückseinfriedung nach Art, Grundform, Höhe, Werkstoff und Farbe.[132] Aufgrund der Erfahrungen mit den Verunstaltungsgesetzen, die nicht zuletzt wegen mangelnder Umsetzung durch Landespolizeiverordnungen oder Ortsrecht nur beschränkt wirksam geworden waren[133], sah § 3 II 1 BauGVO das Recht der höheren Verwaltungsbehörde vor, den Erlaß oder die Abänderung entsprechender Vorschriften zu verlangen. Gemäß § 6 BauGVO berührte die BauGVO weitergehendes Landesrecht nicht. Damit galten die preußischen Verunstaltungsgesetze auch nach Erlaß der BauGVO, soweit sie keine Regelungen zu baulichen Anlagen enthielten. Von den baugestalterischen Normen des PrALR blieb nur § 36 I 8 gültig.[134] Die BauGVO spielte in der Verwaltungspraxis eine große Rolle, auch die Gerichte mußte sich in vielen Fällen mit dieser Verordnung auseinandersetzen. Besondere Bedeutung kam dabei der Außenreklame zu. Gestützt auf die BauGVO wurde die Errichtung von Werbeschil-

---

127 RGBl I S. 568 (SOG).

128 Erlaß des Reichsarbeitsministers vom 17.12.1936, Reichs-Archiv 1937, 16f.

129 Zinkahn, DVBl 1951, 368 (372). Siehe aber auch Art. 4 § 1 Nr. 4 PrWohnG, OVG Münster, 28.07.1952, DVBl 1953, 180 (181f).

130 Ernst/Hoppe - Hoppe, Rn. 153.

131 PrOVG, 03.03.1938, E 102, 231 (233); VGH Bremen, 23.04.1952, BRS 2, S. 239 (244); OVG Münster, 28.07.1952, DVBl 1953, 180; Michel, K., S. 5; Zinkahn, DVBl 1951, 368 (370).

132 Erlaß des Reichsarbeitsministers vom 17.12.1936, Reichs-Archiv 1937, 17 (18).

133 Siehe oben unter IV. D.

134 Plate, S. 32.

dern und Warenautomaten streng reglementiert[135]. Die ästhetischen Anforderungen an die Baugestaltung wurden mit der BauGVO erheblich verschärft.[136]

VI. Die Entwicklung bis zum Erlaß der Landesbauordnungen

A. Die Situation nach 1946

Im Zweiten Weltkrieg wurde ein Viertel der gesamten Bausubstanz vernichtet, zudem kamen mehr als 10 Millionen Flüchtlinge nach Kriegsende in das Gebiet der BRD[137], was einen zusätzlichen Bedarf an 2 Millionen Wohnungen[138] verursachte. Die städtische Neuordnung nach 1945 erfolgte äußerst planlos[139], es galt, in kurzer Zeit den neuen Wohnungsbedarf zu befriedigen.[140] Das alte Baurecht konnte den katastrophalen Bauverhältnissen nicht begegnen.[141] Der wirtschaftliche Aufschwung, der Aufbau der Industrie und die Wiederbelebung des Handels, führten zu einer verstärkten Werbetätigkeit, insbesondere zu intensiver Außenwerbung.[142] Nicht zuletzt als Reaktion auf die sich gegen Außenwerbung richtenden zahlreichen Initiativen[143] wurde diese Art der Werbung nach und nach einer strengeren Beurteilung durch die Zulassungsstellen unterzogen.[144] Ein anderer bedeutender Anwendungsbereich bauästhetischer Vorschriften ergab sich durch die massenhafte Entstehung provisorischer Verkaufsbuden.[145] Das Inter-

135 PrOVG, 02.03.1939, E 104, 232; PrOVG, 01.06.1939, RVerwBl 61 (1940), 286; PrOVG, 22.06.1939, RVerwBl 61 (1940), 285; PrOVG, 22.06.1939, RVerwBl 61 (1940), 350; PrOVG, 05.10.1939, E 104, 254; PrOVG, 09.05.1940, E 105, 255; PrOVG, 06.03.1941, E 106, 76; RVerwG, 15.05.1941, RVerwBl 63 (1942), 173; weitere Beispiele bei Zinkahn, DVBl 1951, 368 (373).

136 PrOVG, 12.05.1938, E 102, 237 (246).

137 Wolff, BBauBl 1954, 3 (5). Auf eine Darstellung der Entwicklung in der DDR soll verzichtet werden.

138 Ernst/Hoppe - Hoppe, Rn. 154.

139 Looks, S. 1.

140 Engelmann, S. 3; Bartlsperger, DVBl 1981, 284 (285).

141 Plate, S. 35.

142 Halstenberg, BBauBl 1952, 239; Zinkahn, DÖV 1953, 161; Becker, BBauBl 1954, 483.

143 Musterverordnung der Arbeitsgemeinschaft der kommunalen Spitzenverbände über Außenwerbung; Entwurf des Ministers für Wiederaufbau des Landes NRW für ein Gesetz gegen die Übertreibung der Außenwerbung, Entwurf des Bayerischen Staatsministeriums für ein Gesetz gegen verunstaltende Außenwerbung. Siehe dazu Zinkahn, DÖV 1953, 161.

144 Halstenberg, BBauBl 1952, 239.

145 OVG Münster, 28.07.1952, DVBl 1953, 180; OVG Münster, 25.11.1952, BRS 2, S. 254; OVG Münster, 01.12.1952, BBauBl 1953, 317; OVG Lüneburg, 09.04.1953, BBauBl 1954, 603.

esse an weitgehenden Möglichkeiten zur Einschränkung der Baufreiheit zu ästhetischen Zwecken war vor allem wegen der Zerstörung im Zweiten Weltkrieg weiterhin ungebrochen.[146] Die BauGVO gehörte zum Bauordnungsrecht[147] und galt vorbehaltlich verschiedener Bedenken gegen ihre Rechtmäßigkeit[148] gemäß Art. 123 ff GG[149] ab 1949 bis zum Erlaß neuer Bauordnungen als Landesrecht fort. Gegen die Weitergeltung der BauGVO wurde argumentiert, die BauGVO verstoße gegen die rechtsstaatliche Grundkonzeption des GG[150], gegen Art. 2 I GG[151] und gegen den Bestimmtheitsgrundsatz[152], sei nicht mit dem Polizeibegriff zu vereinbaren[153] und unverhältnismäßig.[154] Die BauGVO könne sich nicht auf eine gültige Rechtsgrundlage stützen.[155] Sie enthalte nationalsozialistisches Ge-

146 Becker, BBauBl 1954, 483. Siehe auch Bull, BB 1951, 649: „Es ist auch nicht zu bestreiten, daß wir nach dem Verlust so vieler unschätzbarer Werte heute mehr denn je das, was uns blieb an baulichen, landschaftlichen Schönheiten, schonen und pflegen müssen.“ Zinkahn, DVBl 1951, 368 (369): „Der Krieg hat das deutsche Volk so vieler unersätzlicher Kulturdenkmäler beraubt, daß das erhalten Gebliebene und das Neugeschaffene vor weiterer Verunstaltung bewahrt werden sollte.“

147 Siehe Gutachten des BVerfG, 16.06.1954, E 3, 407 (430ff).

148 Nachweise zur Diskussion bei Zinkahn, DVBl 1951, 368 (369f); Überblick auch bei Michel, K., S. 7ff.

149 Siehe dazu Watzke, S. 25ff.

150 Kretzschmar/v. Eisenhart-Rothe, S. 14; Grewe, MA 1951, 243 (248). Dagegen Zinkahn, DÖV 1953, 161 (163ff); Büge/Zinkahn, S. 15ff; Fischer, Die Bürgerrechte 1950, 50 (51).

151 Kretzschmar/v. Eisenhart-Rothe, S. 15; Rauschenbach, MA 1953, 17 (22); Grewe, MA 1951, 243 (248, 250). Dagegen VGH Bremen, 23.04.1952, BRS 2, S. 239 (242).

152 Jonas, MA 1951, 131 (138f); LVG Köln, 10.01.1952, BBauBl 1952, 22 (23); Fischer, Die Bürgerrechte 1950, 50 (51) bzgl. der Forderung nach anständiger Baugesinnung.

153 Kretzschmar/v. Eisenhart-Rothe, S. 14; Grewe, MA 1951, 243 (248).

154 Kretzschmar/v. Eisenhart-Rothe, S. 14f.

155 Als solche kam nur § 1 des Gesetzes über die einstweiligen Maßnahmen zur Ordnung des deutschen Siedlungswesens (SOG) vom 03.07.1934, RGBl I, S. 568, in Betracht. Siehe oben unter V. B. Dieses Gesetz ermächtigte zwar den Reichswirtschaftsminister, durch Erlaß über das Siedlungs- und Wohnungswesen vom 04.12.1934, RGBl I S. 1225, ging dessen Zuständigkeit auf den die BauGVO erlassenen Reichsarbeitsminister über. Bauästhetische Vorschriften dienen nach Auffassung von Rauschenbach, MA 1953, 17 (27); Funk, NJW 1955, 1647 (1648) und Bull, BB 1951, 649 (650) jedoch nicht der Ordnung des Siedlungswesens i.S.v. § 1 I SOG. Nach der sich durchsetzenden Auffassung - BVerwG, 26.06.1955, E 2, 172 (178); OVG Hamburg, 24.02.1951, DVBl 1951, 218; OVG Hamburg, 16.03.1951, MDR 1951, 446; VG Wiesbaden, 12.07.1951, DÖV 1952, 187; VGH Bremen, 23.04.1952, BRS 2, 239 (240f); HessVGH, 13.08.1953, BRS 3, S. 197ff; OVG Lüneburg, 28.01.1954, BBauBl 1954, 337; Zinkahn, DÖV 1953, 161 (162); Zinkahn, DVBl 1951, 368 (369) - ist Siedlungswesen im Sinne des SOG das gesamte Pla-

dankengut[156] und verstoße gegen die Prinzipien eines freiheitlichen Rechtsstaates bzw. sei durch Art. II des Gesetzes Nr. 1 der Militärregierung und durch den identischen Art. II des Gesetzes des Kontrollrats vom 20.09.1945 aufgehoben[157]. Nach überwiegender Auffassung, der sich auch die Verwaltungsgerichte anschlossen, enthielt die BauGVO kein nationalsozialistisches Gedankengut, sondern setzte nur eine bereits Anfang des 18. Jahrhunderts mit den §§ 66, 71 und 78 I 8 PrALR begonnene Entwicklung fort, schließlich begannen die Vorarbeiten zur BauGVO bereits vor der nationalsozialistischen Diktatur.[158] Die Forderung, jedes Bauwerk müsse Ausdruck einer anständigen Baugesinnung sein, gehöre zum „Gedankengut jedes Kulturstaates"[159]. In der baurechtlichen Rechtsprechung der 50er Jahre nahmen Fragen zur Gültigkeit der BauGVO einen breiten Raum ein, die Verwaltungsgerichte hielten die Verordnung fast einhellig für gültig.[160] Auch das BVerwG teilte 1955 in einer auf dem Gebiet des Baugestaltungsrechts grundlegenden Entscheidung nicht die Bedenken gegen die Rechtmäßigkeit der BauGVO, legte die Rechtsbegriffe der Verordnung aber wesentlich enger aus als das PrOVG.[161]

---

nungs-, Siedlungs- und öffentliche Baurecht und alle Einrichtungen, die damit in Zusammenhang stehen, das SOG daher geeignete Ermächtigungsgrundlage.

156 Büning, Neue Bauwelt 1951, 67; Rauschenbach, MA 1953, 17 (20); Jonas, MA 1951, 131 (140f). Siehe auch PrOVG, 23.02.1939, E 104, 228 (231, Forderung nach anständiger Baugesinnung habe die Verwirklichung nationalsozialistischer Baukultur zum Ziel). Dagegen Zinkahn, DVBl 1951, 368 (370); BVerwG, 28.06.1955, E 2, 172 (178).

157 Abdruck u.a. in Amtsblatt der Militärregierung Deutschland, Nr. 5, S. 35.

158 BVerwG, 28.06.1955, E 2, 172 (178); VG Stuttgart, 04.10.1949, BRS 1, S. 60; OVG Hamburg, 16.03.1951, MDR 1951, 446; OVG Münster, 30.06.1951, BRS 2, S. 234; VGH Bremen, 23.04.1952, BRS 2, S. 239 (241); OVG Münster, 28.07.1952, DVBl 1953, 180 (181f); LVG Hamburg, 16.01.1953, BBauBl 1954, 339; HessVGH, 13.08.1953, BRS 3, S. 197; Büge/Zinkahn, S. 22; Michel, K., S. 8; Dittus, Neue Bauwelt 1951, 211; Zinkahn, DVBl 1951, 368 (370); Zinkahn, BBauBl 1952, 23; Zinkahn, DÖV 1953, 161 (163).

159 Zinkahn, DVBl 1951, 368 (370).

160 BVerwG, 28.06.1955, E 2, 172 (179f); OVG Hamburg, 16.03.1951, MDR 1951, 446; OVG Hamburg, 30.08.1951, MDR 1952, 60; VGH Bremen, 23.04.1952, BRS 2, S. 239 (240ff); OVG Münster, 30.06.1951, BRS 2, S. 234; OVG Münster, 28.07.1952, DVBl 1953, 180 (182); OVG Münster, 01.12.1952, BBauBl 1953, 317; LVG Hamburg, 16.01.1953, BBauBl 1954, 339; OVG Lüneburg, 09.04.1953, BBauBl 1954, 603 m.w.N.; HessVGH, 13.08.1953, BRS 3, S. 197; OVG Lüneburg, 28.01.1954, BBauBl 1954, 337 (338).

161 BVerwG, 28.06.1955, E 2, 172 (177). Zur Kritik an dieser Entscheidung ZAW - Zinkahn, S. 42f; Schmidt-Tophoff, BBauBl 1957, 232; Wolff, BBauBl 1957, 341; Maué, BBauBl 1957, 470.

Die BauGVO galt somit faktisch als Bestandteil des Bauordnungsrechts der Länder fort.[162] In dieser Verordnung erschöpfte sich jedoch das geltende Baugestaltungsrecht der Nachkriegszeit nicht. Daneben anwendbar blieben die Erste Durchführungsverordnung vom 05.07.1934 zum Gesetz über einstweilige Maßnahmen zur Ordnung des deutschen Siedlungswesens (SOG) vom 03.07.1934[163], das Reichsnaturschutzgesetz vom 26.06.1935, die Verordnung über die Regelung der Bebauung vom 15.02.1936 sowie gemäß § 6 BauGVO sämtliche über die Bestimmungen der BauGVO hinausgehenden landesrechtlichen Anforderungen. Zu diesen zählten Abbruchverbote nach §§ 35ff I 8 PrALR, das VG 1902, soweit es nicht bauliche Anlagen betraf, §§ 2, 3 und 4 VG 1907 sowie Art. 4 § 1 PrWohnG vom 28.03.1918.[164] Weitere Rechtsquellen bildeten Vorschriften in Form von Ortssatzungen und Baupolizeiverordnungen auf Grundlage von § 2 BauGVO, dem Verunstaltungsgesetz von 1902, Art. 4 § 1 PrWohnG 1918 und §§ 2, 3 und 4 VG 1907.[165]

Das Baugestaltungsrecht war, wie das Baurecht überhaupt, sehr zersplittert und infolgedessen unübersichtlich.

B. Die Musterbauordnung und die Landesbauordnungen

Die Entscheidung über das Ob und Wie bauästhetischer Reglementierung lag nun vornehmlich bei den Ländern.[166] Die Ende der 40er und Anfang der 50er Jahre erlassenen Aufbaugesetze enthielten selbst keine detaillierten baugestalterischen Anforderungen, ermöglichten aber entsprechende Festsetzungen in Durchführungsplänen.[167] Das Gesetz über den Aufbau der Städte und Dörfer des Landes Hessen vom 25.10.1948 sah in § 9 sogar eine Pflicht der Gemeinden zum Erlaß baugestalterischen Ortsrechtes vor. Bayern erließ am 02.03.1954 ein Gesetz über verunstaltende Außenwerbung.[168]

Am 30.10.1959 wurde von einer durch das Bundesministerium für Wohnungsbau und die Landesministerien eingesetzten Kommission eine Musterbauordnung[169] vorgelegt, die vielen später erlassenen Landesbauordnungen als

162 Jung, DVBl 1961, 265 (267); Boie, Der Städtebund 1970, 161.
163 Siehe Runderlaß des Reichsarbeitsministers vom 30.01.1935, RABl I S. 76.
164 Zur zersplitterten Rechtslage der Nachkriegszeit siehe Büge/Zinkahn, S. 21ff.
165 Weitergeltend aufgrund Art. 89 Ziff 1b AGBGB.
166 Siehe auch das Gutachten des BVerfG, 16.06.1954, E 3, 407 (430ff), zur baurechtlichen Kompetenzverteilung zwischen Bund und Ländern.
167 Büge/Zinkahn, S. 27f mit Beispielen.
168 BBauBl 1954, 189, Durchführungsbekanntmachung vom 16.09.1954 in BBauBl 1954, 519. Siehe dazu Becker, BBauBl 1954, 483.
169 Einführung in die Musterbauordnung. Fassung August 1960, Recklinghausen 1960.

Vorbild diente.[170] Bauliche Anlagen waren gemäß § 3 I MBO einwandfrei zu gestalten und durften das Gesamtbild ihrer Umgebung nicht stören. Diese baugestalterische Generalforderung wurde in § 14 MBO präzisiert. Demnach waren bauliche Anlagen werkgerecht durchzubilden und nach Form, Maßstab, Verhältnis der Baumassen und Bauteile zueinander, Werkstoff und Farbe einwandfrei zu gestalten (Absatz 1). Sie sollten mit ihrer Umgebung derart in Einklang gebracht werden, daß sie das Straßen-, Orts- und Landschaftsbild oder deren beabsichtigte Gestaltung nicht stören. Auf Bau- und Naturdenkmale und auf erhaltenswerte Eigenarten der Umgebung war Rücksicht zu nehmen (Absatz 2). Absatz 3 erklärte das Empfinden des auf diesem Gebiet sachkundigen und erfahrenen Betrachters zum Beurteilungsmaßstab. Umfangreiche Regelungen über die Außenwerbung enthielt § 15 MBO. Der an § 2 BauGVO angelehnte § 112 MBO ermächtigte zum Erlaß baugestalterischen Ortsrechtes zur ortsbezogenen Konkretisierung der in der MBO festgelegten Gestaltungsanforderungen. Mit diesen Forderungen stand die Musterbauordnung in deutlichem Widerspruch zu den vom BVerwG[171] zuvor zur BauGVO entwickelten Rechtsgrundsätzen.[172] In die daraufhin erlassenen Landesbauordnungen wurden die baugestalterischen Normen der Musterbauordnung nicht unverändert, aber doch relativ weitgehend übernommen. Die Aussagen des § 3 MBO wurden in fast alle bauordnungsrechtliche Generalklauseln integriert, auch die Regelungen über die Außenwerbung wurden in mit § 15 MBO vergleichbarer Art in die Landesbauordnungen aufgenommen. Die meisten Bauordnungen beschränkten jedoch die Forderungen des § 14 I MBO auf die Verunstaltungsverhinderung. Der mit den Feststellungen des BVerwG unvereinbare § 14 III MBO fand sich ebenfalls in nur wenigen Landesbauordnung wieder.[173]

VII. Zusammenfassung

Regelungen, die den ästhetischen Aspekt des Bauens betreffen, gehören neben den Brandschutznormen zu den ältesten Baurechtsnormen[174]; Baugestaltungsrecht ist ein traditioneller Teil des Baurechts.[175] Dies gilt insbesondere für umge-

170 Boie, Der Städtebund 1970, 161(162).

171 BVerwG, 28.06.1955, E 2, 172.

172 Plate, S. 76; Proksch, S. 128; Friauf/Wendt, S. 25. Gleiches gilt für entsprechende Anforderungen in den bereits erlassenen Landesbauordnungen der Länder Bayern, Saarland, Hessen und Berlin.

173 Plate, S. 119ff.

174 Dieckmann/Lange - Boeckh, Band 1, Teil 4, Kap. 2, § 12, 1.1.

175 Schmidt-Aßmann - Krebs, Rn. 196; Boeddinghaus/Hahn/Schulte - Boeddinghaus, § 12, Rn. 1; Proksch, S. 127.

bungsbezogene, generalklauselartige Reglementierungen. Ohne historisches Vorbild sind umgebungsunabhängige Anforderungen, die erst seit 1936 zum festen Bestandteil des Baugestaltungsrechts gehören.[176] Positive Gestaltungsanforderungen waren insbesondere im Zeitalter des Absolutismus verbreitet, ihre Bedeutung beschränkte sich jedoch auf einzelne Städte.

Die harmonische Gestaltung auch heute noch beeindruckender historischer Stadtkerne ist nicht nur auf Gestaltungsbestimmungen zurückzuführen. Nicht zu unterschätzen ist die Bedeutung der zu Bauzeiten nur eingeschränkt verfügbaren Material- und Konstruktionsvielfalt, die zwangsweise zu einer gewissen Einheitlichkeit der Baugestaltung führte. Ein weiterer entscheidender Grund liegt im einst ohnehin vorhandenen, den Baugestaltungsbestimmungen entsprechenden kollektiven Geschmack der Bauwilligen. Die geschlossene Gesellschaft der Städte und die hohe Bedeutung der anerkannten Bautraditionen für die Gestaltungsvorstellungen des Einzelnen ließen lange Zeit die Gestaltungsvorgaben nicht als Beschränkung des Bauherren erscheinen; ein konfliktbegründender Interessengegensatz war selten. Baugestaltungsvorstellungen konnten solange unproblematisch gegenüber dem einzelnen Bauherren durchgesetzt werden, wie diese nicht auf ein Bedürfnis nach individueller Baugestaltung stießen, bzw. die Macht des Landesherren zur umfassenden Stadtgestaltung nicht in Frage gestellt wurde.

Sobald die selbstbestimmte und individuelle Gestaltung von Bauwerken für den einzelnen Bauherren an Bedeutung gewann und bestimmte Stilformen nicht mehr als verbindlich angesehen wurden, waren auch strenge Bestimmungen nicht mehr ohne weiteres in der Lage, Gestaltungskonzepte durchzusetzen. Ohne allgemein anerkannte bauästhetische Regeln bereitete die Anwendung gestalterischer Generalklauseln erhebliche Schwierigkeiten.

Zugleich wuchs das Bedürfnis und der Anspruch der Allgemeinheit, die individuelle Baugestaltungsfreiheit einzuschränken. Je mehr sich der Wunsch nach Individualität entwickelte und baulich verwirklicht wurde, desto mehr wurde die Baugestaltungsfreiheit begrenzt. Große Vorstöße zur Sicherung traditioneller Baugestaltung wurden insbesondere in Zeiten gesellschaftlicher Umbrüche, wie der Jahrhundertwende und der Nachkriegszeit unternommen. Große gesellschaftliche Veränderungen scheinen ein Bedürfnis nach zumindest äußerem Verharren im Vertrauten zu wecken.

176 Boeddinghaus/Hahn/Schulte - Boeddinghaus, § 12, Rn. 16. Umgebungsunabhängig sind absolute Verunstaltungsverbote, die Forderung nach anständiger Baugesinnung und werkgerechter Durchbildung sowie das Gebot, bauliche Anlagen nach den anerkannten Regeln der Baukunst durchzubilden.

§ 3 Die Systematik des Baugestaltungsrechts

Im Mittelpunkt dieser Untersuchung stehen die verfassungsrechtlichen Grenzen ästhetisch motivierter Freiheitsbeschränkungen im Baubereich. Dieser Zielrichtung ist das begriffliche Verständnis vom Recht der Baugestaltung unterzuordnen. Ein Überblick über das geltende Baugestaltungsrecht hat nicht die Sammlung gestaltwirksamer Regelungen zum Gegenstand. Gestaltwirksamkeit kommt so gut wie jeder baurechtlichen Regelung zu. Ebensowenig sind die gesetzlichen Möglichkeiten der öffentlichen Handlungssubjekte, gezielt auf die Baugestaltung Einfluß zu nehmen, in diesem Rahmen darzustellen. Zwar wird die planende Gemeinde ihre Befugnis, in Bauleitplänen das Maß der baulichen Nutzung hinsichtlich Baumassen und Höhe baulicher Anlagen zu bestimmen, mitunter auch im Hinblick auf Auswirkungen auf die Stadtsilhouette ausüben. Daß im Einzelfall neben andere Motive auch solche baugestalterischer Art treten, kann nicht hinreichend sein, um die zugrunde liegende Norm dem Baugestaltungsrecht zuzuordnen. Baugestaltungsrecht kann im vorliegenden Zusammenhang sinnvollerweise nur als Summe der Rechtsnormen verstanden werden, die ausschließlich der Realisierung ästhetischer Zielsetzungen zu dienen bestimmt sind.

I. Gestaltungsrechtliche Beschränkungen im Bauordnungsrecht

Das der Gesetzgebungskompetenz der Länder zugeordnete Bauordnungsrecht ist in Abgrenzung zum bundesgesetzlich zu regelnden Bodenrecht im Sinne von Art. 74 Nr. 18 GG Primärfundus bauästhetischer Normen.

A. Verunstaltungsverbote

Grundnorm des Baugestaltungsrechts sind die weitgehend kongruenten bauordnungsrechtlichen Verunstaltungsverbote in den Bauordnungen der Länder.[177] Gemäß § 12 I BauO NW[178] müssen bauliche Anlagen sowie andere Anlagen und Einrichtungen im Sinne des § 1 I 2 BauO NW nach Form, Maßstab, Verhältnis der Baumassen und Bauteile zueinander, Werkstoff und Farbe so gestaltet sein, daß sie nicht verunstaltet wirken. Absatz 2 verlangt, diese Anlagen mit ihrer Um-

177 § 12 BauO NW; § 10 BauO Bln; § 12 HBO; § 53 NBauO; § 12 SächsBO; § 12 BauO LSA; § 12 BbgBO; § 4 LBO SL; § 12 ThürBO; § 10 LBauO M-V; § 11 LBO BW; § 14 LBO SH; § 5 LBauO RP, § 12 BremLBO. Weniger Ähnlichkeit im Wortlaut weisen Art. 11 BayBO und § 12 HBauO auf.

178 Die Darstellung beschränkt sich im folgenden auf die Rechtslage in Nordrhein-Westfalen.

gebung so in Einklang zu bringen, daß sie das Straßen-, Orts- oder Landschaftsbild nicht verunstalten oder deren beabsichtigte Gestaltung nicht stören (Satz 1). Auf die erhaltenswerten Eigenarten der Umgebung ist Rücksicht zu nehmen (Satz 2). § 12 I BauO NW stellt ein auf die isolierte Wirkung der Anlage selbst beschränktes, absolutes Verunstaltungsverbot auf, das im folgenden Absatz um ein relatives, die ästhetische Wirkung auf die Umgebung betreffendes Verunstaltungsverbot ergänzt wird. § 12 II 2 BauO NW ist lediglich eine nähere Erläuterung des Grundsatzes in § 12 II 1 BauO NW.[179]

Die Einhaltung der Anforderungen des § 12 BauO NW ist gemäß § 75 I 1 BauO NW bei Errichtung und Änderung baugenehmigungsbedürftiger Anlagen Genehmigungsvoraussetzung. Eine Verunstaltung zulassende und daher rechtswidrige Baugenehmigung kann nur unter den Voraussetzungen des § 48 VwVfG NW zurückgenommen werden.[180] Bei Errichtung und Änderung genehmigungsfreier Anlagen ermächtigt § 61 I 2 i.V.m. § 12 BauO NW zum Einschreiten.[181] Davon zu unterscheiden sind verunstaltende Zustände, die unabhängig von baulichen Maßnahmen an der Anlage entstehen. Zwar läßt die Einordnung im Abschnitt zu allgemeinen Anforderungen an die Bauausführung vermuten, die Geltung der in § 12 BauO NW normierten Anforderungen sei auf die Errichtung baulicher Anlagen beschränkt. Die Anforderungen des § 12 BauO NW gelten jedoch auch für bereits errichtete Anlagen.[182]

Repressive Eingriffsbefugnisse bestehen dennoch nur eingeschränkt:

Verändert sich die Umgebung einer Anlage so, daß die ursprünglich rechtmäßige Anlage mit ihr nicht mehr in Einklang steht, sondern das Straßen- oder Ortsbild verunstaltet, begründet Art. 14 I 1 GG Bestandsschutz. Dieser berechtigt,

---

179 Simon, Art. 11, Rn. 21a; Friauf/Wendt, S. 30. A.A. offensichtlich OVG Münster, 06.06.1979, BRS 35, Nr. 138; Boeddinghaus/Hahn/Schulte - Boeddinghaus, § 12, Rn. 34, der hier eine Änderung des Beurteilungsmaßstabes im Sinne einer Annäherung an ein Harmoniegebot erkennt; Gädtke/Böckenförde/Temme/Heintz - Heintz, § 12, Rn. 36ff versteht § 12 II 2 BauO NW als denkmalschützende Norm, Maßstab sei die Feststellung des geschulten Fachberaters.

180 Siehe zur Rücknahme der Baugenehmigung für ein das Ortsbild verunstaltendes Vorhaben die fragwürdige Entscheidung BayVGH, 16.10.1978, BRS 33, Nr. 153. Das Gericht ging von der Rechtmäßigkeit der nach § 96 I Nr. 1 BayBO a.F. erfolgten entschädigungslosen Rücknahme und der mit ihr verbundenen Verpflichtung, den errichteten Rohbau abzutragen, aus.

181 Gädtke/Böckenförde/Temme/Heintz - Böckenförde, § 61, Rn. 10. Nach anderer Auffassung ist die ordnungsrechtliche Generalklausel als Eingriffsgrundlage heranzuziehen, siehe Finkelnburg/Ortloff, S. 203.

182 Siehe auch VGH BW, 18.03.1976, BRS 30, Nr. 115; Gädtke/Böckenförde/Temme/Heintz - Heintz, § 12, Rn. 7; Dieckmann/Lange - Boeckh, Band 1, Teil 3, Kap. 2.2.4.

eine rechtmäßig errichtete bauliche Anlage in ihrem Bestand zu erhalten.[183] Bestandsschutz schützt primär vor Änderungen des materiellen Baurechts[184], aber auch bei Veränderungen tatsächlicher Art. Ist die Verunstaltung nicht auf einen geänderten Zustand der Anlage zurückzuführen, kann gegen die verunstaltende Anlage grundsätzlich nicht vorgegangen werden. § 87 BauO NW ist als Bestandsschutz durchbrechende Norm nicht einschlägig.[185] Nachträgliche Anforderungen gemäß § 61 II BauO NW bzw. die Aufhebung der Baugenehmigung nach allgemeinem Verwaltungsverfahrensrecht[186] kommen grundsätzlich ebenfalls nicht in Betracht. Liegt der Grund für den entstandenen Widerspruch zu § 12 BauO NW nicht in der Sphäre des Pflichtigen, ist die Interessenlage vergleichbar mit jener bei Verschärfung baurechtlicher Anforderungen. Hier könnte ein Anpassungsgebot gemäß § 87 BauO NW nur erlassen werden, wenn dies im Einzelfall wegen der Sicherheit für Leben und Gesundheit erforderlich ist.[187]

Bestandsschutz umfaßt nicht den Bestand einer vom ursprünglich rechtmäßigen Zustand abweichenden Anlage.[188] Ergibt sich der verunstaltete Zustand einer Anlage erst im Laufe der Zeit ohne Zutun des Pflichtigen durch Korrosion, altersbedingten Zerfall oder sonst durch äußere Einflüsse wie Brand oder Hagel, liegt eine Verletzung der Instandhaltungspflicht vor; die Behörde kann nach § 61 I 2 i.V.m. § 12 BauO NW die Beseitigung der Verunstaltung anordnen.[189]

---

183 BVerwG, 17.01.1986, BauR 1986, 302.

184 Rechtsprechungsnachweise bei Boeddinghaus/Hahn/Schulte - Hahn, § 87, Rn. 1.

185 § 87 BauO NW ist nur anwendbar, wenn sich das materielle Bauordnungsrecht ändert, nicht aber bei geänderten tatsächlichen Verhältnissen. Gädtke/Böckenförde/Temme/Heintz - Böckenförde, § 87, Rn. 4. Dies übersieht Mick, S. 149, für die parallele Norm § 82 LBauO RP. Mißverständlich auch Moench/Schmidt, S. 29 für Art. 63 V BayBO (neue Fassung: Art. 66 V BayBO).

186 Umstritten ist, ob bei nachträglicher Änderung der Sachlage, die dem Erlaß eines gleichlautenden Verwaltungsakts entgegenstünde, eine Rücknahme nach § 48 VwVfG oder, so die herrschende Meinung und die Rechtsprechung, ein Widerruf gemäß § 49 VwVfG in Betracht kommt.

187 Im Ergebnis ebenso aber ohne Begründung Boeddinghaus/Hahn/Schulte - Boeddinghaus, § 12, Rn. 12; Gädtke/Böckenförde/Temme/Heintz - Heintz, § 12, Rn. 7 (Verunstaltungsbeseitigung könne im allgemeinen nicht verlangt werden, wenn die Anlage unter baurechtlichem Bestandsschutz steht).

188 Siehe etwa die der Entscheidung BVerwG, 11.04.1989, NJW 1989, 2638 zugrundeliegenden Fallgestaltung.

189 OVG Münster, 12.02.1968, BRS 20, Nr. 115; VGH BW, 18.03.1976, BRS 30, Nr. 115; BVerwG, 11.04.1989, NJW 1989, 2638; Boeddinghaus/Hahn/Schulte - Boeddinghaus, § 12, Rn. 12; Boeddinghaus/Hahn/Schulte - Hahn, § 61, Rn. 98; Thiel/Mampel/Moog/Tyczewski - Rößler, § 12, Anm. 3; Bork/Köster, § 12, Rn. 6; Mick, S. 148 m.w.N.

Art. 11 I BayBO verlangt, bauliche Anlagen nach den anerkannten Regeln der Baukunst durchzubilden. Die Beachtung allgemein anerkannter Regeln der Baukunst schrieben überdies einige bauordnungsrechtliche Generalklauseln vor.[190] Zum Teil werden auch diese Regeln als bauästhetische Vorgaben verstanden.[191]

Spezielle Verunstaltungsverbote betreffen in erster Linie Anlagen der Außenwerbung und Warenautomaten. Diese Anlagen dürfen gemäß § 13 BauO NW[192] das Straßen-, Orts- und Landschaftsbild nicht verunstalten. Als Verunstaltung bestimmt die Norm auch die Verdeckung begrünter Flächen und die Störung einer einheitlichen Gestaltung oder einer architektonischen Gliederung baulicher Anlagen. Unzulässig ist darüber hinaus die störende Häufung von Werbeanlagen sowie weitgehend ihre Anbringung außerhalb im Zusammenhang bebauter Ortsteile. Weitere Einschränkungen bestehen für Anlagen in Wohn-, Dorf- und Kleinsiedlungsgebieten.

Zu den bauästhetischen Bestimmungen der Bauordnung zählen schließlich § 6 XV BauO NW, der aus Gründen der Straßenbildgestaltung die Normierung zu Abstandflächen zwischen Gebäuden modifiziert, und § 9 III BauO NW, der zur Vermeidung bzw. Beseitigung von Störungen des Straßen-, Orts- und Landschaftsbildes durch bestimmte Geländeoberflächen zu Erhaltensgeboten und Veränderungsverboten ermächtigt.

B. Örtliche Bauvorschriften

Detaillierte Anforderungen an die Baugestaltung können in örtlichen Bauvorschriften festgelegt werden, zu denen § 86 I Nr. 1, 2, 4, 5, 6 BauO NW ermächtigen. Ortsgestaltungsrecht ergeht in Form von Satzungen oder als Bestandteil von Bebauungsplänen. Es ist nicht auf die Konkretisierung der allgemeinen Verunstaltungsverbote beschränkt, sondern kann auch positive Gestaltungspflege umfassen.[193] § 86 I Nr. 1 BauO NW bezieht sich auf die Sicherung bestimmter

---

190 Z.B. § 3 I 2 BauO NW a.F. (geändert 1984). In gültiger Fassung enthält nur Art. 3 II 4 BayBO diese Bestimmung. Siehe aber auch §§ 15 II Nr. 1, 22 III Nr. 1 NachbG NW. Zu früheren Fassungen der Bauordnungen auch Friauf/Wendt, S. 26 mit Fn. 53.

191 Dazu im einzelnen unten 2. Teil § 1 III A.

192 Vergleichbare Regelungen enthalten § 49 NBauO; § 53 LBauO M-V; § 13 ThürBO; § 15 LBO SL; § 13 BbgBO; § 13 BauO LSA; § 13 SächsBO; § 13 HBO; § 11 BauO Bln; § 13 HBauO; § 15 LBO SH; § 52 LBauO RP; § 13 BremLBO. Weniger detaillierte Sonderbestimmungen treffen § 11 III, IV LBO BW; Art. 11 II 2 BayBO.

193 OVG Münster, 30.06.1978, BRS 33, Nr. 115; OVG Lüneburg, 04.05.1979, BRS 35, Nr. 132; OVG Münster, 30.06.1981, BRS 38, Nr. 138; OVG Lüneburg, 12.02.1982, BRS 39, Nr. 132; VGH BW, 26.08.1982, BRS 39, Nr. 133; OVG Münster, 06.02.1992, BRS 54, Nr. 112; Boeddinghaus/Hahn/Schulte - Boeddinghaus, § 12,

baugestalterischer Absichten. Die Ermächtigung umfaßt nicht das generelle Verbot, bestimmte Anlagen wie Parabolantennen oder Windkrafträder zu errichten, auf § 86 I Nr. 1 BauO NW gestütztes Ortsrecht darf nur die Gestaltung von Anlagen beeinflussen.[194] Nr. 2 und 6 haben den Schutz vorhandener Bebauung von besonderer Bedeutung zum Gegenstand. § 86 I Nr. 4 BauO NW betrifft die Gestaltung, insbesondere die Begrünung von Vorgärten und anderen unbebauten Flächen und steht in enger Beziehung zum Begrünungsgebot des § 9 I BauO NW. Hier ist die Zuordnung zum Baugestaltungsrecht nicht generell zu treffen, denn Begrünungsvorschriften dienen auch der Verbesserung des Kleinklimas, dem Umweltschutz und schließlich dem Schutz der Bevölkerung vor Luftverunreinigungen und Lärm.[195] § 86 I Nr. 5 BauO NW ermächtigt zu Vorschriften über das Ob und Wie von Einfriedungen.

Vorhandene Bebauung ist nur bei Änderungsmaßnahmen, die in Zusammenhang mit dem Gegenstand der ortsrechtlichen Anforderung stehen, von gemeindlichem Baugestaltungsrecht betroffen. Gemäß § 87 BauO NW sind bauliche Anlagen an neue bauordnungsrechtliche Anforderungen nur anzupassen, wenn dies im Einzelfall wegen der Sicherheit für Leben und Gesundheit erforderlich ist oder unter besonderen Voraussetzungen bei wesentlicher Änderung der Anlage. Im übrigen gilt die Bestandsgarantie uneingeschränkt. Eine Pflicht zur Anpassung der Anlage an neu erlassenes baugestalterisches Ortsrecht besteht folglich regelmäßig nicht.[196]

Rn. 11; Gädtke/Böckenförde/Temme/Heintz - Böckenförde, § 86, Rn. 4; Finkelnburg/Ortloff, S. 41; Dierkes, S. 106; Dürr/Middeke, Rn. 211. Bereits BVerwG, 29.08.1961, BRS 12, S. 127 für Landesrecht mit dem Hinweis, die Entscheidung des Senats vom 28.06.1961 (gemeint: BVerwG, 28.06.1955, E 2, 172ff) habe die Beschränkung der BauGVO auf die Verunstaltungsverhinderung allein aus den Bestimmtheitsanforderungen abgeleitet. Anders aber BVerwG, 26.03.1962, BRS 13, S. 125ff für Ortsrecht auf Grundlage von § 2 BauGVO. Der Entscheidung OVG Münster, 25.03.1964, BRS 15, Nr. 80, wonach Ortsrecht keine über das Baugestaltungsrecht der Bauordnung hinausgehenden Ziele verfolgen dürfe, also auf die Verunstaltungsabwehr beschränkt sei, lag noch eine engere Fassung der Ermächtigungsgrundlage (§ 103 I Nr. 1 BauO NW: „zur Verwirklichung der in diesem Gesetz enthaltenen Anforderungen") zugrunde. Ebenso VGH BW, 14.04.1965, BRS 16, Nr. 78; VGH BW, 13.09.1966, BRS 17, Nr. 86; VGH BW, 29.01.1969, BRS 22, Nr. 124; VGH BW, 25.03.1971, BRS 24, Nr. 118. Anders Friauf/Wendt, S. 31ff, die aus Bestimmtheitserwägungen nur eine Verunstaltungsabwehr für zulässig halten.

194 Gädtke/Böckenförde/Temme/Heintz - Böckenförde, § 86, Rn. 13; Dierkes, S. 117.

195 Gädtke/Böckenförde/Temme/Heintz -Heintz, § 9, Rn. 3f.

196 So auch Boeddinghaus/Hahn/Schulte - Boeddinghaus, § 12, Rn. 12.

II. Gestaltungsrechtliche Beschränkungen im Denkmalschutzrecht

Zum Schutz historischer Bauten sind neben bauordnungsrechtlichen Gestaltungsinstrumenten nach § 86 I Nr. 2 und 6 BauO NW, bauplanungsrechtlichen Erhaltungssatzungen nach § 172 BauGB[197] und städtebaulichem Denkmalschutz nach § 1 V Nr. 5 BauGB die Instrumentarien der Landesdenkmalschutzgesetze von besonderer Bedeutung. Eine vielfältige Verzahnung von Baurecht und Denkmalschutzrecht im engen Sinne gewährleisten § 1 V Nr. 5[198], § 9 VI, § 29 Satz 4 und § 35 III BauGB[199], § 1 III DSchG NW und § 75 I 1 BauO NW.

Das Denkmalschutzrecht ist nur eingeschränkt als eine weitere Quelle baugestalterischer Anforderungen zu bezeichnen. Der Schutz ästhetischer Wirkungen ist weder alleiniger Zweck noch Hauptmotiv der Denkmalschutzgesetze; Denkmalschutz ist primär auf die Erhaltung historischer Substanz gerichtet. Denkmäler sollen nicht als ästhetisch ansprechende Objekte sondern als bedeutende Zeugnisse der Geschichte erhalten werden.[200] Folgerichtig führt der ästhetische Wert einer Anlage nicht zur Denkmalschutzwürdigkeit.

Dennoch beinhaltet Denkmalschutz auch gestalterische Aspekte. Dies zeigt sich zum einen anhand der Schutzobjekte, zum anderen anhand der Schutzrichtung: Durch gemeindliche Satzung festgelegte Denkmalbereiche genießen gemäß § 5 I DSchG NW Denkmalschutz. Denkmalbereiche sind nach § 2 III DSchG NW Mehrheiten baulicher Anlagen, ohne daß jedes einzelne umfaßte Bauwerk ein Denkmal sein müßte. Dies sind unter anderem Ortsbilder, Ortssilhouetten und bauliche Gesamtanlagen einschließlich der näheren Umgebung, sofern sie für das Erscheinungsbild bedeutend ist (§ 2 III 2 DSchG NW). Denkmalbereiche werden wegen ihrer gestalterischen Wirkung geschützt, aber auch der Schutz von Einzeldenkmälern ist nicht auf die Erhaltung der Substanz beschränkt. Die Veränderung von Baudenkmälern ist gemäß § 9 I a DSchG NW erlaubnispflichtig. Eine Veränderung setzt keinen Eingriff in die Substanz des Objekts voraus, als Veränderung gilt auch die Beeinflussung des Erscheinungsbildes.[201] § 30 I a DSchG NW

---

197 Siehe unten unter III. D. Zur Abgrenzung siehe BVerfG, 26.01.1987, NVwZ 1987, 879; BVerwG, 03.07.1987, DÖV 1987, 966; Dierkes, S. 57ff.

198 Rechtsprechungshinweise bei Moench/Schmidt S. 128.

199 § 35 III BauGB umfaßt auch den Umgebungsschutz eines Denkmals im Hinblick auf die ästhetische Wirkung, BayVGH, 08.03.1982, BRS 39, Nr. 81.

200 Eberl, BayVBl 1987, 353.

201 VGH BW, 22.08.1979, BRS 35, Nr. 8 (Traglufthalle in der Nähe eines denkmalgeschützten Ortskerns); OVG Lüneburg, 05.09.1985, BRS 44, Nr. 124 (Markise an einem Baudenkmal); VGH BW, 10.10.1988, BRS 48, Nr. 118 (Sonnenkollektoren auf dem Dach eines Gebäudes, das zu einer denkmalschutzrechtlich geschützten Gesamtanlage gehört); VGH BW, 20.06.1989, BRS 49, Nr. 145 (Abbruchsgenehmigung für Gebäude in Umgebung eines Kulturdenkmals); zur Anbringung von

verdeutlicht ebenfalls, daß Denkmalschutz den Schutz von Bestand, Eigenart und Erscheinungsbild umfaßt. Erlaubnispflichtig ist nicht nur die Veränderung der denkmalgeschützten Anlage selbst, sondern auch die Errichtung, Veränderung oder Beseitigung von Anlagen in der engeren Umgebung von Baudenkmälern, wenn hierdurch das Erscheinungsbild des Denkmals beeinträchtigt wird (§ 9 I b DSchG NW). Bauliche Anlagen in der Nähe von Baudenkmälern müssen der Eigenart des Denkmals im Hinblick auf Formensprache, Stilempfinden, Verhältnis der Baumassen und Bauteile zueinander und untereinander, Baulinien und Bauhöhen, Werkstoff, Farbe, handwerkliche Verarbeitung und städtebauliche Proportionen, in Bezug auf Art und Maß der baulichen Nutzung sowie der Bauweise entsprechen.[202]

Eigenwertes Schutzgut des Denkmalschutzrechts ist neben der baulichen Substanz und Funktion die davon gelöste bauliche Gestalt.[203] Insoweit ist Denkmalschutzrecht zugleich Baugestaltungsrecht.

III. Gestaltungsrechtliche Beschränkungen im Bauplanungsrecht

A. Bauleitplanung

Die bauplanerische Zulässigkeit gemäß §§ 29, 30 I BauGB von planungsrechtlich relevanten Vorhaben im Geltungsbereich eines qualifizierten Bebauungsplanes richtet sich nach den Festsetzungen des Bebauungsplanes. Bebauungspläne können neben Regelungen aufgrund bauordnungsrechtlicher Ermächtigungen weitere gestalterische Festsetzungen enthalten. Bei der Aufstellung der Bebauungspläne sind gemäß § 1 V BauGB die Gestaltung des Orts- und Landschaftsbildes (Nr. 4) und die Belange des Denkmalschutzes und der Denkmalpflege sowie die erhaltenswerten Ortsteile, Straßen und Plätze von geschichtlicher, künstlerischer oder städtebaulicher Bedeutung (Nr. 5) zu berücksichtigen.[204]

Ist kein qualifizierter Bebauungsplan vorhanden, richtet sich die Zulässigkeit gemäß §§ 29, 30 II BauGB nach den §§ 34, 35 BauGB und gegebenenfalls nach den Anforderungen des einfachen Bebauungsplanes.

Werbenanlagen HessVGH, 30.03.1977, BRS 32 Nr. 116; BayVGH, 22.11.1977, BRS 32, Nr. 115; BayVGH, 28.12.1981, BayVBl 1982, 278; VGH BW, 27.05.1983, BRS 40, Nr. 156; Moench/Schmidt, S. 105; Mick, S. 215 mit weiteren Beispielen.

202 Kummer, S. 129.

203 Mick, S. 209.

204 Siehe dazu VGH BW, 22.08.1979, BRS 35, Nr. 8; BayVGH, 09.11.1981, BRS 38, Nr. 39.

B. Vorhaben im unbeplanten Innenbereich

Ein Vorhaben innerhalb eines im Zusammenhang bebauten unbeplanten Ortsteils muß sich gemäß § 34 I BauGB nach Art und Maß der baulichen Nutzung, der Bauweise und der zu überbauenden Grundstücksfläche in die Eigenart der näheren Umgebung einfügen und darf das Ortsbild nicht beeinträchtigen.

Das Erfordernis des Einfügens in die nähere Umgebung dient der Vermeidung bodenrechtlich beachtlicher Spannungen.[205] Das Vorhaben darf die Umgebung nicht verschlechtern, belasten oder stören. Ob dies auch hinsichtlich ästhetischer Belange gilt, ist anhand der Anknüpfungsmerkmale des Einfügungsgebotes zu bestimmen. Das Einfügungsgebot hinsichtlich der Art der baulichen Nutzung zielt, wie der Verweis in § 34 II BauGB auf die in der BauNVO differenzierten Baugebiete zeigt, auf die Verhinderung von Nutzungskonflikten und nicht auf die optische Wirkung des Vorhabens.[206] Weniger eindeutig ist die Forderung, das Vorhaben müsse sich im Maß der baulichen Nutzung in die Umgebung einfügen. Relevante Merkmale sind hierbei vor allem die Höhe und die absolute Grundflächengröße des Baukörpers.[207] Üblicherweise wird mit diesem Einfügungsgebot Nutzungskonflikten vorgebeugt, die darin begründet sind, daß die Größe einer baulichen Anlage die Besonnung, Belichtung und Durchlüftung anderer Grundstücke beeinträchtigt oder mittelbar durch die größenbedingt mögliche Nutzungsintensität die Wohnruhe auf benachbarten Grundstücken beeinflußt. Gleiches gilt für die Einfügungsgebote hinsichtlich der Bauweise und der zu überbauenden Grundstücksfläche, auch hier scheint die Verhinderung potentieller funktionaler und nicht ästhetischer Spannungen Regelungsgegenstand zu sein. Dennoch werden Vorhaben auch dann für unzulässig gemäß § 34 I 1 BauGB gehalten, wenn sie lediglich optisch zur Umgebung kontrastieren, sich hinsichtlich genannter Merkmale nicht ästhetisch einfügen.[208] Für ein solches Verständnis spricht der enge Zusammenhang zum Ortsbildschutz in § 34 I 2 Hs.

---

205 BVerwG, 26.05.1978, E 55, 369 (383, 386); Ernst/Zinkahn/Bielenberg/Krautzberger - Söfker, § 34, Rn. 30.

206 Daß die Art der Nutzung zugleich eine gestaltrelevante Größe ist - siehe Mick, DÖV 1991, 623 (625) - ändert den Befund nicht; Normziel ist nicht ein bestimmtes ästhetisches Erscheinungsbild.

207 Gelzer/Birk, Rn. 1167ff; Ernst/Zinkahn/Bielenberg/Krautzberger - Söfker, § 34, Rn. 39ff.

208 BVerwG, 18.02.1983, BRS 40, Nr. 64 (Nichteinfügen einer Windenergieanlage sei wegen optisch erdrückender Wirkung möglich); HessVGH, 16.10.1986, BRS 46, Nr. 68 (1.90m hohe Sichtschutzwand füge sich nicht in nähere Umgebung ein, in der nur 1,3m hohe Jägerzäune sind, Erscheinungsbild der Landschaft werde stark entwertet).

2 BauGB.[209] Daß im konkreten Anwendungsfall mangelndes Einfügen ausschließlich auf ästhetischen Gründen basiert, ist die Ausnahme. Die mit dem Einfügungsgebot zu bewältigenden bodenrechtlich beachtlichen Spannungen sind grundsätzlich keine ästhetischer Art.

Baugestalterische Anforderungen ergeben sich vornehmlich aus § 34 I 2 Hs. 2 BauGB. Die Vermeidung von Ortsbildbeeinträchtigungen hat nach allgemeiner Auffassung selbständige Bedeutung neben den Einfügungsgeboten.[210] Wenn sich auch ein das Ortsbild beeinträchtigendes Vorhaben regelmäßig nicht im Sinne von § 34 I 1 BauGB in die nähere Umgebung einfügen wird, sind doch Vorhaben denkbar, die sich zwar einfügen, aber dennoch wegen Beeinträchtigung des Ortsbildes unzulässig sind.[211] Anforderungen nach § 34 I 2 Hs. 2 BauGB können sich mit bauordnungsrechtlichen gestalterischen Anforderungen überschneiden[212], sind aber hinsichtlich ihrer Zielsetzung von diesen zu unterscheiden.[213] Die mit § 34 BauGB zu verhindernde Beeinträchtigung des Ortsbildes ist städtebaulich zu verstehen. Zwar ist diese Anforderung nicht wie das Einfügungsgebot auf bestimmte Merkmale der geplanten Anlage beschränkt. Nach richtiger Auffassung[214] ist jedoch eine Ortsbildbeeinträchtigung, die etwa auf dem Werkstoff der Außenverkleidung, der Fassadenfarbe, der Dachgestalt oder der Firstrichtung beruht, nur von bauordnungsrechtlicher Relevanz und für die Zulässigkeit nach § 34 BauGB unerheblich, denn es wäre mit der planersetzenden Funktion von § 34 BauGB unvereinbar, Anforderungen an ein Vorhaben zu stellen, die nicht ebenso im Bebauungsplan festgelegt werden könnten.[215] Das Gebot der Vermeidung von Ortsbildbeeinträchtigungen zählt ebenso wie die Verunstaltungsverbote zu den

---

209 Siehe auch Mick, S. 312; Ernst/Zinkahn/Bielenberg/Krautzberger - Söfker, § 34, Rn. 68; Boeddinghaus, BauR 1986, S. 506 (508).

210 BVerwG, 16.07.1990, BauR 1990, 688; OVG Münster, 06.11.1990, BRS 52, Nr. 66; Ernst/Zinkahn/Bielenberg/Krautzberger - Söfker, § 34, Rn. 68.

211 Gelzer/Birk, Rn. 1198; BVerwG, 16.07.1990, BauR 1990, 688; Simon, Art. 11, Rn. 3e; Ernst/Zinkahn/Bielenberg/Krautzberger - Söfker, § 34, Rn. 68.

212 Ernst/Zinkahn/Bielenberg/Krautzberger - Söfker, § 34, Rn. 38.

213 Ernst/Zinkahn/Bielenberg/Krautzberger - Söfker, § 34, Rn. 68.

214 OVG Lüneburg, 25.01.1978, BRS 33, Nr. 53; OVG Berlin, 03.07.1981, BRS 38, Nr. 71; Gelzer/Birk, Rn. 1199; Boeddinghaus/Hahn/Schulte - Boeddinghaus, § 12, Rn. 30; Boeddinghaus/Hahn/Schulte - Hahn, § 86, Rn. 35; Hoppe/Grotefels - Hoppe, § 8, Rn. 68; Mick, S. 313; Mick, DÖV 1991, 623 (626); Brügelmann - Dürr, § 34, Rn. 44; Manssen, NWVBl 1992, 381 (383f). A.A. OVG Münster, 06.11.1990, BRS 52, Nr. 66; VGH BW, 29.01.1992, NVwZ 1993, 94 (85); Ernst/Zinkahn/Bielenberg/Krautzberger - Söfker, § 34, Rn. 68; Simon, Art. 11, Rn. 3e.

215 Dies wird zum Teil für das Einfügungsgebot betont, siehe Mick, S. 310; Mick, DÖV 1991, 623 (625). Hier ergibt sich die Unzulässigkeit entsprechender Anforderungen aber bereits aus der textlichen Beschränkung des Einfügungsgebotes auf bestimmte Merkmale des Vorhabens.

negative Wirkungen abwehrenden Anforderungen.[216] Eine Beeinträchtigung ist bereits bei wesentlichen Benachteiligungen des Ortsbildes bzw. seiner Auswirkungen auf das Landschaftsbild[217] gegeben, eine Verunstaltung des Ortsbildes muß nach verbreiteter Auffassung nicht vorliegen.[218]

C. Vorhaben im unbeplanten Außenbereich

Im unbeplanten Außenbereich ist ein unprivilegiertes Vorhaben gemäß § 35 II i.V.m. III Nr. 5 BauGB unzulässig, wenn es Belange des Naturschutzes und der Landschaftspflege, des Denkmalschutzes oder die natürliche Eigenart der Landschaft und ihren Erholungswert beeinträchtigt oder das Orts- bzw. Landschaftsbild verunstaltet. Ein nach § 35 I BauGB privilegiertes Vorhaben ist erst dann unzulässig, wenn ihm die genannten öffentlichen Belange entgegenstehen.[219] Die Beeinträchtigung der Eigenart der Landschaft kann gemäß § 35 IV BauGB den in diesem Absatz privilegierten Vorhaben nicht entgegengehalten werden.

Die Beeinträchtigung der natürlichen Eigenart der Landschaft oder ihrer Aufgabe als Erholungsgebiet ist in der Praxis einer der häufigsten Gründe, die der bauplanungsrechtlichen Zulässigkeit eines Außenbereichsvorhabens entgegenstehen.[220] Ziel dieser Anforderung ist die Erhaltung der natürlichen Funktion und Eigenart der Außenbereichslandschaft zur naturgegebenen Bodennutzung und als Erholungsfläche sowie ihr Schutz vor dem Eindringen wesensfremder Nut-

---

216 Ernst/Zinkahn/Bielenberg/Krautzberger - Söfker, § 34, Rn. 68.

217 OVG Münster, 25.04.1977, BRS 32, Nr. 51; wohl auch OVG Lüneburg, 25.01.1978, BRS 33, Nr. 53; Ernst/Zinkahn/Bielenberg/Krautzberger - Söfker, § 34, Rn. 68.

218 OVG Berlin, 03.07.1981, BRS 38, Nr. 71; BayVGH, 12.11.1987, BayVBl 1989, 403; Ernst/Zinkahn/Bielenberg/Krautzberger - Söfker, § 34, Rn. 69; Gelzer/Birk, Rn. 1200; Simon, Art. 11, Rn. 3e; Mick, DÖV 1991, 623 (626); Brügelmann - Dürr, § 34, Rn. 44. Wohl auch BVerwG, 16.07.1990, BauR 1990, 688. Anders offensichtlich BVerwG, 18.02.1983, BRS 40, Nr. 64.

219 Der Katalog des § 35 III BauGB gilt entsprechend, Gelzer/Birk, Rn. 1340; Ernst/Zinkahn/Bielenberg/Krautzberger - Söfker, § 35, Rn. 75. Zur Unzulässigkeit eines privilegierten Vorhabens wegen Verunstaltung des Landschaftsbildes siehe BVerwG, 22.11.1985, BauR 86, 188 (190f); BVerwG, 13.11.1996, BRS 58, Nr. 86. Eine Unterscheidung zwischen privilegierten und anderen Vorhaben hinsichtlich ästhetischer Anforderungen dürfte angesichts des Privilegierungszweckes, Vorhaben im Außenbereich zu ermöglichen, die in anderen Gebieten nicht zu verwirklichen wären, nur in Betracht kommen, wenn die ästhetische Beeinträchtigung durch die Anlage als solche und nicht durch die konkrete Gestaltung bedingt ist. Siehe dazu VGH BW, 26.06.1981, BRS 38, Nr. 107.

220 Gelzer/Birk, Rn. 1341, 1351; Brügelmann - Dürr, § 35, Rn. 92.

zung.[221] Es kommt nicht darauf an, ob das geplante Bauwerk baugestalterisch zufriedenstellend ist, ob es sich unauffällig der Umgebung anpaßt, oder ob seine Zweckbestimmung erkennbar ist. Die Landschaft soll vor funktionalen Fremdkörpern geschützt werden.[222] Nach anderer Auffassung, vor allem hinsichtlich der bis 1976 geltenden Fassung des BBauG, kann die natürliche Eigenart der Landschaft auch dann beeinträchtigt sein, wenn ein Vorhaben in ästhetischer Hinsicht grob unangemessen ist.[223] Überwiegend werden ästhetische Gesichtspunkte anderen öffentlichen Belangen im Sinne von § 35 III BauGB, unter ihnen die Belange des Naturschutzes und der Landschaftspflege, zugerechnet.[224]

Die in § 35 III Nr. 5 BauGB festgesetzte Relevanz der Belange des Naturschutzes, der Landschaftspflege und des Denkmalschutzes hat eigenständige Bedeutung neben den über § 29 Satz 4 BauGB zu beachtenden bundes- und landesrechtlichen Vorschriften.[225] Im Rahmen von § 35 III BauGB ist lediglich entscheidend, ob Ziele und Grundsätze nach §§ 1, 2 BNatSchG bzw. der landesrechtlichen Denkmalschutzvorschriften negativ getroffen werden.[226] Diese bauplanungsrechtlichen Anforderungen sind daher insbesondere dort von Bedeutung, wo eine spezialgesetzlich erforderliche förmliche Unterschutzstellung noch nicht erfolgt ist. Denkmalschutzbelange umfassen wie festgestellt[227] den Schutz vor optischen Beeinträchtigungen von Denkmälern.[228] Als Beeinträchtigung der Belange des Naturschutzes und der Landschaftspflege werden ebenfalls Vorhaben verstanden, die dem Landschaftsbild in ästhetischer Sicht grob unangemessen sind.[229] Ein solches Verständnis beläßt dem Tatbestand der Verunstaltung des

221 OVG Lüneburg, 04.12.1962, BRS 14, S. 164; Gelzer/Birk, Rn. 1352ff; Ernst/Zinkahn/Bielenberg/Krautzberger - Söfker, § 35, Rn. 95.

222 BVerwG, 15.10.1964, BRS 15, Nr. 44; HessVGH, 12.07.1968, BRS 20, Nr. 206; Gelzer/Birk, Rn. 1356; Ernst/Zinkahn/Bielenberg/Krautzberger - Söfker, § 35, Rn. 96; Mick, S. 319; Brügelmann - Dürr, § 35, Rn. 92.

223 BVerwG, 29.04.1968, BRS 20, Nr. 59 (Bienenhaus mit auffälliger Form als klotziger, weithin sichtbarer Betonkörper); BVerwG, 09.05.1972, DVBl 1972, 685 (686); BVerwG, 19.01.1978, BRS 33, Nr. 71; Gelzer/Birk, Rn. 1357.

224 Ernst/Zinkahn/Bielenberg/Krautzberger - Söfker, § 35, Rn. 90; BVerwG, 15.05.1997, BRS 59, Nr. 90 (Mit der Ergänzung des § 35 III BauGB um weitere Regelbeispiele durch die Änderung vom 18.08.1976 - BGBl. I, S. 2221 - sei der weiten Auslegung des Terminus „natürliche Eigenart der Landschaft" die Grundlage entzogen).

225 Ernst/Zinkahn/Bielenberg/Krautzberger - Söfker, § 35, Rn. 90, 92.

226 BVerwG, 13.04.1984, NVwZ 1985, 340 (341); Ernst/Zinkahn/Bielenberg/Krautzberger - Söfker, § 35, Rn. 91.

227 Siehe oben unter II.

228 § 35 III BauGB umfaßt auch den Umgebungsschutz eines Denkmals im Hinblick auf die ästhetische Wirkung, siehe BayVGH, 08.03.1982, BRS 39, Nr. 81.

229 BVerwG, 15.05.1997, BRS 59, Nr. 90; Ernst/Zinkahn/Bielenberg/Krautzberger - Söfker, § 35, Rn. 90.

Landschaftsbildes keinen eigenständigen Anwendungsbereich.[230] Konsequenter ist daher, im Rahmen von § 35 BauGB den optischen Schutz von Natur und Landschaft ausschließlich in der Abwehr von Verunstaltungen des Landschaftsbildes zu verorten.[231]

Die Schutzwürdigkeit des Landschaftsbildes setzt nicht die Unberührtheit der Landschaft voraus. Ist jedoch die Eigenart im wesentlichen nicht mehr erhalten, kommt eine Unzulässigkeit des Vorhabens wegen Verunstaltung des Landschaftsbildes nicht in Betracht.[232] Für die Unzulässigkeit eines Vorhabens in besonders schutzwürdiger Landschaft reicht ein geringerer Beeinträchtigungsgrad, während sonst erst eine grob unangemessene Beeinträchtigung als Verunstaltung zu qualifizieren ist.[233]

Eine Verunstaltung des Ortsbildes ist in nur wenigen Konstellationen möglich. Ein Vorhaben im Außenbereich kann das Ortsbild regelmäßig nur hinsichtlich der Silhouette, des Fernblickes auf den Ort beeinträchtigen.[234] Folglich kommen vor allem Lage und Stellung sowie Größe der baulichen Anlage als eine Verunstaltung des Ortsbildes begründende Merkmale in Betracht.[235] Da auch im Hinblick auf § 35 BauGB nur solche Beeinträchtigungen relevant sind, die ihre Ursache in bauplanerisch festsetzbaren Merkmalen haben, erfährt die Verunstaltung im Sinne von § 35 III BauGB weitere Einschränkungen. Das Orts- oder Landschaftsbild beeinträchtigende Fassadenfarben, Außenverkleidungen[236] oder Dachgestaltungen führen in keinem Fall zu einer Verunstaltung im Sinne von § 35 BauGB.[237]

---

230 Dürr, NVwZ 1992, 833 (838); ähnlich Ernst/Zinkahn/Bielenberg/Krautzberger - Söfker, § 35, Rn. 93.

231 Ebenso Mick, S. 319. Das BVerwG, 15.05.1997, BRS 59, Nr. 90, sieht den Schutz von Natur und Landschaft vor ästhetischen Beeinträchtigungen differenziert: Durch förmlichen Natur- und Landschaftsschutz unter Schutz gestellte Landschaften seien gemäß § 35 III 1 Nr. 5 Alt. 1 BauGB vor ästhetischen Beeinträchtigungen zu bewahren, für andere Landschaften gelte das Verunstaltungsverbot gemäß § 35 III 1 Nr. 5 Alt. 3 BauGB.

232 BVerwG, 03.05.1974, BauR 1974, 328 (329); VGH BW, 19.12.1984, NuR 1987, 29; Ernst/Zinkahn/Bielenberg/Krautzberger - Söfker, § 35, Rn. 94.

233 Ernst/Zinkahn/Bielenberg/Krautzberger - Söfker, § 35, Rn. 93. Im Ergebnis auch BVerwG, 15.05.1997, BRS 59, Nr. 90.

234 Soweit ersichtlich, hat in nur zwei veröffentlichten Entscheidungen eine Verunstaltung des Ortsbildes die Unzulässigkeit nach § 35 BauGB begründet. OVG Münster, 16.03.1976, BRS 30, Nr. 70 (Hütte am Hang verunstalte Ortsbild auf Bergkuppe); BayVGH, 11.07.1978, BRS 33, Nr. 72 (Schweinemaststall mit Kraftfuttersilo in Nachbarschaft einer Kirche verunstalte Ortsbild).

235 Ernst/Zinkahn/Bielenberg/Krautzberger - Söfker, § 35, Rn. 94.

236 Siehe auch Ernst/Zinkahn/Bielenberg/Krautzberger - Söfker, § 35, Rn. 94, wonach bestimmte Baumaterialien allein keine Verunstaltung begründen.

237 Mick, S. 317f, 320f.

Ästhetische Belange sind in Anwendung von § 35 BauGB nach der hier vertretenen Auffassung als Belange des Denkmalschutzes (§ 35 III Nr. 5 Alt. 3 BauGB) und im übrigen bei Verunstaltungen des Orts- und Landschaftsbildes (§ 35 III Nr. 5 Alt. 5 BauGB) zu berücksichtigen. Die in § 35 III BauGB genannten Belange sind Regelbeispiele, sonstige öffentliche Belange sind erheblich, soweit sie ein ähnliches oder stärkeres Gewicht besitzen.[238] Ästhetische Belange sind nur schutzwürdig, soweit sie dem mit den Regelbeispielen aufgezeigten Schutzniveau nicht widersprechen.[239]

D. Besonderes Städtebaurecht

Weitere gestaltungsrechtliche Instrumente stellt das besondere Städtebaurecht zur Verfügung.

Städtebauliche Sanierungsmaßnahmen der Gemeinde beruhen gemäß § 136 BauGB nicht auf einer bauästhetisch unbefriedigenden Situation; durch Sanierungsmaßnahmen zu behebende Mißstände sind gemäß § 136 II, III BauGB ungesunde Wohn- und Arbeitsverhältnisse und Beeinträchtigungen der Funktionsfähigkeit des Sanierungsgebietes. Städtebauliche Sanierungsmaßnahmen sollen aber gemäß § 136 IV Nr. 4 BauGB zugleich dazu beitragen, daß die Gestaltung des Orts- und Landschaftsbildes verbessert und den Erfordernissen des Denkmalschutzes Rechnung getragen wird. Allein gestalterisch-ästhetisch intendierte Maßnahmen sind keine Sanierungsmaßnahmen im Sinne von § 136 BauGB.

§ 172 I Nr. 1 BauGB ermächtigt die Gemeinden zum Erlaß von Erhaltungssatzungen, die zur Bewahrung der städtebaulichen Eigenart eines Gebietes die Genehmigungsbedürftigkeit von Vorhaben in diesem Gebiet auslösen. Die Genehmigung des Rückbaus, der Änderung oder Nutzungsänderung baulicher Anlagen darf gemäß Absatz III Satz 1 versagt werden, wenn die Anlage allein oder im Zusammenhang mit anderen Anlagen das Ortsbild, die Stadtgestalt oder das Landschaftsbild prägt[240] oder sonst von städtebaulicher, insbesondere geschichtlicher oder künstlerischer Bedeutung ist. Die Errichtungsgenehmigung darf versagt werden, wenn die städtebauliche Gestalt des Gebietes durch die beabsichtigte bauliche Anlage beeinträchtigt würde (Satz 2). Erhaltungssatzungen sind städtebaulicher Denkmalschutz[241]; im Gegensatz zum Landesdenkmalschutzrecht steht nicht die Erhaltungswürdigkeit der baulichen Anlage als solche

238 BVerwG, 15.05.1997, BRS 59, Nr. 90.

239 BVerwG, 15.05.1997, BRS 59, Nr. 90.

240 Sog. städtebaulicher Ensembleschutz. Siehe HessVGH, 24.11.1995, BRS 57, Nr. 289.

241 Ernst/Zinkahn/Bielenberg/Krautzberger - Stock, Vorb. §§ 172-174, Rn. 1; Ernst/Zinkahn/Bielenberg/Krautzberger - Bielenberg/Stock, § 172, Rn. 28.

im Vordergrund sondern die städtebauliche Gestalt.[242] Die zweite Alternative umfaßt als Auffangtatbestand den Schutz erhaltenswerter Einzelbauwerke, die auf die Umgebung unterhalb der für die erste Alternative geltenden Schwelle einwirken.[243] Für Erhaltungssatzungen nach § 172 BauGB gelten die für §§ 34, 35 BauGB festgestellten Einschränkungen nicht; es sind auch solche Merkmale baulicher Anlagen relevant, die originär planungsrechtlicher Regelung nicht zugänglich sind. Erhaltungssatzungen kommt keine Planersatzfunktion zu, so daß auch solche Merkmale eine Genehmigungsversagung begründen können, die nicht im Bebauungsplan festsetzbar sind. Die städtebauliche Dimension und damit der bauplanungsrechtliche Regelungsbereich richtet sich nach der Wirkung des Gestaltelements. Namentlich Gestaltelemente wie die Gliederung des Bauwerks sowie die Hauseingangs-, Dach- und Fenstergestaltung können einer Genehmigung entgegenstehen, soweit sie das Ortsbild mitbestimmen.[244]

Städtebauliche Gebote, die baugestalterisch intendiert sein können, sind Instandsetzungs-, Abbruch- und Baugebote.[245] Gemäß § 177 I i.V.m. III Nr. 2, 3 BauGB kann die Gemeinde ein Instandsetzungsgebot erlassen, wenn die bauliche Anlage entweder das Straßen- oder Ortsbild nicht nur unerheblich beeinträchtigt oder erneuerungsbedürftig ist und wegen ihrer städtebaulichen, insbesondere geschichtlichen oder künstlerischen Bedeutung erhalten bleiben soll. Ist die Beeinträchtigung des Orts- und Straßenbildes nicht durch Instandsetzungsmaßnahmen zu beseitigen, kommt nach § 179 I 1 Nr. 2 BauGB ein Abbruchgebot in Betracht. Baugebote gemäß § 176 BauGB ergehen regelmäßig, um eine angemessene Ausnutzung vorhandener städtebaulicher Infrastruktur zu gewährleisten oder einen dringenden Bedarf an Baugrundstücken zu decken.[246] Aber auch die Abwehr von Störungen und erheblichen Beeinträchtigungen des Straßen- und Ortsbildes sollen als städtebaulicher Belang im Sinne von § 175 II BauGB eine Baulückenschließung rechtfertigen können.[247]

---

242 Ernst/Zinkahn/Bielenberg/Krautzberger - Bielenberg/Stock, § 172, Rn. 31.

243 Ernst/Zinkahn/Bielenberg/Krautzberger - Bielenberg/Stock, § 172, Rn. 64.

244 OVG Lüneburg, 25.04.1983, BauR 1983, 436 (441f); Ernst/Zinkahn/Bielenberg/Krautzberger - Bielenberg/Stock, § 172, Rn. 48; Mick, S. 333. A.A. OVG Lüneburg, 10.12.1982, NVwZ 1983, 557.

245 Pflanzgebote gemäß § 178 i.V.m. § 9 I Nr. 25 BauGB ergehen nicht allein zu ästhetischen Zwecken. Städtebauliche Gründe nach § 175 II BauGB sind weitgehend identisch mit denen, die im Bebauungsplan festgesetzten Pflanzgeboten zugrundeliegen, Ernst/Zinkahn/Bielenberg/Krautzberger - Bielenberg, § 178, Rn. 2. Diese sind nicht allein ästhetischer Natur, Gelzer/Birk, Rn. 195ff. Siehe auch oben unter I. B. zu bauordnungsrechtlichen Begrünungsvorschriften.

246 BVerwG, 15.02.1990, E 84, 335 (346); Ernst/Zinkahn/Bielenberg/Krautzberger - Bielenberg, § 176, Rn. 21f.

247 BVerwG, 15.02.1990, E 84, 335 (346); Ernst/Zinkahn/Bielenberg/Krautzberger - Bielenberg, § 176, Rn. 21f; Mick, DÖV 1991, 623 (627).

IV. Gestaltungsrechtliche Beschränkungen im Naturschutz- und Straßenrecht

Ästhetische Belange werden auch mit dem Landschafts- und Naturschutzrecht verfolgt.

Zu den Zielen des Naturschutzes und der Landschaftspflege zählen gemäß § 1 I Nr. 4 BNatSchG und dem gleichlautenden § 1 I Nr. 4 LG NW die Sicherung der Schönheit von Natur und Landschaft als Lebensgrundlage des Menschen und Voraussetzung für seine Erholung. Zu den Zielen von Naturschutz und Landschaftspflege gehört auch die Erhaltung von historischen Kulturlandschaften, -landschaftsteilen und der Umgebung schützenswerter Kultur-, Bau- und Bodendenkmäler, sofern dies für die Erhaltung der Eigenart oder Schönheit des Denkmals erforderlich ist (§ 2 I Nr. 13 BNatSchG, § 2 Nr. 13 LG NW)[248]. Entsprechend zählen § 8 BNatSchG und § 4 LG NW auch die Veränderungen der Gestalt von Grundflächen zu den Eingriffen in Natur und Landschaft, die das Landschaftsbild erheblich oder nachhaltig beeinträchtigen können. Das Landschaftsbild wird maßgeblich, nach anderer Auffassung sogar ausschließlich, durch die optischen Eindrücke der Landschaftselemente auf den Betrachter bestimmt.[249] Eine erhebliche oder nachhaltige Beeinträchtigung in der ästhetischen Wahrnehmung der Landschaft wird zum Teil für jede sichtbare nachteilige Veränderung der Landschaft angenommen[250], nach anderer Auffassung muß das Vorhaben als besonderer Fremdkörper in der Landschaft erscheinen[251], andere verlangen den Beeinträchtigungsgrad einer Verunstaltung[252].

§ 8a BNatSchG regelt das Verhältnis naturschutzrechtlicher Eingriffsregelungen zum Baurecht. Die Gebote der Eingriffsregelung sind gemäß § 8a I BNatSchG in der Bauleitplanung zu befolgen, im nachfolgenden Genehmigungsverfahren für das einzelne Vorhaben ist keine inhaltliche Prüfung der Naturschutzbelange mehr vorzunehmen. Ein bedeutender Teil der Bauvorhaben ist auch nicht mittelbar an die naturschutzrechtliche Eingriffsregelung gebunden, da gemäß § 8a II BNatSchG auf Vorhaben im unbeplanten Innenbereich die natur-

---

248 Die Schönheit der Landschaft wird ebenfalls in Bezug genommen zur Charakterisierung von Naturschutzgebieten (§ 13 I Nr. 3 BNatSchG, § 20 Satz 1 c LG NW), Landschaftsschutzgebieten (§ 15 I Nr. 2 BNatSchG, § 21 b LG NW) und Naturdenkmälern (§ 17 I 1 Nr. 2. BNatSchG, § 22 Satz 1 b LG NW).

249 BVerwG, 27.09.1990, BRS 50, Nr. 222; OVG Münster, 05.07.1993, BRS 55, Nr. 211.

250 BVerwG, 27.09.1990, BRS 50, Nr. 222; VGH BW, 14.11.1991, NuR 1992, 188 (189); OVG Münster, 05.07.1993, BRS 55, Nr. 211.

251 VGH BW, 24.06.1983, NuR 1983, 276 (278); VGH BW, 25.06.1986, NuR 1987, 129 (131).

252 Fickert, BayVBl 1978, 681 (685f). A.A Stollmann, DVBl 1993, 643 (647); Garbe, S. 34.

schutzrechtliche Eingriffsregelung nicht anzuwenden ist. Hier bleibt es bei den Anforderungen, die § 34 BauGB aufstellt.

Das Straßenrecht enthält keine dem Gestaltungsrecht zuzuordnenden Instrumente. Gemäß § 25 I, II StrWG NW kann die straßenbaubehördliche Genehmigung bzw. Zustimmung zur Baugenehmigung für bauliche Anlagen an Land- und Kreisstraßen außerhalb von Ortsdurchfahrten versagt werden, wenn die Straßenbaugestaltung dies erfordert. Gleiches gilt gemäß § 9 II, III, V FStrG für Bauvorhaben an Bundesstraßen und Bundesautobahnen. Zu berücksichtigende Belange im Rahmen von straßenrechtlichen Anbauvorschriften sind jedoch nur die Sicherheit und Leichtigkeit des Verkehrs. Auch die Straßenbaugestaltung ist Schutzgut nur soweit sie sich auf die Sicherheit und Leichtigkeit des Verkehrs auswirkt.[253] Die ästhetische Beeinträchtigung des Straßenbildes durch bauliche Anlagen ist lediglich bauordnungsrechtlich über § 12 II BauO NW und bauplanungsrechtlich im Rahmen der Bauleitplanung (§ 1 V Nr. 5 BauGB), durch Instandsetzungsgebote (§ 177 I i.V.m. III Nr. 2, 3 BauGB) oder Baugebote (§ 175 BauGB) abwehrbar.

V. Zusammenfassung

Zahlreiche bundes- und landesrechtliche Normen stellen Anforderungen an die bauliche Anlage oder ermächtigen die Gemeinde, die Baufreiheit einzuschränken, ohne daß der Anforderungszweck aus der Norm unmittelbar hervorgeht. Nicht immer zeigt ein direkter Bezug der Norm zum Straßen-, Orts- und Landschaftsbild oder zu ästhetischen Beeinträchtigungen, daß hinter ihr baugestalterische Absichten stehen. Einige Rechtsnormen lassen eine allein ästhetische Motivation des Anwenders zu, beschränken diesen aber nicht auf gestalterische Erwägungen, hier ist die baugestalterische Intention erst dem konkreten Umsetzungsakt immanent.

Baugestalterische Anforderungen unterscheiden sich hinsichtlich ihrer Schutzobjekte. Sie sind fast ausschließlich umgebungsbezogen und dem Schutz des Landschafts-, Straßen- oder Ortsbildes oder dem visuellen Schutz bestimmter benachbarter Anlagen zu dienen bestimmt. Diese werden zum Teil unabhängig von ihrer Qualität, zum Teil aufgrund ihrer Denkmaleigenschaft geschützt. Bauordnungsrechtliche Verunstaltungsverbote stellen darüber hinaus von der Umgebung gelöste Anforderungen an die bauliche Gestaltung. Gleiches gilt für denkmalschutzrechtliche Anforderungen, die das geschützte Objekt selbst betreffen.

253 Kodal/Krämer - Aust, Kap. 28, Rn. 30, 45.3, 55, 56; Marschall - Grupp, § 9, Rn. 1, 22. A.A. Moench/Schmidt, S. 9; Simon, Art. 11, Rn. 5.

Eine Differenzierung kann auch hinsichtlich der Schutzintensität vorgenommen werden. Die Verunstaltungsabwehr beschränkt den Schutz auf intensive Formen ästhetischer Beeinträchtigung. Umfangreicher ist der Schutz vor Störungen und Beeinträchtigungen. Andere Normen überlassen die Bestimmung der erforderlichen oder bezweckten Schutzintensität der Anwendung im Einzelfall. Ein nur genereller, im Einzelfall aber nur wenig aussagekräftiger Zusammenhang besteht zwischen der Intensität der Beeinträchtigung baugestalterischer Freiheit und der positiven oder negativen Formulierung von Gestaltungsanforderungen.

Diese Unterscheidungskriterien erklären die besondere Rolle bauordnungsrechtlicher Verunstaltungsverbote zur Gewinnung genereller Erkenntnisse über die verfassungsrechtlichen Grenzen bauästhetisch motivierter Anforderungen an bauliche Anlagen. Verunstaltungsverbote zielen eindeutig und ausnahmslos auf die ästhetisch-gestalterische Qualität betroffener Anlagen und ihrer Umgebung. Zudem läßt ihre Beschränkung auf die Abwehr intensivster Beeinträchtigungen erwarten, daß hier aufzudeckende Grenzen Erst-Recht-Schlüsse für Reglementierungen weniger intensiver Beeinträchtigungen zulassen werden. Sowohl bauplanungsrechtliche als auch bauordnungsrechtliche Verunstaltungsverbote dienen dem Schutz des Orts- und Landschaftsbildes (§ 35 III Nr. 5 Alt. 5 BauGB, § 12 II 1 BauO NW) oder des Straßenbildes (§ 12 II 1 BauO NW). Bauordnungsrechtliche Verunstaltungsverbote zielen überdies auf die umgebungsunabhängige visuelle Wirkung der reglementierten baulichen Anlage (§ 12 I BauO NW). Lediglich der Schutz benachbarter Denkmäler ist nur mit anderen baugestalterischen Anforderungen zu leisten.

§ 4 Der forensische Umgang mit Verunstaltungsverboten

I. Rechtsprechungsüberblick

Die Rechtsprechung zu baurechtlichen Verunstaltungsverboten ist umfangreich. Der Bezug jeder Entscheidung auf den Einzelfall, der nur sehr eingeschränkt allgemeine, auf andere Fallgestaltungen übertragbare Aussagen zuläßt, bedingt, daß nur ein Bruchteil der ergangenen Entscheidungen veröffentlicht ist.[254]

Die Feststellung einer Verunstaltung verlangt regelmäßig eine Inaugenscheinnahme.[255] Die umschreibende Darstellung von Sachverhalten und ihrer bauästhetischen gerichtlichen Beurteilung kann nur unzureichend Aufschluß über den

254 Zahlreiche unveröffentlichte Entscheidungen zitieren Simon, Art. 11; Art. 9, Rn. 12; Schlez, § 11, Rn. 7ff; Moench/Schmidt, S. 13ff, Koch/Molodovsky/Famers, Art. 11, Rn. 2ff.

255 OVG Hamburg, 25.04.1953, BRS 3, S. 195; Gädtke/Böckenförde/Temme/Heintz - Heintz, § 12, Rn. 10; siehe auch BVerwG, 20.06.1963, BRS 14, S. 175ff.

Umgang der Rechtsprechung mit ästhetisch-optischen Anforderungen geben. Im Rahmen der damit abgesteckten Möglichkeiten soll im folgenden anhand ausgewählter Entscheidungen das Verständnis der Rechtsprechung zum Gehalt baurechtlicher Verunstaltungsverbote beleuchtet werden.

A. Dach

Aus Verunstaltungsverboten abgeleitete Anforderungen an die Dachgestaltung betreffen vielfach Dachgauben. Diese werden zwar nicht generell[256], aber dennoch häufig aufgrund ihrer Form, Lage und Größe, insbesondere im Verhältnis zur Dachfläche und zur Dachneigung[257] als Verunstaltung des Baukörpers beurteilt.[258] Die Wertung basiert vornehmlich auf der Funktion eines Daches, das Haus nach oben abzudecken. Dieser Funktion müsse das Erscheinungsbild ent-

256 Ausdrücklich OVG Lüneburg, 28.02.1977, BRS 32, Nr. 114. Tendenziell anders Simon, Art. 11, Rn. 15.

257 BayVGH, 04.04.1973, BRS 27, Nr. 113 (Dachgaube auf Dach mit Neigung von 21° bis 23° sei - wohl regelmäßig - eine absolute Verunstaltung).

258 VGH BW, 05.07.1966, BRS 17, Nr. 88 (im Verhältnis zum Dach mit flacher Abdeckung erscheine breite Gaube als Kastenaufbau, daneben auch Umgebungsverunstaltung); BayVGH, 05.05.1969, BRS 22, Nr. 125 (vorgezogene große Dachgaube auf einem Dach mit flacher Neigung, es „würde der Eindruck entstehen, als sei in einer den Grundregeln des Hauses zuwiderlaufenden Weise ein Teil des Innenraumes zum Dach hinausgeschoben und das Dach dadurch weitgehend seiner wesenseigenen Bestimmung, den Innenraum des Hauses abzudecken, entkleidet“); BayVGH, 04.04.1973, BRS 27, Nr. 113 (Dachgaube auf Dach mit Neigung von 21° bis 23° sei absolute Verunstaltung); VGH BW, 31.10.1979, BRS 35, Nr. 134 (große, die Horizontale betonende Dachgaube an einer die Senkrechte betonenden Jugendstilfassade); BayVGH, 08.11.1991, BRS 52, Nr. 119 (Gaube wirke wegen Größe und Wuchtigkeit wie zweites aufgesetztes Dach, unsymmetrische Anordnung lasse Gesamtbaukörper als aus dem Gleichgewicht gebracht erscheinen); HessVGH, 24.11.1995, BRS 57, Nr. 289 (Blick auf Firstlinie und Dachfläche der Häuser würde verstellt); OVG Schleswig, 04.09.1996, Az: 1 L 317/95 (Dachgauben mit einer Länge von mehr als ¾ der Trauflänge des Daches, andere dominierten die Dachfläche, Gaube an Friesengiebel beeinträchtige die gestalterische Funktion des Friesengiebels, der ein typisches Gliederungs- und Gestaltungsmerkmal im friesischen Baustil sei). Verunstaltung verneinen LVG Minden, 14.03.1950, BRS 1, S. 61f (zur Modifizierungsanordnung auf Grundlage von § 1 BauGVO); OVG Lüneburg, 28.02.1977, BRS 32, Nr. 114 (mögliche Verunstaltung bei flach geneigtem Dach, zu großer Gaube im Verhältnis zur Dachfläche und Nähe zum Giebel sei nicht gegeben, Schrägstellung der Dachfenster erscheine belastender als vermehrte Ausbildung von Dachgauben). Siehe auch Koch/Molodovsky/Farmers, Art 11, Rn. 4.

sprechen. Das Dach sei ein herausragendes Gestaltungselement für das Gesamtbauwerk, die Gaube habe sich als Unterbrechung dem Dach unterzuordnen.[259]

Die Eindeckung des Daches kann eine Verunstaltung des Bauwerks oder seiner Umgebung bewirken, wenn ein bestimmtes Material[260], vor allem aber wenn unterschiedliche Materialien eingesetzt werden.[261]

Eine Verunstaltung des Orts- oder Straßenbildes kann vorliegen, wenn der Dachneigungswinkel nicht der in der Umgebung üblichen Dachneigung angepaßt wird.[262] Das Gebäude, das eine Vielzahl verschiedener Dachformen aufweist, kann verunstaltet sein.[263]

Gelegentlich werden auf Dächern angebrachte Anlagen[264] wie Werbeanlagen[265], Antennen[266] oder Windenergieanlagen[267] als Verunstaltung beurteilt.

---

259 BayVGH, 05.05.1969, BRS 22, Nr. 125; OVG Lüneburg, 28.02.1977, BRS 32, Nr. 114; OVG Schleswig, 04.09.1996, Az: 1 L 317/95.

260 PrOVG, 05.11.1936, E 99, 202 (204, grobe Verunstaltung durch Zinkdach wegen Form, Farbe, Fremdartigkeit, spiegelnder Oberfläche); BayVGH, 11.06.1969, BayVBl 1970, 259 (Aluminiumdach verunstalte wegen greller Tönung und Blauwirkung Gebäude und Straßenbild).

261 PrOVG, 24.05.1937, E 100, 261 (keine Verunstaltung durch blaurote glänzende Ziegel obwohl in der Umgebung rote Ziegel vorherrschten); BayVGH, 11.06.1969, BayVBl 1970, 259 (Eindeckung mit Dachziegeln und Aluminiumplatten verunstalte Gebäude und seine Umgebung); OVG Münster, 29.07.1971, BRS 24, Nr. 120 (Dacheindeckung mit fabrikneuen hellgrauen und witterungsbedingt verfärbten Eternitasbestzementplatten mache einen scheckigen Eindruck, verunstalte Gebäude und erst recht die Umgebung).

262 Keine Umgebungsverunstaltung durch Flachdächer in Siedlung mit Satteldächern: OVG Koblenz, 14.07.1966, BRS 17, Nr. 13 (am Rande der Bebauung mit zwischen 30° und 50° geneigten Satteldächern); OVG Lüneburg, 29.03.1979, BRS 35, Nr. 131 (umgebende Satteldächer zum Teil ebenfalls extrem flach); OVG Lüneburg, 03.06.1987, BRS 47, Nr. 118 (kleine Flachdachgarage zwischen Reihenhäusern mit Satteldach). Zu Satteldächern in Gebieten mit Flachdachbebauung: OVG Saarland, 26.05.1975, BRS 29, Nr. 108 (Gebäude mit Satteldach und Kniestock in Umgebung von eingeschossigen Flachdachgebäuden verunstalte das Ortsbild); OVG Münster, 07.02.1979, BRS 35, Nr. 130 (keine Verunstaltung, da in nächster Umgebung auch Satteldächer); HessVGH, 02.11.1984, HessVGRspr 19, 50 (Straßenbild verunstaltet, da in Umgebung Flachdächer dominieren und andere Haushälfte ebenfalls mit Flachdach versehen); HessVGH, 19.07.1988, BRS 48, Nr. 112 (keine Verunstaltung durch Schrägdach mit Neigung von 20° bis 25°); VGH BW 29.01.1969 BRS 22, Nr. 124 (Erhöhung der Nachneigung von 31° auf 42° und damit verbundene Erhöhung des Firstes um 1,5m verunstalte nicht, da benachbarte Häuser einen vergleichbaren Neigungswinkel hätten und das Straßenbild uneinheitlich sei).

263 OVG Schleswig, 04.09.1996, Az: 1 L 317/95.

264 BayVGH, 11.12.1991, BRS 52, Nr. 120 (Aufzugsturm als Dachaufbau, der den First überragt, verunstalte Ortsbild).

Die Dachkonstruktion als ganzes kann ebenfalls eine Verunstaltung bewirken.[268]

B. Fassade

Fassadenbezogene Anforderungen zur Verunstaltungsabwehr können sich auf die Fassadenverkleidung bzw. den Fassadenanstrich beziehen. Die Verwendung bestimmter Baumaterialien bewirkt für sich allein regelmäßig keine Verunstaltung.[269] Eine Verpflichtung, regionale Baustoffe zu verwenden, läßt sich mit der

265 Verunstaltung des Gebäudes: PrOVG, 06.03.1941, E 106, 76; OVG Münster, 04.02.1958, BRS 8, S. 126 (127f); OVG Münster, 19.06.1962, BRS 13, S. 133ff. Umgebungsverunstaltung: OVG Münster, 28.05.1957, BRS 7, S. 171; OVG Münster, 09.05.1963, BRS 14, S. 170ff. Keine Verunstaltung: OVG Münster, 14.12.1954, BRS 4, S. 259ff; OVG Münster, 01.07.1958, BRS 8, S. 133; OVG Münster, 01.07.1958, BRS 8, S. 150; OVG Lüneburg, 28.08.1959, BRS 9, S. 146ff; OVG Münster, 16.01.1969, BRS 22, Nr. 130 (nähere Umgebung ist großstädtisches, uneinheitliches Geschäftsviertel).

266 Zur Einschränkbarkeit der Rundfunkempfangsfreiheit durch bauästhetisch motivierte Anforderungen siehe BayVerfGH, 27.09.1985, DVBl 1986, 44ff (Verletzung des Grundrechts durch Ortssatzung wenn Breitbandkabel Empfangseinbuße bedeutet, da Einbuße bei Landschafts- und Ortsbild geringer wiege als Eingriff in Rundfunkempfangsfreiheit); BVerwG, 23.08.1991, NVwZ 1992, 475f, bestätigt durch BVerfG, 11.12.1991, NVwZ 1992, 463 (keine Grundrechtsverletzung wenn in Baugebiet mit zweistöckiger Reihenhausbebauung und relativ kleinen Freiflächen ein 17,5m hoher Funkantennenmast, der die Häuser um das Doppelte überragt und dessen 5m breite Tragekonstruktion nahezu die gesamte Breite des Hausgartens einnimmt, wegen Verstoß gegen § 12 BauO NW nicht errichtet werden darf).

267 HessVGH, 28.04.1988, BRS 48, Nr. 53 (Windenergieanlage auf Flachdach eines fünfstöckigen Gebäudes verunstalte weder das eigenwillig gestaltete Gebäude noch das Straßen- und Ortsbild, weil sie in der Höhe schlecht zu sehen sei und sich in der Umgebung viele größere Antennenanlagen befänden).

268 OVG Münster, 28.07.1952, DVBl 1953, 180 (Flachdach lasse Verkaufsbude als riesige Kiste wirken); VGH BW, 13.03.1961, VerwRspr. 14, Nr. 19 (keine Verunstaltung des Baukörpers durch Halbwalmdach); BayVGH, 11.06.1969, BayVBl 1970, 259 (ungleiche Verteilung von zwölf Dachfenstern auf drei Dachzeilen verunstalte Gebäude und Straßenbild); BayVGH, 28.01.1975, Nr. 122 II 72, zitiert nach Simon, Art. 11, Rn. 20e (einzelnes Vordach innerhalb einer in sich geschlossenen Reihenhausanlage verunstalte Umgebung); OVG Schleswig, 04.09.1996, Az: 1 L 317/95 (Haus verunstalte durch Dachneigung von 57° wobei oberer Teil des Daches abgeschnitten ist, so daß sich eine zu bepflanzende Flachdachfläche von 4m x 6m ergibt, was in friesischer Landschaft völlig unüblich sei).

269 Ernst/Zinkahn/Bielenberg/Krautzberger - Söfker, § 35, Rn. 93. Siehe aber auch OVG Lüneburg, 25.07.1988, BRS 48, Nr. 38 (Pferdeunterstand aus regelmäßig geschnittenen Abfallbrettern, sog. Nutzschwarten, wirke absolut verunstaltet).

Verunstaltungsabwehr nicht begründen.[270] Dennoch kann im Einzelfall auch das Baumaterial ursächlich für eine Verunstaltung sein.[271]Aufgrund der üblicherweise sehr unterschiedlichen Gestaltungen der Fassaden innerhalb eines Bebauungsgebietes, für das keine besonderen gestalterischen Anforderungen gelten, sind bestimmte Anstriche oder Verkleidungen regelmäßig nicht Gegenstand der Verunstaltungsabwehr[272], es sei denn die Fassade ist nicht nur mit einem einfarbigen Anstrich versehen.[273] Auch eine verwahrloste Fassade kann verunstaltend sein.[274] Um so häufiger wird die Beliebigkeit der Fassadengestaltung durch Ortsrecht unterbunden.[275]

270 PrOVG, 24.05.1937, E 100, 261 (265).

271 VGH BW, 17.03.1966, BRS 17, Nr. 87 (Well-Aluminium-Blech-Verkleidung von Außenwänden und Dach einer Scheune sei keine Verunstaltung des Gebäudes oder der Umgebung); BayVGH, 08.05.1972, BRS 25, Nr. 124 (Well-Aluminium-Blech-Verkleidung einer Scheune sei Verunstaltung des Landschaftsbildes); OVG Münster, 12.11.1974, BRS 28, Nr. 20 (Werkstoff und Form einer Tragluft-Schwimmhalle würden weder das Gebäude noch das Wohngebiet verunstalten).

272 OVG Münster, 26.03.1957, BRS 7, S. 185ff (keine Verunstaltung der Umgebung, in welcher Fassaden mit Schlämmputz in verschiedenen Färbungen versehen sind, durch Rotziegelaußenmauerwerk); OVG Berlin, 19.02.1971, BRS 24, Nr. 119 (keine Verunstaltung des Eckreihenhauses oder seiner Umgebung durch Verkleidung der Fassade mit hellblauem Eternit); VGH BW, 27.06.1974, BRS 28, Nr. 80 (keine Verunstaltung des Gebäudes oder der Umgebung durch auffällige schwarze Holzverschalung in historischer Altstadt). Ausnahmecharakter hat insoweit die Entscheidung des OVG Berlin, 13.01.1984, BRS 42, Nr. 135 (Abschlagen der Stuckverzierung an klassizistischer Fassade und Anbringen von Glattputz in Straße mit Wohnhäusern aus Jahrhundertwende mit erhaltenen Fassaden verunstalte Orts- und Straßenbild). Siehe auch OVG Münster, 28.07.1952, DVBl 1953, 180 (aufdringliche blaue Farbe der Verkaufsbude führe zu großem Verstoß gegen das ästhetische Empfinden des Durchschnittsmenschen).

273 HessVGH, 10.05.1989, BRS 49, Nr. 152 (großflächige Hauswandbemalung und -beschriftung verunstaltet wegen Größe und greller hellblauer Farbgebung die durch Alleebäume geprägte Umgebung). Siehe auch OVG Koblenz, 24.07.1997, NJW 1998, 1422f (vergleichsweise geringe Beeinträchtigung durch traufseitige, fast vollständig vor allem mit Graffitimotiven bemalte Außenwand und Giebelwand, da am Ortsrand und von loser Bebauung umgeben, rechtswidrige Beseitigungsverfügung); OVG Münster, 18.05.1998, BRS 60, Nr. 129 (mit blau-weißen Rauten bemalte Teile der Hausfassade als Werbeanlage).

274 BVerwG, 11.04.1989, NJW 1989, 2638 (Verunstaltungsschutz verlange Fassadenreparatur). Bereits PrOVG, 12.10.1882, PrVerwBl 4, 22.

275 Siehe beispielsweise OVG Lüneburg, 04.05.1979, BRS 35, Nr. 132, bestätigt durch BVerwG, 10.12.1979, BRS 35, Nr. 133 (an den Hausecken angebrachte handbemalte Fliesen widersprächen Ortssatzung, wonach sämtliche Hauswände mit roten Vormauersteinen oder in gleichformatigen Kalksandsteinen weiß geschlämmt auszuführen sind); bereits PrOVG, 02.03.1922, E 77, 460, zu futuristischen Abbildungen an der Hauswand.

Eine Verunstaltung gründet eher in einer bestimmten Fassadengliederung, die vor allem durch die Anordnung und Gestalt der Fenster[276] und Balkone[277] bedingt ist. Vor allem an Fassaden angebrachte Werbeanlagen können eine Verunstaltung darstellen.[278]

C. Einfriedung

Einfriedungen beschäftigten die Gerichte insbesondere unter dem Aspekt der Landschaftsverunstaltung. Eine Verunstaltung wird zum Teil von der Funktion der Einfriedung abhängig gemacht.[279] Nicht selten wird die mit Einfriedungen bewirkte Parzellierung als Verunstaltung des Landschaftsbildes bewertet.[280] Im

---

276 LVG Minden, 14.03.1950, BRS 1, S. 61f (Kreuzsprossen nicht erforderlich um den Anforderungen des § 1 BauGVO zu genügen); BayVGH, 30.07.1979, BRS 35, Nr. 135, mit Anmerkung Kalkbrenner, BayVBl 1980, 21 (Auswechslung von Sprossen- durch Einscheibenfenster in nur einem Stockwerk verunstalte das Gebäude selbst und das Straßen- und Ortsbild, da die Fassade im übrigen nur sparsam gegliedert sei und die Umgebung anspruchsvolle Fassadengliederungen aufweise, siehe auch OVG Lüneburg, 18.04.1974, DVBl 1975, 952ff); OVG Hamburg, 22.12.1983, BRS 42, Nr. 134 (Einbau eines zweigeteilten Kunststoffensters verunstalte das Jugendstilgebäude mit 120 einheitlich dreigliedrig unterteilten Fassadenfenstern und die Umgebung); OVG Schleswig, 04.09.1996, Az: 1 L 317/95 (zu verbleibendem Mauerwerk absolut unproportionierte Vielzahl großflächiger Fenster- und Türöffnungen verunstalte Gebäude).

277 VGH BW, 13.09.1966, BRS 17, Nr. 86 (generelles Verbot, Kragplatten und Schutzdächer an den Gebäudefronten anzubringen, diene der Verunstaltungsabwehr); BayVGH, 04.07.1978, Nr. 114 I 76 zitiert nach Moench/Schmidt, S. 15, Simon, Art. 11, Rn. 15a (Verglasung einzelner Balkone in einem Wohnblock verunstalte das Gebäude); OVG Schleswig, 04.09.1996, Az: 1 L 317/95 (Balkone an reetgedecktem Haus).

278 Siehe dazu unten unter E.

279 OVG Münster, 12.04.1967, BRS 18, Nr. 34 (1,80m hoher Bretterzaun verunstalte, da er entgegen dem Klägereinwand, anderer Zaun würde zu schnell verrotten und keinen Diebstahlschutz leisten, keinem sinnvollen Zweck diene, und nach Bauweise und Lage nicht erforderlich sei); dasselbe Grundstück betreffend OVG Münster, 20.04.1972, BRS 25, Nr. 125 (2m hohe Schilfmatteneinfriedung an Waldwiese für Nudisten empfinde Durchschnittsbetrachter als nicht sachbezogen für Außenbereichsnutzung, Zaun sei nicht einer dem Wesen des Außenbereichs angemessenen Nutzung zuzuordnen).

280 Verunstaltung: HessVGH, 12.07.1968, BRS 20, Nr. 206 (Maschendrahtzaun); OVG Münster, 12.06.1970, BRS 23, Nr. 86 (180m lange und 6m hohe Schallschutzwand aus Eternitplatten); VGH BW, 24.07.1973, BRS 27, Nr. 114 (Maschendrahtzaun an Betonpfosten bzw. Eisenschienen); VGH BW, 04.10.1979, BRS 35, Nr. 205 (Verunstaltung, aber vollständiger Abbruch nicht erforderlich zur Verunstaltungsbeseitigung); HessVGH, 02.08.1985, BRS 44, Nr. 73 (Reste eines Maschendrahtzaunes); OVG Berlin, 31.07.1992, BRS 54, Nr. 110 (undurchsichtiger Holzflechtzaun); BayVGH, 27.10.1995, BRS 57, Nr. 103 (Weidezaun aus doppelt übereinander an-

Innenbereich kann sich eine Verunstaltung des Orts- oder Straßenbildes aus einer mangelnden Abstimmung mit der in der Umgebung vorherrschenden Einfriedungsart ergeben.[281] Auch die Undurchsichtigkeit einer Einfriedung kann die Umgebung verunstalten.[282] Abgesehen von der Anbringung von Werbetafeln[283] ist die konkrete Gestaltung der Einfriedung im übrigen nur in außergewöhnlichen Konstellationen verunstaltend.[284] Eine anlagenbezogene Verunstaltung einer Einfriedung ist ebenfalls selten.[285]

D. Baukörper

Kleinere Anlagen wie Hütten[286], vor allem aber Hallen[287] und andere größere Anlagen[288] können das Landschaftsbild verunstalten. Im Bebauungszusammen-

---

gebrachten Straßenleitplanken). Keine Verunstaltung: VGH BW, 26.06.1981, BRS 38, Nr. 107 (an Fundament und Sockel befestigter Maschendrahtzaun); VGH BW, 09.06.1988, BRS 48, Nr. 108 (grüner Maschendrahtzaun an einbetonierten Metallpfosten). Als erhebliche Beeinträchtigung des Landschaftsbildes beurteilte VG Schleswig, 21.05.1986, NuR 1991, 100, eine Weideeinfriedung aus Autobahnleitplanken.

281 OVG Münster, 12.11.1969, BRS 22, Nr. 127 (gemauerte Pfeiler und Tor aus Eisenrohr, höher als Heckeneinfriedungen in der Umgebung); OVG Berlin, 12.09.1980, BRS 36, Nr. 145 (keine Umgebungsverunstaltung durch Jägerzaun, auch wenn in Umgebung überwiegend 60cm hohe Einfriedungen durch zwei übereinander gesetzte Bohlen vorherrschten); OVG Berlin, 03.07.1981, BRS 38, Nr.71 (keine Verunstaltung durch breitere und tiefere Natursteinpfeiler statt der in der einheitlich gestalteten Umgebung vorzufindenden einfachen schmalen Betonpfeiler).

282 OVG Münster, 30.10.1963, ZMR 1964, 154 (nur von einem relativ kleinen Teil der Straße aus einsehbares 2,2m hohes Schilfmattengeflecht zwischen Straße und niedrigerer Hecke als Sichtblende für das hinter der Hecke liegende Grundstück stehe in keinem Zusammenhang zur Hecke, wirke wie lange Plakatanschlagtafel, verunstalte das Straßen- und Ortsbild); OVG Berlin, 05.03.1976, BRS 30, Nr. 113 (1,8m hoher undurchsichtiger Lamellenzaun aus Fichtenholz verunstalte nicht).

283 OVG Münster, 28.01.1964, BRS 15, Nr. 81 (Werbung an Einfriedungen sei regelmäßig eine Verunstaltung der Einfriedung). Rechtsprechung zu Werbeanlagen an Einfriedungen siehe unten unter E.

284 OVG Münster, 21.04.1959, BRS 9, S. 143ff (Anordnung, statt des Eisengeländers ein Holzgeländer an der Terrasse anzubringen, diene nicht der Verunstaltungsabwehr); VGH BW, 25.11.1982, BRS 39, Nr. 144 (Sichtschutz aus hüfthoher Betonmauer mit vier herausragenden 1m hohen Eisenstäben, an denen acht Reihen Stacheldraht befestigt und vier 30cm breite und 5m hohe Bretter angelehnt sind, die mit Blech benagelt sind, verbunden mit drei Lagen Hohlblocksteinen zum Schutz vor Übergriffen der Nachbarin verunstalte die Umgebung).

285 OVG Münster, 16.07.1964, BRS 15, Nr. 75 (Einfriedungsmauerhöhe von 2,3m unpassend zur umfriedeten 14m² - Fläche).

286 OVG Münster, 18.06.1963, BRS 14, S. 173ff (Funkwagen); OVG Münster, 19.09.1963, BRS 14, S. 160ff (Hütte wirke wegen Größe, Form und Farbe als

hang sind es vornehmlich Anbauten und Nebengebäude in einer einheitlich gestalteten Umgebung, die als verunstaltend wirkend angesehen werden.[289] Mitunter wird wegen ästhetischer Unvereinbarkeit mit einem konkreten Bauwerk in der Umgebung eine Verunstaltung angenommen.[290] Verfall oder Verwahrlo-

---

Fremdkörper); OVG Münster, 16.03.1976, BRS 30, Nr. 70 (nach § 35 I BauGB privilegierte Bebauung eines Hanges unterhalb einer Kleinstadt mit Hütte von $50m^2$); VGH BW, 27.08.1976, BRS 30, Nr. 112 (keine Verunstaltung durch $6m^2$ große Hütte in versteckter Lage); OVG Münster, 17.11.1987, BRS 48, Nr. 107 (weniger als $50m^3$ umfassendes Schwimmbecken verunstalte Landschaftsbild nicht).

287 BVerwG, 13.11.1996, BRS 58, Nr. 86 (Flugzeughalle auf einer Anhöhe sei Verunstaltung des Landschaftsbildes); OVG Münster, 03.09.1976, BRS 30, Nr. 114 (5,5m hohe Hubschrauberunterstellhalle in Form eines liegenden Halbzylinders mit einer Dachhaut aus resedagrün lackiertem Wellblech sei nicht verunstaltet und verunstalte auch Landschaftsbild nicht); OVG Lüneburg, 25.01.1979, BRS 35, Nr. 74 (halbrunde, grüngestrichene, etwa $250m^2$ bedeckende 6m hohe Lagerhalle verunstalte Landschaftsbild nicht, modern wirkende Form werde vielmehr dazu beitragen, daß sich Konturen der Landschaft anpassen und Anlage aus gewisser Entfernung gar nicht mehr bewußt wahrgenommen werde).

288 OVG Münster, 14.07.1959, BRS 9, S. 167ff (Hühnerhof in Talmulde verunstalte Landschaftsbild wegen quadratischer Anlage und auffallender Betonpfosten zur Einfriedung); VGH BW, 24.07.1973, BRS 27, Nr. 112 (nichtaufgefülltes talseitiges Gelände vor dem Untergeschoß lasse Gebäude dreistöckig erscheinen, keine Verunstaltung); BayVGH, 30.11.1976, BRS 30, Nr. 110 (Hofgebäude seien nicht absolut verunstaltet, sondern würden vom gebildeten Durchschnittsbetrachter sogar positiv beurteilt, auch keine Umgebungsverunstaltung); BayVGH, 16.10.1978, BRS 33, Nr. 153 (Verunstaltung des Landschaftsbildes durch Erhöhung des Gebäudes um zwei Geschosse, Genehmigung könne zurückgenommen und Abtragung des Rohbaus verlangt werden); VGH BW, 07.09.1989, BRS 49, Nr. 94 (mit KfZ-Werkstatthalle einhergehendes Abstellen zahlreicher Fahrzeuge würde Landschaftsbild verunstalten). Zur Landschaftsbeeinträchtigung durch Monumentalfiguren siehe BVerwG, 13.04.1995, NJW 1995, 2648.

289 OVG Münster, 14.02.1950, BRS 1, S. 28f (Lagerschuppen aus Holz zwischen zweigeschossigen Wohnhäusern verunstalte Ortsbild); OVG Hamburg, 18.03.1969, BRS 22, Nr. 126 (Garagenanbau in Vorgartenfläche eines Grundstücks in einer Reihenhaussiedlung verunstalte unabhängig von der konkreten Gestaltung das Straßenbild); OVG Bremen, 18.12.1973, BRS 27, Nr. 111 (Anbau an eines von fünf Reihenhäuser verunstalte wegen seiner kompakten Form); OVG Lüneburg, 25.01.1978, BRS 33, Nr. 53 (Treppenhausanbau beeinträchtige Ortsbild im Sinne von § 34 BauGB wegen negativer Veränderung der von elf Einzelhäusern gebildeten Silhouette einer Uferstraße, auch wenn das Nachbarhaus einen entsprechenden Treppenanbau bis zur Grundstücksgrenze des Klägergrundstücks aufweist). Andererseits OVG Münster, 25.11.1952, BRS 2, S. 254ff (Verkaufsbude verstoße für sich genommen gegen das ästhetische Empfinden des Durchschnittsmenschen wegen ungegliederter Form, Baustoff, grellen Anstrichs).

290 Siehe die der Entscheidung BVerwG, 27.06.1991, NVwZ 1991, 983 zugrundeliegende Fallgestaltung (Flachdachgebäude mit Metall-Glas-Fassade neben modern-hi-

sung einer baulichen Anlage können ebenfalls eine Verunstaltung erzeugen.[291] Vor allem bei großen technischen Anlagen wie Funktürmen und Windenergieanlagen kann eine Verunstaltung auf den Baukörper zurückzuführen sein.[292]

E. Werbeanlagen

Werbeanlagen machen den Großteil der Rechtsprechung zu Verunstaltungsverboten aus. Auch wenn nicht behauptet werden kann, großflächige Anschlagtafeln seien nur in Ausnahmefällen, beispielsweise in einer ausgesprochen tristen Umgebung keine Verunstaltung des Straßen-, Orts- oder Landschaftsbildes[293], ist die Häufigkeit auffällig, mit der Werbeanlagen wegen verunstaltender Wirkung für unzulässig erklärt werden.[294] Warenautomaten spielen in der baugestaltungsrechtlichen Rechtsprechung eine untergeordnete Rolle.[295]

---

storisierender Villa aus 1911); BayVGH, 11.07.1978, BRS 33, Nr. 72 (Schweinemaststall mit Kraftfuttersilo in Nachbarschaft einer Kirche verunstaltet Ortsbild).

291 OVG Münster, 12.02.1968, BRS 20, Nr. 115 und BayVGH, 22.02.1986, BRS 46, Nr. 193 (Umgebungsverunstaltung durch verfallene und verwahrloste Anlage); VGH BW, 18.03.1976, BRS 30, Nr. 115 (nach Gebäudeabbruch übriggebliebenes, um 2,6m herausragendes Untergeschoß und liegengebliebener Bauschutt seien Verunstaltung des Straßenbildes).

292 BVerwG, 18.02.1983, BRS 40, Nr. 64 (offengelassen ob Windenergieanlage Ortsbild verunstaltet, jedenfalls nicht wegen optischer Gewöhnungsbedürftigkeit); OVG Lüneburg, 25.03.1983, BRS 40, Nr. 157 (über 77m hoher Fernmeldeturm verunstaltet Stadtsilhouette und damit das Ortsbild); OVG Berlin, 07.09.1984, BRS 42, Nr. 44 (24m hoher Antennengittermast mit transparentem Erscheinungsbild wegen nebenstehender 20m hoher Tanne und anderer hoher Bäume in der Umgebung keine Verunstaltung des Orts- oder Landschaftsbildes); BayVGH, 25.03.1996, BRS 58, Nr. 239 (Windenergieanlage beeinträchtige erheblich das Landschaftsbild). Siehe aber auch OVG Münster, 28.07.1952, DVBl 1953, 180 (ungegliederte Form lasse Verkaufsbude als riesige Kiste wirken).

293 So aber OVG Münster, 08.11.1962, BRS 13, S. 143ff.

294 Verunstaltung: LVG Gelsenkirchen, 09.11.1951, BRS 2, S. 292ff; OVG Münster, 18.06.1957, BRS 7, S. 176ff; OVG Lüneburg, 05.12.1962, BRS 13, S. 155ff; VGH BW, 12.07.1966, BRS 17, Nr. 92; BayVGH, 27.10.1966, BRS 17, Nr. 90; OVG Berlin, 02.08.1968, BRS 20, Nr. 125; OVG Münster, 14.11.1968, BRS 20, Nr. 124; OVG Berlin, 26.06.1970, BRS 23, Nr. 127; OVG Berlin, 02.10.1970, BRS 23, Nr. 125; VGH BW, 25.03.1971, BRS 24, Nr. 118; OVG Berlin, 10.09.1971, BRS 24, Nr. 123; OVG Münster, 19.05.1981, BRS 38, Nr. 149; HessVGH, 14.04.1982, BRS 39, Nr. 140; BayVGH, 14.10.1982, BRS 39, Nr. 130; OVG Lüneburg, 21.08.1987, BRS 47, Nr. 130; OVG Berlin, 23.09.1988, BRS 48, Nr. 122; OVG Berlin, 14.10.1988, BRS 48, Nr. 121; VGH BW, 12.07.1991, VBlBW 1992, 99. Keine Verunstaltung: OVG Münster, 17.03.1959, BRS 9, S. 173ff; VGH BW, 14.04.1965, BRS 16, Nr. 78; OVG Berlin, 22.11.1968, BRS 20, Nr. 126; VGH BW, 12.03.1986, BRS 46, Nr. 131; OVG Lüneburg, 12.12.1986, BRS 46, Nr. 132; OVG Koblenz,

Insbesondere Anschlagtafeln mit wechselnden Plakatanschlägen sind regelmäßig nur an solchen Orten, wo sie Häßliches verdecken oder wo Werbung erwartet wird, keine Umgebungsverunstaltung.[296] Besondere Bedeutung kommt daher dem Charakter des Baugebietes zu.[297] In ruhigen Wohngebieten werden Werbeanlagen besonders häufig als Verunstaltung beurteilt.[298] Aber auch in Industriegebieten und Geschäftsstraßen ist eine Verunstaltung durch Werbeanlagen nicht ausgeschlossen.[299] Entscheidend ist die konkrete Umgebungssituation. Eine Verunstaltung kann dabei durch einen gestalterischen Widerspruch der Werbeanlage zur weiteren Umgebung[300], aber auch zur unmittelbaren Umgebung[301] entstehen.

22.07.1987, BRS 48, Nr. 120; BayVGH, 25.11.1998, BRS 60, Nr. 133. Zu Dachreklame siehe oben unter A.

295 OVG Hamburg, 22.11.1951, BRS 2, 294ff (Warenautomat im Vorgarten verunstalte Straßenbild). OVG Berlin, 20.01.1967, BRS 18, Nr. 105 und OVG Münster, 06.04.1967, BRS 18, Nr. 106 (Zigarettenautomat in Wohngebiet verunstalte Umgebung).

296 So ausdrücklich VGH BW, 12.07.1966, BRS 17, Nr. 92, bestätigt durch BVerwG, 12.03.1970, BRS 23, Nr. 123 (Erwartungskriterium gelte nur als Regelfall, entscheidend seien konkrete Verhältnisse).

297 OVG Münster, 18.10.1960, BRS 10, S. 186f (Leuchtwerbeanlagen in Kleinstadt oberhalb der Brüstungshöhe des ersten Obergeschosses wirkten regelmäßig verunstaltend auf das Orts- und Straßenbild); VGH BW, 11.12.1984, BRS 44, Nr. 117 (Werbeanlage an Gebäudeseite, die zu gewerblich bestimmtem Gebiet ausgerichtet ist, verunstalte Straßenbild nicht, wohl aber an der Gebäudeseite, deren Umgebung durch Wohnbebauung geprägt ist); OVG Lüneburg, 12.12.1986, BRS 46, Nr. 132 und BayVGH, 25.11.1998, BRS 60, Nr. 133 (keine Verunstaltung durch Werbeanlage im Industrie- bzw. Gewerbegebiet).

298 OVG Berlin, 13.03.1970, BRS 23, Nr. 119 (Werbeanlage verunstalte ruhiges Wohngebiet, Werbeanlagen seien auch in weniger ansprechenden Gebieten umgebungsverunstaltend, gehetzter Großstadtmensch müsse vor Reizüberflutung im Wohngebiet geschützt werden), bestätigt durch BVerwG, 19.06.1970, BRS 23, Nr. 120 (tatsächliche Wirkung sei zu berücksichtigen).

299 OVG Münster, 08.01.1970, BRS 23, Nr. 126 (Werbeanlage am Obergeschoß in einer Geschäftsstraße verunstalte das Straßenbild); OVG Berlin, 18.09.1970, BRS 23, Nr. 124 (repräsentative Geschäftsstraße); OVG Berlin, 08.03.1985, BRS 44, Nr. 131 (an Holzzaun angebrachte und diesen überragende Werbeanlagen im Industrie- bzw. Gewerbegebiet seien Verunstaltung des Orts- und Straßenbildes); OVG Berlin, 23.09.1988, BRS 48, Nr. 122 (Verunstaltung durch Werbeanlage im Industriegebiet).

300 HessVGH, 07.07.1972, BRS 25, Nr. 134 (Verunstaltung des Orts- und Landschaftsbildes durch Leuchtwerbeschrift über der Silhouette des Dorfes).

301 LVG Arnsberg, 07.07.1950, BRS 1, S. 67f (Störung des Straßenbildes durch vom Winde bewegtes und Baufronten und Architekturteile überdeckendes Reklameschild in Wohnstraße); BayVGH, 28.10.1965, BRS 16, Nr. 77 (Mastenreklame an Tankstellen sei grundsätzlich keine Verunstaltung); OVG Berlin, 11.02.1966, BRS 17, Nr. 91(Verunstaltung des Straßenbildes durch Werbeanlage vor Wochenmarkt, wel-

Das Verunstaltungsverbot für Werbeanlagen bezieht sich gemäß § 13 II 1 BauO NW auf das Straßen-, Orts- und Landschaftsbild und darüber hinaus auf bauliche Anlagen. Das Verbot, mit Werbeanlagen bauliche Anlagen zu verunstalten, ist ein absolutes Verunstaltungsverbot, wenn die Werbeanlage Bestandteil der baulichen Anlage ist. Eine Form des Umgebungsschutzes ist gegeben, wenn lediglich ein optischer Zusammenhang zwischen der Werbeanlage und der baulichen Anlage besteht. Dementsprechend häufig werden Werbeanlagen anhand ihrer optischen Wirkung auf einzelne bauliche Anlagen beurteilt.[302] Werbung an Gebäudefronten ist keineswegs regelmäßig eine Verunstaltung des Gebäudes.[303] Auch Brückenwerbung kann nicht als generell oder auch nur üblicherweise verunstaltend bezeichnet werden.[304] Werbeanlagen an der Innenseite

---

che die übliche Einfriedungshöhe überschreitet); BayVGH, 22.11.1977, BRS 32, Nr. 115 (Werbeanlage an Teil eines Baudenkmalensembles sei verunstaltend); VGH BW, 06.09.1979, BRS 35, Nr. 141 (Werbeanlage als 3,8m langes Verbindungsstück zwischen zwei anderen Werbeanlagen verunstalte Straßenbild); OVG Berlin, 06.02.1987, UPR 1987, 356 (Werbeanlage an schlecht verputzter Giebelwand oberhalb eines grell bunt bemalten Flachdachgebäudes verunstalte nicht, soweit sie nicht in Höhe des zweiten Obergeschosses, optisch losgelöst vom Flachdachgebäude angebracht werde); OVG Lüneburg, 21.08.1987, BRS 47, Nr. 124 (Verunstaltung einer als Gedenkplatz ausgestalteten Anlage); OVG Berlin, 17.06.1992, BRS 54, Nr. 130 (Verunstaltung des Straßenbildes, da Ausgewogenheit zwischen Gaststätte mit Eigenwerbung, freiem Fassadenteil und Grünanlage zerstört würde).

302 Verunstaltung einer baulichen Anlage durch eine Werbeanlage: BayVGH, 06.04.1979, BayVBl 1980, 21 (Großflächentafeln an der Giebelwand einer denkmalgeschützten Fassade); HessVGH, 18.11.1983, BRS 40, Nr. 155 (verunstalte dahinterstehendes Gebäude); VGH BW, 16.01.1990, BRS 50, Nr. 143 (verunstalte Scheune); OVG Berlin, 22.07.1994, BRS 56, Nr. 131 (Werbetafeln an vereinzelt mit Bemalungen versehenen Mauer überrage und verunstalte diese); HessVGH, 05.10.1995, BRS 57, Nr. 179 ($67m^2$ große beleuchtete vom 3. bis zum 5. Geschoß einer unverputzten Backsteinaußenwand reichende Werbeanlage verunstalte Gebäude); OVG Münster, 13.09.1996, BRS 58, Nr. 128 (7m x 7m große Werbeanlage an Hausgiebel verunstalte das Haus). Keine Verunstaltung: OVG Münster, 04.02.1958, BRS 8, S. 126 (128f, Werbeschrift an Hausfassade); HessVGH, 25.02.1972, BRS 25 Nr. 133 (Hausfassade trage bereits zahlreiche Werbungen); HessVGH, 30.03.1977, BRS 32, Nr. 116 (kein historisch wertvolles Gebäude); HessVGH, 19.05.1978, BRS 33, Nr. 123; VGH BW, 27.05.1983, BRS 40, Nr. 156 (Kulturdenkmal sei nur schlecht erhalten).

303 So ausdrücklich entgegen der Vorinstanz OVG Berlin, 14.10.1988, BRS 48, Nr. 121. Siehe aber auch OVG Münster, 21.01.1958, BRS 8, S. 124ff (Höchstmaße für senkrecht zur Häuserwand angebrachte Werbeanlagen dienten der Verunstaltungsabwehr).

304 OVG Münster, 11.03.1958, BRS 8, 130ff (Umgebungsverunstaltung durch Werbeanlage an Eisenbahnbrücke) aufgehoben durch BVerwG, 27.01.1959, BRS 9, S. 140; OVG Münster, 21.04.1959, BRS 9, S. 152; OVG Berlin, 17.06.1992, BRS 54,

von Brückenwänden sind grundsätzlich keine Verunstaltung des Orts- oder Landschaftsbildes.[305]

Eine Verunstaltung kann sich aus einer Häufung von Werbeanlagen ergeben.[306]

Für die Anwendung des Baugestaltungsrechts auf Werbeanlagen ist die Üblichkeit der Anlage von erheblicher Bedeutung. Werbeanlagen gehören vielerorts zum Straßenbild und sind heute nur unter strengeren Bedingungen als früher verunstaltend. Insbesondere Litfaßsäulen sind seit 1855 zu einem vertrauten, typischen Bauelement geworden und stellen auch im reinen Wohngebiet regelmäßig keine Verunstaltung dar.[307] Neuartige Werbeanlagen, wie Prismenwendeanlagen[308] und Himmelsstrahler[309] begegnen hingegen leicht baugestalterischen Bedenken.

Nr. 128 (keine Verunstaltung); OVG Münster, 03.07.1997, BRS 59, Nr. 134 (keine Verunstaltung).

305 OVG Münster, 25.03.1964, BRS 15, Nr. 80.

306 VGH BW, 25.03.1971, BRS 24, Nr. 118 (beide Werbeanlagen wären verunstaltend, eine allein noch nicht); OVG Bremen, 24.02.1981, BRS 38, Nr. 148 (da bereits auffällige Häufung keine weitere Verunstaltung durch zwei hinzutretende Werbeanlagen). VGH BW, 11.12.1984, BRS 44, Nr. 154 (Verunstaltung auch nicht bei Hinzutreten einer weiteren Werbeanlage); OVG Lüneburg, 21.08.1987, BRS 47, Nr. 130 (Verunstaltung wegen bereits vorhandener Werbeanlagen); SächsOVG, 10.02.1993, SächVBl 1993, 206 (je drei Werbeanlagen im Euroformat an zwei Stellen eines Jägerzaunes seien verunstaltende Häufung); ThürOVG, 03.05.1995, BRS 57, Nr. 181 (aus sechs Werbetafeln zusammengesetzte 28m² große Werbeanlage sei verunstaltende Häufung).

307 OVG Hamburg, 20.02.1997, BRS 59, Nr. 133; OVG Berlin, 02.10.1970, BRS 23, Nr. 125 (Litfaßsäulen würden nicht als bloßes Provisorium empfunden, sondern Eindruck solider Beschaffenheit und Beständigkeit vermitteln und die Atmosphäre bereichern).

308 OVG Münster, 18.09.1992, BRS 54, Nr. 134 (verunstaltender Las Vegas -Effekt einer Prismenwendeanlage sei durch Festlegung von Mindeststandzeiten in Nebenbestimmungen zu verhindern); HessVGH, 19.03.1996, BRS 58, Nr. 126 (Prismenwendeanlage an Höhe des zweiten Obergeschosses an einem modernen Bürogebäude mit einer mit Aluminiumplatten verkleideten Fassade verunstalte das Gebäude); OVG Münster, 11.09.1997, BRS 59, Nr. 137 (Prismenwendeanlage in großstädtischer Hauptgeschäftsstraße in Nähe eines Kirchenbauwerks verunstalte Straßen- und Ortsbild); VG Meiningen, 04.05.1995, Az: 5 K 353/93.Me (Prismenwendeanlage verunstalte Umgebung). Prismenwendeanlagen werden vor allem im straßenverkehrsrechtlichen Zusammenhang thematisiert. Siehe auch HessVGH, 30.12.1994, BRS 57, Nr. 180, zur Prismenwendeanlage in der Nähe eines Denkmals.

309 Zu Himmelsstrahlern siehe OVG Münster, 22.06.1994, BRS 56, Nr. 133; BayVGH, 18.12.1995, BRS 57, Nr. 177; VG Stuttgart, 09.07.1999, NVwZ-RR 2000, 14f. Im Vordergrund stehen auch hier regelmäßig straßenrechtliche und straßenverkehrsrechtliche Fragen.

II. Analyse

Urteile über die verunstaltende Wirkung von baulichen Anlagen sind fast ausnahmslos als Einzelfallentscheidungen nicht generalisierbar; ergangene Rechtsprechung kann nur äußerst eingeschränkt zur Entscheidung über das Vorliegen einer Verunstaltung herangezogen werden.

Die untersuchte Rechtsprechung erlaubt nicht den Schluß, aufgrund langjähriger Rechtsprechung lägen die Voraussetzungen für eine Verunstaltungsabwehr relativ hoch.[310] Die Thesen, eine erhöhte Rücksichtnahme auf das geschmackliche Empfinden des Mitmenschen sei heute ein unabweisbares Bedürfnis[311], das ästhetische Empfinden habe sich gewandelt, Hausfassaden müßten sich stärker an den Geboten der Stadtbildpflege und den Gesetzen der architektonischen Harmonie ausrichten[312], und der Durchschnittsbürger stelle heute höhere Anforderungen an die gestalterische Qualität von Bauvorhaben[313], wurden und werden immer wieder aufgestellt. Eine Verschärfung bauästhetischer Maßstäbe läßt die ergangene Rechtsprechung, soweit dies mittels Lektüre festzustellen ist, ebensowenig erkennen. Das Bedürfnis der Allgemeinheit, einen stärkeren Einfluß auf die optisch-ästhetische Gestaltung baulicher Anlagen auszuüben, schlägt sich aber mehr und mehr in speziellen baugestalterischen Anforderungen nieder. Die Bedeutung baugestalterischer Generalklauseln ist inzwischen der von Ortssatzungen und denkmalschutzrechtlichen Anforderungen untergeordnet.

A. Gegenstand

Die Verunstaltungsverbote beziehen sich auf bauliche Anlagen und andere Anlagen und Einrichtungen im Sinne des § 1 I 2 BauO NW, wie sie sich dem Auge des Betrachters darbieten. Sie betreffen ausschließlich das äußere Erscheinungsbild einer Anlage, nicht aber deren Nutzung.[314] Die äußere Erscheinung einer Anlage kann sowohl von der Anlage selbst als auch von anderen Elementen wie

310 So aber Gädtke/Böckenförde/Temme/Heintz - Heintz, § 12, Rn. 4.

311 LVG Münster, 13.10.1950, BRS 1, S. 68ff.

312 OVG Berlin, 13.01.1984, BRS 42, Nr. 135; Koch/Molodovsky/Farmers, Art. 11, Rn. 5.

313 OVG Hamburg, 22.12.1983, BRS 42, Nr. 134; OVG Berlin, 13.01.1984, BRS 42, Nr. 135; Simon, Art. 11, Rn. 37; Alexejew/Haase/Großmann/Möhl - Alexejew, § 12, Rn. 1, 33 „deutlich gestiegene Sensibilität".

314 OVG Münster, 03.10.1968, BRS 20, Nr. 137 bzgl. sichtbarer Lagerung von Baugeräten auf Dächern; OVG Münster, 17.07.1969, BRS 22, Nr. 207 bzgl. Gartenkeramikausstellung im Vorgarten; Enst/Zinkahn/Bielenberg/Krautzberger - Bielenberg/Stock, § 172, Rn. 63.

angebrachten Werbetafeln[315], Markisen oder der Fenstergestaltung bestimmt sein. Anforderungen können daher grundsätzlich auch Bauteile an der Anlage betreffen.[316] Das PrOVG entschied, es könne für die Anwendung der Verunstaltungsvorschriften nicht darauf ankommen, wie die Erscheinung der Anlage technisch zustande gekommen ist, für die Beurteilung eines im Schaufenster angebrachten Werbezeichens sei nicht entscheidend, ob es sich an der Innen- oder Außenseite der Scheibe befinde oder mehr oder weniger weit hinten im Laden aufgehängt sei.[317] Entgegen dieser Auffassung kann die Anwendbarkeit der Norm nicht unabhängig davon sein, wodurch der verunstaltete Eindruck erzeugt wird. Was nicht Bestandteil (§ 93 BGB) oder Zubehör (97 BGB)[318] bzw. Bauteil einer baulichen Anlage ist, kann nicht bewirken, daß die bauliche Anlage die Umgebung verunstaltet oder selbst nach den in § 12 I BauO NW genannten Merkmalen verunstaltet wirkt. Bauteile einer baulichen Anlage sind Objekte, die aus Baustoffen hergestellt, an oder auf einer baulichen Anlage befestigt sind, mit der Anlage nicht nur vorübergehend verbunden sind und nach der Verkehrsanschauung mit der baulichen Anlage als eine Sache betrachtet werden.[319] Mag der Blick durch die Fensterscheibe auch das ästhetische Empfinden verletzen, es ist nicht die bauliche Anlage, die verunstaltet wirkt bzw. die Umgebung verunstaltet. Soweit nicht der Anwendungsbereich des § 13 BauO NW[320] eröffnet ist, kann die

---

315 Bautechnisch mit anderen baulichen Anklagen verbundene Werbeanlagen sind nach Auffassung des BVerwG, 03.12.1992, BRS 54, Nr. 126, eigenständige bauliche Anlagen im Sinne von § 29 Satz 1 BauGB und bauplanungsrechtlich selbständig zu beurteilen.

316 Siehe auch PrOVG, 03.03.1938, E 102, 231 (232f); BVerwG, 10.12.1979, BRS 35, 133; Zinkahn, DVBl 1951, 368 (371).

317 PrOVG, 10.10.1940, E 105, 285 (296f).

318 Zur Anwendbarkeit der insoweit vergleichbaren BauGVO auf Zubehör und Bestandteile baulicher Anlagen PrOVG, 03.03.1938, E 102, 231 (233); RVerwG, 11.12.1941, RVerwBl 63 (1942), 235; VGH Bremen, 23.04.1952, BRS 2, S. 239 (240); Zinkahn, DVBl 1951, 368 (371).

319 OVG Münster, 19.05.1981, BRS 38, Nr. 145. Nach Auffassung des HessVGH, 18.11.1983, BRS 40, Nr. 155, kann hingegen eine bauliche Anlage auch dadurch verunstaltet wirken, daß vor ihr als selbständige bauliche Anlage eine Werbetafel aufgestellt ist, deren optische Wirkung derjenigen gleichkommt, die eine an der Fassade der Anlage angebrachte Werbetafel hätte. Dagegen OVG Bremen, 26.08.1986, BRS 46, Nr. 119 (allein im Rahmen des Umgebungsschutzes als Verunstaltung des Straßenbildes relevant).

320 Gestaltungsanforderungen für Werbeanlagen nach § 13 BauO NW beschränken sich nicht auf bauliche Anlagen, betreffen aber gemäß § 13 VI Nr. 2 BauO NW keine Auslagen und Dekorationen in Schaufenstern. Zur Abgrenzung OVG Lüneburg, 10.06.1986, BRS 46, Nr. 124; VGH BW, 17.09.1990, BRS 50, Nr. 144; OVG Münster, 21.08.1998, BRS 60, Nr. 131. Die auf den am Himmel sichtbaren Lichtstrahl eines Skybeamers bezogene bauästhetische Beurteilung der baulichen Anlage (siehe

von außen einsehbare Gestaltung im Inneren einer baulichen Anlage, die nicht an der baulichen Anlage angebracht als ein Teil der Anlage erscheint[321], nicht mit Verunstaltungsverboten unterbunden werden.[322]

Folglich berührt auch das mit dem Betrieb einer geplanten Kfz-Werkstatt einhergehende Abstellen zahlreicher Fahrzeuge entgegen einer Entscheidung des VGH Baden-Württemberg[323] die baugestalterische Zulässigkeit der Werkstatthalle nicht.

B. Schutzintensität

Mit der baugestaltungsrechtlichen Generalklausel[324] der meisten Bauordnungen können nur Verunstaltungen abgewehrt werden.[325] Auch das in § 12 II 1 BauO NW normierte Verbot, die beabsichtigte Gestaltung zu stören, geht nicht über die Verunstaltungsabwehr hinaus.[326] Gleiches gilt für das Rücksichtnahmegebot des § 12 II 2 BauO NW.[327] Die Ermächtigung des § 86 I Nr. 1 BauO NW beschränkt sich nicht auf die Verunstaltungsabwehr; Gemeinden können strengere ästhetische Maßstäbe aufstellen und positive Gestaltungspflege betreiben.[328]

Als Verunstaltung wird nach allgemeiner Meinung und in ständiger Rechtsprechung ein positiv häßlicher, das ästhetische Empfinden des Betrachters nicht nur beeinträchtigender, sondern verletzender, grob unangemessener Zustand ver-

---

Fn. 309) wäre bedenklich, wenn die Anlage nicht zu Werbezwecken eingesetzt würde.

321 Als Teil der Anlage erscheint etwa die Beklebung oder Bemalung der Fensterscheibe, selbst wenn sie an der Innenseite erfolgt. Siehe auch PrOVG, 01.12.1938, E 103, 242ff.

322 Zum umfassenderen Anwendungsbereich anderer Baugestaltungsvorschriften siehe VGH BW, 17.09.1990, BRS 50, Nr. 144.

323 VGH BW, 07.09.1989, BRS 49, Nr. 94.

324 Siehe auch § 35 III 1 Nr. 5 BauGB.

325 Zur Anforderung, bauliche Anlagen nach den anerkannten Regeln der Baukunst durchzubilden, siehe unten unter 2. Teil § 1 III.

326 BVerwG, 28.06.1955, E 2, 172 (176f); HessVGH, 19.05.1978, BRS 33, Nr. 123; Alexejew/Haase/Großmann/Möhl - Alexejew, § 12, Rn. 52; Schlez, § 11, Rn. 13; Klein, S. 73. A.A. Neuffer/v. Arnim/Schlotterbeck, § 11, Rn. 21.

327 Schlez, § 11, Rn. 14; Alexejew/Haase/Großmann/Möhl - Alexejew, § 12, Rn. 57. So auch Simon, Art. 11, Rn. 21a zum Verzicht der BayBO auf ein entsprechendes Rücksichtnahmegebot. Siehe auch HessVGH, 19.05.1978, BRS 33, Nr. 123. Anders OVG Berlin, 22.07.1994, BRS 56, Nr. 131 (Werbetafeln an schlichter Einfriedungsmauer als Verstoß gegen die Forderung, auf erhaltenswerte Eigenarten der Umgebung Rücksicht zu nehmen), OVG Münster, 06.06.1979, BRS 35, Nr. 138; Boeddinghaus/Hahn/Schulte - Boeddinghaus, § 12, Rn. 34; Gädtke/Böckenförde/Temme/Heintz - Heintz, § 12, Rn. 36ff.

328 Siehe Fn. 193.

standen.[329] Die Umgebung verunstaltet eine Anlage, deren krasser Gegensatz zur Umgebung als belastend oder Unlust erregend empfunden wird und den Wunsch nach Abhilfe herausfordert. Eine den vorhandenen Vorzügen drohende mäßige Einbuße ist ebensowenig eine Verunstaltung[330] wie die Veränderung einer künstlerischen Anlage auf das Niveau des Gewöhnlichen.[331] Eine Verunstaltung setzt mehr voraus als eine erhebliche Beeinträchtigung[332] und erst recht mehr als eine einfache Beeinträchtigung[333]; sie ist vergleichbar mit einer Verunzierung[334].

---

329 St. Rspr. seit PrOVG, 14.06.1882, E 9, 353 (382). BVerwG, 28.06.1955, E 2, 172 (176f); BVerwG, 16.02.1968, BRS 20, Nr. 123; BVerwG, 19.01.1978, BRS 33, Nr. 71; BVerwG, 22.06.1990, BauR 1990, 689 (692); VGH BW, 17.03.1966, BRS 17, Nr. 87; VGH BW, 29.01.1969, BRS 22, Nr. 124; BayVGH, 04.04.1973, BRS 27, Nr. 113; VGH BW, 24.07.1973, BRS 27, Nr. 112; VGH BW, 27.08.1976, BRS 30, Nr. 112; VGH BW, 25.11.1982, BRS 39, Nr. 144; OVG Münster, 06.02.1992, BRS 54, Nr. 129; Ernst/Zinkahn/Bielenberg/Krautzberger - Bielenberg/Stock, § 172, Rn. 63; Ernst/Zinkahn/Bielenberg/Krautzberger - Söfker, § 35, Rn. 94, § 34, Rn. 69; Brohm, § 5, Rn. 17; Boeddinghaus/Hahn/Schulte - Boeddinghaus, § 12, Rn. 10; Koch/Molodovsky/Farmers, Art. 11, Rn. 2; Dürr/Middeke, Rn. 210.

330 PrOVG, 18.02.1886, PrVerwBl 7, S. 206 (207).

331 PrOVG, 14.06.1882, E 9, 353 (381).

332 Eine erhebliche Beeinträchtigung (§ 8 BNatSchG, § 4 LG NW) bzw. eine nicht nur unerhebliche Beeinträchtigung (§ 177 BauGB) ist jede sichtbare nachteilige, d.h. nicht landschaftsgerechte Veränderung der Landschaft - VGH BW, 14.11.1991, NuR 1992, 188 (189) - das Vorhaben muß als besonderer Fremdkörper in der Landschaft erscheinen - VGH BW, 24.06.1983, NuR 1983, 276 (278); VGH BW, 25.06.1986, NuR 1987, 129 (131). Ein geringerer Beeinträchtigungsgrad als eine Verunstaltung sei hinreichend, BVerwG, 27.09.1990, BRS 50, Nr. 222; OVG Münster, 05.07.1993, BRS 55, Nr. 211; VGH BW, 14.11.1991, NuR 1992, 188 (189). Ernst/Zinkahn/Bielenberg/Krautzberger - Bielenberg, § 177, Rn. 18; Stollmann, DVBl 1993, 643 (647); Garbe, S. 34; a.A. Fickert, BayVBl 1978, 681 (685f zu § 8 BNatSchG). Siehe auch Fn. 250 - 252.

333 Siehe §§ 34, 172 BauGB, § 2 VG 1907. VG Freiburg, 15.09.1952, BBauBl 1953, 263; OVG Berlin, 03.07.1981, BRS 38, Nr. 71; Simon, Art. 11, Rn. 3e. Eine Beeinträchtigung ist bereits gegeben bei mangelnder harmonischer Übereinstimmung mit der baulichen Umgebung - BVerwG, 26.05.1978, BRS 33, 36; Ernst/Zinkahn/Bielenberg/Krautzberger - Bielenberg/Stock, § 172, Rn. 63; Engelmann, S. 19. Es gehört ein fein ausgeprägtes ästhetisches Empfinden dazu, sie überhaupt wahrzunehmen - PrOVG, 04.04.1940, E 105, 250; Büge/Zinkahn, S. 64; Baltz /Fischer, S. 181. Eine Beeinträchtigung ist gleichzusetzen mit einer Störung - PrOVG, 21.12.1936, E 99, 207 (211); LVG Aachen, 29.04.1952, BBauBl 1953, 55. BVerwG, 28.06.1955, E 2, 172 (177) zu „einwandfreie Einfügung in die Umgebung“ in BauGVO: Bauliche Anlage darf das Gesamtbild der Umgebung nicht stören, der Gegensatz zwischen ihr und der Umgebung darf vom Betrachter nicht als belastend oder Unlust erregend empfunden werden. Ob mit § 34 BauGB entsprechend seinem Wortlaut, der auf einen Bewertungsmaßstab verzichtet, bloße Ortsbildbeeinträchtigungen abgewehrt werden können, ist umstritten. Siehe dazu Fn. 217f. Das Erscheinungs-

Die auf Emotionen abstellende Umschreibung der für eine Verunstaltung erforderlichen Beeinträchtigungsintensität ist zwingend darauf angewiesen, daß ein Bezugssubjekt benannt wird.[335] Zur Bestimmung der Verunstaltung im Sinne des PrALR stellte das PrOVG auf das Empfinden der überwiegenden Mehrheit des Publikums ab, eine Verunstaltung sei ein Zustand, der jedes offene Auge verletzt und nicht etwa bloß Personen mit ausgebildetem Schönheitssinn als eine Störung der Harmonie erscheint.[336] An anderer Stelle formulierte das Gericht, es sei von dem Urteil eines ästhetischen Fragen gegenüber aufgeschlossenen Durchschnittsbetrachters, d.h. vom natürlichen Schönheitssinn des gesunden, unverbildeten Menschen auszugehen.[337] Diese Feststellung wurde vom BVerwG übernommen

---

bild eines Denkmals wird beeinträchtigt, wenn es in seiner Wirkung auf den für die Belange des Denkmalschutzes aufgeschlossenen Durchschnittsbetrachter gestört wird, d.h. wenn der Gegensatz deutlich wahrnehmbar ist und von dem Betrachter als belastend empfunden wird - VGH BW, 22.08.1979, BRS 35, Nr. 8; VGH BW, 27.05.1983, BRS 40, Nr. 156; wenn der Gesamteindruck empfindlich gestört ist, selbst wenn noch keine Verunstaltung vorliegt - VGH BW, 10.10.1988, BRS 48, Nr. 118 (Beeinträchtigung durch Sonnenkollektor); wenn nach dem Urteil eines sachverständigen Betrachters die besondere Bedeutung geschmälert wird - OVG Lüneburg, 05.09.1985, BRS 44, Nr. 124 (Beeinträchtigung durch Markise an einem als Restaurant genutzten Baudenkmal); wenn nach Sicht eines fachkundigen Betrachters eine mehr als geringfügige Beeinträchtigung vorliegt - OVG Münster, 22.01.1998 BRS 60, Nr. 212 (Beeinträchtigung durch zwei Werbetafeln an als Baudenkmal eingetragener Hofanlage).

334 Die Landschaft wird im Sinne des VG 1902 verunziert, wenn eine vom Beschauer als lebhaftes Unlustgefühl empfundene Störung des durch die Betrachtung der Landschaft verursachten Naturgenusses bewirkt wird, verunzieren ist mehr als beeinträchtigen und einfach verunstalten - PrOVG, 29.06.1915, E 69, 321; Goldschmidt, S. 38; v. Brauchitsch - Froelich, S. 506. Nach PrOVG, 20.05.1891, PrVerwBl 12, 519 und PrOVG, 29.06.1915, E 69, 321, ist die Verunzierung eine Beeinträchtigung geringerer Intensität als eine grobe Verunstaltung.

335 § 12 III BremLBO: „Die Beurteilung der Gestaltung hat unter Berücksichtigung des Empfindens eines auf diesem Gebiete sachkundigen und erfahrenen Betrachters zu erfolgen.“; ähnlich § 14 III MBO; ebenso § 14 VII BauO Bln a.F.; § 72 IV HBauO a.F.; § 14 I LBO SH a.F.. Auch örtliche Regelungen enthalten mitunter entsprechende Angaben, siehe etwa LVG Münster, 13.10.1950, BRS 1, S. 68ff, betr. Ortsstatut, das ein das künstlerische Empfinden befriedigendes Äußeres verlangt und zur Wahrung der Belange die Bestellung von Sachverständigen vorsieht.

336 PrOVG, 14.06.1882, E 9, 353 (382). Ebenso zur gröblichen Verunstaltung im Sinne des VG 1907: Ausführungsanweisung vom 04.08.1907, Minist. Blatt für die innere Verwaltung 1907, 281, abgedruckt auch bei Goldschmidt, S. 106 (107); Baltz/Fischer, S. 177. Siehe auch Fn. 88.

337 PrOVG, 05.11.1936, E 99, 202 (206, durchschnittliche Ansicht der Allgemeinheit der deutschen Volksgenossen, zum Vorliegen einer gröblichen Verunstaltung im Sinne von VG 1907); a.A. dargestellt in PrOVG, 24.03.1898, E 33, 404 (406f). Ebenso zur Verunzierung im Sinne des VG 1902, Goldschmidt, S. 39; v. Brau-

und in ständiger Rechtsprechung angewandt: „Bei der Beurteilung [...] kann nicht auf den ästhetisch besonders empfindsamen oder geschulten Betrachter abgestellt werden; denn die Auswahl dieses Personenkreises entzieht sich jeder zuverlässigen Beurteilung. Es kann andererseits auch nicht die Ansicht solcher Menschen entscheidend sein, die ästhetischen Eindrücken gegenüber überhaupt gleichgültig und unempfindlich sind; denn diesen geht in dieser Hinsicht jede sachliche Urteilsfähigkeit ab. Es muß vielmehr das Empfinden jedes für ästhetische Eindrücke offenen Betrachters maßgebend sein, also des sogenannten gebildeten Durchschnittsmenschen, der zwischen diesen beiden Personenkreisen steht".[338] Ungeachtet aller Schwierigkeiten, im Einzelfall eine Verunstaltung festzustellen, stehen diese anerkannten abstrakten Maßstäbe den Forderungen Simons entgegen, Unterbrechungen von Dachflächen durch Gauben oder Fenster sollten grundsätzlich vermieden werden, der Anstrich habe unauffällig zu sein und jede bauliche Anlage müsse eine „gute ästhetische Haltung" haben.[339]

Häufig fließen in die gerichtliche bauästhetische Beurteilung Erwägungen über den Sinn und Zweck der konkreten Gestaltung ein.[340] Vom Verunstaltungs-

---

chitsch - Froelich, S. 506. Bei der Beurteilung einer Beeinträchtigung im Sinne des VG 1907 bzw. der Anforderungen der BauGVO, für die ein fein ausgeprägtes ästhetisches Empfinden erforderlich sei, komme es indes auf das Urteil des künstlerisch oder ästhetisch Geschulten an, PrOVG, 21.12.1936, E 99, 207 (211); PrOVG, 02.03.1939, E 104, 236; PrOVG, 04.04.1940, E 105, 250; Büge/Zinkahn, S. 64; Baltz/Fischer, S. 181.

338 BVerwG, 28.06.1955, E 2, 172 (177); VGH BW, 29.01.1969, BRS 22, Nr. 124; VGH BW, 25.11.1982, BRS 39, Nr. 144; OVG Münster, 06.02.1992, BRS 54, Nr. 129; Thiel/Mampel/Moog/Tyczewski - Rößler, § 12, Anm. 1; Boeddinghaus/Hahn/Schulte - Boeddinghaus, § 12, Rn. 10. Kritisch Schweiger, DVBl 1968, 481; Kretschmer, DVBl 1970, 55.

339 Simon, Art. 11, Rn. 14, 15, 16 (zarte, helle Töne wie weiß, elfenbein, sandfarben, grau, erbsgrün, lichter Ocker seien erwünscht, dunkelgrün, -rot, -braun, grelle Farben wie blutrot, scharfes Grün, bunte und süßliche Farben wie maisgrün, eigelb, lila, himbeerrosa zu vermeiden). Siehe auch Simon, Art. 11, Rn. 20d, 28, 35.

340 OVG Münster, 12.09.1960, BRS 10, S. 169ff (moderne Dachgestaltung als Ergebnis von Zweckmäßigkeitserwägungen ohne verunstaltende Wirkung); OVG Münster, 12.04.1967, BRS 18, Nr. 34 (Zaun im Außenbereich sei verunstaltend weil nach Bauweise und nach Lage nicht erforderlich, obwohl Kläger darlegte, daß Zaun dem Diebstahlschutz dient und andere Bauweise zu schnell verrotten würde); OVG Münster, 12.06.1970, BRS 23, Nr. 86 (zum Lärmschutzbedürfnis bei der ästhetischen Beurteilung einer Schallschutzwand); OVG Münster, 20.04.1972, BRS 25, Nr. 125 (Bretterzaun verunstalte Landschaftsbild weil Durchschnittsbetrachter Schilfmatteneinfriedung an Waldwiese für Nudisten nicht einer dem Wesen des Außenbereichs angemessenen Nutzung zuordne); OVG Münster, 12.11.1974, BRS 28, Nr. 20 (Werkstoff und Form der Tragluft-Schwimmhalle bewirkten keine Verunstaltung, da sonst das Vorhaben generell zu verwerfen wäre); Gädtke/Böckenförde/Temme/

tatbestand jene Einrichtungen auszunehmen, die zwar das ästhetische Empfinden verletzen, aber unvermeidlich sind, da sie, um einem vernünftigen Zweck dienen zu können, nicht anders gestaltet werden können, ist nicht unbedenklich. Die verunstaltende Wirkung baulicher Anlagen ist sehr oft durch funktionale Aspekte bedingt; Dachgauben dienen der Belichtung des ausgebauten Dachgeschosses, der hohe Zaun soll Sichtschutz bieten. In Einzelfällen die Zweckmäßigkeit einer Gestaltung über die ästhetische Qualität entscheiden zu lassen, erscheint willkürlich und sachwidrig. Erwägungen über die Funktion der Gestaltung sollten daher grundsätzlich aus der Entscheidung über den ästhetischen Eindruck der Anlage herausgehalten werden und in anderen Zusammenhängen Berücksichtigung finden.[341] Sachgerecht ist es jedoch, die im Wissen um ihre Funktion begründete Akzeptanz einer ästhetisch unbefriedigenden baulichen Anlage durch den gebildeten Durchschnittsmenschen bei der bauästhetischen Beurteilung zu berücksichtigen. Das ästhetische Urteil ist häufig mitbeeinflußt vom Wissen um den hinter der Gestaltung stehenden Zweck. Es ist daher durchaus möglich, daß der Durchschnittsbetrachter eine Anlage, wie etwa Hochspannungsmasten, Umspannwerke oder Lärmschutzwände nicht als Verletzung seines ästhetischen Empfindens wahrnimmt.[342] Regelmäßig wird es aber die Gewöhnung an derartige Anlagen sein[343], die eine Beurteilung der Anlage als verunstaltend ausschließt. Die umgekehrte Argumentation, allein die optische Gewöhnungsbedürftigkeit einer technisch-modernen Bauform könne ein Verunstaltungsurteil nicht tragen[344],

---

Heintz - Heintz, § 12, Rn. 21 mit dem Hinweis auf Solaranlagen auf Dächern; Simon, Art. 11, Rn. 14, 20c.

341 In Betracht kommt etwa eine Dispenserteilung nach § 73 BauO NW oder eine Berücksichtigung bei der Entscheidung darüber, ob die Verunstaltung dem nach § 35 I BauGB privilegierten Vorhaben entgegensteht.

342 OVG Münster, 03.09.1976, BRS 30, Nr. 114: Der gebildete Durchschnittsbetrachter werde in der Wertung eines Gegensatzes zum Landschafts- und Ortsbild als verletzend maßgeblich von dem konkreten Nutzungszweck einer Anlage bestimmt, Anlagen, die an sich nicht in die freie Landschaft passen, wie Leitungsmasten, Umspannwerke, Transformatorenstationen und Hubschrauberunterstellhallen in Form liegender Halbzylinder würden wegen ihrer Zweckbestimmung regelmäßig nicht als belastend empfunden sondern als sinnvoll akzeptiert.

343 Siehe etwa zur verunstaltenden Wirkung von Sonnenkollektoren Schulte, S. 196 m.w.N.

344 BayVGH, 30.11.1976, BRS 30, Nr. 110 (ungewohnte und daher fremd wirkende technisch-moderne Bauform sei keine Umgebungsverunstaltung, nur in ganz besonders gelagerten, eng abgegrenzten Fällen könnten möglicherweise neue Bauformen als verunstaltend gänzlich ausgeschlossen werden); BVerwG, 18.02.1983, BRS 40, Nr. 64 (offengelassen, ob Windenergieanlage Ortsbild verunstaltet, jedenfalls nicht wegen optischer Gewöhnungsbedürftigkeit); VGH BW, 17.03.1966, BRS 17, Nr. 87 (Verwendung eines in Gemeinde fremden Baustoffes begründe allein noch keine

ist jedoch bedenklich. Mit dieser Prämisse wird jeder Bestimmungsmaßstab aufgegeben, die Beurteilung willkürlich.[345] Ästhetische Urteile beruhen in einem hohen Maße darauf, was der Betrachter erwartet, sind also von der Erfahrung des Betrachters abhängig. Es ist nicht ersichtlich, wie ein ästhetisches Urteil losgelöst von der Frage, ob der Anblick ungewohnt ist, gefällt werden soll.

Die Anwendbarkeit des Baugestaltungsrechts erfordert, daß die betroffene Anlage von einem öffentlich zugänglichen Standort aus wahrnehmbar ist. Aus dem Ziel von Verunstaltungsverboten, durch bauliche Anlagen bedingten Beeinträchtigungen des ästhetischen Empfindens vorzubeugen, folgt, daß nur diejenigen Verunstaltungen abzuwehren sind, die von der Allgemeinheit üblicherweise[346] ohne weiteres wahrnehmbar sind, denn optisch-ästhetisch beeinträchtigend kann nur sein, was sichtbar ist. Ist die Umgebungsverunstaltung bzw. die verunstaltete Anlage nur vom Grundstück der zu beurteilenden Anlage aus erkennbar, fehlt das erforderliche öffentliche Interesse an der ästhetischen Wirkung der Anlage. Diese ästhetischen Beeinträchtigungen sind nicht tatbestandsmäßig.[347]

Verunstaltung); OVG Lüneburg, 23.09.1986, BRS 46, Nr. 184 (technische Neuartigkeit der Windenergieanlage sei nicht geeignet, das Ortsbild zu verunstalten); OVG Münster, 12.09.1960, DÖV 1961, 629 (630, bestimmte Dachform noch fremd, aber zweckmäßig und billiger, daher wie oft bei Stiländerungen/-abweichungen auffallend, viele würden sich dran stoßen, aber wenn sie sich durchsetzen, würden sie selbstverständlich für Betrachter. Es sei nicht angängig zu versuchen, eine Weiterentwicklung der Dachgestaltung unter dem Gesichtspunkt der Verunstaltung aufzuhalten, wenn die Änderung nicht allein Ausdruck der gestalterischen Idee des Einzelnen ist, sondern ihr auch sachgerechte Zweckmäßigkeitserwägungen zu Grunde liegen.)

345 Soll das aus der Gewöhnungsbedürftigkeit einer bestimmten Gestaltung resultierende ästhetische Unwerturteil nicht hinreichend sein, um eine Verunstaltung annehmen zu können, wären auch folgende Argumentationen unzulässig: OVG Schleswig, 04.09.1996, Az: 1 L 317/95 (Verunstaltung, weil Betrachter reetgedeckter Häuser auf den Nordseeinseln eine an die Gestaltung der historischen Friesenhäuser angelehnte Baugestaltung erwartet); VGH BW, 13.03.1961, VerwRspr. 14, Nr. 19 (im Verbreitungsgebiet einer charakteristischen Bauart falle eine mißlungene Nachahmung eher auf und störe erheblich mehr als Bauten ohne landschaftsgebundene Eigenart). Auch aus der Funktion des Daches abgeleitete Anforderungen - siehe etwa BayVGH, 05.05.1969, BRS 22, Nr. 125 - sind letztlich an den überlieferten, durch die begrenzten technischen Möglichkeiten früherer Zeiten bedingten Dachformen orientiert.

346 Anders Simon, Art. 11, Rn. 10, der auch Verunstaltungen für tatbestandsmäßig hält, die, wie auf Flachdächern aufgemalte Reklame, nur aus der Luft wahrnehmbar sind.

347 HessVGH, 12.06.1968, BRS 20, Nr. 206 (keine Verunstaltung des Landschaftsbildes, wenn Hütte kaum sichtbar); VGH BW, 27.08.1976, BRS 30, Nr. 112 (kaum wahrnehmbare Hütte verunstaltet das Landschaftsbild nicht); HessVGH,

Ist die Beeinträchtigung von der Sichtbarkeit der Anlage abhängig, kann eine Anlage um so eher den Verunstaltungstatbestand erfüllen, je bedeutender der Bereich ist, von dem aus die Anlage wahrnehmbar ist. Dies ist auch bei der Beurteilung vorübergehender[348] oder nur zeitweilig[349] zu beobachtender Beeinträchtigungen zu berücksichtigen.

02.08.1985, BRS 44, Nr. 73 (hinreichend, wenn davon ausgegangen werden kann, daß das Grundstück in Zukunft allgemein zugänglich sein wird); HessVGH, 28.04.1988, BRS 48, Nr. 53 (Windenergieanlage auf Flachdach eines fünfstöckigen Gebäudes verunstaltet weder das eigenwillig gestaltete Gebäude noch das Straßen- und Ortsbild, weil sie in der Höhe schlecht zu sehen ist und sich in der Umgebung viele größere Antennenanlagen befänden); Gädtke/Böckenförde/Temme/Heintz - Heintz, § 12, Rn. 24; Schlez, § 11, Rn. 9, 30; v. Arx, S. 66f; Vollmer, ArchPF 1980, 101 (108); Brohm, § 5, Rn. 17. Bedenklich daher OVG Münster, 30.10.1963, ZMR 1964, 154 soweit das ästhetische Urteil auf der Zusammenhanglosigkeit des Schilfmattengeflechts zur dahinterstehenden, niedrigeren und daher von der Straße nicht sichtbaren Hecke beruht. Siehe auch PrOVG, 08.10.1936, E 100, 304 (309) und PrOVG, 23.05.1940, E 105, 256 (Normen gelten auch für Verunstaltungen, die nur von öffentlich zugänglicher Privatstraßen aus sichtbar sind). Die Wahrnehmbarkeit der Anlage als unerheblich beurteilend OVG Lüneburg, 06.11.1959, BRS 9, S. 169 (171); OVG Münster, 20.04.1972, BRS 25, Nr. 125; Ernst/Zinkahn/Bielenberg/Krautzberger - Bielenberg/Stock, § 172, Rn. 58; Simon, Art. 11, Rn. 3f (auch vom Straßenraum nicht wahrnehmbare Anlage könne Teil des Ortsbildes sein, es sei auch gleichgültig ob die Anlage sichtgeschützt ist); Simon, Art. 11, Rn. 10, 20, 32e, der jede Anlage, auch solche inmitten einer ausgedehnten privaten Grünanlage, im Hinterhof oder lediglich aus der Luft einsehbare Anlagen den Baugestaltungsvorschriften unterstellt; ebenso Alexejew/Haase/Großmann/Möhl - Alexejew, § 12, Rn. 37, 48; Neuffer/v. Arnim/Schlotterbeck, § 11, Rn. 56; offensichtlich auch OVG Berlin, 05.03.1976, BRS 30, Nr. 113 (Zaun nicht vom öffentlichem Straßenraum aus, sondern nur vom Nachbargrundstück aus sichtbar) und OVG Berlin, 31.07.1992, BRS 54, Nr. 110 (Wahrnehmbarkeit der Anlage für Straßenbenutzer sei nicht maßgeblich, entscheidend sei die objektive Störung); Koch/Molodovsky/Farmers, Art. 11, Rn. 3, halten lediglich umgebungsbezogene Anforderungen für unanwendbar auf bauliche Anlagen, die nicht von einem allgemein zugänglichen Standort aus wahrnehmbar sind.

348 BVerwG, 18.03.1983, BRS 40, Nr. 92 (für privilegierte Vorhaben im Außenbereich, die zwingend mit einer zeitweiligen Verunstaltung des Landschaftsbildes einhergehen); OVG Lüneburg, 28.10.1971, BauR 1972, 161 (Kiesabbau im Landschaftsschutzgebiet); Simon, Art. 11, Rn. 24 (baugestalterische Zulässigkeit von Kiesgruben und Steinbrüchen sei primär von der Möglichkeit einer Rekultivierung abhängig). Andererseits OVG Berlin, 26.06.1970, BRS 23, Nr. 127 (daß Bauzaun nur vorübergehend besteht, mache die angebrachte Werbetafel nicht baugestaltungsrechtlich zulässig). Siehe auch Neuffer/v. Arnim/Schlotterbeck, § 11, Rn. 16, die das umgebungsbezogene Verunstaltungsverbot nur für auf Dauer angelegte Verunstaltungen anwendbar halten.

349 Bei immer mal wieder auftretenden Verunstaltungen ist neben der zeitlichen Relevanz entscheidend, welche Bedeutung dem optischen Eindruck der Anlage in die-

C. Schutzgüter

Die gestaltungsrechtlichen Generalklauseln der Bauordnungen beziehen sich auf den unmittelbaren ästhetischen Eindruck der Anlage und stellen außerdem die Wirkung auf die Umgebung betreffende Anforderungen. Der Umgebungsschutz bezieht sich auf das Straßen-, Orts- und Landschaftsbild.[350]

Das Ortsbild[351] ist die bauliche Ansicht eines Ortes bei einer Betrachtung sowohl von innen als auch von außen.[352] Geschützt ist damit auch die Erscheinung eines Ortsteils, das heißt des vom Standpunkt eines Beobachters gleichzeitig einsehbaren Bereiches[353]. Bestimmen einzelne Gebäude das Ortsbild, ist der ästhetische Schutz dieser Einzelgebäude ebenfalls vom Ortsbildschutz umfaßt.[354] Das Straßenbild[355] ist das sich dem in Lauf- bzw. Fahrtrichtung oder zur Straßenseite[356] blickenden Betrachter aus der Führung der Straße und den begrenzenden

---

sem Zeitraum auf die Allgemeinheit zukommt. Demnach überzeugend OVG Lüneburg, 05.09.1985, BRS 44, Nr. 124 (unerheblich, daß die Markise an einem Restaurant nur bei starker Sonne oder Regen ausgefahren wird). Die Tatbestandsmäßigkeit einer nur bei Dunkelheit verunstaltenden Wirkung einer Leuchtreklame ist davon abhängig, ob die Orte, von denen diese Wirkung wahrnehmbar ist, nachts üblicherweise frequentiert werden, Entsprechendes gilt für jahreszeitlich bedingte Unkenntlichkeit der Verunstaltung. Anders Simon, Art. 11, Rn. 29; OVG Münster, 14.07.1959, BRS 9, S. 167ff und OVG Münster, 12.06.1970, BRS 23, Nr. 86 (Verdeckung der Verunstaltung durch Laub nicht relevant), dagegen wertete LVG Minden, 14.03.1950, BRS 1, S. 61f zu § 1 BauGVO die jahreszeitabhängige fehlende Einsehbarkeit eines von Laubbäumen umgebenen Gebäudes zugunsten des Bauherren.

350 § 13 II 1 BauO NW verbietet darüber hinaus, mit Werbeanlagen bauliche Anlagen zu verunstalten.

351 Der Schutz des Ortsbildes findet Erwähnung in § 12 II BauO NW, §§ 1 V 2 Nr. 4, 34 I 2, 35 III 1 Nr. 5, 136 IV 2 Nr. 4, 177 III 1 Nr. 2 BauGB.

352 Ernst/Zinkahn/Bielenberg/Krautzberger - Bielenberg/Stock, § 172, Rn. 32; Schlez, § 11, Rn. 6; Ernst/Zinkahn/Bielenberg/Krautzberger - Söfker, § 34, Rn. 68, Gädtke/ Böckenförde/Temme/Heintz - Heintz, § 12, Rn. 25; Hoppe/Grotefels - Hoppe, § 8, Rn. 68; Simon, Art. 11, Rn. 20; Alexejew/Haase/Großmann/Möhl - Alexejew, § 12, Rn. 47; Neuffer/v. Arnim/Schlotterbeck, § 11, Rn. 18; Vollmer, ArchPF 1980, 101 (108). Anders PrOVG, 08.10.1936, E 100, 304 (307f), wonach als Ortsbild regelmäßig der Fernblick geschützt sei.

353 Gädtke/Böckenförde/Temme/Heintz - Heintz, § 12, Rn. 25.

354 Ernst/Zinkahn/Bielenberg/Krautzberger - Bielenberg/Stock, § 172, Rn. 58.

355 Siehe § 12 II BauO NW, § 177 III 1 Nr. 2 BauGB. Wird der Schutz des Straßenbildes nicht ausdrücklich erwähnt, ist das Straßenbild vom Ortsbildschutz umfaßt. Ernst/Zinkahn/Bielenberg/Krautzberger - Bielenberg/Stock, § 172, Rn. 32.

356 Gädtke/Böckenförde/Temme/Heintz - Heintz, § 12, Rn. 25.

Grundstücken mit ihren baulichen Anlagen bietende Bild.[357] Landschaftsbild[358] bezeichnet den optischen Eindruck einer Fläche, die durch das Vorherrschen der freien Natur geprägt ist; das Merkmal knüpft an die visuellen Gegebenheiten der vorhandenen landschaftsprägenden Geländeverhältnisse an. Dem menschlichen Blickfeld entsprechend ist eine relativ großräumige Betrachtungsweise zugrunde zu legen.[359] Der Schutz bezieht sich selbstverständlich auch auf Kulturlandschaften. Ist die Landschaft durch bestimmte bauliche Anlagen beeinflußt, ist diese ästhetische Prägung ebenfalls vom Schutz des Landschaftsbildes umfaßt.[360]

Landschaftsbild und Ortsbild werden auch bauplanungsrechtlich in § 35 III I Nr. 5 BauGB vor Verunstaltungen geschützt. Ein Verstoß gegen diese Verunstaltungsverbote wird selten festgestellt.[361] Bauästhetische bauplanungsrechtliche Aspekte von Außenbereichsvorhaben werden eher im Hinblick auf die Beeinträchtigung der natürlichen Eigenart der Landschaft und ihres Erholungswertes beurteilt.[362]

Die Umgebung ist durch eine Anlage nur dann optisch beeinträchtigt, wenn die Anlage und die zu schützende Umgebung von einem hinreichend bedeutenden Standort aus gleichzeitig wahrnehmbar sind.[363]

Differenziert zu beurteilen ist die Relevanz des früheren Zustands einer Umgebung für die bauästhetische Beurteilung eines Vorhabens.[364] Je ansprechender

357 PrOVG, 08.10.1936, E 100, 304 (308); Ernst/Zinkahn/Bielenberg/Krautzberger - Bielenberg/Stock, § 172, Rn. 32; Simon, Art. 11, Rn. 20; Schlez, § 11, Rn. 6; Neuffer/v. Arnim/Schlotterbeck, § 11, Rn. 18; Vollmer, ArchPF 1980, 101 (108).

358 Siehe § 12 II BauO NW, §§ 1 V 2 Nr. 4, 35 III 1 Nr. 5, 136 IV 2 Nr. 4, 172 III 1 BauGB.

359 OVG Münster, 05.07.1993, BRS 55, Nr. 211; OVG Münster, 02.10.1997, BRS 59, Nr. 247; Neuffer/v. Arnim/Schlotterbeck, § 11, Rn. 18; Vollmer, ArchPF 1980, 101 (108).

360 Ernst/Zinkahn/Bielenberg/Krautzberger - Bielenberg/Stock, § 172, Rn. 34, 61.

361 BayVGH, 08.05.1972, BRS 25, Nr. 124 (mit Well-Aluminium-Blech verkleidete Scheune); VGH BW, 07.09.1989, BRS 49, Nr. 94 (mit geplanter KfZ-Werkstatthalle einhergehendes Abstellen zahlreicher Fahrzeuge); BVerwG, 13.11.1996, BRS 58, Nr. 86 (Halle). Zur Verunstaltung des Ortsbildes im Rahmen von § 35 III I Nr. 5 BauGB siehe Fn. 234.

362 Siehe etwa BayVGH, 27.10.1995, BRS 57, Nr. 103 (Weidezaun aus doppelt übereinander angebrachten Straßenleitplanken sei bauordnungsrechtlich Verunstaltung des Landschaftsbildes, bauplanungsrechtlich sei ästhetische Beeinträchtigung des Landschaftsbildes eine Beeinträchtigung der natürlichen Eigenart der Landschaft und ihres Erholungswertes. Die Verunstaltungsalternative wurde nicht erörtert.) Zu den Regelbeispielen des § 35 III BauGB siehe oben unter § 3 III. C.

363 Siehe BayVGH, 29.08.1996, BRS 58, Nr. 9 zur Beeinträchtigung des Erscheinungsbildes eines Kichengebäudes durch ein mehr als 300m entfernt geplantes Minarett; OVG Berlin, 07.05.1999, LKV 2000, 123 (125).

aber die Umgebung erscheint, desto eher wird ein Fremdkörper als verunstaltend empfunden werden.[365] Schwieriger ist die Beurteilung, wenn bereits die Situation vor Errichtung der zu beurteilenden Anlage ästhetisch nicht befriedigt. Unzweifelhaft ist die Verunstaltungsabwehr nicht nur dem Schutz besonders schöner Orts-, Straßen- oder Landschaftsbilder zu dienen bestimmt.[366] Auch ästhetisch wenig Ansprechendes kann verunstaltet werden. Auf eine Verbesserung des ursprünglichen Zustands kann jedoch mit Verunstaltungsverboten nicht hingewirkt werden.[367] Sogenannten schleichenden Verunstaltungen ist nur eingeschränkt mit den baugestalterischen Generalklauseln der Bauordnungen zu begegnen. Nach Simon ist bereits der Beginn einer das Orts-, Straßen- oder Landschaftsbild verunstaltenden Entwicklung ein Verstoß gegen relative bauordnungsrechtliche Verunstaltungsverbote.[368] Abgesehen vom zukunftsgerichteten Verbot des § 12 II 1 BauO NW, die beabsichtigte Gestaltung zu stören, kann über das Vorliegen einer Verunstaltung nur anhand des gegenwärtigen Zustands entschieden werden. Es kommt darauf an, ob das Vorhaben, eingebettet in die Umgebung in ihrer Gestalt

364 Für die Feststellung einer absoluten Verunstaltung kann der frühere Zustand eines Gebäudes entgegen Boeddinghaus/Hahn/Schulte - Boeddinghaus, § 12, Rn. 20f, nicht relevant sein.

365 Angesichts des eindeutigen Wortlauts der Norm kann die Auffassung von Ernst/Zinkahn/Bielenberg/Krautzberger - Söfker, § 35, Rn. 93, ein geringerer Grad einer Beeinträchtigung verletze § 35 III 1 Nr. 5 BauGB wenn es sich um eine besonders schutzwürdige Landschaft handele, bei anderen Landschaften seien nur grob unangemessene Verunstaltungen tatbestandsmäßig, nur in diesem Sinne verstanden werden. Parallelproblematik bei Verunstaltung eines Gebäudes durch seine Änderung: Verunstaltungsverbote bedeuten nicht, daß bei Änderungen von Anlagen mit besonderem wissenschaftlichen, künstlerischen, geschichtlichen oder heimatlichen Wert dieser Wert zu erhalten ist. Anders Simon, Art. 11, Rn. 14; im Ergebnis ebenso BVerwG, 15.05.1997, BRS 59, Nr. 90.

366 BayVGH, 27.10.1966, BRS 17, Nr. 90; OVG Berlin, 02.02.1968, BRS 20, Nr. 122; OVG Münster, 30.06.1951, BRS 2, S. 234ff; PrOVG, 10.03.1938, RVerwBl 59 (1938), 473; RVerwG, 15.05.1941, RVerwBl 63 (1942), 173 (175); PrOVG, 15.10.1936, E 99, 200 (202); PrOVG, 23.05.1940, E 105, 259 (264f); Gädtke/Böckenförde/Temme/Heintz - Heintz, § 12, Rn. 26; Simon, Art. 11, Rn. 3f, 10; Vollmer, ArchPF 1980, 101 (108). Enger Neuffer/v. Arnim/Schlotterbeck, § 11, Rn. 19. Siehe auch LVG Minden, 14.03.1950, BRS 1, S. 61f (Eigenart der Umgebung sei nicht beeinträchtigt im Sinne von § 1 BauGVO, da Umgebung keine Eigenart aufweise); LVG Aachen, 18.02.1949, BRS 1, S. 107 (völlig unorganische Stadtgestaltung in der Umgebung).

367 BVerwG, 03.03.1971, BRS 24, Nr. 124. Anders PrOVG, 15.10.1936, E 99, 200 zu VG 1907 (Normanwendung solle eine die vorhandene Verunstaltung beibehaltende oder steigernde Verunstaltung verhindern und so auf die allmähliche Besserung eines unbefriedigenden Zustandes hinwirken).

368 Simon, Art. 11, Rn. 20a.

zum Errichtungszeitpunkt, das ästhetische Empfinden des gebildeten Durchschnittsmenschen verletzt. Möglicherweise zukünftig hinzutretende weitere Beeinträchtigungen können nicht entscheidungserheblich sein.[369] Die Schwierigkeit, bei einer schleichenden Verunstaltung die Maßnahme auszumachen, welche die Schwelle zur Verunstaltung überschreitet, liegt in der Unbestimmtheit des Verunstaltungsbegriffs begründet, rechtfertigt es aber nicht, entgegen dem Wortlaut der Norm eine baugestalterische Unzulässigkeit anzunehmen, obwohl das Vorhaben selbst den ästhetischen Zustand zwar verschlechtert aber noch nicht das ästhetische Empfinden verletzt.

Bei vorhandener Verunstaltung ist ein Vorhaben tatbestandsmäßig, wenn der verunstaltete Zustand durch die hinzukommende Anlage eine empfindliche Steigerung erfährt. Es reicht nicht aus, daß die Anlage den Zustand nicht verbessert oder verfestigt.[370] Zugleich kann mit relativen Verunstaltungsverboten nur ein Mindestmaß an Harmonie, nicht aber eine abwechslungsreiche Gestaltung erzielt werden[371]; ist die Umgebung geprägt durch bestimmte Merkmale, die als ästheti-

---

369 Bedenklich daher OVG Münster, 06.04.1967, BRS 18, Nr. 106 (bezieht die mögliche Aufstellung weiterer Zigarettenautomaten in der Umgebung in die Beurteilung ein); OVG Hamburg, 18.03.1969, BRS 22, Nr. 126 (Prognose, Genehmigungen für weitere Garagen würden beantragt werden, ihre Erteilung würde das Siedlungsbild noch stärker verunstalten); OVG Lüneburg, 25.10.1972, BRS 25, Nr. 129 (Bedenken hinsichtlich weiterer Anträge auf Genehmigung von Werbeschildern, die erst recht nicht versagt werden könnten); OVG Lüneburg, 28.02.1977, BRS 32, Nr. 114 (daß Genehmigung der Dachgaube Genehmigungsanträge der Nachbarn nach sich ziehen würde, bei Beurteilung berücksichtigt); BayVGH, 11.12.1991, BRS 52, Nr. 120 (Aufzugsturm als Dachaufbau habe negative Vorbildwirkung und begründe so als Ortsbildbeeinträchtigung städtebauliche Relevanz).

370 Plausibel HessVGH, 25.02.1972, BRS 25, Nr. 133 (bei einer vorhandenen Verunstaltung durch 100 Werbeanlagen würde durch eine weitere Werbeanlage keine zusätzliche Verunstaltung hervorgerufen, zu einer Verunstaltung könne aber mit einer besonders auffälligen Einzelwerbung eine weitere Verunstaltung hinzutreten); BayVGH, 12.11.1987, BayVBl 1989, 403 (Vorhaben, das nicht in Gegensatz zu vorhandenen, die Umgebung prägenden traditionellen Bauten steht, sondern in einem inzwischen städtisch geprägten Ortsteil errichtet werden soll, könne nicht wegen seiner fehlenden Landschaftsverbundenenheit als verunstaltend bezeichnet werden.); OVG Lüneburg, 28.10.1971, BauR 1972, 161 (162, Kiesabbau würde Störung des Landschaftsbildes durch Kiesabbau auf benachbartem Grundstück empfindlich verstärken). Nicht überzeugend hingegen OVG Berlin, 02.02.1968, BRS 20, Nr. 122 (bei einer häßliche Bausubstanz verdeckenden Werbeanlage komme es nicht darauf an, ob sie den Zustand verbessert); OVG Münster, 30.06.1951, BRS 2, S. 234 (238, auf Grad der Steigerung komme es nicht an).

371 Anders Simon, Art. 11, Rn. 20e (zahlreiche aneinandergereihte Einzelgaragen wirkten regelmäßig wegen kasernenartigen Charakters und Monotonie verunstaltet und störten das Orts- und Straßenbild).

sche Beeinträchtigung erfahren werden, können weitere Anlagen, die den Umgebungscharakter verstärken, keinen krassen, als belastend oder Unlust erregend empfundenen Gegensatz begründen.[372]

Die wenigsten Vorhaben sind als absolut verunstaltend im Sinne von § 12 I BauO NW unzulässig. Die umgebungsisolierte bauästhetische Beurteilung eines Bauwerks bereitet erhebliche Probleme.[373] Wird die Anlage ausnahmsweise als verunstaltet bezeichnet, ist dies selten entscheidungserheblich, da oft zusätzlich eine Verunstaltung des Orts-, Straßen- oder Landschaftsbildes festgestellt wird.[374] Dies ist weitgehend verständlich, da eine auffallende Anlage nicht selten in einem ebensolchen Gegensatz zu ihrer Umgebung stehen wird. Diese Parallelität ist aber auch darin begründet, daß eine Verunstaltung der Umgebung mitunter schon dann angenommen wird, weil eine ungefällige Anlage Bestandteil des Orts-, Straßen- oder Landschaftsbildes ist.[375] Eine Differenzierung zwischen einer verunstalteten Anlage und einer verunstaltenden Wirkung auf die Umgebung wird unter dieser Prämisse überflüssig. Wodurch die Umgebung geprägt ist, findet häufig auch dann nur oberflächlich Erwähnung, wenn die Unzulässigkeit des Vorhabens mit einer Verunstaltung der Umgebung begründet wird.

Darüber hinaus wird zur Feststellung einer relativen Verunstaltung der als Orts-, Straßen-[376] oder Landschaftsbild[377] angesehene Bereich nicht selten nur unzureichend bestimmt. Trotz des ausdrücklichen Bezugs des § 12 II BauO NW ist regelmäßig die Umgebung Beurteilungsmaßstab, die mal mehr, mal weniger weit definiert wird. Die Bestimmung der Umgebung ist von entscheidender Be-

---

372 Das Dilemma verdeutlicht die Diskrepanz der Entscheidungen zur verunstaltenden Häufung von Werbeanlagen: HessVGH, 25.02.1972, BRS 25 Nr. 133 (keine Verunstaltung, da Hausfassade bereits zahlreiche Werbungen trägt); OVG Bremen, 24.02.1981, BRS 38, Nr. 148 (da bereits auffällige Häufung keine weitere Verunstaltung durch zwei hinzutretende Werbeanlagen). Üblicherweise wird dagegen gerade die Häufung als Verunstaltung beurteilt - OVG Münster, 06.02.1992, BRS 54, Nr. 129. Tatsächlich kann es aufgrund der ausdrücklichen Nennung der Häufung von Werbeanlagen als störend in § 13 II 3 BauO NW auf den fehlenden Gegensatz zum durch Werbung geprägten Charakter der Umgebung nicht ankommen.

373 Gädtke/Böckenförde/Temme/Heintz - Heintz, § 12, Rn. 13.

374 OVG Münster, 29.07.1971, BRS 24, Nr. 120. So in der Sache auch OVG Bremen, 26.08.1986, BRS 46, Nr. 119, das die Verunstaltung des Straßenbildes durch eine Werbeanlage als selbständige bauliche Anlage unmittelbar an einem Gebäude mit der Wirkung auf das Gebäude begründet. Ähnlich v. Arx, S. 69.

375 BayVGH, 11.06.1969, BayVBl 1970, 259.

376 Eine ausdrückliche Differenzierung zwischen Orts- und Landschaftsbild erfolgt in den untersuchten Entscheidungen nicht.

377 Zur Bedeutung der räumlichen Ausdehnung des in Bezug genommenen Landschaftsbildes für die Anwendung landschaftsbildschützender Normen siehe Fickert, BayVBl 1978, 681 (686).

deutung für die bauästhetische Beurteilung nach § 12 II BauO NW. Je enger der in die Betrachtung einbezogene Raum ist, desto bestimmender ist die Anlage für die Umgebung und desto mehr verschwimmen die Grenzen zu einer anlagenbezogenen Verunstaltung.[378] Wird der zu schützende Umgebungsbereich größer gewählt, ist es angesichts der Relation um so unwahrscheinlicher, daß die betreffende Anlage einen hinreichenden optisch-ästhetischen Einfluß auf die Umgebung ausübt.[379]

Gemäß § 12 II 1 BauO NW ist nicht nur das Straßen-, Orts- und Landschaftsbild in seiner gegenwärtigen Gestalt geschützt, sondern auch dessen beabsichtigte Gestaltung. Nach einer Auffassung kann sich die Gestaltungsabsicht aus Gestaltungsplänen, Aktenvermerken, Skizzen, Einzelentscheidungen oder anderen nichtrechtssatzmäßigen Erklärungen ergeben.[380] Dies wird vornehmlich damit begründet, daß ansonsten der Anforderung keine eigenständige Bedeutung zukäme. Der Gesetzesvorbehalt und das Erfordernis hinreichender Bestimmtheit und Erkennbarkeit[381] des Norminhalts lassen jedoch nach richtiger Auffassung nur den durch Rechtssatz, zum Beispiel durch Gestaltungs- oder Erhaltungssatzungen konkretisierten Gestaltungswillen als erheblich zu.[382] Der Schutz der beabsichtigten Gestaltung in § 12 II 1 BauO NW hat dennoch nicht nur

378 Beispielhaft dazu HessVGH, 24.11.1995, BRS 57, Nr. 289.

379 Aus diesen Erwägungen bedenklich BayVGH, 30.07.1979, BRS 35, Nr. 135 (Auswechslung von Sprossen- durch Einscheibenfenster in nur einem Stockwerk verunstalte das Straßen- und Ortsbild, da die Fassade im übrigen nur sparsam gegliedert sei und die Umgebung eine anspruchsvolle Fassadengliederungen aufweise, siehe auch OVG Lüneburg, 18.04.1974, DVBl 1975, S. 952ff); OVG Hamburg, 22.12.1983, BRS 42, Nr. 134 (Einbau eines zweigeteilten Kunststoffensters verunstalte die Umgebung).

380 Simon, Art. 11, Rn. 21; Koch/Molodovsky/Farmers, Art. 11, Rn. 5; Neuffer/v. Arnim/Schlotterbeck, § 11, Rn. 23.

381 Die unzureichende Voraussehbarkeit der Anforderungen im Einzelfall macht die von Simon, Art. 11, Rn. 20e, für die Erheblichkeit aller irgendwie konkretisierten Gestaltungsabsichten geführte Argumentation deutlich: Vielfach entstehe erst auf Grund einer einzelnen Bauabsicht die Notwendigkeit, die künftige Entwicklung eines Gebietes zu bestimmen.

382 So im Ergebnis auch Gädtke/Böckenförde/Temme/Heintz - Heintz, § 12, Rn. 33f; Schlez, § 11, Rn. 13; Thiel/Mampel/Moog/Tyczewski - Rößler, § 12, Anm. 3; Boeddinghaus/Hahn/Schulte - Boeddinghaus, § 12, Rn. 23; Vollmer, ArchPF 1980, 101 (108); Klein, S. 71f; bereits PrOVG, 27.03.1941, E 106, 80; VGH Bremen, 23.04.1952, BRS 2, S. 239 (242f); LVG Minden, 14.03.1950, BRS 1, S. 61f; PrOVG, 24.05.1937, E 100, 261; OVG Münster, 31.03.1953, BRS 3, S. 55ff; HessVGH, 23.01.1981, BRS 38, Nr. 146; HessVGH, 02.11.1984, HessVGRspr 19, 50. Bedenken auch bei Brohm, § 5, Rn. 19. Offengelassen in VGH BW, 27.06.1974, BRS 28, Nr. 80.

deklaratorische Bedeutung, denn Vorhaben können eine beabsichtigte Gestaltung auch dann stören, wenn sie selbst nicht unmittelbar von einer Gestaltungssatzung betroffen sind.[383]

383 Siehe beispielhaft OVG Berlin, 23.09.1988, BRS 48, Nr. 122 (bauliche Anlage sei an begrünter Umgebung zu messen, wenn Ortsgestaltungsrecht Begrünung vorsieht, und diese noch nicht realisiert ist); OVG Berlin, 31.07.1992, BRS 54, Nr. 110 (planerische Festsetzung offener Bauweise und undurchsichtiger Zaun). Der Norm kommt darüber hinaus Bedeutung zu für die Auslegung des § 86 I Nr. 1 BauO NW als Ermächtigung zu baugestalterischen Anforderungen, die über die Abwehr von Verunstaltungen hinausgehen. Siehe auch VGH BW, 26.08.1982, BRS 39, Nr. 133. Nach Alexejew/Haase/Großmann/Möhl - Alexejew, § 12, Rn. 51, sind als beabsichtigte Gestaltung auch bereits genehmigte aber noch nicht verwirklichte andere Bauvorhaben zu berücksichtigen.

2. Teil: Der verfassungsrechtliche Rahmen

§ 1 Die Vereinbarkeit baugestalterischer Generalklauseln mit dem Bestimmtheitsgrundsatz

Abgesehen von Bestimmungen in Ortssatzungen und Bebauungsplänen resultieren Anforderungen an die Baugestaltung zumeist aus allgemein formulierten, konkretisierungsbedürftigen Normen, allen voran die verunstaltungsabwehrenden Generalklauseln der Bauordnungen.

Die Vereinbarkeit allgemeiner baugestalterischer Normen[384] mit dem Bestimmtheitsgrundsatz beschäftigte bereits sowohl das BVerwG als auch das BVerfG. Das BVerwG[385] hielt 1955 die damals geltende Baugestaltungsverordnung für hinreichend bestimmt, soweit man ihren Zweck auf die Verunstaltungsabwehr beschränkt. 1985 nahm das BVerfG[386] eine Verfassungsbeschwerde, die darauf gestützt wurde, der Begriff der Verunstaltung in § 17 II 2 LBO BW genüge nicht den Anforderungen des verfassungsrechtlichen Bestimmtheitsgrundsatzes, mangels hinreichender Erfolgsaussicht nicht zur Entscheidung an.

Die allgemeine Formulierung bauästhetischer Anforderungen weckt Zweifel an der Konkretisierungsfähigkeit entsprechender Bestimmungen, da über Fragen des Geschmacks bekanntlich nicht gestritten werden kann - de gustibus non est disputandum.[387] Vor diesem Hintergrund erscheint die Leichtigkeit, mit der von

---

384 Gestaltungsbestimmungen in Ortssatzungen können ebenfalls zu unbestimmt sein. Siehe VGH BW, 29.04.1981, BRS 38, Nr. 147 (Großflächenwerbung in Gestaltungssatzung zu unbestimmt); OVG Lüneburg, 21.08.1992, BRS 54, Nr. 88 (Flachdach in Gestaltungssatzung zu unbestimmt wenn kein Neigungswinkel angegeben); OVG Münster, 21.04.1983, BRS 40, Nr. 153 (die Umschreibung „Anlagen an deren Erhaltung ein öffentliches Interesse besteht", sei eine nicht hinreichend bestimmte Festlegung); OVG Münster, 07.11.1995, BRS 57, Nr. 171 (örtliche Gestaltungsfestsetzung, daß Dacheindeckung in rot-braun zu erfolgen habe, sei zu unbestimmt). Auf diese Problematik kann angesichts der unendlichen Vielzahl ortsrechtlicher Regelungsformen nicht eingegangen werden.

385 BVerwG, 28.06.1955, E 2, 172 (176f).

386 BVerfG, 26.06.1985, NVwZ 1985, 819.

387 „Das Schrecklichste, was wir mit ansehen mußten, waren Jugendstil und baulicher Expressionismus", Lange, S. 12. Nach Baumeister, Deutsche Zeit- und Streitfragen 1887, 207 (212), sind altertümliche Straße mit Windungen, wechselnden Breiten, vor- und zurückspringenden Häusern schön, nicht aber die geradlinigen, lediglich den Verkehrerfordernissen gerecht werdenden Straßen mit konstanter Breite.

der Rechtsprechung die hinreichende Bestimmtheit des Verunstaltungsbegriffes bestätigt wurde, der Fragestellung nicht angemessen. Es erstaunt, daß auch in der Literatur, die eine Vielzahl von Auseinandersetzungen mit anderen unbestimmten Rechtsbegriffen hervorgebracht hat, nie eine breitere Diskussion um die Bestimmtheit genereller bauästhetischer Anforderungen stattfand. Bedenken gegen die höchstrichterliche Auslegung baugestalterischer Rechtsbegriffe wurden allein gegen die mit ihr einhergehende Einschränkung des Norminhaltes geäußert, richteten sich aber nicht gegen den verbleibenden Anwendungsbereich entsprechender Generalklauseln.

Die Konkretisierung und Anwendung baugestalterischer generalklauselförmiger Anforderungen bereitet auch dann erhebliche Schwierigkeiten, wenn man ihren Zweck auf die Verunstaltungsabwehr beschränkt.[388] Ob Generalklauseln im Baugestaltungsrecht den verfassungsrechtlichen Bestimmtheitsanforderungen genügen, oder ob das BVerfG zwar in Konsequenz zu seiner ständigen Rechtsprechung zu Fragen des Bestimmtheit von Normen[389] entschieden, dabei aber Inhalt und Bedeutung des verfassungsrechtlichen Bestimmtheitsgrundsatzes verkannt hat, soll im folgenden untersucht werden.

I. Der Bestimmtheitsgrundsatz

A. Die verfassungsrechtliche Verortung des Bestimmtheitsgrundsatzes

Von speziellen Verfassungsbestimmungen[390] abgesehen, enthält das Grundgesetz keine expliziten Aussagen zur erforderlichen Regelungsdichte von Gesetzen. Über die Existenz eines allgemein geltenden Bestimmtheitsgebotes auf Verfassungsebene bestehen dennoch keine Zweifel, wenn es auch auf verschiedene Weise verfassungsrechtlich hergeleitet wird.

Als dogmatische Grundlage für ein allgemeines Bestimmtheitsgebot wird in erster Linie der aus Art. 20 II, III GG[391] abgeleitete Verfassungsgrundsatz der

---

Siehe aber auch Lieske, S. 4, die Verunstaltungsgesetze betreffend zum „Manko, das wir in dem Fehlen einer klaren Sprache gerade bei der gesetzlichen Regelung dieser Materie besonders schwer zu beklagen haben“.

388 Hoppe/Grotefels - Grotefels, § 14, Rn. 27.

389 Zum Umgang des BVerfG mit dem Bestimmtheitsgrundsatz Papier/Möller, AöR 122 (1997), 177 (196); Maunz/Dürig/Herzog/Scholz - Herzog, Art. 20, VII, Rn. 63.

390 Art. 80 I 2 GG, Art. 97 GG, Art. 101 I 2, II GG, Art. 103 II GG, Art. 104 I 1 GG.

391 BVerfG, 23.10.1951, E 1, 14 (45); BVerfG, 01.07.1953, E 2, 380 (403); BVerfG, 17.11.1992, E 87, 234 (263). Anders Maunz/Dürig/Herzog/Scholz - Herzog, Art. 20, VII, Rn. 30ff (ungeschriebener Bestandteil des Art. 20 GG); ebenso Kunig, S. 109; BVerfG, 26.02.1969, E 25, 269 (290, Bestimmtheitsgebot sei dem nicht in einem besonderen Verfassungssatz verdichteten Rechtsstaatsprinzip immanent).

Rechtsstaatlichkeit genannt. Vom Rechtsstaatsprinzip umfaßt ist die Forderung nach Rechtssicherheit, welche die Meßbarkeit und in gewissem Grade Voraussehbarkeit staatlicher Eingriffe verlangt. Der Betroffene muß Inhalt und Grenzen der Norm erkennen und sein Verhalten an der Norm orientieren können.[392]

Auch dem in Art. 20 II 2 GG verankerten rechtsstaatlichen Prinzip der Gewaltenteilung werden Bestimmtheitsanforderungen entnommen. Je weniger bestimmt und damit begrenzt die Ermächtigungen der Exekutive sind, um so mehr entscheidet diese an Stelle des Gesetzgebers und greift somit über ihre durch die Gewaltenteilung bestimmten Aufgaben hinaus.[393] Die Teilung der Gewalten besteht indes nicht als strikter Grundsatz, sondern duldet zahlreiche Verschränkungen der Staatsgewalten.[394] Das Prinzip der Gewaltenteilung verbietet nur, in den Kernbereich einer anderen Gewalt einzudringen. Die Gewaltenteilung als formales Prinzip kann daher nur sehr eingeschränkt als Grundlage von Bestimmtheitsanforderungen betrachtet werden.[395] Substanzielle Gewaltenteilung ist jedoch nur dann gegeben, wenn Fragen von grundsätzlicher Bedeutung vom Gesetzgeber geregelt werden.[396] Der zudem aus demokratischen Erwägungen abzuleitende Parlamentsvorbehalt verlangt zugleich eine gewisse Regelungsdichte; wenn die Regelung wesentlicher Fragen dem parlamentarischen Gesetzgeber obliegen soll, folgt daraus zwangsläufig, daß diesem Anspruch genügende Gesetze eine hinrei-

392 BVerfG, 24.04.1991, E 84, 133 (149); BVerfG, 12.01.1967, E 21, 73 (79); BVerfG, 07.07.1971, E 31, 255 (264); BVerfG, 23.04.1974, E 37, 132 (142); BVerfG, 03.11.1982, E 62, 169 (183); BVerfG, 24.11.1981, E 59, 104 (114); BVerfG, 18.05.1988, E 78, 205 (212); BVerfG, 12.11.1958, E 8, 274 (325); BVerfG, 10.10.1961, E 13, 153 (160); BVerfG, 07.04.1964, E 17, 306 (314); BVerfG, 12.01.1967, E 21, 73 (79); BVerfG, 22.06.1977, E 45, 400 (420); BVerfG, 12.10.1978, E 49, 343 (362); BVerfG, 03.11.1982, E 62, 169 (183); VGH BW, 29.04.1983, NJW 1984, 507 (508); Maunz/Dürig/Herzog/Scholz - Herzog, Art. 20, VII, Rn. 26, 57, 61; Watzke, S. 95f; Friauf - Papier, S. 63, 66; Papier/Möller, AöR 122 (1997), 177 (179); Kunig, S. 396. Es sei unmöglich und daher nicht erforderlich, daß Norminhalt mit Sicherheit vorhersehbar ist, BVerfG, 18.12.1953, E 3, 225 (243) und Isensee/Kirchhof - Schmidt-Aßmann, § 24, Rn. 81ff, 85. Nicht subjektive Voraussehbarkeit sondern objektive Vorhersehbarkeit sei nötig, siehe dazu Geitmann, S. 96ff und Hill, DVBl 1985, 88 (92).

393 BVerfG, 03.11.1982, E 62, 169 (182); BVerfG, 10.10.1961, E 13, 153 (161); BVerfG, 12.11.1958, E 8, 274 (325); BVerfG, 16.01.1957, E 6, 32 (42); BVerfG, 10.07.1958, E 8, 71 (76); Friauf - Papier, S. 65; Isensee/Kirchhof - Schmidt-Aßmann, § 24, Rn. 60; Kunig, S. 397.

394 BVerfG, 15.12.1970, E 30, 1 (28).

395 Friauf - Papier, S. 65; Lerche, Übermaß, S. 72; eingehend Gassner, ZG 1996, 37 (43f); gänzlich ablehnend Geitmann, S. 80f.

396 BVerfG, 09.05.1972, E 33, 125 (158); Lübbe-Wolff, ZG 1991, 219 (238).

chende Regelungsdichte aufweisen müssen.[397] Gleiches gilt selbstverständlich auch für Regelungen, für die der spezielle Gesetzesvorbehalt eines Grundrechts greift.

Auch als objektiv-rechtliche Grundsatznormen stellen Grundrechte Anforderungen an die Bestimmtheit von Gesetzen.[398] Sie enthalten einen Ausgestaltungs- bzw. Optimierungsauftrag an den Gesetzgeber mit dem Ziel einer effektiven Grundrechtsgewährleistung. Dem Gesetzgeber ist es bei der Umsetzung grundrechtlicher Einzelfragen verwehrt, Rechtsunsicherheit zu schaffen.[399] Zwar muß ein weiter Handlungsspielraum der Exekutive nicht zwingend dem Grundrechtsträger nachteilige exekutivische Maßnahmen zur Folge haben.[400] Die Unbestimmtheit der gesetzlichen Regelung erschwert jedoch in jedem Fall die Grundrechtswahrnehmung, da der Grundrechtsberechtigte die Rechtslage nicht erkennen und die Konsequenzen der Grundrechtsausübung nicht abschätzen kann, so daß auch bei letztlich grundrechtsfreundlicher exekutivischer Tätigkeit dem Gebot effektiver Grundrechtsgewährleistung nicht entsprochen würde.[401]

Die Verwaltung ist gemäß Art. 20 III GG an die Gesetze gebunden; vollziehende Gewalt heißt Umsetzung des gesetzgeberischen Willens in die Wirklichkeit.[402] Bringt eine Norm den umzusetzenden Willen nicht hinreichend klar zum Ausdruck und läßt infolgedessen viele Auslegungsmöglichkeiten zu, läuft der Grundsatz des Vorranges des Gesetzes leer.[403] Nach anderer Auffassung beschränkt sich der Vorrang des Gesetzes auf dessen konkrete Direktiven, im übrigen bestehe grundsätzlich die Handlungsfreiheit der Verwaltung fort; überläßt das Gesetz der Exekutive Handlungsspielräume, sei kein Raum für einen Geset-

---

397 BVerfG, 08.08.1978, E 49, 89 (133); BVerfG, 06.12.1972, E 34, 165 (192f); BVerfG, 12.11.1958, E 8, 274 (312, 325); BVerfG, 20.10.1981, E 58, 257 (278); BVerfG, 08.08.1978, E 49, 89 (129); BVerfG, 08.01.1981, E 56, 1 (13); Kloepfer, JZ 1984, 685 (691); Hill, DVBl 1985, 88 (90); Gusy, DVBl 1979, 575. Siehe auch Gassner, DÖV 1996, 18 (21); Lübbe-Wolff, ZG 1991, 219 (241); Geitmann, S. 65, 83f.

398 Nachweise bei Gassner, ZG 1996, 37 (51). Siehe auch BVerfG, 07.04.1964, E 17, 314, wonach die allgemeine Freiheitsvermutung zugunsten des Bürgers verlangt, daß der Einzelne vor unnötigen Eingriffen bewahrt bleibe; Ge- und Verbote müßten klar umschrieben werden.

399 Kunig, S. 399.

400 So Gassner, ZG 1996, 37 (51f) mit dem Hinweis auf optimale Grundrechtsentfaltung durch Einzelfallgerechtigkeit, Bestimmtheitsanforderungen seien folglich nicht aus der objektiv-rechtlichen Grundrechtsdimension ableitbar.

401 Papier/Möller, AöR 122 (1997), 177 (181).

402 Isensee/Kirchhof - Ossenbühl, § 62, Rn. 4.

403 BVerfG, 03.11.1982, E 62, 169 (182); BVerfG, 12.11.1958, E 8, 274 (325); BVerfG, 05.03.1958, E 7, 282 (302); Papier/Möller, AöR 122 (1997), 177 (180); Gusy, DVBl 1979, 575.

zesvorrang.[404] Diese Auffassung verkennt das in Art. 20 III GG neben dem Abweichungsverbot enthaltene Anwendungsgebot.[405] Existiert ein Gesetz, besteht die Gestaltungsfreiheit der Exekutive nicht mehr. Statt eigene Wertungen durchzusetzen, muß die Verwaltung das Gesetz anwenden und hierfür die Intentionen des Gesetzgebers erkennen. Sind diese dem Gesetz nicht zu entnehmen, kann sie ihrer Pflicht, den Willen des Gesetzgebers umzusetzen, nicht nachkommen.[406]

Die in Art. 19 IV GG verbürgte Gewährleistung eines effektiven Rechtsschutzes kann nur realisiert werden, wenn die der zu überprüfenden Maßnahme zugrundeliegenden Normen über ihren Inhalt hinreichend Auskunft geben. Damit enthält auch Art. 19 IV GG eine Bestimmtheitsforderung.[407] Die gegen diese Annahme vorgebrachte Argumentation, die gerichtliche Kontrolle von Maßnahmen öffentlicher Gewalt finde ihre Grenzen an den normativ eröffneten Freiräumen der Verwaltung, Art. 19 IV GG enthalte daher keine Bestimmtheitsanforderungen[408], ist den gleichen Einwänden ausgesetzt wie die These, der Vorrang des Gesetzes enthalte keine Aussage über die erforderliche Regelungsdichte von Normen: Gerichtliche Kontrolle mißt exekutivische Maßnahmen an der Einhaltung der Gesetze. Ist dem Gesetz wegen mangelnder Bestimmtheit seines Inhalts nicht zu entnehmen, wie weit der Freiraum der Verwaltung bei der Anwendung sein soll, kann auch gerichtlich nicht überprüft werden, ob die Maßnahme dem Gesetz entspricht. Eine gerichtliche Nachprüfung der Gesetzesanwendung wäre entgegen der Forderung des Art. 19 IV GG ausgeschlossen.[409]

Zur Begründung von Bestimmtheitsanforderungen an Gesetze läßt sich schließlich das Wesen des Gesetzes heranziehen. Anhand des Gesetzes soll der Rechtsunterworfene die Rechtslage erkennen und sein Verhalten an ihr orientieren können. Rechtsbefolgung setzt aber notwendig die Erkennbarkeit des Gesetzesinhalts voraus.[410]

---

404 Siehe Geitmann S. 83; Gassner, ZG 1996, 37 (46).

405 Gusy, DVBl 1979, 575 (575f).

406 Der Vorrang des Gesetzes steht lediglich Gesetzen entgegen, denen kein konkreter gesetzgeberischer Wille zu entnehmen ist, ohne Verstoß gegen den Grundsatz des Vorranges des Gesetzes kann der Gesetzgeber der Exekutive einen Handlungsspielraum überlassen, denn in diesem Fall entsprechen alle Entscheidungen innerhalb dieses Spielraumes dem gesetzgeberischen Willen.

407 BVerfG, 07.07.1971, E 31, 255 (264); BVerfG, 10.10.1961, E 13, 153 (161); BVerfG, 31.05.1988, E 78, 214 (226); BVerfG, 12.11.1958, E 8, 274 (326); Kunig, S. 397; Watzke, S. 95f; Gusy, DVBl 1979, 575 (576); Papier/Möller, AöR 122 (1997), 177 (180).

408 Gassner, ZG 1996, 37 (42); Geitmann, S. 82.

409 Ist hingegen lediglich ein weiter Handlungsspielraum der Verwaltung normiert, führt dies zwar zu einer Verdünnung der gerichtlichen Kontrolldichte, verhindert aber keine gerichtliche Kontrolle. Siehe auch Friauf - Papier, S. 65.

410 Papier/Möller, AöR 122 (1997), 177 (181f); Kunig, S. 396; Stern, I, S. 829.

B. Die Anforderungen des Bestimmtheitsgrundsatzes

Nicht zuletzt wegen der hohen Abstraktheit der Verfassungsgrundsätze, in denen sich das Bestimmtheitsgebot verorten läßt, sind konkrete Anforderungen an die Bestimmtheit von Gesetzen nur schwer abzuleiten.[411]

Rechtsbegriffe können zudem grundsätzlich nur mehr oder weniger bestimmt sein; absolute Bestimmtheit können Gesetze schon aus Gründen sprachlicher Begrenztheit nicht aufweisen.[412] Welcher Bestimmtheitsgrad erforderlich ist, hängt von der Regelungsmöglichkeit ab; eine höhere Regelungsdichte als sie nach Eigenart der zu ordnenden Lebenssachverhalte und mit Rücksicht auf den Normzweck gesetzestechnisch möglich ist, kann auch nicht erforderlich sein.[413][414]

Bestimmtheitsgebote stehen stets in einem Spannungsverhältnis zur aus dem Gebot materieller Rechtsstaatlichkeit ableitbaren Forderung nach materieller Gerechtigkeit. Einzelfallgerechtigkeit kann mittels zukunftsgerichteter Regelungsprogramme mitunter nur durch weitgefaßte und dadurch flexible Tatbestände gewährleistet werden, die administrative Entscheidungsspielräume eröffnen.[415] Verfassungsrechtlich geboten ist demgemäß nicht die technisch höchstmögliche Bestimmtheit von Normen, vielmehr ist eine Optimierung beider Prinzipien, ein Ausgleich zwischen idealtypischer Bestimmtheit und dem Bedürfnis nach Flexibilität notwendig.[416]

Der Bestimmtheitsgrundsatz verlangt, daß der gesetzgeberische Wille in der Norm hinreichend klar zum Ausdruck kommen muß. Auch die Verwendung von Generalklauseln und sogenannten unbestimmten, wertausfüllungsbedürftigen

---

411 Lerche, Übermaß, S. 72f.

412 Papier/Möller, AöR 122 (1997), 177 (180); Friauf - Papier, S. 67; Gassner, ZG 1996, 37 (39, Bestimmtheit als Problem normativer Quantität und kompetentieller Qualität); Geitmann, S. 25.

413 Papier/Möller, AöR 122 (1997), 177 (185); BVerfG, 24.04.1991, E 84, 133 (149); BVerfG, 18.05.1988, E 78, 205 (212); BVerfG, 17.11.1992, E 87, 234 (263); BVerfG, 19.04.1978, E 48, 210 (221f); BVerfG, 26.09.1978, E 49, 168 (181); BVerfG, 24.11.1981, E 59, 104 (114). Aber nicht Maximum an Präzision nötig, hinreichende Bestimmtheit reicht aus, so BVerfG, 12.11.1958, E 8, 274 (312).

414 Dies wird insbesondere betont für Materien, die besonders schnellen oder unvorhersehbaren Änderungen unterliegen - siehe BVerfG, 12.11.1958, E 8, 274 (311, 326); BVerfG, 08.08.1978, E 49, 89 (133, 136f); Hill, DVBl 1985, 88 (90) - und bei Vielgestaltigkeit der zu regelnden Sachverhalte - siehe BVerfG, 12.11.1958, E 8, 274 (326); BVerfG, 13.12.1966, E 21, 1 (3f); BVerfG, 08.08.1978, E 49, 89 (133); dagegen Papier/Möller, AöR 122 (1997), 177 (186), die gegebenenfalls eine gesetzgeberische Bewältigung durch mehrere Normen für erforderlich erachten.

415 BVerfG, 18.12.1953, E 3, 225 (237); BVerfG, 25.10.1966, E 20, 336 (344); Gassner, ZG 1996, 37 (41); Geitmann, S. 79.

416 Gusy, DVBl 1979, 575 (576); Geitmann, S. 116.

Rechtsbegriffen ist nicht zwingend verfassungsrechtlich zu beanstanden.[417] Ein Verstoß liegt dann vor, wenn aus der Zielsetzung des Gesetzes, dem sachlichen Zusammenhang der Vorschriften oder ihrer Entstehungsgeschichte keine objektiven Kriterien gewonnen werden können, die eine willkürliche Handhabung durch die Behörden und Gerichte ausschließen.[418] Normen müssen so konkret sein, daß sich aus ihnen mit herkömmlichen juristischen Methoden, insbesondere durch Heranziehung anderer Vorschriften desselben Gesetzes und durch Berücksichtigung des Normzusammenhanges ermitteln läßt, was vom Pflichtigen verlangt wird.[419] Trotz der durch sie geschaffenen Rechtssicherheit reicht eine Konkretisierung durch die Praxis allein nicht aus, aus Gründen der kompetenziellen Herleitungen des Bestimmtheitsgrundsatzes ist vielmehr eine gesetzgeberische Richtschnur für die Begriffskonkretisierung erforderlich.[420]

Soweit der Parlamentsvorbehalt die Bestimmtheit von Normen verlangt, bilden die Grundrechte einen Maßstab zur Konkretisierung der erforderlichen Regelungsdichte, denn wesentliche Fragen, deren Klärung allein dem parlamentarischen Gesetzgeber zusteht, sind solche, die für die Grundrechtsverwirklichung wesentlich sind. Zwar ist auch im grundrechtsrelevanten Bereich die Verwendung von Generalklauseln und unbestimmten Rechtsbegriffen möglich[421], der Gesetzgeber hat aber bei Grundrechtsbeeinträchtigungen die wesentlichen inhaltlichen Voraussetzungen im Gesetz selbst festzulegen.[422] Auch die Verortung des Bestimmtheitsgrundsatzes in grundrechtlichen Gesetzesvorbehalten und im

417 BVerfG, 12.01.1967, E 21, 73 (79); BVerfG, 18.12.1953, E 3, 225 (243); BVerfG, 10.10.1961, E 13, 153 (161); BVerfG, 07.07.1971, E 31, 255 (264); BVerfG, 31.05.1988, E 78, 214 (226).

418 BVerfG, 12.01.1967, E 21, 73 (80); VGH BW, 29.04.1983, NJW 1984, 507 (508); Friauf - Papier, S. 68.

419 BVerfG, 12.01.1967, E 21, 73 (79ff); BVerfG, 22.06.1977, E 45, 400 (420); BVerfG, 03.11.1982, E 62, 169 (182f); BVerfG, 07.04.1964, E 17, 306 (314); BVerfG, 24.07.1963, E 17, 67 (82); BVerfG, 14.05.1969, E 26, 41 (43); BVerfG, 10.10.1961, E 13, 153 (160); BVerfG, 26.02.1969, E 25, 269 (290); BVerfG, 07.07.1971, E 31, 255 (264); BVerfG, 23.04.1974, E 37, 132 (142); BVerfG, 24.11.1981, E 59, 104 (114); BVerfG, 18.05.1988, E 78, 205 (212); BVerfG, 24.04.1991, E 84, 133 (149); BVerfG, 17.11.1992, E 87, 234 (263); BVerwG, 28.06.1955, E 2, 172 (175); Papier/Möller, AöR 122 (1997), 177 (189); Lehner, NJW 1991, 890 (891).

420 Papier/Möller, AöR 122 (1997), 177 (190). Anders BVerfG, 22.06.1988, E 78, 374 (388); BVerfG, 21.06.1977, E 45,363 (371f); BVerfG, 08.08.1978, E 49, 89 (135). Siehe auch Geitmann, S. 30f, 43f, 92.

421 Hill, DVBl 1985, 88 (90).

422 BVerfG, 20.10.1981, E 58, 257 (275); BVerfG, 11.05.1988, E 78, 214 (226); BVerfG, 05.08.1966, E 20, 150 (158); BVerfG, 10.10.1961, E 13, 153 (160); BVerfG, 06.12.1972, E 34, 165 (193); BVerfG, 08.08.1978, E 49, 89 (145).

Gebot effektiver Grundrechtsgewährleistung zeigt die Abhängigkeit des erforderlichen Bestimmtheitsgrades von der Intensität der Grundrechtsbetroffenheit.[423]

Die in den verschiedenen verfassungsrechtlichen Verortungen des Gebotes erkennbare hohe Bedeutung der Bestimmtheit von Normen zeigt, daß das Bestimmtheitsgebot weit mehr ist als eine „Schranke für extreme Fälle der Unvollkommenheit und Mißverständlichkeit“[424].[425]

II. Der Begriff der Verunstaltung

Nach fast allen Bauordnungen müssen „Bauliche Anlagen (...) nach Form, Maßstab, Verhältnis der Baumassen und Bauteile zueinander, Werkstoff und Farbe so gestaltet sein, daß sie nicht verunstaltet wirken.“ Sie „sind mit ihrer Umgebung derart in Einklang zu bringen, daß sie das Straßenbild, Ortsbild oder Landschaftsbild nicht verunstalten oder deren beabsichtigte Gestaltung nicht stören.“[426] Gemäß § 35 II i.V.m. III Nr. 5 BauGB können Bauvorhaben, die nicht in Absatz 1 privilegiert sind, nur zugelassen werden, wenn das Vorhaben das Orts- und Landschaftsbild nicht verunstaltet.

Was bedeutet „nicht verunstaltet wirken“ bzw. „nicht verunstalten“?

Der aus dem Wort „verungestalten“ hervorgegangene[427] Begriff „verunstalten“ ist die präfigierte Ableitung des Adjektivs „ungestalt“, welches gleichzusetzen ist mit „entstellt“, „mißgebildet“, „verkrüppelt“, „unförmig“, „übel beschaffen“, „häßlich“[428].

Eine semantische Analyse des Wortes „Gestalt“ zeigt den Bezug zur Proportion.[429] Verunstalten müßte sich vom Wortsinn daher ausschließlich auf das Schaffen mißgebildeter Proportionen beziehen. Bereits der nicht auf proportions-

---

423 BVerfG, 20.10.1981, E 58, 257 (278); Kunig, S. 400; Hill, DVBl 1985, 88 (90); siehe auch BVerfG, 14.05.1969, E 26, 41 (43); BVerfG, 19.04.1978, E 48, 210 (221f); BVerfG, 24.11.1981, E 59, 104 (114); Geitmann, S. 120ff; Gusy, DVBl 1979, 575 (576). Je intensiver die Norm in Grundrechte eingreift, desto höher ist das Rechtssicherheitsbedürfnis des Normadressaten und damit die Anforderungen an die Bestimmtheit. Zur Differenzierung der Bestimmtheitsanforderungen nach betroffenen Grundrechten siehe Geitmann. S. 141; Papier/Möller, AöR 122 (1997), 177 (182, 188).

424 BVerfG, 24.07.1963, E 17, 67 (82); BVerfG, 23.10.1951, E 1, 14 (45).

425 Papier/Möller, AöR 122 (1997), 177 (196f, „Umsetzungsdefizit“); Kunig, S. 403.

426 Siehe Fn. 177.

427 Grimm/Grimm, S. 2041.

428 Pfeifer, S. 1906; Klappenbach/Steinitz, S. 4138; Kluge/Seebold, S. 764.

429 Kutzelnigg, Muttersprache 1972, S. 27ff.

bedingte Verunstaltungen beschränkte Wortlaut der Normen zeigt jedoch, daß ein solch enges Begriffsverständnis nicht gemeint ist.

Verunstalten im Sinne der ersten Verwendung in den Bauordnungen[430] bedeutet, die bauliche Anlage selbst in einen hinsichtlich Form, Maßstab, Verhältnis der Baumassen und Bauteile zueinander, Werkstoff oder Farbe häßlichen Zustand zu bringen. In der zweiten Verwendung[431] sowie eingeschränkt in § 35 BauGB wird untersagt, durch die bauliche Anlage das Straßen-, Orts- oder Landschaftsbild zu entstellen. Für die Bestimmung einer Verunstaltung bedarf es daher Kriterien, die Aufschluß darüber geben, wann ein mißgebildeter Zustand gegeben ist.

Die Rechtsprechung beschreibt seit dem Kreuzbergurteil die Verunstaltung als einen häßlichen, das ästhetische Empfinden des Beschauers nicht bloß beeinträchtigenden, sondern verletzenden Zustand.[432] Sie bestimmt die Verunstaltung demnach nicht nach qualitativen Kriterien, sondern nach dem subjektiven Kriterium des Dafürhaltens einer fiktiven Person. Die ohne jede Form der Subjektivierung gewählten Formulierungen in den Bauordnungen lassen subjektive Kriterien zur Begriffsbestimmung nur dann zu, wenn objektiv[433] nicht festgestellt werden kann, ob ein Zustand häßlich ist. Aus diesem Grunde ist trotz der anerkannten Definition zunächst zu versuchen, den Verunstaltungsbegriff objektiv zu bestimmen.

A. Ästhetische Werte als Auslegungsgrundlage

Nach fast einhelligen Ansicht sind ästhetische Werte keiner objektiven Ordnung unterlegen.[434] Jedes ästhetische Werturteil ist durch die persönlichen Anlagen

430 § 12 I BauO NW.

431 § 12 II BauO NW.

432 Z.B. BVerwG, 28.06.1955, E 2, 172 (176f); nachfolgend u.a. OVG Münster, 11.03.1958, DÖV 1958, 824; OVG Münster, 01.07.1958, BRS 8, S. 150 (151); OVG Münster, 21.04.1959, BRS 9, S. 152; OVG Münster, 12.09.1960, DÖV 1961, 629; OVG Münster, 06.02.1992, BRS 54, Nr. 129; LVG Hamburg, 16.01.1953, BBauBl 1954, 339 (340); BVerwG, 16.02.1968, DVBl 1968, 507 (508); OVG Berlin, 03.07.1981, BRS 38, Nr. 71.

433 Das Kriterium des Dafürhaltens eines bestimmten Personenkreises ist letztlich als Wertmaßstab auch ein objektives Kriterium, jedoch nur ein objektiviertes; unmittelbar stellt es nur auf das rein subjektive Empfinden ab und wird daher hier als subjektives Kriterium bezeichnet im Gegensatz zu Werten als objektive Kriterien.

434 Siehe schon Kant, § 1: Das Geschmacksurteil ist also kein Erkenntnisurteil, mithin nicht logisch, sondern ästhetisch, worunter man dasjenige versteht, dessen Bestimmungsgrund nicht anders als subjektiv sein kann. Ebenso u.a. Plate, S. 111; Engelmann, S. 220f m.w.N. Zu psychologischen Theorien der Ästhetik siehe Ritterfeld, S. 9f.

und Erlebnisse des Betrachters geprägt und damit notwendig subjektiv. Absolute Werte können daher nach herrschender Auffassung nicht als Maßstab für die Bestimmung einer Verunstaltung dienen. Nach der von Michel vertretenen Gegenansicht[435] existieren zeitlose objektive und daher allgemeingültige ästhetische Werte und Unwerte, die als Maßstab für die Feststellung einer Verunstaltung dienen und die hinreichende Bestimmtheit der Verunstaltungsbegriffe begründen.[436]

Selbst wenn man der Auffassung Michels folgend von der Existenz einer objektiven ästhetischen Wertordnung ausgeht, fehlt dieser Wertordnung die für ihre Eignung als Kriterium zur Feststellung einer Verunstaltung unverzichtbare objektive Erkennbarkeit.[437] Michel stellt fest, die Ordnung der Werte und Unwerte sei nicht intellektuell sondern intuitionell, nichtsdestotrotz aber sehr eindeutig zu erfahren. Mit der Schau eines Gegenstandes sei, abgesehen von den Fällen der Wertblindheit[438], das Erkennen als Unwerthaftes oder Werthaftes verbunden.[439]

Eine Bestimmung absoluter ästhetischer Werte über die intuitionelle Erfahrung kann den kollektiven Wandel ästhetischer Präferenzen nicht erklären. Vor allem aber kann die intuitionelle Erfahrung von Werten diese aber nur dann erkennbar machen, wenn entweder eine bestimmte Erfahrung die allgemein übliche Reaktion bei der Betrachtung eines bestimmten Gegenstandes ist, oder wenn die Betrachter, die nicht die vorgegebenen Werte zu erfahren imstande sind, ohne weiteres als solche zu erkennen sind. Anders ausgedrückt, eine intuitionelle Erfahrung von absoluten Werten kann nur dann Grundlage für die Feststellung einer Verunstaltung sein, wenn die Erfahrung von nahezu allen Betrachtern geteilt wird oder die fehlende Erfahrung der Werte erkennbar ist. Da eine andere Möglichkeit des Erkennens absoluter ästhetischer Werte, ihre Existenz vorausgesetzt, nicht besteht, könnte im anderen Fall nicht ermittelt werden, welches Urteil auf der Erfahrung der objektiv vorgegebenen Werte gründet. Damit wäre eine auf absoluten ästhetischen Werten basierende Beurteilung einer baulichen Anlage mangels Erkennbarkeit der Werte nicht möglich. Michel selbst gesteht zu, das Erkennen der Werte sei schwierig; etlichen Menschen bescheinigt er Blindheit gegenüber manchen absoluten Werten.[440] Die erste Schwierigkeit bei der Er-

435 Michel, K., S. 33ff; Weißgerber, S. 57. Siehe auch Fechner, Friedhof und Denkmal 1958, 1 (9); v. Arx, S. XXVI, 79ff.
436 Michel, K., S. 39.
437 So auch Watzke, S. 103; Looks, S. 34f; Plate, S. 111. Allgemein zu Verweisen auf absolut geltende Regelungssysteme Dickersbach, WiVerw 1986, 1 (7f); Friauf - Dickersbach, § 33a, Rn. 20.
438 Michel, K., S. 72.
439 Michel, K., S. 70, 76.
440 Michel, K., S. 35.

mittlung ästhetischer Werte über deren intuitive Erfahrung besteht darin, die Wertblinden zu erkennen. Sind diese Personen aber nur dadurch gekennzeichnet, daß sie die vorgegebenen absoluten ästhetischen Werte nicht erkennen, ist ihre Bestimmung ohne Feststellung der Werte nur dann möglich, wenn sich die Personen ihrer Wertblindheit bewußt sind. Tatsächlich empfindet jedoch jeder Beschauer ein Bauwerk anders, was dem einen häßlich erscheint, ist mitunter für den anderen schön. Eine angeborene ästhetische Sensibilität, die den durchschnittlichen Betrachter übereinstimmend mit anderen durchschnittlichen Betrachtern auf die sinnliche Wahrnehmung befriedigt oder unbefriedigt reagieren läßt, ist in zahlreichen Fällen gerade nicht festzustellen.[441] Damit ist schon die Ermittlung der Wertblinden nicht möglich. Von der Prämisse ausgehend, Wertblindheit trete zwar häufig auf, die Wertsichtigen seien aber in deutlicher Überzahl, drängt sich sodann die Methode auf, die absoluten Werte über die Erfahrung der Mehrheit der Beschauer zu ermitteln. Bei dieser Art, eine Verunstaltung festzustellen, kommt es aber letztlich nicht darauf an, ob die Mehrheit der Betrachter tatsächlich absolute Werte erfahren hat, oder ihr ästhetisches Urteil auf anderen Gründen beruht.

Selbst wenn man die Existenz einer allgemeinen Objektivität ästhetischer Werte unterstellt, verleiht sie dem Verunstaltungsbegriff keine höhere Bestimmtheit. Ob absolute ästhetische Werte existieren, kann daher dahingestellt bleiben, sie sind kein brauchbarer Maßstab für die Begriffsbestimmung.[442]

B. Wertvorstellungen als Auslegungsgrundlage

Wenn wie festgestellt nicht anhand absoluter ästhetischer Werte entschieden werden kann, ob eine bauliche Anlage verunstaltet ist oder verunstaltend wirkt, kommen als Beurteilungsmaßstab allein Wertvorstellungen in Betracht.[443]

Diese Erkenntnis legte bereits das PrOVG dem Kreuzbergurteil[444] zugrunde. Sie ist weitgehend gehaltlos, wenn sie nicht zugleich Aussagen darüber umfaßt,

---

441 So aber die Prämisse von v. Arx, S. 76.

442 Ebenso Watzke, S. 104f; Looks, S. 34f; Plate, S. 111; Römer, Bauamt und Gemeindebau 1966, 6.

443 Aussagen wie folgende sind daher widersprüchlich, soweit ihnen die Absage an die Existenz absoluter ästhetischer Werte zugrunde liegt: OVG Berlin, 11.02.1966, BRS 17, Nr. 91 und OVG Berlin, 20.01.1967, BRS 18, Nr. 105 (optischer Eindruck und das gefühlsmäßige Erfassen von baulichen Anlagen und ihrer Umgebung seien entscheidend, von vagen Gefühlsregungen habe sich der Betrachter bei seinem Urteil aber nicht leiten zu lassen.); Simon, Art. 11, Rn. 3e (allein objektive Maßstäbe seien entscheidend, die Anforderungen seien fachlich orientiert, strengere und qualitativere Anforderungen als bei einer Beurteilung nach dem ästhetischen Empfinden des Durchschnittsmenschen).

wessen ästhetische Wertvorstellungen bei der Beurteilung maßgeblich sein sollen.

Das PrOVG differenzierte zwischen der Feststellung einer Beeinträchtigung der Eigenart des Orts- oder Landschaftsbildes i.S.v. § 2 VG 1907, bei der ebenso wie bei der Feststellung, ob sich ein Objekt gemäß § 1 BauGVO einwandfrei in die Umgebung einfügt, das Urteil des ästhetisch oder baukünstlerisch geschulten Beobachters maßgeblich sei[445], und der Feststellung einer Verunstaltung. Die Verunstaltung wurde beschrieben als ein häßlicher, jedes für ästhetische Gestaltung offene Auge verletzender Zustand[446]. Bei der Feststellung einer Verunstaltung sei weder auf das Empfinden der breiten Masse des Volkes oder der überwiegenden Mehrheit des Publikums[447] noch das Empfinden eines auf dem Gebiet sachkundigen Betrachters mit ausgebildetem Schönheitssinn[448] abzustellen. Seit dem grundlegenden Urteil des BVerwG im Jahre 1955 setzte sich zunächst im Zusammenhang mit der BauGVO, später auch zur Konkretisierung der Verunstaltungsbegriffe in den Bauordnungen die Formel vom Urteil des gebildeten Durchschnittsmenschen[449] durch. Mit dieser Definition ersetzt das

---

444 PrOVG, 14.06.1882, E 9, 353 (382).

445 Zu VG 1907: PrOVG, 07.04.1927, E 82, 438 (440f); PrOVG, 21.12.1936, E 99, 207 (211). Zur BauGVO: PrOVG, 02.03.1939, E 104, 236 (239f); PrOVG, 22.06.1939, RVerwBl 61 (1940), 350 (351).

446 PrOVG, 14.06.1882, E 9, 353 (382); PrOVG, 18.10.1897, E 32, 341 (342); PrOVG, 24.03.1898, E 33, 404 (408f); PrOVG, 02.10.1909, E 55, 410 (414).

447 So ausdrücklich PrOVG, 24.03.1898, E 33, 404 (408f). Die Formulierung in PrOVG, 05.11.1936, E 99, 202 (206), wonach die durchschnittliche Ansicht der Allgemeinheit der deutschen Volksgenossen maßgeblich sei, ist als Abgrenzung zur Maßgeblichkeit der Empfindungen der ansässigen Bevölkerung und nicht als Bruch mit der bisher vertretenen Auffassung zu verstehen.

448 PrOVG, 24.03.1898, E 33, 404 (408); PrOVG, 02.10.1909, E 55, 410 (415); PrOVG, 07.04.1927, E 82, 438 (440); PrOVG, 05.11.1936, E 99, 202 (206); Baltz/Fischer, S. 177.

449 BVerwG, 28.06.1955, E 2, 172 (176f); nachfolgend u.a. OVG Münster, 11.03.1958, DÖV 1958, 824; OVG Münster, 01.07.1958, BRS 8, S. 150 (151); OVG Münster, 21.04.1959, BRS 9, S. 152; OVG Münster, 12.09.1960, DÖV 1961, 629; OVG Münster, 06.02.1992, BRS 54, Nr. 129; LVG Hamburg, 16.01.1953, BBauBl 1954, 339 (340); BVerwG, 16.02.1968, DVBl 1968, 507 (508); OVG Berlin, 03.07.1981, BRS 38, Nr. 71. Im Rahmen des Denkmalschutzes ist umstritten, ob Maßstab für eine Beeinträchtigung der für die Belange des Denkmalschutzes aufgeschlossene Durchschnittsbetrachter ist - so VGH BW, 22.08.1979, BRS 35, Nr. 8; VGH BW, 20.06.1989, BRS 49, Nr. 145; VGH BW, 27.05.1983, BRS 40, Nr. 156; VGH BW, 10.10.1988, BRS 48, Nr. 118 mit dem Argument, das ästhetische Urteil erfordere keinen Sachverstand; VGH BW, 04.06.1991, BRS 52, Nr. 127 - oder das Urteil eines sachverständigen Betrachters - so OVG Lüneburg, 05.09.1985, BRS 44, Nr. 124.

BVerwG den unbestimmten Rechtbegriff der Verunstaltung durch weitere unbestimmte Rechtsbegriffe.[450] Ob der Verunstaltungsbegriff in dieser Auslegung hinreichend präzise ist, bedarf somit weiterer Untersuchung.

1. Das Urteil des gebildeten Durchschnittsmenschen

Die Orientierung an Wertmaßstäben ist grundsätzlich geeignet, unbestimmten Rechtsbegriffen wie dem der Verunstaltung hinreichende Bestimmtheit zu verleihen, da subjektive Werturteile als objektiver Maßstab wirken.[451] Erforderlich ist aber eine genaue Definition des Wertmaßstabes, d.h. eine Bestimmung darüber, wessen Werturteile maßgeblich sein sollen. Das eine Verunstaltung bestimmende Urteil des gebildeten Durchschnittsmenschen ist nach gängigem Verständnis das Urteil einer fiktiven Person. Die Formel kann in dieser Auslegung als Beurteilungsmaßstab nur dann eine Konkretisierung des Verunstaltungsbegriffs bewirken, wenn die fiktive Person qualitativ bestimmbar ist.

a) Die Bestimmung des gebildeten Durchschnittsmenschen als fiktive Figur

(1) anhand der Gebildetheit

Die Formel vom Urteil des gebildeten Durchschnittsmenschen legt nahe, daß die Gebildetheit einer Person entscheidend für die Maßgeblichkeit ihres Urteils zur Bestimmung einer Verunstaltung sein soll. Entsprechend wird in der Literatur die Auffassung vertreten, über das Vorliegen einer Verunstaltung sei nach dem Empfinden des nicht nur durchschnittlich Gebildeten zu entscheiden.[452] Die Masse unterliege leicht dem allzu Auffallenden, der bestechlichen Aufmachung und damit dem Kitsch, es bedürfe eines gewissen Maßes an Bildung, die Gesetze der Ästhetik zu kennen und anwenden zu können.[453]

Dieser Argumentation liegt die Auffassung zugrunde, der ästhetischen Bewertung sei rationale Erkenntnis immanent. Das ästhetische Empfinden enthalte ein intellektuelles Moment, nämlich die Kenntnis künstlerischer und handwerklicher Regeln, das Wissen darum, ob etwas „stilgerecht" ist oder nicht.[454] Wie oben festgestellt, ist das ästhetische Urteil ein subjektives. Es beruht nicht auf der

450 Hoppe/Grotefels - Grotefels, § 14, Rn. 27.
451 Engelmann S. 218, 221f. Siehe auch Fn. 433.
452 In diesem Sinne Simon, Art. 11, Rn. 36; Maier, BayVBl 1980, 5 (10); Becker, BBauBl 1954, 483 (484).
453 Becker, BBauBl 1954, 483 (484); Maier, BayVBl 1980, 5 (8, 10), mit konkreten Bildungsanforderungen an den maßgeblichen Durchschnittsmenschen.
454 Clasen, Bauamt und Gemeindebau 1966, 369.

Erkenntnis bestimmter vorgegebener Werte. Auch wenn man der Auffassung folgt, es existieren objektive ästhetische Werte, ist nicht ersichtlich, daß deren intuitive Erkenntnis vom Bildungsstand des Betrachters abhängen soll. Wie gebildet der Betrachter ist, hat keinen Einfluß auf die Qualität seines Urteils. Ob ein Architekturelement einem kulturhistorischen Stil zuzuordnen ist, kann nur feststellen, wer diese Stile kennt, die ästhetische Beurteilung erfolgt hingegen darüber, ob das Objekt gefällt und basiert somit nicht auf Wissen um bestimmte vorgegebene Gesetze. Der überdurchschnittlich Gebildete mag zwar möglicherweise befähigter sein als der Ungebildete, sein ästhetisches Empfinden bei der Betrachtung zum Ausdruck zu bringen, das Urteil selbst wird durch seine Bildung jedoch nicht beeinflußt.

Auch die Argumentation Simons, der nicht nur durchschnittlich Gebildete sei fähig, einen angemessenen Standpunkt für seine Beurteilung zu suchen[455], kann keine hinreichende Beziehung zwischen ästhetischem Urteil und Bildungsstand des Urteilenden aufzeigen: Emotionen werden ausgelöst durch das Limbische System. Die Art bzw. Richtung der Emotion wird durch den denkenden Gehirnteil bestimmt. Wahrnehmungen werden von den Sinnesorganen über die Nervenleitungen an das Großhirn geleitet und dort klassifiziert, das Limbische System wird lediglich veranlaßt, den Wahrnehmenden in genau den Zustand zu versetzen, der den Wertungen, der Klassifizierung des Wahrgenommenen entspricht. Kognitionen sind folglich stets Filter zwischen der Umwelt und emotionalen Reaktionen; zwischen Wahrnehmung und Emotion ist stets eine Interpretation zwischengeschaltet.[456] Es ist also nicht das Bauwerk selber, was die Abneigung hervorruft, sondern die Bewertung des Bauwerks. Die emotionale Bewertung ist kein Reflex; der Mensch ist prinzipiell fähig, selbst über seine Einstellungen, Annahmen und Erwartungen und damit mittelbar über seine Emotionen zu bestimmen. Für diese Fähigkeit ist jedoch der Bildungsstand des Menschen bedeutungslos. Da ästhetisches Gefallen - anders als etwa Angst - eine zweckfreie Emotion ist, kann auch nicht von rational sinnvollen ästhetischen Urteilen gesprochen werden. Erst nachgeordnet kann ein Urteil darüber, ob eine Verletzung des ästhetischen Empfindes hingenommen werden kann, von rationalen Erwägungen geleitet sein. Daher besteht kein sachlicher Grund, das ästhetische Empfinden des Gebildeten für maßgeblich zu erachten.

Zwei weitere Gründe stehen einer Maßstabsbestimmung anhand der Bildung des Betrachters entgegen. Den Bauordnungen ist nicht zu entnehmen, daß es auf

455 Simon, Art. 11, Rn. 36a.

456 Im einzelnen siehe Hülshoff, S. 32ff. Die entsprechende philosophische Grundannahme findet sich bereits bei Epiktet („Es sind nicht die Dinge an sich, welche die Menschen in emotionale Verwirrung bringen, sondern die Art und Weise, wie sie die Dinge sehen.“).

das Urteil des Gebildeten ankommen soll.[457] Der fehlende Zusammenhang zwischen Ratio und ästhetischem Urteil verbietet es, dennoch diesen Maßstab für maßgeblich zu erachten. Zudem sind die ästhetischen Empfindungen der Gebildeten genauso uneinheitlich wie die der Durchschnittsbetrachter, so daß eine Konkretisierung der fiktiven Person, deren Urteil Beurteilungsmaßstab sein soll, nicht über den Bildungsstand des Betrachters gewonnen werden kann.

Die Gebildetheit ist kein Kriterium, das dem für die ästhetische Beurteilung maßgeblichen fiktiven Betrachter Konturen verleihen kann. Dieser Erkenntnis entspricht auch die ständige Rechtsprechung. Die vom BVerwG begründete Formel vom gebildeten Durchschnittsmenschen ist angelehnt an die frühere Aussage des PrOVG zur Maßstäblichkeit des für gestalterische Fragen offenen Betrachters, ohne daß damit ein neuer Maßstab entwickelt werden sollte.

(2) anhand der Offenheit für ästhetische Eindrücke

Das BVerwG erläuterte bereits 1955, es sei nicht auf das Urteil des ästhetisch besonders empfindsamen Betrachter abzustellen, denn die Auswahl dieses Personenkreises entziehe sich jeder zuverlässigen Beurteilung. Auch die Auffassung solcher Menschen, die ästhetischen Eindrücken gegenüber überhaupt gleichgültig und unempfindlich sind, sei nicht maßgeblich, denn diesen gehe in dieser Hinsicht jede sachliche Urteilsfähigkeit ab. Es müsse vielmehr das Empfinden des für ästhetische Eindrücke offenen Betrachters maßgebend sein, also des gebildeten Durchschnittsmenschen, der zwischen beiden Personenkreisen steht.[458] Das BVerwG versteht das Kriterium „gebildet" nicht im Sinne überdurchschnittlicher Bildung, sondern stellt auf die ästhetische Empfindlichkeit ab.

Es ist zweifelhaft, ob diese Formel die Figur des gebildeten Durchschnittsmenschen qualitativ näher zu bestimmen vermag.

Bestehen keine absoluten und erkennbaren ästhetischen Maßstäbe, kann die Anforderung an den maßgeblichen Betrachter, offen für ästhetische Eindrücke zu sein, nur bedeuten, daß Personen, die nach eigener Überzeugung keine ästhetischen Empfindungen bei der Betrachtung baulicher Anlagen erleben, aus dem Kreis der relevanten Betrachter ausscheiden, denn mangels absoluter ästhetischer Maßstäbe können Dritte nicht darüber befinden, ob eine Person ästhetischen Eindrücken gegenüber gleichgültig oder besonders empfindsam[459] ist. Dritte können die von dieser Person geäußerten Eindrücke nur mit den eigenen, subjektiven,

457 Siehe Fn. 335.

458 BVerwG, 28.06.1955, E 2, 172 (177); PrOVG, 24.03.1898, E 33, 404 (408f); Clasen, Bauamt und Gemeindebau 1958, 48 (49).

459 Selbst dem Betroffenen wäre es nicht möglich, festzustellen, ob er ästhetisch besonders empfindsam ist.

oder den in der Gesamtbevölkerung vermuteten vorherrschenden Eindrücken vergleichen. Ein Vergleich mit eigenen Empfindungen scheidet aufgrund der Vielfältigkeit ästhetischen Erlebens aus; jeder würde einen anderen Personenkreis zu den ästhetisch Un- oder Überempfindlichen zählen. Eine Ermittlung der maßgeblichen fiktiven Person durch Vergleich mit den in der Gesamtbevölkerung vorherrschenden Eindrücken wäre keine qualitative, sondern nur eine quantitative Methode, denn die Personen, die demnach wegen Un- oder Überempfindlichkeit gegenüber ästhetischen Eindrücken nicht maßgeblich sein sollen, wären diejenigen, deren Empfindlichkeit nicht der durchschnittlichen ästhetischen Empfindlichkeit entspricht.

Scheiden folglich nur die Personen aus dem Kreis der für die Bestimmung einer Verunstaltung relevanten Betrachter aus, die nach eigener Überzeugung überhaupt kein ästhetisches Empfinden haben, bietet die Formel keine Grundlage für eine qualitative Konkretisierung der maßgeblichen fiktiven Figur des gebildeten Durchschnittsbetrachters. Daß jemand von sich behauptet, keinerlei ästhetisches Empfinden zu haben, ist als nur theoretisch denkbare Konstruktion vernachlässigbar, so daß das Urteil des gebildeten Durchschnittsmenschen, also des Menschen, der für ästhetische Eindrücke offen ist, gleichbedeutend wäre mit dem Durchschnittsurteil der Allgemeinheit. Eine qualitative Konkretisierung leistet die Formel nicht.

Es kann festgestellt werden, daß die in ständiger Rechtsprechung benutzte Formel vom gebildeten Durchschnittsmenschen, der ästhetisch weder besonders empfindlich, noch ästhetischen Eindrücken gegenüber gleichgültig ist, keine über die Aussage der Maßgeblichkeit des Durchschnittsmenschen hinausgehende Konkretisierung enthält.[460]

(3) anhand der moralischen Einstellung

Das OVG Münster und Teile der Literatur haben versucht, der Figur des gebildeten Durchschnittsmenschen Konturen zu verleihen, indem sie diese definierten als Mensch zwischen allen Extremen. Das ästhetische Empfinden des gebildeten Durchschnittsmenschen soll stehen zwischen dem Empfinden des extrem kollektiv denkenden Menschen, nach dessen Ideal alles gleich aussehen und Wohngebäudegruppen die Gleichwertigkeit der Menschen widerspiegeln müssen, und

460 Die Argumentation ist übertragbar auf die vom VGH Bremen, 23.04.1952, BRS 2, S. 239 (247) verwendete Formel vom interessierten und verständnisvollen Betrachter. Zur ähnlichen Problematik bei der Formel vom Anstandgefühl aller billig und gerecht Denkenden im BGB siehe Dickersbach, WiVerw 1986, 1 (7); Friauf - Dickersbach, § 33a, Rn. 20; Discher, JuS 1991, 642 (643); Denninger, JZ 1970, 145 (149). Bedenken ebenfalls bei Maier, BayVBl 1980, 5 (7).

dem Empfinden des extremen Individualisten, das durch jedes Ordnungsprinzip verletzt wird. Der gebildete Durchschnittsmensch stehe auch zwischen dem Traditionalisten und dem Avantgardisten, zwischen dem Pedanten und dem Genie, er sei der Mensch der Mitte.[461]

Lediglich in älteren Entscheidungen des OVG Münster wurde diese Theorie hergeleitet: Der Philosophie Häberlins entsprechend sei das ästhetische Urteil maßgeblich beeinflußt von der moralischen Stellung des Betrachters zum Objekt, also vom Urteil über die Richtigkeit des Objekts.[462] Der gebildete Durchschnittsmensch, dessen Empfinden für die ästhetische Beurteilung eines Objekts maßgeblich sein soll, repräsentiere die Personengruppe, die sich bei ihrem ästhetischen Urteil an einer von extremistischen Auffassungen freien moralischen Bewertung des Objekts orientiert.[463] Geleitet durch den Grundrechtskatalog des Grundgesetzes lasse sich eine umfassende Wertordnung feststellen, die den Maßstab für die richtige moralische Bewertung der baulichen Anlage bilde.[464] Das OVG gelangte in Anwendung dieser Prämissen zu einem ästhetischen Urteil über drei Schritte: Zunächst wurden die für die moralische Beurteilung des Bauwerks relevanten abstrakten Werte und ihr richtiges Verhältnis zueinander skizziert.[465] Anhand dieser Werte unterzog das Gericht die bauliche Anlage einer moralischen Bewertung.[466] Schließlich wurde aus dem gewonnenen moralischen Urteil ein entsprechendes ästhetisches Urteil abgeleitet.

Einwände gegen diese Theorie bestehen sowohl gegen die Annahme, für das ästhetische Urteil sei die moralische Bewertung des Objekts maßgeblich, als auch

461 Simon, Art. 11, Rn. 36a: Der Mensch der Mitte sei nicht mit dem Menschen der Masse zu verwechseln; die Allgemeinheit sei geprägt von unduldsamen Kollektivisten, das Urteil des gebildeten Durchschnittsbeobachters decke sich daher nicht mit einer statistisch erfaßbaren Mittelmeinung; Mauè, BBauBl 1957, 470 (471f); Clasen, Bauamt und Gemeindebau 1958, 48 (49).

462 OVG Münster, 11.03.1958, DÖV 1958, 824; OVG Münster, 01.07.1958, BRS 8, S. 150 (151); OVG Münster, 21.04.1959, BRS 9, S. 152 (Das Urteil werde beeinflußt durch die moralische Stellung zum Objekt, d.h. ob das Objekt durch seine Gestaltung der Rangordnung der Werte entspricht, in der es steht.)

463 OVG Münster, 21.04.1959, BRS 9, S. 152; OVG Münster, 11.03.1958, DÖV 1958, 824; Scheerbarth, S. 192ff; Simon, BayBgm 1964, 100 (103); Jürgens, VerwArch 1962, 105 (115).

464 OVG Münster, 21.04.1959, BRS 9, S. 152.

465 Z.B. durch Ausschluß der Extreme kollektivistisch und individualistisch in OVG Münster, 26.03.1957, VerwRspr. 9, 973 (974).

466 Z.B. durch Analyse der Gemeinsamkeiten und Unterschiede zwischen einer baulichen Anlage und ihrer Umgebung zur Feststellung, ob die bauliche Ablage mit ihrer Umgebung ein die Gemeinschaft verkörperndes einheitliches Bild zeigt und gleichzeitig dem einzelnen Bauherren im Rahmen des Gesamtbildes eine eigene selbständige Gestaltungsmöglichkeit läßt.

gegen die These, eine bauliche Anlage lasse sich regelmäßig einer richtigen moralischen Bewertung unterziehen:

Der Formel des OVG Münster liegt die Prämisse zugrunde, das ästhetische Urteil sei ein mit der Befriedigung zwecksetzenden Interesses verbundenes moralisches Urteil. Häberlin stellt der Angenehmheit die Schönheit gegenüber.[467] Während angenehm sei, was der eigenen Zwecksetzung entgegenkommt[468], stehe Schönheit außerhalb der Zweckbegriffe; das Vermögen, Schönheit zu erleben, erfordere die Fähigkeit, der Setzung zweckhafter Ansprüche an den Gegenstand zu widerstehen[469]. Der Mensch sei jedoch nie vollkommen frei von zweckhafter Haltung.[470] Schönheit könne daher nach der Philosophie Häberlins um so eher gefunden werden, je mehr das zwecksetzende Interesse im Verhältnis zum Schönheitsinteresse zurücktritt.[471] Es widerspricht daher der Philosophie Häberlins, wenn das OVG Münster ein ästhetisches Urteil über eine moralische Beurteilung erlangen will.[472] Diese Erkenntnis deckt jedoch nur die Unschlüssigkeit der Herleitung auf, impliziert aber nicht die des Ergebnisses; anders ausgedrückt: auch wenn die Berufung auf die Philosophie Häberlins die Ausführungen des OVG Münster nicht stützen kann, ist damit noch nicht bewiesen, daß die Grundannahme des Gerichts ebenfalls sachwidrig ist.[473]

Gegen die Grundannahme des OVG spricht, daß nicht eine anerkannte Stimme in der Philosophie Ästhetik mit Moral gleichsetzt. Ist dies aber ein völlig neuer Gedanke, kann nicht davon ausgegangen werden, daß der Gesetzgeber bei der Normierung der Verunstaltungsverbote von einem Verunstaltungsbegriff ausgegangen ist, der sich an moralischen Kategorien orientiert. Der Annahme, das ästhetische Urteil sei ein moralisches Urteil über die Befriedigung zwecksetzender Interessen, widerspricht darüber hinaus die Erfahrung, daß Menschen durchaus ein Objekt für schön befinden können, das ihren Zwecken widerspricht oder keinen Zweck befriedigt.[474]

Auch die weiteren Überlegungen des OVG vermögen nicht zu überzeugen. Das Gericht leitet die moralische Beurteilung aus einer bestimmten Wertordnung

467 Häberlin, S. 10ff.
468 Häberlin, S. 11.
469 Häberlin, S. 14, 74ff, 124, 126, 135.
470 Häberlin, S. 44, 47.
471 Häberlin, S. 50, ähnlich S. 127.
472 So auch Schneider, WRP 1959, 1 (3).
473 Gleiches gilt für die gegen die Ausführungen des OVG Münster gerichtete Argumentation von Schneider, WRP 1959, 1 (2), Häberlin sei keine besondere philosophisch-ästhetische Autorität.
474 Ähnliche Bedenken auch Michel, K., S. 80; Engelmann, S. 37. Grundsätzliche Bedenken gegen die Vermischung ästhetischer Gesichtspunkte mit moralischen Wertungen Erbel, S. 172 mit Fn. 1.

ab. Zu dieser Wertordnung gelangte es auf zwei Wegen. Nach der ersten Methode werden die jeweiligen Extremauffassungen zu den für die moralische Beurteilung der baulichen Anlage relevanten Wertfragen ausgesondert, nach der anderen wird auf die Wertordnung des Grundgesetzes zurückgegriffen.

Werden nur Vertreter extremer Auffassungen zu den moralischen Fragen, auf die sich das jeweilige ästhetische Urteil stützt, aus dem Kreis der relevanten Betrachter ausgeschieden, bleibt immer noch ein Personenkreis übrig, der kein übereinstimmendes moralisches und damit auch kein einheitliches ästhetisches Urteil über die bauliche Anlage fällen wird.[475] Ein Mensch, der genau in der Mitte zwischen den Extremen steht, ist nur theoretisch denkbar, ein bestimmtes moralisches Urteil über eine bauliche Anlage kann selbst dieser theoretischen Figur nicht unterstellt werden.[476] Über die Aussonderung extremer Wertvorstellungen in moralischen Fragen kann daher nicht festgestellt werden, ob ein Mensch mit der richtigen moralischen Einstellung eine bestimmte bauliche Anlage als verletzend empfindet.

Auch mittels der zweiten Methode läßt sich kein eindeutiges moralisches Urteil über eine bauliche Anlage fällen. Grundsätzlich kann für die moralische Beurteilung einer baulichen Anlage nur die Frage nach dem richtigen Verhältnis zwischen Individualität und Gemeinschaftsbezogenheit von Bedeutung sein. Nur wenn die bauliche Anlage eine bestimmte Nachricht transportiert, wie Werbung, Hinweise, unter Umständen Kunstwerke oder Graffiti, können andere, inhaltsbezogene moralische Fragen eine Rolle spielen. Kern der grundrechtlichen Wertordnung ist der innerhalb der sozialen Gemeinschaft sich frei entfaltende Mensch und seine Würde.[477] Das Grundgesetz bekräftigt also sowohl die Gemeinschaftsbezogenheit als auch die Eigenständigkeit des Individuums.[478] Konkretere für die moralische Bewertung einer baulichen Anlage bedeutende Aussagen zum Verhältnis Individualität - Konformismus lassen sich dem Grundgesetz nicht entnehmen. Im Grundgesetz können daher auf die grundsätzlich allein relevante Frage keine Antworten gefunden werden, die Schlußfolgerungen für eine bestimmte moralische Beurteilung einer baulichen Anlage zulassen. Es ist in der Regel nicht möglich, Aussagen darüber zu treffen, ob sich Menschen, die die grundrechtliche Wertordnung anerkennen und sich bei ihrem ästhetischen

---

475 Watzke, S. 100f; BVerwG, 27.01.1959, DÖV 1959, 792 (793).

476 Dagegen ist in diesem Zusammenhang nicht entscheidend, daß dessen Auffassungen in ästhetischen Fragen nicht ermittelbar sind - so aber Römer, Bauamt und Gemeindebau 1966, 6 - denn nach der Theorie des OVG Münster ergibt sich das ästhetische aus dem moralischen Urteil.

477 BVerfG, 16.01.1957, E 6, 32 (40); BVerfG, 15.01.1958, E 7, 198 (205); Isensee/Kirchhof - Häberle, § 20, Rn. 6f.

478 Isensee/Kirchhof - Häberle, § 20, Rn. 7 m.w.N.

Urteil von diesen Werten leiten lassen, durch die bauliche Anlage in ihrem ästhetischen Empfinden verletzt fühlen.

Auch in den Sonderfällen, in denen auf den Inhalt der mit der baulichen Anlage transportierten Aussage bezogene moralische Fragen relevant sein können, kann das Grundgesetz regelmäßig keinen hinreichend konkreten Maßstab für eine bestimmte moralische Beurteilung darstellen. Als Ausnahmefälle denkbar sind zum Beipiel Anlagen mit ehrverletzenden oder menschenverachtenden Abbildungen oder Texten oder entsprechende Skulpturen. Hier ist es zumindest nicht ausgeschlossen, daß sich ein am Grundgesetz orientiertes moralisches Urteil fällen läßt, welches, folgt man der Grundprämisse des OVG zum Verhältnis von Moral und Ästhetik, das ästhetische Empfinden desjenigen, der die Wertordnung des Grundgesetzes anerkennt, verletzt. Diese seltenen Ausnahmefälle bestärken jedoch zugleich die Zweifel an der Grundannahme des OVG. Es ist nicht einleuchtend, daß die moralische Bewertung des Inhalts einer durch eine bauliche Anlage transportierten Aussage zugleich eine bestimmte ästhetische Bewertung implizieren soll.

Zusammenfassend läßt sich daher feststellen: Durch Ausschluß der Extremauffassungen zu bestimmten Wertfragen oder durch den Rückgriff auf die dem Grundgesetz zugrundeliegenden Werte wird keine Wertordnung erkennbar, anhand derer regelmäßig ein moralisches Urteil über eine bauliche Anlage gefällt werden könnte. Ist es aber nicht das Grundgesetz, was eine hinreichende Grundlage für eine bestimmte moralische Bewertung einer baulichen Anlage bildet, und ist auch durch Aussonderung von extremen Auffassungen zu moralischen Werten keine Wertordnung erkennbar, anhand derer eine eindeutige moralische Beurteilung einer baulichen Anlage möglich wäre, so bestimmt das urteilende Gericht selbst den Maßstab für die moralische und letztlich ästhetische Beurteilung, den der gebildete Durchschnittsmensch anzulegen hat. Es bestimmt die fiktive maßgebliche Person nach der Antwort auf die von ihm gestellte Frage und entscheidet letztlich anhand des persönlichen richterlichen ästhetischen Empfindens über das Vorliegen einer Verunstaltung.[479] Die Methode, das ästhetische Urteil des gebildeten Durchschnittsmenschen über die richtige moralische Beurteilung der baulichen Anlage zu gewinnen, kann dem Verunstaltungsbegriff keine hinreichenden Konturen geben.

Darüberhinaus schränkt die Auslegung durch das OVG Münster den Verunstaltungsbegriff im Widerspruch zu § 12 I BauONW ein, der eine Verunstaltung nach Form, Maßstab, Werkstoff, Farbe und anderen Merkmalen unabhängig von der Umgebung der baulichen Anlage verbietet. Eine moralische Bewertung eines Bauwerks losgelöst von seiner Umgebung ist nur denkbar, wenn das Bauwerk

479 So auch BVerwG, 19.12.1963, E 17, 322 (327).

eine bestimmte Aussage transportiert, die wiederum einer moralischen Beurteilung unterzogen werden kann. In diesem Fall könnte das Bauwerk an dem moralischen Urteil über die Aussage teilhaben. Ist das Bauwerk nicht Träger einer solchen Aussage, ist nicht erkennbar, welchen Gegenstand ein moralisches Urteil über diese Anlage haben soll. Ein Bauwerk als solches kann nicht gut oder schlecht, richtig oder falsch sein. Damit beschränkt die Theorie des OVG Münster den Verunstaltungsbegriff regelmäßig auf die Fälle, in denen sich der das ästhetische Empfinden verletzende Zustand aus dem Verhältnis des Bauwerkes zu seiner Umgebung ergibt. Eine moralische Verurteilung eines Bauwerks, die sich auf dessen Form, Farbe oder Werkstoff bezieht, ohne diese Merkmale in Beziehung zur Umgebung der baulichen Anlage zu setzen, ist nicht denkbar.

Eine Bestimmung des gebildeten Durchschnittsmenschen nach dessen moralischer Einstellung ist bereits mangels Bestimmbarkeit der richtigen moralischen Beurteilung baulicher Anlagen nicht möglich. Der zugrundeliegende Gedanke der Kongruenz von moralischem und ästhetischem Urteil erscheint sachwidrig, die Auslegung des Verunstaltungsbegriffs ist darüberhinaus nicht mit den bauordnungsrechtlichen Normen vereinbar. Zur phänomenologischen Konkretisierung der Figur des gebildeten Durchschnittsmenschen ist diese Theorie ungeeignet.

b) Das Urteil eines gebildeten Durchschnittsmenschen in Gestalt der Rechtsanwenders

Die Formel vom gebildeten Durchschnittsmenschen kann als Verweis auf die Ansichten einer fiktiven Person verstanden werden, die sich jedoch, wie dargelegt, nicht konkretisieren lassen. Nach anderer Auffassung ist hinreichend, einen konkreten gebildeten Durchschnittsmenschen über das Vorliegen einer Verunstaltung entscheiden zu lassen. Diese Person sei der jeweilige Rechtsanwender.[480] Nach Clasen wird die richterliche Entscheidung nicht nur von der ästhetischen Wertung, sondern auch von Billigkeitserwägungen und dem geschulten Rechtsgefühl des Richters getragen, die der Entscheidung einen logischen Rückhalt geben könnten. Deshalb könne bei der ästhetischen Wertausfüllung eines normativen Begriffes nur das subjektiv Richtige die richtige Entscheidung sein.[481] Ein so verstandener Verunstaltungsbegriff würde jeder Bestimmtheit entbehren, denn wie Clasen selbst einräumt, dominiert der subjektiv-persönliche Eindruck die richter-

480 Clasen, Bauamt und Gemeindebau 1966, 369; offensichtlich auch BVerwG, 26.05.1967, E 27, 129 (131). Ebenso für die Gute-Sitten-Klausel, Sack, NJW 1985, 761 (763f).

481 Clasen, Bauamt und Gemeindebau 1966, 369.

liche Wertung. Losgelöst von der Person des entscheidenden Richters könnten keine Aussagen über die Rechtmäßigkeit einer Verwaltungsentscheidung getroffen werden.[482] Entsprechendes gilt für die Annahme einer solchen Entscheidungsfreiheit des jeweiligen Verwaltungsbeamten. Auf dem ästhetischen Empfinden des befaßten Beamten beruhende Exekutivakte wären nicht sachlich-inhaltlich demokratisch legitimiert.[483]

Einem Verunstaltungsverbot, das auf ein an keinen Maßstab gebundenes Empfinden des Rechtsanwenders verweist, fehlt die hinreichende Bestimmtheit.

c) Zwischenergebnis: Das Urteil der Allgemeinheit

Der gebildete Durchschnittsmensch kann weder konkretisiert werden durch die Anforderung überdurchschnittlicher Bildung noch durch das Erfordernis einer bestimmten moralischen Einstellung. Auch die Charakterisierung als für ästhetische Eindrücke offener Betrachter kann den gebildeten Durchschnittsmenschen nicht von der Allgemeinheit abgrenzen. Mangels anderer Konkretisierungsmöglichkeiten muß das Urteil des gebildeten Durchschnittsmenschen gleichgesetzt werden mit dem Urteil des Durchschnittsmenschen.

Mit dem Verweis auf die Empfindungen einer fiktiven Person wird von vornherein jedem Zweifel an der Entscheidung die potentielle Angriffsfläche genommen, denn die ästhetischen Empfindungen einer solchen fiktiven und nicht näher konkretisierbaren Figur können weder bewiesen noch widerlegt werden. Jeder stellt sich unter dieser Figur eine Person mit den Ansichten vor, die er für richtig hält, denn die Einstellungen eines imaginären Durchschnittswesen sind nicht feststellbar.[484] Mit dieser Formel ist es daher erheblich leichter, rein subjektiven ästhetischen Empfindungen scheinbare Objektivität zu verleihen, als einem mit den Empfindungen der Allgemeinheit begründeten ästhetischen Urteil. Ein Festhalten an der Leerformel von den Ansichten eines gebildeten Durchschnittsmenschen ist aus Sicht des nach überzeugenden Begründungen suchenden Richters oder Verwaltungsangestellten durchaus nachvollziehbar. Überprüfbare Ergebnisse lassen sich jedoch allenfalls erreichen, wenn das Urteil nicht an den Empfindungen ei-

482 Siehe auch Dickersbach, WiVerw 1986, 1 (7) zur entsprechenden Begriffsbestimmung des Anstandsgefühls aller billig und gerecht Denkenden, die darauf hinauslaufe, daß der Richter entscheidet, obwohl ihm ein solcher Auftrag nicht gesetzlich erteilt wurde.

483 Brohm, § 5, Rn. 17.

484 OVG Münster, 21.04.1959, BRS 9, S. 152 (für die ästhetischen Ansichten des Durchschnittsmenschen); BVerwG, 19.12.1963, E 17, 322 (325f für die moralischen Ansichten des Durchschnittsmenschen); Schweiger, DVBl 1968, 481 (488); Kretschmer, DVBl 1970, 55 (56); Kunig, S. 411.

ner fiktiven Person, sondern an den tatsächlichen ästhetischen Durchschnittsempfindungen ausgerichtet wird.

Die Definition einer Verunstaltung als das ästhetische Empfinden des gebildeten Durchschnittsmenschen verletzender Zustand ist als Verweis auf die Ansichten einer fiktiven Person unbrauchbar, dem Verunstaltungsbegriff Konturen zu geben. Allein die Maßgeblichkeit der zum Zeitpunkt der Gesetzesanwendung aktuellen, ungeschriebenen ästhetischen Vorstellungen einer überwiegenden Mehrheit der Bevölkerung kommt als Konkretisierung des Verunstaltungsbegriffes in Betracht.[485]

d) Verfassungsrechtliche Bedenken gegen einen Verweis auf gesellschaftliche Mehrheitsauffassungen

(1) Die Übertragung von Entscheidungsbefugnissen

Ein auf die zum Zeitpunkt der Gesetzesanwendung aktuellen, ungeschriebenen ästhetischen Empfindungen einer überwiegenden Mehrheit der Bevölkerung verweisender Verunstaltungsbegriff könnte als Delegation von Entscheidungsbefugnissen an die Gesellschaft zu verstehen sein und legt so die Frage nach der Legitimität einer solchen Begriffsbestimmung nahe.

Als Delegation von Entscheidungsbefugnissen sind Verunstaltungsverbote nur zu verstehen, wenn mit der Maßgeblichkeit allgemeiner ästhetischer Empfindungen der Gesellschaft nicht lediglich auf bestehende Gegebenheiten Bezug genommen wird, das Urteil über das ästhetische Gefallen an einem Objekt nicht ausschließlich reflexartig erfolgt, sondern der Mensch erst aufgrund seiner Bewertung des Objekts in seinem ästhetischen Empfinden verletzt ist. Anderenfalls würden keine Staatsgewalt durch die Gesellschaft ausgeübt und demokratische Bedenken gegenstandslos. Daß der Entstehung von Emotionen ein gewisser kognitiver Aspekt vorgelagert ist, wurde oben dargestellt.[486] Der Verunstaltungsbegriff, verstanden als Verweis auf gesellschaftliche Mehrheitsempfindungen, ist kein deskriptiver Begriff, denn ästhetische Empfindungen basieren auf Wertvorstellungen. Verunstaltungstatbestände sind als Verweis auf das durchschnittliche ästhetische Empfinden daher ebenso wie der Begriff der öffentlichen Ordnung in den meisten polizeirechtlichen Generalklauseln[487] „Ventil und Transformations-

---

485 Siehe auch OVG Lüneburg, 29.03.1979, BRS 35, Nr. 131 („Maßstab ist auf einer Ebene des Empfindens zu suchen, auf der in einem breiteren, allgemeinen Personenkreis Übereinstimmung über die Störung erzielt werden kann.")

486 a) (1).

487 Auch hier werden außerrechtliche Wertvorstellungen pauschal in Rechtsnormen inkorpiert und für verbindlich erklärt, denn die öffentliche Ordnung wird verstanden

stelle für gesellschaftliche Wertvorstellungen"[488]. Auch wenn der Gesetzgeber selbst den notwendigen Grad der Emotion des Durchschnittsmenschen beschrieben und hoch angesetzt hat, sind Verunstaltungsverbote in dieser Auslegung zu Recht als Entscheidungsdelegationsnormen anzusehen.

(2) Das demokratische Defizit der Verweisung

Bedenken gegen die gesetzgeberische Entledigung von Entscheidungsbefugnissen ergeben sich aus das Demokratieprinzip betreffenden Erwägungen, insbesondere aus dem auch aus dem Demokratieprinzip abzuleitenden Parlamentsvorbehalt bzw. dem grundrechtlichen Gesetzesvorbehalt.

Sowohl Parlament als auch Exekutive sind demokratisch legitimiert. Die Besonderheiten des parlamentarischen Verfahrens, insbesondere das hohe Maß an Öffentlichkeit der Auseinandersetzung, welches im Vergleich zum Verwaltungsverfahren eine bessere Voraussetzung für den Ausgleich widerstreitender Interessen bietet[489], und die personelle demokratische Legitimation des parlamentarischen Gesetzgebers[490], verleihen dem Parlamentsgesetz eine über der von exekutivischen Maßnahmen stehende demokratische Qualität. Der Vorbehalt des parlamentarischen Gesetzes hat daher eine Schutzfunktion für den zu ordnenden Lebensbereich inne.[491] Soweit statt des allgemeinen Vorbehaltes des Gesetzes der grundrechtliche Gesetzesvorbehalt greift, muß auch dieser als Kompetenzregelung verstanden werden. Im Rahmen des grundrechtlichen Gesetzesvorbehaltes sind daher grundrechtsrelevante Maßnahmen dem parlamentarischen Gesetzgeber überantwortet. Zu den Funktionen des Gesetzesvorbehaltes gehört, den Gefahren vorzubeugen, die der Freiheit des einzelnen drohen, die Interessen

als die Gesamtheit der ungeschriebenen Regeln für das Verhalten des einzelnen in der Öffentlichkeit, deren Beachtung nach den jeweils herrschenden sozialen und ethischen Anschauungen als unerläßliche Voraussetzung eines geordneten staatsbürgerlichen Zusammenlebens betrachtet wird, siehe bereits PrOVG, 09.11.1933, E 91, 139 (140); Götz, Rn. 122ff; Gusy, Rn. 98 m.w.N.; Schmidt-Aßmann - Friauf, Rn. 39 m.w.N.; Steiner - Schenke, Rn. 40 m.w.N.; Lisken/Denninger - Denninger, Teil E, Rn. 25.

488 Denninger, S. 25.

489 Hill, DVBl 1985, 88 (89); Gassner, ZG 1996, 37 (48f); Geitmann, S. 78; BVerfG, 28.10.1975, E 40, 237 (249).

490 Hill, DVBl 1985, 88 (89); Lübbe-Wolff, ZG 1991, 219 (238); weitere Nachweise bei Gassner, ZG 1996, 37 (47). Siehe aber auch die Argumentation von Gassner, ZG 1996, 37 (48), wonach eine höhere demokratische Legitimation die sachlogischere Konsequenz erwarten ließe, dem Gesetzgeber die Kompetenz zuzusprechen, über das zulässige Delegationsausmaß selbst zu entscheiden. Ähnlich Kloepfer, JZ 1984, 685 (690f).

491 Kese, S. 130; BVerfG, 09.05.1972, NJW 1972, 1504 (1506).

der Minderheiten und der Allgemeinheit zu wahren. Nur in bestimmten Grenzen kann er seine Befugnisse auf die Exekutive übertragen.[492]

Verunstaltungsverbote in oben entwickelter Auslegung übertragen die Inhaltsbestimmung nicht auf die Exekutive, sondern auf die Gesellschaft und werfen daher die Frage nach der generellen Zulässigkeit einer solchen Verweisung auf. Vordergründig betrachtet scheint insbesondere ein Verweis auf aktuelle Mehrheitsauffassungen demokratisch legitimiert zu sein, schließlich ist das Mehrheitsprinzip der Demokratie immanent.[493] Dennoch ergeben sich Bedenken gegen den Adressaten der Verweisung gerade aus dem Demokratieprinzip (Art. 20 I, II GG). Nach dem Grundgesetz ist die Gesellschaft genausowenig wie einzelne Private Träger von Staatsgewalt. Ein Verweis auf Mehrheitsauffassungen im Volk ist nicht per se demokratisch legitimiert. Diese Entscheidungsfindung entspräche zwar der Volkssouveränität als Element des Demokratieprinzips (Art. 20 II 1 GG), nicht aber der Ausgestaltung des Demokratieprinzips in Art. 20 II 2 GG. Allenfalls könnte eine Form der Abstimmung i.S.v. Art. 20 II 2 GG anzunehmen sein. Dagegen spricht jedoch bereits, daß eine eigentliche Stimmabgabe nicht erfolgt. Zahlreiche Landesverfassungen sehen Volksentscheid und Volksbegehren als Abstimmungsformen vor. Doch auch mit diesen Instituten in ihren konkreten Ausgestaltungen[494] ist der Verweis in den Verunstaltungsnormen nicht vergleichbar. Eine Übertragung der Entscheidungsmacht auf die Gesellschaft oder das Volk durch gesetzlichen Verweis auf Mehrheitsauffassungen ist in Art. 20 II 2 GG nicht vorgesehen.

Das Demokratieprinzip könnte deshalb für nicht tangiert gehalten werden, weil der Gesetzgeber den Maßstab selbst normiert, die Entscheidung im Einzelfall in seinen Willen aufgenommen habe.[495] Nach dieser Argumentation sind Entscheidungen im Rahmen der Anwendung der Verunstaltungsverbote auf eine Willensentschließung der vom Volk bestellten Gesetzgebungsorgane zurückführbar, weil es gerade der Gesetzgeber selbst war, der das ästhetische Empfinden der Mehrheit durch die Normierung in den Bauordnungen als rechtlich schützenswert anerkannt hat. Wäre das Demokratieprinzip ausschließlich die Forde-

---

492 Kese, S. 131; BVerfG, 09.05.1972, NJW 1972, 1504 (1506).

493 Siehe BVerfG, 06.10.1970, E 29, 154 (165); Dreier - Dreier, Art. 20 (Demokratie), Rn. 64. Aus diesem Grunde einen Verstoß ablehnend: Klein, DVBl 1971, 233 (239f); Peine, Verw 1979, 25 (45f); Erbel, DVBl 1972, 475 (480); Drews/Wacke/Vogel/Martens - Martens, S. 247 zur öffentlichen Ordnung. In diese Richtung für die Beeinflussung der Baugestaltung auch Namgalies, S. 175.

494 Vgl. etwa Art. 2, 3 I, 65 Verf NW.

495 So BVerwG, 06.12.1999, 4B75/99 zu den anerkannten Regeln der Baukunst; Peine, Verw 1979, 25 (30), zum Begriff der öffentlichen Ordnung; Friauf - Dickersbach, § 33a, Rn. 22.

rung nach einer ununterbrochenen Legitimationskette zwischen dem Volk und den jeweiligen Entscheidungsträgern, also nur die Forderung nach personeller Legitimation, könnte ein Verstoß gegen das Demokratieprinzip von vornherein ausgeschlossen werden. Demokratische Legitimation setzt jedoch darüberhinaus funktionell-institutionelle und sachlich-inhaltliche Legitimation der Staatsgewalt voraus.[496] Überläßt der Gesetzgeber die inhaltliche Entscheidung Dritten, ist die sachlich-inhaltliche Legitimation geschmälert. Das Erfordernis funktionell-institutioneller Legitimation setzt der Entäußerung von Entscheidungskompetenzen durch das Parlament Grenzen.[497] Ein gesetzgeberischer Verweis auf Auffassungen Dritter ist folglich aus Demokratieerwägungen grundsätzlich bedenklich.[498] Dies gilt um so mehr, je weniger der Gesetzgeber auf Tatsachen Bezug nimmt. Anerkannte Regeln der Technik sind die Prinzipien und Lösungen, die in der Praxis erprobt und bewährt sind, und von der Mehrzahl der Praktiker als richtig und notwendig akzeptiert sind.[499] Hier werden nur in sehr geringem Maße Entscheidungsbefugnisse auf Dritte übertragen. Anerkannte Regeln der Technik gründen auf rationalen und damit überprüfbaren Erwägungen. Die Zulässigkeit gesetzgeberischer Verweise auf die anerkannten Regeln der Technik kann daher nicht die Unbedenklichkeit baugestalterischer Verweisungsnormen begründen.[500]

Die Grenzen für eine zulässige Übertragung von Entscheidungskompetenzen auf die Gesellschaft können nicht losgelöst von der Grundrechtsrelevanz der zu entscheidenden Maßnahme gezogen werden. Das erklärt - abgesehen davon, daß eine Gesetzestechnik nicht dadurch legitim wird, daß sich der Gesetzgeber ihrer häufiger bedient - auch, daß allein der Hinweis auf die Verbreitung gesetzgeberischer Verweise auf gesellschaftliche Vorstellungen und die Inkorporation von Sozialnormen in unbestimmte Gesetzesbegriffe kein Argument für die zwingende Zulässigkeit dieser Gesetzgebungstechnik sein kann.[501] Sicher ist die Fülle dieser Generalklauseln ein Indiz dafür, daß der gesetzgeberische Verweis auf gesellschaftliche Mehrheitsvorstellungen nicht generell aus Demokratieerwägungen

496 Dreier - Dreier, Art. 20 (Demokratie), Rn. 105, 107; Jarass/Pieroth - Pieroth, Art. 20, Rn. 9f.

497 Dreier - Dreier, Art. 20 (Demokratie), Rn. 110f.

498 Weil der Inhalt der Ordnungsklausel nicht auf den Willen des Gesetzgebers zurückgeführt werden kann, halten Stimmen in der Literatur die Ordnungsklausel für mit dem Demokratieprinzip unvereinbar: Kese, S. 132; Isensee, Essener Gespräche 1977, 92ff (97); Hill, DVBl 1985, 88ff; Achterberg, FS Scupin, S. 9 (27); Lisken/Denninger - Denninger, Teil E, Rn. 26f, anders für die gewerberechtliche Sittenklausel, Rdnr 25 mit Fn. 21.

499 BVerfG, 08.08.1978, E 49, 89 (135); BVerwG, 06.12.1999, 4B75/99.

500 Anders BVerwG, 06.12.1999, 4B75/99.

501 So aber Peine, Verw 1979, 25 (29). Tendenziell auch Drews/Wacke/Vogel/Martens - Martens, S. 247.

unzulässig ist. Das heißt aber nicht, daß ein solcher Verweis stets ohne weiteres hinreichend demokratisch legitimiert wäre.[502] Aufgrund der oben geschilderten Schutzfunktion gesetzgeberischer Entscheidungen ist der Rahmen für zulässige Verweise in Bereichen grundrechtlicher Gesetzesvorbehalte enger als z.B. bei zivilrechtlichen Normen ohne unmittelbar freiheitsbegrenzende Wirkung.[503]

(3) Die Erheblichkeit des demokratischen Defizits

Es liegt nahe, im Mehrheitsprinzip, das in Verweisen auf gesellschaftliche Vorstellungen par excellence zum Ausdruck kommt, einen hinreichenden Ausgleich der Mängel der funktionell-institutionellen und sachlich-inhaltlichen demokratischen Legitimation zu sehen.

Ein Blick auf die selbst in den Landesverfassungen nur eingeschränkt enthaltenen direktdemokratischen Elemente kann diese Vermutung indes nicht stützen; der Verfassungsgeber hat Mehrheitsentscheidungen des Volkes keine über Wahlen hinausreichende besondere demokratische Qualität zugesprochen, so daß eine solche Qualität von gesellschaftlichen Mehrheitsentscheidungen erst recht einer besonderen Begründung bedarf.

Schwerwiegender erscheint die fehlende prozedurale Einbindung der Meinungsbildung. Die Entscheidung über das Vorliegen einer Verunstaltung entsteht ausschließlich über die Summierung privater Einzelauffassungen. Das Zustandekommen einer freiheitsbegrenzenden Mehrheitsentscheidung hat hingegen im deutschen Verfassungssystem wesensmäßig prozessualen Charakter.[504] Das parlamentarische Verfahren ist vor allem durch die Einbeziehung von Minderheiten argumentativ[505], es hat eine mäßigende und distanzschaffende Funktion[506]. Wenn es aber gerade das Verfahren der Entscheidungsfindung und nicht die Mehrheit als solche ist, das der Parlamentsentscheidung eine besondere Qualität

502 So aber die Argumentation von Steiner - Schenke, Rn. 42, zur Unbedenklichkeit der Ordnungsklausel.

503 Stimmen in der Literatur schließen bei freiheitsbeschränkenden Regelungen einen Verweis auf Dritte generell aus, Kese, S. 132, 142; Achterberg, FS Scupin, S. 9 (31ff). Anders für zivilrechtliche Klauseln (§§ 138, 826 BGB, § 1 UWG, § 346 HGB), die nicht mit unmittelbaren Grundrechtsbeeinträchtigungen verbunden sind, sondern Anwendung finden aufgrund freiwilliger Unterwerfung, Kese, S. 120. Im Privatrecht seien entsprechende Klauseln eher hinzunehmen, da dort die streitschlichtende Schiedsrichterfunktion im Vordergrund stehe, Denninger, JZ 1970, 145 (149).

504 Kese, S. 133 (demokratisch bedeute nicht einfach nominelle Abstimmungsmajorität, erst recht nicht demoskopisch ermittelte Mehrheit); siehe hierzu auch Achterberg, FS Scupin, S. 9 (32).

505 Diesen Unterschied im Vergleich zu Verweisungen auf gesellschaftliche Anschauungen betont Hill, DVBl 1985, 88 (91).

506 Kese, S. 135.

verleiht, kann allein das Mehrheitsprinzip ohne Einbettung der Mehrheitsgewinnung in ein entsprechendes konsensbildendes Verfahren das Demokratiedefizit der Verweisung nicht aufwiegen.[507] Auch die Tatsache, daß den baugestalterischen Normen selbst ein parlamentarischer Prozeß zugrundeliegt, kann diesen Mangel nicht kompensieren[508], denn die eigentliche Inhaltsbestimmung ist bei Verweisungsnormen losgelöst von dieser parlamentarischen Konsensbildung. Die demokratischen Mängel der Entscheidungsfindung bei gesetzlichen Verweisungen auf gesellschaftliche Mehrheitsauffassungen wiegen um so schwerer, wenn wie hier die Mehrheitsauffassungen Fragen betreffen, die nicht ohne weiteres Gegenstand gesellschaftlicher Auseinandersetzung sein können. Moralische Fragen sind weitgehend abstrahierbar und so einer gesamtgesellschaftlichen Diskussion zugänglich. Ästhetische Fragen sind am konkreten Objekt orientiert und regelmäßig nicht zu verallgemeinern. Ob eine bestimmte Bauweise als schön oder häßlich anzusehen ist, kann daher allenfalls für ein bestimmtes Bauwerk öffentlich diskutiert werden. Für die baugestaltungsrechtliche Beurteilung anderer Bauwerke wäre eine solche Diskussion regelmäßig unergiebig.

Damit ist eine andere mögliche Rechtfertigung einer Verweisung auf Mehrheitsauffassungen angesprochen: Die Unmöglichkeit einer kasuistischen Regelung der Baugestaltung könnte ein gewichtiger sachlicher Grund für das gesetzgeberische Instrumentarium und damit für die Unbeachtlichkeit demokratischer Bedenken sein.

Schließlich könnten die sachlich-inhaltlichen Legitimationsdefizite unbeachtlich sein, weil der Gesetzgeber von einem hinreichenden gesellschaftlichen Konsens bei der ästhetischen Beurteilung von baulichen Anlagen ausgehen konnte, so daß er einen konkreten Maßstab der ästhetischen Bewertung zwar nicht normativ aber zumindest faktisch in seinen Willen aufgenommen hat. Beide in Frage kommenden Gründe für die Unbeachtlichkeit der demokratischen Unzulänglichkeit sind Aspekte, die von der konkreten Ausgestaltung der gesetzlichen Verweisung abhängen und eng mit der Bestimmtheitsproblematik verbunden sind.[509] Ob

507 Hill, DVBl 1985, 88 (91f).

508 Anders Dickersbach, WiVerw 1986, 1 (13): „In den Bereichen, in denen sich das von der eigenen Überzeugung getragene Handeln in der Gesellschaft auswirkt, [werden] die Beziehungen zwischen dem Einzelnen und der Gemeinschaft durch die Rechtsordnung einschließlich der Sittenklausel bestimmt, der ein nach demokratischem Verfahren ausgehandelter Kompromiß über die gesellschaftliche Gestaltung zugrunde liegt. Wenn diese Rechtsordnung für die Zulässigkeit bestimmter Vorgänge und Handlungen an das in der Gesellschaft anerkannte sozialethische Werturteil als eine sekundäre Rechtsquelle anknüpft, so kann die rechtliche Verbindlichkeit dieses Werturteils nicht mit Toleranzgesichtspunkten in Zweifel gezogen werden.“

509 Siehe auch Adamaschek, S. 115f, zum Begriff der öffentlichen Ordnung.

ein Verunstaltungsbegriff verstanden als Verletzung des durchschnittlichen ästhetischen Empfindens ein demokratisch zulässiges gesetzgeberisches Instrumentarium wäre, ist daher hier noch nicht abschließend zu beantworten.

Verfassungspolitisch ist eine so verstandene Verunstaltungsnorm aus Demokratieerwägungen jedenfalls bedenklich.[510] Durch die Verweisung auf die gesellschaftlichen ästhetischen Anschauungen erlangt beim Aufeinanderprallen verschiedener ästhetischer Ansichten die lediglich quantitativ überlegene freiheitsbegrenzende Maßgeblichkeit[511]. Gerade im Bereich der Baugestaltung ist durch eine solche Regelung die dem demokratischen Prinzip immanente Möglichkeit der Minderheit, zur Mehrheit zu werden[512], erheblich geschmälert. Schließlich kann eine Änderung ästhetischer Ansichten in erster Linie durch unmittelbares Erfahren eines Objekts bewirkt werden. Diese Chance wird durch ein konsequent umgesetztes Verbot baulicher Anlagen, die die gesellschaftliche Mehrheit in ihren ästhetischen Anschauungen verletzen, unmöglich gemacht. Damit wird der status quo in Geschmacksfragen im Bereich der Baugestaltung privilegiert.[513]

e) Die Ermittlung der Mehrheitsauffassungen

In Anwendung der Formel vom gebildeten Durchschnittsmenschen wird in Rechtsprechung und Literatur zumeist behauptet, daß dieser angesichts der jeweils in Rede stehenden, regelmäßig noch nicht realisierten baulichen Anlage in seinem ästhetischen Empfinden verletzt bzw. nicht verletzt wäre. Dies entspricht der üblichen Methode, zur Rechtsanwendung von Normen, die auf gesellschaftlich vorherrschende Ansichten Bezug nehmen, auf empirisch-soziologische Erhebungen zu verzichten[514]; vielmehr sehen sich die Rechtsanwender selbst in der Lage, das ästhetische Empfinden des Durchschnittsmenschen zu erkennen. Selbst wenn die ästhetische Beurteilung durch die Gerichte dem eigenen Geschmack entsprechen mag, weckt diese Methode Zweifel daran, ob die dem Durch-

510 Siehe auch Lisken/Denninger - Denninger, Teil E, Rdnr 26, und ders. , JZ 1970, 145 (148), zur polizeilichen Ordnungsklausel.

511 Zur Bedeutung des konsensbildenden Dialoges in der Demokratie siehe Benda, DÖV 1982, 877 (882).

512 Dreier - Dreier, Art. 20 (Demokratie), Rn. 68f.

513 Zu diesem Aspekt im Zusammenhang mit der polizeilichen Ordnungsklausel Denninger, JZ 1970, 145 (148); Denninger, S. 28: „Diese Vorstellung von öffentlicher Ordnung geht von einer Statik und Homogenität der politischen Verhältnisse, der sozialethischen, religiösen und ästhetischen Wertungen aus, die in idealtypischer Zuspitzung zur geschichtslosen Erstarrung einer Gesellschaft führen müssen."

514 Benda, DÖV 1982, 877 (881f); Noelle-Neumann, DÖV 1982, 883 (887).

schnittsmenschen zugesprochenen Ansichten tatsächlich Mehrheitsansichten wären.[515]

(1) durch einfache behördliche bzw. gerichtliche Feststellung

Damit der Verunstaltungsbegriff dem Bestimmtheitsgrundsatz genügt, muß ermittelbar sein, ob eine bauliche Anlage das ästhetische Empfinden der meisten Menschen verletzt. Wie bei jedem dynamischen Verweis auf nicht fixierte Maßstäbe ist die Feststellung einer herrschenden Auffassung angesichts des ausgeprägten Pluralismus und des daraus resultierenden weitgehenden Fehlens eines gesellschaftlichen Konsens zumindest schwierig, wenn nicht gar unmöglich.[516]

(a) Vergleich zur Feststellung ethisch-moralischer Mehrheitsauffassungen

Die Feststellung einer ohne weiteres erkennbaren herrschenden Auffassung zu baugestalterischen Fragen birgt größere Probleme als die Feststellung herrschender Auffassungen in zahlreichen anderen Bereichen.[517]

Generell ist der Geschmack einem weitaus schnellerem Wandel[518] unterzogen als moral-ethische oder sozial-ethische Anschauungen, die beispielsweise zur

---

515 Siehe nur PrOVG, 23.05.1940, E 105, 259 (264, ansehnliche Werbetafel betone unschönes, rußiges, hinter ihr liegendes Mauerwerk); HessVGH, 13.08.1953, BRS 3, S. 197ff (Wirkung der reizlosen Umgebung werde durch auffallende Werbeanlage verstärkt); BayVGH, 30.11.1976, BRS 30, Nr. 110 (Hofgebäude seien nicht absolut verunstaltend, sondern würden im Gegenteil vom maßgeblichen Betrachter positiv beurteilt). Siehe auch Fickert, BayVBl 1978, 681 (685, durch ein zusammenhängendes Waldgebiet führende Straßentrasse beeinträchtige Landschaftsbild nicht, wohl aber eine Straßentrasse in einem das Landschaftsbild prägenden Wäldchen). Bull, BB 1956, 326 (326f) zeigt Beliebigkeit bauästhetischer Beurteilungen zudem anhand der Möglichkeit, schreiende Farben als frisch und kräftig zu bezeichnen; weitere Beispiele bei Büning, Neue Bauwelt 1951, 67f. Schwierigkeiten bei der Ermittlung der „herrschenden" Anschauung betont auch Knies, S. 161 mit Fn. 534.

516 Zur Ordnungsklausel, Achterberg, FS Scupin, S. 9 (30f); Kese, S. 145; zur gewerberechtlichen Sittenklausel, Dickersbach, WiVerw 1986, 1 (14); Friauf - Dickersbach, § 33c, Rn. 27; zum Verunstaltungsbegriff: Hoppe/Grotefels - Grotefels, § 14, Rn. 27.

517 Anders Engelmann, S. 173; Schneider, DB 1962, 1461 (1462); Grewe, MA 1951, 243 (249): Der Begriff Verunstaltung sei in nicht geringerem Maße als die Begriffe Störung, Treu und Glauben, gute Sitten usw. an objektiven Kriterien orientierbar. Siehe auch die Gegenüberstellung von moralischen und ästhetischen Kategorien bei Fechner, Friedhof und Denkmal 1958, 1 (9), der ausgehend von der Existenz ästhetischer Gesetzmäßigkeiten ästhetische Fragen zu den Sachfragen zählt, die im Gegensatz zu moralischen Fragen nicht über herrschende Ansichten konkretisiert werden könnten.

Konkretisierung der Treu-und-Glauben-Klausel in § 157, § 242 BGB, der Sittenwidrigkeit gemäß § 138 I BGB, § 826 BGB, § 33a II Nr.2 GewO, § 4 I GastG, § 1 UWG oder der Klausel der öffentlichen Ordnung heranzuziehen sind. Ursächlich dafür könnte sein, daß Geschmacksurteile nicht wie ethische und moralische Vorstellungen auf eine Anerkennung durch Mitmenschen angelegt sind, so daß eine Bindung an frühere oder fremde Ansichten weitgehend fehlt.

Im Gegensatz zur Inhaltsbestimmung von Generalklauseln, die sich auf die tatsächliche, in bestimmten Kreisen praktizierte Übung beziehen und mithin eine einfache Feststellung der erlaubten und verbotenen Verhaltensweisen ermöglichen, kann die Bestimmung einer Verunstaltung nicht auf die Praxis als Realisierung bestimmter ästhetischer Ansichten oder auch nur auf die Auffassungen bestimmter Personengruppen zurückgreifen.

Generalklauseln konkretisierende anerkannte ethische und moralische Wertvorstellungen können oft anderen Normen entnommen werden.[519] So kann die Strafbewehrtheit oder Straflosigkeit eines bestimmten Verhaltens Aufschluß darüber geben, ob ähnliche Handlungen ungeschriebene Regeln für das Verhalten des einzelnen in der Öffentlichkeit, deren Beachtung nach den jeweils herrschenden sozialen und ethischen Anschauungen als unerläßliche Voraussetzung eines geordneten staatsbürgerlichen Zusammenlebens betrachtet wird[520], verletzt, mithin die öffentlichen Ordnung im Sinne mancher polizeirechtlichen bzw. ordnungsrechtlichen Generalklausel[521] stört.[522] Vor allem die Verfassung läßt erkennen, welche sozialethischen Wertvorstellungen Anerkennung gefunden haben[523], und bietet so eine Stütze für die Anwendung unbestimmter Rechtsbegriffe im Einzelfall. Für die Ermittlung eines gesellschaftlichen Konsenses in ästhetischen Fragen gibt die Rechtsordnung hingegen keine Orientierung.[524] Soweit

518 Manssen, S. 171; Engelmann, S. 173. Anschauliche Beispiele zum Wandel sittlicher Wertvorstellungen bei Thiele, ZRP 1979, 7 (8). Zum Wandel bauästhetischer Ansichten siehe bereits Baumeister, Deutsche Zeit- und Streitfragen 1887, 207 (211): „Während man früher solche Städte (mit parallelen bzw. sich rechtwinklig kreuzenden Straßen - N.K.) für schön hielt, [...] so gelten sie jetzt bei gebildeten Menschen für langweilig.“.

519 Dickersbach, WiVerw 1986, 1 (14, 20).

520 So die Begriffsbestimmung des Schutzgutes „öffentliche Ordnung“, siehe PrOVG, 09.11.1933, E 91, 139 (140); Götz, Rn. 122ff; Gusy, Rn. 98 m.w.N.; Schmidt-Aßmann - Friauf, Rn. 39 m.w.N.; Steiner - Schenke, Rn. 40 m.w.N.; Lisken/Denninger - Denninger, Teil E, Rn. 25.

521 § 1 I OBG NW.

522 Dickersbach, WiVerw 1986, 1 (18f). Siehe etwa zur Entkriminalisierung der Landstreicherei, VGH BW, 29.04.1983, NJW 1984, 507 (509).

523 Dickersbach, WiVerw 1986, 1 (14f).

524 Auf die zahlreichen Gestaltungssatzungen kann hier schon wegen der unterschiedlichen Normgeber nicht abgestellt werden.

Generalklauseln nur für atypische Sonderfälle greifen und der Normalfall in speziellen Sachnormen geregelt ist, lassen sich diesen speziellen Bestimmungen Auslegungsdirektiven entnehmen. Die Bauordnungen bzw. das Baugesetzbuch enthalten hingegen keine detaillierteren baugestalterischen Bestimmungen, die eine Inhaltsbestimmung der Verunstaltungsverbote normativ leiten könnten. Die Einbettung in ein abgegrenztes Rechtgebiet gibt bauästhetischen Generalklauseln keine höhere Bestimmtheit.[525]

Zahlreiche - vor allem zivilrechtliche - Generalklauseln wie Treu-und-Glaubens-, Billigkeits-, Härte- oder Zumutbarkeitsklauseln betreffen Konflikte von sich gegenüberstehenden rational begründbaren Interessen.[526] Die in diesen Normen enthaltenen Verweisungen auf gesellschaftliche Auffassungen beziehen sich lediglich auf den „richtigen" Ausgleich dieser Interessen. Das bewirkt, daß absolute und damit meinungsunabhängige Extreme ausgemacht werden können - die völlige Negierung des einen Interesses verbunden mit der gänzlichen Verwirklichung des gegenüberstehenden. Je mehr sich Sachverhalte diesen Extrembereichen nähern, desto sicherer kann von der gesellschaftlichen Mehrheitsauffassung ausgegangen werden, daß das in Frage stehende Verhalten zum Beispiel gegen Treu und Glauben verstößt oder sittenwidrig im Sinne von § 138 BGB ist. Der feststehende Maßstab für die Bewertung macht die Entscheidung rationalen Argumenten zugänglich, ermöglicht einen Vergleich mit anderen Sachverhalten und damit eine in Grenzen voraussehbare Entscheidung. Wenn es um ästhetisches Empfinden geht, ist kein Konflikt zwischen rational begründbaren Interessen zu entscheiden, so daß nicht einmal die Extreme definiert werden können. So kommt es nicht selten vor, daß gerade ein Bauwerk, das den Unmut des einen Betrachters erregt, für den anderen einen ästhetischen Genuß darstellt.

Das entscheidende Merkmal, in dem sich bauästhetische Generalklauseln von allen anderen Verweisungsnormen unterscheiden, ist folgendes: Die Fragen, über die bei sonstigen Generalklauseln die gesellschaftliche Mehrheitsanschauungen entscheiden sollen, sind abstrahierbar. Dies ermöglicht zum einen die Bildung von Fallgruppen, die für die Beurteilung der konkreten Frage herangezogen wer-

525 Anders allgemein Adamaschek, S. 81, 83, der Generalklauseln in innerhalb der aus dem Polizeirecht entwickelten Rechtsmaterien wie § 1 StVO, § 10 BSeuchG und § 15 VersG aufgrund ihrer Einbettung in abgegrenzte Rechtsgebiete eine höhere Bestimmtheit attestiert. Sie würden nur einen Resttatbestand an Lebenssachverhalten erfassen, die ansonsten durch ein detailliertes System von Spezialnormen geregelt seien. Dem Gesamtzusammenhang der Normen seien gesetzgeberische Zielsetzung und die Ge- und Verbote der Einzelvorschriften zu entnehmen. Ähnlich Götz, Rn. 138 zur Ordnungsklausel im besonderen Ordnungsrecht.

526 Siehe etwa Sack, WRP 1985, 1 (3), zu zivilrechtlichen Sittenwidrigkeitsklauseln; Baumbach/Hefermehl, Einl. UWG, Rn. 109, zur Funktionsbezogenheit der „guten Sitten" in § 1 UWG.

den können.[527] Die Fallgruppenmethode verschafft dem Rechtsanwender Zugang zur Subsumtionsmethode und ist die herrschende Methode zur Konkretisierung von Generalklauseln.[528] Der Verunstaltungsbegriff ist hingegen fast nicht kategorisierbar.[529] Ob eine Verunstaltung vorliegt, kann nicht allgemeingültig allein anhand der Farbe, der Form, des Maßstabes, des Verhältnisses der Baumassen und Bauteile zueinander oder anhand des Werkstoffs beurteilt werden. Auch abstrakte Aussagen darüber, wann ein Straßen-, Orts- oder Landschaftsbild verunstaltet ist, können nicht getroffen werden. Es ist nur als seltener Ausnahmefall denkbar, daß verallgemeinert gesagt werden kann, eine bestimmte Dachfarbe oder eine bestimmte Form einer baulichen Anlage lasse nach durchschnittlichem Empfinden das Bauwerk verunstaltet wirken. Vielmehr ist es in der Regel die Anlage in ihrer Gesamtheit, mit all ihren Gestaltungsmerkmalen und ihrer Zweckbestimmung, die das ästhetische Empfinden der Mehrheit verletzt. Kann das Vorliegen einer Verunstaltung nicht durch den Vergleich mit entwickelten abstrakten Fallgruppen festgestellt werden, ist damit die Anwendung einer Methode der Entscheidungsfindung ausgeschlossen, die zumindest zu begrenzt vorhersehbaren Ergebnissen führt.

Aus der regelmäßigen Unmöglichkeit der Abstrahierung von bauästhetischen Fragen resultiert zum anderen die Unmöglichkeit der Bildung einer öffentlichen Meinung.[530] Wäre das ästhetische Unwerturteil allein an bestimmte verallgemeinerbare Merkmale geknüpft, könnte sich eine öffentliche Meinung über den ästhetischen Wert von baulichen Anlagen mit diesem Merkmal bilden. Hängt das ästhetische Urteil aber von einer unzähligen Vielzahl von Faktoren ab, ist es also notwendig einzelfallbezogen, kann bei der Beurteilung der zu errichtenden baulichen Anlage nicht auf eine öffentliche Meinung zurückgegriffen werden, die das Vorliegen einer Verunstaltung auch nur vermuten läßt.[531]

---

527 Auf die Bedeutung des entwickelten Fallgruppenkatalogs für Feststellungen über die Zugehörigkeit von Wertvorstellungen zur öffentlichen Ordnung verweist Adamaschek, S. 111. Zu Sittenwidrigkeitsindizien, wie Ausnützung einer Übermacht, krasses Leistungmißverhältnis, Handeln zum Schaden Dritter, Mayer-Maly, JuS 1986, 596 (597).

528 Weber, AcP 1992, 516 (518, 527, 530 m.w.N.).

529 Engelmann, S. 173; Beckmann, WRP 1978, 693 (696); BVerwG, 12.03.1970, BRS 23, Nr. 123.

530 Zum Begriff der öffentlichen Meinung siehe Noelle-Neumann, DÖV 1982, 883ff.

531 Sicher ist nicht auszuschließen, daß ein Bauwerk eine so überragende Bedeutung erlangt, daß viele Menschen ihr ästhetisches Empfinden artikulieren und ein Meinungsbildungsprozeß in Gang kommt, der in einer öffentlichen Meinung über den ästhetischen Wert des Bauwerks mündet - zu denken sei nur an das Kunstwerk „Verhüllter Reichstag“. Man bedenke aber, daß vor Realisierung des Bauvorhabens wegen der Einzelfallabhängigkeit der ästhetischen Bewertung die Chancen für einen

Gerichtliche Vermutungen über offenkundige Wertvorstellungen zu moralischen Fragen werden angesichts des Pluralismus und der Zeitgebundenheit von Anschauungen regelmäßig als willkürlich bezeichnet. Das „unsichere Eis quasiempirischer Feststellung sozialethischer Wertvorstellungen"[532] ist ungleich dünner, wenn es gilt, mehrheitliche ästhetische Urteile zu präsumieren.

(b) Quasiempirische Erkennbarkeit ästhetischer Mehrheitsauffassungen

Die Diskussion darüber, ob allgemeine Auffassungen zu ästhetischen Fragen hinreichend sicher festgestellt werden können, wurde vor allem im Zusammenhang mit der Absage an positive generell formulierte gestalterische Anforderungen durch das BVerwG 1955[533] geführt. Herrschend war die Auffassung, ästhetische Wertvorstellungen seien zeitgebunden. Seien bestimmte Formprinzipien in den Zeiten der Gotik, der Renaissance und des Barock allgemein anerkannt gewesen, gebe es heute kein einheitliches Stilempfinden, keine einheitliche Beurteilung dessen, was schön ist, keine anerkannten ästhetischen Wertvorstellungen mehr.[534] Städte und Dörfer wiesen kaum noch erfaßbare ästhetische Grundstrukturen auf.[535] Einigermaßen übereinstimmende Anschauungen über das ästhetisch Befriedigende existierten zwar nicht mehr[536], je weiter man sich jedoch dem ästhetischen Minimum nähere, sei ein gewisser Grundkonsens in der Gesellschaft feststellbar, denn in den Extrembereichen gewönnen gesellschaftliche Durch-

---

solchen Meinungsbildungsprozeß ganz besonders gering sind. Die im allgemeinen vor der Realisierung des Bauvorhabens erforderliche bauästhetische Bedeutung ist darüberhinaus ein Aspekt, der die soziale Sanktion als Kriterium für das ästhetische Durchschnittsempfinden untauglich macht. Zur sozialen Sanktion als Kriterium für die Konkretisierung der öffentlichen Ordnung siehe Peine, Verw 1979, 25 (43ff).

532 Discher, JuS 1991, 642 (649).

533 BVerwG, 28.06.1955, E 2, 172.

534 Bereits PrOVG, 21.01.1937, E 100, 247 (253, die Auffassung über den Begriff des Künstlerischen sei so sehr vom persönlichen Geschmack des einzelnen abhängig, daß die Bestimmung, Bauten haben der Forderung einer künstlerischen Gestaltung zu genügen, zu unbestimmt und damit rechtsungültig sei); Engelmann, S. 36, im Detail S. 221; Mauè, BBauBl 1957, 470 (471); Erbel, S. 170f; Clasen, Bauamt und Gemeindebau 1958, 48 (49); Scheerbarth, S. 184, eine Forderung nach Schönheit im Bauen wäre nur dann zu erfüllen, wenn unsere Zeit ein einheitliches Schönheitsideal hätte, hiervon könne aber keine Rede mehr sein.

535 Erbel, S. 170f.

536 Tendenziell anders Weißgerber, S. 57 (allgemeingültige Regeln existierten, nach denen sich richtet, was als guter und schlechter Geschmack zu bezeichnen ist); Lema Devesa, GRUR Int 1981, 25 (29) und Engelmann S. 38, 181 (es gäbe soziologisch festgestellte Kriterien darüber, was man als guten oder als schlechten Geschmack bezeichnet, objektive Maßstäbe für die Bestimmung ästhetischer Werte).

schnittsanschauungen eine gewisse Konformität. Ein Konsens der Allgemeinheit über ästhetisch Verletzendes[537] sei daher feststellbar. Eine Verunstaltung sei im Gegensatz zur Einhaltung abstrakter positiver[538] Gestaltungsanforderungen erkennbar.[539]

Gegen diese Einschränkung wurde geltend gemacht, es sei schon theoretisch nicht möglich, von einem fehlenden Konsens über das ästhetisch lediglich Unschöne ausgehend, einen gesellschaftlichen Konsens über das ästhetisch Verletzende anzunehmen.[540] Demnach dürfte mit der Prämisse, ein Grundkonsens über das ästhetisch Befriedigende existiere nicht mehr, auch keine Gleichartigkeit der Auffassungen über das ästhetisch Verletzende bestehen. Diese Argumentation erscheint plausibel, soweit die Erkennbarkeit absoluter Werte in Rede steht. Ist ein absoluter Wert nicht erkennbar, kann es auch dessen Negation nicht sein. Der Verunstaltungsbegriff kann sich jedoch, wie oben festgestellt, nur auf das ästhetische Empfinden beziehen. Es ist durchaus denkbar, daß zwar keine einheitlichen Auffassungen darüber bestehen, ob ein Zustand befriedigend ist, wohl aber darüber, daß ein Zustand völlig unbefriedigend ist.

Es bleibt dennoch zweifelhaft, ob tatsächlich von einem ohne weiteres erkennbaren Grundkonsens über das ästhetisch Verletzende ausgegangen werden kann, zumal sich der Pluralismus nicht nur der geschmacklichen Auffassungen seit den 50er Jahren, als das Urteil des BVerwG und der überwiegende Teil der Literatur zu diesen Fragen erschienen, stetig fortentwickelt hat. Eine Beurteilung muß zwischen den verschiedenen Zusammenhängen, in denen der Verunstaltungsbegriff verwendet wird, differenzieren. Mit dem Verunstaltungsverbot in § 12 I BauO NW soll ein häßlicher Zustand der Anlage selbst verhindert werden, ungeachtet der von der Anlage ausgehenden optischen Wirkung auf die Umgebung. Diese Wirkung ist Gegenstand der Verbote in § 12 II 1 BauO NW und § 35 III Nr. 5 BauGB, das Orts- und Landschaftsbild bzw. darüberhinaus das Straßenbild zu verunstalten.

537 Sowie über ästhetisch Hervorragendes, so Watzke, S. 106.

538 Auf die Formulierung kommt es hierbei nicht an. Positive Gestaltungsanforderung meint in diesem Zusammenhang das Verbot einer Beeinträchtigung des ästhetischen Empfindens (negativ formuliert), die gegeben ist, wenn die bauliche Anlage nicht ästhetisch befriedigend ist (positiv formuliert).

539 BVerwG, 28.06.1955, E 2, 172 (176f); Watzke, S. 104ff (107); Gaentzsch, Die Bauverwaltung 1973, 410; Manssen, S. 173; Plate, S. 111; Scheerbarth, S. 184. Anders: Fechner, Friedhof und Denkmal 1958, 1 (7f, der Laie sei meist zu abgestumpft, um das Häßliche als solches zu erkennen, es liege aber im natürlichen Vermögen eines jeden, das Schöne zu erkennen).

540 Weißgerber, S. 32 (Unterschiede zwischen beeinträchtigen und verletzen seien kaum erkennbar); Engelmann, S. 222f; Michel, K., S. 28; Schweiger, DVBl 1968, 481 (488).

Insbesondere ein gesellschaftlicher Konsens darüber, ob eine bauliche Anlage an sich als häßlich empfunden wird, ist regelmäßig nicht festzustellen.[541] Aus der vorhandenen Bebauung kann zwar indiziert werden, daß eine insoweit übliche Bauweise das ästhetische Empfinden des Durchschnittsmenschen nicht verletzt, der Gegenschluß ist jedoch unzulässig. Nur ein geringer Teil der Gesellschaft ist wirtschaftlich in der Lage, Bauwerke nach eigenen ästhetischen Vorstellungen errichten zu lassen. Die tatsächliche Bebauung gibt daher nicht unbedingt die ästhetischen Ideale der Gesellschaftsmehrheit wider. Davon abgesehen könnte die übliche Bebauung allenfalls Aufschluß darüber geben, welche Bauweise von der Mehrheit als schön empfunden wird, nicht aber, daß die unübliche Gestaltung zugleich als ästhetisch verletzend empfunden werden würde. Wollte man das Vorliegen einer Verunstaltung darauf stützen, daß eine Verletzung des ästhetischen Durchschnittsempfindens dadurch indiziert sei, daß die in Frage stehende Baugestaltung keine Ähnlichkeit mit anderswo verwirklichten Bauprojekten habe, käme das ferner einem Zirkelschluß gleich. Schließlich waren die baugestalterischen Normen auch auf jene Bauwerke anzuwenden. Die übliche Baugestaltung kann folglich keinen Anhaltspunkt bei der Feststellung einer Verunstaltung darstellen.[542]

Die bauliche Gestaltung des weit überwiegenden Teils bestehender Anlagen ruft in ästhetischer Hinsicht vermutlich überhaupt keine Emotion beim Betrachter hervor. Bauwerke werden generell weder als ästhetisch besonders ansprechend noch als häßlich sondern als normal empfunden, vom ästhetisch urteilenden Auge mithin übersehen. Nur bei außergewöhnlichen, als Besonderes auffallenden Bauwerken fällt der Betrachter gewöhnlich ein ästhetisches Urteil. Je ungewöhnlicher das Bauwerk ist, desto extremer und vor allem widersprüchlicher fallen regelmäßig die Urteile aus. Es ist äußerst fragwürdig, ob es in unserer Zeit überhaupt bauliche Anlagen geben kann, über die mit hinreichender Sicherheit behauptet werden kann, eine offensichtliche Mehrheit in der Gesellschaft fühle sich durch das Bauwerk in ihrem ästhetischen Empfinden verletzt.

Anderes könnte für die Verunstaltung eines Orts-, Straßen- oder Landschaftsbildes gelten. Wenn die bauliche Anlage im Orts-, Straßen- oder Landschaftsbild nicht auffällt, kann durch sie auch keine Verunstaltung hervorgerufen werden.

---

541 Siehe auch Jäde, BayVBl 1984, 10 (11, Verunstaltung sei an sich bereits nie isoliert von der Umgebung festzustellen, der Durchschnittsbetrachter erfasse die eine bauliche Anlage nie allein, sondern stets innerhalb einer konkreten Situation); Gädtke/Böckenförde/Temme/Heintz - Heintz, § 12, Rn. 13 (Beurteilung bauwerksbezogener Verunstaltungen bereite erhebliche Probleme).

542 Damit entfällt eine für die Konkretisierung von Verweisungsklauseln bedeutende Methode, die Feststellung von Mehrheitsauffassungen anhand ihrer Entsprechung in der Wirklichkeit. Siehe dazu Dickersbach, WiVerw 1986, 1 (8).

Die Tatbestände der § 12 II 1 BauO NW und § 35 III Nr. 5 BauGB setzen daher zunächst voraus, daß die bauliche Anlage überhaupt eine gewichtige optische Wirkung auf das Orts-, Straßen- oder Landschaftsbild ausübt. § 12 II 1 BauO NW verlangt ausdrücklich, daß der mangelnde Einklang zwischen Umgebung und baulicher Anlage zu einer Verunstaltung führen muß. § 35 III Nr. 5 BauGB meint jedoch nichts anderes. Ein Bauwerk, das sich seiner Umgebung unterordnet, kann diese nicht verunstalten.[543] Die Entscheidung, ob die Anlage mit dem vorhandenen Orts-, Straßen- oder Landschaftsbild in Einklang steht, orientiert sich an rationalen Kriterien wie den Maßen und der Lage der Anlage, der Grad der Einheitlichkeit der Umgebung oder der Auffälligkeit der von der umgebenden Bebauung abweichenden Merkmale der Anlage. Es wird zwar im Einzelfall nicht immer zweifelsfrei entschieden werden können, aber dennoch ist eine Entscheidung über diese Frage hinreichend voraussehbar.

Hat die bauliche Anlage eine gewichtige optische Wirkung auf das Orts-, Straßen- oder Landschaftsbild, weil sie sich nicht der Umgebung anpaßt, ist weiter zu klären, ob die Wirkung derart ist, daß das Orts-, Straßen- oder Landschaftsbild in einen häßlichen Zustand gebracht wird. Wer wie Engelmann[544] Harmonie und Schönheit gleichsetzt, wird eine Verunstaltung des Orts-, Straßen- oder Landschaftsbildes dann annehmen, wenn das Gesamtbild durch die Anlage ganz besonders unharmonisch wird, das heißt für die Extremfälle mangelnden Einfügens in die Umgebung. Wo die Grenze zu ziehen ist, richtet sich bei dieser Auslegung ebenfalls nach den gesellschaftlichen Durchschnittsauffassungen, der Maßstab ist aber wie oben erläutert ein rationaler, die Entscheidung weitgehend vorhersagbar. Die Grundprämisse ist jedoch Bedenken ausgesetzt. Wenn das Schöne und Häßliche als absolute Werte nicht existieren[545], kann Schönheit auch nicht mit Einfügung, Übereinstimmung oder Harmonie erklärt werden. Auch als Beschreibung derzeit geltender ästhetischer Anschauungen begegnet die Gleichsetzung von Schönheit und Harmonie Bedenken. Es ist schließlich nicht fernliegend, daß eine Mehrheit der Betrachter gerade einen Gegensatz zur uniformen Umgebung als ästhetisch angenehm empfindet. Schönes muß genauso wenig harmonisch sein, wie Unharmonisches stets häßlich ist.[546] Es reicht somit nicht

---

543 Insoweit richtig Engelmann, S. 39f.

544 Engelmann, S. 39f, vgl. auch Erbel, S. 171.

545 Siehe oben unter A.

546 Michel, K., S. 125. Dies zeigt sich insbesondere dann, wenn die hinzutretene bauliche Anlage im Vergleich zu den bereits vorhandenen Anlagen als schöner empfunden wird. Siehe etwa Simon, Art. 11, Rn. 3e, zum Einfügungsgebot des § 34 BauGB: Gute Gestaltung dürfe durch etwa vorhandene schlechte Architektur nicht verhindert werden; Simon, Art. 11, Rn. 14 zu Verunstaltungsverboten: Bestehende häßliche Gebäude in der Umgebung dürften kein Maßstab sein; Simon, Art. 11, Rn.

aus, auf den Grad der Abweichung von der Umgebung abzustellen, um eine Umgebungsverunstaltung feststellen zu können. Vielmehr ist auch hier ein Urteil darüber erforderlich, ob durch die Abweichung das Gesamtbild das ästhetische Empfinden verletzt. Da aber eine auffällige Störung einer zuvor bestehenden Harmonie zumindest als Indiz für die Verletzung des durchschnittlichen ästhetischen Empfindens gelten kann, ist die Möglichkeit, im Einzelfall zu Recht eine Verunstaltung im Sinne von § 12 II 1 BauO NW und § 35 III Nr. 5 BauGB anzunehmen, nicht so fernliegend wie die, eine Verunstaltung des Objektes selbst auf diese Weise festzustellen. Während eine Verunstaltung des Orts- und Straßenbildes mangels gleichgerichteter ästhetischer Ansichten nur in seltenen Ausnahmefällen in Betracht kommen dürfte, scheint dem Tatbestand der Landschaftsverunstaltung ein größerer Anwendungsbereich zuzukommen, denn es kann von einem relativ konsensualen Maßstab für Landschaftsbeeinträchtigungen durch bauliche Anlagen ausgegangen werden. Dieser Konsens zeigt sich bereits im Ziel des § 35 BauGB, die Landschaft möglichst von Bebauung freizuhalten. Als Ideal wird die von baulichen Anlagen unberührte Landschaft angesehen. Die optische Wirkung einer baulichen Anlage wird um so verletzender empfunden, je mehr die Anlage das Landschaftsbild dominiert.[547]

Verlangt man einen offensichtlichen gesellschaftlichen Konsens[548] über die Verletzung des ästhetischen Empfindens, wären baurechtliche Verunstaltungsnormen weitgehend inhaltsleer und damit Nichtnormen. Ein umfassenderer Anwendungsbereich wäre diesen Normen erschlossen, wenn durch empirische Ermittlungen eine Mehrheitsauffassung festgestellt werden könnte.

(2) durch empirische Ermittlung

Das BVerfG stellte in einer Entscheidung über die Bestimmtheit des bauordnungsrechtlichen Verunstaltungsbegriffs ohne nähere Erläuterungen fest, die zu

16 und Vollmer, ArchPF 1980, 101 (107): Anlage sei farbig auf die Umgebung abzustimmen, wenn diese befriedige.

547 Dies allein macht die Feststellung von Beeinträchtigunges des Landschaftsbildes durch eine auf der Landschaftsbildanalyse aufbauende Veränderungsprüfung möglich. Zur Methodik der Ermittlung von Eingriffen in das Landschaftsbild siehe Krause/Klöppel, passim.

548 Der Anwendungsbereich würde sich auch nicht maßgeblich vergrößern, wenn man, entsprechend der Ansicht Erbels DVBl 1972, 475 (480) zur Ordnungsklausel, auf die objektive mathematische Beweisbarkeit verzichtete und es für hinreichend hielte, daß die Behörde bei Ausschöpfung aller verfügbaren Indizien und Methoden davon ausgehen durfte, daß eine entsprechende Mehrheitsansicht existiert. Abgesehen von prinzipiellen Bedenken, siehe dazu Peine, Verw 1979, 25 (46f), ist es äußerst fernliegend, daß die Verwaltung von entsprechenden Indizien ausgehen kann.

treffende Rechtsentscheidung könne nicht durch Meinungsumfragen ersetzt werden.[549] Soweit eine Ersetzung der Entscheidung des Rechtsanwenders in Rede steht, ist diese Aussage unangreifbar. Möglicherweise können aber mit Mitteln der empirischen Forschung[550] Mehrheitsauffassungen über die Verletzung des ästhetischen Empfindens durch bauliche Anlagen ermittelt werden, die mangels Evidenz vom Rechtsanwender ohne diese Methode nicht festgestellt werden könnten.

(a) Generelle Bedenken gegen die Nutzung empirischer Methoden

Während weite Teile der Literatur empirische Untersuchungen zur Ermittlung gesellschaftlicher Mehrheitsauffassungen bei der Konkretisierung von verweisenden Generalklauseln befürworten[551], halten andere diese Methode für unzulässig.

Zum einen werden Bedenken gegen die Leistungsfähigkeit der Empirik vorgebracht.[552] Diese Skepsis erscheint im Hinblick auf den heutigen Entwicklungsstand empirischer Methoden überzogen[553], die Begründetheit des Einwandes kann im vorliegenden Zusammenhang aber nicht überprüft werden.

Die Unzulässigkeit wird zudem aus Art. 20 III GG abgeleitet. Der Richter habe gemäß Art. 20 III GG den gesetzgeberischen Willen zu vollstrecken, er darf seine Rechtsfindungsaufgabe nicht an das zu befragende Volk delegieren. Der

549 BVerfG, 26.06.1985, NVwZ 1985, 819 (820).

550 Nicht nur die demoskopische Erhebung, auch Methoden empirischer Sozialforschung kommen zur Festsellung ästhetischer Auffassungen in Betracht.

551 Grundlegend Benda/Kreuzer, JZ 1972, 497 (498ff). Zur empirischen (Sozial)forschung zur Bestimmung der „öffentlichen Ordnung", Schmidt-Aßmann - Friauf, Rn. 43; Drews/Wacke/Vogel/Martens - Martens, S. 250 (Demoskopie sei hingegen als generelles Mittel nicht erforderlich und zu aufwendig); Denninger, JZ 1970, 145 (148). Zu demoskopischen Untersuchungen: Peine, Verw 1979, 25 (46f); Klein, DVBl 1971, 233 (239); Mayer-Maly, AcP 1994, 105 (108); Adamaschek, S. 114 (mangelnde Praktikabilität). Zur Ermittlung einer Verunstaltung: Looks, S. 58; befürwortend Friedrich, WRP 1972, 501 (505).

552 Es sei zweifelhaft, ob empirischen Methoden tatsächlich ein der Wirklichkeit entsprechendes Meinungsbild widergeben können, Thiele, ZRP 1979, 7 (8). Ähnliche Bedenken bei OVG Münster, 21.04.1959, BRS 9, S. 152; Michel, K., S. 29f; Schweiger, DVBl 1968, 481 (489); Kretschmer, DVBl 1970, 55 (56); Maier, BayVBl 1980, 5 (7); Engelmann, S. 132, die ausgehend von der Maßgeblichkeit des gebildeten Durchschnittsmenschen bei der Feststellung einer Verunstaltung empirische Methoden für ungeeignet halten, diesen Personenkreis zu isolieren. Darüberhinaus wird bezweifelt, daß empirische Methoden tatsächlich allein ästhetische Urteile berücksichtigen könnten.

553 Siehe schon Benda/Kreuzer, JZ 1972, 497ff.

Einsatz der Demoskopie würde eine Verkennung des Demokratieprinzips darstellen, wonach der Bürger nur in Wahlen und Abstimmungen über politische Grundfragen zu entscheiden habe, im übrigen die Zuständigkeit aber auf die demokratisch legitimierten Amtsinhaber übertragen sei.[554] Wenn eine Auslegung des Gesetzes ergibt, daß sich der konkrete Inhalt eines Begriffes nach den herrschenden gesellschaftlichen Auffassungen richtet, liegt die Rechtsfindungsaufgabe darin, diese Mehrheitsauffassungen festzustellen. Ein Gegensatz zwischen der Vollstreckung des gesetzgeberischen Willens und der Ermittlung des gesellschaftlichen Konsenses besteht dann nicht. Darüber hinaus ist nicht ersichtlich, warum es die Ermittlung der Mehrheitsauffassungen mittels empirischer Methoden sein soll, deren mangelnde demokratische Legitimität bemängelt wird. Wenn der Gesetzgeber auf gesellschaftliche Anschauungen verweist, kann dieser Verweis unter Demokratiegesichtspunkten unzulässig sein[555], nicht aber eine Form der Ermittlung dieser Auffassungen. Konsequenterweise müßte diese Argumentation daher zur Verfassungswidrigkeit der Verweisungsnorm führen, nicht aber zur Unzulässigkeit empirischer Methoden im Rahmen der Normanwendung.

(b) Die Erkennbarkeit der Rechtslage für den Normunterworfenen

Es ist zweifelhaft, ob ein durch empirische Methoden ermittelter Bedeutungsinhalt der Verunstaltungsverbote den Anforderungen des Bestimmtheitsgrundsatzes genügt. Empirische Methoden erlauben eine sichere Aussage darüber, ob eine Mehrheit sich durch eine bauliche Anlage in ihrem ästhetischen Empfinden verletzt fühlt. Der Verunstaltungsbegriff gewinnt insoweit Konturen, die den aus dem rechtsstaatlichen Prinzip der Gewaltenteilung (Art. 20 II 2 GG), der Gesetzesbindung der Verwaltung (Art. 20 III GG), der Garantie effektiven Rechtsschutzes in Art. 19 IV GG und aus dem Gesetzes- und Parlamentsvorbehalt herleitbaren Bestimmtheitsanforderungen genügen.

Soweit von einem offensichtlichen gesellschaftlicher Konsens über eine Verunstaltung nicht ausgegangen werden kann, wäre für den Bauherren vor einer empirischen Untersuchung nicht erkennbar, ob sein Bauwerk den Verunstaltungsnormen genügt. Normbestimmtheit ist auch eine rechtsstaatliche Forderung nach Rechtssicherheit. Staatliche Eingriffe müssen meßbar und in gewissem Maße voraussehbar sein, der Betroffene soll Inhalt und Grenzen der Norm er-

---

554 Dickersbach, WiVerw 1986, 1 (21); Achterberg, FS Scupin, S. 9 (32); Schweiger, DVBl 1968, 481 (489); OVG Lüneburg, 17.11.1994, GewArch 1995, 109, weitere Nachweise bei Benda/Kreuzer, JZ 1972, 497 (499).

555 Siehe oben unter d).

kennen und sein Verhalten an der Norm orientieren können.[556] Diese Forderung verstärkt sich im grundrechtlich relevanten Bereich. Effektive Grundrechtsgewährleistung ist nur gegeben, wenn der Grundrechtsberechtigte die Rechtslage auf zumutbare Weise erkennen und die Konsequenzen der Grundrechtsausübung abschätzen kann.[557] Rechtsstaatliche Bestimmtheit bedeutet daher nicht nur Feststellbarkeit des Norminhalts mit hinreichender Sicherheit sondern auch Voraussehbarkeit des Norminhalts durch den Betroffenen. Hinsichtlich dieser Anforderungen erscheinen Gesetzesinhalte, die allein durch empirische Untersuchungen sichtbar werden, problematisch.

Zum Teil wird in der Literatur eine empirische Ermittlung zur Inhaltsbestimmung des Begriffs der öffentlichen Ordnung im Polizei- und Ordnungsrecht abgelehnt, weil der Normadressat keine zumutbare Möglichkeit habe, das vom Gesetz Verlangte zu erkennen, wenn die gesellschaftliche Mehrheitsauffassung zu seinem Verhalten nur mittels empirischer Methoden ermittelt werden kann.[558] Ist tatsächlich eine empirische Erhebung für die Feststellung nötig, ob gegen das in Frage stehende Verhalten mittels der ordnungsrechtlichen Generalklausel eingeschritten werden kann, ist die Unzumutbarkeit der Ermittlung des Norminhalts für den Betroffenen indiziert. Verhaltensweisen, die Anlaß bieten, ein Einschreiten über die Ordnungsklausel oder die gewerberechtliche Sittenklausel zu erwägen, sind jedoch weitgehend kategorisierbar. Frühere und regelmäßige empirische Erhebungen können daher Mehrheitsauffassungen zu einem bestimmten Verhalten offensichtlicher machen. Gäbe es regelmäßige Erhebungen über die gesellschaftlichen Auffassungen zu relevanten Verhaltensweisen, wäre die Rechtslage für den Normunterworfenen leichter erkennbar. Verunstaltungstatbestände sind hingegen nahezu nicht kategorisierbar. Empirische Feststellun-

---

556 BVerfG, 12.11.1958, E 8, 274 (325); BVerfG, 10.10.1961, E 13, 153 (160); BVerfG, 07.04.1964, E 17, 306 (314); BVerfG, 12.01.1967, E 21, 73 (79); BVerfG, 07.07.1971, E 31, 255 (264); BVerfG, 23.04.1974, E 37, 132 (142); BVerfG, 22.06.1977, E 45, 400 (420); BVerfG, 12.10.1978, E 49, 343 (362); BVerfG, 24.11.1981, E 59, 104 (114); BVerfG, 03.11.1982, E 62, 169 (183); BVerfG, 18.05.1988, E 78, 205 (212); VGH BW, 29.04.1983, NJW 1984, 507 (508); Maunz/Dürig/Herzog/Scholz - Herzog, Art. 20, VII, Rn. 26, 57, 61 63; Stern, I, S. 830; Watzke, S. 95f; Kunig, S. 396; Friauf - Papier, S. 63, 66; Papier/Möller, AöR 122 (1997), 177 (179, 181f).

557 Papier/Möller, AöR 122 (1997), 177 (181). Nachweise zu aus Grundrechten ableitbaren Bestimmtheitsanforderungen bei Gassner, ZG 1996, 37 (51); Kunig, S. 399.

558 Peine, Verw 1979, 25 (48f); Hill, DVBl 1985, 88 (91); Kese, S. 140f. Zur Sittenklausel im Gewerberecht, Dickersbach, WiVerw 1986, 1 (14, 20). Bedenklich daher BVerwG, 23.08.1995, NJW 1996, 1423 (1424), das ohne weitere Auseinandersetzung einen Verstoß gegen die guten Sitten annahm, obwohl in einer Umfrage 48% der Befragten das in Frage stehende Verhalten als nicht sittenwidrig ansah.

gen haben im ästhetischen Bereich fast nur Aussagewert für die konkret in Frage stehende bauliche Anlage. Frühere empirische Untersuchungen lassen daher für nachfolgende Fallgestaltungen annähernd keine Rückschlüsse zu. Dies führt zum einen dazu, daß Aufwand und Kosten empirischer Methoden diese als übliche Methode unpraktikabel machen[559]. Zum anderen ist dem Normunterworfenen ein Inhalt der Verunstaltungsnormen, der durch empirische Methoden ermittelt wird, vor Überprüfung der konkreten baulichen Anlage nicht auf zumutbare Weise erkennbar.

(c) Die Beachtlichkeit mangelnder Transparenz

Im Gegensatz zu Verhaltensweisen, gegen die über die Ordnungsklausel vorgegangen werden kann, wird dem Bauherrn, der die Genehmigung für eine bauliche Anlage begehrt, nicht zugemutet, sich möglicherweise rechtswidrig zu verhalten. Unter diesem Aspekt könnten die Anforderungen an die Vorhersehbarkeit des Norminhalts bei den Verunstaltungsnormen so weit herabgesetzt sein, daß die Unbestimmtheit des Verlangten für den Bauherren hingenommen werden kann. Es ist jedoch zu berücksichtigen, daß die Verunstaltungsnormen nicht nur im Baugenehmigungsverfahren von Relevanz sind.[560] Der Antragsteller trägt zudem das Risiko, daß sein Baugenehmigungsantrag gegen die Verunstaltungsverbote verstößt und abgelehnt wird. Dies kann ihm Kosten verursachen, die sowohl mit der zeitlichen Verzögerung als auch mit den erforderlichen Entwurfsänderungen im Zusammenhang stehen.[561] Um dieses Risiko zu vermeiden, muß der Bauwillige von vornherein beim Entwurf der baulichen Anlage auf außergewöhnliche, auffällige Elemente verzichten. Auch wenn dem Normunterworfenen regelmäßig durch Zwischenschaltung der Baugenehmigungsbehörde nicht zugemutet wird, sich möglicherweise rechtswidrig zu verhalten, muß der Norminhalt der Verunstaltungstatbestände für ihn erkennbar sein. Dies ist bei einem Normverständnis, das auf empirisch zu ermittelnde Mehrheitsauffassungen Bezug nimmt, nicht gewährleistet.

---

559 Zur Unpraktikabilität empirischer Methoden zur Konkretisierung der Ordnungsklausel: Adamaschek, S. 114; Kese, S. 146; Mayer-Maly, AcP 1994, 105 (109); Benda/Kreuzer, JZ 1972, 497 (498); Thiele, ZRP 1979, 7 (8); Drews/Wacke/Vogel/Martens - Martens, S. 250 für die Inanspruchnahme der Demoskopie, nicht aber der empirischen Sozialforschung.

560 Siehe oben unter 1. Teil § 3 I. A. Verunstaltungsverbote gelten zudem auch für nicht genehmigungspflichtige Veränderungen und Anlagen.

561 Auf den Zusammenhang zwischen den erheblichen Mitteln, die in Werbeanlagen investiert werden und der Voraussehbarkeit eines Verbotes wegen Verunstaltung weist schon Bull, BB 1951, 649 (650) hin.

Die Maßgeblichkeit auch lediglich empirisch zu ermittelnder Mehrheitsauffassungen und damit ein relevanter Anwendungsbereich der Normen könnte mit der Unmöglichkeit einer enumerativen Regelung begründet werden. Geht man davon aus, daß der Gesetzgeber mit dem Begriff der Verunstaltung nicht nur auf die evidenten bauästhetischen Mehrheitsauffassungen verweisen wollte - was naheliegt angesichts der Pluralität ästhetischer Auffassungen bereits zu Gesetzgebungszeiten - ist einzuräumen, daß es gesetzestechnisch unmöglich ist, diesen gesetzgeberischen Wille umfassend und zugleich den bislang zugrundegelegten Bestimmtheitsanforderungen gemäß zu normieren. Der erforderliche Bestimmtheitsgrad hängt nach bundesverfassungsgerichtlicher Rechtsprechung auch von der Regelungsmöglichkeit ab; eine höhere Regelungsdichte als sie nach Eigenart der zu ordnenden Lebenssachverhalte und mit Rücksicht auf den Normzweck gesetzestechnisch möglich ist, sei nicht gefordert.[562] Mit dieser Argumentation könnte auch die Bestimmtheit eines Verweises auf lediglich empirisch feststellbare, nicht aber offensichtliche ästhetischen Mehrheitsauffassungen hinreichend sein. Definitorische Schwierigkeiten des zu regelnden Sachverhaltes können nicht dazu führen, daß auf die Auslegbarkeit verzichtet wird.[563] Scheint aus dem Bedürfnis des Gesetzgebers nach Flexibilität der Norm dem Normunterworfenen die mangelnde Transparenz der gesetzlichen Regelung zumutbar, dann muß wenigstens der Normanwender in nachprüfbarer Weise in der Lage sein, den Norminhalt zu konkretisieren.[564] Empirische Untersuchungen, die für jede als verunstaltet in Frage kommende bauliche Anlage aufs Neue durchzuführen wären, sind nicht nur dem Normunterworfenen unzumutbar, sondern es besteht, angesichts des immensen Aufwands an Zeit und Kosten, für die Verwaltung und die Gerichte keine praktikable Möglichkeit, entsprechende Untersuchungen durchführen zu lassen. Wären die empirisch ermittelbaren ästhetischen Mehrheitsauffassungen für die Konkretisierung der Verunstaltungsnormen maßgeblich, würde die Verwaltung ihre Vermutung über diese Auffassungen an die Stelle der Mutmaßung des Bauherren setzen. Der Bauherr, der praktisch keine Möglichkeit hat, die Behauptung der Verwaltung zu widerlegen, kann lediglich eine Überprüfung der Verwaltungsentscheidung am Maßstab der Vermutungen des Gerichts über das Empfinden des Durchschnittsmenschen erreichen. Rechtsanwendung würde

562 BVerfG, 25.03.1981, E 57, 9 (22); BVerfG, 26.09.1978, E 49, 168 (181); BVerfG, 24.11.1981, E 59, 104 (114); BVerfG, 12.11.1958, E 8, 274 (312); BVerfG, 08.08.1978, E 49, 89 (133); BVerfG, 19.04.1978, E 48, 210 (221f); BVerfG, 11.01.1994, E 90, 1 (16); BVerfG, 03.06.1987, E 75, 369 (377); Hill, DVBl 1985, 88 (90); Papier/Möller, AöR 122 (1997), 177 (185).

563 Siehe auch BVerfG, 11.01.1994, E 90, 1 (16); BVerfG, 19.04.1978, E 48, 210 (221ff); BVerfG, 12.11.1958, E 8, 274 (311ff).

564 So zutreffend Kese, S. 144f.

so zu einem nicht rationalisierbaren, subjektiv bedingten Vorgang. Gesetze, die sich als zukunftsgerichtete Regelungsprogramme flexibel in den sich wandelnden Lebensverhältnissen bewähren sollen, müssen nicht so bestimmt sein, daß jeder Betroffene in jeder erdenklichen Lage die Voraussetzungen exekutiver Maßnahmen erkennen kann[565], die fehlende Voraussehbarkeit darf aber nicht mit einer fehlenden normativen Überprüfbarkeit der exekutiven Maßnahme einhergehen. Aus diesen Gründen, aber auch aus oben dargestellten demokratiebezogenen Erwägungen[566], kann die Bestimmtheit eines auf die tatsächlichen, in der Regel nur empirisch zu ermittelnden ästhetischen Durchschnittsansichten verweisenden Verunstaltungsbegriffes nicht mit Flexibilitätsbedürfnissen begründet werden.

(3) durch Rückgriff auf ergangene Rechtsprechung

Die zahlreiche Rechtsprechung in den letzten Jahrzehnten über das Vorliegen einer Verunstaltung[567] könnte den Verunstaltungsbegriffen größere Bestimmtheit verleihen. Nach Auffassung des BVerfG sind inhaltlich unbestimmte und deshalb an sich rechtsstaatswidrige Normen gleichwohl mit dem Rechtsstaatsprinzip vereinbar, wenn durch eine Reihe von Leitentscheidungen kein Zweifel mehr hinsichtlich dessen möglich ist, was tatbestandsmäßig ist und was nicht.[568] Insbesondere zur Konkretisierung von Rechtsbegriffen, die auf in der Rechtsgemeinschaft vorherrschende Überzeugungen verweisen, zieht die Rechtsprechung Schlüsse aus früheren Urteilen.[569] Zur Bestimmtheit baugestalterischer Generalklauseln führen das BVerfG und mit ihm Stimmen in der Literatur aus, eine langjährige und umfangreiche Rechtsprechung habe die Verwendung des Verunstaltungsbegriffes präzisiert.[570]

565 Kese, S. 142f; Gusy, DVBl 1979, S. 576.

566 Siehe unter d). Der Gesetzgeber kann allenfalls offensichtliche Mehrheitsanschauungen faktisch in seinen Willen aufgenommen haben, nicht aber Mehrheiten, die erst mittels empirischer Methoden ersichtlich sind.

567 Siehe oben, 1. Teil § 4.

568 BVerfG, 14.05.1969, E 26, 41 (43); BVerfG, 22.06.1988, E 78, 374 (388); BVerfG, 26.05.1981, E 57, 250 (262); BVerfG, 08.08.1978, E 49, 89 (134). Ähnlich auch BVerfG, 26.09.1978, E 49, 168 (181f). BVerfG, 15.04.1970, E 28, 174 (183), betrifft hingegen die Verwendung judikativ präzisierter Rechtsbegriffe. Hier nimmt der Gesetzgeber auf unproblematische Weise auf eine in der Vergangenheit erfolgte gerichtliche Begriffskonkretisierung Bezug.

569 Siehe etwa BVerwG, 30.01.1990, JZ 1990, 382 (383).

570 BVerfG, 26.06.1985, NVwZ 1985, 819 (820); OVG Münster, 06.02.1992, BRS 54, Nr. 129; Engelmann, S. 173; Schmidt-Tophoff, BBauBl 1957, 232 (233f); Simon, Art. 11, Rn. 36; Kuhn, DVBl 1968, 497 (499 bzgl. absoluter Verunstaltungsverbote). Entsprechend zur Konkretisierung der Ordnungsklausel, Schmidt-Aßmann - Friauf, Rn. 32.

Bereits die Prämisse, mangelnde Bestimmtheit könne durch Rechtsprechungsleitsätze ausgeglichen werden, ist bedenklich. Ergangene Rechtsprechung kann weitere Entscheidungen vorhersehbar machen und damit Rechtsicherheit schaffen. Die kompetenzielle Herleitung des Bestimmtheitsgrundsatzes läßt jedoch die Konkretisierung durch die Praxis allein nicht genügen.[571]

Die Rechtsprechung zu Verunstaltungsverboten kann überdies auch keine Indizien dafür liefern, wann nach gesellschaftlichen mehrheitlichen Auffassungen das ästhetische Empfinden verletzt ist. Es ist zum einen zweifelhaft, ob angesichts der zeitlichen Relativität der konkreten Begriffsinhalte eine umfangreiche Kasuistik der Normanwendung inhaltliche Klarheit und Sicherheit vermitteln kann.[572] Rechtsprechung zur Auffassung des gebildeten Durchschnittsmenschen in den 50er, 60er oder 70er Jahren kann sicher nicht adaptiert werden.[573] Doch auch bei jüngerer Rechtsprechung können gewandelte Auffassungen nicht ausgeschlossen werden. Ästhetische Fragen sind zudem weitgehend nicht abstrahierbar, die Beurteilung einer baulichen Anlage kann in aller Regel nur für die jeweils in Betracht kommmende Anlage anhand der konkreten Verhältnisse beurteilt werden.[574] Es gibt daher, von denkbaren seltenen Ausnahmefällen abgesehen, keine solche Parallelität zwischen zwei Sachverhalten, daß sich ein Urteil problemlos übertragen ließe.[575]

Dies wird dadurch verstärkt, daß ein ästhetisches Urteil eine Inaugenscheinnahme des Objektes selbst oder entsprechender Skizzen voraussetzt; ein gerichtliches Urteil, das auf sprachliche Umschreibung angewiesen ist, kann den optischen Eindruck nur unvollkommen wiedergeben, so daß ein Vergleich mit einem bereits gerichtlich entschiedenen Sachverhalt besonderen Schwierigkeiten ausgesetzt ist.

Durch ergangene Rechtsprechung lassen sich Verunstaltungsbegriffe nicht konkretisieren.

---

571 Papier/Möller, AöR 122 (1997), 177 (190); Adamaschek, S. 117ff; zur Thematik auch Geitmann, S. 30f, 43f, 92.

572 Siehe auch Weyreuther, S. 17 mit Fn. 54, 19f; Klein, DVBl 1971, 233 (239 mit Fn. 83); Adamaschek, S. 118 zum Begriff der öffentlichen Ordnung.

573 Dies gilt selbst dann, wenn man mit OVG Berlin, 13.01.1984, BRS 42, Nr. 135, und Simon, Art. 11, Rn. 37, von der Entwicklung einer erhöhte Sensibilität der Bevölkerung für ästhetische Eindrücke in den letzten Jahrzehnten ausgeht.

574 BVerwG, 12.03.1970, BRS 23, Nr. 123.

575 Adamaschek, S. 117, zum Begriff der öffentlichen Ordnung, der immerhin weitgehend kategorisierbar ist.

2. Das Urteil des Experten und des Ansässigen

Da die Formel vom gebildeten Durchschnittsmenschen den Verunstaltungsverboten nur einen minimalen Anwendungsbereich eröffnet, ist zu erwägen, ob statt dessen[576] das ästhetische Urteil einer anderen Personengruppe maßgeblich sein könnte.

In einigen Bauordnungen wird ausdrücklich normiert, daß das Vorliegen einer Verunstaltung nach dem bzw. unter Berücksichtigung des Empfindens des sachkundigen, erfahrenen Betrachters zu erfolgen habe.[577] Auch für Normen, die diese Bestimmung nicht treffen, wird vertreten, den Verunstaltungsbegriff als Verweis auf das Expertenurteil, das Urteil des ästhetisch besonders Empfindsamen oder Geschulten, zu verstehen.[578]

Soweit die Norm selbst keinen Anhaltspunkt dafür gibt, daß Beurteilungsmaßstab die mehrheitlichen Empfindungen einer bestimmten Personengruppe sein soll, wäre eine entsprechende Auslegung willkürlich. Mangels absoluter ästhetischer Werte verlangt die ästhetische Beurteilung kein Erkenntnisurteil.[579] Folglich kann es auch keine Sachverständigen in ästhetischen Fragen geben.[580] Vielmehr ist der in Bezug genommene Personenkreis zugleich der Kreis der

---

576 Zum Teil wird sogar versucht, unter Aufrechterhaltung der Formel vom gebildeten Durchschnittsmenschen, die Ansichten Dritter mittelbar zum Maßstab zu erheben: Aufgabe der Mitglieder städtischer Bauausschüsse, Sachverständiger, Mitglieder von Baukunstausschüssen oder städtischer Baukommissionen sei es, dem Durchschnittsbetrachter ein Urteil zu ermöglichen, indem von Fachleuten die entscheidenden Gesichtspunkte aufgezeigt werden, Simon, Art. 11, Rn. 36a; Proksch, S. 137; Vollmer, ArchPF 1980, 101 (104).

577 Siehe Fn. 335. Zum offensichtlichen Widerspruch dieser Normierungen zur Entscheidung des BVerwG, 28.06.1955, E 2, 172, siehe die nebulösen Aussagen von OVG Bremen, 18.12.1973, BRS 27, Nr. 111 zu § 14 III BremLBO: Meinung eines sachkundigen und erfahrenen Betrachters sei lediglich zu berücksichtigen, nicht aber ausschließlicher Beurteilungsmaßstab; OVG Berlin, 19.02.1971, BRS 24, Nr. 119 zu § 14 VII BauO Bln: Norm bedeute nicht, daß Sachverständigenurteil verbindlich wäre, es sei nur eine angemessenere Beurteilungsebene angestrebt worden.

578 Römer, Bauamt und Gemeindebau 1966, 6f; Proksch, S. 136f; Kretschmer, DVBl 1970, 55ff; differenziert Simon, Art. 11, Rn. 36a; Schmidt-Tophoff, BBauBl 1957, 232 (233). Ablehnend Friedrich, WRP 1972, 501 (503, 505). Für eine entsprechende Normergänzung Klein, S. 65, 68

579 Siehe oben unter 1. a) (1).

580 Siehe vergleichend zum Sachverständigen in Kunstfragen Knies, S. 162ff; Oettinger, JZ 1974, 285 (286). Anders OVG Berlin, 19.02.1971, BRS 24, Nr. 119 (mit der Maßgeblichkeit der Beurteilung nach dem Empfinden des sachkundigen und erfahrenen Betrachters werde angestrebt, in Gestaltungsfragen mit Rücksicht auf die nicht jedem offenkundigen Zusammenhänge zwischen Technik und Ästhetik eine dem Sachgegenstand besser gerecht werdende Beurteilungsebene zu gewinnen).

durch die Norm geschützten Personen. Dies wäre nur dann anders zu beurteilen, wenn Sachverständige ästhetische Bedürfnisse der Allgemeinheit erkennen könnten, während dem Laien nicht bewußt wird, ob ihn eine bestimmte bauliche Gestaltung seelisch belastet.[581] Daß bestimmte ästhetische Eindrücke die Allgemeinheit strapazieren, ohne daß dies der Mehrzahl der Betroffenen bewußt wird, kann nicht belegt werden. Zudem wäre zweifelhaft, daß Dritte in der Lage sein sollten, diese Belastung zu erkennen.

Eine andere Beurteilung wäre auch dann zwingend, wenn Sachverständige lediglich empfindlicher für ästhetische Eindrücke wären. Unter dieser Voraussetzung wäre die Verletzung des ästhetischen Empfindens des Sachverständigen zugleich eine Beeinträchtigung des ästhetischen Empfindens der Allgemeinheit. Ein solches Verhältnis besteht hingegen zwischen den Empfindungen eines Experten und der Allgemeinheit nicht. So können imitierte Konstruktionen, z.B. von Fachwerk, oder Werkstoffimitationen, wie aufgedrucktes Mauerwerk, nach Auffassung der Fachkreise ästhetisch zu mißbilligen sein, während der Durchschnittsbetrachter die Imitationen nicht einmal als solche wahrnimmt. Sichtbeton stört hingegen viele Laien in ihrem ästhetischen Empfinden, wird in Fachkreisen aber als werkgerecht betrachtet.[582]

Besteht daher kein sachlicher Zusammenhang zwischen dem Zweck der Verunstaltungsabwehr und dem ästhetischen Empfinden von Sachverständigen, kann eine Auslegung des Verunstaltungsbegriffes als Verletzung des ästhetischen Empfindens von Sachverständigen nur willkürlich sein, soweit der Gesetzgeber diesen Maßstab nicht explizit festgelegt hat.[583] Selbst dort, wo der Gesetzgeber einen entsprechenden Maßstab normiert hat, erscheint zweifelhaft, ob der Schutz des ästhetischen Empfindens ausgewählter Personenkreise ein legitimer Gesetzeszweck ist.[584]

Kritik an der Maßgeblichkeit der Auffassungen von Sachverständigen wird unter anderem[585] damit begründet, daß sich die Bestimmung der Experten oder

---

581 So Große-Suchsdorf/Lindorf/Schmaltz/Wiechert - Wiechert, § 53, Rn. 36.

582 Boeddinghaus/Hahn/Schulte - Boeddinghaus, § 12, Rn. 19; Simon, Art. 11, Rn. 12a; BayVGH, 08.11.1991, BRS 52, Nr. 119.

583 Ob auf den Durchschnittsbetrachter oder den Sachverständigen abgestellt wird, ist daher nicht, wie Scheerbarth, S. 196, vertritt, nur eine Frage der Praktikabilität. Ein sachlicher Zusammenhang könnte hingegen zwischen den guten Sitten im Gewerberecht und den Ansichten der engeren Branchen- und Berufsgenossen bestehen. Siehe hierzu Sack, NJW 1985, 761 (762).

584 Siehe auch Maier, BayVBl 1980, 5 (9), der jedoch - insoweit widersprüchlich - die Auffassung von Fachleuten als maßgeblich für die Bestimmung der anerkannten Regeln der Baukunst betrachtet.

585 Siehe auch die Argumentation des PrOVG, 24.03.1898, E 33, 404 (407f), die Zuständigkeit der Polizei verbiete eine solche Auslegung, zum einen fehle den weitaus

Empfindsamen einer zuverlässigen Beurteilung entziehe.[586] Da keine erkennbaren absoluten ästhetischen Maßstäbe existieren, könne es auch keine Sachverständigen oder Experten auf diesem Gebiet geben. Diese Bedenken könnten ausgeräumt werden, wenn man nicht das Expertenurteil, sondern das Urteil jenes Personenkreises, der beruflich mit Fragen der Baugestaltung beschäftigt ist, für maßgeblich halten würde. Unter diesen Personen ist aber ebenfalls keine einheitliche oder herrschende Auffassung darüber zu erzielen, was das ästhetische Empfinden verletzt. Unter Baugestaltern gibt es die gleichen Strömungen und Auffassungen wie in der übrigen Bevölkerung. Die Auffassungen dieses Personenkreises und damit der Inhalt der Verunstaltungsnormen wären dem Normunterworfenen nicht in größerem Maße erkennbar als die Auffassungen des Durchschnittsmenschen.[587]

Zahlreiche empirische Untersuchungen haben gezeigt, daß nur eine geringe und von Architekten und Designern überschätzte Diskrepanz der Geschmacksurteile zwischen der Durchschnittsbevölkerung und den sogenannten Experten besteht.[588] Möglicherweise ist die Zerrissenheit der Auffassungen unter Letzteren sogar noch größer als unter der Durchschnittsbevölkerung.[589]

Das Urteil des ästhetisch besonders Geschulten oder Empfindsamen, bzw. der mit Baugestaltung Befaßten kann für die Bestimmung einer Verunstaltung nicht maßgeblich sein, es ist außerdem ungeeignet, dem Verunstaltungsbegriff einen breiteren Anwendungsbereich zu eröffnen.

Der Maßgeblichkeit des Urteils der in der Gegend Ansässigen hat schon das PrOVG eine Absage erteilt.[590] Zwar sind Gegenden denkbar, in denen von einer überwiegenden Ansicht über bauästhetische Fragen ausgegangen werden kann, in der üblichen Fallgestaltung kann aber auch bei den in einem Gebiet Lebenden

meisten Organen der Polizei die Sichtweise des Geschulten, zum anderen gehe die Verunstaltungsabwehr über die Gefahrenabwehr ausnahmsweise hinaus, daher sei eine Auslegung zu wählen, die sich vom grundsätzlichen Wesen des exekutiven Polizei am wenigsten entferne.

586 BVerwG, 28.06.1955, E 2, 172 (177); Manssen, S. 183f; Mauè, BBauBl 1957, 470 (471); Friedrich, WRP 1972, 500 (505); OVG Berlin, 02.08.1968, BRS 20, Nr. 125. Dagegen Maier, BayVBl 1980, 5 (7).

587 OVG Münster, 21.04.1959, BRS 9, S. 152; Engelmann, S. 36, im Detail S. 221; Mauè, BBauBl 1957, 470 (471); Plate, S. 121f, 124; Kiehne, S. 26; Clasen, Bauamt und Gemeindebau 1958, 48 (49); ZAW - Zinkahn, S. 44. Zum vergleichbaren Bereich der Beurteilung von Kunst durch Kunstsachverständige siehe Beisel, S. 77f.

588 Ritterfeld, S. 54f, unter Verweis auf Untersuchungen von Stamps.

589 Mauè, BBauBl 1957, 470 (471).

590 PrOVG, 05.11.1936, E 99, 202 (206). Siehe auch BVerfG, 26.06.1985, NVwZ 1985, 819 (820); BVerwG, 16.02.1968, BRS 20, Nr. 123.

keine einheitliche ästhetische Beurteilung vermutet werden. Eine Abhängigkeit von lokalen Mehrheiten ist auch aus Gleichheitsgründen abzulehnen.[591]

III. Die allgemein anerkannten Regeln der Baukunst

A. Bauästhetischer Gehalt

Art. 11 I BayBO verlangt, bauliche Anlagen nach den anerkannten Regeln der Baukunst durchzubilden. Andere Bauordnungen verlangten die Einhaltung anerkannter Regeln der Baukunst im Rahmen ihrer bauordnungsrechtlichen Generalklausel.[592]

Bereits die den Baugestaltungsbestimmungen der Bauordnungen zugrundeliegende Baugestaltungsverordnung forderte in § 1, bauliche Anlagen so auszuführen, daß sie Ausdruck anständiger Baugesinnung sind. Dies war nach üblicher Auffassung dann gegeben, wenn die Anlage nach den Regeln einer guten Baukunst klar gestaltet ist.[593] Die Regeln der guten Baukunst wurden in diesem Zusammenhang verstanden als die architektonische Planung und die Durcharbeitung des Bauwerks nach Form, Gliederung, Farbe, Werkstoff und Oberflächengestaltung betreffende Regeln.[594] Das BVerwG hielt die Forderung, ein Bauwerk nach den Regeln einer guten Baukunst klar zu gestalten, nur unter Begrenzung ihres Zweckes auf die Verunstaltungsverhinderung für hinreichend bestimmt.[595]

---

591 Hill, DVBl 1985, 88 (91). Siehe auch VGH BW, 25.11.1982, BRS 39, Nr. 144 (Maßgeblichkeit der Nutzer bedeute personell beschränkte Volksbefragung, würde Begriffsbestimmung in jedem einzelnen Falle einem anderen Personenkreis überlassen. Gleichmäßigkeit der Auslegung wäre nicht mehr gewahrt); Discher, JuS 1991, 642 (648); Dickersbach WiVerw 1986, 1 (8).

592 Z.B. § 3 I 2 BauO NW a.F. (geändert 1984). In gültiger Fassung enthält nur Art. 3 II 4 BayBO diese Bestimmung.

593 Erlaß des Reichsarbeitsministers vom 17.12.1936, Reichs-Archiv 1937, 17 (18); PrOVG, 23.02.1939, E 104, 228 (230f); PrOVG, 06.03.1941, E 106, 76.

594 PrOVG, 23.02.1939, E 104, 228 (230f); PrOVG, 06.03.1941, E 106, 76; BVerwG, 28.06.1955, E 2, 172 (176); Büge/Zinkahn, S. 65. Als Verstöße gegen die Forderung anständiger Baugesinnung werden angesehen: die Verdeckung tragender Bauteile, PrOVG, 23.02.1939, E 104, 228 (231); RVerwG, 15.05.1941, RVerwBl 63 (1942), 173 (174); Zinkahn, DVBl 1951, 368 (372); die Vortäuschung von Nichtvorhandenem, VGH Bremen, 23.04.1952, BRS 2, S. 239 (242, durch Attrappengiebel und Marmoranstrich von Holz); siehe auch OVG Münster, 30.06.1951, BRS 2, S. 234 (237 weißes Schild stelle zu starken Kontrast zu dem dunklen Torflügel dar); weitere Beispiele bei Zinkahn, DVBl 1951, 368 (372).

595 BVerwG, 28.06.1955, E 2, 172 (176).

Sieht man die Forderung einer Durchbildung nach den anerkannten Regeln der Baukunst als Anlehnung an den in der BauGVO enthaltenen Grundsatz einer anständigen Baugesinnung, ist der Forderung zugleich eine ästhetische Intention zugeschrieben.[596] Nach den zur BauGVO entwickelten restriktiven Auslegungsvorgaben des BVerwG käme der Pflicht, bauliche Anlagen nach den anerkannten Regeln der Baukunst durchzubilden, keine selbständige Bedeutung neben der Verunstaltungsabwehr zu.

Nach anderer Auffassung besteht eine solche Parallele zwischen den anerkannten Regeln der Baukunst und den Regeln einer guten Baukunst nicht. Die allgemein anerkannten Regeln der Baukunst seien die handwerklichen Regeln, technische Konstruktionsgrundsätze, Regeln der Statik und Grundsätze der Architektur, somit sicherheitstechnischer[597] Standard, der nicht die ästhetische oder baukünstlerische Gestaltung betrifft.[598] Der Begriff der allgemein anerkannten Regeln der Baukunst hat als sicherheitstechnischer Rechtsbegriff eine lange Tradition. § 768 II 20 PrALR bezog sich ebenso wie der nachfolgende § 330 RStGB i.d.F. vom 15.5.1871[599] auf die sicherheitstechnischen Regeln. Für diese Auffassung spricht zudem die Änderung der vormals die Einhaltung der anerkannten Regeln der Baukunst fordernden § 3 I 2 BauO NW und § 3 I 3 BayBO, denn mit der nun aufgestellten Forderung nach Beachtung der anerkannten Regeln der Technik war keine inhaltliche Änderung gewollt.[600] Die Auslegung der anerkannten Regeln der Baukunst als bautechnische Regeln hat überdies den Vorzug, daß dieser Tatbestandsalternative bei Zugrundelegung der Rechtsprechung des BVerwG zur BauGVO ein eigenständiger Anwendungsbereich neben der Verunstaltungsabwehr verbleibt.

Mit dem Begriff Baukunst kann sowohl künstlerisch-schöpferische Architektur umschrieben werden, als auch der technische Aspekt im Sinne von „Kunst der

---

596 So im Ergebnis Simon, Art. 3, Rn. 60; Maier, BayVBl 1980, 5 (7); Schulte, S. 192f, 195; Koch/Molodovsky/Farmers, Art. 11, Rn. 4; Klein, S. 62.

597 Gaedtke/Böckenförde/Temme/Heintz - Böckenförde, § 3, Rn. 34.

598 Watzke, S. 33ff; Manssen, S. 166 m.w.N.; Voßkuhle, BayVBl 1995, 613 (615 mit Fn. 17); Plate, S. 114; Proksch, S. 104ff; Gaedtke/Böckenförde/Temme/Heintz - Böckenförde, § 3, Rn. 29; Friauf/Wendt, S. 27; tendenziell auch Moench/Schmidt, S. 13 mit Fn. 6. Kontextabhängig: Peine, Rn. 364, 382; Finkelburg/Ortloff, S. 19, S. 39 mit Fn. 26; entsprechende Überzeugung liegt auch den Ausführungen von Jansen, BauR 1990, 555ff zugrunde.

599 RGBl I S. 127.

600 Gaedtke/Böckenförde/Temme/Heintz - Böckenförde, § 3, Rn. 29; Simon, Art. 3, Rn. 60; Zängl, BayVBl 1986, 353 (354). Die BauO NW ersetzte den Begriff Baukunst durch Bautechnik, die BayBO ergänzte die Norm um die Regeln der Bautechnik und beschränkte die Bestimmung auf eine Regelvermutung.

Technik des Bauens“[601]. Diese Doppelbedeutung des Begriffes Baukunst läßt prinzipiell beide Auslegungsmöglichkeiten für § 11 I BayBO zu, begründet jedoch gleichzeitig die besondere Bedeutung des Regelungskontextes für die Begriffsbestimmung. Der systematische Zusammenhang der Forderung, bauliche Anlagen nach den anerkannten Regeln der Baukunst durchzubilden, mit der Verunstaltungsabwehr im mit Baugestaltung betitelten Abschnitt I des dritten Teils der BayBO zwingt zu der Annahme, daß Art. 11 I BayBO nicht allein auf bautechnische, sondern auch auf bauästhetische Regeln Bezug nimmt[602], während mit den in den bauordnungsrechtlichen Generalklauseln erwähnten anerkannten Regeln der Baukunst ausschließlich sicherheitstechnische Standards festlegt werden.

B. Die Bestimmung der Grundregeln bauästhetischer Gestaltung

Was gehört zu den Grundregeln der ästhetischen Gestaltung baulicher Anlagen[603]? Unterscheiden sie sich von den Verunstaltungsverboten? Eine grammatikalische Verbindung beider Forderungen, die eine inhaltliche Überschneidung bzw. Deckung zum Ausdruck bringen würde, ist nicht gegeben und deutet auf ein kumulatives Nebeneinander beider Tatbestände hin.[604] Daß mit der Durchbildung nach den anerkannten Regeln der Baukunst über die mit der Verunstaltungsabwehr zu erzielende Gestaltungsqualität hinausgegangen werden soll, legt auch der eine einwandfreie Gestaltung verlangende § 3 I 2 BayBO nahe, der durch § 11 BayBO konkretisiert wird. Die anspruchsvolle Forderung einer einwandfreien Gestaltung läßt vermuten, daß sie sich nicht in der Verunstaltungsabwehr erschöpft.[605] Da beide generalklauselhaften Forderungen baugestalterisch intendiert

601 Simon, Art. 3, Rn. 60; Zängl, BayVBl 1986, 353 (354). In diesem Sinne auch PrOVG, 31.05.1904, E 45, 405ff.

602 Im Ergebnis ebenso BayVGH, 08.11.1991, BRS 52, Nr. 119; BVerwG, 06.12.1999, 4B75/99; Simon, Art. 11, Rn. 12a; Maier, BayVBl 1980, 5 (7); Schulte, S. 192f, 195; Koch/Molodovsky/Farmers, Art. 11, Rn. 4; Klein, S. 62.

603 Maier, BayVBl 1980, 5 (9): Vermeidung auffallender Geländeaufschüttungen, parallele Anordung von Baukörpern zum Hang, Grundsatz der symmetrischen Gestaltung von Baukörpern, einheitliche Fensterstruktur, unauffällige und natürlich wirkende Einfriedung. BayVGH, 08.11.1991, BRS 52, Nr. 119; Maier, BayVBl 1980, 5 (9): Vermeidung von Dachgauben, Errichtung ausschließlich als untergeordnete Bauteile auf steilen Dächern. Büge/Zinkahn, S. 65; Engelmann, S. 49: Vermeidung jeder unharmonischen Gliederung, auffallend grellen Farbgestaltung, unruhigen Oberflächengestaltung und von Maßstabsfehlern im Hinblick auf die bauliche und landschaftliche Umgebung. Weitere Beispiele bei Simon, Art. 11, Rn. 12a, 32b. Siehe auch Fn. 594.

604 Maier, BayVBl 1980, 5 (6).

605 Maier, BayVBl 1980, 5 (6).

sind, können sie sich nur hinsichtlich des Beurteilungsmaßstabes unterscheiden. Eine unterschiedliche Intensität der abzuwehrenden ästhetischen Beeinträchtigung kommt als alleiniges Unterscheidungsmerkmal nicht in Betracht, da ansonsten die weniger strenge Anforderung in der anderen aufgehen würde. Folglich kann das Unterscheidungsmerkmal nur in den in Bezug genommenen maßgeblichen Personenkreisen für die Bestimmung der Tatbestände liegen.

Nach als herrschend zu bezeichnender und vom BVerwG[606] bestätigter Auffassung ist für die Bestimmung der anerkannten Regeln der Baukunst nicht das Urteil des gebildeten Durchschnittsbetrachters, sondern die Auffassung einschlägiger Fachkreise entscheidend.[607] Mit diesem Begriffsmerkmal sind Verstöße gegen anerkannte Regeln der Baukunst tatsächlich unabhängig von Verunstaltungen. Auch wenn vielfach beide Tatbestände zugleich erfüllt sein dürften, kann eine Verunstaltung vorliegen, ohne daß ein Verstoß gegen anerkannte Regeln der Baukunst gegeben ist, und umgekehrt.[608] Die Maßgeblichkeit des fachlichen Urteils wird mit einer Parallelität der Baukunstregeln zu den Regeln der Technik begründet. Diese Parallelität wird unter anderem daraus abgeleitet, daß die Forderung des Art. 11 I BayBO, Bauwerke nach den Regeln der Baukunst durchzubilden, die Forderung nach werkgerechter Durchbildung und damit nach Einhaltung handwerklicher Regeln ersetzen sollte.[609] Der Geltung technischer Regeln lägen rationale Erwägungen zugrunde, eine Anlehnung an das Empfinden des Durchschnittsmenschen sei nicht sachgerecht.[610]

Daraus aber den Schluß zu ziehen, die Geltung bauästhetischer Regeln könne oder müsse sich ebenfalls nach herrschenden Auffassungen in Fachkreisen richten, ist ebenso sachwidrig.

Leitet man - zu Recht - aus dem unterschiedlichen Gegenstand technischer und ästhetischer Normen unterschiedliche maßgebliche Personenkreise für die Bestimmung der jeweiligen außerrechtlichen Regeln ab, kann nicht in einem weiteren Schritt mit der Regelungsparallelität ein identischer personalitärer Maßstab gefordert werden. Die Feststellung technischer Regeln nach dem Empfinden des Durchschnittsmenschen ist ebenso verfehlt wie die Feststellung baugestalterischer Regeln nach den Auffassungen der Fachkreise. Die Maßgeblichkeit von

606 BVerwG, 06.12.1999, 4B75/99.

607 BayVGH, 08.11.1991, BRS 52, Nr. 119; Simon, Art. 11, Rn. 12a; Koch/Molodovsky/Farmers, Art. 11, Rn. 4.

608 Simon, Art. 11, Rn. 12a; BayVGH, 08.11.1991, BRS 52, Nr. 119; Boeddinghaus/Hahn/Schulte - Boeddinghaus, § 12, Rn. 18f. Siehe auch oben unter II. B. 2.

609 Maier, BayVBl 1980, 5 (6f).

610 BayVGH, 08.11.1991, BRS 52, Nr. 119. Die Kritik von Maier, BayVBl 1980, 5 (6), an BVerwG, 28.06.1955, E 2, 172, wonach sich die werkgerechte Durchbildung nach dem Empfinden des gebildeten Durchschnittsmenschen beurteile, ist daher berechtigt.

Fachkreisen für die Bestimmung technischer Normen involviert wissenschaftliche Erkenntnisse und praktische Erfahrungen in für jeden verbindliches Recht.[611] Dies ermöglicht und verlangt die Bindung an Mehrheitsauffassungen auf eine Vermutungsregel zu beschränken; den anerkannten Regeln der Technik nicht entsprechende Anlagen sind gleichwohl zulässig, wenn ihre Gefahrlosigkeit nachgewiesen wird.[612]

Baukünstlerische Regeln sind an keinem rationalen Maßstab zu messen, sie haben ihre Grundlage allein in subjektiven Empfindungen der Betrachter. Anders als bei technischen Normen beruht ihre Anerkennung nicht auf verstandesmäßigen Erkenntnissen. Werden die anerkannten Regeln der Baukunst definiert als ästhetische Regeln, deren Einhaltung von Angehörigen der einschlägigen Fachkreise für richtig und notwendig gehalten wird[613], ist lediglich das emotionale Erleben dieser Personen zum Maßstab erhoben. Hiergegen sind die gleichen Einwände zu erheben, die bereits gegen die Heranziehung der ästhetischen Empfindungen von Sachverständigen zur Feststellung einer Verunstaltung geäußert wurden.[614]

Die Ermittlung anerkannter Regeln der Baukunst bereitet auch im übrigen Schwierigkeiten. Allein die Akzeptanz bestimmter Bauweisen, die Üblichkeit im realen Baugeschehen, begründet noch keine anerkannte Regel.[615] Eine anerkannte Regel der Baukunst kann nur sein, was tatsächlich als bindend anerkannt ist. Hinzutreten muß daher die Erwartung, daß sich jeder an diese Regel hält.[616] Das BVerwG definierte die anerkannten Regeln der Baukunst als jene Regeln, deren Einhaltung nach auf wissenschaftlicher Erkenntnis und praktischer Erfah-

---

611 Simon, Art. 11, Rn. 12a; Art. 3, Rn. 60; BayVGH, 08.11.1991, BRS 52, Nr. 119.

612 § 3 I 3 BauO NW.

613 BayVGH, 08.11.1991, BRS 52, Nr. 119; Simon, Art. 11, Rn. 12a; Art. 3, Rn. 60.

614 Siehe oben unter II. B. 2.

615 Bezüglich der Üblichkeit im Ergebnis, aber mit abweichender Begründung, Maier, BayVBl 1980, 5 (8): Die reale Bautätigkeit sei nicht als Indiz heranzuziehen, da Planfertiger und Bauleiter häufig nicht eigene Auffassungen über eine einwandfreie Gestaltung in die Tat umsetzten, sondern sich den Vorstellungen des Bauherren anpaßten, auf Nutzungsmöglichkeiten und Prestige, nicht aber auf gute Gestaltung achteten. Zur parallelen Fragestellung, ob die übliche Baugestaltung Anhaltspunkt für die Feststellung einer Verunstaltung sein kann, siehe oben unter II. B. 1. e) (1) (b). A.A. bzgl. der allgemeinen Akzeptanz BayVGH, 08.11.1991, BRS 52, Nr. 119; Maier, BayVBl 1980, 5 (8).

616 Dies ergibt sich nach Auffassung des BVerwG, 06.12.1999, 4 B 75/99, auch daraus, daß die Verbindlichkeit der anerkannten Regeln der Baukunst die Anforderung des Art. 3 I BayBO, wonach bauliche Anlagen so zu errichten sind, daß die öffentliche Ordnung nicht gefährdet wird, konkretisiere, denn Schutzgut der öffentlichen Ordnung sei die Gesamtheit der ungeschriebenen Regeln, deren Befolgung als unerläßliche Voraussetzung für ein geordnetes soziales Zusammenleben angesehen wird.

rung beruhenden Überzeugung richtig und notwendig ist. Soweit bauästhetische Regeln gemeint sind, kann es keine wissenschaftliche Erkenntnis über ihre Richtigkeit geben, da diese Regeln rationalen Erwägungen nicht zugänglich sind. Bauästhetische Regeln können auch nicht an den Kategorien richtig und notwendig gemessen werden. Anerkannte Regeln der Baukunst können folglich nur jene Regeln sein, deren Befolgung erwartet werden kann, weil Verstöße das ästhetische Empfinden der Allgemeinheit verletzen.[617]

Die Forderung des § 11 I BayBO, Bauwerke nach den anerkannten Regeln der Baukunst durchzubilden, ist keine im bauästhetischen Bereich über die Verunstaltungsabwehr hinausgehende Forderung.

IV. Zusammenfassung

Die Auslegung bauästhetischer Generalklauseln ist wesentlich durch verfassungsrechtliche Anforderungen an die Bestimmtheit von Normen und das Erfordernis demokratischer Legitimation jeder staatlichen Gewalt bestimmt.

Mangels eines allgemeinen Konsenses in bauästhetischen Ansichten halten die Verunstaltungsnormen den Bestimmtheitsanforderungen nur stand, wenn Verunstaltung als ein offensichtlich das ästhetische Empfinden der gesellschaftlichen Mehrheit verletzender Zustand verstanden wird. Offensichtlichkeit kann nur bei einer nahezu einhelligen negativen Bewertung einer baulichen Anlage angenommen werden.

Der Verunstaltungsbegriff umfaßt insbesondere keine Verletzungen des mehrheitlichen ästhetischen Empfindens, die erst mittels empirischer Untersuchungen sicher festgestellt werden können.

Von einer offensichtlich von der gesellschaftlichen Mehrheit empfundenen Verunstaltung einer baulichen Anlage (§ 12 I BauO NW) kann angesichts der Pluralität der Meinungen gerade im Bereich der Ästhetik wohl in keiner Fallgestaltung ausgegangen werden. Allenfalls eine offensichtlich mehrheitlich empfundene Verunstaltung eines Orts-, Straßen- oder Landschaftsbildes durch eine bauliche Anlage (§ 12 II 1 BauO NW und § 35 III Nr. 5 BauGB) könnte möglicherweise im äußerst seltenen Einzelfall feststellbar sein. Unter diesen Tatbeständen ist die Verunstaltung des Landschaftsbildes am leichtesten zu eruieren,

617 In dieser Auslegung erweist sich auch die Subsumtion des BVerwG, eine Dachgaube, die das Dach selbst als Randerscheinung verkümmern lasse, verstoße gegen die anerkannten Regel der Baukunst, nach der Dachgauben sich unterordnen und harmonisch in die Gesamtarchitektur des Gebäudes einfügen müssen, als fragwürdig.

da vergleichweise homogene Vorstellungen über die optische Störung von Landschaften durch bauliche Anlagen bestehen.

Die Bindung an anerkannte Regeln der Baukunst kann die Baugestaltungsfreiheit nicht über die Verunstaltungsabwehr hinausgehend einschränken. Auch andere generalklauselförmige baugestalterische Anforderungen, wie das Verbot einer Ortsbildbeeinträchtigung nach § 34 I BauGB, können nicht über die Verunstaltungsabwehr hinausgehen.

Aufgrund des fehlenden Konsenses in bauästhetischen Fragen und der Wandelbarkeit ästhetischer Auffassungen kann das sachlich-inhaltliche demokratische Legitimationsdefizit von auf Mehrheitsauffassungen verweisenden baugestalterischen Anforderungen nicht als unbeachtlich gelten, weil der Gesetzgeber die ästhetische Bewertung durch die Mehrheit faktisch in seinen Willen aufgenommen habe. Vorbehaltlich einer Rechtfertigung durch die Erforderlichkeit einer verweisenden baugestalterischen Generalklausel[618] fehlt den Verunstaltungsverboten und anderen auf gesellschaftliche ästhetische Auffassungen verweisenden Gestaltungsanforderungen die sachlich-inhaltliche demokratische Legitimation.

Es ist naheliegend, daß baugestalterische Generalklauseln überwiegend für so unabdingbar gehalten werden, daß trotz ihrer nur partiell vorhandenen Konkretisierbarkeit die hinreichende Bestimmtheit dieser Normen nicht hinterfragt wird. Generelle baugestalterische Anforderungen sind in verfassungskonformer Auslegung weitgehend ungeeignet, die Baugestaltung nennenswert zu beeinflussen. Gerade weil offensichtliche mehrheitliche Verletzungen des ästhetischen Empfindens nur in seltenen Ausnahmefällen erkennbar sein dürften, erscheinen generalklauselartige Anforderungen an die Baugestaltung durchaus entbehrlich.[619] Die aufgezeigten Anwendungsschwierigkeiten und der verbleibende minimale Anwendungsbereich baugestalterischer unbestimmter Rechtsbegriffe bieten daher Anlaß, die Berechtigung baugestalterischer Generalklauseln zu überdenken.

Die Erforderlichkeit generalklauselförmiger Baugestaltungsanforderungen unterstellt, könnten demokratische ebenso wie die hinreichende Bestimmtheit betreffende Bedenken minimiert werden, wenn der Gesetzgeber den Norminhalt prozeduralisierte. Ausfüllungsbedürftige, grundrechtsrelevante Normen sind eher tragbar, wenn sie in einem formalisiertem, gerichtlich kontrollierbarem Verfahren angewandt werden. Ein solches Verfahren, insbesondere die Entscheidungsfindung durch ein pluralistisch zusammengesetztes, kollegial entscheidendes Gremium, und die Publizität der Entscheidungsergebnisse kann die Nachteile der Unbestimmtheit bis zu einem gewissen Grade ausgleichen.[620]

---

618 Siehe dazu unten unter § 3 II.

619 Im einzelnen siehe unter § 3 II.

620 BVerfG, 18.07.1972, E 33, 303 (341); Hill, DVBl 1985, 88 (91, 93f); Dickersbach, WiVerw 1986, 1 (21). Für einzelne Bereiche: Becker, BBauBl 1954, 483 (484), zur

§ 2 Die Vereinbarkeit baugestalterischer Anforderungen mit Art. 5 III 1 GG

I. Kunst im Sinne von Art. 5 III 1 GG

Die Zahl der Bemühungen um eine Umschreibung des grundrechtlichen Kunstbegriffs sind nicht mehr zu überblicken. Allgemeiner Ausgangspunkt ist die Definitionsbedürftigkeit[621], denn ein Verzicht auf eine Bestimmung des Kunstbegriffes verhindert eine Schutzbereichsbestimmung und macht staatlichen Schutz unmöglich.[622] Über die Unzulässigkeit der Übernahme fremdwissenschaftlicher Kunstbegriffe besteht ebenfalls Konsens.[623] Die Diskussion um den verfassungsrechtlichen Kunstbegriff betrifft daher fast ausnahmslos den Maßstab einer Definition.[624] Im folgenden angestrebtes Ziel ist es nicht, den vorhandenen Untersuchungen des Kunstbegriffes in Art. 5 III 1 GG eine weitere hinzuzufügen. Auch eine Zusammenstellung der sich dem Kunstbegriff widmenden Literatur kann in diesem Zusammenhang nicht erfolgen. Kunst im Sinne von Art. 5 III 1 GG ist nachfolgend allein unter der Fragestellung zu bestimmen, ob die von baugestalterischen Reglementierungen betroffenen Objekte von Art. 5 III 1 GG umfaßt sind.

Anhörung von Werbebeiräte im Rahmen der Feststellung einer verunstaltenden Außenwerbung; BVerwG, 16.12.1971, E 39, 197 zur Bundesprüfstelle für jugendgefährdende Schriften; Finkelnburg, FS JG, S. 129 (144), zur Entscheidung über die Denkmalwürdigkeit; Geis, S. 258f, zur Kunstförderung. Zu Beiräten im Bereich der Baugestaltung Büning, Neue Bauwelt 1951, 212 (213); Flagge - Kromik, S. 95 (107f). Allgemein zu Gerechtigkeit durch Verfahren Kunig, S, 362ff.

621 Definitionsverbote, die zum Teil erkannt werden, sind gemeint als Verbote, Kunst qualitativ zu definieren. Siehe zum Beispiel Hoffmann, NJW 1985, 237; Watzke, S. 57; Knies, S. 217. Auch die Schlußfolgerung von AK - Ladeur, Art. 5 III/II, Rn. 10, aus dem Charakter der Kunst auf ein absolutes Definitionsverbot kann nur in diesem Sinne verstanden werden, denn der Prämisse ist ein bestimmtes Verständnis von Kunst immanent.

622 BVerfG, 17.07.1984, E 67, 213 (225); BVerfG, 03.06.1987, E 75, 369 (377); Maunz/Dürig/Herzog/Scholz - Scholz, Art. 5 III, Rn. 25; Heuer, S. 11; Dreier - Pernice, Art. 5 III, Rn. 17; Sachs - Bethge, Art. 5, Rn. 183, 190; v. Münch/Kunig - Wendt, Art. 5, Rn. 89; Berka/Häberle/Heuer/Lerche - Lerche, S. 1 (2); Erbel, DVBl 1969, 863 (866). Generell zum Definitionsbedarf bei Verfassungsnormen Bamberger, S. 41f m.w.N.

623 Hoffmann, NJW 1985, 237 (237f); Geis, S. 239; Knies, S. 130ff.

624 Übersichten bei Erbel, S. 3ff; Heuer, S. 6ff; Häberle, AöR 110 (1985), 577 (600ff); Vlachopoulos, S. 78ff.

A. Zur Wertorientierung des Kunstbegriffs

Die Frage, ob verunstaltete oder andere ästhetischen Vorgaben nicht genügende bauliche Anlagen Kunst im Sinne von Art. 5 III 1 GG sein können, lenkt das Interesse auf die Frage der Orientierung des Kunstbegriffes an Werten bzw. ästhetischen Qualitäten. Bestimmt sich Kunst nach den qualitativen Werten des Objekts, könnten verunstaltend wirkende Bauwerke von vornherein von grundrechtlich geschützter Kunst zu unterscheiden sein. Auch relative Verunstaltungsverbote und andere, eine gewisse gestalterische Qualität bezweckende Regelungen wären gegebenenfalls schon deshalb keine Eingriffe in die Kunstfreiheit, weil sie einen höheren ästhetischen Genuß versprechen und demnach als Kunst hervorbringende und nicht als Kunst einschränkende Normen zu verstehen wären.

Ein idealistisches[625] Vorverständnis war früher in Rechtsprechung und in der Literatur weit verbreitet.[626] Kunst sei, was den künstlerischen Besitz eines Volkes bereichere[627], ästhetischen Genuß biete[628], Kunst sei abzugrenzen vom Kitsch[629] und von unästhetischen Werken[630], Kunstwerke benötigten ein gewisses Niveau[631]. Ein derartiges qualitatives Verständnis weiß den allgemeinen Sprachgebrauch und auch die in der Bevölkerung verbreitete Ansicht über die Unterscheidung von Kunst und Nichtkunst hinter sich, wonach Kunst von Können abzuleiten[632] und Werken, die dem ästhetischen Empfinden des Einzelnen zuwiderlaufen, der Kunstwert abzusprechen sei. Der immer wieder unternom-

625 Zur Verbindung dieser Ansichten mit kunsttheoretischen Auffassungen des deutschen Idealismus siehe Knies, S. 148ff.

626 Siehe nur das auf die idealistische Kunstvorstellung Thomas Manns rekrutierende OVG Münster, 18.11.1958, JZ 1959, 716 (720); BVerwG, 12.01.1966, E 23, 104 (106ff); OLG Bamberg, 24.01.1974, DuR 1975, 433 (435ff) - anders die aufhebende Entscheidung, BGH, 03.06.1975, NJW 1975, 1882 (1883); weitere Nachweise bei Knies S. 134ff.

627 OVG Münster, 18.11.1958, JZ 59, 716 (719, im Rahmen der Bestimmung des § 1 II Nr. 1 GjS).

628 Nipperdey - Kitzinger, Art. 142, S. 509.

629 „Natürlich ist der Grundsatz ‚Die Kunst ist frei' nur so zu verstehen, daß nicht der Kitsch genau so frei sein darf wie die Kunst. Unkultur muß ausgerottet und Kultur gepflegt werden.", Riedel, Neue Bauwelt 1951, 68.

630 Siehe Michel, K., S. 37, 125; Scheerbarth, S. 186 (verunstaltete Erzeugnisse seien keine Kunst). Überblick über das Verständnis von Kunst als ästhetische Kategorie, bzw. als qualitative Kategorie bei Beisel, S. 50ff; Erhardt, S. 66f.

631 Einen Überblick über qualitative Definitionsversuche gibt Erbel, S. 13ff.

632 OLG Bamberg, 24.01.1974, DuR 1975, 433 (435f); OVG Münster, 18.11.1958, JZ 1959, 716 (719), widerspricht der These lediglich in etymologischer Hinsicht; Schaper, S. 9 schlußfolgert aus der Prämisse, Kunst komme von Können, daß jedes Bauwerk schon als Ingenieurswerk Kunst sein müsse.

mene Versuch, Kunst qualitativ zu bestimmen, ist vor allem verständlich angesichts der weitreichenden Freiheit, die aus dem Schutzbereich der Kunstfreiheit resultiert.[633]

Aus der Erkenntnis, daß künstlerische Qualität keinen verbindlichen Maßstab darstellen kann, wurde als Kunstkriterium die Anerkennung durch Dritte entwickelt.[634] Die Maßgeblichkeit einer Anerkennung durch Sachverständige[635] oder eine Beurteilung nach dem Volksempfinden begründet indes ebenfalls einen qualitativen Kunstbegriff. Die Anlehnung an bestimmte Meinungen ist damit den gleichen, im folgenden darzustellenden Einwänden ausgesetzt wie die unmittelbare Orientierung des Kunstbegriffs an qualitativen Kriterien.

Heute wird ein werthafter Kunstbegriff so gut wie nicht mehr vertreten.[636] Bereits in der Mephisto-Entscheidung und seitdem in ständiger Rechtsprechung erklärt das BVerfG zu Recht einen Qualitätsmaßstab für die Bestimmung des Kunstbegriffs für unzulässig.[637] Dennoch ist gerade in der baugestaltungsrechtlichen Literatur trotz ausdrücklicher Absagen an eine niveauorientierte Kunstbestimmung immer wieder eine qualitative Differenzierung zu beobachten[638], so daß sich eine Auseinandersetzung nicht mit einem Verweis auf die scheinbar anerkannte Prämisse begnügen kann, sondern die Stringenz dieser These zu beweisen hat.

---

633 Siehe BVerwG, 12.01.1966, E 23, 104 (108). Weitere Nachweise bei Knies, S. 134ff.

634 BVerwG, 07.12.1966, NJW 1967, 1483 (1485f, Sachverständigenurteil); v. Münch/Kunig - Wendt, Art. 5, Rn. 92, Jarass/Pieroth - Jarass, Art. 5, Rn. 85 sowie Klein, S. 277 (Vertretbarkeitsurteil eines in Kunstfragen kompetenten Dritten); Ipsen, § 10, Rn. 478 (Urteil der Kunstschaffenden und eines künstlerisch aufgeschlossenen Publikums); AK - Ladeur, Art. 5 III/II, Rn. 10 (maßgeblich sei, wie der künstlerische Anspruch des Urhebers in der Kunstöffentlichkeit angenommen werde).

635 Siehe dazu Beisel, S. 74ff; Knies, S. 162 mit Fn. 540.

636 v. Mangoldt/Klein/Starck - Starck, Art. 5 III, Rn. 277 m.w.N.

637 BVerfG, 24.02.1971, E 30, 173 (191); BVerfG, 17.07.1984, E 67, 213 (224); BVerfG, 27.11.1990, E 83, 130 (139); BVerfG, 03.06.1987, E 75, 369 (377); BVerfG, 07.03.1990, E 81, 278 (291); BVerfG, 07.03.1990, E 81, 298 (305).

638 Siehe Seybold, S. 103, der einen qualitativen Kunstbegriff ablehnend (S. 96ff), unter Verweis auf Taut, S. 159, „Ein sehr guter Bau (...) ist wie ein Vierklee unter Millionen anderen Blättern.“, feststellt, daß nicht jedes Bauwerk ein Kunstwerk sein könne. Mick, S. 69, hält den Kunstcharakter bestimmter Bauten wie Museen, Theater, Privatvillen, herausragende historische Sakral- und Profanbauten für offensichtlich. Viele weniger anspruchsvolle Gebäude ließen auch eine beeindruckende Architektursprache erkennen. Andere stünden ohne jeden künstlerischen Anspruch da oder würden gar als häßlich empfunden. Simon, Art. 11, Rn. 6b, hält Art. 5 III 1 GG anwendbar für Bauvorhaben, die sich wegen ihrer schöpferischen Qualität und des Ausdrucksgehalts der Planung besonders herausheben.

Das Erfordernis einer qualitativ neutralen Kunstdefinition ergibt sich aus der Notwendigkeit, mit der juristischen Begriffsbildung, ausgehend von der mit ihr zu erzielenden Freiheitsgewährung, der Eigengesetzlichkeit von Kunst gerecht zu werden.[639] Der Normbereich der Kunstfreiheitsgarantie ist nicht rechtlich erzeugt, sondern ein von der Verfassung vorgefundener Sachbereich.[640] So formuliert das BVerfG in der Mephisto-Entscheidung[641], die Auslegung des Kunstbegriffes der Verfassung habe von den dem Wesen der Kunst allein eigenen Strukturmerkmalen auszugehen. Kunsttheorie und Kunstwissenschaft messen Kunst längst nicht mehr an ihren ästhetischen oder idealistischen Werten. Vielmehr liegt heute die Funktion von Kunst auch in der von ihr ausgehenden Provokation und Infragestellung etablierter Werte.[642] Die kunstwissenschaftliche Betrachtung ist in erster Linie auf den Kommunikationsprozeß Kunst gerichtet[643], während der frühere Qualitätsmaßstab der Ästhetik gänzlich in den Hintergrund getreten ist.[644] Die Anerkennung künstlerischer Eigengesetzlichkeit und die damit verbundene Absage an einen staatlichen Kunstdirigismus ist mit einem qualitativen Kunstbegriff nicht zu leisten.[645]

Neben dem künstlerischen Selbstverständnis ist es die erkenntnistheoretische Unbegründbarkeit objektiv gültiger Werte, die einer qualitativen Schutzbereichsbestimmung entgegensteht.[646] Mit nicht annähernd zu bestimmenden Leerformeln wie „echt", „wertvoll" „ernstzunehmend" oder „gelungen" kann Kunst nicht von Nichtkunst abgegrenzt werden. Auch das ästhetische Urteil ist kein Erkenntnisurteil sondern durch seine Subjektivität gekennzeichnet[647] Einen Konsens ästhetischer Theorien gibt es nicht einmal über das ästhetische Minimum[648]. Ein inhaltlich unbestimmter Kunstbegriff ist der Subsumtion nicht zugänglich und damit als juristischer Begriff unbrauchbar. Werden die Werte nicht metaphysisch ermittelt, sondern aus einem gesellschaftlichen Konsens abgeleitet, gilt nichts anderes, denn auch hier wird die Freiheit des Einzelnen vom Geschmack der Mehrheit bestimmt.[649] Liegt der Mangel im Fehlen gültiger Bewertungsmaßstäbe, ist

---

639 Hufen, 180ff; Geis. S. 241; Knies S. 170; Berka/Häberle/Heuer/Lerche - Lerche, S. 1 (9); Erhardt, S. 56.

640 Müller, Kunst, S. 52; Erhardt, S. 51.

641 BVerfG, 24.02.1971, E 30, 173 (188).

642 Geis, S. 241.

643 Geis, S. 241; Hufen, S. 104ff.

644 Geis, S. 242. Siehe zum künstlerischen Selbstverständnis auch Knies, S. 153; Erhardt, S. 45ff.

645 Knies, S. 170ff; Müller, Kunst, S. 33.

646 Müller, Kunst, S. 83ff; Knies, S. 136.

647 Siehe oben unter § 1 II. A. mit Fn. 434.

648 Siehe dazu Knies, S. 143ff; Erhardt, S. 52ff.

649 Geis, S. 242; Ridder, S. 23f, sieht die Freiheit der Kunst ausdrücklich auch in der Freiheit vor dem Ausgeliefertsein an das Publikum.

mit der Fixierung auf subjektive Emotionen nicht viel geholfen. Selbst eine an normierten Werten orientierte Kunstdefinition kann das Problem allenfalls verschieben, nicht aber lösen. Historisch gesehen richtet sich die Kunstfreiheit primär gegen das staatliche Urteil über gute und schlechte Kunst.[650] Das Grundrecht versteht sich als Reaktion auf Kunstverbote und Künstlerverfolgungen in der Zeit des Nationalsozialismus.[651] Doch nicht nur die historische Dimension, auch Wesen und Zweck von Freiheitsgewährleistungen stehen einer qualitativen Bestimmung von Kunst entgegen.[652] Die Funktion des Grundrechts ist entscheidend für die Interpretation seines Schutzbereichs. Freiheit ist die interessenunabhängige Gewährung eines Raumes, sie gibt dem Einzelnen das Recht, sich einer Unterordnung unter fremdbestimmte Interessen zu verweigern. Sie ist überflüssig, soweit sie sich im Bereich des dem Freiheitsgewährer ohnehin Genehmen bewegt. Es besteht kein Bedürfnis das zu tolerieren, was die Mehrheit sowieso akzeptiert. Anders ausgedrückt: wird der Schutzbereich eines Freiheitsrechtes von vornherein auf das Richtige, Schöne und Gute beschränkt, gibt das Recht nicht mehr Freiheit als ohnedies besteht. Das Schutzobjekt würde reduziert auf das nicht Schutzbedürftige. Soll Art. 5 III 1 GG der Freiheit der Kunst dienen, darf der Kunstbegriff nicht zugleich die Freiheit vorweg inhaltlich aushöhlen. Kunstfreiheit ist nur dann nicht obsolet, wenn ihr Gegenstand formal bestimmt wird. Qualitative Kunstbegriffe gestalten die Funktion des Art. 5 III 1 GG, Freiheit zu gewähren, in den Schutz von Kunstwerken um ihres Wertes willen um.[653]

Für den Bereich der Verunstaltungsverbote könnte eingewendet werden, hier werde nicht differenziert zwischen gelungener Baukunst und weniger befriedigenden Bauten, sondern nur das die Empfindungen des Durchschnittsmenschen Verletzende verboten. Es werde daher nur das unästhetische Extrem von Kunst unterschieden. Das Verdikt qualitativ wertender Kunstbestimmung kann jedoch nicht umgangen werden, indem man nur die äußersten Grenzen der Kunstfreiheit qualitativ definiert. Darf der Staat nicht zwischen guten und schlechten Werken differenzieren, ist es ihm ebenso verwehrt, sehr schlechte Werke als Nichtkunst zu werten.[654]

Zusammenfassend ist festzustellen, daß eine wie auch immer erfolgende wertorientierte Schutzbereichsdefinition den Freiheitsbereich unzulässig verkürzt,

---

650 Dreier - Pernice, Art. 5 III, Rn. 13.

651 BGH, 02.06.1975, NJW 1975, 1882 (1884); Dreier - Pernice, Art. 5 III, Rn. 2f; Berka/Häberle/Heuer/Lerche - Lerche, S. 1 (9); zu ästhetisch-idealistischen Anknüpfungen des Kunstbegriffes und nationalsozialistischer Kunstpolitik siehe Erhardt, S. 62ff m.w.N., 67.

652 Siehe hierzu auch Knies, S. 160f, 215f, 218f.

653 Knies, S. 216; Müller, Rechtslehre, S. 410.

654 Knies, S. 139ff, 172ff; Geis, S. 243.

die Kunstfreiheitsgarantie ist mit einer qualitativen Entscheidung über das Vorliegen von Kunst und damit über ihren grundrechtlichen Gewährleistungsbereich unvereinbar.[655] Konflikte zwischen der Freiheit des Einzelnen und anderen Rechtsgütern sind auch im Rahmen von Art. 5 III 1 GG über die Schrankenregelung des Grundrechts zu lösen und nicht bereits dadurch zu verhindern, daß der grundrechtliche Schutzbereich auf konfliktfreie Kunst beschränkt wird.[656]

B. Kunstkriterien des BVerfG

Ein der Eigengesetzlichkeit und ständiger Wandelbarkeit künstlerischer Ausdrucksformen gerecht werdender Kunstbegriff ist nicht über eine für alle künstlerischen Betätigungen gleichermaßen geltende abstrakte Definition zu beschreiben. Der Kunstbegriff ist weitgehend offen und relativ.[657] Der Kunstcharakter ist lediglich am Einzelfall anhand verschiedener Gesichtspunkte festzustellen. Das BVerfG greift hierzu vor allem auf drei Ansätze zurück.

Der in der Mephisto - Entscheidung[658] herausgearbeitete, an die Tätigkeit des Kunstschaffens anknüpfende materielle Kunstbegriff sieht das Wesentliche der künstlerischen Betätigung in der freien schöpferischen Gestaltung, in der Eindrücke, Erfahrungen, Erlebnisse des Künstlers durch das Medium einer bestimmten Formensprache zu unmittelbarer Anschauung gebracht werden. Alle künstlerische Tätigkeit sei ein Ineinander von bewußten und unbewußten Vorgängen, die rational nicht aufzulösen sind. Beim künstlerischen Schaffen wirkten Intuition, Phantasie und Kunstverstand zusammen; es sei primär nicht Mitteilung sondern unmittelbarster Ausdruck der individuellen Persönlichkeit des Künstlers.[659]

Der von Knies entwickelte und von Müller modifizierte formal-phänotypische Ansatz geht vom Kunstwerk aus. Ein Kunstwerk sei ein Objekt, das einem künstlerischen Phänotyp zuzuordnen ist.[660] Entscheidend sei demnach die gattungstypische Formgebung.

---

655 BVerfG, 27.11.1990, E 83, 130 (139); BVerfG, 03.06.1987, E 75, 369 (377); BVerfG, 07.03.1990, E 81, 278 (291); BVerfG, 07.03.1990, E 81, 298 (305); Knies, S. 217ff; Erhardt, S. 59ff.

656 Geis, S. 244f.

657 BVerfG, 17.07.1984, E 67, 213 (225); Maunz/Dürig/Herzog/Scholz - Scholz, Art. 5 III, Rn. 23.

658 BVerfG, 24.02.1971, E 30, 173.

659 BVerfG, 24.02.1971, E 30, 173 (188f).

660 Knies, S. 219ff; Müller, Rechtslehre, S. 410; Müller, Kunst, 40ff; BVerfG, 07.03.1990, E 81, 278 (291); BVerfG, 07.03.1990, E 81, 298 (305); BVerfG, 17.07.1984, E 67, 213 (224). Kritik richtet sich hiergegen soweit neue Kunstformen keine Berücksichtigung finden, siehe Benda/Maihofer/Vogel - Mahrenholz, § 26,

Der dritte, zeichentheoretische Ansatz basiert auf dem kreativ-kommunikativen Charakter von Kunst als Prozeß. Bestimmendes Strukturelement von Kunst sei ihre Eigenschaft, intersubjektives Medium zu sein.[661] Kunst kennzeichnendes Merkmal ist nach v. Noorden ihr mannigfaltiger Aussagegehalt, die Möglichkeit, der Darstellung im Wege einer fortgesetzten Interpretation immer weitreichendere Bedeutungen zu entnehmen, so daß sich eine praktisch unerschöpfliche, vielstufige Informationsvermittlung ergibt.[662] Das Künstlerische liegt hiernach in der Komposition von Zeichen jeder Art, aus denen sich über ihre alltägliche Informationsvermittlung hinaus eine unbegrenzte Informationsvermittlung ergibt.[663]

Diese Ansätze sollen im folgenden nicht einer Stimmigkeitskontrolle unterzogen werden, vielmehr ist zu untersuchen, welche Aussagen über die Kunsteigenschaft von baulichen Anlagen abgeleitet werden können.

C. Architekturspezifische Konkretisierungen des verfassungsrechtlichen Kunstbegriffs

Bauästhetische Anforderungen betreffen primär bauliche Anlagen. Die Vielfalt der hierunter fallenden Bauformen macht eine gewisse Kategorisierung der Objekte erforderlich, die als Kunst im Sinne von Art. 5 III 1 GG in Betracht kommen. Es sind vor allem drei Objektformen, die auf der Suche nach dem Kunstcharakter baulicher Anlagen zu unterscheiden sind. In erster Linie werden mit von bauästhetischen Reglementierungen betroffen Anlagen Gebäude assoziiert. Daneben kommen aber auch mit dem Erdboden verbundene Skulpturen[664]

Rn. 34; Hufen, S. 119 (Privilegierung der Kunst liege gerade in dem Verzicht, sie auf eine bestimmte Formensprache festzulegen). Knies, S. 220 mit Fn. 207 (auch neuartige Kunstformen seien umfaßt); Ipsen, § 10, Rn. 478 (Zuordnung zu anerkannten oder in der Anerkennung begriffenen Kunstdisziplinen); Hoffmann, NJW 1985, 237 (241 indizielle Wirkung der Zugehörigkeit zu einer Werkgattung oder Institution des Kunstgeschehens). Zweifel an einer kunstformorientierten Betrachtung in BVerfG, 27.11.1990, E 83, 130 (138). Der formale Kunstbegriff wird allenfalls zur Bestätigung der Kunsteigenschaft herangezogen, Dreier - Pernice, Art. 5 III, Rn. 20 (Vermutungswirkung).

661 Isensee/Kirchhof - Denninger, § 146, Rn. 16, 17; Hufen, 108ff, 113ff, 236ff; Hoffmann, NJW 1985, 237 (241); Würtenberger, FS Dreher, S. 79 (85); Benda/Maihofer/Vogel - Mahrenholz, § 26, Rn. 36ff. Zweifel bei Berka/Häberle/Heuer/Lerche - Lerche, S. 1 (6).

662 Zeichentheoretischer, interpretatorischer oder offener Kunstbegriff, v. Noorden, S. 82ff, 88; BVerfG, 17.07.1984, E 67, 213 (227); BVerfG, 07.03.1990, E 81, 278 (291).

663 Dreier - Pernice, Art. 5 III, Rn. 18.

664 Vgl. BVerwG, 13.04.1995, NJW 1995, 2648.

als bauliche Anlagen in Betracht. Schließlich ist der Kunstcharakter von mit der baulichen Anlage verbundenen Graphiken oder Gemälden[665] zu bestimmen. Während aus bauordnungsrechtlicher Sicht die beiden ersten Fallgruppen der dritten gegenüberstehen, bilden in der baukünstlerischen Terminologie die letzten Varianten den Gegenpunkt zur ersten.[666] Im ersten Fall steht das Verhältnis von Kunst und Architektur in Frage. Die anderen Fälle betreffen den Bereich der „Kunst am Bau“ bzw. der „Kunst im öffentlichen Raum“[667], wobei zwischen baugebundenen und baubezogenen Objekten zu unterscheiden ist. Diese Objekte sind als Plastiken, Malerei oder Graffiti[668] typischen Kunstgattungen zuzuordnen. An der Kunsteigenschaft von bildhaft gestalteten Fassaden oder auf dem Grundstück aufgestellter Skulpturen besteht grundsätzlich kein Zweifel. Schwierigkeiten bereitet hingegen die Feststellung, ob - bzw. unter welchen Bedingungen - Architektur selbst als Kunst im Sinne des Art. 5 III 1 GG zu verstehen ist. Auf diese Frage ist im folgenden eine Antwort zu suchen.

Weitgehend Einigkeit besteht darüber, daß die Baukunst unter den Begriff des Kunstwerkes fallen kann.[669] Scheerbarth und Rieger vertreten die Ansicht,

665 Vgl. OVG Koblenz, 24.07.1997, NJW 1998, 1422f (Fassadengestaltung durch Graffiti); OVG Lüneburg, 04.05.1979, BRS 35, Nr. 132 bestätigt durch BVerwG, 10.12.1979, BRS 35, Nr. 133 (Entfernungsgebot für an der Hauswand angebrachte handbemalte Fliesen wegen Verstoß gegen Ortsgestaltungssatzung); PrOVG, 02.03.1922, E 77, 460 (futuristische Abbildungen an der Hauswand als Beeinträchtigung des Straßenbildes).

666

<table>
<tr><th>kunstwerkorientierte Systematik</th><th>Beispiele potentieller Baukunst</th><th>bauordnungsrechtlich orientierte Systematik</th></tr>
<tr><td>funktionales Objekt als potentielles Kunstwerk</td><td>Gebäude („Architektur“)</td><td rowspan="2">bauliche Anlage als potentielles Kunstwerk</td></tr>
<tr><td rowspan="2">zweckfreies Objekt als potentielles Kunstwerk („Kunst am Bau“)</td><td>Skulptur („baubezogene Kunst“)</td></tr>
<tr><td>Fassadengestaltung („baugebundene Kunst“)</td><td>Teil einer baulichen Anlage als potentielles Kunstwerk</td></tr>
</table>

667 Die Bezeichnung „Kunst am Bau“ und „Kunst im öffentlichen Raum“ wird, im Gegensatz zur hier den Begriffen beigelegten Bedeutung, regelmäßig im Zusammenhang mit Maßnahmen staatlicher Kulturförderung an und in unmittelbarer Nähe zu öffentlichen Gebäuden verwendet. Siehe dazu Krieg, BBauBl 1994, 699ff; Stock, Baumeister 1996, 40ff; Chiavi, STZ 1996, 55ff.

668 Auch Graffiti ist inzwischen eine etablierte Kunstgattung, Beisel, S. 99.

669 BVerwG, 27.06.1991, NVwZ 1991, 983 (384); Büge/Zinkahn, S. 16; Engelmann, S. 212; Maunz/Dürig/Herzog/Scholz - Scholz, Art. 5 III, Rn. 72; Zinkahn, DÖV 1953, 161 (165); Mick, S. 68f; Simon, Art. 11, Rn. 6b; Erbel, S. 165.

Bauen hätte mit Kunst grundsätzlich nichts zu tun.[670] Beide differenzieren begründungslos aber unter Berufung auf Spengler[671] und Sedlmayr nach Bauaufgaben. Nur besonders hervorgehobene Sonderaufgaben könnten in die Sphäre der Kunst erhoben werden, namentlich Kultbauten wie Kirchen, Theater, Museen, Schlösser. Damit sind aber auch diese Meinungen keine generelle Absage an die Zuordnung der Baukunst zur Kunst im Sinne von Art. 5 III 1 GG, sondern betreffen die Abgrenzung von Baukunst zu anderen Bauten.

Von der phänotypischen Kunstdefinition ausgehend, ist Architektur als traditionelle Kunstgattung zweifellos dem verfassungsrechtlichen Kunstbegriff zu unterstellen.[672] Indiziell wirkt hierbei die in § 2 I 2 KunstUrhG und den Landesarchitektengesetzen vorausgesetzte Verbindung von Kunst und Architektur. Der phänotypische Ansatz allein ist jedoch wenig hilfreich, will man nicht jede Bautätigkeit der Architektur und damit dem Kunstbereich zuordnen. Vielmehr verlagert er nur das Problem auf die Frage, wann ein Bauwerk der Kunstgattung Architektur zuzuordnen ist.

Zahlreiche Autoren versuchen, vom materiellen Kunstbegriff ausgehend das Wesen schöpferischer Baugestaltung näher zu bestimmen, um so zu einer Filtrierung von Baukunst aus dem Bereich baulicher Tätigkeit zu gelangen. Trotz des gemeinsamen Ansatzes gehen die Einschätzungen über die Häufigkeit vom Schutzbereich des Art. 5 III 1 GG umfaßter, schöpferisch gestalteter Baukunstwerke weit auseinander. Am umfassendsten werden Bauwerke von Büning der grundrechtlich geschützten Kunst zugerechnet. Beim Bauen wolle der Mensch zugleich etwas schaffen, was er schön findet, will sich schöpferisch bemühen.[673] Auch Looks hält Einzelhäuser in der Regel für Kunst.[674] Mick und Manssen sehen hingegen in der Regel, namentlich bei reinen Funktionalbauten, Alltagsar-

670 Rieger, S. 61; Scheerbarth, S. 186.

671 Der unreflektierte Verweis auf die Ausführungen von Spengler im Kapitel „Das Haus als Rasseausdruck" kann eine Begründung nicht ersetzen. Spenglers Anliegen war es, die Geschichte von Wohnhäusern der „Weltgeschichte der Rassen" zuzuordnen. Wohnhäuser seien „der reinste Rasseausdruck, den es überhaupt gibt", und keine „Ausdruckssprache für das Auge". Der Kontext ergibt darüber hinaus keine eindeutige Entscheidung Spenglers gegen die Trennung von Kunst und Wohnhäusern. Spengler begründet die Differenzierung zwischen Wohnhäusern und Domen mit der unterschiedlichen Motivation der Architekten für die Raumverteilung. Verzierungen des Hauses zählt er hingegen zur „Tabuseite des Lebens", die auch die Formensprache der Kunst erfasse. Spengler, S. 141ff., 136ff, 138f.

672 BGH, 29.03. 1957, BGHZ 24, 55 (65); Mick, S. 68f; Watzke, S. 60; Seybold, S. 104; Erbel, S. 169; Moench/Schmidt, S. 53; v. Mangoldt/Klein/Starck - Starck, Art. 5 III, Rn. 277; Voßkuhle, BayVBl 1995, 613 (615).

673 Büning, Neue Bauwelt 1951, 67.

674 Looks, S. 95f.

chitektur und trivialen Verschönerungen, keinen Willen zur Kunstausübung.[675] Ähnlich die Auffassung von Seybold, der aber wie Erbel fast jedem Bauwerk künstlerische Aspekte zugesteht, die gleichfalls vom Schutz des Art. 5 III 1 GG umfaßt seien.[676] Moench, Schmidt und Voßkuhle zählen zur (Bau)kunst im Sinne von Art. 5 III 1 GG nur ambitionierte Bauwerke[677], die sie von reinen Zweckbauten, durchschnittlich, im Rahmen des bekannten Formenschatzes gestalteten Bauwerken, handwerksmäßigen Anwendungen gestalterischer Grundregeln und technisch bedingten Leistungen unterscheiden.[678] Das BVerwG verzichtete bislang auf eine architekturspezifische Konkretisierung des verfassungsrechtlichen Kunstbegriffes. Das Gericht ließ die Abgrenzung der Baukunst vom allgemeinen Baugeschehen offen und stellte lediglich fest, daß angesichts der prinzipiellen Weite des verfassungsrechtlichen Kunstbegriffes kein Raum sei für eine besondere Heraushebung nur eines schmalen Bereichs von Bauwerken aus dem allgemeinen Baugeschehen und ihre Privilegierung als Werke der Baukunst im eigentlichen Sinne.[679] Mehr als eine Absage an qualitative Differenzierungen kann mit dieser Argumentation jedoch nicht begründet werden. Abgrenzungskriterien gewinnen aufgrund der baurechtlichen Einfassung von Architektur an Bedeutung. Im strafrechtlichen Zusammenhang mag die Kunstqualität regelmäßig unterstellt werden, da strafrechtliche Verbote als ultima ratio den Schutz besonders schützenswerter Rechtsgüter bezwecken und daher häufig auch als Eingriffe in die Kunstfreiheit verfassungsmäßig wären.[680] Im baurechtlichen Zusammenhang bietet sich jedoch ein vollkommen anderes Bild, da hier die Verbotszwecke nicht von vornherein beschränkt sind. Zudem ist zu bedenken, daß ein Verzicht auf eine Schutzbereichsbegrenzung regelmäßig einhergeht mit einer fragwürdigen, weil sehr weiten, einfachen Gesetzesvorbehalten nahekommenden Schrankenbestimmung.

Mit den stark differierenden Ergebnissen in der Anwendung des materiellen Kunstbegriffes liegt die Bedeutung der näheren Bestimmung des Schöpferischen auf der Hand. In den Vordergrund wird zumeist der objektivierte Wille zu schöpferischer Betätigung gestellt. Um Kunst handele es sich nur, wenn bei der Ge-

---

675 Mick, S. 72; Manssen, S. 175. Ähnlich Erbel, DVBl 1969, 866 zu bestimmten Literaturbereichen. Siehe aber BVerwG, 12.01.1966, E 23, 104 (111); v. Münch/Kunig - Wendt, Art. 5, Rn. 90, wonach der Wille des Urhebers, Kunst zu schaffen, für die Zuordnung des Werkes zur Kunst entbehrlich sei.

676 Seybold, S. 104f; Erbel, S. 165.

677 Moench/Schmidt, S. 2; Voßkuhle, BayVBl 1995, 613.

678 Moench/Schmidt, S. 53f; Abweichungen bei Voßkuhle, BayVBl 1995, 613 (615).

679 BVerwG, 27.06.1991, NVwZ 1991, 983 (984, betr. dreigeschossiges Flachdachwohngebäude mit Metall-Glas-Fassade). Zustimmend Würkner, DÖV 1992, 150 (153).

680 Henschel, NJW 1990, 1937 (1939).

staltung künstlerische Zwecke verfolgt werden und auch das Bauwerk erkennen lasse, daß es von einem künstlerischen Gestaltungswillen getragen ist.[681] Andere verzichten auf den Umweg über den Willen zur künstlerischen Betätigung und bieten andere Kriterien an, anhand derer der geistig-schöpferische Gehalt eines Bauwerks zu ermitteln und die Zuordnung zur Baukunst zu entscheiden sei.[682]

Diese in der Literatur erfolgten Versuche, das Schöpferische architekturspezifisch näher zu bestimmen, zeigen einige Problemkomplexe auf, die im folgenden genauer zu untersuchen sind.

1. Der künstlerische Anspruch des Gestalters

Die Relevanz des künstlerischen Anspruchs des Gestalters ist vordergründig ein einleuchtendes Kriterium für die Bestimmung von Baukunst. Dabei ist jedoch zu beachten, daß die Selbsteinschätzung nicht einer Rekrutierung des qualitativen Kunstbegriffs gleichkommen darf. Wenn Mick formuliert, besonders der Zweckbau stehe ohne jeden künstlerischen Anspruch da oder werde gar als häßlich empfunden[683], und der Bauherr, der alltägliche triviale „Verschönerungen" ins Werk setzt, trete in der Regel nicht mit der Behauptung auf, Kunst zu produzieren[684], deutet dies auf ein qualitativ wertendes Kunstverständnis hin. Kunst im Sinne von Art. 5 III 1 GG ist gerade nicht gleichzusetzen mit dem im allgemeinen Sprachgebrauch vorherrschenden Verständnis. Dem würde ein verfassungsrechtliches Kunstverständnis entgegenstehen, welches die hypothetische Selbsteinschätzung des Gestalters, angelehnt an die im allgemeinen Sprachgebrauch vorgenommene Unterscheidung von Kunst und Nichtkunst, zum Maßstab erhebt.

Bestimmt man aber den Kunstbereich nach der tatsächlichen Selbstdefinition des Grundrechtsträgers[685] und überläßt es dem einzelnen, woran er sein Selbstverständnis orientiert, verliert die Freiheit jede Kontur. Die Kunstfreiheit wäre nicht von anderen Freiheiten abzugrenzen.[686] Eine am objektivierten künstlerischen Gestaltungswillen orientierte Umschreibung wäre überdies lediglich tau-

681 Looks, S. 95; Seybold, S. 104; Mick, S. 72f; Manssen, S. 175; ähnlich Büning, Neue Bauwelt 1951, 67. Zu Recht differenzierend v. Münch/Kunig - Wendt, Art. 5, Rn. 90, der Wille des Urhebers zur Schaffung eines Kunstwerkes sei unerheblich, nicht aber die schöpferische Leistung. Für die Kunstbestimmung allgemein Ropertz, S. 98ff; Erbel, DVBl 1969, 863 (866).

682 Moench/Schmidt, S. 52ff; Voßkuhle, BayVBl 1995, 613 (615).

683 Mick, S. 69.

684 Mick, S. 71.

685 Häberle, AöR 1985, 577 (598). Generell gegen die Definitionskompetenz des Grundrechtsträgers Bamberger, S. 44 m.w.N.

686 Erhardt, S. 77f.

tologisch.[687] Sie besagt nicht mehr, als daß sich Kunst dadurch auszeichne, daß sie von einem erkennbaren Willen zur Kunst getragen sei. Dem Selbstverständnis des Gestalters kommt, wie noch zu zeigen ist[688], eine beachtliche Indizwirkung zu, das Kriterium befreit jedoch nicht davon, Vorgaben zu entwickeln, anhand derer die Selbsteinschätzung zu erfolgen hat, wenn mit ihm der Kreis von Baukunstwerken bestimmt werden soll.

2. Die funktionale Bestimmung

Es bedarf keiner genaueren Bestimmung des Wesens künstlerischer Zwecke für die Feststellung, daß die meisten baulichen Anlagen in erster Linie Zwecken zu dienen bestimmt sind, die wie die Schaffung von Behausung und Wohnung unzweifelhaft jenseits künstlerischer Zwecke zu verorten sind. Damit drängt sich die Frage auf, ob durch ein einschränkendes formales Kunstkriterium die primäre kunstfremde Zweckbestimmung eines Objekts dessen Zuordnung zu den Künsten im Sinne von Art. 5 III 1 GG entgegensteht. Sollte dies der Fall sein, wäre Baukunst weitgehend von der Kunstfreiheit ausgeschlossen, lediglich Kunst am Bau, wie Skulpturen[689] und bildhaft gestaltete Fassaden[690], würden dem Schutzbereich der Kunstfreiheit unterliegen.

Weniger absolut, im Ansatz aber vergleichbar ist die verbreitete Methode[691], den künstlerischen Anspruch anhand der funktionalen Bestimmung des Bauwerks bzw. der in Frage stehenden Teile zu bestimmen, indem die Orientierung der Baugestalt an der konkreten Funktionserfüllung einem künstlerischen Anspruch entgegengesetzt wird.

Es ist im folgenden zu untersuchen, was eine architekturbezogene Konkretisierung des Künstlerisch-Schöpferischen über eine Abgrenzung zum Funktionalen zu leisten vermag.

Folgt die äußere Form eines Bauwerks lediglich den konstruktionstechnischen Gegebenheiten, zeichnet sie gewissermaßen nur das aus Gründen der Statik Er-

---

687 BVerwG, 12.01.1966, NJW 1966, 2374 (2377, zur Bedeutung des Urheberurteils für den Kunstgehalt eines Werkes); Erhardt, S. 71ff.

688 Siehe unten unter 3.

689 Vgl. BVerwG, 13.04.1995, NJW 1995, 2648.

690 Vgl. OVG Koblenz, 24.07.1997, NJW 1998, 1422f (Fassadengestaltung durch Graffiti); OVG Lüneburg, 04.05.1979, BRS 35, Nr. 132 bestätigt durch BVerwG, 10.12.1979, BRS 35, Nr. 133 (an der Hauswand angebrachte handbemalte Fliesen); PrOVG, 02.03.1922, E 77, 460 (futuristische Abbildungen an der Hauswand).

691 Mick, S. 71; Manssen S. 175 („rationale Gründe"); Looks, S. 85, 95; Seybold, S. 105; Watzke, S. 60; Moench/Schmidt, S. 53f. Bedenken bei Voßkuhle, BayVBl 1995, 613 (615). Siehe auch die Differenzierung nach Bauaufgaben bei Rieger, S. 61 und Scheerbarth, S. 186.

forderliche nach[692], handelt es sich lediglich um eine technischen Gestaltung[693], einen Zweckbau[694], soll kein von Art. 5 III 1 GG geschütztes Kunstwerk vorliegen. Hat sich der Erbauer jedoch nicht nur Gedanken über das Funktionale gemacht, sondern sich erkennbar um eine eigenwertige Formgebung für die funktionalen Notwendigkeiten bemüht, sei der Schutzbereich der Kunstfreiheit tangiert.[695] Diese Differenzierung erscheint genauso plausibel wie schwer praktikabel. Das Wesen von Architektur liegt gerade darin, daß Funktion und geistig-schöpferische Gestaltung zum Teil unlösbar miteinander verbunden sind.[696] Die Form eines Hauses kann sowohl als Folge konstruktionstechnischer Gegebenheiten gesehen werden, es kann aber auch nach den Zwecken gefragt werden, welche die Gegebenheiten bedingen. Nur wenige Aspekte eines Bauwerks sind unzweifelhaft nur funktionaler Natur. Das Ob einer Haustür ist eindeutig funktional bedingt. Wo sich diese befindet und wie sie gestaltet ist, sind hingegen Aspekte, die nicht eindeutig dem funktionalen oder dem geistig-schöpferischen Bereich zuzuordnen sind. Deutlicher wird die Untauglichkeit des Versuchs, objektiv anhand der einer Gestaltung zugrundeliegenden Zwecke funktionale von geistig-schöpferischer Gestaltung zu trennen, bei Merkmalen, die keinen funktionalen Bezug zu haben scheinen, wie etwa die farbliche Fassadengestaltung. Durch eine Abgrenzung vom Funktionalen wird die Fassade eines Hauses zwangsläufig zum künstlerischen Aspekt. Andererseits ist der Bauherr gezwungen, seinem Haus irgendeine Farbe zu geben. Hielte man die Funktionslosigkeit für ausreichend, käme dies im Baubereich einem Zwang zur Kunst gleich; jede Fassadengestaltung wäre Kunst, unabhängig davon, worauf sie gründet. Ähnliche Unterscheidungskriterien finden sich im Urheberrecht. Eine urheberrechtsschutzfähige individuelle geistige Schöpfung liegt dann nicht vor, wenn nur eine denkbare Form zur Verfügung steht, das Bauwerk oder bestimmte Teile gleichsam als Ergebnis einer mathematischen Formel erscheinen.[697] Das ist dann der Fall, wenn etwa aus technischen oder bauordnungsrechtlichen Gründen die Aufgabe nur durch die realisierte Ausführung zu lösen ist. Bestehen hingegen mehrere Realisierungsmöglichkeiten, kann die gewählte urheberrechtsschutzfähig sein, auch wenn für die Wahl funktionale Gesichtspunkte maßgeblich waren.[698] Diese Unterscheidung schließt folglich nur sehr selten ein Bauwerk aus dem Kreis der schutzfähigen Baukunstwerken aus.

---

692 Seybold, S. 105.
693 Watzke, S. 60; Moench/Schmidt, S. 53f.
694 Watzke, S. 60; Moench/Schmidt, S. 53f.
695 Looks, S. 95.
696 Siehe auch Voßkuhle, BayVBl 1995, 613 (615).
697 Fahse, GRUR 1996, 331 (333).
698 Beigel, Rn. 42; v. Gamm, BauR 1982, 97 (103) m.w.N.

Diese Schwierigkeiten und Unstimmigkeiten zwingen nicht zu einer Abkehr von einer funktionsorientierten Konkretisierung des Künstlerisch-Schöpferischen, wohl aber zu einer grundsätzlichen Betrachtung der Relevanz kunstfremder Zwecke eines Objekts für seinen Kunstcharakter.

Ein zweckdifferenzierendes Kunstverständnis wird vor allem im Zusammenhang mit Werbung diskutiert. Nach einer Auffassung unterfällt Werbung grundsätzlich nicht der Kunstfreiheit, da der künstlerische Aspekt dem Zweckelement untergeordnet sei. Der Grad des spezifisch Zweckgebundenen und damit Kunstfremden dominiere die möglicherweise vorhandene Kunstintention, der Werbung fehle die kunsttypische Eigenschaft der persönlichkeitsgebundenen Präsentation eines geistig-seelischen Eigenwertes.[699] Nur im Ausnahmefall trete der Charakter eines Werbemittels als selbständiges, in sich bestehendes Kunstwerk hervor, wodurch das Objekt den Mindestbereich an Zweckgelöstheit zurückgewinne, der zur Anerkennung als Kunst im Sinne von Art. 5 III 1 GG erforderlich sei.[700]

Voraussetzung für die Richtigkeit dieser Auffassung ist ein Gegensatz zwischen Zweckgebundenheit und Kunst. Kunst ist jedoch nie zweckfrei. Als Kunstzweck kommt nicht die Gewinnerzielungsabsicht des Werbegestalters oder Architekten in Betracht. Zum einen ist das Auftragswerk die Regel, nur wenig Kunst würde übrigbleiben, verstünde man unter Kunst nur solches Schaffen, das keine Entlohnung bezweckt. Vor allem aber hat diese Art der Zweckdienlichkeit mit dem Eigenbestand des Geschaffenen nichts zu tun, sie wird nicht zu einem wesentlichen Moment des Werkes.[701]

Der Kunstzweck liegt vielmehr regelmäßig, wenn nicht sogar immer, darin, beim Rezipienten ein Gefühl hervorzurufen, ihn von einer Meinung zu überzeugen oder zu einer bestimmten Handlung zu verleiten; Kunst soll auf den Rezipienten einwirken.[702] Selbst hinter der auf „interesseloses Wohlgefallen“, auf „Freude am Schönen“ ausgerichteten Kunst steht mit dem ästhetischen Genuß des Rezipienten ein Zweck. Doch nicht einmal dieser Zweck kommt als alleiniger kunstimmanenter Zweck in Betracht. Einer Beschränkung des Kunstbegriffs auf ästhetischen Genuß bezweckende Gestaltungen steht, wie oben dargestellt, das künstlerische Selbstverständnis entgegen, aber auch das Telos von Art. 5 III 1 GG. Wenn eine Kunstdefinition weite Bereiche des Kunstschaffens aus dem

---

699 Lerche, Werbung, S. 90f; zurückhaltender schon Berka/Häberle/Heuer/Lerche - Lerche, S. 1 (7); a.A. Knies, S. 153f.

700 Lerche, Werbung, S. 91. Ähnlich restriktiv für alle Werke, die kunstfremden Zwecken gewidmet sind, Isensee, AfP 1993, 619 (624).

701 Schaper, S. 39.

702 Z.B. kirchliche Kunst und politisch engagierte Kunst, siehe nur das als Plakat für eine Spendenaktion konzipierte Bild „Hunger“ von Käthe Kollwitz, und Werbegraphik, wie die Moulin-Rouge-Bilder von Henri Toulouse-Lautrec.

Schutzbereich verweist, ist dies angesichts der Funktion von Art. 5 III 1 GG, der Kunst Freiheit zu verschaffen, unannehmbar.[703] Die interesselose Freude am Schönen ist kein Programm zahlreicher, längst allgemein anerkannter Kunstrichtungen wie Impressionismus, Expressionismus, Surrealismus, Kubismus, Dadaismus, Futurismus. Schönheit ist nur noch Ziel weniger Künste.[704] Ein Verständnis von Kunst im Sinne von Art. 5 III 1 GG darf daher nicht zwischen ästhetischen und anderen Zwecken differenzieren.

Eine Differenzierung zwischen anderen auf eine Anregung des Rezipienten gerichteten Zwecken ist gleichfalls unzulässig. Eine Relevanz dieser Zwecke läßt sich nicht aus dem Wesen der Kunst ableiten, so daß die Feststellung des Kunstcharakters eines Objekts anhand der Motivation des Gestalters den gleichen Bedenken ausgesetzt ist, die sich gegen einen qualitativen Kunstbegriff richten. Kunst ist nicht davon abhängig, ob der Rezipient zum Genuß oder zu einer bestimmten Meinung angeregt werden soll, und es kann ebensowenig darauf ankommen, ob die angestrebte Empfindung oder Meinung von edler Natur oder nur konsumorientiert ist. Der Zweck einer Gestaltung ist nach herrschender und richtiger Auffassung für die Charakterisierung eines Objekts als Kunstwerk unbeachtlich.[705]

Architektur unterscheidet sich jedoch dahingehend von diesen „reinen" Künsten, und damit auch von der „Kunst am Bau", daß der Hauptzweck regelmäßig[706] nicht auf die Wirkung auf den Rezipienten gerichtet ist. Sie ist insoweit auch von Werbung zu unterscheiden, da die mit ihr beabsichtigte Gewinnerzielung im unmittelbaren Zusammenhang zur psychischen Einwirkung der Werbung auf den Hörer oder Betrachter steht. Baukunst aufgrund dieser Besonderheit gänzlich aus dem Bereich der Kunst auszusondern, wäre mit den oben getroffenen Erkenntnissen zur Architektur als traditionelle Kunstgattung nicht zu vereinbaren. Nicht nur dies, der gesamte Bereich der angewandten Kunst würde aus dem Schutzbereich des Art. 5 III 1 GG fallen. Dennoch zeigt sich, insbesondere mit Blick auf den zeichentheoretischen Ansatz zur Kunstbestimmung, daß der außerkommunikativen Zweckbestimmung eine besondere Rolle bei der Bestimmung von Baukunst zukommen muß.

---

703 Knies, S. 153.

704 Siehe dazu Erhardt, S. 61ff.

705 Berkemann, NVwZ 1982, 85 (86). Auch engagierte Kunst ist vom Gewährleistungsbereich umfaßt, siehe BVerfG, 17.07.1984, E 67, 213 (227f); BVerfG, 24.02.1971, E 30, 173 (191); Maunz/Dürig/Herzog/Scholz - Scholz, Art. 5 III, Rn. 32, 35; Heckel, S. 87f; Knies, S. 153f; Erhardt, S. 64.

706 Als Ausnahmen denkbar sind besonders aufwendig gestaltete Kirchen und Dome. Hier kann wohl die Gestaltungswirkung auf Nutzer und Dritte und nicht die Beherbergungsfunktion als im Vordergrund stehend betrachtet werden. Siehe auch Schaper, S. 41.

3. Die kommunikative Funktion

Zeichnen sich Architektur und andere Formen angewandter Kunst dadurch aus, daß ihre Objekte nicht nur Wirkung auf den Betrachter zu entfalten bestimmt sind, sondern darüber hinaus als Gebrauchsgegenstände fungieren, kann die kommunikative Funktion eines Bauwerks als Kriterium für seinen Kunstcharakter heranzuziehen sein.[707] Fundamental ist wiederum die Frage, auf welche Art und Weise das Unterscheidungskriterium zur Anwendung kommen soll.

Die kommunikative Funktion gestalterischer Elemente eines Bauwerks[708] kann weitgehend nur aus der Darstellung des Grundrechtsträgers selbst erkannt werden. Dies widerspricht nicht der oben getroffenen Erkenntnis, Kunst sei nicht über das künstlerische Selbstverständnis des Künstler zu beschreiben. Entscheidend ist vielmehr, ob das Bauwerk nach der nachvollziehbaren Motivation des Gestalters dem Betrachter ein Kommunikationsangebot macht. Regelmäßig wird eine ästhetische Wirkung auf den Betrachter des Bauwerks als kommunikative Funktion in Betracht kommen[709], nicht-ästhetische Zwecke sind aber nicht auszuschließen[710]. Indiz für die Plausibilität der behaupteten Motivation kann entsprechend dem zeichentheoretischen Ansatz die Interpretationsfähigkeit[711] des Bauwerks sein. Unzulässig wäre es jedoch, mit hohen Anforderungen an eine

---

707 Siehe auch Mick, S. 71f.

708 Zu denken ist beispielsweise an die von v. Gamm, BauR 1982, 97 (102f), zusammengetragenen Gesichtspunkte urheberrechtsschutzfähiger Baukunst, wie die Gesamtgliederung und -gestaltung des Bauwerks zum Beispiel mittels bestimmter Baumaterialien, die kompositorische Zuordnung verschiedener Baukörper zueinander oder zur natürlichen Umgebung, die Dachkonstruktion und -gestaltung, die Fassadengestaltung in Materialien, Aufteilung, Maßen, Proportionierung, Farbgestaltung, mit zahlreichen Rechtsprechungsbeispielen. Zur künstlerischen Gestaltung des Farbanstrichs siehe BGH, 11.12.1970, BGHZ 55, 77 (81).

709 Die Auffassung von Berka/Häberle/Heuer/Lerche - Lerche, S. 1 (3), ein auf ästhetische Reize zielendes Ornament sei keine Kunst im Sinne des materiellen Kunstbegriffs, verengt den materiellen Ansatz. So wie eine Beschränkung des Kunstbegriffs auf Werke mit ästhetischen Zwecken dem Wesen der Kunst nicht gerecht wird, würde ein Ausschluß dieser Objekte den Freiheitsbereich unzulässig verkürzen. Der Gestalter bringt auch dann Eindrücke, Erfahrungen oder Erlebnisse zu unmittelbarer Anschauung, wenn er mit der ästhetischen Gestaltung eines Objekts seine ästhetischen Werte vermittelt.

710 Der Wille zur künstlerischen Baugestaltung ist nicht, entgegen mancher Prämisse in der Literatur - siehe Looks, S. 95 („Bemühen um vollkommene Form"); Watzke, S. 60 („Bauen im Sinne einer ästhetischen und eben nicht technischen Gestaltung"); Büning, Neue Bauwelt 1951, 67 (der Mensch wolle zugleich etwas schaffen, was er schön findet) - auf ästhetische Zwecksetzungen beschränkt.

711 Voßkuhle, BayVBl 1995, 613 (615).

vielstufige Informationsvermittlung den baukünstlerischen Bereich qualitativ zu beschränken.[712]

Die mit diesen Kriterien verbundenen Schwierigkeiten liegen unmittelbar im zeichentheoretischen Verständnis von Kunst als „symbolischer Transformation von Erleben“ [713] begründet.

Tiefe Strukturen sind nur unter erheblichen Schwierigkeiten in Symbole zu fassen. Symbole, die hingegen einen sehr oberflächlichen Bezugsrahmen haben, die einer ziemlich bewußtseinsnahen Persönlichkeits- und Erlebnisstruktur entsprechen, wie absichtlich intendierte oder bewußt durchgeführte Symbolbildungen[714], sind durchsichtig. Eine solche, den Denkbemühungen des Betrachters leicht zugängliche Symbolik läßt sich mühelos von der diskursiven Sprache des begrifflichen Denkens in eine Architektursprache der präsentativen Formbildung, der plastischen Gestaltung übertragen.[715] Was man aber in allen Sprachen synonym ausdrücken kann, so Lorenzer, reicht in keiner tief; für das, was mittels diskursiver Sprache ausgedrückt werden kann, braucht man keine Kunst.[716] Ob ein Bauwerk bzw. Teile des Bauwerks kommunikative Elemente aufweisen, ist lediglich bei oberflächlichen Symbolstrukturen relativ leicht zu erkennen. Gerade die tiefe Symbolik der Architektursprache ist ähnlich der der Musik nicht oder nur bruchstückhaft übersetzbar in linguale Mitteilungen, weil das eine kein Ersatz für das andere ist.[717] Kann der kommunikative Aspekt eine Bauwerks nur andeutend verstanden, bzw. als solcher erkannt werden, ist das Kriterium kommunikativer Zweckbestimmung nur wenig geeignet, das Bauobjekt als Kunst oder Nichtkunst zu identifizieren.

4. Die Originalität - Zur Adaption urheberrechtlicher Kriterien

Wiederum ausgehend vom materiellen Kunstbegriff, der das Schöpferische in den Mittelpunkt des Wesens von Kunst stellt, könnte der schöpferische Gehalt des Werkes anhand der Originalität der Gestaltung bestimmt werden. Lediglich Voßkuhle[718] zieht ausdrücklich die Eigentümlichkeit des Werkes als Kunstkriterium heran, in die gleiche Richtung zielen die Ausführungen von Moench und

712 Zur Kritik am qualitativen Moment des zeichentheoretischen Ansatzes siehe schon Erhardt, S. 80ff, Knies, S. 159.
713 Berndt/Lorenzer/Horn - Lorenzer, S. 51 (87ff).
714 Wie etwa die Sägeblattform eines Sägewerkes, oder der kelchförmige Kirchenraum, Berndt/Lorenzer/Horn - Lorenzer, S. 51 (90).
715 Berndt/Lorenzer/Horn - Lorenzer, S. 51 (89f).
716 Berndt/Lorenzer/Horn - Lorenzer, S. 51 (89f).
717 Berndt/Lorenzer/Horn - Lorenzer, S. 51 (91).
718 Voßkuhle, BayVBl 1995, 613 (615).

Schmidt[719], die in der durchschnittlichen Gestaltung im Rahmen des bekannten Formenschatzes keine verfassungsrechtlich geschützte Kunst erkennen.

Parallelen hierzu finden sich in Rechtsprechung und Literatur zum Urheberrechtsschutz von Bauwerken. Werke der Baukunst sind gemäß § 2 I Nr. 4 UrhG urheberrechtsschutzfähige Objekte. Auch im Urheberrecht gilt es daher, Baukunst von anderen Bauwerken zu unterscheiden. Ansatzpunkt hierfür ist § 2 II UrhG, wonach Werke im Sinne des Gesetzes nur persönliche geistige Schöpfungen sind. Zwar legt diese Systematik nahe, daß die persönliche geistige Schöpfung gerade kein kunstimmanentes Element sei, sondern als zusätzliche Voraussetzung den Kreis der geschützten Werke einschränken soll. Dennoch werden die in § 2 II UrhG genannten Merkmale bereits für die Bestimmung eines Werkes als Baukunstwerk vorausgesetzt.[720]

Ein persönlicher geistiger Gehalt ist einem Werk eigen, wenn es die Individualität des Urhebers zum Ausdruck bringt.[721] Die Handschrift des Gestalters wird um so deutlicher, je weniger das Bauwerk in üblicher Weise die technischen Anforderungen löst.[722] Originalität wird daher als bedeutendes Kriterium angesehen, um urheberrechtsschutzfähige Baukunst von anderen Bauwerken zu unterscheiden. Eine eigenpersönliche Leistung weist ein Bauwerk dann auf, wenn es sich vom vorbekannten Formenschatz abhebt.[723] Häufig sind Teile eines Bauwerks als schöpferische Eigenleistung urheberrechtsschutzfähig.[724] Daß Bauwerke diesen Anforderungen genügen, ist nicht der Regelfall. Durch den umfangreichen Bestand an Bauwerken ist der bereits bekannte Formenschatz besonders groß und eine erkennbare Abhebung davon nur schwer möglich. Dies gilt insbesondere bei Verwendung jener Stilelemente und Formen, die bereits länger genutzt werden.[725] Andererseits muß die Verwendung allgemeinbekannter Ge-

---

719 Moench/Schmidt, S. 53f. Ob ein vergleichbares Verständnis auch Simon, Art. 11, Rn. 6b, zugeschrieben werden kann, der jene Gebäude, die sich wegen ihrer schöpferischen Qualität besonders herausheben, von Art. 5 III 1 GG geschützt wissen will, ist zweifelhaft. Daß Simon mit dieser Formulierung qualitative Differenzierungen im Auge hat, ist näherliegend.

720 BGH, 21.05.1969, GRUR 1972, 38 (39); v. Gamm, BauR 1982, 97 (101).

721 Fahse, GRUR 1996, 331 (332).

722 Göpfert, BauR 1999, 312 (313).

723 Fahse, GRUR 1996, 331 (333).

724 Fahse, GRUR 1996, 331 (334); BGH, 01.10.1998, BauR 1999, 272 (Treppenhaus); BGH, 19.01.1989, BauR 1989, 348 (349f, als Rundbogen gestaltete Baufluchtlinie); BGH, 10.12.1987, BauR 1988, 361 (362f, Erdgeschoßgrundriß); LG Hamburg, 27.04.1990, BauR 1991, 645 (dreiflügelige Fenster). Weitere Rechtsprechungsbeispiele sind Freskomalerei, Kunstschmiedearbeiten, Bildfenster, Bauhaus-Türdrücker, Leuchtschriftanlagen an Hausfront, siehe v. Gamm, BauR 1982, 97 (104).

725 Fahse, GRUR 1996, 331 (332ff).

staltungselemente dem Urheberrechtsschutz nicht entgegenstehen. Entscheidend ist nicht, ob das Werk eine Neuheit darstellt, sondern ob der konkreten Gesamtgestaltung gegenüber dem bekannten Formenschatz schöpferische, gestalterische Eigenheiten zukommen[726], was z.B. auf der Einordnung in die Umgebung basierten kann[727]. Das Kriterium der Originalität ist daher besser zu umschreiben mit Unüblichkeit. Eine schöpferische Gestaltung nach eigener Vorstellungskraft ist schon dann gegeben, wenn das eventuell vorhandene Vorbild nur noch als Anregung erkennbar ist.[728] Die Rechtsprechung betrachtet trotz Verwendung vorbekannter Elemente Bauwerke oft als Unikate und ist entsprechend großzügig bei der Zuerkennung urheberrechtlichen Schutzes.[729]

Damit bleibt zu klären, ob die für das Urheberrecht entwickelte Maßgeblichkeit der gestalterischen Originalität auch heranziehbar ist, um vom Schutz der Kunstfreiheit umfaßte Baukunst vom übrigen Baugeschehen abzugrenzen. Der Kunstbegriff des Art. 5 III 1 GG ist nicht zwingend identisch mit dem Kunstbegriff im Urhebergesetz. Das erhellt vor allem der mit der jeweiligen Begriffswahl verbundene Zweck.

Das Urheberrecht gibt dem Urheber eines geschützten Werkes das ausschließliche Verwertungsrecht. Das beinhaltet ein Abwehrrecht gegen die identische Vervielfältigung des Werkes oder von Werkteilen. Der Urheber hat darüber hinaus ein Abwehrrecht gegen Werkvervielfältigungen, die zwar weitergehende Abweichungen aufweisen, deren mit dem Original übereinstimmende eigenschöpferischen Elemente aber so charakteristisch sind, daß ein gleicher geistig-ästhetischer Gesamteindruck besteht, so daß das Werk als Nachbildung erscheint.[730] Dieser Zusammenhang der Bestimmung eines Baukunstwerkes mit dem Recht zur Abwehr von Nachahmungen macht eine Eingrenzung der geschützten Werke auf solche, die etwas Eigentümliches darstellen, zwingend erforderlich.

Im Mittelpunkt der grundrechtlichen Kunstfreiheit steht das künstlerische Schaffen des Individuums und nicht die Abwehr nachahmender Tätigkeiten anderer. Es ist daher geboten, für die Zuordnung eines Bauwerks zum grundrechtlichen Kunstbegriff weniger strenge Anforderungen an die Originalität der

---

726 BGH, 30.05.1958, BGHZ 27, 351 (357); BGH, 25.10.1955, BGHZ 18, 319 (322); v. Gamm, BauR 1982, 97 (102).

727 BGH, 19.01.1989, BauR 1989, 348 (350); BGH, 29.03.1957, BGHZ 24, 55 (66f).

728 Die allein mit handwerklicher Fertigkeit durchgeführte Nachbildung des Originals ist keine schöpferische Tätigkeit, BGH, 13.10.1965, BGHZ 44, 288 (293).

729 Fahse, GRUR 1996, 331 (335). Siehe OLG Nürnberg, 15.07.1997, BauR 1998, 168 (168f, Fertighaus); OLG München, 12.12.1991, 29 U 3179/91 (schlüsselfertige Häuser im Landhausstil).

730 v. Gamm, BauR 1982, 97 (105f).

Gestaltung zu stellen als im Rahmen des Urheberrechtsschutzes.[731] Baukunst im Sinne von Art. 5 III 1 GG ist nicht nur das Werk, dessen gestalterische Eigenheit es aus der Masse alltäglichen Bauschaffens herausragen läßt, sondern schon das Bauwerk, dessen Gestaltung als unüblich von durchschnittlichen Bauwerken unterschieden werden kann.

D. Zusammenfassung

Bauwerke sind nicht schon anhand ihrer gestalterischen Qualität von Baukunstwerken zu unterscheiden.

Von baugestalterischen Anforderungen betroffene Objekte sind als baubezogene oder baugebundene Werke aufgrund ihrer phänomenologischen Zugehörigkeit zu typischen Kunstgattungen grundsätzlich unzweifelhaft dem Bereich grundrechtlich geschützter Kunst zuzuordnen. Problematisch ist die Zuordnung lediglich für Architektur. Wie bei allen Werken angewandter Kunst erlaubt die Gattungstypik keine Aussage über den Kunstgehalt des Bauwerks. Auch das Kriterium der Funktionalität in Abgrenzung zum kommunikativen Gehalt eines Bauwerks ist nur in sehr seltenen Fällen geeignet, Bauwerke aus dem Bereich der Kunst auszuschließen. Am geeignetsten erscheint eine an der Originalität des Bauwerks orientierte Differenzierung zwischen grundrechtlich geschützter Baukunst und dem übrigen Baugeschehen. Es ist nicht zu leugnen, daß auch eine anhand der Originalität der Gestaltung erfolgende Abgrenzung im Einzelfall schwierig sein kann. Dennoch erscheint dieses Kriterium am ehesten geeignet, die Zuordnung von Bauwerken zur Baukunst vorsehbar zu machen.

Entscheidungen über den Kunstcharakter von Bauwerken können naturgemäß nur einzelfallbezogen getroffen werden.[732] Nur eingeschränkt lassen sich generelle Aussagen machen:

Ist der baugestaltungsrechtswidrige Zustand einer baulichen Anlage auf deren Verwahrlosung zurückzuführen, handelt es sich mangels schöpferischer Gestal-

731 Ähnlich Fahse, GRUR 1996, 331 (331).

732 Aus den gerichtlich zu beurteilenden Sachverhalten wären u.a. als Kunst in diesem Sinne zu werten: HessVGH 10.05.1989 BRS 49, Nr. 152 (großflächige Hauswandbemalung und -beschriftung mit greller hellblauer Farbgebung); OVG Lüneburg, 04.05.1979, BRS 35, Nr. 132, bestätigt durch BVerwG, 10.12.1979, BRS 35, Nr. 133 (an den Ecken des Hauses angebrachte handbemalte Fliesen); OVG Koblenz, 24.07.1997, NJW 1998, 1422f (fast vollständig vor allem mit Graffitimotiven bemalte traufseitige Außen- und Giebelwand); OVG Schleswig, 04.09.1996, 1 L 317/95 (Haus mit ungewöhnlicher Dachgestaltung); BVerwG, 27.06.1991, NVwZ 1991, 983 (Flachdachgebäude mit Metall-Glas-Fassade neben modern-historisierender, 1911 errichteter Villa), PrOVG, 02.03.1922, E 77, 460 (futuristische Abbildungen an der Hauswand).

tung grundsätzlich nicht um Kunst im Sinne von Art. 5 III 1 GG. Im übrigen sind Objekte, die umgebungsunabhängigen Verunstaltungsverboten widersprechen, aufgrund ihrer unüblichen - wenn auch dem mehrheitlichen Geschmack widerstrebenden - Gestaltung regelmäßig von Art. 5 III 1 GG geschützte Kunst.

Mit nur wenigen Abstrichen läßt sich dies auch für Anlagen behaupten, die relative Verunstaltungsverbote mißachten. Das gilt vor allem hinsichtlich jener Bauwerke, die vermutlich auch in anderer Umgebung dem Verdikt der Verunstaltung nahestehen würden. Bei anderen baulichen Anlagen, die unmittelbar von umgebungsbezogenen Verunstaltungsverboten betroffen sind, ist denkbar, daß es gerade der kontrastierenden Bezug zur Umgebung ist, der die Originalität begründet und das Bauwerk dem Schutzbereich des Art. 5 III 1 GG unterstellt.

Von Vorgaben örtlicher Gestaltungssatzungen, sind alle Bauvorhaben und bauliche Anlagen gleich betroffen. Hier sind Schlußfolgerungen vom Norminhalt auf die Kunsteigenschaft der betroffenen Objekte nicht möglich.

II. Der Gewährleistungsumfang

Daß ein Bauwerk von Art. 5 III 1 GG geschützte Kunst darstellt, ist grundlegende Voraussetzung aber nicht hinreichend für eine Bindung bauästhetischer Anforderungen an die Kunstfreiheit.

Kunst ist, so Heinrich Böll, sowieso frei, ihr kann nur die Freiheit genommen werden, sich zu zeigen.[733] Die besondere Gefährdung der Kunst im kommunikativen Prozeß berücksichtigend, wird auch Art. 5 III 1 GG nicht nur als Gewährleistung der freien Herstellung eines Kunstwerkes, des Werkbereichs, verstanden, sondern ebenso als Gewährleistung eines Darbietung und Verbreitung umfassenden freien Wirkbereichs.[734] Im Baubereich überlagern sich regelmäßig Werk- und Wirkbereich; die schöpferische Entstehung des Baukunstwerkes und seine Außenwirkung auf die Umwelt fallen notwendigerweise zusammen. Architektur kann nicht isoliert geschaffen und sodann präsentiert werden.[735] Anders verhält

733 Zitiert nach Erhardt, S. 75f.

734 BVerfG, 24.02.1971, E 30, 173 (189); BVerfG, 17.07.1984, E 67, 213 (224); BVerfG, 05.03.1974, E 36, 321 (331); BVerfG, 07.03.1990, E 81, 278 (292); BVerfG, 07.03.1990, E 81, 298 (305); Dreier - Pernice, Art. 5 III, Rn. 14, 24; Müller, Kunst, S. 97ff.

735 Moench/Schmidt, S. 54; v. Mangoldt/Klein/Starck - Starck, Art. 5 III, Rn. 319; Maunz/Dürig/Herzog/Scholz - Scholz, Art. 5 III, Rn. 72; Hoffmann, NJW 1985, 237 (241); Dreier - Pernice, Art. 5 III, Rn. 26; Dolderer, BauR 1999, 691 (693); Schütz, JuS 1996, 498 (499). Baupläne sind allenfalls ein anderes Kunstwerk, nicht aber identisch mit dem Bauwerk. Eine Überlagerung von Werk- und Wirkbereich erfolgt

es sich bei einem großen Teil der baubezogenen Kunst, soweit der Kunstgehalt dieser Objekte die Umgebung nicht mit einbezieht. In Bezug auf diese Kunstformen werden unterschiedliche Ansichten über den Umfang des geschützten Wirkbereichs aktuell.

A. Wirkbereichsschutz und Öffentlichkeitsbezug

Der Schutz des Wirkbereichs soll dem kommunikativen Charakter von Kunst gerecht werden.[736] In den öffentlichen Raum tretende Kunst ist weitaus mehr der Gefahr staatlicher Beschränkung ausgesetzt als die isolierte Schaffensphase des Künstlers. Ein Schutz der Kunstfreiheit, die diesen besonders gefährdeten Bereich nicht umfaßt, wäre von nur unmaßgeblicher Bedeutung. Der Gewährleistungsbereich des Art. 5 III 1 GG ist daher auf diese Gefährdungslage auszudehnen.[737] Das BVerwG schlußfolgert aus dem grundrechtlichen Schutz des Wirkbereichs, daß die Aufstellung eines baukünstlerischen Werkes an einem bestimmten Ort am Schutz des Art. 5 III 1 GG teilhat.[738]

Einige Stimmen in der Literatur wollen den geschützten Wirkbereich enger verstanden wissen und sehen in dem der bundesverwaltungsgerichtlichen Entscheidung zugrundeliegenden Fall der Aufstellung zweier Skulpturen auf einem privaten Wochenendgrundstück die Kunstfreiheit nicht berührt.[739] Aus der Ratio des den Wirkbereich umfassenden grundrechtlichen Gehalts solle zugleich eine Beschränkung auf jenen Wirkbereich folgen, der den Zugang zur Öffentlichkeit, die öffentliche Darbietung und Verbreitung betrifft.[740] Da in dem vom BVerwG entschiedenen Fall dem Aufstellen der Skulpturen auf Betonsockeln kein eigener Kunstwert zukomme, der schöpferische Prozeß vielmehr abgeschlossen gewesen sei[741], komme allein eine Einschränkung des Wirkbereichs in Betracht. Der ge-

---

regelmäßig auch bei baubezogener und baugebundener Kunst, zur Terminologie siehe Fn. 666.

736 Würkner, S. 140.

737 Schütz, JuS 1996, 498 (499).

738 BVerwG, 13.04.1995, NJW 1995, 2648.

739 Schütz, JuS 1996, 498 (499); Vesting, NJW 1996, 1111; Dolderer, BauR 1999, 691 (693 mit Fn. 17).

740 Schütz, JuS 1996, 498 (499); Vesting, NJW 1996, 1111.

741 Schütz, JuS 1996, 498 (499). Zwingend ist diese Beurteilung nicht. Die 6 Meter hohen und 7 Meter langen Figuren wurden auf 7 Meter hohe Sockel aus Beton und Quadersteinen gesetzt. Schon die Größenverhältnisse lassen vermuten, daß den Sockeln eine wesentliche Bedeutung für den sinnlichen Eindruck der Statuen zukommt, die Art und Weise der Aufstellung ein Gesamtkunstwerk entstehen läßt. Bei dieser Betrachtung beträfe das Aufstellungsverbot bereits den Werkbereich, so daß sich Fragen nach der Weite des geschützten Wirkbereichs nicht stellten.

schützte Wirkbereich sei jedoch nicht berührt, da die Aufstellung der Kunstwerke lediglich zum eigenen Genuß auf einem Privatgrundstück erfolgen sollte, eine Ausstellung der Skulpturen nicht beabsichtigt gewesen sei. Der Antragsteller habe nicht substantiiert dargelegt, daß er die Skulpturen einer breiten Öffentlichkeit zugänglich machen und das Grundstück für den Publikumsverkehr öffnen wolle.[742] Die Aufstellung von Kunst im privaten Raum, wie z.B. auf dem eigenen Wochenendgrundstück, begründe keine Gefährdungslage, die eine wirkbereichsbezogene Inschutznahme begründe, denn Reglementierungen beträfen nicht den Kommunikationsprozeß zwischen Künstler und Publikum.[743]

Daß der Schutz des Wirkbereichs der besonderen Gefahr, der die in die soziale Sphäre tretende Kunst ausgesetzt ist, begegnen soll, ist nicht von der Hand zu weisen. Die in den zitierten Anmerkungen zur besagten Bundesverwaltungsgerichtsentscheidung gezogenen Schlußfolgerungen sind hingegen widerspruchsbehaftet.

Gerade ein Verweis auf die besondere Gefahrenlage, die eine Einbeziehung der Kunstvermittlung in den Schutzbereich der Kunstfreiheit begründe, kann nicht dazu führen, daß der künstlerischen Schöpfung ebenso nahestehende Bereiche, bezüglich derer typischerweise geringeres Interesse an einer staatlichen Einflußnahme besteht, schutzlos gestellt werden. Der faktisch generell geringere Schutzbedarf bestimmter kunstbezogener Tätigkeiten kann nicht herangezogen werden, um diese Handlungen als dem Schutzbereich nicht zugehörig zu verbieten.

Selbst wenn man den Kreis im Wirkbereich geschützter Tätigkeiten auf die Verbreitung, Darbietung und sonstige kommunikative Vermittlung des Werkes beschränkt, kann die Anwendung auf den Einzelfall nicht überzeugen. Es ist zutiefst widersprüchlich, dem Bauherrn den Schutz des Art. 5 III 1 GG mit der Begründung zu versagen, die Aufstellung der Skulpturen auf dem Wochenendgrundstück betreffe nur den privaten Genuß und nicht die Begegnung von Kunst und Öffentlichkeit, und zugleich das Vorhaben zu verbieten, weil es das Landschaftsbild verunstalte oder durch seine optische Wirkung die natürliche Eigenart der Landschaft beeinträchtige. Reduziert man den Schutz des Wirkbereichs auf kommunikative Handlungen, weil der individuelle Bereich ohnehin nicht gefährdet sei, kann eine Tätigkeit nicht als dem ungeschützten Bereich zugehörig definiert werden und zugleich aufgrund der sozialen Wirkung der Handlung, Unlustgefühle bei einem nicht unbeträchtlichen Teil der Betrachter hervorzurufen, unterbunden werden.

---

742 Schütz, JuS 1996, 498 (499 mit Fn. 13); Vesting, NJW 1996, 1111 (1112); Dolderer, BauR 1999, 691 (693 mit Fn. 17).

743 Schütz, JuS 1996, 498 (499).

Wäre das Kunstwerk nicht von außen einsehbar, käme auch kein auf die optische Wirkung bezogenes Verbot in Betracht. Auf grundrechtlicher Ebene lenkt dies den Blick auf den Publikumsbegriff. Soll Gegenstand des geschützten Wirkbereichs der Zugang zum Publikum sein, stellt sich die Frage, wie der Kreis der potentiellen Rezipienten beschaffen sein muß, um ihn als Publikum bezeichnen zu können. Wären die Skulpturen von Dritten nicht einsehbar, würde ihre Aufstellung immer noch dem Bauherrn selbst, den anderen Bewohnern und Besuchern des Grundstücks die Auseinandersetzung mit den Werken ermöglichen. Auch wenn dies naturgemäß nur wenige Personen sein werden, kommt mit der Aufstellung der kommunikative Gehalt der Kunst zum Tragen. Das Erfordernis einer öffentlichen Darbietung in dem Sinne, daß die Aufforderung zur Rezeption an die Allgemeinheit gerichtet sein muß, wäre eine erhebliche und angesichts der vom Wortlaut des Art. 5 III 1 GG intendierten Weite des geschützten Lebensbereichs unzulässig enge Beschreibung des geschützten Wirkbereichs.

Eine weitere Auffassung will vom geschützten künstlerischen Wirkbereich nur auf freiwillige Kommunikation gerichtete Handlungen umfaßt wissen. Baugestaltungsrechtswidrige Anlagen sollen schon daher nicht dem Schutz der Kunstfreiheit unterfallen, da sich der Betrachter ihrem Anblick nicht entziehen könne.[744]

Die Unfreiwilligkeit der Betrachtung verunstalteter Gebäude unterstellt, kann diese nicht entscheidend sein für die Frage, ob Baukunst vom Schutzbereich des Art. 5 III 1 GG umfaßt ist. Baukunst wäre als traditionelle Kunstgattung, ebenso wie Straßenkunst und andere, auf den öffentlichen Raum angewiesene Kunstformen, gänzlich dem Schutz der Kunstfreiheit entzogen. Ein solchermaßen restriktives Verständnis des Gewährleistungsbereiches würde daher zugleich eine Einschränkung des grundrechtlichen Kunstbegriffes bedeuten, die in diesem keine Grundlage findet. Daneben darf vor allem eine Argumentation mit dem Kommunikationsaspekt von Kunst nicht isoliert von den Gewährleistungsgehalten anderer Kommunikationsgrundrechte erfolgen. Meinungsfreiheit und Versammlungsfreiheit wären empfindlich reduziert, wollte man die grundrechtlich geschützte Kommunikation auf jene zwischen kommunikationswilligen Grundrechtsträgern beschränken. Insbesondere die von Art. 8 GG umfaßte Demonstrationsfreiheit wäre nicht existent, wäre die unfreiwillige Konfrontation Dritter negatives Schutzbereichsmerkmal. Begründet man den Sinn künstlerischer Freiheit mit der Ermöglichung von Kommunikation, kann der Kunstfreiheit kein anderer Kommunikationsbegriff zugrundegelegt werden als anderen Grundrechten.

---

744 Große-Suchsdorf/Lindorf/Schmaltz/Wiechert - Wiechert, § 53, Rn. 16, ohne weitere Auseinandersetzung.

B. Restriktive Schutzbereichbestimmungen

Ausgehend von der Überzeugung, ein Vorhaben dürfe nicht den bauplanungsrechtlichen Regelungen entzogen werden, indem ihm ein Kunstwerk „aufgesetzt“ wird, legen Koenig und Zeiss[745] dar, daß bauplanungsrechtliche Reglementierungen eines Bauwerks nur an Art. 14 GG und nicht an Art. 5 III 1 GG zu messen seien, wenn Kunst am Bau[746] betroffen ist. Beschränkungen bodenrechtsrelevanter Kunst seien hingegen an Art. 5 III 1 GG zu messen. Ist das Kunstwerk selbst eine bodenrechtsrelevante bauliche Anlage im Sinne von § 29 BauGB, sei das Bauplanungsrecht anwendbar und die Kunstfreiheit zu beachten. Weist die bauliche Anlage hingegen nur künstlerische Aspekte auf, soll die Relevanz von Art. 5 III 1 GG davon abhängig sein, ob diesen künstlerischen Elementen selbst städtebauliche oder landschaftsgestaltende Wirkung zukomme. In diesem Fall habe die bauplanungsrechtliche Behandlung der Anlage die Kunstfreiheit zu beachten, andernfalls soll ungeachtet der Mitbetroffenheit von Kunst die bauplanungsrechtliche Beurteilung lediglich Art. 14 GG zu berücksichtigen haben.[747] Begründet wird diese Differenzierung mit der Unvermehrbarkeit des Grundeigentums, die in weitem Umfang bodenrechtliche Inhaltsbestimmungen erforderlich mache; nicht jede Berührung von Kunst und Grundeigentumsnutzung dürfe daher zu einer Schrankenkumulation von Art. 5 III 1 GG und Art. 14 GG führen. Es sei vielmehr zu unterscheiden zwischen bloßen Berührungspunkten und verflochtenen Integrationsmomenten von Kunst und Eigentumsnutzung.[748]

Diese Begründung stützt sich zwar auf nachvollziehbare Bedürfnisse, kann aber nicht nachweisen, warum die getroffene Unterscheidung auf die dargestellte Art und Weise erfolgen soll. Unter welchen Bedingungen eine Baukunst oder Kunst am Bau betreffende baurechtliche Reglementierung den Gewährleistungsbereich der Kunstfreiheit verkürzt, ist nur grundrechtsdogmatisch zu erschließen.

Einer Methode, den Schutzbereich der Kunstfreiheit restriktiv zu definieren, bediente sich das BVerfG im Sprayer-Beschluß.[749] Hier stellte das Gericht fest, die Reichweite der Kunstfreiheitsgarantie erstrecke sich von vornherein nicht auf die eigenmächtige Inanspruchnahme oder Beeinträchtigung fremden Eigentums

745 Koenig/Zeiss, Jura 1997, 225 (225ff).

746 Dem Terminus „Kunst am Bau“ wird von Koenig/Zeiss, Jura 1997, 225, ein besonderes Verständnis beigelegt, daß sich von dem hier verwendeten (siehe oben Fn. 666) unterscheidet. Nach hier entwickelter Terminologie ist der gemeinte Bereich als baugebundene Kunst zu bezeichnen.

747 Koenig/Zeiss, Jura 1997, 225 (226f).

748 Koenig/Zeiss, Jura 1997, 225 (225f).

749 BVerfG, 19.03.1984, NJW 1984, 1293 (1294); BVerwG, 13.04.1995, NJW 1995, 2648 (2649), Isensee, AfP 1993, 619 (625f).

zum Zwecke künstlerischer Entfaltung. Baurechtlich beeinflußte Baukunst geht zwar typischerweise nicht mit Einwirkungen des Künstlers auf fremdes Eigentum einher. Verallgemeinert man jedoch die Feststellung des BVerfG in dem Sinne, daß die Beeinträchtigung fremder Grundrechtspositionen nicht vom Schutzbereich des Art. 5 III 1 GG umfaßt sei[750], könnten etwaige der Baugestaltung entgegenstehende grundrechtlich geschützte Interessen Dritter oder kollidierende Verfassungsgüter gegenüber der (Bau)Kunstfreiheit schutzbereichsbegrenzend wirken[751]. Schon die Schwierigkeit, der freien Baugestaltung gegenläufige Grundrechtspositionen Dritter auszumachen, vor allem aber das Erfordernis einer einzelfallbezogenen wertenden Gewichtung sprechen gegen eine Schutzbereichsbegrenzung durch Rechtspositionen Dritter.[752] Enger interpretiert erscheinen die Ausführungen des BVerfG hingegen plausibel. Die Kollision mit Grundrechten anderer tritt dort als Schutzbereichsproblem auf, wo auf fremdes Eigentum oder andere Rechtspositionen zugegriffen wird, denn in jenen Konstellationen wird ein über den klassischen Abwehrcharakter der Freiheitsgewährleistung hinausgehender status positivus in Anspruch genommen.[753] Eine solchermaßen verstandene Schutzbereichsbegrenzung bedarf jedoch keiner Auseinandersetzung, da von ihr keine Auswirkungen auf das Verhältnis zwischen baugestaltungsrechtlichen Beschränkungen und dem Schutzbereich der Kunstfreiheit ausgehen. Die ästhetisch beeinträchtigende bauliche Anlage kann nicht als Inanspruchnahme fremder Rechtspositionen verstanden werden. Das Bauwerk wirkt optisch auf die Umgebung bzw. den Betrachter ein, stellt an diese aber keine Ansprüche. Soweit es Interessen Dritten beeinträchtigt, steht lediglich eine Duldung in Rede, nicht aber eine Leistung.

Der Sprayer-Beschluß deutet darüber hinaus auf ein an die Theorie von Müller angelehntes Verständnis der Schutzbereichslösung und damit auf eine weitere

---

750 So BVerwG, 13.04.1995, NJW 1995, 2648 (2649). Isensee, AfP 1993, 619 (625f) behandelt den Sprayer-Beschluß zwar als Paradigma, die Rechte anderer gelten als von vornherein bestehende Grenzen des Schutzbereichs - „Neminem laedere-Gebot“ -, der Kunst entgegenstehende Persönlichkeitsrechte thematisiert er dennoch als Problem einer Grundrechtskollision.

751 So Berg, S. 155f; offengelassen bei Melchinger, S. 168f. Zu kollidierenden Grundrechten als Schutzbereichsbegrenzungen vorbehaltlos garantierter Grundrechte siehe auch Bamberger, S. 52ff. Drews/Wacke/Vogel/Martens - Martens, S. 285, beruft sich ebenfalls auf die Sprayer-Entscheidung und schlußfolgert, der Schutzbereich des Art. 5 III 1 GG umfasse kein Recht des Künstlers, sich an jedem Ort und in beliebiger Art zu betätigen, bauordnungsrechtliche Reglementierungen blieben daher von vornherein außerhalb des durch Art. 5 III 1GG geschützten Bereichs.

752 Dagegen auch Müller, Kunst, S. 127; Dolderer, BauR 1999, 691 (693 mit Fn. 19).

753 Henschel, NJW 1990, 1937 (1942).

Möglichkeit einer restriktiven Schutzbereichsbestimmung hin.[754] Die Eigentumsbeeinträchtigung, die Anknüpfungspunkt der staatlichen Maßnahme war, sah das BVerfG nicht als spezifisch mit der Kunst des Sprayers Naegeli verbunden[755] sondern nur als eine vom Schutzbereich der Kunstfreiheit nicht umfaßte Modalität. Müller[756] differenziert zwischen grundrechtlich geschützten kunstspezifischen Handlungen und dem nicht der Kunstfreiheit unterstellten Verhalten bei Gelegenheit der Grundrechtsausübung und versteht den Wirkbereichsschutz begrenzt auf die grundsätzliche Möglichkeit der Darbietung und Verbreitung des Kunstwerks. Aufgrund der Überschneidung von Werk- und Wirkbereich genießt Baukunst nach Ansicht von Müller nur den relativen Wirkbereichsschutz.[757] Im Wirkbereich werde nicht jede beliebige Verbreitungsweise sondern nur die grundsätzliche Möglichkeit grundrechtsspezifischer Kommunikation geschützt. Daher seien Planungsgesetze und Bebauungspläne sowie bautechnische, baupolizeiliche und sicherheitspolizeiliche Anforderungen keine die Kunstfreiheit einschränkenden Normen, wohl aber bestimmte künstlerische Stilrichtungen und Gestaltungsarten diskriminierende Verunstaltungsnormen[758]. Die generelle Verhinderung eines bestimmten Baukunstwerkes wäre gegen die grundsätzliche Möglichkeit künstlerischen Wirkens gerichtet und ebenfalls ein Eingriff. Die Prämisse, im Wirkbereich sei nur die grundsätzliche Kommunikationsmöglichkeit geschützt, kann die von Müller vorgenommene Differenzierung nicht tragen. Absolute Verunstaltungsverbote sind gegen das Baukunstwerk als solches gerichtet und verhindern bestimmte Baukunstwerke generell, so daß sie als Eingriff zu verstehen wären. Relative Verunstaltungsverbote knüpfen an die ästhetische Beziehung des Werkes zu seiner Umgebung an. Sie verhindern nur dann das Werk als solches und nicht nur eine alternative Möglichkeit seiner Verwirklichung, wenn das Zusammenwirken mit der Umgebung bzw. dem Grundstück Bestandteil der künstlerischen Aussage, dem Kunstwerk immanent ist. Sieht man Baukunst nicht generell als umgebungsbezogene Kunst[759], lassen gegen die Errichtung eines bestimmten Werkes an einem bestimmten Ort gerichtete relative Verunstaltungsverbote den geschützten Wirkbereich im Sinne von Müller unbe-

754 Hoffmann, NJW 1985, 237 (239).

755 Anders zum Teil die Literatur, Nachweise bei Hoffmann, NJW 1985, 237 (239f, mit Fn. 36).

756 Müller, Kunst, S. 63ff, 104f; ähnlich AK - Ladeur, Art. 5 III/II, Rn. 20.

757 Müller, Kunst, S. 128; Seybold 140f.

758 Es ist unklar, ob Müller die bestehenden Verunstaltungsnormen als bestimmte künstlerische Stilrichtungen und Gestaltungsarten diskriminierend versteht, oder hier nicht existierende Normen im Blick hat. Auf die erste Alternative läßt die Wahl des Indikativs schließen.

759 So Voßkuhle, BayVBl 1995, 613 (619 mit Fn 67); Seybold, S. 140; weitgehend auch Zeiss, ZfBR 1997, 286 (289).

rührt, wenn sie Baukunstwerke betreffen, deren künstlerischer Inhalt auch an einem anderen Ort derselbe wäre. Ebenso könnten bautechnische und andere Anforderungen der Errichtung bestimmter Werke der Baukunst generell entgegenstehen und somit als Eingriffe zu werten sein. Zusammenfassend ist festzustellen: Unter der Prämisse, die Kunstfreiheit schütze nur kunstspezifische Handlungen und die grundsätzliche Möglichkeit der Darbietung eines Kunstwerks, wären zwei Arten baurechtlicher Anforderungen als Eingriffe in die Kunstfreiheit zu werten. Generelle Anforderungen, deren Beachtung ein anderes Kunstwerk bewirken würde, sowie standortbezogene Anforderungen soweit ihre Berücksichtigung ein anderes Kunstwerk bewirken würde weil das Objekt aufgrund seiner Umweltbezogenheit auf den Standort angewiesen ist. Ist der Umgebungsbezug nicht Bestandteil des Baukunstwerks, wären standortbezogene Anforderungen keine Eingriffe in die künstlerische Freiheit.

Die Unzulässigkeit einer solchermaßen restriktiven Schutzbereichsinterpretation erhellt eine Betrachtung der faktisch verbleibenden Darbietungsmöglichkeiten[760]. Angesichts der regelmäßig für den Künstler oder Bauherrn nicht bestehenden Alternative, das Baukunstwerk auf einem anderen Grundstück zu bauen, wo es von den beschränkenden Normen nicht betroffen wäre, kommen auch umgebungsbezogene Anforderungen idealtypisch einer Verhinderung des Baukunstwerks gleich. Darüber hinaus ist eine Verkürzung des geschützten Wirkbereichs auf die grundsätzliche Möglichkeit der Darbietung und Verbreitung eines Kunstwerks bedenklich, da auf diese Weise gerade der Schutz vor einer Zurückdrängung von Kunst an staatlicherseits ausgewählte Orte nicht geleistet wird.

Pieroth und Schlink definieren den Schutzbereich der Kunstfreiheit ebenfalls restriktiv. Die Kunstfreiheit schütze auch sonst erlaubtes Verhalten dann, wenn es Kunst herstellt oder darbietet. Die Kunstfreiheit wäre daher dann betroffen, wenn Anforderungen an die künstlerische Gestaltung von Bauwerken gestellt werden, die ansonsten baurechtlich zulässig sind.[761] Gerade am Beispiel baugestalterischer Anforderungen zeigen sich die Schwächen dieser Methode. Baugestalterische Reglementierungen betreffen nicht ausnahmslos Kunstwerke und bewirken nicht zwangsläufig eine künstlerische Gestaltung. In konsequenter Anwendung der Methode von Pieroth und Schlink wäre die Abweichung von baugestalterischen Anforderungen ein auch sonst unerlaubtes Verhalten, so daß die Kunstfrei-

760 Die Bedeutung der faktischen Eigentumsverhältnisse in der BRD für die Bestimmung eines Eingriffs in die Kunstfreiheit betonte BVerfG, 19.03.1984, NJW 1984, 1293 (1294). Das BVerfG ging offensichtlich davon aus, daß eine Inkriminierung von Eigentumsverletzungen dann in die Kunstfreiheit eingreife, wenn die faktischen Eigentumsverhältnisse eine Kunstentfaltung ohne Verletzung von Eigentumsrechten unmöglich machen würden.

761 Pieroth/Schlink, Rn. 617f.

heit nicht betroffen wäre. Es sind nur wenige Fallgestaltungen denkbar, bei denen tatsächlich die Kunst Anknüpfungspunkt für staatliche Reglementierungen wäre. Ein Verständnis der Kunstfreiheit als Freiheit zur künstlerischen Betätigung im auch ansonsten erlaubten Bereich wird dem Telos des Grundrechts nicht gerecht.[762]

Eine Einschränkung der als Eingriffe in die Kunstfreiheit des Architekten oder Bauherrn einzustufenden Reglementierungen könnte sich schließlich aus dem Eingriffsbegriff selbst ergeben. Der Eingriff im traditionellen Sinne ist durch seine Imperativität gekennzeichnet.[763] Damit ist zugleich eine bestimmte Beziehung zwischen Freiheitsgegenstand und -beeinträchtigung gefordert: die sachliche Identität von Regelung und Beeinträchtigung.[764] Baurechtliche Anforderungen sind verbindliche Verhaltensanordnungen an den Bauherrn. Nicht immer, wenn sich die Beachtung dieser Anforderungen auf baukünstlerisches Schaffen auswirkt, ist die Beeinträchtigung künstlerischer Freiheit regelungsidentisch. Ist das Kunstwerk nicht Regelungsgegenstand, ist es gleichsam nur reflexartig[765] von der Anforderung betroffen, so ist die Anordnung zwar ein klassischer Eingriff, nicht aber in die Kunstfreiheit. Es wäre also zu unterscheiden, ob Gegenstand der Regelung das Kunstwerk selbst ist, oder dieses nur mitbetroffen ist. Ist das Kunstwerk als Architektur oder baubezogene Kunst selbst eine bauliche Anlage, sind an bauliche Anlagen anknüpfende Beeinträchtigungen der Baukunst zugleich klassische Eingriffe in die Kunstfreiheit. Ist das Kunstwerk als baugebundene Kunst hingegen nur Teil der baulichen Anlage, sind Begleitbeeinträchtigung eher denkbar, die nicht zugleich ein klassischer Eingriff in Art. 5 III 1 GG sind. Dieser liegt nur vor, wenn die Anordnung auf den künstlerischen Teil der Anlage Bezug nimmt. Unter Zugrundelegung des traditionellen Eingriffsbegriffs kommt man demnach zu der von Koenig und Zeiss[766] dargelegten Differenzierung: Ist Kunst am Bau von bauplanungsrechtlichen Anforderungen lediglich mitbetroffen, ist nur Art. 14 GG, nicht aber Art. 5 III 1 GG zu berücksichtigen. Offen bleibt aber, ob als Eingriffe in die Baukunstfreiheit tatsächlich nur solche im klassischen Sinne in Frage kommen, oder ob auch die mittelbare, lediglich faktische Beeinträchtigung der Kunstfreiheit die abwehr-

762 Jarass/Pieroth - Jarass, Art. 5, Rn. 88. Siehe auch Davy, EuGRZ 1985, 516 (516f) zur vergleichbaren Intentionalitätslösung des VfGH Wien.

763 Stern - Sachs, III/2, S. 104.

764 Gallwas, S. 12f; Stern - Sachs, III/2, S. 105.

765 Nach der von Gallwas, S. 13, vorgenommenen Systematik handelt es sich Folgewirkungen, die der Gruppe der Reflexwirkungen zuzuordnen sind.

766 Koenig/Zeiss, Jura 1997, 225 (225ff).

rechtliche Relevanz von Art. 5 III 1 GG begründet.[767] Eine nähere Befassung mit der Frage der Regelungsidentität zeigt überdies die nur scheinbare Objektivität der Differenzierung.[768]

Gegenstand dieser Betrachtung sind nicht die (Bau)kunstfreiheit und ihre Einschränkung durch baurechtliche Anforderungen, Ausgangspunkt ist vielmehr die Bedeutung baugestalterischer Anforderungen für die Kunstfreiheit. Restriktionen, die sich aus einer Beschränkung auf den traditionellen Eingriffsbegriff ergeben, werden im hier interessierenden Zusammenhang nur aktuell, wenn baugestaltungsrechtliche Anforderungen einer baukünstlerischen Realisierung entgegenstehen, ohne daß diese Baukunst zugleich Gegenstand der baugestalterischen Anforderung wäre. Eine solche Konstellation ist nur als atypischer Ausnahmefall denkbar.[769] Der gegebene Rahmen rechtfertigt es daher, auf eine Auseinandersetzung zur Relevanz der traditionellen Eingriffsdefinition für Beeinträchtigungen künstlerischer Freiheit zu verzichten. Erst recht kann eine Auseinandersetzung über die Restriktion möglicher Eingriffe durch das Erfordernis einer spezifischen Motivation der Einwirkung unterbleiben. Für bestimmte Grundrechte wird ein spezifischer Bezug der Motivation zum Grundrechtsgegenstand als Voraussetzung für einen Grundrechtseingriff gefordert.[770] Entsprechend denkbar wäre, als Eingriff in die Kunstfreiheit nur jene Beschränkungen zu verstehen, die gegen die Kunst als solche gerichtet sind.[771] Abgrenzungskriterium hierfür könnte sein, ob

767 Siehe zur grundrechtlichen Relevanz von Begleitbeeinträchtigungen Stern - Sachs, III/2, S. 173. Dieses Problem wird zum Teil auf die Ebene der Grundrechtskonkurrenz verlagert.

768 Ist das Verbot, auf der Straßenkreuzung zu verweilen, ein unmittelbarer Eingriff in die Kunstfreiheit dessen, der sich mit seiner Staffelei gerade hier niederlassen möchte? Greift die generelle Unbebaubarkeit eines Grundstücks in die Kunstfreiheit des Eigentümers ein, der hier ein Baukunstwerk zu errichten beabsichtigt oder ist Gegenstand der Regelung nur das Grundstück?

769 Ein solcher Fall könnte etwa gegeben sein, wenn ein aufgrund seiner Form verunstaltend wirkendes Bauwerk bauordnungsrechtlich unzulässig wäre und jede einen gesetzmäßigen Zustand herbeiführende Veränderung der Form die geplante Anbringung eines künstlerischen Ornaments verhindern würde. Ist aber der künstlerische Aspekt des Bauwerks so monumental, wird es regelmäßig zusammen mit dem Bauwerk selbst als Gesamtkunstwerk zu betrachten sein. Das Verbot, ein Denkmal abzureißen, wäre auch dann kein klassischer Eingriff in die Kunstfreiheit des Eigentümers, wenn dieser beabsichtigt, an Stelle des Denkmals ein Baukunstwerk zu errichten. Hingegen liegt ein Eingriff im klassischen Sinne vor, wenn die baukünstlerische Veränderung des Denkmals unterbunden wird.

770 Nachweise bei Stern - Sachs, III/2, S. 118 mit Fn. 192.

771 Siehe nur Kriele, JA 1984, 629 (637). Darstellung sowie seine hiergegen vorgebrachten Bedenken bei Stern - Sachs, III/2, S. 120f. Siehe auch zu Art. 17a des österreichischen Staatsgrundgesetzes über die allgemeinen Rechte der Bürger (StGG) als Freiheit der Kunst vor spezifisch intentionalen Einengungen, VfGH Wien, EuGRZ 1985, 514ff mit Anmerkung Davy, EuGRZ 1985, 516.

die Beeinträchtigung die kommunikative Wirkung des Werkes in Bezug nimmt.[772] Unabhängig davon, wie genau die Kriterien zu bestimmen wären, haben baugestaltungsrechtliche Anforderungen mit ihrer Anknüpfung an die visuelle Wirkung von Bauwerken einen spezifischen Bezug zum Schutzgegenstand der Kunstfreiheit. Inwieweit baupolizeiliche, sozialpflegerische, gesundheitspolitische oder verkehrspolitische Anforderungen schon wegen ihrer Schutzrichtung aus dem Kreis der in die Kunstfreiheit eingreifenden Bestimmungen ausscheiden, ist nicht Gegenstand dieser Untersuchung.

C. Grundrechtsträger

Träger der Kunstfreiheit ist in erster Linie der Künstler selbst. Aufgrund der kommunikativen Bedeutung von Kunst und des ansonsten nur unzulänglichen Schutzes des Wirkbereichs sind auch Dritte, die zur Verbreitung und Veröffentlichung des Kunstwerks erforderliche vermittelnde Tätigkeiten ausüben, als Grundrechtsträger anerkannt.[773] Typischerweise erteilt der Bauherr dem Architekten den Auftrag zum Entwurf eines Gebäudes verbunden mit mehr oder weniger detaillierten funktionalen Vorgaben. Mitunter trifft der Bauherr Gestaltungsbestimmungen, die über die üblichen Bauherrenvorgaben hinausgehen und die Detailgenauigkeit von Gebäudemodellen erreichen.[774] Künstler ist somit regelmäßig der Architekt[775], im Einzelfall aber auch bzw. ausschließlich der Bauherr selbst. In jedem Fall ist der Bauherr als Vermittler der Baukunst

---

772 Art. 5 III 1 GG wolle Kunst in ihren geistigen Auswirkungen schützen und ihr nicht eine Sonderstellung zukommen lassen, soweit sie physisch auf die Umwelt einwirkt, so Erbel, S. 165f, 157f; ähnlich Müller, Kunst, S. 127f, der nur die Kunst positiv oder negativ definierende Anforderungen als Eingriff in die Kunstfreiheit ansieht, nicht aber baupolizeiliche und ähnliche Bestimmungen, sowie Pieroth/Schlink, Rn. 617f, siehe oben.

773 BVerfG, 24.02.1971, E 30, 173 (189, 191); BVerfG, 05.03.1974, E 36, 321 (331); BVerfG, 03.11.1987, E 77, 240 (251, Werbung für Kunstwerk); BVerfG, 07.03.1990, E 81, 278 (292); BVerfG, 03.04.1990, E 82, 1 (6); v. Mangoldt/Klein/Starck - Starck, Art. 5 III, Rn. 285; Isensee/Kirchhof - Denninger, § 146, Rn. 20; Würkner S. 141ff; Ropertz, S. 107; Dreier - Pernice, 5 III, Rn. 27; Ipsen, § 10, Rn. 470; Moench/Schmidt, S. 55; Henschel, NJW 1990, 1937 (1939f); Schütz, JuS 1996, 498 (499); einschränkend Müller, Kunst, S. 101f; Maunz/Dürig/Herzog/Scholz - Scholz, Art. 5 III, Rn. 13, 47.

774 Zu urheberrechtlichen Folgen siehe Göpfert, BauR 1999, 312ff; v. Gamm, BauR 1982, 97 (116).

775 BGH, 29.03.1957, BGHZ 24, 55 (65); Moench/Schmidt, S. 55; Voßkuhle, BayVBl 1995, 613 (615); Looks, S. 98; Seybold, S. 106; Mick, S. 73; Maunz/Dürig/Herzog/Scholz - Scholz, Art. 5 III, Rn. 72; Klein, S. 278.

ebenfalls in den Schutzbereich der Kunstfreiheitsgarantie eingeschlossen[776], denn er entscheidet über die Umsetzung des baukünstlerischen Vorhabens kraft seiner Verfügungsbefugnis über das Grundeigentum und als zukünftiger Eigentümer.

III. Die Einschränkbarkeit der Baukunstfreiheit

Die Kunstfreiheit ist ihrem Wortlaut nach schrankenlos gewährt. Zugleich ist unbestritten, daß keine Freiheit grenzenlos bestehen kann[777], will man nicht den Schutzbereich so restriktiv bestimmen, daß Schrankenfragen obsolet werden. Dies wird namentlich für die Freiheit der künstlerischen Gestaltung von Bauwerken betont.[778] Das BVerfG[779] unterstellt schrankenlos garantierte Grundrechte in ständiger Rechtsprechung, gefolgt von den Fachgerichten[780] und weiten Teilen der Literatur[781], einem Verfassungsvorbehalt. Kollidierende Grundrechte und an-

776 Moench/Schmidt, S. 55; Looks, S. 97; Seybold, S. 106; Mick, S. 73f; Voßkuhle, BayVBl 1995, 613 (615); Klein, S. 278. Gegen die Einbeziehung des Kunstmittlers in den Kreis der Grundrechtsträger Maunz/Dürig/Herzog/Scholz - Scholz, Art. 5 III, Rn. 35, 47, 13.

777 BVerfG, 24.02.1971, E 30, 173 (193); Erbel, S. 115; Sachs, JuS 1995, 984 (985); Isensee/Kirchhof - Bethge, § 137, Rn. 22; Isensee/Kirchhof - Campenhausen, § 136, Rn. 79; AK - Denninger, vor Art. 1, Rn. 9; Stern - Sachs, III/2, S. 660.

778 Büge/Zinkahn, S. 16; Mick, S. 71; Erbel, S. 169ff.

779 BVerfG, 26.05.1970, E 28, 243 (261); BVerfG, 24.02.1971, E 30, 173 (193); BVerfG, 12.10.1971, E 32, 40 (46); BVerfG, 11.04.1972, E 33, 23 (29); BVerfG, 17.12.1975, E 41, 29 (50); BVerfG, 08.02.1977, E 44, 37 (49f); BVerfG, 16.10.1979, E 52, 223 (246f); BVerfG, 08.04.1981, E 57, 70 (99); BVerfG, 17.07.1984, E 67, 213 (228); BVerfG, 03.06.1987, E 75, 369 (377); BVerfG, 03.11.1987, E 77, 240 (253); BVerfG, 07.03.1990, E 81, 278 (292); BVerfG, 07.03.1990, E 81, 298 (307).

780 BVerwG, 23.05.1989, E 82, 76 (82); BVerwG, 27.05.1992, E 90, 112 (122); BVerwG, 13.04.1995, NJW 1995, 2648; BVerwG, 11.12.1996, DVBl 1997, 1173 (1173f); BayVGH, 13.10.1994, NVwZ 95, 502 (503); OVG Hamburg, 24.08.1994, NVwZ 1995, 498 (501); VGH BW, 01.07.1997, DVBl 1997, 1186; OVG Koblenz, 09.05.1997, DVBl 1997, 1242 (1244).

781 Seifert/Hömig - Antoni, Art. 5, Rn. 30; Seifert/Hömig - Hömig, Die Grundrechte, Rn. 11; Isensee/Kirchhof - Bethge, § 137, Rn. 29; Isensee/Kirchhof - Campenhausen, § 136, Rn. 81; Isensee, AfP 1993, 619 (625); Koenig/Zeiss, Jura 1997, 225 (229); Kuhl/Unruh, DÖV 1991, 94 (100); Stern - Sachs, III/2, S. 551ff; Schütz, JuS 1996, 498 (500); Vlachopoulos, S. 140; Dreier - Pernice, Art. 5 III, Rn. 31; v. Münch/Kunig - Wendt, Art. 5, Rn. 96; Hufen, S. 128ff; Maunz/Dürig/Herzog/Scholz - Scholz, Art. 5 III, Rn. 57; einschränkend Waechter, Der Staat 1991, 19 (21ff); kritisch Schwabe, S. 308; Pieroth/Schlink, Rn. 325ff; AK - Ladeur, Art. 5 III/II, Rn. 13; Kriele, JA 1984, 629; Schmidt-Bleibtreu/Klein - Kannengießer, Vorb. vor Art. 1, Rn. 20. Anders v. Mangoldt/Klein/Starck - Starck, Art. 5 III, Rn. 302ff

dere mit Verfassungsrang ausgestattete Rechtswerte seien mit Rücksicht auf die Einheit der Verfassung und die von ihr geschützte gesamte Wertordnung ausnahmsweise imstande, uneinschränkbare Grundrechte in einzelnen Beziehungen zu begrenzen.

Verfassungsgüter, die mit der Baukunstfreiheit kollidieren und bauästhetisch motivierte Eingriffe in die Kunstfreiheit rechtfertigen könnten, sind nicht im geringsten offensichtlich. Vor diesem Hintergrund ist zunächst zu prüfen, ob andere Schrankenkonstruktionen in die Kunstfreiheit eingreifende Baugestaltungsanforderungen verfassungsrechtlich rechtfertigen können.

A. Schrankenanleihen und sachimmanente Schranken

In älterer Literatur[782] wird die Vereinbarkeit baugestalterischer Anforderungen mit der Kunstfreiheit mit der umfassenden Geltung der Schrankentrias in Art. 2 I GG begründet. Heute wird die Zulässigkeit von Schrankenanleihen bei anderen Grundrechten ganz überwiegend abgelehnt.[783] Ein Verständnis des Art. 2 I Hs. 2 GG als Elementarschranke[784] aller Grundrechte entspricht nicht dem herrschenden Verständnis von Art. 2 I GG als Auffanggrundrecht.[785] Art. 2 I GG tritt hinter speziellen Grundrechten als lex generalis zurück, eine Übertragung der Schrankentrias auf vorbehaltlos garantiertes Grundrechtshandeln ist mit dem

(zwischen Werk- und Wirkbereich künstlerischen Schaffens differenzierende Stufentheorie).

782 Schmidt-Tophoff, S. 58; Büge/Zinkahn, S. 16 m.w.N.; ebenso OVG Münster, 28.07.1952, VerwRspr 5 (1953), Nr. 101.

783 BVerfG, 27.11.1990, E 83, 130 (139); Dreier, DVBl 1980, 471 (472); Seifert/Hömig - Antoni, Art. 5, Rn. 30; Isensee/Kirchhof - Campenhausen, § 136, Rn. 81; Hufen, S. 130; Hufen, DÖV 1983, 353 (357); Kriele, JA 1984, 629 (635); Kuhl/Unruh, DÖV 1991, 94 (100); AK - Ladeur, Art. 5 III/II, Rn. 11; Müller, Kunst, S. 18f; Pieroth/Schlink, Rn. 317; Sachs - Sachs, Vor Art. 1, Rn. 119; Stern - Sachs, III/2, S. 548f; Benda/Maihofer/Vogel - Schulze-Fielitz, § 27, Rn. 10; Schütz, JuS 1996, 498 (501); v. Mangoldt/Klein/Starck - Starck, Art. 5 III, Rn. 302; Vlachopoulos, S. 131ff; Sachs - Bethge, Art. 5, Rn. 197, 223; Isensee/Kirchhof - Bethge, § 137, Rn. 24f. Für eine Geltung der in Art. 2 I GG aufgestellten Grenzen für alle Grundrechte Schmidt-Bleibtreu/Klein - Kannengießer, Vorb. vor Art. 1, Rn. 20.

784 Erbel, S. 120. Für vorbehaltlose Grundrechte Maunz/Dürig/Herzog/Scholz -Herzog, Art. 4, Rn. 114ff.

785 Dreier, DVBl 1980, 471 (472); v. Mangoldt/Klein/Starck - Starck, Art. 5 III, Rn. 302; Maunz/Dürig/Herzog/Scholz - Scholz, Art. 5 III, Rn. 56 mit der Einschränkung, das Sittengesetz und die Rechte anderer wären allen Grundrechten immanente Elementarschranken (Rn. 59, 61). Dagegen ausdrücklich BVerfG, 24.02.1971, E 30, 173 (192f); BVerfG, 01.03.1978, E 47, 327 (368); BVerfG, 17.07.1984, E 67, 213 (228); Dreier - Pernice, Art. 5 III, Rn. 31.

Spezialitätsprinzip unvereinbar. Ein Rückgriff auf die Schranken des Art. 2 I GG bedeutet eine Schrankennivellierung auf unterster Ebene[786], die grundrechtsdifferenzierte Schrankenarchitektur würde obsolet.[787] Der Parlamentarische Rat hat eine allgemeine Schrankenklausel für alle Grundrechte gezielt nicht ins Grundgesetz aufgenommen[788]; eine Schrankenanleihe bei der Schrankentrias des Art. 2 I Hs. 2 GG würde diese Intention negieren.

Diese Gründe sprechen auch gegen eine Übertragung der Schranken aus Art. 5 II GG auf die Kunst- und Wissenschaftsfreiheit. Die Kunstfreiheit ist kein Unterfall der Meinungsfreiheit, sondern bewußt systematisch von dieser getrennt.[789]

Aus der Natur der Sache können entgegen anderslautender Auffassungen in der Literatur[790] ebenfalls keine Rechtfertigung bauästhetisch motivierter Eingriffe in die Kunstfreiheit abgeleitet werden. Die Konstruktion sachimmanenter Elementarschranken kann nur willkürlich erfolgen und die Freiheit selbst konterkarieren. Es ist nicht zu begründen, warum vorgegebene bauästhetische Qualitäten als der Baukunstfreiheit immanent, und die Beachtung gestalterischer Belange beim Bauen als unverzichtbar für die Allgemeinheit gelten sollen.[791] Die unabweisliche Konfrontation der Gemeinschaft mit dem Bauwerk kann keine naturnotwendige Gemeinschaftsgebundenheit bewirken, die eo ipso zur Durchsetzung grundlegender bauästhetischer Vorstellungen Eingriffe in die vorbehaltlos garantierte Kunstfreiheit rechtfertigen könnte.[792]

---

786 BVerfG, 19.10.1971, E 32, 98 (107); Stern - Sachs, III/2, S. 549; Sachs, JuS 1995, 984 (986).

787 BVerfG, 16.01.1957, E 6, 32 (37); BVerfG, 24.02.1971, E 30, 173 (192); Kloepfer, JZ 1986, 205 (209); Stern - Sachs, III/2, S. 549; Pieroth/Schlink, Rn. 317.

788 Siehe aber Art. 21 III, IV HChE. Zur Entstehungsgeschichte Stern - Sachs, III/2, S. 267ff, 271.

789 So aber Watzke, S. 82f; Knies, S. 233ff, der aber die Schranken des Art. 5 II GG nicht auf die Grundrechte des Art. 5 III 1 GG überträgt, sondern die Kunstfreiheit von vornherein primär in Art. 5 I GG verortet. Siehe auch Isensee, AfP 1993, 619 (625), die Schranken des Art. 5 II GG auch für die Kunstfreiheit befürwortend. Dagegen u.a. BVerwG, 21.12.1954, E 1, 303 (305ff); BVerfG, 24.02.1971, E 30, 173 (191f); BVerfG, 25.04.1972, E 33, 52 (70f); Dreier - Pernice, Art. 5 III, Rn. 31; Hufen, DÖV 1983, 353 (357); Maunz/Dürig/Herzog/Scholz - Scholz, Art. 5 III, Rn. 11 m.w.N., 54; Müller, Kunst, S. 12ff; Heckel, S. 88; Erbel, S. 117; v. Mangoldt/Klein/Starck - Starck, Art. 5 III, Rn. 302.

790 Erbel, S. 169ff, leitet aus der Natur der Baukunst sachimmanente ästhetische Elementarschranken ab.

791 So aber Erbel, S. 169ff.

792 Siehe auch Voßkuhle, BayVBl 1995, 613 (618); Looks, S. 108ff; Seybold, S. 110.

B. Die Maßgeblichkeit der Schranken von Art. 14 GG

Von der als unzulässig erkannten Schrankenübertragung zu unterscheiden ist die Frage, an welchen Grundrechtsschranken eine Maßnahme zu messen ist, wenn sie in mehrere schrankendivergierende Grundrechte eingreift.[793] Zahlreiche - früher die überwiegende Mehrheit bildende[794], aber auch heute noch nicht nur vereinzelt zu vernehmende[795] - Stimmen in Literatur und Rechtsprechung halten die

---

793 Mit dem Argument, die Anwendbarkeit der Schranken des einen Grundrechts auf die Einschränkung des anderen laufe auf eine unzulässige Schrankenübertragung hinaus (Würkner, DÖV 1992, 150 [152], kann die Unzulässigkeit nicht begründet werden, da die gegen eine Schrankenübertragung vorgebrachten Argumente, die differenziert geregelten Grundrechtsschranken würden vereinheitlicht, hier nicht greifen. Diese Problematik betrifft nur die Frage, an welchen Grundrechtsschranken eine Maßnahme zu messen ist, die in mehrere Grundrechte eingreift. Bei unterschiedlichen Schrankenregelungen ist keine andere Lösung als die Nivellierung einer dieser Regelungen denkbar. Dennoch ist nicht zu verkennen, daß unzählige Ausübungen selbständig verbürgter Freiheitsrechte mit der Inanspruchnahme anderer Grundrechte einhergehen, zu denken sei nur an Überschneidungen in den Bereichen Religions- und Meinungsfreiheit. Die alleinige Maßgeblichkeit benannter Schranken kann die Vorbehaltlosigkeit des unterliegenden Grundrechts aushöhlen, die Selbständigkeit des anwendungslos gebliebenen Grundrechts weitgehend in Frage stellen.

794 BVerwG, 28.06.1955, E 2, 172 (179); OVG Lüneburg, 28.01.1954, BBauBl. 1954, 337 (338); HessVGH, 13.08.1953, BRS 3, S. 197ff (200); Kiehne, S. 59; Ropertz, S. 164; Zinkahn, DÖV 1953, 161 (165); Schmidt-Tophoff, S. 58. Detaillierte Auseinandersetzungen bei Looks, S. 71ff; Knies, S. 83ff; Watzke, S. 66ff.

795 BVerwG, 10.12.1979, BRS 35, Nr. 133; BVerwG, 25.06.1965, E 21, 251 (257, zum Verhältnis von Eigentums- und Berufsfreiheit); Engelmann, S. 212 (aus der Kunstfreiheit erwachse nicht die Befugnis, sich über die dem Eigentum zulässigerweise gezogenen Schranken hinwegzusetzen); ebenso Simon, Art. 11, Rn. 6b, speziell für Baukunst mit dem Verweis auf die Einbettung des Werkes in die Eigentumsordnung, der soziale Bezug sei bei baulichen Anlagen besonders ausgeprägt, vor allem mit Blick auf die Aus- und Rückwirkungen auf das Orts- und Landschaftsbild und die Rücksichtnahme auf benachbarte Gebäude. Ebenso Alexejew/Haase/Großmann/Möhl - Alexejew, § 12, Rn. 72; Flagge - Kromik, S. 95 (107); v. Mangoldt/Klein/Starck - Starck, Art. 5 III, Rn. 319; Maunz/Dürig/Herzog/Scholz - Scholz, Art. 5 III, Rn. 72; Ernst/Hoppe - Ernst, Rn. 875. Der gleiche Senat ließ in BVerwG, 27.06.1991, NVwZ 1991, 983 (984) die Richtigkeit seiner in BVerwG, 10.12.1979, BRS 35, Nr. 133 getroffenen Feststellung, soweit die Kunstausübung als Eigentumsausübung erfolge, erwachse aus der Kunstfreiheit keine Befugnis, sich über die dem Eigentum zulässigerweise gezogenen Schranken hinwegzusetzen, ausdrücklich offen und stützte seine Argumentation sodann auf konkurrierende Verfassungsgüter. Die Ausführungen von Würkner, DÖV 1992, 150 (151), ders., S. 167, das BVerwG habe in dieser Entscheidung die Schranken der Eigentumsfreiheit als maßgeblich für die Beschränkung der Kunstfreiheit erachtet, entspricht nicht den Tatsachen.

Schranken des Art. 14 GG für maßgeblich zur Beschränkung der baukünstlerischen Freiheit durch bauästhetisch motivierte Anforderungen.

Auch wenn diese Auffassung primär von dem Willen getragen sein mag, die Vorbehaltslosigkeit der Baukunstfreiheit zu umgehen[796], erübrigt dies keine grundrechtsdogmatische Auseinandersetzung.

Die Überzeugungen von der Maßgeblichkeit der Schranken des Art. 14 GG haben ihren Ausgangspunkt in verschiedenen Gedankengebäuden zur Konkurrenz von Eigentumsgarantie und Kunstfreiheit. Unabhängig davon, ob der Schutzbereich der Kunstfreiheit als durch zulässige Einschränkungen der Eigentumsfreiheit verfassungsimmanent begrenzt verstanden wird, so daß bereits die Grundrechtskumulation vermieden werden kann, oder ob auf der Rechtfertigungsebene die Schranken der Eigentumsgewährleistung auf die mitbetroffene Kunstfreiheit übertragen werden, sollen auf diese Weise letztlich Eigentumsschranken als Kunstfreiheitsschranken maßgeblich werden. Ob die Schrankendivergenz als Problem der Grundrechtskonkurrenz[797] oder als solches der Schrankenkonkurrenz behandelt wird, ist den Ausführungen selten eindeutig zu entnehmen, im Ergebnis aber auch belanglos, da Gegenstand jeweils die Frage ist, ob bei gleichzeitiger Inanspruchnahme mehrerer Grundrechte alle zur Wirkung gelangen, so daß sich eine differenzierte Auseinandersetzung um die richtige Verortung der Problematik vorläufig[798] erübrigt.

Allen Auffassungen über das Verhältnis von Art. 14 GG zu Art. 5 III 1 GG liegt die Frage zugrunde, wie sich diese Schrankendivergenz auf die staatliche Regelungsmacht auswirkt.

Überwiegend wird die Anwendbarkeit der Eigentumsschranken für die Beschränkung der Baukunst begründungslos behauptet.[799] Die apodiktische Aus-

796 Voßkuhle, BayVBl 1995, 613 (617), bezeichnet die Diskussion gar als „Etikettenschwindel".

797 Ein abstraktes Spezialitätsverhältnis besteht zwischen der Kunst- und der Eigentumsfreiheit nicht. Auch im Bereich der Baukunst geht es um verschiedene, in einem komplementärem Verhältnis zueinander stehende, grundrechtlich geschützte Freiheitsbetätigungen. Die Eigentumsfreiheit erweist sich daher auch hier nicht als lex specialis, sondern ergänzt die Kunstfreiheit in Idealkonkurrenz, Dolderer, BauR 1999, 691 (693f mit Fn. 13).

798 Erst wenn die Konsequenzen dieser Auffassungen einer Kritik standhalten, wäre zu überlegen, auf welcher Ebene und mit welcher Konstruktion die Grundrechtskumulation zu lösen ist.

799 Welches Modell der Entscheidung BVerwG, 28.06.1955, E 2, 172 (179) zugrunde liegt, geht aus ihr nicht hervor: Bebauung und Anbringung von Werbeanlagen seien von der Eigentumsfreiheit umfaßt, die verfassungsrechtlichen Grenzen „sind daher allein aus der Sondervorschrift des Art. 14 GG zu entnehmen, die insoweit der Vorschrift des Art. 5 III GG vorgeht". Siehe auch BVerwG, 10.12.1979, BRS 35, Nr. 133: „Soweit die Ausübung der Kunstfreiheit als Eigentumsausübung geschieht, er-

sage, Art. 14 GG ginge der Kunstfreiheit vor, wenn Kunst zugleich Eigentum beansprucht, läßt sich ebensogut umkehren und ist daher wenig überzeugend.[800] Es ist nicht einleuchtend, warum gerade die Kunstfreiheit hinter die Schranken der Eigentumsfreiheit zu verweisen ist und nicht umgekehrt. Daß sich andere Rechtsgebiete berührende Kunst den gesetzlichen Ordnungen fügen müsse, die der Gesetzgeber unter Beachtung der für dieses Rechtsgebiet grundrechtlich gezogenen Schranken errichtet hat, erklärt diese Rangfolge nicht, sondern behauptet sie lediglich. Auch das diesen Auffassungen vermutlich regelmäßig zugrunde liegende Postulat, bei Inanspruchnahme eines formal uneinschränkbaren und eines einschränkbaren Grundrechts würden die Schranken des einschränkbaren Grundrechts gelten, kann hierfür keine Erklärung liefern. Schließlich ist nicht einzusehen, warum derjenige, der über das vorbehaltlose Grundrecht hinaus weitere Grundrechte gegen eine staatliche Maßnahme geltend machen kann, deshalb schlechter gestellt wird, als derjenige, der sich ausschließlich auf das vorbehaltslos garantierte Grundrecht berufen kann.[801] Die Inanspruchnahme eines weiteren Grundrechts ist allenfalls ein Plus[802], darf aber nicht generell zu einer Minimierung des Grundrechtsschutzes führen.[803] Eine generelle Schrankenaddition würde in konsequenter Anwendung zu dem widersprüchlichen Ergebnis führen, daß jener Künstler, der zugleich Eigentümer der künstlerisch zu verarbeitenden Sache ist, nur den Schutz des Art. 14 GG genießt, hingegen der fremdes Eigentum verarbeitende Künstler die Kunstfreiheit geltend machen kann.

Andere Autoren gelangen durch eine fallgruppenbezogene Argumentation zum Vorrang der Eigentumsschranken für die Einschränkung baukünstlerischer Freiheit. Ropertz begründet einen spezifischen Vorrang der Eigentumsfreiheit mit der hohen Materialbezogenheit von Baukunstwerken und der notwendig mit

---

wächst aus der Kunstfreiheit nicht die Befugnis, sich über die dem Eigentum zulässigerweise gezogenen Schranken hinwegzusetzen."; OVG Lüneburg, 28.01.1954, BBauBl. 1954, 337 (338) zur Vereinbarkeit der Baugestaltungsverordnung mit Art. 5 III 1 GG, „Berührt die Kunst andere Rechtsgebiete, habe sie sich der gesetzlichen Ordnungen zu fügen, die der Gesetzgeber unter Beachtung der für dieses Rechtsgebiet grundrechtlich gezogenen Schranken errichtet hat."; Kiehne, S. 59, „Art. 12 und 14 GG schließen aber als Spezialbestimmungen die Anwendung der Art. 2 und 5 aus".

800 Siehe auch Lerche, Übermaß, S. 127 mit Fn. 100.

801 Voßkuhle, BayVBl 1995, 613 (617) mit dem Hinweis auf den auf diese Weise entstandenen im Vergleich zum grundrechtlichen Schutz des Bauherrn größeren Schutz des Architekten; Looks, S. 83; Knies, S. 79 mit dem Beispiel des Berufs- und des Hobbykünstlers; Lepa, DVBl 1972, 161 (164).

802 Bleckmann/Wiethoff, DÖV 1991, 722 (729).

803 Schwabe, JA 1979, 191 (194); Watzke, S. 70; Lerche, Übermaß, S. 128, der aber mit seiner These, wonach der Gesetzgeber eigenverantwortlich den Schrankenkonflikt lösen könne, S. 130f, diesem Postulat selbst nicht gerecht wird.

Baukunst verbundenen Grundstücksnutzung. Baukunst sei in hohem Maße Ausgestaltung des Eigentums, so daß die Schranken des Art. 14 GG auch hinsichtlich der mitbetroffenen künstlerischen Freiheit Geltung beanspruchen würden.[804] Eine solchermaßen fallgruppenorientierte Lösung ist dem Vorwurf der Willkür ausgesetzt; es ist nicht erkennbar, an welchem Maßstab die Entscheidung zu orientieren ist.[805] Bildende Kunst ist materialgebunden. Die Materialabhängigkeit ist bei Baukunst von keiner anderen Intensität als bei Malerei, Design, Steinmetz-, Bildhauer- oder Goldschmiedekunst. Die Unbestimmtheit dieser differenzierenden Methode und ihre daraus resultierende nur eingeschränkte Eignung zur Problemlösung zeigt sich in den konträren Ergebnissen, die andere Autoren aus dem gleichen Ansatz ableiten. So argumentiert Watzke, die Baugestaltung berühre, ebenso wie die bildhauerische Gestaltung von Steinen zu Skulpturen, die Eigentumsordnung nur am Rande, Baugestaltungsfreiheit sei kein zentrales Merkmal des im Eigentum verkörperten Rechts zu bauen, sondern betreffe vor allem die Kunstfreiheit.[806] Die im Grunde lediglich das Material garantierende Eigentumsfreiheit sei nur als Basisgrundrecht zu verstehen, die Schranken künstlerischer Betätigung daher der Kunstfreiheit zu entnehmen.[807] Auch die wertinterpretatorische Lösung des Schrankenkonflikts durch Erbel[808] erfolgt aufgrund der Charakterisierung von Baukunst als typische Form künstlerischen Schöpfergeistes zugunsten der Kunstfreiheitsschranken.

Eigentumsnutzung und Kunstausübung sind zwei unterschiedliche Aspekte ein und derselben Tätigkeit, die nicht an einem gemeinsamen Maßstab gemessen werden können, so daß eine Feststellung, welcher Tatbestand im konkreten Fall überwiegt, unmöglich ist. Es ist rational nicht begründbar, ob sachbezogener Kunst ein Mehr an Eigentumsausübung innewohnt, oder der Aspekt der Eigentumsnutzung untergeordnet ist. Allenfalls eine Gegenüberstellung von Materialwert und künstlerischem Wert könnte ein Übergewicht des künstlerischen oder des sachlichen Aspekts erkennen lassen. Dieses Kriterium würde dazu führen, daß künstlerisch hochwertige gestaltende Tätigkeit der vorbehaltlosen Gewähr des Art. 5 III 1 GG unterliegt, weniger bedeutsame Kunst hingegen nach Art. 14 GG beschränkt werden könnte. Eine solche qualitative Kunstbewertung kann nach der Intention von Art. 5 III 1 GG nicht über das Schutzniveau entscheiden. Auch die mit dieser Auffassung verbundene Differenzierung zwischen Werktypen, die einer Sache als Substrat bedürfen und von diesem Erfordernis freien Kunstgattungen findet keine Stütze in Art. 5 III 1 GG. Die Baukunst ist eine klas-

804 Ropertz, S. 164.
805 Looks, S. 74f; Lerche, Übermaß, S. 129.
806 Watzke, S. 80.
807 Looks, S. 84; Watzke, S. 80f.
808 Erbel, S. 127f, zur künstlerischen Baugestaltung S. 168f.

sische künstlerische Ausdrucksform, so daß jeder Versuch, für diese Kunstform die Freiheitsgarantie des Art. 5 III 1 GG auszuschließen oder auf das Schutzniveau des Art. 14 GG zu beschränken, unvereinbar mit der nicht auf bestimmte Werktypen bezogenen Kunstfreiheit ist.[809] Eine letztlich nach Kunstgattungen differenzierende Schrankenregelung ist in der Kunstfreiheitsgarantie ebensowenig angelegt, wie jede andere fallgruppenorientierte Differenzierung.[810]

Vorranglösungen scheinen nicht zuletzt aus einer unsachgemäßen Vermischung von Grundrechtskumulationen und Grundrechtskollisionen zu resultieren.[811] Greift eine Maßnahme zugleich in mehrere Grundrechte ein, kollidieren diese nicht, wie es bei Grundrechtsausübungen, die Grundrechte Dritter berühren, der Fall wäre. Hinsichtlich der Grundrechte besteht ein Komplementärverhältnis. Von einer Kollision kann allenfalls schrankenbezogen mit Blick auf den Spielraum staatlicher Gewalt gesprochen werden: Die hinsichtlich des schrankenbehafteten Grundrechts bestehende staatliche Reglementierungsbefugnis kollidiert mit dem andere Anforderungen an eine Beschränkung stellenden zugleich betroffenen vorbehaltlos garantierten Grundrecht. Da aber staatliche Gewalt gemäß Art. 1 III GG ausnahmslos an die Grundrechte gebunden ist, besteht keine ausgleichsbedürftige Kollisionslage. Vielmehr ist die staatliche Maßnahme an den einzelnen Grundrechtsschranken zu messen.[812] Dies bedeutet, daß für jeden Grundrechtseingriff die verfassungsrechtliche Rechtfertigung nach der für dieses Grundrecht geltenden Schrankenregelung ohne Berücksichtigung anderer, eben-

---

809 Looks, S. 73.

810 Dagegen auch Looks, S. 75. Damit ist auch die im übrigen wenig praktikable Differenzierung nach dem Hauptzweck der reglementierten Handlung, die im Bereich der angewandten Kunst die Maßgeblichkeit der Eigentumsschranken begründen könnte, abzulehnen. Siehe zur vergleichbaren Problematik der engagierten Kunst als Meinungsäußerung BayVGH, 11.09.1981, NVwZ 1982, 120; Berkemann, NVwZ 1982, 85ff; BVerfG, 17.07.1984, E 67, 213. Zu anwendungsbezogener kommerzieller Forschung siehe Kloepfer, JZ 1986, 206; v. Loeper, ZRP 1991, 225.

811 Siehe etwa die Ausführungen bei Lerche, Übermaß, S.125ff, der beide Problematiken zusammenfaßt. Eine unzureichende Trennung ist auch bei Maunz/Dürig/Herzog/Scholz - Scholz, Art. 5 III, Rn. 72 und Flagge - Kromik, S. 95 (105), erkennbar, die ein aus der Gleichrangigkeit von Kunst- und Eigentumsfreiheit resultierendes Ausgleichsbedürfnis betonen.

812 BVerwG, 16.02.1995, DÖV 1995, 644 (644f, gewerbliche Tätigkeit einer Religionsgemeinschaft); Pieroth/Schlink, Rn. 343; Stern - Stern, III/2, 1391f, 1405ff; Berg, S. 142, 145ff, 168. Die Maßgeblichkeit des Art. 14 GG im Baugestaltungsrecht bezweifelnd BVerwG, 27.06.1991, NVwZ 1991, 983 (984), aufgegeben in BVerwG, 13.04.1995, NJW 1995, 2648. Ebenso Dolderer, BauR 1999, 691 (695); Voßkuhle, BayVBl 1995, 613 (616); Berg, S. 155.

falls von der staatlichen Maßnahme betroffenen Grundrechte zu beurteilen ist.[813] Im Ergebnis ist damit für die Verfassungsmäßigkeit der Maßnahme insgesamt die Schranke des stärker geschützten Grundrechts maßgeblich. Eine in die Kunstfreiheit eingreifende Regelung ist auch dann an der vorbehaltlosen Gewähr von Art. 5 III 1 GG zu messen, wenn sie zugleich die Eigentumsausübung betrifft.[814] Es wäre inkonsequent und unzulässig, von diesen Prinzipien abzuweichen, nur weil verfassungsimmanente Schranken zur Einschränkung der Baukunstfreiheit nicht ohne weiteres ersichtlich sind.[815] Zwar ist das Verlangen nachvollziehbar, den Besonderheiten der Baukunst durch geschmeidigere Freiheitsschranken, wie sie Art. 14 GG bietet, Rechnung zu tragen. Dennoch ist die Schwierigkeit, Verfassungsgüter zur Einschränkung der Baukunst zu finden, kein überzeugender Grund, die Schranken des Art. 5 III 1 GG durch andere, scheinbar praktikablere Schranken zu ersetzen.[816]

C. *Differenzierungen zwischen Werk- und Wirkbereich*

Starck[817] geht von einer Abstufung zwischen Eingriffen in den Werkbereich und solchen in den Wirkbereich aus. Die eigentliche künstlerische Schöpfung, der

---

813 Ob sich aus der Grundrechtskumulation im Rahmen der Abwägung eine Verstärkung des Schutzes ergibt, sog. rechtsschutzeffektivierende Grundrechtskumulation, so Bleckmann/Wiethoff, DÖV 1991, 722 (729); ablehnend Würkner, DÖV 1992, 150ff; ders., S. 167ff; Voßkuhle, BayVBl 1995, 613 (617), kann hier dahingestellt bleiben.

814 Das BVerfG, 07.07.1971, E 31, 229 (238f) zur vergütungsfreien Vervielfältigung und Verbreitung bestimmter Werke für den Schulgebrauch) erklärte Art. 5 III 1 GG als Prüfungsmaßstab neben Art. 14 I GG für unanwendbar, soweit nicht die künstlerische Tätigkeit oder die Möglichkeit, ihr Ergebnis in der Öffentlichkeit wahrnehmbar zu machen, sondern die wirtschaftliche Verwertung der geistigen Leistung betroffen sei. Das Gericht verneinte hier bereits einen Eingriff in den Schutzbereich von Art. 5 III 1 GG.

815 Voßkuhle, BayVBl 1995, 613 (616).

816 So aber deutlich v. Mangoldt/Klein/Starck - Starck, Art. 5 III, Rn. 319.

817 v. Mangoldt/Klein/Starck - Starck, Art. 5 III, Rn. 303ff. Vielfach wird als Vertreter dieser Auffassung Maunz/Dürig/Herzog/Scholz - Scholz, Art. 5 III, Rn. 72, zitiert, siehe Moench/Schmidt, S. 58f; Würkner, S. 151. Scholz verankert die schrankenrechtliche Differenzierung zwischen Werk- und Wirkbereich im Übermaßverbot. Beschränkungen im Werkbereich seien nur in Ausnahmefällen möglich, Beschränkungen im Wirkbereich „nach Maßgabe der vorgenannten Schrankenvorbehalte" (Rn. 65). Dies sind nach Scholz die Grundrechte Dritter, andere oberste Verfassungswerte sowie das besondere Gewaltverhältnis und das Sittengesetz (Rn. 64). Scholz hält somit generell unter geringeren Voraussetzungen Eingriffe in die Kunstfreiheit für zulässig, unterstellt die Wirkbereichsbeschränkung aber prinzipiell keinen anderen Schranken als die Beeinträchtigung im Werkbereich. Die Differen-

Werkbereich, sei regelmäßig in der höchstpersönlich-individuellen Sphäre angesiedelt und als Kern der Gewährleistung künstlerischer Freiheit von Eingriffen möglichst frei zu halten. Schranken ergeben sich ausschließlich aus anderen Verfassungsgütern. Die kommunikative Vermittlung des Kunstwerkes, der Wirkbereich, sowie die Vorbereitung künstlerischen Schaffens berührten hingegen die Sozialsphäre und seien überdies durch eine gewisse Distanz zum eigentlichen Schöpfungsprozeß gekennzeichnet. Hier habe die Freiheitsausübung aus Gründen der Privilegienfeindlichkeit einer demokratischen Rechtsordnung auf die allgemeine Rechtsordnung Rücksicht zu nehmen. Nur das Ob der Verbreitung des Kunstwerks sei lediglich verfassungsimmanent begrenzt.

Das BVerfG[818] hielt dieser Auffassung die umfassende Gewährleistung der Kunstfreiheit entgegen, die über den Schutzbereich hinaus auch die Einschränkbarkeit betreffe. Die Vorbehaltlosigkeit des Art. 5 III 1 GG gelte für alle Eingriffe in die Kunstfreiheit. Die differenzierte Betrachtung von Starck bestätigte das BVerfG aber insoweit, als die eigentliche Kunstschöpfung grundsätzlich eingriffsresistenter sei, da der Schöpfungsprozeß naturgemäß seltener entgegenstehende Belange berührt. Der Grad der Außenwirkung sei bei der Gewichtung der verfassungsrechtlich geschützten Interessen zu berücksichtigen. Starck hält diese weiche, stufenlose Abwägungsklausel im Gegensatz zu seiner Stufentheorie für ungeeignet, Rechtssicherheit zu gewährleisten.[819]

Eine vergleichbare Auffassung vertritt Müller. Er sieht den Werkbereich der Kunstfreiheit ebenfalls allein zum Schutz anderer Verfassungsgüter einschränkbar.[820] Seine Differenzierung zwischen Werk- und Wirkbereich erfolgt jedoch bereits auf der Ebene des grundrechtlichen Gewährleistungsbereichs. Die Kunstfreiheit schütze nur die grundsätzliche Möglichkeit der Verbreitung, aus Art. 5 III 1 GG erwachse kein Anspruch auf jede beliebige Kommunikationsart. Die verhältnismäßige Verkürzung austauschbarer Kommunikationsarten sei kein Eingriff in Art. 5 III 1 GG, so daß sich die Frage der verfassungsrechtlichen Rechtfertigung nicht stelle.[821]

---

zierung ergibt sich für ihn allein aus Verhältnismäßigkeitsanforderungen. Dies zeigt sich nicht zuletzt in der von ihm postulierten Einschränkbarkeit des Werkbereichs bei unmittelbarem Zusammenfallen von Schöpfungs- und Darbietungsvorgang. Die Ansicht von Scholz ist daher eher vergleichbar mit der des BVerfG, als mit der Schrankendifferenzierung von Starck, zeigt aber zugleich weitgehende Übereinstimmung in der Entscheidung im Einzelfall.

818 BVerfG, 03.11.1987, E 77, 240 (254f); siehe auch BVerfG, 07.03.1990, E 81, 278 (292).

819 v. Mangoldt/Klein/Starck - Starck, Art. 5 III, Rn. 305.

820 Müller, Kunst, S. 107.

821 Müller, Kunst, S. 100, 102. Dies wird von zustimmenden Rezipienten zum Teil übersehen und die Einschränkung Müllers auf die Ebene der Abwägung verlagert. Siehe Seybold, S. 136ff; Erhardt, S. 109f.

Das regelmäßige Zusammenfallen von Werk- und Wirkbereich der Baukunst drängt die Frage auf, welchen Anforderungen eine Einschränkung der Baukunstfreiheit nach den von Starck und Müller vertretenen Grundsätzen zu genügen hat. Eine Lösung nach den für die Beschränkungen im Wirkbereich aufgestellten Prinzipien ist nach Ansicht von Starck nicht möglich, den Anforderungen an Eingriffe in den Werkbereich genügten baukünstlerische Beschränkungen häufig nicht; die Lösung der Schrankenproblematik im Bereich der Baukunst findet Starck schließlich in Schrankenkonstruktionen jenseits seiner aufgestellten Prämissen zur Einschränkbarkeit der Kunstfreiheit.[822] Die Herleitung der Schrankendifferenzierung hätte in ihrer Betonung der Sozialsphäre des Wirkbereichs und der regelmäßig fehlenden Beeinträchtigung fremder Belange im Schöpfungsprozeß auch Gegenteiliges erwarten lassen. Erfolgt bereits die Schöpfung auf der Ebene der sozialen Freiheitssphäre, müssen auch die für diesen Bereich geltenden, inhaltlich weitergehenden Schranken wirksam werden.[823] Auch Müller behandelt Einschränkungen der Baukunst nach den für den Wirkbereich aufgestellten Prinzipien.[824]

Ungeachtet der Bedenken gegen die sphärendifferenzierende Schrankenkonstruktion ist ihre von Starck getätigte Anwendung auf den Bereich der Baukunst inkonsequent. Das auf Baugestaltungsvorschriften gestützte Verbot einer bestimmten künstlerischen Gestaltung berührt regelmäßig unweigerlich die Sphäre der Errichtung des Baukunstwerkes, den Werkbereich. Der Verweis auf die von Müller ebenso getroffene Unterscheidung[825] und die entsprechenden Ausführungen zur Straßenkunst[826] belegen, daß die Differenzierung zwischen Werk- und

822 v. Mangoldt/Klein/Starck - Starck, Art. 5 III, Rn. 319. Starck sieht Art. 5 III 1 GG nicht durch Art. 14 GG verdrängt, will aber die Baukunst den Bindungen der Eigentumsfreiheit unterstellen.

823 Siehe Maunz/Dürig/Herzog/Scholz - Scholz, Art. 5 III, Rn. 72. Für den Bereich der Baukunst Seybold, S. 140f, der davon ausgeht, daß ein Erzeugnis der Baukunst an einem anderen Ort stets ein anderes Werk sei, das Erfordernis einer Einschränkung der Baukunstfreiheit aber dennoch die alleinige Relevanz der für den Wirkbereich geltenden Schranken (S. 141) begründe.

824 Müller, Kunst, S. 128. Genau genommen ist nach dem Modell von Müller keine Entscheidung zwischen für den Werkbereich und für den Wirkbereich geltenden Prinzipien zu treffen. Austauschbare Modalitäten seien auch im Werkbereich nicht vom Grundrechtsschutz umfaßt (S. 63ff). Die Errichtung eines Bauwerks an einem konkreten Ort sei daher auch im Hinblick auf den Werkbereichsschutz nicht von Art. 5 III 1 GG geschützt. Insoweit ist der Vorwurf von Watzke, S. 79, Müller habe es an einer Begründung fehlen lassen, warum bei einem Zusammentreffen von Werk- und Wirkbereich die Regeln des Wirkbereichs gelten sollen, unberechtigt.

825 v. Mangoldt/Klein/Starck - Starck, Art. 5 III, Rn. 306 mit Fn. 107.

826 v. Mangoldt/Klein/Starck - Starck, Art. 5 III, Rn. 320: Da Straßenkunst auch an anderen Plätzen ausgeführt werden könne, betreffe deren räumliche Beschränkung le-

Wirkbereich wie sie von Starck getroffen wird, im Kern eine Unterscheidung im Sinne von Müller ist zwischen Eingriffen, die das Ob der künstlerischen Betätigung und Verbreitung betreffen und solchen, die lediglich das Wie der Verbreitung und Vorbereitung[827] betreffen. Schranken der Baukunst sind auf dieser Grundlage differenziert zu beurteilen. Absolute Verunstaltungsverbote stellen von der Wirkung der Anlage auf die Umgebung losgelöste Anforderungen an das Bauwerk. Ein verunstaltet wirkendes Bauwerk darf nirgendwo gebaut werden. Absolute Verunstaltungsverbote betreffen das Ob der künstlerischen Betätigung. Auch das Verbot einer baukünstlerischen Veränderung eines Baudenkmals verhindert die künstlerische Betätigung und nicht nur eine Ausführungsmodalität. Anders verhält es sich bei umgebungsbezogenen Anforderungen. Soweit der Umgebungsbezug nicht baukünstlerischer Bestandteil der Anlage ist, verhindern relative Verunstaltungsverbote, Ortsgestaltungsrecht, denkmalschutzrechtlicher Umgebungsschutz und Einfügungsgebote die Verwirklichung bestimmter Baukunstwerke nicht generell sondern nur an bestimmten Standorten. Der künstlerische Schaffensprozeß ist von solchen Anforderungen nicht betroffen, das Kunstwerk selbst wird nicht modifiziert. Lediglich das Wie der Präsentation ist berührt, so daß entsprechend der Differenzierung Starcks umgebungsbezogene Anforderungen an umgebungsunabhängige Baukunstwerke als Bestandteile der allgemeinen Rechtsordnung gerechtfertigt sein können.

Hier offenbaren sich grundsätzliche Bedenken gegen die Stimmigkeit der eingriffsdifferenzierten Schrankenkonstruktion. Unterstellt man Eingriffe, die das Ob des Kunstwerks und seiner Verbreitung betreffen, gänzlich anderen Anforderungen als jene, die nur das Wie der Verbreitung berühren, ist eine strikte Trennung dieser Eingriffskategorien unverzichtbar. Plausible Ergebnisse können jedoch nur auf einer Differenzierung basieren, die faktische Realisierungsmöglichkeiten nicht außer acht läßt. Ausdrücklich setzt Müller die rechtliche Beseitigung der allgemeinen Möglichkeit der Verbreitung der nach den tatsächlichen Umständen faktischen Verbreitungsverhinderung im Einzelfall gleich.[828] Eine lediglich auf die abstrakte Möglichkeit einer Verwirklichung des Kunstwerks abstellende Unterscheidung von Eingriffen macht aber die Differenzierung als solche obsolet, da regelmäßig die Beschränkung der Schaffensphase als Anforderung an die Art und Weise der Verbreitung umschrieben werden könnte. Berücksichtigt man jedoch die faktische Möglichkeit, das Kunstwerk zu verwirklichen

diglich den Wirkbereich und sei durch die allgemeine Rechtsordnung zu rechtfertigen.

827 Das Wie des Kunstwerks betreffende Einschränkungen verhindern die Verwirklichung des Kunstwerks in seiner ursprünglichen Gestalt, so daß hier nur auf das Wie der Verbreitung und Vorbereitung Einfluß nehmende Eingriffe in Betracht kommen.

828 Müller, Kunst, S. 102.

und zu verbreiten[829], ist eine strikte Trennung nicht mehr gewährleistet. Je weniger vom Baukunstwerk ausgehende Umgebungsbeeinträchtigungen auf herausragende Merkmale der Umgebung zurückzuführen sind, desto geringer wird die Zahl alternativer Standorte, an denen eine Errichtung baugestaltungsrechtlich unbedenklich wäre. In letzter Konsequenz müßte eine faktische Betrachtung berücksichtigen, ob dem Künstler andere Grundstücke zur Realisierung seines Bauvorhabens zur Verfügung stehen bzw. zu beschaffen wären. Soll bereits für die Frage, ob Eingriffe in die Kunstfreiheit nur den Anforderungen der allgemeinen Rechtsordnung genügen oder verfassungssimmanente Schranken konkretisieren müssen, die faktische Möglichkeit einer anderweitigen Realisierung entscheidend sein, ist Rechtssicherheit nicht zu leisten.

An der einheitlichen und prinzipiell gleichrangigen Gewährleistung von Werk- und Wirkbereich ist festzuhalten.[830] Im Gegensatz zur Berufsfreiheit, deren eingriffsstufenabhängige Einschränkbarkeit weitgehend anerkannt ist, ist eine Differenzierung zwischen verschiedenen Bereichen der Kunstfreiheit nicht im Text des Grundrechts angelegt. Gerade weil Kunst im Werkbereich regelmäßig nicht auf entgegengesetzte Interessen und Rechtsgüter trifft, steht die Freiheit des Wirkbereichs nicht außerhalb des Kernbereichs der Gewährleistung.[831] Der mit Darbietung und Verbreitung des Kunstwerks bewirkte Bezug zur Öffentlichkeit ist essentieller Bestandteil der Freiheitsgarantie. Werk- und Wirkbereich bilden auch hinsichtlich ihrer Einschränkbarkeit eine untrennbare Einheit. Außenwirkungsgrad der reglementierten Handlung und ihre Kunstbezugsstärke sind in eine gegebenenfalls erforderliche Abwägung einzustellen, befreien aber nicht vom Erfordernis verfassungsimmanenter Schranken.[832]

---

829 Die zuvor als relevant erkannte aus tatsächlichen Umständen im Einzelfall resultierende faktische Beseitigung der allgemeinen Möglichkeit von Kommunikation thematisiert Müller folgewidrig für den Bereich der Baukunst nicht (Müller, Kunst, S. 128).

830 BVerfG, 24.02.1971, E 30, 173 (189); BVerfG, 03.11.1987, E 77, 240 (254f); Dreier - Pernice, Art. 5 III, Rn. 32; Henschel, NJW 1990, 1937 (1942f); Waechter, Der Staat 1991, 19 (33f); v. Münch/Kunig - Wendt, Art. 5, Rn. 98; Beisel, S. 161.

831 Siehe auch BVerwG, 09.11.1989, E 84, 71 (74).

832 Ob die Einbeziehung des Außenwirkungsgrads der fraglichen Handlung in den Abwägungsvorgang dazu führt, daß die Kumulation von Werk- und Wirkbereich einen stärkeren Grundrechtsschutz beanspruchen kann, ist hier nicht zu klären. Siehe dazu Würkner, S. 150; Maunz/Dürig/Herzog/Scholz - Scholz, Art. 5 III, Rn. 65.

D. Verfassungsimmanente Schranken

Eingriffe in die Baukunstfreiheit durch baugestalterische Vorgaben sind somit nur dann verfassungsrechtlich zu rechtfertigen[833], wenn sie Ausdruck verfassungsimmanenter Schranken sind und die Kollision zwischen der Kunstfreiheit und dem Verfassungswert mit dem Ziel praktischer Konkordanz im Wege der Abwägung auflösen.[834] Eine Einschränkung der Kunstfreiheit setzt dabei tendeziell eine schwerwiegende Beeinträchtigung der Verfassungsgüter voraus.[835] Sie ist unabhängig von der konkreten Abwägung bereits dann verfassungswidrig, wenn sie zugunsten von Interessen erfolgt, die keinen Verfassungsrang haben. Entscheidend für die Problematik der verfassungsrechtlichen Rechtfertigung ist somit die Bestimmung der Kollisionslage zwischen der Baukunstfreiheit in der von baugestalterischen Anforderungen betroffenen Dimension und Grundrechten Dritter bzw. anderen Verfassungsgüter. Hierzu ist herauszuarbeiten, welche Grundrechte Dritter bzw. Verfassungsgüter durch baugestaltungsrechtliche Anforderungen konkretisiert sein könnten.

1. Die Charakteristik verfassungsimmanenter Schranken

Verfassungsgüter, die nach der Lehre vom Verfassungsvorbehalt geeignet sind, verbaliter schrankenlos garantierte Grundrechte zu begrenzen, sind nach früherer Auffassung des BVerfG verfassungsrechtlich geschützte wesentliche Rechtsgüter[836], oberste Grundwerte der Verfassung[837]. Inzwischen genügen dem Gericht grundsätzlich Verfassungsbestimmungen aller Art.[838] Soll der Unterschied zu

833 Zum Teil wird vertreten, kollidierendes Verfassungsrecht fungiere als Schutzbereichsbegrenzung; der Schutzbereich formal vorbehaltlos gewährter Grundrechte reiche jeweils nur soweit, wie es ein im Sinne praktischer Konkordanz erfolgender Ausgleich mit kollidierenden Grundrechten oder Verfassungsgütern erlaubt. Der Standpunkt des BVerfG ist dabei nicht eindeutig, siehe Pieroth/Schlink, Rn. 328. Dieses Problem ist von grundrechtsdogmatischer Bedeutung, kann im vorliegenden Zusammenhang aber unbeachtet bleiben.

834 BVerfG, 16.05.1995, E 93, 1 (21); BVerfG, 26.05.1970, E 28, 243 (261); BVerfG, 03.11.1987, E 77, 240 (255); BVerfG, 07.03.1990, E 81, 278 (292); BVerfG, 07.03.1990, E 81, 298 (308); BVerfG, 27.11.1990, E 83, 130 (143); BVerfG, 12.10.1971, E 32, 40 (46); BVerfG, 24.02.1971, E 30, 173 (195f); BVerfG, 01.03.1978, E 47, 327 (369); BVerfG, 17.07.1984, E 67, 213 (228).

835 BVerfG, 17.07.1984, E 67, 213 (228).

836 BVerfG, 17.07.1984, E 67, 213 (228).

837 BVerfG, 25.04.1972, E 33, 52 (71).

838 BVerfG, 07.03.1990, E 81, 278 (293) zum Schutz der Bundesflagge, den das BVerfG nicht aus Art. 22 GG, sondern aus den in der Flagge versinnbildlichten Grundwerten der freiheitlich demokratischen Grundordnung ableitete; BVerfG,

Grundrechten, die einem Gesetzesvorbehalt unterliegen, darin bestehen, daß Einschränkungen vorbehaltlos garantierter Grundrechte nicht beliebigen Zwecken dienen dürfen, kann nicht jeder Belang als Verfassungsgut gelten.[839] Unmittelbar aus der Formel des Verfassungsvorbehalts ableitbar sind folgende Einschränkungen:

Verfassungsimmanente Schranken können nur solche Güter sein, deren Verfassungsrang dem Text des Grundgesetzes zu entnehmen ist. Im Grundgesetz muß sich mindestens ein Anhaltspunkt für den Verfassungswert ausmachen lassen.[840] Mit der Zweckmäßigkeit oder Notwendigkeit bauästhetischer Lenkung läßt sich die Zulässigkeit die Baukunst reglementierender Anforderungen nicht begründen.

Auch der landesverfassungsrechtlich garantierte Schutz kultureller Überlieferungen[841] kommt als Verfassungsgut zur Beschränkung der Kunstfreiheit nicht in Betracht.[842] Landesrecht kann verfassungsimmanente Grenzen konkretisieren, aber nicht begründen, denn Art. 1 III GG und Art. 20 III GG binden den Landes(verfassungs)gesetzgeber an die Grundrechte[843]. Beschränkend wirkende Verfassungsgüter können nur Rechtswerte mit Bundesverfassungsrang sein.[844]

Das Übermaßverbot ist ebensowenig geeignet, die Kunstfreiheit zu beschränken.[845] Der Verfassungsrang des dem Rechtsstaat immanenten Verhältnismäßigkeitsprinzips ist zwar unstreitig, das Verhältnismäßigkeitsprinzip ist jedoch ein

---

07.03.1990, E 81, 298 (308) zum Schutz der Bundeshymne, der keinen Anknüpfungspunkt in der Verfassung hat, das BVerfG beschränkte sich auf die Feststellung, der Schutz sei in der Verfassung begründet. Diese Großzügigkeit des BVerfG bei der Annahme von Gütern und Interessen als Verfassungsgut ist vielfacher Kritik der Literatur ausgesetzt. Siehe nur Pieroth/Schlink, Rn. 328, 334; Benda/Maihofer/Vogel - Mahrenholz, § 26, Rn. 109ff, 116; Würkner, S. 106; Gusy, JZ 1990, 640 (641); Beisel, S. 379f.

839 Siehe auch Schütz, JuS 1996, 498 (500f). Zu einer entsprechenden Tendenz in der Verfassungsrechtsprechung, jedes Gesetz als konkretisiertes Verfassungsgut zu verstehen, siehe Stern - Sachs, III/2, S. 552ff; Kriele, JA 1984, 629 (631).

840 Benda/Maihofer/Vogel - Mahrenholz, § 26, Rn. 116; Sachs - Sachs, Vor Art. 1, Rn. 121; Bamberger, S. 111; Gusy, JZ 1990, 640 (641); Sachs, JuS 1995, 984 (986). Anders BVerfG, 07.03.1990, E 81, 298 (308); Isensee/Kirchhof - Bethge, § 137, Rn. 29 (Rechtsgut müsse nicht ausdrücklich im Grundgesetz enthalten sein, sondern könne auch als ungeschriebene Verfassungsnorm dem Gesamtzusammenhang der Verfassung entnommen werden).

841 Art. 141 II BayVerf.

842 Moench/Schmidt, S. 56f.

843 Dreier - Dreier, Art. 1 III, Rn. 23.

844 Bamberger, S. 46; v. Loeper, ZRP 1996, 143 (148, zum landesverfassungsrechtlich garantierten Tierschutz).

845 Beisel, S. 146; Kloepfer, JZ 1986, 205 (210f), zur Forschungsfreiheit.

Rechtsgrundsatz und kein Rechtsgut[846], der zudem der Sicherung individueller Freiheit dient[847]. Eine Heranziehung zur verfassungsimmanenten Beschränkung vorbehaltloser Grundrechte würde den Grundrechtsschutz weitgehend relativieren, da für eine Eingriffsrechtfertigung keine mit dem Grundrechtseingriff abzuwehrende Gefährdung von Rechtsgütern mit Verfassungsrang erforderlich wäre.[848]

Über diese Feststellungen hinaus kann ohne eine differenzierte Prüfung aller in Frage kommenden Belange keine Aussage über den Verfassungsbezug baugestalterischer Normen getroffen werden. Sein Fehlen kann ebensowenig mit der bloßen Behauptung, die Pflege der Baukultur und die öffentliche Ordnung fänden in der Verfassung keine Erwähnung, begründet werden[849], wie die Verfassungsimmanez des Baugestaltungsrechts mit dessen Dienlichkeit für das Gemeinwohl dargelegt wäre.

2. Die Eignung objektiver Rechtsgüter zur verfassungsimmanenten Beschränkung formal schrankenlos garantierter Grundrechte

Rechtsprechung und weite Teile der Literatur sehen nicht nur in kollidierenden Grundrechten Dritter sondern auch in Verfassungswerten Schranken vorbehaltloser Grundrechte. Begründet wird diese Konstruktion mit dem Menschenbild des Grundgesetzes, der Werteordnung und dem Prinzip der Einheit der Verfassung.[850] Inzwischen mehren sich jedoch die Stimmen, die - zu Recht - eine Beschränkungsfunktion von nicht-grundrechtlich ausgeformten Verfassungswerten ablehnen.[851]

Der Beschränkung vorbehaltlos garantierter Grundrechte durch Verfassungsgüter steht regelmäßig deren Unbestimmtheit entgegen. Werden Verfassungsgüter aus Schrankeninhalten anderer Grundrechte gewonnen, sind Parallelen zur unzulässigen Schrankenanalogie unübersehbar. Grundrechtsbeschränkungen

846 Dreier, DVBl 1980, 471 (473).

847 Kloepfer, JZ 1986, 205 (210f).

848 Dreier, DVBl 1980, 471 (473), begrüßt im Ergebnis (S. 474) aber die Anwendung aus praktischen Gründen, weil so ein „verfassungsdogmatisch fragwürdiger Rückgriff auf Kompetenzvorschriften vermieden werden“ könne.

849 So aber Moench/Schmidt, S. 56f.

850 BVerfG, 24.02.1971, E 30, 173 (193); BVerfG, 19.10.1971, E 32, 98 (108); BVerfG, 01.03.1978, E 47, 327 (369f); Dreier - Dreier, Vorb., Rn. 88.

851 Siehe vor allem die Monographie von Bamberger, passim. Mit dem Erfordernis eines Normwiderspruchs derart einschränkend, daß im Ergebnis kein relevanter Anwendungsbereich bleibt Sachs, JuS 1995, 984 (986f). Noch einschränkender Pieroth/Schlink, Rn. 334 (nur soweit von der Ewigkeitsgarantie des Art. 79 III GG umfaßt).

durch diese Verfassungsgüter sind den gleichen Bedenken ausgesetzt. Die generelle Unzulässigkeit der Heranziehung nicht-grundrechtlicher Verfassungsgüter zur Beschränkung vorbehaltlos garantierter Grundrechte ergibt sich aus grundrechtdogmatischen Erwägungen. Art. 1 III GG enthält keinen selbständigen inhaltlichen Prüfungsmaßstab, an den eine Bindung bestehen könnte.[852] Ein eigenständiger Anwendungsbereich kommt dieser Bestimmung an zentraler Stelle der Verfassung indes nur zu, wenn sie als Intraverfassungskollisionsregel interpretiert wird, denn der Vorrang der Grundrechte vor einfachgesetzlichen Normen ergibt sich bereits aus der in Art. 20 III GG verankerten Gesetzesbindung. Art. 1 III GG bestimmt somit das Verhältnis der Grundrechte zu anderen verfassungsrechtlichen Festlegungen.[853]

Nicht-grundrechtliche Prinzipien wirken aufgrund Art. 1 III GG nicht grundrechtsbeschränkend.[854] Das zur gegenteiligen Konstruktion von Verfassungsgütern als Schranken vorbehaltloser Grundrechte herangezogene Menschenbild des Grundgesetzes[855] kann eine einschränkende Auslegung des Art. 1 III GG nicht begründen. Das Menschenbild des Grundgesetzes ergibt sich vor allem aus den Grundrechten, die Gemeinschaftsgebundenheit des Menschen kann die grundrechtsbeschränkende Wirkung kollidierender Grundrechte Dritter, nicht aber die anderer Verfassungsgüter plausibel machen.[856]

Auch das Argument der Einheit der Verfassung[857] führt zu keiner teleologischen Reduktion des Art. 1 III GG. Das Postulat der Einheit enthält keine Aussage über den Weg der Konfliktlösung.[858] Im übrigen sind echte Konfliktlagen nur theoretisch denkbar. Als Konkretisierungen von Verfassungsgütern kommen streng genommen nur solche Regeln in Betracht, deren Existenz die Verfassung nicht nur duldet, sondern verlangt.[859] Verfassungswerte können regelmäßig durch vielfältige staatliche Handlungsformen verwirklicht werden, einfachgesetzliche Umsetzungen, insbesondere von Staatszielbestimmungen, sind nicht zwangsläufig mit dem Eingriff in vorbehaltlos garantierte Grundrechte zu verbinden.

---

852 BVerfG, 19.10.1982, E 61, 126 (137); Dreier - Dreier, Art. 1 III, Rn. 20; Stern - Stern, III/1, S. 1202.

853 Bamberger, S. 138ff.

854 Bamberger, S. 139.

855 BVerfG, 15.01.1958, E 7, 198 (205); BVerfG, 24.02.1971, E 30, 173, (193); BVerfG, 20.12.1960, E 27, 45 (51); BVerfG, 01.03.1978, E 47, 327 (369).

856 Bamberger, S. 141.

857 BVerfG, 08.02.1977, E 44, 37 (50); BVerfG, 26.05.1970, E 28, 243 (261); BVerfG, 24.02.1971, E 30, 173 (193).

858 Bamberger, S. 144.

859 Kriele, JA 1984, 629 (631); Sachs, JuS 1995, 984 (986f „entgegengesetzte normative Anordnungen"); noch enger Pieroth/Schlink, Rn. 334.

Mit der grundgesetzlichen Wertordnung ist ebenfalls ein einschränkendes Verständnis des Art. 1 III GG nicht zu begründen. Auf eine Wertrangordnung - und nur dieser können Aussagen zur Konfliktlösung entnommen werden - deuten Art. 1 III GG[860] und Art. 79 III GG hin. Dennoch ist auch zum Schutz der von der Ewigkeitsgarantie umfaßten Güter eine Beschränkung vorbehaltloser Grundrechte nicht überzeugend. Art. 79 III GG bindet nur den verfassungsändernden Gesetzgeber. Zudem umfaßt die Garantie nur die Grundsätze der genannten Bestimmungen, nicht aber deren konkrete verfassungsrechtliche Ausgestaltung im Detail. Eine Kollision von Handlungen, die in den Schutzbereich eines vorbehaltlos garantierten Grundrechts fallen, mit den Prinzipien des Art. 79 III GG ist daher auszuschließen.[861]

Normiert demnach Art. 1 III GG uneingeschränkt den Vorrang der Grundrechte vor anderen Verfassungswerten, lassen sich nur kollidierende Grundrechte Dritter, nicht aber andere Verfassungswerte als Grundrechtsschranken heranziehen. Ziel der vorliegenden Untersuchung ist die Analyse verschiedener Ansätze zur Lösung des Konflikts zwischen Baugestaltungsrecht und Baukunstfreiheit. Dies kann sinnvoll nur auf Grundlage anerkannter Verfassungsdogmatik erfolgen. Durchgreifende Bedenken gegen die Begrenzungsfunktion nicht-grundrechtlicher Verfassungswerte sollen daher zurückgestellt, auf eine Erörterung der konkreten Eignung bestimmter Verfassungswerte zur Beschränkung baukünstlerischer Freiheit nicht verzichtet werden.

IV. Zwischenergebnis

Der für die Beurteilung verunstalteter und verunstaltender Bauwerke nicht selten zu beobachtende Versuch, die Unmaßgeblichkeit der Kunstfreiheitsgarantie an den festgestellten ästhetischen Unwert des Objekts zu knüpfen, ist unzulässig. Während zweckfreie baugebundene oder baubezogene Gestaltungen regelmäßig typischen Kunstgattungen zugeordnet werden können, ist der phänotypische Ansatz im Bereich angewandter Kunst ungeeignet, Kunst von Nichtkunst zu unterscheiden. Die Bestimmung von Architektur als Kunst ist daher auf andere Abgrenzungskriterien angewiesen. Der künstlerische Anspruch des Gestalters ist hierfür nur eingeschränkt geeignet. Insbesondere dürfen über eine Fiktion des Gestalterwillens nicht mittelbar qualitative Differenzierungskriterien zum Maßstab erhoben werden. Hinweise auf die Einordung von Architektur in den Bereich der Kunst kann eine Gewichtung ihrer kommunikativen und funktionalen Zwecke geben. Als das Schöpferische als kennzeichnendes Merkmal künstlerischer Gestaltung in den Mittelpunkt rückendes Abgrenzungskriterium erscheint die Origi-

860 Bamberger, S. 145.
861 Bamberger, S. 146.

nalität der Gestaltung besonders geeignet, Werke angewandter Kunst von Nichtkunst zu unterscheiden.

Entgegen verschiedentlicher Versuche, den Gewährleistungsbereich der Kunstfreiheit im Hinblick auf Baukunstwerke zu begrenzen, ist jede baugestalterisch motivierte, die Realisierung des Baukunstwerkes in Frage stellende Anforderung ein Eingriff in Art. 5 III 1 GG. Das Aufstellen baubezogener Kunst genießt auch dann Wirkbereichsschutz, wenn mit ihm nicht die Darbietung an die Allgemeinheit beabsichtigt ist. Auch die mit ihr möglicherweise verbundene unfreiwillige Konfrontion des Betrachters mit dem Baukunstwerk verweist Baukunst nicht aus dem grundrechtlich geschützten künstlerischen Wirkbereich.

Verfassungsdogmatische Ansätze, den grundrechtlichen Schutz der Baukunst vor baugestalterischen Anforderungen durch die Entwicklung spezieller Schranken restriktiv zu fassen, sind ebenfalls nicht überzeugend. Die Baukunstfreiheit untersteht ebenso wie die Freiheit zu jeder anderen Kunstform nur einem Verfassungsvorbehalt. Schranken anderer Grundrechte sind nicht übertragbar, die Schrankendivergenz von Art. 5 III 1 GG und der von Eingriffen in die Baukunstfreiheit stets mitberührten Eigentumsgarantie kann die umfassende Maßgeblichkeit der Schranken des Art. 14 GG nicht begründen, und auch eine sphärenabhängige Schrankendifferenzierung ist ungeeignet, der Baukunst andere als verfassungsimmanente Schranken beizulegen.

Entgegen einer verbreiteten Auffassung sind objektive Rechtsgüter keine verfassungsimmanenten Grundrechtsschranken. Verfassungsgüter, die geeignet sind, verbaliter schrankenlos garantierte Grundrechte zu begrenzen, sind daher ausschließlich Grundrechte Dritter.

V. Durch Baugestaltungsanforderungen konkretisierte Verfassungsgüter

A. Die negative Kunstfreiheit Dritter, Art. 5 III 1 GG

Baukunst betreffende Baugestaltungsanforderungen könnten als Ausgleich zwischen der Kunstfreiheit des Bauherrn oder Architekten und einer negativen Kunstfreiheit Dritter zu verstehen sein. Wie die negative Informationsfreiheit nach der Lehre von der negativen Freiheit das Recht gewährt, sich aufgedrängten Informationen zu verschließen[862], könnte eine negative Kunstfreiheit den Inhalt haben, fremden Kunstwerken nicht ausgeliefert zu sein.[863]

---

862 v. Münch/Kunig - Wendt, Art. 5, Rn. 26; anders Hellermann, S. 30, 147f, 163f, 184ff und passim.

863 Die unfreiwillige Konfrontation von Passanten mit verunstalteten Bauwerken begründet nach Auffassung von Große-Suchsdorf/Lindorf/Schmaltz/Wiechert - Wiechert, § 53, Rn. 16, einen Ausschluß verunstalteter Bauwerke aus dem Schutzbereich von Art. 5 III 1 GG. Siehe dazu oben unter II A.

Die negative Freiheit der Nichtwahrnehmung der durch die Grundrechte eröffneten Möglichkeiten setzt eine korrespondierende positive Freiheit voraus. Für den hier interessierenden Bereich bedeutet dies, daß ein Grundrecht auf Freiheit von Kunst ungeachtet aller grundsätzlichen Einwände gegen die Konstruktion negativer Freiheiten nur denkbar ist, wenn Art. 5 III 1 GG neben der positiven Freiheit des Künstlers oder Kunstmittlers ein Recht auf Kunstzugang umfaßt.

Ausgehend von der verbreiteten Anerkennung der grundrechtsdogmatischen Figur negativer Freiheitsrechte ist damit zunächst festzustellen, ob Art. 5 III 1 GG eine positive Kunstzugangsfreiheit garantiert.[864] Gegebenenfalls ist in einem weiteren Schritt aus grundrechtsspezifischem Blickwinkel zu untersuchen, ob mit diesem Grundrecht eine negative Freiheit korrespondiert, die zur Rechtfertigung von bauästhetisch motivierten Eingriffen in die Kunstfreiheit des Bauherren oder Architekten herangezogen werden kann.

1. Kunstrezipientenfreiheit als Gewährleistung des Art. 5 III 1 GG

Unzweifelhaft gewährleistet die Kunstfreiheit das künstlerische Schaffen. Ob neben dem Künstler auch der Kunstrezipient Grundrechtsträger ist, Art. 5 III 1 GG neben dem künstlerischen Schaffen auch den Kunstkonsum schützt[865], ist hingegen noch ungeklärt. Nach wohl herrschender Grundrechtsdogmatik kann sich zwar der notwendige Vermittler zwischen Werk und Publikum auf Art. 5 III 1 GG berufen, nicht aber der Rezipient selbst.[866]

Eine Untersuchung dieser Frage hat sich am Kunstbegriff des Art. 5 III 1 GG zu orientieren.

---

864 Auf die Prüfung der negativen Informationsfreiheit kann die Problematik nicht beschränkt werden. Während bei den meisten Kunstwerken nicht die Informationsvermittlung, sondern die künstlerische Präsentation im Vordergrund steht, so daß eine negative Kunstrezipientenfreiheit - ihre Existenz unterstellt - der negativen Informationsfreiheit vorgehen würde - dies verkennen m.E. Fikentscher/Möller, NJW 1998, 1337ff am Beispiel einer Sambacombo -, weisen Baukunstwerke im allgemeinen keinen von der Informationsfreiheit geschützten Informationsgehalt auf. Zum grundrechtlichen Informationsbegriff siehe Fenchel, S. 130f.

865 So Ott, S. 114f; Erhardt, S. 98f; Heuer, S. 68; Hoffmann, S. 231; ders., NJW 1985, 237 (241); Hönes, DÖV 1998, 491 (500); Benda/Maihofer/Vogel - Mahrenholz, § 26, Rn. 52f; Kirchhof, NJW 1985, 225 (226f); Schwabe, S. 161; Häberle, AöR 1985, 577 (606); Isensee, AfP 1993, 619 (624).

866 Beisel, S. 119f; Pieroth/Schlink, Rn. 614; Dreier - Pernice, Art. 5 III, Rn. 28; Isensee/Kirchhof - Denninger, § 146, Rn. 23, siehe aber auch Rn. 16; Maunz/Dürig/Herzog/Scholz - Scholz, Art. 5 III, Rn. 21; Würkner, S. 144f. BVerfG, 24.09.1984, NJW 1985, 263f, deutet ebenfalls auf diese Auffassung hin.

Zum Wesen eines Kunstwerkes gehört die in ihm enthaltene Mitteilung an den Betrachter. Als Mittler einer Botschaft ist Kunst stets auch Information und Kommunikation und insoweit stark an die Person des Betrachtenden gebunden, mit anderen Worten: künstlerische Tätigkeit ist empfangsorientiert.[867] Dabei beschränkt sich der Kommunikationsprozeß Kunst nicht auf die Übermittlung von Kunstprodukten, sondern umfaßt auch den Empfang und die Antwort der Rezipienten.[868]

Aus dem weitgehend anerkannten Verständnis von Kunst als Kommunikationsprozeß werden unterschiedliche Schlußfolgerungen für den grundrechtlich geschützten Lebensbereich gezogen. Für eine Einbeziehung des Publikums in den grundrechtlichen Schutzbereich kann jedenfalls nicht geltend gemacht werden, daß Eingriffe in die Kunstfreiheit des Künstlers oft auch den Kunstrezipienten treffen[869]. Da Ausgangspunkt die Frage ist, ob der Kunstkonsument aufgrund von Art. 5 III 1 GG vor solchen Beeinträchtigungen zu schützen ist, dreht sich eine solche Argumentation im Kreis.

Scholz verneint einen grundrechtlichen Freiheitsanspruch auf Kunstkonsum mit der Begründung, Art. 5 III 1 GG enthalte kein entsprechendes soziales Teilhaberecht.[870] Soziale Teilhaberechte sind auf Teilhabe an staatlichen Leistungen gerichtet und haben daher mit einer grundrechtlichen Freiheit vor staatlichen, den Kunstzugang beschränkenden Maßnahmen nichts zu tun.[871] Wäre eine in Art. 5 III 1 GG verankerte Kunstzugangsfreiheit folglich kein soziales Teilhaberecht, können aus dieser Figur auch keine Schlußfolgerungen für den personellen Grundrechtsgehalt von Art. 5 III 1 GG gezogen werden.

Nach Denninger ist Kunst als kommunikatives Phänomen zwar tendenziell darauf angelegt, von Dritten sinnlich wahrgenommen zu werden; der Kunst-Begriff lege insofern nahe, den Zugangs des Publikums zum Kunstwerk in den Normbereich einzubeziehen.[872] Die Betonung des kommunikativen Charakters dürfe aber nicht zur Gleichsetzung von Kunst mit einem quasi subjektlosen diffusen sozialen Prozeß, dem „Kunstleben", führen. Kern der Freiheit sei nicht der kunsttypische Kommunikations- sondern der künstlerische Schaffensprozeß[873],

867 Würtenberger, FS Dreher, S. 79 (85); Heuer, S. 67.
868 Hoffmann, S. 235.
869 So aber Beisel, S. 119; Erhardt, S. 99.
870 Maunz/Dürig/Herzog/Scholz - Scholz, Art. 5 III, Rn. 21.
871 Benda/Maihofer/Vogel - Mahrenholz, § 26, Rn. 50.
872 Isensee/Kirchhof - Denninger, § 146, Rn. 16.
873 Isensee/Kirchhof - Denninger, § 146, Rn. 17. Insoweit geht die Kritik von Benda/Maihofer/Vogel - Mahrenholz, § 26, Rn. 51, fehl, das Verständnis Denningers vom „kunsttypischen Kommunikationsprozeß" als Mittelpunkt der Kunstfreiheitsgarantie sei unvereinbar mit der von Denninger vertretenen Ausgrenzung des Publikums aus dem persönlichen Schutzbereich von Art. 5 III 1 GG.

geschützt sei somit nur der Kommunikationsprozeß im engeren Sinne, d.h. die Präsentation und Verbreitung.[874] Rezipienten seien lediglich Destinatäre des aus der wertentscheidenden Grundsatznorm des Art. 5 III 1 GG abzuleitenden objektiv-rechtlichen Schutzauftrags zugunsten des Lebensbereiches Kunst.[875]

Selbst unter Anerkennung des individuellen Schaffensaktes als Mittelpunkt der Kunstfreiheit überzeugt ein Ausschluß des Publikums aus dem personellen Schutzbereich nicht. Der Wirkbereich der vom künstlerischen Schaffen her definierten Kunstfreiheit, das An-die-Öffentlichkeit-Bringen, das zum Wesensgehalt des Grundrechts gehört[876], läßt sich nur umfassend sichern, wenn dem Kunstempfänger und dem Kunstvermittler ein subjektives Grundrecht aus Art. 5 III 1 GG zugestanden wird.[877] Auch das BVerfG stellte fest, daß ohne eine Erstreckung des personalen Geltungsbereiches der Kunstfreiheitsgarantie auf den Wirkbereich des Kunstwerks das Grundrecht weitgehend leerlaufen würde.[878] Dieser auch in der Literatur inzwischen wohl unangefochtenen Prämisse folgend, kann der Schutzbereich aber nicht auf Vermittler beschränkt werden. Erkennt man die grundrechtliche Kunstfreiheit des Kunstmittlers an, kann eine ebensolche Freiheit des Rezipienten nicht mit der Begründung abgelehnt werden, Kunstgenuß sei selbst keine Kunst.[879] Die Ausdehnung des personalen Schutzbereiches auf notwendige Kunstmittler wird mit der ohne ihre Tätigkeit nicht erreichbaren Wirkung des Kunstwerks in der Öffentlichkeit begründet.[880] Sachnotwendig für die Begegnung mit einem Kunstwerk ist aber auch der ungehinderte Zugang des potentiellen Publikums zum Kunstwerk, er ist ebenso erforderlich für eine Öffentlichkeitswirkung wie die Tätigkeit des Verlegers, Bühnenunternehmers oder Schallplattenherstellers. Ein an den Verleger gerichtetes Verbot, ein literarisches Werk zu drucken und zu vertreiben, und die gegenüber einem Bauherrn ausgesprochene Versagung einer Baugenehmigung für ein von einem Dritten geschaffenen Werk der Baukunst treffen den Künstler ebenso wie ein an ihn selbst gerichtetes Verbot.[881] Das gilt ebenso für eine staatliche Reglementierung des Zugangs zum Kunstwerk. Die Freiheit des Künstlers, sein Kunstwerk zu veröffentlichen, wäre gehaltlos, wenn der Kunstinteressierte an der Kunstkonsumption

874 Beisel, S. 120.
875 Isensee/Kirchhof - Denninger, § 146, Rn. 23; Beisel, S. 120.
876 Siehe auch BVerfG, 24.02.1971, E 30, 173 (189).
877 Erhardt, S. 98; Heuer, S. 68; Hoffmann, S. 230; Häberle, AöR 1985, 577 (606); Benda/Maihofer/Vogel - Mahrenholz, § 26, Rn. 49, 52.
878 BVerfG, 24.02.1971, E 30, 173 (189).
879 So aber Dreier - Pernice, Art. 5 III, Rn. 28.
880 BVerfG, 24.02.1971, E 30, 173 (189); BVerfG, 05.03.1974, E 36, 321 (331).
881 Erhardt, S. 99.

gehindert werden könnte.[882] Kunstsoziologische Erkenntnisse, wonach die Entstehung des Kunstwerkes selbst und nachfolgender Kunstwerke von der Wirkung auf Dritte beeinflußt wird[883], erhärten dieses Ergebnis. Auch aus historischem Blickwinkel bestätigt sich diese Auffassung. Die Gewährleistung der Kunstfreiheit erfolgte als Reaktion auf die Verfolgung von Kunst, die Verfolgungsmaßnahmen waren zwar gegen die Künstler gerichtet, ihre Wurzeln hatten sie jedoch stets im kommunikativen Aspekt der Kunst.[884] Die Begegnung von Kunst und Publikum hat sich als besonders schutzbedürftig erwiesen.[885] Nicht zuletzt legt der Wortlaut des Art. 5 III 1 GG ein solches Verständnis nahe. Das Normprogramm „Kunst ist frei", das keinen Grundrechtsträger nennt, indiziert, daß die Freiheit der Kunst nicht beschränkt ist auf die Freiheit des Künstlers, auch wenn sie diese Freiheit zuvörderst gewährleisten mag.[886] Versteht man Kunst als kommunikatives Phänomen, ist es folglich selbst dann, wenn man den Schaffensprozeß in den Mittelpunkt der Kunstfreiheitsgarantie stellt, nicht einsichtig, den Adressierungs- und Vermittlungsaspekt, nicht aber den Empfangsaspekt der Kommunikation als geschützten Freiheitsbereich anzuerkennen.[887]

Eine Einbeziehung des potentiellen Rezipienten in den personalen Schutzbereich des Art. 5 III 1 GG ergibt sich nicht nur mittelbar aus dem Erfordernis, dem Künstler ein hinreichendes Schutzniveau zu sichern. Kunst wird nicht nur deshalb grundrechtlich geschützt, weil sie für den Künstler ein bedeutender Aspekt seiner Persönlichkeitsentfaltung sein kann, sondern auch weil sie den Rezipienten bereichert.[888] Damit muß das Publikum im Vergleich zum Vermittler erst recht vom personalen Schutzbereich der Kunstfreiheit umfaßt sein.

Nach Auffassung Denningers ist das Publikum nicht als geschützter Personenkreis anzuerkennen, weil es zum einen nicht möglich sei, den Schutzumfang aus der Sicht des Publikums und den aus der Sicht des Künstlers gewünschten kongruent zu halten[889], zum anderen wäre der geschützte Personenkreis außeror-

---

882 Ott, S. 114f; Heuer, S. 69, mit dem anschaulichen Hinweis auf eine Theateraufführung vor leerem Haus.

883 Hufen, S. 122f, hebt im übrigen die Bedeutung der Rezeption für den Schutz der Kunstfreiheit hervor, äußert sich aber nicht explizit zur Einbeziehung des Publikums in den persönlichen Schutzbereich von Art. 5 III 1 GG.

884 Benda/Maihofer/Vogel - Mahrenholz, § 26, Rn. 9, 49.

885 Benda/Maihofer/Vogel - Mahrenholz, § 26, Rn. 52; siehe auch Hoffmann, NJW 1985, 237 (241).

886 Erhardt, S. 99; Heuer, S. 65; Hoffmann, S. 230.

887 Ähnlich Benda/Maihofer/Vogel - Mahrenholz, § 26, Rn. 51.

888 Hönes, DÖV 1998, 491 (500).

889 Isensee/Kirchhof - Denninger, § 146, Rn. 23; Würkner, S. 144f; Dreier - Pernice, Art. 5 III, Rn. 28; Beisel, S. 119.

dentlich weit und nur ganz grenzunscharf zu bestimmen, der Schutzbereich wäre uferlos ausgeweitet.[890]

Die Schwierigkeit, eine Kunstfreiheit der Rezipienten mit der des Künstlers in Einklang zu bringen, ist kein überzeugender Einwand gegen die prinzipielle Grundrechtsberechtigung des Publikums, sondern lediglich eine Frage der Lösung des jeweiligen Einzelfalls.[891] Auch die Kunstkonsumfreiheit des Publikums wäre wie jede grundrechtliche Freiheit primär ein Abwehrrecht gegen staatliche Eingriffe und kein gegen den Künstler gerichteter Anspruch auf Veröffentlichung seiner Werke[892]. Ist daher Inhalt einer solchen Freiheit die Abwehr staatlicher Behinderungen am Kunstgenuß, ist die Kollision der Kunstfreiheiten von Künstler und Publikum kein grundsätzliches Problem.

Auch die Weite des Schutzbereiches steht einer Anerkennung des Kunstkonsumenten als Grundrechtsträger nicht entgegen. Ein ähnlich weiter persönlicher Schutzbereich findet sich auch bei anderen Grundrechten, ohne daß dies besondere oder gar unlösbare Probleme aufwerfen würde.[893] Eine Kunstzugangsfreiheit weist insbesondere Ähnlichkeiten mit der in Art. 5 I 1, 2. Alt. GG garantierten Informationsfreiheit auf. Auch dieses Grundrecht ist ein Rezipientenrecht, auf das sich jede Person im gesamten Prozeß des Informierens aus bestimmten Quellen berufen kann. Dennoch ergeben sich daraus keine Schwierigkeiten bei der Abgrenzung des persönlichen Schutzbereichs, eine uferlose Ausweitung des Schutzbereiches kann nicht festgestellt werden.

Aus alledem folgt, daß auch die Freiheit des Rezipienten, der staatlicherseits ungehinderte Zugang zum Kunstwerk, von Art. 5 III 1 GG gewährleistet wird.

2. Negative Kunstzugangsfreiheit aus Art. 5 III 1 GG

Es gibt zwar nur wenige Äußerungen zur negativen Seite der Grundrechtsgewährleistungen des Art. 5 III 1 GG, die zudem auf die Anerkennung der Freiheit, sich nicht künstlerisch betätigen zu müssen, beschränkt sind.[894]

---

890 Isensee/Kirchhof - Denninger, § 146, Rn. 23; Beisel, S. 120; Würkner, S. 144.

891 Benda/Maihofer/Vogel - Mahrenholz, § 26, Rn. 51 mit Fn. 63.

892 So aber besonders deutlich Beisel, S. 119 und Dreier - Pernice, Art. 5 III, Rn. 28, wonach der Zugang zu Kunstwerken kein Inhalt eines grundrechtlichen Anspruchs sein könne, es vielmehr in der völligen Freiheit des Künstlers stehe, zu entscheiden, wem er sein Werk zugänglich macht.

893 Benda/Maihofer/Vogel - Mahrenholz, § 26, Rn. 51 mit Fn. 63, mit dem Verweis auf die Demonstrationsfreiheit.

894 Etzrodt, S. 117f; Maunz/Dürig/Herzog/Scholz - Herzog, Art. 5 I, II, Rn. 40. Soweit ersichtlich widmet sich allein Hufen, DÖV 1983, 353 (358), der negativen Kunstabwehrfreiheit.

Ganz überwiegend wird jedoch die Auffassung vertreten, mit Ausnahme von Art. 6 II GG käme allen Freiheitsrechten, die als Handlungsrechte qualifiziert werden können, eine negative Seite zu, die negative Grundrechtsfreiheit sei ein logisches Korrelat der positiven Freiheit.[895] Ausgehend von dieser These soll im folgenden untersucht werden, ob eine Freiheit, nicht zur Kunstkonsumption gezwungen zu werden, als Freiheit, nicht gegen den eigenen Willen mit fremden Kunstwerken konfrontiert zu werden, der künstlerischen Betätigungsfreiheit des Bauherrn und Architekten entgegengesetzt werden kann.

Ein entsprechendes negatives Freiheitsrecht, etwa der Passanten, würde in dieser Konstellation dem Freiheitsrecht eines anderen Privaten gegenüberstehen. Nach der herrschenden Konzeption der nur mittelbaren Grundrechtsdrittwirkung[896] wäre dieses Spannungsverhältnis nach dem Prinzip des schonenden Ausgleichs zu bewältigen. Ein negatives Freiheitsrecht ist dem positiven Grundrecht grundsätzlich gleichrangig[897], so daß nach diesem Grundsatz nicht von vornherein der Betätigungsfreiheit des Künstlers der Vorrang eingeräumt werden kann. Folglich ist nicht bereits auf dieser Ebene auszuschließen, daß Baugestaltungsrecht gegenläufige Freiheiten von Künstlern und Betrachtern zum Ausgleich bringt.

Voraussetzung für eine verfassungsrechtliche Rechtfertigung durch die negative Kunstfreiheit Dritter ist, daß ein Kollisionsfall besteht. Eine vergleichbare negative Rezipientenfreiheit wird vor allem im Zusammenhang mit aufgedrängter akustischer Information zum Beispiel in öffentlichen Verkehrsmitteln als „Recht, nicht zuhören zu müssen“[898], Warnhinweisen auf Tabakverpackungen[899] und kommunikativer Straßennutzung[900] diskutiert. Diese Auseinandersetzungen kön-

895 Maunz/Dürig/Herzog/Scholz - Herzog, Art. 5 I, II, Rn. 40; Art. 8, Rn. 26; v. Mangoldt/Klein/Starck - Starck, Art. 5 I, II, Rn. 17. Weitere Nachweise bei Hellermann, S. 39. Anders Fenchel, S. 38ff (68), der eine Feststellung für jedes einzelne Grundrecht für erforderlich hält. Gegen die Figur der negativen Seite der Freiheitsrechte Hellermann, passim.

896 Fenchel, S. 124f zur negativen Informationsfreiheit.

897 Hellermann, S. 102ff; Bamberger, S. 68f. Anders Götzfried, NJW 1963, 1961 (1963), die in dem Zwang zu einem Tun die im Vergleich mit dem Zwang zu einem Unterlassen regelmäßig größere Beeinträchtigung sieht und die negative Freiheit höher bewertet. Die Gegenposition vertritt Hufen, DÖV 1983, 353 (358 mit Fn. 47), mit der Feststellung, ein Negativgrundrecht könne keine Freiheit geben, andere an der Grundrechtsausübung zu hindern. Gegen diese Argumentation Hellermann, S. 97ff.

898 Götzfried, NJW 1963, 1961ff; Kimminich, Der Staat 1964, 61ff.

899 Kloepfer, Tabakwaren, S. 58ff.

900 OLG Stuttgart, 25.09.1975, NJW 1976, 201 (203); Zeidler/Vogel/Merten/Schreiber - Zeidler, S. 3 (8); Steinberg/Herbert, JuS 1980, 108 (112, Fn. 49).

nen für die Frage nach dem Schutzbereich einer negativen Kunstzugangsfreiheit fruchtbar gemacht werden.

Ein negatives Recht, nicht zuhören zu müssen, sich nicht zu unterrichten, Informationen nicht aufgedrängt zu bekommen, wird im allgemeinen Persönlichkeitsrecht, Art. 2 I i.V.m. 1 I GG[901], in der Meinungsfreiheit[902], für den Bereich der Wohnung in Art. 13 GG[903], vor allem aber in der Informationsfreiheit, Art. 5 I 1 GG[904] verortet. Das Grundgesetz intendiere Kommunikation als freien Wettbewerb der Meinungen.[905] Die Freiheitlichkeit der Kommunikation setze aber die Dispositionsbefugnis des Grundrechtsträgers über die Teilnahme am Kommunikationsprozeß voraus.[906] Diese Dispositionsbefugnis gehöre zum Wesen freier Kommunikation.[907] Die garantierte freie Wahl der Informationsquelle beinhalte den negierenden Akzent des Nichtwählens, so daß auch das Recht, sich nicht informieren zu lassen, mitgarantiert sei.[908] Mit diesen Argumenten, die auch für eine negative Freiheit des unwilligen Kunstrezipienten herangezogen werden können, wird ein grundrechtlicher Schutz vor staatlicherseits aufgedrängten Informationen begründet, dessen Reichweite näher zu bestimmen ist.

Wie bei allen Grundrechten erreicht die bloße Belästigung durch die ungewollte Konfrontation mit Informationen bzw. Kunstwerken nicht die Intensität eines Eingriffs.[909] Ein mit der positiven Rezipientenfreiheit korrespondierendes negatives Recht kann nur vor dem Zwang zur Rezeption schützen. Rechtlicher

---

901 Götzfried, NJW 1963, 1961 (1962). AK - Hoffmann-Riem, Art. 5 I, II, Rn. 95; Kimminich, Der Staat 1964, 61 (77ff, insb. 83); vergleichbar BVerfG, 16.07.1969, E 27, 1 (6) und BVerfG, 02.03.1977, E 44, 197 (203). Weitere Rechtsprechungsnachweise bei Fenchel, S. 112ff.

902 OLG Stuttgart, 25.09.1975, NJW 1976, 201 (203); v. Münch/Kunig - Wendt, Art. 5, Rn. 18, kritisch Steinberg/Herbert, JuS 1980, 108 (112, Fn. 49); ablehnend Kimminich, Der Staat 1964, 61 (71f).

903 Kimminich, Der Staat 1964, 61 (73).

904 Götzfried, NJW 1963, 1961 (1962); v. Münch/Kunig - Wendt, Art. 5, Rn. 18; Kloepfer, Tabakwaren, S. 66; Kloepfer, Grundrechte, S. 64; BK- Degenhart, Art. 5 I, II, Rn. 358; Wohland, S. 123; Zeidler/Vogel/Merten/Schreiber - Zeidler, S. 3 (8); v. Mangoldt/Klein/Starck - Starck, Art. 5 I, II, Rn. 17; Pieroth/Schlink, Rn. 566; Fikentscher/Möller, NJW 1998, 1337 (1340f); Fenchel, passim; ablehnend Kimminich, Der Staat 1964, 61 (71ff); AK - Hoffmann-Riem, Art. 5 I, II, Rn. 95; Stree, S. 163.

905 Kloepfer, Tabakwaren, S. 64; Kloepfer, Grundrechte, S. 64.

906 Kloepfer, Tabakwaren, S. 64; Kloepfer, Grundrechte, S. 64; BK- Degenhart, Art. 5 I, II, Rn. 358; Wohland, S. 123.

907 Wohland, S. 123.

908 Kloepfer, Tabakwaren, S. 64; Kloepfer, Grundrechte, S. 64; Fikentscher/Möller, NJW 1998, 1337 (1340f).

909 Kloepfer, Tabakwaren, S. 66; BK- Degenhart, Art. 5 I, II, Rn. 358; Fenchel, S. 137.

Zwang zur Informationsaufnahme ist unproblematisch als Eingriff zu werten.[910] Schwieriger ist es, die Merkmale tatsächlichen Zwangs - und nur dieser kommt bei der Konfrontation mit Bauwerken in Betracht - zu bestimmen. Als allgemein anerkannt kann hierfür das Kriterium der Unentrinnbarkeit gelten, die auch dann angenommen wird, wenn bestehende Ausweichmöglichkeiten unzumutbar sind.[911] Ein Eingriff in die negative Rezipientenfreiheit wird aufgrund dessen nicht in der akustischen Werbung in Warenhäusern, wohl aber in der Beschallung in Bussen und Bahnen eines Verkehrsbetriebes mit Monopolstellung gesehen.[912] Der Schutzbereich soll auch dann nicht berührt sein, wenn sich der Betroffene weitgehend der Reklame, etwa der Verteilung von Anzeigenblättern, durch Wegsehen, Weghören bzw. Meiden solcher Wege entziehen kann.[913]

Ob baugestaltungsrechtliche Anforderungen zum Schutz einer negativen Kunstrezipientenfreiheit in die Kunstfreiheit von Architekt und Bauherrn eingreifen, ist somit primär von der Frage abhängig, ob von Baukunstwerken herrührenden optischen Reizen zumutbar ausgewichen werden kann. Von Bauwerken geht regelmäßig bereits wegen ihrer Größe ein gewisser faktischer Zwang zum Wahrnehmen aus. Dieser Zwang ist vor allem bei ungewöhnlichen, überwiegend als verunstaltend empfundenen Bauwerken, die per se auffallend sind, nicht zu leugnen. Daß es nach der ersten Wahrnehmung von einer Entscheidung des Betrachters abhängt, ob er dem optischen Reiz des Bauwerks weiter ausgesetzt ist oder wegschaut, beseitigt den zuvor bestehenden faktischen Zwang nicht, möglicherweise aber dessen Erheblichkeit.

Kloepfer differenziert für die negative Informationsfreiheit zwischen dem Ergreifen der Kommunikationsinitiative und der eigentlichen Kundgabe. Die den Kundgabewillen signalisierende Kontaktaufnahme werde als wesentlicher, nicht fortdenkbarer Teil der Meinungsäußerungsfreiheit auch von der positiven Informationsfreiheit vorausgesetzt. Sie biete überhaupt erst die Möglichkeit, einen negativen Rezipientenwillen zu zeigen.[914] Die negative Informationsfreiheit könne daher nicht vor dem Ansprechen schützen, sondern setze es voraus. Erst das Aussprechen könne das Grundrecht beeinträchtigen. Das gelte grundsätzlich auch

---

910 Kloepfer, Tabakwaren, S. 66.

911 Kimminich, Der Staat 1964, 61 (77ff, insb. 83); AK - Hoffmann-Riem, Art. 5 I, II, Rn. 95; v. Münch/Kunig - Wendt, Art. 5, Rn. 18; Sachs - Bethge, Art. 5, Rn. 57a; Pieroth/Schlink, Rn. 566; BK- Degenhart, Art. 5 I, II, Rn. 358; Kloepfer, Tabakwaren, S. 68; Hufen, DÖV 1983, 353 (358); Fikentscher/Möller, NJW 1998, 1337 (1341); Fenchel, S. 138.

912 Götzfried, NJW 1963, 1961 (1962); BK- Degenhart, Art. 5 I, II, Rn. 358.

913 AK - Hoffmann-Riem, Art. 5 I, II, Rn. 95.

914 Kloepfer, Tabakwaren, S. 68; Kloepfer, Grundrechte, S. 66.

dann, wenn beides zusammenfällt, indem mit dem Ansprechen die gesamte Information geliefert wird.[915]

Übertragen auf eine negative Kunstrezipientenfreiheit bedeutet dies, daß ein faktischer Zwang allein zur Wahrnehmung eine Bauwerkes unter normalen Umständen kein Grundrechtseingriff ist. Optischen Reizen kann regelmäßig durch bloßes Wegschauen leicht ausgewichen werden.[916] Eine besonders auffallende äußere Gestaltung kann eine andere Beurteilung nicht nahelegen, denn eine über die erste Kontaktaufnahme hinausgehende Aufmerksamkeit kann auch nicht durch eine auffallende Gestaltung eines Bauwerks erzwungen werden, auch hier kann der Passant sein Auge von dem ihm unangenehmen Bauwerk abwenden oder einen anderen Weg nehmen.[917]

Dieses Ergebnis wird durch grundrechtsspezifische Besonderheiten bestätigt. Gerade Baukunst, die auf den öffentlichen Raum angewiesen ist, würde praktisch immer mit der Kunstrezipientenfreiheit kollidieren, wenn man bereits eine gewisse magnetische Wirkung auf das Auge des Passanten als faktischen Rezeptionszwang für die Annahme eines Grundrechtseingriffs genügen ließe. Damit wäre die gesamte Baukunst unter einen Abwägungsvorbehalt gestellt. Die Kunstfreiheit des Rezipienten leitet sich zudem in erster Linie aus der Kunstfreiheit des Künstlers ab.[918] Beide Grundrechte stehen daher von vornherein nicht gleichwertig nebeneinander.[919] Dies ist bereits bei der Schutzbereichsumschreibung zu berücksichtigen. Es müssen ganz besondere Umstände vorliegen, um von einem nur unzumutbar auszuweichendem Zwang zur Kunstrezeption und damit einem Eingriff in die negative Kunstzugangsfreiheit ausgehen zu können.

Leitet man negative Freiheitsrechte aus entsprechenden positiven Grundrechten ab, betrachtet sie gar als Spiegelbild der ausdrücklich normierten positiven Freiheitsrechte[920], kann eine die Künstlerfreiheit einschränkende negative Kunstkonsumfreiheit - wenn überhaupt - ebenfalls nur in engen Grenzen anerkannt

---

915 Kloepfer, Tabakwaren, S. 69; Kloepfer, Grundrechte, S. 66.

916 Kloepfer, Tabakwaren, S. 69. Den Aspekt des leichten Wegsehens im Gegensatz zum Weghören betonen auch Fikentscher/Möller, NJW 1998, 1337 (1341f); Kimminich, Der Staat 1964, 61 (64); ähnlich BGH, 15.04.1975, BGHZ 64, 178 (182) zur ungewollten Konfrontation mit pornographischen Schriften im Bahnhofskiosk.

917 Kloepfer, Grundrechte, S. 66, zur Außenwerbung. Ähnlich Hufen, DÖV 1983, 353 (358) mit der Feststellung, im öffentlichen Straßenraum sei es grundsätzlich zumutbar, einer Kunstdarbietung auszuweichen. Eine Ausnahme sieht er nur für besonders intensive akustische Einwirkungen.

918 Siehe oben unter 1.

919 Im Gegensatz zum Verhältnis von Meinungsäußerungsfreiheit und negativer Informationsfreiheit, siehe Fenchel, S. 85 m.w.N.

920 Merten, FS Stern, 987 (989); Bamberger, S. 82f, mit darauf basierender Kritik an der Kruzifixentscheidung des BVerfG, 16.05.1995, E 93, 1ff.

werden. Die negative Komponente eines Freiheitsrechtes kann als Spiegelbild nicht weiter reichen als seine positive Komponente.[921] Die positive Kunstrezipientenfreiheit ist ausschließlich gegen den Staat gerichtet, der grundsätzlich den Zugang zu Kunstwerken nicht verwehren darf. Die Freiheit des Künstlers, Kunstwerke zu schaffen und sie der Öffentlichkeit zugänglich zu machen, wird von der Rezipientenfreiheit vorausgesetzt und nicht eingeschränkt. Dann kann aber eine spiegelbildliche negative Konsumfreiheit allenfalls nur sehr eingeschränkt die künstlerische Betätigung selbst in Frage stellen.

In der sinnlichen Wahrnehmung liegt nicht der Kern, sondern eine Voraussetzung für die Kunstrezeption. Das Wesentliche der Publikumstätigkeit besteht in der Interpretation, dem aktiven Kunstkonsum. Eine negative Freiheit kann daher nicht vor jedem faktischen Wahrnehmungszwang schützen.

Das vielfach herangezogene Kriterium der Sozialadäquanz[922] führt zu keinem anderen Ergebnis. Eine Belästigung durch ungewollte Informationen soll auch dann kein Eingriff in die negative Informationsfreiheit sein, wenn sie sozialadäquat ist.[923] Baukunstwerke allgemein sind zweifellos sozialadäquat. Eine Differenzierung danach, inwieweit die einzelnen Bauwerke dem ästhetischen Empfinden der Betrachter entsprechen, ist mit der Kunstneutralität des Staates nicht vereinbar. Ebenso wie bei einer Kollision der negativen Informationsfreiheit mit der Meinungsäußerungsfreiheit die gesellschaftliche Akzeptanz der Kommunikationsinhalte bedeutungslos bleiben muß[924], darf auch ein Ausgleich zwischen der künstlerischen Betätigungsfreiheit und der negativen Kunstzugangsfreiheit der Passanten nur kunstneutral und damit nicht durch Verbote ästhetisch mißbilligter Kunst erfolgen. Diese Anforderung an eine Kollisionsregelung kann nicht dadurch umgangen werden, daß man die dort unzulässige Differenzierung auf die Ebene der Kollisionsfrage verschiebt. Ist die Baukunst als solche sozialadäquat, kann für ungenehme Baukunstwerke nichts anderes gelten.

Berühren Baukunstwerke die negative Kunstrezipientenfreiheit nicht, kann der Eingriff in die Kunstfreiheit von Architekten und Bauherren auch nicht mit dem Schutz dieses Grundrechts verfassungsrechtlich gerechtfertigt werden.

---

921 Maunz/Dürig/Herzog/Scholz - Herzog, Art. 8, Rn. 26.
922 BK- Degenhart, Art. 5 I, II, Rn. 358; Fenchel, S. 139f.
923 Fenchel, S. 139f.
924 Fenchel, S. 160, 128; siehe auch Hellermann, S. 114f, 111.

B. Der Schutz der körperlichen Unversehrtheit, Art. 2 II GG

Das BVerwG rechtfertigte wiederholt einen ästhetisch motivierten Eingriff in die Kunstfreiheit mit einem in Art. 2 II GG verankerten staatlichen Auftrag zur Förderung des allseitigen psychischen Wohlbefindens der Bürger.[925]

So wurde die Baugenehmigung für das von der Klägerin geplante Wohnhaus abgelehnt, weil sich das vorgesehene Flachdach nicht gemäß der örtlichen Verordnung zur Dachgestaltung an die Nachbarbebauung anpasse und sich das Vorhaben nicht gemäß Art. 12 III BayBauO[926] in die Bebauung der näheren Umgebung einfüge. Das BVerwG ging davon aus, daß die beabsichtigte Errichtung des Flachdachgebäudes mit drei Obergeschossen und einer Metall-Glas-Fassade am Schutz der in Art. 5 III 1 GG gewährleisteten Freiheit der Kunst teilhat, so daß die Verweigerung der Baugenehmigung nur zum Schutz fremder Grundrechte oder sonstiger Rechtsgüter mit Verfassungsrang erfolgen darf. Indem Unlustgefühle hervorrufende krasse Gegensätzlichkeiten und Widersprüche im Erscheinungsbild bebauter Gebiete, die bei einem nicht unbeträchtlichen, in durchschnittlichem Maße für gestalterische Eindrücke aufgeschlossenen Teil der Betrachter anhaltenden Protest auslösen würden, mit der Abwehr von Verunstaltungen verhindert werden, leiste der Staat nach Ansicht des BVerwG letztlich einen Beitrag zum allseitigen psychischen Wohlbefinden seiner Bürger, Art. 2 II GG.[927]

1. Körperliche Unversehrtheit im Sinne von Art. 2 II GG

Ein gewisser Einfluß der Stadtgestaltung aber auch der baulichen Gestaltung einzelner Anlagen im Lebensumfeld eines Menschen auf sein psychisches Wohlbefinden ist nicht zu leugnen. Eine bestimmte äußere Gestaltung kann ihm ein Gefühl der Geborgenheit vermitteln und eine Identifizierung mit seiner Umge-

---

925 BVerwG, 27.06.1991, NVwZ 1991, 983 (984); BVerwG, 13.04.1995, NJW 1995, 2648. Im Grundsatz die Möglichkeit einer solchen Rechtfertigung bejahend auch OVG Koblenz, 24.07.1997, NJW 1998, 1422.

926 Nach der Rechtsprechung des BVerwG setzt das Nichteinfügen einer baulichen Anlage den gleichen Spannungsgrad voraus wie eine Verunstaltung, so daß Art. 12 III BayBauO neben den Verunstaltungsverboten in Art. 12 I, II BayBauO keine praktische Bedeutung zukam. Das Einfügungsgebot des Art. 12 III BayBauO a.F. wurde daher in der Fassung der Bekanntmachung vom 19. April 1994 (GVBl. S. 251) gestrichen, Simon - Synopse, Art. 12/Art. 11 BayBO.

927 BVerwG, 27.06.1991, NVwZ 1991, 983 (984).

bung fördern.[928] Zweifelhaft ist jedoch, ob diesen Wirkungen, deren zulässige staatliche Förderung nicht in Abrede gestellt werden soll, über Art. 2 II GG Verfassungsrang zukommt.[929]

Kernfrage ist somit die nach dem Schutzgut von Art. 2 II GG. Die körperliche Unversehrtheit umfaßt unzweifelhaft die Gesundheit im biologisch-physiologischen Sinne.[930] Einem auf diesen Aspekt beschränkten Verständnis steht die denkbare Gleichsetzung körperlicher Unversehrtheit mit dem umfassenden Gesundheitsbegriff der Weltgesundheitsorganisation gegenüber. Demnach ist Gesundheit nicht nur das Freisein von Krankheit, sondern der Zustand des vollständigen körperlichen, geistigen und sozialen Wohlbefindens.[931] Die Entstehungsgeschichte des Grundrechts spricht gegen eine vollständige Abgrenzung des Begriffs der körperlichen Unversehrtheit vom Begriff der Gesundheit im geistig-seelischen Bereich. Psychischer Terror und seelische Folterungen gehörten zu den lebensverachtenden Methoden des nationalsozialistischen Deutschlands, die mitentscheidend für die Aufnahme der Garantien in Art. 2 II GG waren.[932] Dennoch sind der grundrechtliche Begriff der körperlichen Unversehrtheit und der Gesundheitsbegriff der WHO nicht identisch. Zur Zeit der Ausarbeitung des Grundgesetzes existierte der Gesundheitsbegriff der WHO bereits, so daß sich eine Begriffsübernahme angeboten hätte, wäre eine inhaltliche Identität gewollt gewesen.[933] Ein umfassender Schutz des seelischen und sozialen Wohlbefindens durch Art. 2 II GG würde so gut wie jedem staatlichen Eingriff gegenüber zu stellen sein, da Unbehagen und Unlustgefühle durch jede hoheitliche Belastung hervorgerufen werden können. Art. 2 II GG würde zur umfassenden Richtschnur des Gesetzgebers[934] und zum uferlosen Eingriffstitel zur Einschränkung von

928 Hermann, S. 96; ähnlich Scheerbarth, S. 206, der vor Reklame im Außenbereich wegen der Gefahr für die seelische Gesundheit der dort Erholung suchenden Menschen warnt.

929 BVerwG, 27.06.1991, NVwZ 1991, 983 (984); OVG Koblenz, 24.07.1997, NJW 1998, 1422 (4223 Recht auf psychisches Wohlbefinden aus Art. 2 II GG). So auch Hermann, S. 96, der einen „gewissen“ verfassungsrechtlicher Rang ausmacht. Eine solche Relativierung ist indes nicht überzeugend. Entweder kommt dem durch ästhetische Eindrücke beeinflußbaren psychischen Wohlbefinden Verfassungsrang zu, oder nicht.

930 BVerfG, 14.01.1981, E 56, 54 (73); Jarass/Pieroth - Jarass, Art. 2, Rn. 53; Isensee/Kirchhof - Lorenz, § 128, Rn. 16; v. Mangoldt/Klein/Starck - Starck, Art. 2 II, Rn. 177; Dreier - Schulze-Fielitz, Art. 2 II, Rn. 19.

931 So die Präambel der Satzung der WHO, zitiert nach Dreier - Schulze-Fielitz, Art. 2 II, Rn. 21.

932 BVerfG, 14.01.1981, E 56, 54 (75); Pieroth/Schlink, Rn. 393.

933 v. Mangoldt/Klein/Starck - Starck, Art. 2 II, Rn. 177.

934 Schütz, JuS 1996, 498 (502); Beisel, S. 143; v. Mangoldt/Klein/Starck - Starck, Art. 2 II, Rn. 177.

Freiheiten[935]. Gleichzeitig bliebe im einzelnen unklar, welche Tatbestände das psychische Wohlbefinden beeinträchtigen, da die Befindlichkeiten bekanntermaßen von Mensch zu Mensch nicht nur graduell unterschiedlich sind. Seelisches und soziales Wohlbefinden kann nicht hinreichend klar gefaßt werden. Bei einer Anlehnung an den Gesundheitsbegriff der WHO würde das Grundrecht sowohl als Basis staatlicher Schutzpflichten, als auch als Abwehrrecht jede Kontur verlieren.[936] Mit einer solchen inhaltlichen Unbestimmtheit ist weder die in Art. 1 III GG festgelegte Bindung aller staatlicher Gewalt, noch das Erfordernis gesetzlicher Eingriffsgrundlagen gemäß Art. 2 II 3 GG zu vereinbaren.[937] Allen menschlichen Bedürfnissen käme über ein solches Wohlfühl-Grundrecht Verfassungsrang zu, so daß letztlich auch der besondere verfassungsrechtliche Schutz für vorbehaltlose Grundrechte obsolet würde.[938] Auch die textliche Beschränkung des Grundrechts auf die körperliche Unversehrtheit indiziert einen engeren Schutzbereich als die umfassende Gesundheit. Hieraus den Schluß zu ziehen, das Recht auf körperliche Unversehrtheit könne nur insoweit vor psychischen Beeinträchtigungen schützen, wie diese mit biologisch-physiologischen Pathologien verbunden sind, wäre dennoch voreilig. Der Mensch kann nur als eine Einheit von Leib, Seele und Geist verstanden werden, eine Abgrenzung physiologischer von psychischen Beeinträchtigungen ist medizinisch nicht möglich. Der Schutzbereich von Art. 2 II GG kann daher nicht ausschließlich biologisch-physiologisch bestimmt werden, sondern muß auch psychische Krankheitszustände erfassen. Als Abgrenzungskriterium zwischen bloßem Unwohlsein, d.h. Befindlichkeitsstörungen, gegen deren Verursachung Art. 2 II GG nicht herangezogen werden kann, und psychischer Krankheit ist die mit körperlichen Schmerzen vergleichbare psychosomatische Wirkung anerkannt.[939] Selbst wenn man Art. 2 II GG noch enger als Schutz des Menschen in seiner körperlichen Erscheinungsweise versteht[940] und so den Schutzbereich auf die Freiheit vor Eingriffen

935 Vesting, NJW 1996, 1111 (1113).

936 Dolderer, BauR 1999, 691 (692); Schütz, JuS 1996, 498 (502); v. Mangoldt/Klein/Starck - Starck, Art. 2 II, Rn. 177; Dreier - Schulze-Fielitz, Art. 2 II, Rn. 21.

937 v. Mangoldt/Klein/Starck - Starck, Art. 2 II, Rn. 177.

938 Kluge, ZRP 1992, 141 (144) bzgl. einer staatlichen Schutzpflicht gegen emotionale Beeinträchtigungen aus Art. 2 I GG.

939 Siehe zum Beispiel BVerfG, 14.01.1981, E 56, 54 (75); Pieroth/Schlink, Rn. 393; Jarass/Pieroth - Jarass, Art. 2, Rn. 53; Voßkuhle, BayVBl 1995, 613 (619); Schütz, JuS 1996, 498 (502); Koenig/Zeiss, Jura 1997, 225 (229); Dreier - Schulze-Fielitz, Art. 2 II, Rn. 20. Im Ergebnis auch v. Mangoldt/Klein/Starck - Starck, Art. 2 II, Rn. 178, der zwar ausdrücklich den Schutzbereich des Art. 2 II GG auf die biologisch-physiologische Gesundheit beschränkt, aber dennoch die Freiheit vor Schmerzen z.B. durch psychische Folterungen als von Art. 2 II GG umfaßt sieht.

940 Isensee/Kirchhof - Lorenz, § 128, Rn. 18; Sachs - Murswiek, Art. 2, Rn. 148.

mit körperlichen Auswirkungen beschränkt, wäre damit nicht notwendig eine tatsächliche Schutzbereichsverengung verbunden, da mit körperlichen Schmerzen vergleichbare Wirkungen regelmäßig auch die Körpersphäre tangieren.

2. Ästhetische Beeinträchtigungen als Verletzung der körperlichen Unversehrtheit

Als mögliche Beeinträchtigung der körperlichen Unversehrtheit kommen nur Verunstaltungen in Betracht. Gegen andere baugestaltungsrechtliche Anforderungen verstoßende bauliche Anlagen widersprechen lediglich einem bestimmten Gestaltungskonzept. Selbst wenn diese Gestaltungskonzepte dem psychischen Wohlbefinden der Betrachter zu dienen bestimmt sind, kann ausgeschlossen werden, daß eine abweichende Baugestaltung, soweit sie nicht zugleich eine Verunstaltung darstellt, die körperliche Unversehrtheit beeinträchtigt.

Das BVerwG sah den Zweck von baurechtlichen Verunstaltungsverboten darin, bestimmte Unlustgefühle hervorrufende krasse Gegensätzlichkeiten und Widersprüche im Erscheinungsbild bebauter Gebiete abzuwehren.[941] Das Gericht ging somit davon aus, daß lediglich bloße Unlustgefühle vermieden werden sollen, die bestimmte Baugestaltungen beim Betrachter auslösen können. Solche Beeinträchtigungen des psychischen Wohlbefindens werden nicht von Art. 2 II GG umfaßt.

Eine Eingriffsrechtfertigung ist auch nicht damit zu begründen, daß das BVerwG die Wirkung baulicher Verunstaltungen auf den sich gestört fühlenden Betrachter unterschätzt habe und eine demgegenüber realistische Einschätzung der Auswirkungen verunstalteter bzw. verunstaltender Bauwerke auf den Betrachter einer Subsumtion unter Art. 2 II GG zugänglich wäre.

Eine ästhetische Beeinträchtigung erreicht - und diese Einschätzung bedarf keiner detaillierten sozio-psychologischen Erörterung[942] - keinen Intensitätsgrad, der mit körperlichem Schmerz vergleichbar wäre oder einen pathologischen Zustand im biologisch-physiologischen Sinne zur Folge hätte.[943] Die Voraussetzun-

941 BVerwG, 27.06.1991, NVwZ 1991, 983 (984).

942 Siehe dazu unten § 3 II. B.

943 Ästhetische Immissionen sind typischerweise ungeeignet, das gesundheitliche Wohlbefinden der sich auf dem benachbarten Grundstück aufhaltenden Menschen zu beeinträchtigen, so BGH, 07.03.1969, NJW 1969, 1208 (1209); Koenig/Zeiss, Jura 1997, 225 (229); Voßkuhle, BayVBl 1995, 613 (619); Zeiss, ZfBR 1997, 286 (290); Schütz, JuS 1996, 498 (502). Eine tendenziell andere Einschätzung trifft Namgalies, passim, mit der Betonung der Auswirkungen der Stadtgestaltung auch auf das körperliche Wohlbefinden. Siehe auch Mayer-Tasch, S. 26, der eine verunstaltete architektonische Umwelt als Verletzung des Bürgers in seiner „psychischen, eventuell sogar physischen Integrität" versteht und ästhetische Umweltschäden als

gen für das Vorliegen einer Verunstaltung - die offensichtliche Verletzung der ästhetischen Empfindungen einer Mehrheit der potentiellen Betrachter - begrenzen zugleich die zu erwartende Häufigkeit entsprechender baulicher Anlagen. Fast alle Bauwerke würden auch dann, wenn sie nicht entsprechenden baugestalterischen Vorgaben genügen müßten, keine Verunstaltung darstellen. Diese Schlußfolgerung aus dem im Verunstaltungsbegriff verwirklichten Mehrheitsgedanken wäre nur dann unzulässig, wenn die Gruppe der Bauwilligen eine von der übrigen, die überwiegende Mehrheit darstellenden Gesellschaft abgrenzbare Gruppe wäre, deren bauästhetische Überzeugungen denen der Allgemeinheit diametral entgegengesetzt wäre. Hinweise für eine solche Situation sind jedoch nicht ersichtlich. Geht es folglich nur um die Abwehr sehr vereinzelt zu befürchtender baulicher Verunstaltungen, sind schmerzensgleiche oder pathologische psychische Störungen schon deshalb nicht zu erwarten, weil der Mensch üblicherweise nicht ununterbrochen an einem Ort verharrt, dem ästhetischen Eindruck einer baulichen Anlage somit nicht auf Dauer, sondern allenfalls hin und wieder ausgesetzt ist. Darüber hinaus kann man sich optischen Eindrücken sehr leicht entziehen. Im Gegensatz zu manchen akustischen oder olfaktorischen Reizen ist hierfür nicht einmal erforderlich, daß sich die Person von der Reizquelle entfernt.

Nicht zu unterschätzen ist schließlich der Gewöhnungseffekt. Wird ein neuer Eindruck noch bewußt wahrgenommen und eventuell als häßlich empfunden, nimmt man schon bald den Reiz nicht einmal mehr wahr. So ist der Auffassung, die erdrückende Wirkung von Windenergieanlagen verletze die körperliche Unversehrtheit[944], nicht nur der zugrunde liegende wenig überzeugende Maßstab für das Vorliegen einer Beeinträchtigung der körperlichen Unversehrtheit entgegenzuhalten, sondern auch die zu leichtfertige Feststellung, Windenergieanlagen riefen entsprechende Reaktionen hervor. Vor einigen Jahren mögen die damals neuen Energieanlagen noch wahrgenommen und von manchem als häßlich empfunden worden sein. Inzwischen werden sie wohl, ebenso wie die in ihrer optischen Erscheinung mit den Windenergieanlagen vergleichbaren Hochspannungsmasten, kaum noch beachtet.

Damit ist in der Regel nur der Nachbar einer als häßlich empfundenen baulichen Anlage diesem ästhetischen Eindruck in einer Weise ausgesetzt, die zumindest intensiver sein kann als es üblicherweise der Fall ist.[945] Er wird regelmäßig häufiger mit der Nachbarbebauung konfrontiert, je nach Bauweise dürfte es für

Ursache für neurotische Befunde ansieht. Ähnlich Sening, BayVBl 1976, 72 (75f), zum Naturerleben.

944 Lühle, NVwZ 1998, 897 (900).

945 Auf diesen als den entscheidenden Beurteilungsaspekt abstellend OVG Koblenz, 24.07.1997, NJW 1998, 1422 (1423).

ihn schwieriger sein, seinen Blick von dem häßlichen Bauwerk abzuwenden. Daß diese Situation zu pathologischen Zuständen führen soll, erscheint dennoch befremdlich. Auch die einhellige Rechtsprechung, die baugestalterischen Normen den nachbarschützenden Charakter abspricht[946], bestätigt, daß mit Verunstaltungsverboten nicht die Gesundheit des Nachbarn geschützt werden soll.

Etwas anderes könnte für optische Reize gelten, wie sie beispielsweise von das Sonnenlicht reflektierenden Rotorblättern von Windenergieanlagen[947] ausgehen. Diesem jeweils bei Erreichung eines bestimmten Einfallwinkels auftauchenden Blitzlicht, das häufig als „Disco-Effekt" beschrieben wird, kann man sich nicht durch bloßes Wegsehen entziehen, da der Lichteinfall wiederum von anderen Gegenständen reflektiert wird und auch aus dem Augenwinkel wahrgenommen wird. Auch innerhalb eines unmittelbar benachbarten Hauses ist man der damit verbundenen Unruhe ausgesetzt. Diese Beeinträchtigungen, die im Einzelfall tatsächlich die körperliche Unversehrtheit des Nachbarn antasten können, gehen aber nicht darauf zurück, daß die Anlage das ästhetische Empfinden verletzt.[948] Damit sind solche Verletzungen der körperlichen Unversehrtheit auch nicht mit Verunstaltungsverboten zu verhindern.

Mit körperlichen Schmerzen vergleichbare psychische Beeinträchtigungen oder psychosomatische Störungen sind schließlich als Folge von auf den Nachbarn abzielenden und diesen diffamierenden Gestaltungen denkbar.[949] Derartige Kunstwerke könnten unter Umständen zum Schutz der körperlichen Unversehrtheit oder des Persönlichkeitsrechtes des Nachbarn unterbunden werden. Diese Beeinträchtigungen beruhen jedoch ebenfalls nicht auf ästhetischen Gründen.

---

946 OVG Münster, 18.02.1965, VII A 655/63, in Boeger/Ctwrtecka, S 131; VGH BW, 04.02.1969, BRS 22 Nr. 167; BayVGH, 12.02.1988, BauR 1989, 187 (188); OVG Lüneburg, 05.09.1985, BRS 44, Nr. 118; OVG Saarland, 26.06.1985, BRS 44, Nr. 162; Dieckmann/Lange - Boeckh, Band 1, Teil 3, Kap. 2.2.4; Gädtke/Böckenförde/Temme/Heintz - Heintz, § 12, Rn. 9. Hingegen insoweit konsequent Mayer-Tasch, passim.

947 Siehe zu dieser Problematik OVG Münster, 22.10.1996, NVwZ 1997, 924 (925); OVG Münster, 29.08.1997, NVwZ 1998, 978 (979); VG Oldenburg, 19.06.1997, ZUR 1998, 40 (41); Lühle, NVwZ 1998, 897 (900).

948 Die Situation ist vergleichbar mit auf laute Musik zurückzuführenden Hörschäden. Auch hier haben die Schäden keinen Bezug zu der subjektiven Einstellung des Erkrankten zu der ursächlichen Musik.

949 Siehe Fallgestaltung bei AG Grünstadt, 11.02.1994, NJW 1995, 889 („Frustzwerge"); VGH BW, 25.11.1982, BRS 39, Nr. 144 (Barrikadenzaun); AG Münster, 10.05.1983, NJW 1983, 2886 (zielgerichtete Lagerung von Müll auf der dem Nachbargrundstück zugewandten Seite des Zaunes); LG Limburg, 19.02.1986, NJW-RR 1987, 81 (zielgerichtete sittenwidrige Schädigung des Nachbarn durch Errichtung eines Galgen mit einer hängenden Puppe).

Bauliche Verunstaltungen können zwar das psychische Wohlbefinden beeinflussen, haben aber keine mit körperlichen Schmerzen vergleichbare oder gar pathologische Auswirkungen. Art. 2 II GG enthält kein Abwehrrecht gegen Beeinträchtigungen der psychischen Befindlichkeit. Aus diesem Grundrecht kann somit auch keine korrespondierende staatliche Pflicht zum Schutz des psychischen Wohlbefindens abgeleitet werden, deren Erfüllung in baurechtlichen Verunstaltungsverboten zum Ausdruck kommen könnte. Art. 2 II GG ist entgegen der Rechtsprechung des BVerwG kein Verfassungsgut welches hinter verunstaltungsabwehrenden Baugestaltungsnormen steht.[950] Mangels Kollisionslage kann der in Art. 2 II GG verankerte Schutz der körperlichen Unversehrtheit nicht zur Rechtfertigung von Eingriffen in die Kunstfreiheit herangezogen werden, die in der Anwendung von baulichen Verunstaltungsverboten liegen.

C. Das Grundrecht auf Stadtgestaltung als Element des allgemeinen Persönlichkeitsrechts, Art. 2 I i. V. m. 1 I GG

Namgalies versteht das von der baulichen Umgebung beeinflußte psychische Wohlbefinden als Schutzgut des allgemeinen Persönlichkeitsrechts; Art. 2 I i.V.m. 1 I GG beinhalte auch ein Grundrecht auf Stadtgestaltung.[951] Mangelnde positive Gestaltung des Raumes unterbinde Aktivitäten in diesem Raum, der Mensch habe nur noch einen sehr eingeengten Entfaltungsfreiraum, ohne daß dies auf eine freie Entscheidung des Individuums zurückgeführt werden könnte. Der Rückzug des Einzelnen aus dem öffentlichen Raum stehe nicht in seinem Belieben, sondern werde von der verunstalteten baulichen Umgebung gesteuert, ohne daß die Einwirkung auf seine Willens- und Entscheidungsfreiheit dem Menschen

950 Vesting, NJW 1996, 1111 (1113); Schütz, JuS 1996, 498 (501f); Koenig/Zeiss, Jura 1997, 225 (229); Dolderer, BauR 1999, 691 (692); Dreier - Pernice, Art. 5 III, Rn. 33 mit Fn. 181; Dreier - Schulze-Fielitz, Art. 2 II, Rn. 21 mit Fn. 50; Beisel, S. 143; Voßkuhle, BayVBl 1995, 613 (619); kritisch auch Murswiek, JuS 1995, 1131 (1132). Speziell die Ableitung eines Grundrechts auf Stadtgestaltung aus Art. 2 II GG ablehnend Namgalies, S. 108f. A.A. Simon, Art. 11, Rn. 6.

951 Namgalies, S. 80ff, S. 232; zustimmend Mehlhorn, S. 9, 11; Schuster - Trieb, S. 147ff (149). Ähnlich Henke, S. 75ff, zur grundrechtlich begründeten staatlichen Pflicht zur Erhaltung überkommener Bausubstanz; Mayer-Tasch, S. 23ff, 26; Malz, S. 146 mit Fn. 189 (Umweltverschlechterung durch räumlich-bauliche Mißstände wie Verslumung und monotone Hochhaus- und Einfamilienhaussiedlungen stehe im Zusammenhang mit Art. 1 I GG); Mick , S. 87ff, 93 (kein Leistungsgrundrecht, aber aus dem Persönlichkeitsrecht resultierende staatliche Schutzpflichten, da die äußeren Gestaltungsqualitäten der Behausung und die Stadtgestalt bei der Persönlichkeitsentwicklung eine bedeutsame Rolle spielten); Sening, BayVBl 1976, 72 (75f) für das Naturerleben.

bewußt werde. Er sei dem Einfluß schutz- und wehrlos ausgeliefert und verliere mit dieser Erfahrung das Vertrauen in die eigene Personalität. Die negative Stadtgestaltung nehme ihm einen Teil der Verfügungsmacht über sich selbst. Die Fremdbestimmung durch die psychischen Einwirkungen der Stadtgestalt beeinträchtige den Menschen in seiner Entfaltungsfreiheit.[952] Negative Stadtgestalt verhindere auch eine Kommunikation der Bürger und damit die Grundlage der Entwicklung des Einzelnen zur Persönlichkeit.[953] Mangelnde Befriedigung durch eine als unschön empfundene Umgebung behindere schließlich in menschenunwürdiger Weise die Entfaltung der Persönlichkeit auf künstlerischem Gebiet.[954] Die mit einer negativen baulichen Umwelt einhergehende Beschränkung der inneren und äußeren Handlungsfreiheit degradiere den Menschen zum Objekt und verletze die Menschenwürde.[955]

Zur Rechtfertigung von Verunstaltungsverboten scheint die Theorie Namgalies bereits unter Zugrundelegung seiner Prämissen ungeeignet. Als verunstaltet bezeichnet Namgalies Straßenschluchten, monotone Bauten, graue Farben, Akzentlosigkeit, Eintönigkeit. Eine positive Stadtgestalt sei vielfältig und abwechslungsreich, sie repräsentiere die Vielheit von Vorstellungen und Interessen in der pluralistischen Gesellschaft durch unterschiedliche Bauformen, Strukturen, Fassaden und andere Gestaltungselemente.[956] Baurechtliche Verunstaltungsverbote in der Auslegung durch das BVerwG würden zu einer weitgehenden Anpassung der äußeren Gestalt eines Bauwerks an die bauliche Umgebung führen und so die Monotonie und Gestaltarmut der Städte verfestigen.[957]

Mangels hinreichender inhaltlicher Bestimmtheit ist ein Grundrecht auf Stadtgestaltung auch im übrigen nicht aus dem Persönlichkeitsrecht ableitbar. Namgalies fordert, gestützt auf das Stadtgestaltungsgrundrecht, Bauwerke einwandfrei zu gestalten, daß gegen die ästhetische Kunstwerthaftigkeit oder -unwerthaftigkeit im Einzelfall Einwände nicht erhoben werden können.[958] Diese Forderung ist nicht konkretisierbar. Abwechslungsreichtum und Differenziertheit sind für Namgalies von besonderer Bedeutung für ein positives Stadtbild, weil nur so sicherzustellen sei, daß jeder in der Stadt Elemente findet, die ihm gefal-

952 Namgalies, S. 144ff.
953 Namgalies, S. 156ff. Die Behinderung der Kommunikation durch eine verunstaltete Umgebung beeinträchtige ebenso das in Art. 20 I, II GG konstituierte System staatlicher Willensbildung auf der untersten Ebene und bedeute eine „gewisse Verletzung des demokratischen Willensbildungsprozesses“, Namgalies, S. 170ff.
954 Namgalies, S. 160ff.
955 Namgalies, S. 159f.
956 Namgalies, S. 145, S. 182, S. 218 vor allem S. 174ff.
957 Namgalies, S. 228f.
958 Namgalies, S. 229.

len.[959] Die Verschiedenheit des ästhetischen Erlebens läßt aber einen absoluten Geltungsanspruch ästhetischer Maßstäbe nicht zu. Mangels gleichgerichteter Interessen hätte ein Grundrecht auf Stadtgestaltung keinen individualisierbaren Inhalt.[960] Auch Namgalies[961] schlußfolgert aus dem Grundrecht lediglich, daß Abwechslung und Differenziertheit zu fördern seien. Im übrigen bleibt er eine inhaltliche Konkretisierung schuldig. Daß die Gesetzgebung genügend Spielraum für eine positive Stadtgestaltung zu gewährleisten habe, die Nichtberücksichtigung des Grundrechts ermessensfehlerhaft sein könnte, einzelne Baugenehmigungen unter Umständen Grundrechtsverletzungen darstellten und sich die Befugnis zum Erlaß von Ortsgestaltungssatzungen zu einer Normsetzungspflicht verdichten könnte, ist unergiebig für die Frage des Grundrechtsinhalts. Ein Grundrecht auf eine vielfältige, abwechslungsreiche, die pluralistische Gesellschaft repräsentierende Stadtgestaltung kann allenfalls gegen staatliche Reglementierungen der Bautätigkeit gerichtet sein, die eine weitgehende Vereinheitlichung der baulichen Umwelt bewirken.

Eine Interpretation von Art. 2 I i.V.m. 1 I GG als Recht auf Stadtgestaltung überdehnt den grundrechtlichen Gewährleistungsbereich.[962] Würde zudem ein solchermaßen universal interpretiertes Grundrecht als Verfassungsgut zur Einschränkung vorbehaltlos garantierter Grundrechte herangezogen, führt dies anstatt zu einer betont rationalen Absicherung von Grundrechtsbeschränkungen zu einer Einplanierung des besonderen verfassungsrechtlichen Schutzes für vorbehaltlose Grundrechte.[963]

Ungeachtet der Inhaltslosigkeit eines Grundrechts auf Stadtgestaltung ist die Auffassung fragwürdig, eine negativ gestaltete bauliche Umwelt sei eine Verletzung des Persönlichkeitsrechts und der menschlichen Würde. Dieser Annahme Namgalies liegt die Überzeugung zugrunde, eine negative bauliche Umgebung würde die Willensbildung des Menschen steuern, ohne daß dieser sich gegen die Fremdbestimmung wehren könne. Daß Menschen mitunter Orte meiden, die sie als unwirtlich empfinden, soll nicht in Abrede gestellt werden. Wohl aber, daß dies nicht auf eigenen Entschluß hin erfolgt, sondern unbeherrschbare Folge einer die Verfügungsmacht des Menschen über sich selbst ausschließenden Einwirkung der baulichen Umwelt sei. Die Bedenken gegen die Konstruktion einer Verletzung von Menschenwürde und Persönlichkeitsrecht durch Gestaltungsformen der baulichen Umwelt bleiben selbst dann bestehen, wenn man über diesen Aspekt

959 Namgalies, S. 178.
960 Manssen, S. 195; Voßkuhle, BayVBl 1995, 613 (619); Mick, S. 77, 89, der aber dennoch eine entsprechende Schutzpflicht ableitet, S. 93.
961 Namgalies, S. 198f, 211, 231.
962 Voßkuhle, BayVBl 1995, 613 (619), Klein, S. 260.
963 Kluge, ZRP 1992, 141 (144).

hinwegsieht. Es ist nicht erkennbar, daß die Beeinflussung der menschlichen Willensfreiheit durch die bauliche Umwelt im Vergleich zu anderen Einflüssen von herausragender Intensität wäre. Das Bild des Menschen als eines bereits durch seine bauliche Umgebung seiner Selbstbestimmung beraubten Wesens ist unvereinbar mit einer Interpretation von Menschenwürde und Entfaltungsfreiheit als Gewährleistung innerer Freiheit. Soll grundrechtliche Willensfreiheit die Freiheit umfassen, in der Willensbildung unbeeinflußt von ungewollten Anstößen und Motivationen bleiben zu können; mithin die Kontrolle über Einflüsse auf die Willensbildung zu haben[964], kann diese Freiheit nicht Menschen garantiert werden, die schutzlos äußeren Einflüssen ausgeliefert sind. Eine solche Garantie könnte nicht einmal im Ansatz eingelöst werden.

Ein aus Art. 2 I i.V.m. Art. 1 I GG abgeleitetes Grundrecht auf Stadtgestaltung ist ungeeignet, baugestaltungsrechtliche Eingriffe in die Baukunstfreiheit verfassungsrechtlich zu rechtfertigen.

D. Der Schutz nachbarlicher Rechte aus Art. 5 III 1 GG und Art. 14 GG

Eine Folge der Durchsetzung baugestalterischer Anforderungen kann die Verbesserung der Situation des Nachbarn sein. Dies liegt darin begründet, daß die Baugestaltung des fremden Hauses auf das Wohlbefinden des Nachbarn oder den Wert seines Grundstücks einwirken oder den optischen Eindruck des benachbarten Baukunstwerkes beeinflussen kann. Die Beeinträchtigung des Wohlbefindens durch eine bestimmte bauästhetische Gestaltung des Nachbargrundstücks kann nicht als von Art. 2 II GG geschützter Belang die Kunstfreiheit beschränken.[965] Es ist im folgenden festzustellen, ob die Einschränkung künstlerischer Freiheit durch bauästhetische Anforderungen partiell als Schutz aus der Kunstfreiheit oder aus der Eigentumsfreiheit fließender Nachbarinteressen[966] gerechtfertigt werden kann.

Nach der Schutznormtheorie verleihen Baurechtsnormen Nachbarrechte, wenn sie nicht nur öffentlichen, sondern zumindest auch den Interessen der Nachbarn zu dienen bestimmt sind. Verunstaltungsverbote und andere baugestalterische Normen haben nach herrschender Auffassung keine drittschützende

---

964 Namgalies, S. 138ff.

965 Siehe oben unter B. 2.

966 Bereits im späten Mittelalter konnten Bauherren im Stadtstaat Siena durch nachbarlichen Mehrheitsbeschluß zu bestimmten gestalterischen Maßnahmen gezwungen werden, auch nachbarliche Einsprüche gegen Vorbauten wie Erker und Arkaden waren zur Erzielung eines harmonischen Straßenbildes möglich, Trieb/Grammel/Schmidt, S. 27, 46.

Wirkung, sie dienen ausschließlich den Interessen der Allgemeinheit.[967] Nur im Ausnahmefall besonderer Rücksichtslosigkeit könne dem Nachbarn ein Abwehrrecht gegen eine verunstaltete bzw. verunstaltende Anlage zustehen.[968] Nach anderer Auffassung liegt der Zweck bauordnungsrechtlicher Verunstaltungsverbote uneingeschränkt auch im Schutz der Eigentümer der benachbarten Grundstücke.[969] Ein Abwehrrecht des sich ebenfalls künstlerisch betätigenden Nachbarn gegen ästhetische Beeinträchtigungen wurde vom VG Berlin direkt auf Art. 5 III 1 GG gestützt.[970]

Die nachbarschützende Wirkung verschiedener gesetzlich normierter ästhetischer Anforderungen an Bauwerke ist nur von untergeordneter Relevanz für die Frage ihrer verfassungsrechtlichen Rechtfertigung. Ob sich bestimmte von Nachbarinteressen geleitete Anforderungen generell oder im Einzelfall mangels drittschützender baurechtlicher Normen ausschließlich direkt aus Grundrechten des Nachbarn ableiten lassen, oder ob eine entsprechende nachbarschutzfreundliche verfassungskonforme Auslegung vorhandener baugestalterischer Normen erfor-

---

967 Bzgl. bauordnungsrechtlicher Verunstaltungsverbote: VG Berlin, 26.05.1995, NJW 1995, 2650 (2651); OVG Berlin, 19.10.1956, BRS 6, S. 128 (131, bzgl. Ortsgesetz Berlin gegen Verunstaltung); OVG Lüneburg, 05.09.1985, BRS 44, Nr. 118; VGH BW, 04.02.1969, BRS 22, Nr. 167; OVG Münster, 18.02.1965, BRS 16, Nr. 74; OVG Saarland, 26.06.1985, BRS 44, Nr. 162; Büge/Zinkahn, S. 84; Gädtke/Böckenförde/Temme/Heintz - Heintz, § 12, Rn. 8; Simon, Art. 11, Rn. 9, Art. 78, Rn. 15, 2.9; Boeddinghaus/Hahn/Schulte - Boeddinghaus, § 12, Rn. 15; Koch/Molodovsky/Farmers, Art. 11, Rn. 1; Alexejew/Haase/Großmann/Möhl - Alexejew, § 12, Rn. 79; Neuffer/v. Arnim/Schlotterbeck, § 11, Rn. 85. A.A. vor allem Mayer-Tasch, passim. BVerfG, 11.12.1991, NVwZ 1992, 463 (464) bezeichnet § 12 BauO NW und § 14 I BauNVO als Gesetze, die dem Schutz des Straßen-, Orts- und Landschaftsbildes sowie der Sicherung des Wohnwertes der Nachbargrundstücke dienen. Angesichts der allgemeinen Auffassung, Verunstaltungsverbote dienten nur dem Interesse der Allgemeinheit, kann die Aussage nicht dahingehend verstanden werden, daß sich die Sicherung des Wohnwertes auch auf § 12 BauO NW beziehe.

968 Uechtritz, NJW 1995, 2606 (2608, ausdrücklich in Bezug auf Art. 5 III 1 GG); Gädtke/Böckenförde/Temme/Heintz - Heintz, § 12, Rn. 8; Schlez, § 11, Rn. 17; Simon, Art. 78, Rn. 15, 2.9 (Doppelhaushälften); Boeddinghaus/Hahn/Schulte - Boeddinghaus, § 12, Rn. 15 (unmittelbar aus Art. 14 GG); Große-Suchsdorf/Lindorf/Schmaltz/Wiechert - Wiechert, § 53, Rn. 17. Offengelassen von OVG Saarland, 26.06.1985, BRS 44, Nr. 162; OVG Lüneburg, 05.09.1985, BRS 44, Nr. 118.

969 OVG Koblenz, 24.07.1997, NJW 1998, 1422. In der Tendenz auch BVerwG, 27.06.1991, NVwZ 1991, 983 (984, zu Art. 5 III 1 GG). Zeiss, ZfBR 1997, 286 (288), und Finkelnburg/Ortloff, S. 240, differenzieren zwischen umgebungs- und damit nachbarschützenden und absoluten, nicht nachbarschützenden Verunstaltungsverboten. Entgegengesetzt Schlez, § 11, Rn. 17, der in Ausnahmefällen dem absoluten Verunstaltungsverbot nachbarschützende Wirkung zubemißt.

970 VG Berlin, 26.05.1995, NJW 1995, 2650 (2651, zum Kunstwerk „Verhüllter Reichstag“).

derlich ist[971], braucht in diesem Zusammenhang nicht geklärt zu werden. Die Kunstfreiheit kann nur durch konkretisiertes kollidierendes Verfassungsrecht eingeschränkt werden. Der drittschützende Charakter von Baurechtsnormen bedeutet hingegen nur, daß überhaupt Nachbarinteressen geschützt werden, nicht aber, ob diese verfassungsrechtlich fundiert sind. Eine verfassungsrechtliche Rechtfertigung der Kunstfreiheitsbeschränkung durch Grundrechte des Nachbarn setzt die Möglichkeit voraus, daß gestalterische Anforderungen zum Schutz grundrechtlicher Nachbarpositionen erfolgen; mithin, daß die bauästhetische Gestaltung eines Grundstücks den Nachbarn in seinem Grundrecht auf Eigentumsfreiheit oder seiner Kunstfreiheit betreffen kann. Primäre Frage ist somit die nach der Weite des Schutzbereichs nachbarlicher Grundrechte.

1. Art. 5 III 1 GG

Das BVerwG sieht im Schutz eines benachbarten Baukunstwerkes eine mögliche Rechtfertigung für baugestalterische Vorgaben, die mit einem Eingriff in die Kunstfreiheit verbunden sind. Es stellte fest, Baugestaltungsvorgaben[972] könnten den Wirkbereich vorhandener baulicher Anlage mit besonders erhaltenswerter äußerer Gestalt vor störenden Einwirkungen durch hinzutretende andere Anlagen bewahren, damit ihre von Art. 5 III 1 GG umfaßte künstlerische Aussage möglichst wirkungsvoll zur Geltung kommen kann.[973]

In einem Eilverfahren sah das VG Berlin[974] nach summarischer Prüfung in der Baugenehmigung zur Errichtung eines 12,4m hohen Baukunstwerkes[975] eine Verletzung der Kunstfreiheit der Schöpfer des 100m entfernten Kunstwerkes „Verhüllter Reichstag". Das VG wandte den Rechtsgedanken des Umgebungsschutzes für Denkmäler analog an und verortete einen Umgebungsschutz für ein Kunstwerk auf Zeit unmittelbar in Art. 5 III 1 GG.[976]

Es ist überaus zweifelhaft, ob die vermeintliche Grundrechtskollision durch bauästhetische Anforderungen an das störende Bauwerk aufgelöst werden kann. Das Kriterium der zeitlichen Priorität[977], d.h. die Unzulässigkeit eines Bauwerks, das ein bereits vorhandenes optisch beeinträchtigt, ist vor allem bedenklich, wenn es sich nicht nur um zeitlich beschränkte Kunstwerke wie im Fall der Reichstags-

971 Siehe dazu Uechtritz, NJW 1995, 2606.

972 Die Entscheidung betraf das Einfügungsgebot des Art. 12 III BayBO, siehe dazu Fn. 926, und eine örtliche Vorschrift zur Dachgestaltung.

973 BVerwG, 27.06.1991, NVwZ 1991, 983 (984).

974 VG Berlin, 26.05.1995, NJW 1995, 2650.

975 Das VG sieht zu Recht auch die Rotunden als Kunstwerk an und nicht nur die in ihnen auszustellenden Werke. Bedenken bei Sendler, NJW 1995, 2602.

976 VG Berlin, 26.05.1995, NJW 1995, 2650 (2652).

977 VG Berlin, 26.05.1995, NJW 1995, 2650 (2652).

verhüllung handelt, also nicht nur ein temporärer Verzicht in Rede steht. Als allein relevantes Kriterium kann die Priorität schon deshalb nicht in Betracht kommen, da ansonsten der erste Baukünstler weitgehend freie Entscheidungsmacht über die Nutzbarkeit benachbarter Grundstücke hätte. Auf eine Abwägung könnte nicht verzichtet werden. Mit einer Abwägung wären jedoch erhebliche Schwierigkeiten verbunden: Eine qualitative Differenzierung zwischen den konkurrierenden Kunstwerken ist unzulässig.[978] Ohne inhaltliche Bewertung des Kunstwerks erscheint es wiederum diffizil zu klären, ob überhaupt eine Beeinträchtigung der künstlerischen Wirkung gegeben ist und welchem Baukunstwerk der Vorrang gebührt.[979]

Diese Probleme stellen sich indes ohnehin nicht, da es bereits an einer Grundrechtskollision mangelt. Eine Grundrechtskollision der Kunstfreiheiten verschiedener Grundrechtsträger setzt voraus, daß Umgebungsschutz für das Kunstwerk Bestandteil der Garantie aus Art. 5 III 1 GG ist. Art. 5 III 1 GG schützt nicht nur die künstlerische Betätigung, sondern ebenso die Darbietung eines Kunstwerkes.[980] Der grundrechtlich umfaßte Wirkbereichsschutz indiziert aber nicht, daß der Schutzbereich der Kunstfreiheit durch die optische Wirkung des Kunstwerkes beeinträchtigende Vorgänge auf dem Nachbargrundstück berührt ist.[981]

Im Sprayer-Beschluß stellte das BVerfG fest, die Kunstfreiheit ermächtige nicht zur Inanspruchnahme fremden Eigentums.[982] Die Gestaltung der die Umgebung beeinträchtigenden baulichen Anlage kann nicht als Inanspruchnahme der Umgebung in diesem Sinne verstanden werden. Das Bauwerk wirkt optisch auf die Umgebung ein, stellt an diese aber keine Ansprüche. Soweit es Interessen Dritten beeinträchtigt, steht lediglich eine Duldung in Rede, nicht aber eine Leistung. Anders verhält es sich mit dem Baukunstwerk, dessen optische Wirkung durch eine Reglementierung der Baufreiheit auf anderen Grundstücken geschützt

978 Benda/Maihofer/Vogel - Mahrenholz, § 26, Rn. 87; Zeiss, ZfBR 1997, 286 (289); VG Berlin, 26.05.1995, NJW 1995, 2650 (2652). Die Aussage, bei der Abwägung über den Ausgleich der kollidierenden Verfassungsgüter könne relevant sein, welche Werke der Baukunst besonders schützenswert seien - BVerwG, 27.06.1991, NVwZ 1991, 983 (984) - kann angesichts der anerkannten Unzulässigkeit, im Abwehrbereich des Art. 5 III 1 GG nach dem Kunstwert zu differenzieren, nicht als Abhängigkeit des Schutzwertes vom Kunstwert verstanden werden.

979 Bedenken auch bei Ropertz, S. 164. Problematisch erscheinen die Ausführungen von VG Berlin, 26.05.1995, NJW 1995, 2650 (2652), und Hufen, JuS 1996, 454 (455), zu den künstlerischen Besonderheiten des Werkes „Verhüllter Reichstag" und den Gründen für eine Beeinträchtigung durch die Rotunden.

980 Siehe oben II.

981 Anders Uechtritz, NJW 1995, 2606 (2607); Hufen, JuS 1996, 454 (455); Sendler, NJW 1995, 2602; Schütz, JuS 1996, 498 (502); Zeiss, ZfBR 1997, 286 (289); Dreier - Pernice, Art. 5 III, Rn. 30; wohl auch Mick, S. 77.

982 BVerfG, 19.03.1984, NJW 1984, 1293, siehe oben unter II. B.

werden soll. Die Präsentation eines Kunstwerkes, die erfordert, daß ein benachbartes Grundstück auf eine bestimmte Art und Weise bebaut bzw. nicht bebaut wird, nimmt dieses Grundstück in Anspruch. Der Nachbar wird in seiner Verfügungsbefugnis behindert. Einen solchen gegen private Dritte gerichteten Leistungsanspruch auf eine „künstlerische Bannmeile" beinhaltet die Kunstfreiheit in Anwendung der im Sprayer-Beschluß ergangenen Grundsätze des BVerfG nicht. Eine Grundrechtskollision zwischen der Kunstfreiheit desjenigen, der die Wirkung seines Kunstwerks durch die Nachbarbebauung beeinträchtigt sieht, und der Kunst- und Eigentumsfreiheit des Nachbarn besteht nicht, da der Schutzbereich erstgenannter Freiheit nicht berührt ist. Auch wenn dieser Befund nicht uneingeschränkt gelten sollte, da Konstellationen denkbar sind, bei denen eine gleichzeitige Realisierung verschiedener künstlerischer Projekte nicht möglich ist, Kunst durch Gegenprojekte mithin verhindert werden könnte[983], so ist der Grundsatz, daß die Kunstfreiheit prinzipiell nicht zur Beschränkung der Kunstfreiheit Dritter berechtigt, angemessen zu berücksichtigen. Nur die Verhinderung eines Kunstwerkes in seiner Existenz durch die Grundrechtsausübung Dritter kann eine Grundrechtskollision begründen. Im Bereich optischer Beeinträchtigungen ist ein solcher Fall regelmäßig[984] nicht gegeben, da ein künstlerisches Projekt durch die bloße optische Präsenz eines weiteren nicht in seiner Existenz betroffen sein wird. Insbesondere Baukunst kann allenfalls durch eine nachbarschaftliche Nähe in ihrer Wirkung auf den Betrachter beeinträchtigt sein, so daß hier eine Ausnahme wohl gänzlich ausgeschlossen werden kann. Überdies würde eine Abwägung zwischen dem Interesse, eine Beeinträchtigung der beabsichtigten Wirkung des einen Baukunstwerkes abzuwenden und dem Interesse, ein Baukunstwerk überhaupt verwirklichen zu können, wohl ausnahmslos zugunsten der in ihrem Ob in Frage stehenden Baukunstfreiheit ausfallen.[985]

2. Art. 14 GG

Bauordnungsrechtliche Verunstaltungsverbote dienen nach Auffassung des OVG Koblenz auch dem eigentumsrechtlichen Schutz benachbarter Grundstückseigentümer.[986] Im zu entscheidenden Fall sah das Gericht jedoch die Interessen bezüglich der sich in der Nachbarschaft befindlichen Gebäude als nicht erheblich

983 Etwa eine durch ein benachbartes Konzert übertönte Musikveranstaltung.

984 Als Ausnahmen abstrakt denkbar sind künstlerische Himmelsstrahlershows und Feuerwerke.

985 So auch Zeiss, ZfBR 1997, 286 (289) mit der Parallele zu positiver und negativer Freiheitsgewährleistung.

986 OVG Koblenz, 24.07.1997, NJW 1998, 1422. Der Verweis auf BVerwG, NVwZ 1991, 938 (gemeint offensichtlich S. 983) ist insoweit substanzlos, da ein eigentumsspezifischer Schutz vom BVerwG nicht thematisiert wurde.

beeinträchtigt an. Einigen Gebäuden fehle die Betroffenheit, da sie in relativ weitem Abstand zum verunstaltenden Haus stünden und von ihnen aus nur die Giebelseite des umstrittenen Hauses zu sehen sei. Der Wohnwert gegenüberliegender Häuser könne zwar durch die Aussicht auf das verunstaltende Gebäude gemindert werden, die versetzte Anordnung zwinge aber nicht zu diesem Anblick, so daß das Recht auf unbeeinträchtigte Nutzung des Grundeigentums nur gering geschmälert sei.[987]

Art. 14 I 1 GG schützt auch vor mittelbaren Eingriffen durch die Nutzung benachbarter Grundstücke. Voraussetzung dafür ist, daß die Ausnutzung der Genehmigung die vorgegebene Grundstückssituation nachhaltig verändert und der Nachbar dadurch schwer und unerträglich getroffen wird.[988]

Ohne daß dies differenziert behandelt würde, werden als Eigentumsbeeinträchtigung durch gestalterisch unbefriedigende benachbarte Anlagen zwei Aspekte thematisiert, die nicht zwingend zusammenfallen: Zum einen die vom OVG Koblenz angesprochene Beeinträchtigung der Grundstücksnutzung durch den Blick vom Grundstück auf eine ästhetisch mißlungene Anlage, zum anderen die ästhetische Beeinträchtigung des Grundstücks durch eine benachbarte verunstaltende Anlage.

Die ästhetische Gestaltung einer baulichen Anlage kann den optischen Eindruck benachbarter Gebäude beeinflussen, dies zeigt sich bereits in den umgebungsorientierten Verunstaltungsvarianten des § 12 II BauO NW. Dem die Umgebung zum Schutzgut bauästhetischer Anforderungen erklärenden Gesetzgeber kann nicht ohne weiteres die Absicht unterstellt werden, das Eigentum an angrenzenden Grundstücken zu schützen.[989] Ein harmonisches Einfügen in die Umgebung kann auch im Interesse potentieller Passanten und damit der Allgemeinheit liegen. Aus dem Umgebungsschutz folgt somit nicht unmittelbar, daß bei einem Verstoß der Nachbar in Eigentumspositionen getroffen ist.

Ästhetische Beeinträchtigungen von Grundstücken durch benachbarte Baukunstwerke sind nicht objektivierbar. Eine Wertminderung wird sich daher kaum ausmachen lassen.[990] Selbst wenn eine Wertminderung festzustellen ist, wird üblicherweise kein Eingriff vorliegen, da lediglich eine erhebliche Wertminderung

---

987 OVG Koblenz, 24.07.1997, NJW 1998, 1422 (1423).

988 BVerwG, 13.06.1969, E 32, 173 (178f); BVerwG, 26.03.1976, E 50, 282 (285ff); BVerwG, 25.02.1977, E 52, 122.

989 So aber Zeiss, ZfBR 1997, 286 (288), der aus dem Umgebungsbezug auf den Schutz subjektiver Nachbarinteressen schließt.

990 Koenig/Zeiss, Jura 1997, 225 (229); Voßkuhle, BayVBl 1995, 613 (620); Zeiss, ZfBR 1997, 286 (290).

ein Indiz für eine schwere und unerträgliche Beeinträchtigung sein kann[991]. Von nicht zu unterschätzender Bedeutung ist auch der Geschmackswandel auf dem Grundstücksmarkt. Eine Umgebungsbebauung, die heute als ästhetisch mißglückt den Grundstückswert beeinträchtigen kann, könnte morgen infolge gewandelter ästhetischer Anschauungen gegenteilige Auswirkungen haben.[992]

Insbesondere die Beeinträchtigung der Aussicht scheint ungeeignet, einen Eingriff in das Eigentumsrecht zu begründen. Eine bauliche Anlage in der Nähe eines Grundstücks, die noch dazu nur aus bestimmten Blickwinkeln von diesem Grundstück aus wahrnehmbar ist, trifft den Nachbarn nicht schwer und unerträglich.[993] Dies gilt nicht zuletzt angesichts einzuhaltender Mindestabstandsflächen, die eine gewisse Distanz zum ästhetisch belastenden Objekt auf dem Nachbargrundstück schaffen und oft ein Ausweichen des Blickes erlauben.[994] Eine unerträgliche Belastung liegt zudem nicht vor, wenn es dem Nachbarn möglich und zumutbar ist, auf dem eigenen Grundstück für Abhilfe zu sorgen[995], wozu auch die Verlegung von Fenstern gehören kann.[996]

Ist daher nur eine bauwerksbezogene, absolute Verunstaltung festzustellen, scheidet eine Beeinträchtigung des nachbarlichen Eigentums regelmäßig von vornherein aus. Daß die verunstaltende Wirkung das Nachbargrundstück nicht erfaßt, mithin kein das ästhetische Durchschnittsempfinden verletzender Gegensatz zwischen den Bebauungen besteht, indiziert die fehlende spezifische eigentumsrechtliche Betroffenheit des Nachbarn.

Erdrückt eine bauliche Anlage das benachbarte Grundstück, wird die ästhetische Beeinträchtigung üblicherweise begleitet sein von einer Mißachtung der Mindestabstandsflächen oder einem Verstoß gegen die zulässige Art oder das

---

991 Eine Umsatzeinbuße eines Hotelbetrieb durch eine vom Nachbargrundstück ausgehende ästhetische Beeinträchtigung hielt BGH, 15.05.1970, NJW 1970, 1541 (1542) für unerheblich, ein Abwehranspruch wurde nicht zuerkannt.

992 Voßkuhle, BayVBl 1995, 613 (620).

993 Siehe auch HessVGH, 24.09.1987, BRS 47, Nr. 120 (die ungehinderte Aussicht auf ein abwechslungsreiches Ortsbild über fremde Grundstücke hinweg stelle nur einen vorübergehenden Vorteil dar, nicht aber eine grundsätzlich schützenswerte oder nur gegen Entschädigung entziehbare Situationsberechtigung für ein Grundstück); VGH BW, 30.07.1987, BRS 47, Nr. 11 (die ungehinderte Aussicht sei grundsätzlich nur eine Chance).

994 Siehe OVG Münster, 18.09.1992, BRS 54, Nr. 131, das den Wohnfrieden durch zwei große, dem Nachbargrundstück zugewandte Werbetafeln innerhalb der bauordnungsrechtlichen Mindestabstandfläche gestört sah.

995 Simon, Art. 78, Rn. 22a.

996 BayVGH, 27.05.1975, BayVBl 1975, 589 (590); OVG Münster, 20.10.1972, BRS 25, Nr. 136 (Übergardinen könnten Einwirkung einer Leuchtwerbung auf das Schlafzimmer abwenden).

Maß der baulichen Nutzung.[997] Es ist als theoretische Konstruktion nicht auszuschließen, als praktische Gegebenheit aber nur schwer vorstellbar, daß ein Vorhaben, das im übrigen den baurechtlichen Anforderungen entspricht, allein wegen seiner ästhetischen Wirkung den Nachbarn schwer und unerträglich beeinträchtigt.[998]

Ungeachtet der Bedenken tatsächlicher Art stellt sich die rechtsdogmatische Frage, ob Beeinträchtigungen durch die ästhetische Gestaltung des Nachbargrundstücks tatsächlich Belange sind, die von Art. 14 GG geschützt der Kunstfreiheit entgegengestellt werden können. Das Eigentum ist ein normativ zu schaffender Freiheitsbereich; der Verfassung liegt kein genau konturierter Eigentumsbegriff zugrunde. Die Reichweite der Eigentumsgarantie ergibt sich aus einer Zusammenschau aller die Eigentumsstellung regelnden Vorschriften.[999] Ein mit Rücksicht auf die Einheit der Verfassung festzustellender Verfassungsvorbehalt der Kunstfreiheit kann nicht ohne weiteres auch Rechtspositionen umfassen, die der einfache Gesetzgeber dem Einzelnen verliehen hat. Als verfassungsimmanente Schranke können nur jene Positionen in Betracht kommen, die sich unmittelbar aus Art. 14 GG ergeben, die Kernelemente des Instituts Eigentum, die auch dem Gesetzgeber vorgegeben sind und den Umfang staatlicher Schutzpflichten bestimmen. Jede Inhalts- und Schrankenbestimmung des Eigentums muß allen übrigen Verfassungsnormen gerecht werden.[1000] Der einfachgesetzlichen Ausformung des Eigentums sind folglich nicht ohne weiteres Eigentumspositionen zu entnehmen, die anderen Verfassungsnormen entgegengesetzt werden könnten, vielmehr haben sie sich, soweit sie nicht die Kernelemente des Instituts Eigentum konkretisieren, anderen Verfassungsnormen unterzuordnen. Zu den verfassungsrechtlich vorgegebenen Strukturprinzipien gehören die Privatnützig-

---

997 Siehe beispielsweise BVerfG, 11.12.1991, NVwZ 1992, 463 (ein benachbarte Reihenhäuser um das Doppelte überragender Funkantennenmast, dessen Tragekonstruktion nahezu die gesamte Breite des Hausgartens einnimmt, verstoße gegen § 12 BauO NW und § 14 I BauNVO); OVG Münster, 18.09.1992, BRS 54, Nr. 131 (Werbetafeln innerhalb der Mindestabstandfläche).

998 Voßkuhle, BayVBl 1995, 613 (620); Koenig/Zeiss, Jura 1997, 225 (229); Zeiss, ZfBR 1997, 286 (290); siehe auch OVG Lüneburg, 05.09.1985, BRS 44, Nr. 118. Als denkbare Ausnahme kommt die Gestaltung von Doppelhaushälften in Betracht. So Simon, Art. 78, Rn. 15, 2.9; OVG Saarland, 26.06.1985, BRS 44, Nr. 162 (mangelhafte Anpassung könne zu einer einschneidenden Wertminderung führen, offengelassen, ob deshalb nachbarschützende Wirkung möglich).

999 BVerfG, 15.07.1981, E 58, 300 (336); Dreier - Wieland, Art. 14, Rn. 21; Jarass/Pieroth - Jarass, Art. 14, Rn. 18.

1000 BVerfG, 07.08.1962, E 14, 263 (278); BVerfG, 03.11.1982, E 62, 169 (183); Jarass/Pieroth - Jarass, Art. 14, Rn. 41; Maunz/Dürig/Herzog/Scholz - Papier, Art. 14, Rn. 38.

keit und Verfügungsbefugnis.[1001] Welche Elemente die Verfügungsbefugnis ausmachen, kann vornehmlich anhand des herkömmlichen Bestands einfachgesetzlicher Eigentumsausformungen ermittelt werden.[1002] Besondere Bedeutung kommt hierbei den Eigentumsbestimmungen des BGB zu. Eigentum im Sinne von § 903 BGB ist das umfassende Herrschaftsrecht an einer Sache.[1003] Diese Herrschaft wird nicht dadurch in Frage gestellt, daß sich die Umgebung in einer bestimmten ästhetischen Gestalt präsentiert. Gegen Nutzungen, die sich innerhalb der Grenzen des eigenen Grundstücks halten, also nicht grenzüberschreitend sind, verleiht das BGB keine nachbarlichen Abwehransprüche.[1004] Ein das ästhetische Empfinden beeinträchtigendes Gebäudc ist nach Auffassung der Rechtsprechung und weiter Teile der Literatur[1005] als ideelle Immission keine Einwirkung auf das Eigentum am benachbarten Grundstück, deren Abwehr zu den Befugnissen des Eigentümers nach § 903 BGB, § 1004 BGB gehören würde.[1006] Aus diesem Befund ergibt sich, daß die ästhetische Beschaffenheit der Umgebung kein das Institut Eigentum betreffendes Merkmal ist. Die Einschränkung der Baukunstfreiheit ist nicht mit dem Eigentumsschutz des Nachbarn verfassungsrechtlich zu rechtfertigen.

1001 Dreier - Wieland, Art. 14, Rn. 24; Maunz/Dürig/Herzog/Scholz - Papier, Art. 14, Rn. 14.

1002 Zwar hat das BVerfG seit BVerfG, 15.07.1981, E 58, 300 (336), die Auffassung aufgegeben, Art. 14 schütze das Eigentum so, wie es das bürgerliche Recht geformt habe - so noch BVerfG, 30.04.1952, E 1, 264 (278); BVerfG, 04.05.1960, E 11, 64 (70); BVerfG, 07.08.1962, E 14, 263 (278). Die Institutsgarantie wäre aber obsolet, würde man dem Gesetzgeber die Bestimmung des Eigentums gänzlich überlassen. Siehe Maunz/Dürig/Herzog/Scholz - Papier, Art. 14, Rn. 39.

1003 Palandt - Bassenge, Überbl. v. § 903, Rn. 1, § 903, Rn. 1.

1004 BGH, 21.10.1983, NJW 1984, 729 (Abschattung von Funkwellen durch benachbartes Haus); OLG Düsseldorf, 26.09.1990, MDR 1991, 57; Palandt - Bassenge, § 903, Rn. 8.

1005 Zum Meinungsstand siehe Staudinger - Gursky, § 1004, Rn. 76f.

1006 BGH, 15.11.1974, NJW 1975, 170; BGH, 15.05.1970, NJW 1970, 1541 (1542); BGH, 07.03.1969, NJW 1969, 1208 (1209); BGH, 12.07.1985, BGHZ 95, 307 (309); OLG Hamm, 21.02.1975, NJW 1975, 1035 (ein weitergehender Beseitigungsanspruch könne sich aus § 50 NachbG NW ergeben); OLG Düsseldorf, 26.09.1990, MDR 1991, 57; OLG Düsseldorf, 24.11.1993, NJW-RR 1995, 469; KG, 11.09.1987, NJW-RR 1988, 586; OLG Frankfurt, 27.10.1988, NJW-RR 1989, 464 m.w.N.; Palandt - Bassenge, § 903, Rn. 8, 10; Staudinger - Gursky, § 1004, Rn. 76f m.w.N. A.A. AG Münster, 10.05.1983, NJW 1983, 2886 (2887); Loewenheim, NJW 1975, 826 (827); Grunsky, JZ 1970, 785 (786); Jauernig, JZ 1986, 605 (609 Häßlichkeit reiche in der Regel nicht).

E. Zwischenergebnis: Baugestaltungsanforderungen zum Schutz grundrechtlicher Interessen Dritter

Bauästhetische Bestimmungen können nicht als Grundrechten Dritter dienend die Baukunstfreiheit verfassungsimmanent begrenzen. Art. 5 III 1 GG umfaßt zwar auch die Kunstzugangsfreiheit des Rezipienten. Die Existenz negativer Grundrechtsfreiheiten unterstellt, wäre jedoch negatives Korrelat dieser Gewährleistung nicht die Freiheit vor einer Konfrontation mit Baukunstwerken. Das Grundrecht auf körperliche Unversehrtheit schützt nicht vor Beeinträchtigungen des psychischen Wohlbefindens durch den Anblick ungefälliger baulicher Anlagen, so daß es im Hinblick auf Art. 2 II GG bereits an einer Kollisionslage mangelt, die eine verfassungsrechtliche Rechtfertigung begründen könnte. Ein Grundrecht auf Stadtgestaltung ist dem Art. 2 I i.V.m. Art. 1 I GG nicht zu entnehmen. Es wäre zudem ebenfalls ungeeignet, baugestaltungsrechtliche Eingriffe in die Baukunstfreiheit verfassungsrechtlich zu rechtfertigen. Art. 5 III 1 GG umfaßt keinen Umgebungsschutz für das Kunstwerk, der zu einer ideellen Inanspruchnahme fremder Grundstücke berechtigen könnte. Eine Reglementierung der Baugestaltung kommt folglich nicht zum Schutz der Kunstfreiheit Dritter, die die optische Wirkung ihrer Baukunstwerke beeinträchtigt sehen, in Betracht. Auch die Eigentumsgarantie umfaßt nicht den Schutz vor einer optisch unbefriedigenden Umgebung.

Wie oben festgestellt[1007], sind entgegen einer verbreiteten Auffassung nur Grundrechte Dritter geeignet, verbaliter schrankenlos garantierte Grundrechte zu begrenzen. Dennoch ist im folgenden zu untersuchen, ob bei Zugrundelegung eines weiten Verständnisses verfassungsimmanenter Schranken nicht-grundrechtliche Verfassungswerte existieren, die, konkretisiert durch baugestalterische Anforderungen, die Baukunstfreiheit begrenzen könnten.

F. Das Sittengesetz, Art. 2 I GG

Ästhetische Anforderungen an die Baugestaltung könnten als Ausfluß des Sittengesetzes geeignet sein, die Kunstfreiheit zu beschränken. Gerade das Sittengesetz wird nicht selten als Verfassungsgut angesehen, das als mit vorbehaltlosen Grundrechten kollidierend diese einschränken können soll.[1008]

1007 III. D. 2.

1008 LG Köln, 02.02.1989, NuR 1991, 42; Bettermann, NJW 1981, 1065f; Papier, NuR 1991, 162 (164); Erbel, DVBl 1986, 1235 (1249f); Brandhuber, NJW 1991, 725 (728); v. Loeper, ZRP 1991, 224 (226); v. Loeper/Reyer, ZRP 1984, 205 (211); Kluge, ZRP 1992, 141 (145, praktische Notwendigkeit); Maunz/Dürig/Herzog/Scholz - Scholz, Art. 5 III, Rn. 61 ("im wesentlichen unbestritten"); Maunz/Dürig/

Mit der Ablehnung einer Übertragung der Schranken des Art. 2 I GG ist nicht zwangsläufig verbunden, daß auch einzelne Schutzgehalte dieser Norm als Verfassungswerte die Kunstfreiheit nicht einschränken können.[1009] Die verfassungsimmanente Begrenzung von Grundrechten durch in Schrankenbestimmungen anderer Grundrechte zum Ausdruck kommende Verfassungswerte egalisiert jedoch die differenzierten Schrankenbestimmungen im Ergebnis ebenso wie die unmittelbare Schrankenübertragung und ist daher den gleichen Bedenken ausgesetzt.[1010]

Eine Wertschätzung sittlicher Normen als kollidierendes Verfassungsrecht wird mit der in der Präambel festgestellten „Verantwortung vor Gott und den Menschen" und der Pflicht zur Achtung der unantastbaren Menschenwürde in Art. 1 I GG begründet. Diese Formulierungen würden indizieren, daß ein so verfaßter Staat nicht moralisch neutral sei, das Sittengesetz könne daher Grundrechte begrenzen.[1011] Auch historische Gründe - die teilweise religiöse Herkunft der Grundrechte sowie das Verständnis der Schöpfer des Grundgesetzes - sprächen für ein solches Verständnis.[1012] Vor allem wird die praktische Notwendigkeit, aus sittlichen Gründen auch vorbehaltlose Grundrechte einschränken zu können, hervorgehoben.[1013]

Während letzteren Aspekten nur ein schwacher Argumentationswert für das in erster Linie verfassungsdogmatische Problem zukommt, gilt es, die Möglichkeit einer Ableitung aus der Präambel und Art. 1 I GG näher zu untersuchen. Das Grundgesetz ist zweifellos nicht moralisch neutral. Den angeführten Normen ist aber nicht zu entnehmen, daß die Verfassung den aktuell in der Gesellschaft allgemein anerkannten sittlichen Anschauungen eine grundlegende Bedeutung zuspricht.[1014] Vielmehr ergibt sich der moralische Standpunkt der Verfassung aus

---

Herzog/Scholz - Dürig, Art. 2 I, Rn. 72, 74. Zum Teil wird ausdrücklich vom Verfassungsrang des Sittengesetz, zum Teil vom Sittengesetz als immanenter Schranke aller Grundrechte gesprochen. Der Differenzierung kommt im Ergebnis keine Bedeutung zu, auch der Rückgriff auf das Sittengesetz als verfassungsimmanenter Schranke läuft auf eine Anerkennung des Sittengesetzes als Verfassungsgut hinaus.

1009 Diese Differenzierung vertreten auch Bettermann, NJW 1981, 1065; Maunz/Dürig/Herzog/Scholz - Scholz, Art. 5 III, Rn. 56, 58.

1010 Siehe dazu oben unter III. A.

1011 Bettermann, NJW 1981, 1065 (1066).

1012 Bettermann, NJW 1981, 1065 (1066).

1013 Siehe etwa Kluge, ZRP 1992, 141 (145).

1014 Was eine gegensätzliche Annahme bedeutet, zeigen die Erfahrungen im Nationalsozialismus: Das Thüringische Ministerium des Innern und für Volksbildung ordnete mit Bekanntmachung vom 05.04.1930 die Unterdrückung „fremdrassiger" Kunst an, „die die sittlichen Kräfte des deutschen Volkes zu unterhöhlen geeignet" sei, Werke, die wie „Jazzband- und Schlagzeug-Musik, Negertänze, Negergesänge, Negerstücke, dem Grundgesetz selbst, aus den in ihm festgelegten Grundrechten, Staatszielen und anderen Verfassungsbestimmungen.

Das Sittengesetz ist kein Rechtsgut, d.h. kein rechtlich geschützter Lebensbereich oder Zustand, sondern ein Rechtsgrundsatz. Aus dieser Tatsache ergeben sich Bedenken gegen die sittlich motivierte Einschränkung vorbehaltloser Grundrechte. Hält man Rechtsgrundsätze mit Verfassungsrang neben kollidierenden Grundrechten Dritter und anderen verfassungsrechtlichen Rechtsgütern für geeignet, Grundrechte ohne Schrankenbestimmung zu begrenzen, relativiert man den mit der Vorbehaltlosigkeit geschaffenen besonderen Schutz dieser Grundrechte.[1015] Soll die Formel des BVerfG, vorbehaltlos garantierte Grundrechte seien nur durch Grundrechte Dritter und andere mit Verfassungsrang ausgestattete Rechtswerte einschränkbar, das besondere Schutzniveau dieser Grundrechte gewährleisten, kann in Rechtsgrundsätzen kein kollidierendes Verfassungsrecht gesehen werden, das einen Grundrechtseingriff legitimieren könnte. Es bestehen damit durchgreifende Bedenken gegen die Anerkennung des Sittengesetzes als Verfassungswert.[1016]

Auch aus weiteren Gründen kann eine Rechtfertigung bauästhetisch motivierter Eingriffe in die Kunstfreiheit nicht über das Sittengesetz erfolgen. Neben dem erforderlichen Verfassungsrang des Sittengesetzes setzt eine solche Rechtfertigung voraus, daß bauästhetische Reglementierungen vom Sittengesetz getragen sind. Sittliche Normen sind die von der Rechtsgemeinschaft allgemein anerkannten und mit der Erwartung ihrer Einhaltung verknüpften ethischen Regeln. Sie beziehen sich nicht auf jeden Brauch, jede Gewohnheit, sondern ausschließlich auf Anforderungen an das Sozialverhalten, die moral- oder sozialethischen Wertvorstellungen entwachsen sind. Die Ästhetik ist keine ethische Kategorie.[1017] In der Gesellschaft anerkannte Auffassungen von Schönheit oder Verunstaltungen sind selbst dann, wenn man eine übereinstimmende Auffassung unterstellt, das Häßliche nicht zu dulden, keine Grundlagen sittlicher Normen.

---

eine Verherrlichung des Negertums darstellen und dem deutschen Kulturempfinden ins Gesicht schlagen". Derartige Darbietungen liefen den guten Sitten zuwider, zitiert nach Ott, S. 113.

1015 Dreier, DVBl 1980, 471 (473). Zum Übermaßverbot siehe oben III. D. 1. Zur Gefahr einer umfassenden Begrenzung der gewährten Freiheitsrechte durch sittliche Wertungen, Kuhl/Unruh, DÖV 1991, 94 (100).

1016 Siehe auch Benda/Maihofer/Vogel - Maihofer, § 25, Rn. 86 mit Fn. 106.

1017 Zur entgegengesetzten Auffassung des OVG Münster, 11.03.1958, BRS 8, S. 130ff; OVG Münster, 01.07.1958, BRS 8, S. 133; OVG Münster, 01.07.1958, BRS 8, S. 150 (151), siehe oben unter § 1 II. B. 1. a) (3).

Zumindest auf dem Gebiet des Baugestaltungsrechts ist das Sittengesetz kein mit der Kunstfreiheit kollidierendes Verfassungsgut, das den Grundrechtseingriff rechtfertigen könnte.

G. Das Gemeinwohlprinzip, Art. 14 II GG

Das BVerwG schlußfolgerte aus der besonders ausgeprägten sozialen Bindung des Eigentums im Baugeschehen, daß bei einer als Eigentumsausübung erfolgenden künstlerischen Betätigung aus der Kunstfreiheit nicht die Befugnis erwachse, sich über die dem Eigentum zulässigerweise gezogenen Schranken hinwegzusetzen.[1018] Derselbe Senat ließ in einer später ergangenen Entscheidung - wenn auch ohne inhaltliche Auseinandersetzung - offen, ob an dieser Auffassung uneingeschränkt festzuhalten sei.[1019] Im Rahmen der Abwägung der in einem Konflikt zwischen Kunstfreiheit und Außenbereichsschutz widerstreitenden Interessen betonte das BVerwG schließlich, daß beim künstlerischen Bauen nicht anhand des Art. 14 GG, sondern anhand des Art. 5 III 1 GG zu beurteilen sei, welche Einschränkungen sich der einzelne gefallen lassen muß. Die Baukunst sei aber maßgeblich durch die Sozialbindung des Eigentums mitgeprägt, so daß im Konflikt dem Gemeinschaftsbelang ein nicht zu gering zu veranschlagendes Gewicht zukäme.[1020] Auch in der Literatur finden sich verschiedene Auffassungen über die Relevanz der Sozialbindung des Eigentums nach Art. 14 II GG für die Einschränkbarkeit der als Eigentumsnutzung erfolgenden Kunstausübung.[1021]

Als Lösung des aus der Schrankendivergenz resultierenden Problems der Grundrechtskumulation ist die Relevanz der Eigentumsschranken für die Beschränkung der Kunstfreiheit - wie oben gezeigt[1022] - nicht annehmbar.

In Art. 14 II GG erwähnte Allgemeinwohlbelange könnten aber, konkretisiert durch baugestalterische Normen als verfassungsimmanente Belange die Baukunstfreiheit beschränken: Eine Relevanz der eigentumsrechtlichen Gemeinwohlklausel für die Zulässigkeit baugestalterischer Regelungen nach Art. 5 III 1 GG könnte sich aus einem Verfassungsrang der Gemeinwohlklausel ergeben.

Welche dogmatische Konstruktion den Auffassungen zur Relevanz des Art. 14 GG zur Einschränkbarkeit der Baukunst zugrunde liegt, ist selten offensicht-

---

1018 BVerwG, 10.12.1979, BRS 35, Nr. 133; ähnlich bereits in BVerwG, 28.06.1955, E 2, 172 (179); BVerwG, 25.06.1965, E 21, 251 (257, zum Verhältnis von Art. 14 GG zu Art. 12 GG).

1019 BVerwG, 27.06.1991, NVwZ 1991, 983 (984).

1020 BVerwG, 13.04.1995, NJW 1995, 2648ff.

1021 Siehe unter III. B.

1022 III. B.

lich. Einige Stimmen in der Literatur[1023] und eingeschränkt auch die Ausführungen des BVerwG[1024] zur Prägung der Baukunst durch die Sozialbindung des Eigentums deuten auf ein entsprechendes Verständnis des Sozialgebots in Art. 14 II GG als verfassungsimmanente Schranke der Kunstfreiheit hin.

Insbesondere die von Scholz hergeleitete Legitimation baugestaltungsrechtlicher Beschränkungen der Baukunstfreiheit durch die in Art. 14 II GG normierte Sozialbindung des Eigentums[1025] erscheint nur in der Interpretation in sich schlüssig, welche die Sozialbindung des Eigentums als Verfassungsgut und verfassungsimmanente Schranke der Kunstfreiheit gegenüberstellt.[1026] Nur diese Konstruktion fügt sich in das von ihm anerkannte Modell der Begrenzung künstlerischer Freiheit allein durch verfassungsimmanente Schranken ein.[1027] Daß Scholz zu den Verfassungsgütern, die zur Beschränkung der Kunstfreiheit in Frage kommen, auch jene zählt, die in Schrankenregelungen anderer Grundrechte Erwähnung finden, zeigen seine Ausführungen zur Beschränkungskraft der in Art. 2 I GG genannten Belange.[1028]

Ob einzelne Auffassungen in Literatur und Rechtsprechung zur Sozialbindung in Art. 14 II GG als Beschränkung der Kunstfreiheit in diesem Sinne zu verstehen sind, kann dahingestellt bleiben, da auch auf diese Weise den Schranken der Eigentumsfreiheit keine Bedeutung für die Beschränkbarkeit der Baukunstfreiheit zukommen kann.

Das BVerwG stellte die Kunstfreiheit zunächst unter den Vorbehalt der Gemeinschaftsverträglichkeit.[1029] Diese Interpretation wurde von der Literatur und

1023 Simon, Ortsbildgestaltung, S. 25; Maunz/Dürig/Herzog/Scholz - Scholz, Art. 5 III, Rn. 72.

1024 BVerwG, 13.04.1995, NJW 1995, 2648ff.

1025 Maunz/Dürig/Herzog/Scholz - Scholz, Art. 5 III, Rn. 72.

1026 Maunz/Dürig/Herzog/Scholz - Scholz, Art. 5 III, Rn. 72. Scholz verwendet den Begriff der Kollision fast ausnahmslos zur Umschreibung der andere Grundrechte oder Verfassungswerte einschränkenden Grundrechtsausübung (Rn. 66, 67, 68, 69, 70, 74), Art. 14 und Art. 5 III 1 GG stünden zueinander in Idealkonkurrenz; soweit die Kunstfreiheit nicht nur sekundär betroffen sei, müßten Einschränkungen beiden Grundrechten genügen (Rn. 50). Es gelte das Prinzip der konkreten Schrankenermittlung, für jedes Grundrecht sei das Maß seiner zulässigen Beschränkung gesondert zu ermitteln (Rn. 56). Anders Voßkuhle, BayVBl 1995, 613 (617), der die Ausführungen als Schutzbereichsabgrenzung versteht.

1027 Maunz/Dürig/Herzog/Scholz - Scholz, Art. 5 III, Rn. 57ff.

1028 Maunz/Dürig/Herzog/Scholz - Scholz, Art. 5 III, Rn. 58, 61, zum Sittengesetz.

1029 BVerwG, 10.03.1954, E 1, 92 (94, für alle Grundrechte); ablehnend BVerfG, 24.02.1971, E 30, 173 (193); BVerfG, 19.10.1971, E 32, 98 (108). Überblick über verschiedene Gemeinschaftsklauseln in früherer Literatur bei Berg, S. 13ff, 24ff, 72.

dem BVerfG zu Recht als ausufernd und willkürlich abgelehnt.[1030] Vorbehaltlose Grundrechte können nicht durch die allgemeine Rechtsordnung oder unbestimmte Klauseln relativiert werden, solange kein verfassungsrechtlicher Ansatzpunkt für die Gefährdung der für den Bestand der Gemeinschaft notwendigen Güter bestehe.[1031] Ein Verständnis der Sozialbindung des Eigentums als verfassungsimmanente Schranke vorbehaltlos garantierter Grundrechte nivelliert die differenzierte Schrankensystematik ebenso wie die unmittelbare Schrankenübertragung.[1032] Die Gemeinwohlverpflichtung hat als genereller Verfassungssatz außerhalb seiner Funktion zur Bestimmung der Eigentumsschranken nur unzureichende Aussagekraft. Der Begriff des Gemeinwohls läßt nicht erkennen, welche gemeinschaftlichen Erwägungen als Verfassungsgüter Beachtung zu finden haben. Das Verhältnis der Gemeinschaftinteressen zu kollidierenden Interessen Einzelner wird im Grundgesetz vor allem durch die Grundrechte differenziert geregelt und kann nicht pauschal mit der Verpflichtung des einzelnen, dem allgemeinen Wohl zu dienen, umschrieben werden.[1033] Der in Art. 14 II GG niedergelegte Gemeinwohlaspekt kommt konkretisiert auf bestimmte Gemeinschaftbelange in anderen Verfassungsnormen zum Ausdruck. Solchermaßen konkretisierte Belange können nach überwiegender Auffassung als Verfassungsgüter vorbehaltlos garantierte Grundrechte begrenzen, das Gemeinwohlgebot in Art. 14 II GG stellt lediglich eine Schranke des Eigentums dar und ist kein allgemeines verfassungsrechtliches, grundrechtsbegrenzendes Sozialgebot.[1034]

H. Die Kompetenzzuweisungen in Art. 74 I Nr. 18 GG, Art. 75 I 1 Nr. 3 GG

Mitunter wird der Verfassungsrang bestimmter Rechtsgüter aus Kompetenznormen abgeleitet.[1035] Die Verhinderung von baulichen Verunstaltungen wird in den

---

1030 Bamberger, S. 121; Maunz/Dürig/Herzog/Scholz - Dürig, Art. 2 I, Rn. 70; Berg, S. 31; Vlachopoulos, S. 130f m.w.N.

1031 BVerfG, 24.02.1971, E 30, 173 (193); BVerfG, 19.10.1971, E 32, 98 (108); BVerfG, 11.04.1972, E 33, 23 (29).

1032 Siehe auch Sachs, JuS 1995, 984 (985f). Aus diesem Grund wird zum Teil die Einschränkbarkeit schrankenlos garantierter Grundrechte durch allein in grundrechtlichen Schrankenbestimmungen manifestierte Werte verneint.

1033 Bamberger, S. 122; siehe auch Sachs - Sachs, Vor Art. 1, Rn. 97; Stern - Sachs, III/2, S. 683.

1034 So auch Moench/Schmidt, S. 56.

1035 BVerfG, 26.05.1970, E 28, 243 (261); BVerfG, 20.12.1960, E 12, 45 (50); BVerfG, 24.04.1985, E 69, 1 - siehe aber im einzelnen unten Fn. 1042 - OVG Hamburg, 14.09.1992, GewArch 1993, 464 (467); Kluge, ZRP 1992, 141 (143f); einschränkend Pieroth, AöR 1989, 422 (446); Bleckmann, DÖV 1983, 129 (130f); v. Loeper/ Reyer, ZRP 1984, 205 (211); Heyde, FS Zeidler, S. 1429 (1442). Anders Papier,

Art. 70ff GG zwar nicht ausdrücklich erwähnt, dennoch wurde vertreten, in Art. 74 I Nr. 18 GG und Art. 75 I 1 Nr. 3 GG, die dem Bund die konkurrierende Gesetzgebungskompetenz für das Bodenrecht und eine Rahmengesetzgebungskompetenz für die Bereiche Naturschutz und Landschaftspflege verleihen, käme der Schutz vor Verunstaltungen als Grundsatz des Grundgesetzes zum Ausdruck.[1036]

Verfassungsgüter, die vorbehaltlos garantierte Grundrechte verfassungsimmanent begrenzen, müssen aus dem Verfassungstext selbst hervorgehen.[1037] Art. 74 I Nr. 18 und Art. 75 I 1 Nr. 3 GG treffen keine Bestimmungen über den ästhetischen Schutz der Umwelt. Auch wenn die Gesetzgebungskompetenz für das Bodenrecht, Naturschutz und Landschaftspflege ästhetisch motivierte Regelungen umfaßt, kann diesen Kompetenzbestimmungen der Schutz vor ästhetischen Beeinträchtigungen durch Bauwerke nicht als Verfassungswert entnommen werden.

Darüber hinaus kann der Zugriff auf Kompetenznormen zum Nachweis des Verfassungsrangs einer Angelegenheit generell nicht überzeugen. Gesetzgebungskompetenzen begründen lediglich die Verfassungslegitimität des gesetzgeberischen Ziels[1038], grundsätzlich aber keine Handlungspflichten.[1039] Mehr als die Zulässigkeit einer gesetzlichen Regelung im Bereich der angesprochenen Materie läßt sich den Kompetenznormen daher nicht entnehmen, will man die Grundrechte nicht unter einen einfachen Gesetzesvorbehalt stellen.[1040] Ob ein Gesetzgeber eine bestimmte Angelegenheit regeln darf, eine Regelung also prinzipiell zulässig ist, ist von der Frage zu unterscheiden, ob dieser Materie Verfassungsrang zukommt, mit anderen Worten, ob der Gesetzgeber Eingriffe in vorbehaltlose Grundrechte vorsehen darf. Die Kompetenzverteilung zwischen dem Bundes- und den Landesgesetzgebern ist nicht an der Gewichtigkeit des Sachgebietes orientiert. Die aufgrund des in Art. 70 I GG aufgestellten Grundsatzes der Länderzuständigkeit ausschließlich aufgezählten Bundesgesetzgebungskompetenzen sind aus nach Verfassungsgütern suchendem Blickwinkel zufällig.

NuR 1991, 162 (164); Dreier, DVBl 1980, 471 (473); Kloepfer, JZ 1986, 205 (206f); Kuhl/Unruh, DÖV 1991, 94 (100); Jarass/Pieroth - Jarass, Vorb. vor Art. 1, Rn. 46; AG Kassel, 05.10.1990, NStZ 91, 443 (444); Sondervotum Mahrenholz/Böckenförde, BVerfG, 24.04.1985, E 69, 1 (57); Melchinger, S. 212ff. Zusammenfassende Darstellung bei Bamberger, S. 22ff; Pieroth, AöR 1989, 422ff.

1036 Büge/Zinkahn, S. 19.

1037 Siehe oben unter III. D. 1.

1038 Kloepfer, JZ 1986, 205 (207); Erbel, DVBl 1986, 1235 (1249).

1039 Kloepfer, JZ 1986, 205 (207); Sondervotum Mahrenholz/Böckenförde, BVerfG, 24.04.1985, E 69, 1 (57, 60).

1040 Kuhl/Unruh, DÖV 1991, 94 (100); Kloepfer, JZ 1986, 205 (207); Dreier, DVBl 1980, 471 (473); Stern - Sachs, III/2, S. 582ff; Sondervotum Mahrenholz/Böckenförde, BVerfG, 24.04.1985, E 69, 1 (57, 62).

Auch der Hinweis auf die bundesverfassungsgerichtliche Anerkennung von Verfassungsgütern aufgrund von Kompetenznormen[1041] vermag nicht zu überzeugen. Abgesehen von der Möglichkeit unrichtiger bundesverfassungsgerichtlicher Erkenntnisse, scheint das BVerfG zwar von der Ableitbarkeit eines Verfassungsrangs aus Kompetenznormen auszugehen, in den herangezogenen Entscheidungen wurde indes nie allein auf Kompetenzbestimmungen verwiesen, um einen Verfassungsrang zu begründen.[1042]

Kompetenzzuweisungen begründen keinen Verfassungsrang der zugewiesenen Materie. Ob Kompetenzen ausnahmsweise Handlungspflichten begründen[1043] oder ohne Einschränkung des vorbehaltlosen Grundrechts von der Kompetenz nicht Gebrauch gemacht werden kann[1044], so daß diesen Kompetenznormen deshalb ausnahmsweise materiale Wirkung im Sinne eines Verfassungsrangs der zugeordneten Materie zukommt, braucht nicht entschieden zu werden. Regelungen zum Naturschutz, zur Landschaftspflege und zum Bodenrecht kann der Gesetzgeber auch treffen, wenn er die Kunstfreiheit unberührt läßt. Dies gilt auch dann, wenn man diese Kompetenztitel als verbale Einbruchstelle für bauästhetische Belange ansieht, denn selbst bauästhetische Regelungen sind ohne Eingriff in die Kunstfreiheit möglich.[1045] Eine verfassungsrechtliche Pflicht zur baugestaltungsrechtlichen Normierung kann weder Art. 74 I Nr. 18 GG noch Art. 75 I 1 Nr. 3 GG entnommen werden. Die Normen weisen damit lediglich Gesetzgebungskompetenzen zu, begründen jedoch keinen Verfassungsrang ästhetischer Bedürfnisse.[1046]

1041 OVG Hamburg, 14.09.1992, GewArch 1993, 464 (467); ähnlich auch Brandhuber, NJW 1991, 725 (728). Zu den bundesverfassungsgerichtlichen Entscheidungen siehe Pieroth, AöR 1989, 422ff.

1042 Kuhl/Unruh, DÖV 1991, 94 (100). Mit dem zutreffenden Hinweis, BVerfG, 12.10.1971, E 32, 40 (46); BVerfG, 26.05.1970, E 28, 243 (261) und BVerfG, 24.04.1985, E 69, 1 (21) leiteten den Verfassungsrang der „Einrichtung und Funktionsfähigkeit der Bundeswehr“ nicht aus der Kompetenznorm, sondern aus einer Gesamtschau der Art. 12a I, 73 Nr. 1, 87a, 115b GG her. Anders noch BVerfG, 20.12.1960, E 12, 45 (50f) (ausschließlich die Kompetenznorm heranziehend).

1043 Erbel, DVBl 1986, 1235 (1249) zum Bereich Bundeswehr.

1044 Papier, NuR 1991, 162 (164); Kloepfer, JZ 1986, 205 (207); Menzel, DÖV 1983, 805 (806); Pieroth, AöR 1989, 422 (446). Ähnlich Stern - Sachs, III/2, S. 586f.

1045 Das ergibt sich bereits daraus, daß bei weitem nicht jedes betroffene Bauwerk Kunst im Sinne von Art. 5 III 1 GG darstellt, siehe oben unter I. C. 4. und I. D.

1046 Ebenso Voßkuhle, BayVBl 1995, 613 (620); Schütz, JuS 96, 498 (501 mit Fn. 34).

I. Der Schutz der natürlichen Lebensgrundlagen, Art. 20a GG

Das BVerwG[1047] hält mit zahlreichen Stimmen aus der Literatur[1048] die Staatszielbestimmung des Art. 20a GG für geeignet, verfassungsimmanent vorbehaltlose Grundrechte zu begrenzen.

Als „ökologische Grundrechtsschranke"[1049] könnte Art. 20a GG demnach auch geeignet sein, Kunstfreiheitsbeschränkungen in Form baugestaltungsrechtlicher Anforderungen verfassungsrechtlich zu rechtfertigen.

1. Die bundesverwaltungsgerichtliche Rechtsprechung

Die erste zu Art. 20a GG ergangene Entscheidung des BVerwG[1050] wurde in der Literatur überwiegend in eben diesem Sinne verstanden.

Auf seinem Außenbereichsgrundstück, dessen Umgebung land- und forstwirtschaftlich genutzt wurde, beabsichtigte der Kläger, auf sieben Meter hohen Sockeln zwei sechs Meter hohe und sieben Meter lange Monumentalfiguren zu errichten. Ein entsprechender Bauantrag wurde abgelehnt, weil das Vorhaben den Darstellungen des Flächennutzungsplans widerspreche (§ 35 III 1. Spiegelstrich, jetzt Nr. 1 BauGB), das Landschaftsbild verunstalte (§ 35 III 6. Spiegelstrich, jetzt Nr. 5 BauGB) und die natürliche Eigenart der Landschaft beeinträchtige (§ 35 III 7. Spiegelstrich, jetzt Nr. 5 BauGB). Das BVerwG anerkannte Art. 20a GG als Grundlage zur Eingrenzung der Gewährleistungen des Art. 5 III 1 GG im bauplanungsrechtlichen Bereich. Die in Art. 20a GG festgelegte Verpflichtung zum Schutz der natürlichen Lebensgrundlagen sei darauf gerichtet, mit Rücksicht auf die Begrenztheit der Ressourcen Natur und Boden Maßnahmen zum Schutz von Natur und Landschaft zu ergreifen und substantiellen Einbußen in diesem Bereich vorzubeugen. In diesem Zusammenhang komme auch dem Städtebaurecht eine maßgebliche Rolle zu, worauf das in § 1 V 1 BauGB postulierte Ziel, die Umwelt zu schützen, aber auch § 35 BauGB hindeute, der auch im Interesse

---

1047 BVerwG, 13.04.1995, NJW 1995, 2648; BVerwG 21.09.1995, NJW 1996, 1163 (zum artenschutzrechtlichen Importverbot für kunsthandwerklich gestaltetes Elfenbein).

1048 Badura, C, Rn. 78f; Seifert/Hömig - Hömig, Art. 20a, Rn. 4; Bernsdorff, NuR 1997, 328 (331); Kuhlmann, NuR 1995, 1 (9); Jarass/Pieroth - Jarass, Art. 20a, Rn. 10; Murswiek, NVwZ 1996, 222 (230); BK - Kloepfer, Art. 20a, Rn. 16; Koenig/Zeiss, Jura 1997, 225 (226); Schink, DÖV 1997, 229; Maunz/Dürig/Herzog/Scholz - Scholz, Art. 20a, Rn. 42; Schütz, JuS 1996, 498 (503); Uhle, UPR 1996, 55 (56); Uhle, JuS 1996, 96 (99). Dagegen: Bamberger, S. 116ff; Waechter, Der Staat 1991, 19 (24, 31f). Bedenken auch bei Hufen, JuS 1996, 454.

1049 Kuhlmann, NuR 1995, 1 (9).

1050 BVerwG, 13.04.1995, NJW 1995, 2648.

der Erhaltung von Natur und Landschaft Vorsorge dafür treffe, daß der Außenbereich über die Abwehr von Verunstaltungen hinaus vor einem Eindringen ihm wesensfremder Bebauung bewahrt bleibe.[1051]

Für die Rechtfertigung eines Eingriffs in ein vorbehaltlos garantiertes Grundrecht ist zu bestimmen, ob dieser andere Verfassungswerte konkretisiert. Es reicht nicht aus, daß das Bauplanungsrecht Umweltschutzaspekte aufweist, vielmehr muß festgestellt werden, ob der einzelne Versagungstatbestand, auf den der Eingriff gestützt wird, von Art. 20a GG getragen wird.[1052] Das BVerwG prüfte nicht jeden der drei herangezogenen Versagungsgründe gesondert auf seine Umweltschutzrelevanz im Hinblick auf Art. 20a GG, sondern untersuchte weitgehend pauschal, ob das Städtebaurecht Ausdruck des in Art. 20a GG niedergelegten Umweltschutzprinzips ist. Auch wenn der Entscheidung in dieser Hinsicht die gewünschte Klarheit fehlt, ist sie - entgegen dem ganz überwiegenden Verständnis in der Literatur[1053] - nicht zwingend dahingehend zu verstehen, daß auch ästhetischen Regelungszwecken über Art. 20a GG Verfassungsrang zukomme.

Der Verstoß des Bauvorhabens gegen das Verunstaltungsverbot in § 35 III 6. Spiegelstrich (Nr. 5) BauGB wird vom BVerwG ausdrücklich nur im Zusammenhang mit einer Eingriffsrechtfertigung durch Art. 2 II GG angesprochen. Den Bezug des § 35 BauGB zum Umweltschutzprinzip des Art. 20a GG sieht das Gericht in der Bewahrung des Außenbereichs vor wesensfremder Bebauung. Die Formulierung, § 35 BauGB schütze Natur und Landschaft indem er „über die Abwehr von Verunstaltungen durch Bauwerke hinaus" wesensfremde Bebauung verhindere, legt nicht zwingend den Schluß nahe, daß auch die Verunstaltungsverhinderung dem Umweltschutz diene. Zwar könnte der Hinweis auf die erhebliche optische Wirkung von Baukunstwerken auf die Umgebung, mit dem das Gericht den besonderen Gemeinschaftsbezug der Baukunst untermauert, isoliert in diesem Sinne gedeutet werden. Die anknüpfende Untersuchung, ob die herangezogenen Versagungsgründe Raum für eine der Kunstfreiheit Rechnung tragende Auslegung lassen, beschränkt sich indes auf den Widerspruch zu den Festsetzungen des Flächennutzungsplans und die Beeinträchtigung der natürlichen Eigenart der Landschaft, die vom Gericht nicht im ästhetischen, sondern im funktionellen Sinne verstanden wird. Damit ist auch in diesen Ausführungen kein

---

1051 BVerwG, 13.04.1995, NJW 1995, 2648 (2649).

1052 Auch Schütz, JuS 1996, 498 (503).

1053 Z.B. Ekardt, BUNDSchau 4/1997, 24; Murswiek, NVwZ 1996, 222 (225); Murswiek, JuS 1995, 1131 (1132); Uhle, UPR 1996, 55 (55, 57); Wolf, KritVj 1997, 280 (286); Salzwedel - Steiger, 02/067, Rn. 236, Fn. 5 („§ 35 III 6. und 7. Spiegelstrich über 20a"); ebenda, 02/021, Rn. 66. Anders soweit ersichtlich nur Schütz, JuS 1996, 498 (504); Vesting, NJW 1996, 1111.

zweifelsfreier Hinweis auf eine Auffassung des Gerichts, auch der Schutz der Landschaft vor Verunstaltungen sei Ausdruck des Umweltschutzprinzips des Art. 20a GG, zu entnehmen. Die Betonung der Begrenztheit der Ressourcen Natur und Boden als Ansatzpunkt des Umweltschutzes und die fallorientierte Bestimmung des sachlichen Gehalts von Art. 20a GG als Auftrag, gesetzgeberische Maßnahmen zur Vorbeugung von Einbußen in der Substanz von Natur und Landschaft zu treffen, sprechen dafür, daß das BVerwG die Verfolgung ästhetischer Zwecke nicht dem Umweltschutz im Sinne von Art. 20a GG zurechnet, bzw. diese Frage zumindest offenläßt.

Im Zusammenhang mit der Versagung einer bestattungsrechtlichen Genehmigung für die Errichtung eines Friedhofs innerhalb eines durch Verordnung festgesetzten Naturparks beschäftigte sich das BVerwG[1054] erneut mit Art. 20a GG als Verfassungswert zur naturschutzrechtlichen Eingrenzung eines vorbehaltlosen Grundrechts. Doch auch dieser Entscheidung ist nicht zu entnehmen, daß aus Art. 20a GG Erfordernisse des ästhetischen Einfügens von Anlagen in das Orts- und Landschaftsbild abzuleiten seien.

Die Auffassung, Verunstaltungsverbote oder andere bauästhetische Anforderungen könnten als Konkretisierung des Umweltschutzprinzips in Art. 20a GG verstanden werden, kann demnach nicht bundesverwaltungsgerichtliche Rechtsprechung für sich in Anspruch nehmen.

2. Der ästhetische Wert der Landschaft - ein Schutzgut des Art. 20a GG?

Die Frage nach dem Bezug bauästhetischer Belange zum Umweltschutz im Sinne des Art. 20a GG hat an der Reichweite des gegenständlichen Schutzes anzusetzen, den Art. 20a GG anstrebt.

Die Norm postuliert das Ziel, die natürlichen Lebensgrundlagen zu schützen. Mit der Beschränkung auf natürliche Lebensgrundlagen sind auf die umliegende Bebauung bezogene gestalterische Belange im Innenbereich von vornherein nicht von Art. 20a GG umfaßt. Auch die Verunstaltung des Ortsbildes durch Anlagen im Außenbereich (§ 35 III Nr. 5 BauGB) hat keinen Bezug zum Schutz der natürlichen Lebensgrundlagen. Als baugestaltungsrechtliche, Art. 20a GG konkretisierende Anforderung kommt ausschließlich das Verbot einer Verunstaltung des Landschaftsbildes in § 35 III Nr. 5 BauGB in Betracht.[1055]

Als anerkannt gelten darf das Verständnis der natürlichen Lebensgrundlagen als all derjenigen Güter, ohne die ein physiologisch gesundes Leben über einen

1054 BVerwG, 07.03.1997, NVwZ 1998, 852.
1055 So auch Dolderer, BauR 1999, 469.

längeren Zeitraum nicht möglich ist.[1056] Im Bereich des Umweltschutzes umschreibt der Begriff Umwelt, der in diesem Kontext dem der natürlichen Lebensgrundlagen bedeutungsgleich ist[1057], die Bestandteile der Umgebung, die für den Lebensablauf biologisch von Bedeutung sind, mit anderen Worten, eine bestimmte Abhängigkeit einzelner Lebewesen oder biologischer Systeme vom Standort und großräumigeren Lebensbedingungen.[1058] Landschaft zählt demnach zu den von Art. 20a GG umfaßten Schutzgütern. Dies ergibt sich ohne weiteres bei Zugrundelegung eines ökozentrischen Ansatzes. Hält man den Schutzzweck des Art. 20a GG für anthropozentrisch, ist die Landschaft angesichts der Komplexität des Naturhaushaltes ebenfalls umfaßt.[1059]

Zwar sind Werke von Menschenhand grundsätzlich von Natur zu unterscheiden.[1060] Von land- oder forstwirtschaftlicher Nutzung geprägte Landschaften sind aber Lebensraum vieler Tier- und Pflanzenarten. Der Erhalt von Kulturlandschaften ist folglich, auch angesichts des weitgehenden Fehlens unberührter Landschaften in Deutschland[1061], ebenfalls vom Schutz der natürlichen Lebensgrundlagen umfaßt.[1062]

Die Zurechnung der Landschaft zu den Schutzgütern des Art. 20a GG impliziert nicht, daß sie auch in ihrer ästhetischen Dimension grundgesetzlich geschützt ist. Überwiegend wird dem Schutz der natürlichen Lebensgrundlagen eine Schutzrichtung zugeschrieben, die auch die ästhetische Qualität der Landschaft umfaßt.[1063] Auch historisch ist eine enge Verbindung zwischen Umweltschutz und dem ästhetischen Landschaftsschutz zu beobachten.[1064]

Die Annahme, daß hinter dem Landschaftsverunstaltungsverbot in § 35 III BauGB die Staatszielbestimmung Art. 20a GG stehe, wird zum Teil darauf ge-

---

1056 Murswiek, NVwZ 1996, 222 (224); Dreier - Schulze-Fielitz, Art. 20a, Rn. 28; Sachs - Murswiek, Art. 20a, Rn. 29; Kloepfer, DVBl 1996, 73 (76); Uhle, DÖV 1993, 947 (953); Peters, NVwZ 1995, 555; Schink, DÖV 1997, 221 (223); Ekardt, BUND-Schau 4/1997, 24; Bernsdorff, NuR 1997, 328 (331).

1057 Sachs - Murswiek, Art. 20a, Rn. 27.

1058 Isensee/Kirchhof - Salzwedel, § 85, Rn. 2.

1059 Kloepfer, DVBl 1996, 73 (77), mit dem Hinweis auf die Erhaltung der Artenvielfalt als Genreserve.

1060 Sachs - Murswiek, Art. 20a, Rn. 28; Schütz, JuS 1996, 498 (503).

1061 Kloepfer, DVBl 1996, 73 (76).

1062 Sachs - Murswiek, Art. 20a, Rn. 28; Kloepfer, DVBl 1996, 73 (76); Schütz, JuS 1996, 498 (503); Schink, DÖV 1997, 221 (223f).

1063 Murswiek, NVwZ 1996, 222 (225); Uhle, UPR 1996, 55 (57); Schink, DÖV 1997, 221 (223f); Dreier - Schulze-Fielitz, Art. 20a, Rn. 28; Kloepfer, DVBl 1996, 73 (77); BK - Kloepfer, Art. 20a, Rn. 54; Hönes, DÖV 1998, 491 (501).

1064 Siehe etwa Richter, S. 30ff, 72ff, 85f, 90, der dem Verunstaltungsschutz eine ausführliche Darstellung im Rahmen seiner Arbeit über den Umweltschutz zwischen 1850 und 1945 widmet.

stützt, daß das BauGB selbst in § 1 V und § 35 II, III BauGB die Sicherung der natürlichen Umwelt und Landschaft sowie den Schutz der natürlichen Lebensgrundlagen als seinen Gesetzeszweck angebe[1065]. Diese Argumentation verkennt, daß der Begriffsinhalt von Art. 20a GG nicht ohne Weiteres einfachen Gesetzen entnommen werden kann.[1066] Gemäß § 35 II, III BauGB sind unprivilegierte Vorhaben im Außenbereich unter bestimmten, in acht Punkten differenziert genannten Bedingungen nicht zulassungsfähig. Der Begriff der natürlichen Lebensgrundlagen wird in § 35 II, III BauGB nicht verwendet. Daß sich einzelne Tatbestände ausdrücklich auf den Umweltschutz beziehen, läßt nicht darauf schließen, daß alle Tatbestände, und damit auch § 35 III Nr. 5 BauGB, den Umweltschutz bezwecken. § 1 V BauGB nennt den Schutz der natürlichen Lebensgrundlagen nur als einen der bei der Bauleitplanung zu berücksichtigenden Belange. Bei weitem nicht jede Regelung im Rahmen der Bauplanung bzw. des BauGB trägt eine umweltschützende Zielrichtung. Daß der Schutz der natürlichen Lebensgrundlagen bauplanungsrechtlich von besonderer Bedeutung ist, läßt keine Schlußfolgerungen zu, ob auch der Verunstaltungsschutz, dem nur eine untergeordnete Rolle im Bauplanungsrecht zukommt, diesen Schutz zu verwirklichen bestimmt ist.

Ein anderer Begründungsansatz für einen auch auf die Bewahrung der landschaftlichen Ästhetik gerichteten Schutz der natürlichen Lebensgrundlagen gemäß Art. 20a GG ist das traditionelle und geltende deutsche Naturschutzrecht.[1067] Ein interpretatorischer Rückgriff auf § 1 I Nr. 4 BNatSchG zeige, daß auch die Schönheit der Natur Schutzobjekt des Art. 20a GG sei.[1068] Hier gilt erneut, daß das BNatSchG als einfaches Gesetz nicht den Begriffsinhalt von Art. 20a GG bestimmt.[1069] Der einfachgesetzlich festgesetzte Naturschutz kann durchaus über den von Art. 20a GG angestrebten Schutz der natürlichen Lebensgrundlagen hinausgehen. Darüber hinaus differenziert § 1 I BNatSchG zwischen Gütern, die als Lebensgrundlage, und anderen, die als Voraussetzung für des Menschen Erholung in Natur und Landschaft geschützt werden sollen. Das geltende Naturschutzrecht läßt daher allenfalls den Schluß zu, die Schönheit der Landschaft gehöre nicht zu den natürlichen Lebensgrundlagen.

Auch die historische Argumentation kann nicht überzeugen. Schon früh war es naturschutzrechtliche Intention, die Landschaft auch wegen ihrer auf den Menschen wohltuend wirkenden Schönheit zu schützen. Im geschriebenen Verfassungstext erschien der Umweltschutzaspekt erstmals im Abschnitt Bildung und

1065 Uhle, UPR 1996, 55 (56).
1066 Henneke, NuR 1995, 325 (328).
1067 Murswiek, NVwZ 1996, 222 (225).
1068 Schink, DÖV 1997, 221 (223).
1069 Schütz, JuS 1996, 498 (503, Fn. 83); Henneke, NuR 1995, 325 (328).

Schule als Art. 150 I WRV. Nach dieser Norm galten den Denkmälern der Kunst, der Geschichte und der Natur sowie der Landschaft der Schutz und die Pflege des Staates. Der Kontext der Kulturstaatlichkeit machte deutlich, daß die Natur, bzw. Teile von ihr, als kultureller, ästhetischer Wert zu schützen sei.[1070] Die Keimzelle des Umweltschutzprinzips[1071] sicherte Naturdenkmäler vor Beschädigung, Zerstörung und Verunstaltung.[1072] Dennoch ist Art. 150 I WRV allenfalls ein schwaches Indiz für eine entsprechende Interpretation des Art. 20a GG. Die Umweltproblematik gewann ab den 60er Jahren eine völlig neue Qualität; der Umweltschutz wurde als existentielle Überlebensfrage erkannt.[1073] Dieses gewandelte Verständnis des Schutzzweckes führte schließlich zur Einfügung von Art. 20a GG.[1074] Der ästhetische Schutz ist heute im Naturschutz- und Landschaftspflegerecht nur ein Aspekt unter vielen.[1075] Allein aus dem rechtshistorischen Ursprung des Naturschutzrechts kann eine ästhetische Dimension des Art. 20a GG nicht abgeleitet werden.

Können historische und an einfachgesetzlichen Zielsetzungen ausgerichtete Begründungen nicht überzeugen, muß eine Inhaltsermittlung unmittelbar an dem Begriff der natürlichen Lebensgrundlagen ansetzen. Entsprechend wird in einem dritten Ansatz versucht, aus der Bedeutung unberührter Natur für das menschliche Wohlbefinden die ästhetische Dimension von Natur als Schutzzweck des Art. 20a GG abzuleiten. Die Bewahrung der Natur sei ein emotionales und ästhetisches Menschenbedürfnis[1076], das Lebensgefühl, welches die unberührte Natur vermittle, gehöre zu den psychischen Kraftquellen menschlichen Lebens. Häßliche Bauwerke in ansonsten unberührter Landschaft könnten, insbesondere wenn sie keine Ausnahme darstellen, das Leben des Menschen zwar nicht vernichten, jedoch empfindlich stören.[1077] Die ästhetische Schönheit der Landschaft sei daher vom Schutz der natürlichen Lebensgrundlagen umfaßt.[1078]

Eine ökozentrische Auslegung des Art. 20a GG läßt eine solche Argumentation nicht zu; die Schönheit der Natur ist kein absoluter, der Umwelt an sich anhaftender, sondern nur ein vom Menschen verliehener Wert. Ganz überwiegend

---

1070 Benda/Maihofer/Vogel - Hofmann, § 21, Rn. 55.

1071 Dreier - Schulze-Fielitz, Art. 20a, Rn. 3.

1072 Salzwedel - Steiger, 02/008, Rn. 11.

1073 Siehe auch die Grüne Charta von der Mainau des Deutschen Rates für Landschaftspflege vom 20.04.1961. Hier ist die Verunstaltung der Landschaft bereits ein untergeordneter Punkt.

1074 Dreier - Schulze-Fielitz, Art. 20a, Rn. 1f.

1075 Isensee/Kirchhof - Salzwedel, § 85, Rn. 48, bezeichnet die Erhaltung bloßer landschaftlicher Schönheit sogar nur als ein unechtes Schutzziel des Naturschutzrechts.

1076 Kloepfer, DVBl 1996, 73 (77); Schink, DÖV 1997, 221 (224).

1077 Murswiek, NVwZ 1996, 222 (225).

1078 Murswiek, NVwZ 1996, 222 (225); Schink, DÖV 1997, 221 (224).

wird Art. 20a GG aber anthropozentrisch ausgelegt[1079], so daß nicht schon die besondere Qualität ästhetischer landschaftlicher Werte ihrer Zuordnung zu den Schutzgütern des Art. 20a GG entgegensteht.

Natürliche Lebensgrundlagen sind die notwendigen biotischen und abiotischen Grundvoraussetzungen für die Existenz, Fortexistenz und Evolution des biologischen Lebens selbst.[1080] Diese sind abzugrenzen von der psycho-sozialen Umwelt.[1081] Der von Art. 20a GG bezweckte Schutz bezieht sich nach einhelliger Auffassung nicht auf die sozialen, ökonomischen, technischen oder kulturellen Lebensgrundlagen[1082], sondern ausschließlich auf die biologisch-physische Lebenssphäre.[1083] Lebensgrundlagenschutz ist als Systemschutz zu verstehen; der Schutz der natürlichen Lebensgrundlagen bezieht sich auf die Gesamtheit der Ökosysteme.[1084] Art. 20a GG schützt die ökologischen Bedingungs- und Wirkungszusammenhänge, so daß Landschaften mit ihren ökosystemaren Funktionen als Lebensräume vom Schutzbereich des Art. 20a GG umfaßt sind.[1085] Das ästhetische Empfinden des Menschen hat keine Funktion im Rahmen dieser systemaren Zusammenhänge. Eine ästhetische Bedeutung wird dem Landschaftsbild durch den Menschen als Kulturwesen zugeschrieben. Dies veranschaulichen zum einen die gewandelten Auffassungen darüber, welche Landschaften optisch reizvoll seien[1086], zum anderen die Tatsache, daß deutsche Landschaften in der Regel kultivierte, zumindest vom Menschen in ihrer Gestalt beeinflußte Natur darstellen. Ein physiologisch gesundes Leben - und nur die hierfür erforderlichen Grundlagen schützt Art. 20a GG[1087] - ist auch möglich, wenn landschaftliche

1079 Dreier - Schulze-Fielitz, Art. 20a, Rn. 25; Maunz/Dürig/Herzog/Scholz - Scholz, Art. 20a, Rn. 39; Bernsdorff, NuR 1997, 328 (331); BK - Kloepfer, Art. 20a, Rn. 52. Ökozentrische Auslegung durch Seifert/Hömig - Hömig, Art. 20a, Rn. 1; Sachs - Murswiek, Art. 20a, Rn. 22ff.

1080 Salzwedel - Steiger, 02/021, Rn. 65; ebenda, 02/019, Rn. 56; Sachs - Murswiek, Art. 20a, Rn. 29.

1081 Maunz/Dürig/Herzog/Scholz - Scholz, Art. 20a, Rn. 36; Sachs - Murswiek, Art. 20a, Rn. 27; Schütz, JuS 1996, 498 (503); Bernsdorff, NuR 1997, 328 (331), Henneke, NuR 1995, 325 (329); Wolf, KritVj 1997, 280 (285); BK - Kloepfer, Art. 20a, Rn. 52.

1082 Maunz/Dürig/Herzog/Scholz - Scholz, Art. 20a, Rn. 36; Sachs - Murswiek, Art. 20a, Rn. 27.

1083 Uhle, DÖV 1993, 947 (953); Peters, NVwZ 1995, 555; Schink, DÖV 1997, 221 (223); Schütz, JuS 1996, 498 (503).

1084 Maunz/Dürig/Herzog/Scholz - Scholz, Art. 20a, Rn. 36; Wolf, KritVj 1997, 280 (285f).

1085 Wolf, KritVj 1997, 280 (286).

1086 Siehe etwa die Geringschätzung von Flachlandschaften durch Goldschmidt, S. 34, und Kronecker, DJZ 1911, 1202.

1087 Ekardt, BUNDSchau 4/1997, 24.

optische Reize beeinträchtigt werden, solange die ökologischen Funktionen von Landschaft nicht berührt sind. Die ästhetische Schönheit von Landschaft ist lediglich Teil der psycho-sozialen, nicht aber der natürlichen Umwelt.

Etwas anderes kann auch nicht gelten, wenn man auf die Erholungsfunktion der Landschaft abstellt, die durch „Sichtimmissionen"[1088] beeinträchtigt sei. Erholung, zu der Aufenthalte in der Natur unbestreitbar einen Beitrag leisten können, ist für das Leben des Menschen unverzichtbar und in diesem Sinne eine Lebensgrundlage. Der beispielsweise auf bestimmte klimatische Bedingungen zurückführbare unmittelbare Einfluß einer Landschaft auf die physiologische Gesundheit des Menschen ist aber zu unterscheiden von der Erholung, die der Mensch durch seine Freude an einer von ihm als schön empfundenen Landschaft findet. Diese letztgenannte Form der Erholung knüpft zwar an Elemente der natürlichen Umwelt an, bestimmend für den Erholungseffekt ist jedoch die persönliche Einstellung des Erholungssuchenden, die vor allem durch seine Kultur und Erziehung bestimmt wird. Auch wenn mit ihr Auswirkungen auf die physiologische Gesundheit einhergehen können, hat diese Erholungsform nur psycho-sozialen Charakter.[1089]

Dieses Ergebnis wird nicht zuletzt vom mit dem Schutzziel verknüpften Appell an die Verantwortlichkeit für die künftigen Generationen indiziert. Ob ein Bauwerk den optischen Wert einer Landschaft schmälert, hebt oder unberührt läßt, kann nur aus einer Zusammenschau der ästhetischen Ansichten heutiger Generationen und damit nur für die Gegenwart ermittelt werden. Die durchschnittlichen zukünftigen ästhetischen Empfindlichkeiten sind nur vage prognostizierbar. Anschaulich dafür ist nicht nur die Anfang dieses Jahrhunderts getätigte Geringschätzung von Flachlandschaften, denen jeder optische Reiz abgesprochen wurde[1090]. Auch die Einstellung zu Windenergieanlagen und -mühlen läßt unprognostizierbare Entwicklungen erkennen: Der optischen Reiz innerhalb der Landschaft, der - vermutlich anders als zur Zeit ihrer wirtschaftlichen Bedeutung - heute wohl einhellig alten Windmühlen zugeschrieben wird, kann an modernen Windrädern mehrheitlich noch nicht entdeckt werden.[1091] Daß dies an der unterschiedlichen Gestalt der Anlagen liege, erklärt nicht, weswegen unzählige Hochspannungsmasten, die von ähnlicher Statur wie Windenergieräder sind, offensichtlich das ästhetische Empfinden überwiegend nicht beeinträchtigen.

1088 Grefe, SZ, 21.02.1998, S. 8.

1089 So wohl auch Salzwedel - Steiger, 02/021, Rn. 66, der für die Konstatierung eines Eingriffs in die natürlichen Lebensgrundlagen einen Grad der Zerstörung des Funktionszusammenhanges einer Landschaft verlangt, der die Erholungsfunktion aufhebt.

1090 So Goldschmidt, S. 34; Kronecker, DJZ 1911, 1202.

1091 Siehe dazu Grefe, SZ 21.02.1998, S. 8.

Art. 20a GG umfaßt ausschließlich den funktionalen, nicht aber den optischen Landschaftsschutz. Die Abwehr von baulichen Verunstaltungen des Landschaftsbildes läßt sich nicht auf das Staatsziel Umweltschutz stützen.[1092]

Die Unzulässigkeit ästhetischen Landschaftsschutzes wird damit nicht begründet. Der Erhalt der ästhetischen Werte von Landschaften ist lediglich nicht vom Staatsziel Umweltschutz umfaßt, bleibt aber dennoch ein legitimes Regelungsziel. Die Abgrenzung ästhetischer Landschaftswerte von den Schutzgütern des Art. 20a GG bedeutet auch keine realistische Gefahr, daß der optische Reiz als schön empfundener Landschaftsbilder durch bauliche Anlagen getrübt würde. Bauliche Anlagen innerhalb dieser Landschaften sind regelmäßig zugleich ein Eingriff in das Ökosystem der Landschaft. Art. 20a GG bietet in Verbindung mit § 35 BauGB weitgehende Möglichkeiten, die Landschaft auch von Bauvorhaben freizuhalten, die durch vorbehaltlos garantierte Grundrechte geschützt sind, ohne daß es auf ästhetische Gesichtspunkte ankäme. Lediglich bei Baukunstwerken, die außerhalb der Landschaft errichtet werden sollen und diese verunstalten, könnte der fehlenden Einschlägigkeit von Art. 20a GG Bedeutung zukommen. In diesem seltenen Fall ist besonders sorgfältig zu prüfen, ob tatsächlich die Landschaft durch die bauliche Anlage, zu der kein unmittelbarer räumlicher Zusammenhang besteht, verunstaltet wird.

J. Das Sozialstaatsprinzip, Art. 20 I GG

1. Sozialstaatliche Eingriffsrechtfertigung in Rechtsprechung und Literatur

Mit der staatlichen Eingrenzung der künstlerischen Freiheit durch Verunstaltungsnormen werden krasse Gegensätzlichkeiten und Widersprüche im Erscheinungsbild bebauter Gebiete abgewendet, die bei einem nicht unbeträchtlichen Teil der Betrachter anhaltenden Protest auslösen würden. Somit leistet der Staat nach Auffassung des BVerwG mit der Verunstaltungsabwehr einen Beitrag zum sozialen Frieden in der Gemeinschaft und schütze ein neben der Kunstfreiheit stehendes Verfassungsgut.[1093]

In einer späteren Entscheidung wiederholte das BVerwG diese Feststellung und brachte den Schutz des sozialen Friedens in der Gemeinschaft in Zusammenhang mit Art. 2 II GG.[1094] Da offensichtlich der soziale Friede nicht als durch

1092 Ebenso Maunz/Dürig/Herzog/Scholz - Scholz, Art. 20a, Rn. 36; Wolf, KritVj 1997, 280 (286); Schütz, JuS 1996, 498 (503); Vesting, NJW 1996, 1111 (1113); Bamberger, S. 116f; Salzwedel - Steiger, 02/021, Rn. 66. Kritisch gegen die Einbeziehung der Ästhetik in den Ökologiebegriff auch Dürig, VVDStRL 38, 331f.

1093 BVerwG, 27.06.1991, NVwZ 1991, 983 (984).

1094 BVerwG, 13.04.1995, NJW 1995, 2648 (2649).

gewalttätige Konflikte gefährdet erkannt wurde, kommt der Sicherung des sozialen Friedens als verfassungsimmanenter Schranke der Baukunstfreiheit eigenständige Bedeutung neben dem vom BVerwG Art. 2 II GG unterstellten Schutz des psychischen Wohlbefindens nur als Ausprägung des Sozialstaatsprinzips aus Art. 20 I GG zu.

Vergleichbare Auffassungen finden sich auch in der Literatur:

Fechner erörterte, ob aus verfassungsrechtlicher Sicht in Friedhofsordnungen nur „geschmackliche Entgleisungen" bei der Gestaltung einer Grabstätte abwendbar sind, oder darüber hinaus eine einheitliche Gesamtgestaltung festgelegt werden kann. Fechner sieht den Sozialstaatsgedanken als auf das Ganze abstellenden Gegenpol zum auf die Einzelperson ausgerichteten Rechtsstaatsprinzip. Betreffen zu regelnde Verhältnisse wie die Friedhofsgestaltung die Gesamtheit oder Teile von ihr und nicht primär nur die Einzelperson, gehe die sozialstaatliche Bindung der rechtsstaatlichen vor. Das Sozialstaatsprinzip stehe daher einer eigenwilligen Gestaltung von Grabstellen entgegen.[1095]

Looks sieht in die Kunstfreiheit eingreifende Baugestaltungsnormen verfassungsrechtlich durch das Sozialstaatsprinzip gerechtfertigt. Ausgangspunkt seiner Überlegungen ist der verfassungs- und sozialpolitische Sinn der Grundrechte. Die Realisierung aller verfassungsrechtlich anerkannten Werte setze Gemeinschaft voraus. Neben der individuell garantierten Freiheitsgewährleistung liege der Sinn der Grundrechte daher auch in ihrer Integrationsfunktion. Dieser Gemeinschaft und Staat konstituierenden Freiheitsfunktion entspräche ein Verständnis der Sozialstaatsklausel in Art. 20 I GG als eine über die Fixierung staatlicher Sozialpflichtigkeit hinausgehende Bindung der grundrechtlichen Freiheit im sozialen Gesamtgefüge.[1096] Eine Pflicht des Staates zur ästhetisch ansprechenden Gestaltung von Stadt und Land könne zwar nicht aus dem sozialstaatlichen Verfassungsauftrag zu einer sozialgerechten Gestaltung des Gemeinwesens hergeleitet werden. Auch als Prinzip der Interessenabwägung bei kollidierenden grundrechtlichen Freiheiten sei das Sozialstaatsprinzip nicht heranziehbar, um Eingriffe in die Baugestaltungsfreiheit verfassungsrechtlich zu rechtfertigen. Aus soziologischem Blickwinkel eröffne sich jedoch ein dritter Aspekt der Sozialstaatsklausel. Ausgehend von der in einer pluralistischen Gesellschaft bestehenden Integration des Menschen in soziologische Vergemeinschaftungen berechtige die Sozialstaatsklausel den Staat, die Struktur der Vergemeinschaftungen im sozial-öffentlichen Bereich zu ordnen. Aus diesem Verständnis der Sozialstaatsklausel als Homogenisierungsbestimmung zum Verhältnis von Staat und Gesellschaft ergebe sich die Befugnis, auf die architektonische Gestalt gewachsener Baueinheiten

1095 Fechner, Friedhof und Denkmal 1958, 1 (3ff).
1096 Looks, S. 117ff.

oder neu zu ordnender Baugebiete durch bauästhetische Vorschriften Einfluß zu nehmen, um eine ungehinderte öffentliche Kommunikation zu garantieren.[1097]

2. Baugestaltungsrecht und die ausgleichende Intention von Sozialstaatlichkeit

Diese Auffassungen lenken den Blick auf den intentionalen Gehalt des Verfassungssatzes der Sozialstaatlichkeit.

In den ersten Jahren der Bundesrepublik Deutschland waren drei Interpretationen der Sozialstaatlichkeit vorherrschend, die nicht zuletzt durch die Mehrdeutigkeit des Wortes „sozial" bedingt waren. Sozial wurde zum einen als gesellschaftsbezogen verstanden; der Sozialstaat trage Verantwortung für die Befindlichkeit der Gesellschaft. Nach einer anderen Interpretation beschreibt „sozial" den Gemeinschaftsbezug, die Gemeinschaftsbindung des Menschen.[1098] Überwiegend wurde der soziale Staat auf eine dritte Weise interpretiert, als Staat, der den Schwächeren zur Teilhabe an den wirtschaftlichen Gütern und damit zu einem menschenwürdigen Dasein verhilft.[1099] Auch das BVerfG betont in ständiger Rechtsprechung die sozialstaatliche Intention, einen gesellschaftlichen Zustand zu schaffen, in welchem soziale Ungleichheiten zwischen den Individuen ausgeglichen sind[1100] und jedem Menschen ein materielles Existenzminimum garantiert ist[1101]. Die soziale Schutzpflicht gegenüber gesellschaftlich benachteiligten Gruppen ist gerichtet auf die faktische Freiheitsmöglichkeit ihrer Mitglieder.[1102] Dieses der alltäglichen Bedeutung des Wortes sozial entsprechende Verständnis vom Sozialstaat kann sich auf die historisch gewachsenen Ideen einer sozialen Rechtsordnung berufen. Die Ursprünge des deutschen Sozialstaates liegen in den Antworten auf die „soziale Frage" des beginnenden Industriezeitalters.[1103] Die ideengeschichtliche Entwicklung[1104] des sozialen Staatszwecks von den Stein-Hardenbergschen Reformen über die Bismarcksche

---

1097 Looks, S. 117ff.

1098 Jürgens, VerwArch 1962, 105 (125, der einzelne stehe nicht isoliert da, sondern in der sozialen Gemeinschaft; das Sozialstaatsprinzip verpflichte ihn zur Rücksichtnahme).

1099 Zu diesen Interpretationsmöglichkeiten siehe Isensee/Kirchhof - Zacher, § 25, Rn. 20f; Benda/Maihofer/Vogel - Benda, § 17, Rn. 88ff; Bull, S. 167ff.

1100 BVerfG, 03.07.1973, E 35, 348 (355f).

1101 BVerfG, 19.12.1951, E 1, 97 (105).

1102 Dreier - Gröschner, Art. 20 (Sozialstaat), Rn. 19f; Jarass/Pieroth - Jarass, Art. 20, Rn. 106; AK - Kittner, Art. 20 I-III/IV, Rn. 22.

1103 Dreier - Gröschner, Art. 20 (Sozialstaat), Rn. 2, 15; AK - Kittner, Art. 20 I-III/IV, Rn. 1.

1104 AK - Kittner, Art. 20 I-III/IV, Rn. 7ff; Dreier - Gröschner, Art. 20 (Sozialstaat), Rn. 1ff; Isensee/Kirchhof - Zacher, § 25, Rn. 19; Stern, I, S. 881ff; Maunz/Dürig/Herzog/Scholz - Herzog, Art. 20, VIII, Rn. 8ff.

Sozialgesetzgebung bis zur Sozialstaatskonzeption in Art. 151 I WRV macht die Herstellung einer gerechten Sozialordnung, den Ausgleich sozialer Ungleichheiten, den Schutz der jeweils sozial Schwachen[1105] zum zentralen Bezugspunkt des Sozialen. An diese Entwicklung knüpft der grundgesetzliche Terminus des sozialen Staates an.[1106] Hinsichtlich dieser unbestrittenen Zielrichtung ist der Begriff des Sozialstaats weit weniger unbestimmt als der Begriff des Sozialen.[1107] Es besteht - zumindest in diesem Kontext - eine grundsätzliche Gewißheit darüber, was das Sozialstaatsprinzip meint.[1108] Ein auf den Ausgleich sozialer Ungleichheiten beschränktes sozialstaatliches Strukturprinzip sichert nicht pauschal die Belange der Gemeinschaft, oder die Schaffung von Konsens und Akzeptanz der gesellschaftlichen Situation insgesamt.[1109] Es ist kein Synonym für das Allgemeinwohl.[1110] Das Gemeinwohl wird nur gemäß den grundsätzlichen Inhalten der Sozialstaatsklausel, das heißt primär, wenn nicht sogar ausschließlich, in Form des Abbaus sozialer Ungerechtigkeiten und Ungleichheiten von dieser umfaßt.[1111] Eine staatliche Verantwortung für die Befindlichkeit der Gesellschaft bzw. eine Verpflichtung des einzelnen gegenüber der Gemeinschaft umschreibt die Sozialstaatlichkeit in diesem Sinne nur, soweit es um den Schutz des jeweils sozial Schwachen geht.[1112] Zielt eine staatliche Maßnahme nicht darauf, die Gesellschaft in einen Zustand annähernder Gleichheit zu führen und dadurch alle Bürger in die Lage zu versetzen, ihre Grundrechte auszuüben, ist nicht auszuschließen, daß eine Förderung des Gemeinwohls bezweckt ist - sozialstaatlich motiviert ist eine solche Maßnahme nur dann, wenn Sozialsstaatlichkeit weiter zu fassen ist.[1113]

1105 BVerfG, 14.05.1969, E 26, 16 (37); BVerfG, 05.06.1973, E 35, 202 (236); BVerfG, 22.06.1977, E 45, 376 (387); BVerfG, 19.10.1993, E 89, 214 (232); BVerfG, 18.07.1967, E 22, 180 (204); Dreier - Gröschner, Art. 20 (Sozialstaat), Rn. 16; Sachs - Sachs, Art. 20, Rn. 46.

1106 Stern, I, S. 893.

1107 Dreier - Gröschner, Art. 20 (Sozialstaat), Rn. 15.

1108 Isensee/Kirchhof - Zacher, § 25, Rn. 78; siehe auch BVerfG, 18.07.1967, E 22, 180 (204).

1109 So aber Voßkuhle, BayVBl 1995, 613 (619). Zur weiten Interpretation des Sozialstaatsprinzips als Auftrag zur Sicherung des inneren Friedens auch Isensee/Kirchhof - Herzog, § 58, Rn. 30; Katz, § 11, Rn. 216.

1110 AK - Kittner, Art. 20 I-III/IV, Rn. 56.

1111 AK - Kittner, Art. 20 I-III/IV, Rn. 56. Mit der Feststellung, Baugestaltungsvorschriften dienen der Förderung des Gemeinwohls - Peine, Rn. 381 - kann noch kein Zusammenhang zur Sozialstaatlichkeit aufgezeichnet werden.

1112 Isensee/Kirchhof - Zacher, § 25, Rn. 21; Stern, I, S. 890, 893; Sachs - Sachs, Art. 20, Rn. 46.

1113 Art. 14 II GG, der allgemein mit dem Begriff der Sozialpflichtigkeit umschrieben wird, konkretisiert daher trotz dieser sprachlichen Nähe nicht die sich auf die Gewährleistung des tatsächlichen Gebrauchs der Freiheitsrechte beziehende Sozial-

Eine Legitimation von Baugestaltungsvorschriften als Konkretisierungen des sozialstaatlichen Prinzips im obengenannten Sinne setzt voraus, daß mit den Normen faktische Ungleichheiten zwischen Gruppen, Schichten oder Klassen, ihre nicht gleichberechtigte Teilhabe in Gesellschaft und Staat, ausgeglichen werden sollen.

Die These, das friedliche Zusammenleben der in ihren wirtschaftlichen Lebensbedingungen voneinander entfernten Schichten sei durch eine mehrheitlich als ästhetisch unbefriedigend empfundene Gestaltung von Bauwerken gefährdet, ruft nicht nur Zweifel hinsichtlich der Realität einer Gefährdung des sozialen Friedens hervor, sondern erscheint daneben insoweit befremdlich, als sich in diesem vermuteten Konflikt die Ungleichheit sozialer Gruppen widerspiegeln soll.

Grundvoraussetzung für einen solchen Konflikt sind sich gegenüberstehende soziale Gruppen. Interessengegensätze zwischen der Gruppe derjenigen, die wirtschaftlich in der Lage sind, von der Baufreiheit Gebrauch zu machen und der Gruppe derer, die dies nicht können, sind nicht zu übersehen. Zahlreiche gefahrenabwehrende und gesundheits- oder sozialpflegerische Anforderungen an Wohnraum sind damit bedenkenfrei als sozialstaatlich motiviert zu bezeichnen. Hinsichtlich der äußeren ästhetischen Gestaltung bestehen Interessenkonflikte jedoch nicht spiegelbildlich zu diesem Gruppengegensatz. Vielmehr verlaufen die unterschiedlichen Vorstellungen vom ästhetisch befriedigenden Bauen quer durch alle gesellschaftlichen Schichten.

Jürgens[1114] sieht dennoch das Sozialstaatsprinzip durch störende, belästigende und verunstaltende Wirtschaftswerbung berührt. Er erkennt einen schichtenspezifischen Interessenkonflikt darin, daß insbesondere wirtschaftlich Schwächere durch Industrialisierung und Verstädterung bedingten Mißständen wie Umweltverschmutzung, Gesundheitsgefahren sowie nervlicher und seelischer Überreizung stärker, unmittelbarer und hilfloser ausgesetzt seien.[1115] Nur die besonders wohlhabende Minderheit habe Rückzugsmöglichkeiten im privaten Bereich. Alle Maßnahmen der Raumordnung, Landschaftspflege, des Naturschutzes und der städtischen Baupflege seien daher dem sozialstaatlichen Bereich zuzuordnen.[1116] Eine solche Bestimmung sozialer Ungleichheit führt zu einer unbeschränkten funktionellen Weite des sozialstaatlichen Prinzips. Die gänzliche Grenzenlosigkeit des Sozialstaatsprinzips soll durch die Orientierung auf den Schutz des

---

staatlichkeit sondern ist eher als eine Ausprägung des gemeinwohlbezogenen Republikprinzips zu verstehen, Dreier - Gröschner, Art. 20 (Sozialstaat), Rn. 58. Anders Jürgens, VerwArch 1962, 105 (125).

1114 Jürgens, VerwArch 1962, 105 (127).

1115 Jürgens, VerwArch 1962, 105 (127).

1116 Jürgens, VerwArch 1962, 105 (128).

Schwächeren vermieden werden.[1117] Dies kann eine Figur des sozial Schwächeren, wie sie von Jürgens verstanden wird, nicht leisten. Die Möglichkeit eines Rückzugs in den Privatbereich beschreibt nichts anderes als den Grad der Abhängigkeit von der Gemeinschaft. Läßt man für einen gruppenspezifischen Interessengegensatz die Möglichkeit eines Rückzugs in den privaten Bereich genügen, sind so gut wie keine gesellschaftlichen Bereiche denkbar, deren Regelung nicht sozialstaatlich Intentionen aufweisen würden. Bauästhetischen Anforderungen liegen entgegen der Auffassung von Jürgens keine sozial ungleichen Interessenlagen zugrunde, die entsprechende Normen als Ausdruck der sozialstaatlichen Forderung nach sozialer Gerechtigkeit kennzeichnen könnten.[1118]

3. Baugestaltungsrecht und Sozialstaatlichkeit jenseits eines Gleichstellungsauftrags

Damit konzentriert sich die Problematik auf die Frage, ob der Schutz des Schwächeren alleinige Intention der sozialstaatlichen Zielbestimmung ist, oder ob dem sozialstaatlichen Prinzip daneben weitere, vom Vorhandensein sozial ungleicher Machtverhältnisse unabhängige Aufgaben erwachsen. In rechtswissenschaftlichen Abhandlungen über den Inhalt des Sozialstaatsprinzips wird nicht selten das Gebot, soziale Ungleichheiten auszugleichen, neben anderen Zielen als Intention der sozialen Zielbestimmung genannt. Häufig findet sich die Interpretation von Sozialstaatlichkeit als Zustand sozialer Gerechtigkeit auf der einen und staatlicher Gewährung eines die Menschenwürde garantierenden Existenzminimums auf der anderen Seite.[1119] Auch das BVerfG beschreibt Sozialstaatlichkeit mal auf die eine, mal auf die andere Weise.

Eine Doppelintention des sozialen Strukturprinzips ist indes nur gegeben, wenn soziale Ziele tatsächlich eigenständig neben der Forderung nach sozialer Gerechtigkeit und nicht nur als Konkretisierung sozialer Gerechtigkeit in Form eines Mindestmaßes dessen, was sozial Schwachen zu garantieren ist, umfaßt wäre. Ist das Postulat von mehr Gleichheit die Basis aller sozialstaatlichen Konkretisierungen? Oder verlangt die Sozialstaatsklausel die Sicherung eines bestimmten Wohlstandsniveaus des schutzbedürftigen Einzelnen ohne Rücksicht darauf, ob andere diesen Schutz nicht benötigen, der Schutzbedarf also aus einer sozial schwächeren Position erwächst?[1120] Soweit es um Bedürfnisse geht, die

---

1117 Sachs - Sachs, Art. 20, Rn. 46.

1118 So auch Looks, S. 121.

1119 Michel, L., S. 184; Sachs - Sachs, Art. 20, Rn. 46.

1120 Daß sozial nicht die Erstrebung einer Gleicheit im Mangel, sondern einer Gleichheit im Wachstum ist - zur Wohlstandsmehrung als sozialstaatlicher Auftrag siehe Isensee/Kirchhof - Zacher, § 25, Rn. 48ff - läßt nur Schlußfolgerungen über den sozialaus wirtschaftlicher Not resultieren, ist diese Frage rein theoretischer Natur; es ist unrealistisch, für die Bundesrepublik eine Situation anzunehmen, in der einem unter dem Existenzminimum lebenden Teil der Bevölkerung nicht eine wohlhabende soziale Gruppe gegenübersteht, so daß die Forderung der Sicherung des Existenzminimums zugleich als Forderung sozialer Gerechtigkeit besteht. Im nicht-wirtschaftlichen Zusammenhang stellt sich dies anders dar. Eine Parallele findet sich in der mit der Einführung von Art. 20a GG überholten Diskussion[1121], ob dem Sozialstaatsprinzip ein Umweltschutzziel zu entnehmen sei. Auch wenn hier in erster Linie über die Einschränkung der Entscheidungsfreiheit des Gesetzgebers durch die Herleitung entsprechender Staatsaufgaben aus dem Sozialstaatsprinzip, also anhand demokratischer Erwägungen argumentiert wurde[1122], kann ein umweltschützender Zielgehalt dem Sozialstaatsprinzip nur entnommen werden, wenn es als nicht nur gegen Wohlstandsdifferenzen, sondern unabhängig von Differenzen allgemein gegen Not gerichtet zu verstehen ist. Nur auf diese Weise enthält das sozialstaatliche Strukturprinzip die Forderung, die Voraussetzungen menschlichen Daseins zu sichern.[1123] Es spricht einiges dafür, Sozialstaatlichkeit nicht ausschließlich als Gleichstellungsauftrag zu verstehen. Die sozialstaatliche Zielsetzung, reale Freiräume zur Persönlichkeitsentfaltung zu sichern, wurzelt nicht ausschließlich in der Ungleichheit, die darin besteht, daß bestimmte Bürger im Unterschied zu anderen aufgrund ihrer höheren sozialen Stellung rechtlich gewährte Freiheiten für sich realisieren können. Ein Staat, der weitgehend frei ist von sozialen Ungleichheiten, weil allen Bürgern das Existenzminimum fehlt, verdient den Namen Sozialstaat nicht. Ausgehend von diesem Standpunkt besteht die oben festgestellte, in einer fehlenden sozialen Ungleichheit gründende Barriere für eine sozialstaatliche Motivation bauästhetischer Normen nur partiell hinsichtlich eines inhaltlichen Aspekts der Sozialstaatlichkeit, nicht aber generell.

Der Annahme einer hinter baugestalterischen Anforderungen stehenden sozialstaatlichen Motivation offenbart sich nunmehr eine neue Hürde: Die Forderung des Sozialstaatsprinzips nach einer weitgehenden Ermöglichung faktischer Freiheit[1124] - ob durch Verwirklichung gesellschaftlicher Gleichheit oder unabhängig vom Bestehen sozialer Ungleichheiten - läßt eine Maßnahme nur dann als sozialstaatlich motiviert erscheinen, wenn sie auf die Sicherung oder Schaffung eines

---

staatlichen Weg zu sozialer Gerechtigkeit zu, berührt aber nicht die Frage, ob die Wohlstandsmehrung ein eigenständig neben dem Postulat sozialer Gleichheit stehender oder dieses Ziel ergänzender Auftrag des Sozialstaates ist.

1121 Siehe u.a. Ule, DVBl 1972, 437 (438).

1122 Michel, L., S. 185ff; Rauschning, VVDStRL 38, 168 (185f, 382).

1123 Zu dieser Diskussion siehe Michel, L., S. 185ff.

1124 Siehe nur Jarass/Pieroth - Jarass, Art. 20, Rn. 106.

Freiheitsbereichs gerichtet ist. Die sozialstaatlich motivierte Einschränkung von Freiheiten hat die Zielsetzung, dem einzelnen zu einem Freiheitsbereich zu verhelfen, der es ihm ermöglicht, seine Persönlichkeit zu entfalten.[1125] Mit der Verhinderung von vermutlich überwiegend ob ihrer ästhetischen Gestaltung Protest auslösenden Bauwerken, der Bindung des Bauherren an gemeindliche Gestaltungskonzepte oder anderen Baugestaltungsanforderungen wird kein Freiheitsbereich der Betrachter gesichert oder erweitert.

Selbst wenn auf diesen Aspekt verzichtet werden könnte, bleibt das Ziel, das neben dem Schutz des sozial Schwachen sozialstaatlich intendiert sein soll, näher zu bestimmen. Die Orientierung staatlichen Handelns am Gemeinwohl wäre als Staatsziel zu unpräzise.[1126] Eine nicht an sozialen Ungleichheiten orientierte Sozialstaatlichkeit bedarf daher anderer, konkreterer Maßstäbe. Zu diesen zählen zuvörderst die dem Grundgesetz selbst zu entnehmenden Kriterien, insbesondere die von der Ewigkeitsgarantie des Art. 79 III GG umfaßten Werte.[1127] Entsprechend sieht das BVerfG[1128] die Schaffung der Mindestvoraussetzungen für ein menschenwürdiges Dasein seiner Bürger als Aufgabe des Sozialstaates. Ein Zusammenhang dieser Zielsetzung mit den gesetzgeberischen Zielen baugestalterischer Reglementierung läßt sich allein wie folgt begründen: Der Mensch ist kein isoliertes, sondern ein gemeinschaftbezogenes und -gebundenen Individuum. Ein menschenwürdiges Dasein hängt daher von zwischenmenschlichen Interaktionen und damit auch von der sozialen Integrationsfähigkeit des Individuums ab; die Soziabilität des Menschen ist eine Grundbedingung für sein physisches und psychisches Leben.[1129] Eine bauliche Gestaltung der Umgebung, die von den dort Lebenden als ästhetisch befriedigend empfunden wird, kann möglicherweise diese Integration erleichtern. Gleiches gilt für die Bindung der Baugestaltung an gemeindlich entwickelte Gestaltungskonzepte.

4. Sozialstaatlichkeit als kollidierendes Verfassungsgut

Aus diesem vermittelten Zusammenhang zwischen bauästhetisch befriedigender Umgebung und dem sozialstaatlichen Prinzip die Forderung nach einer am Geschmack des Durchschnittsbetrachters oder anderen Gestaltungskonzepten orientierten Reglementierung der Baugestaltung abzuleiten, würde der hohen Abstraktionsstufe des Sozialstaatsprinzips nicht gerecht. Ein Verständnis des so-

1125 Maunz/Dürig/Herzog/Scholz - Herzog, Art. 20, VIII, Rn. 46ff.
1126 Katz, § 11, Rn. 214.
1127 AK - Kittner, Art. 20 I-III/IV, Rn. 27.
1128 BVerfG, 18.06.1975, E 40, 121 (133); BVerfG, 27.11.1973, E 36, 174 (188).
1129 Dreier - Gröschner, Art. 20 (Sozialstaat), Rn. 25f; Stern - Stern, III/1, S. 10f. Zum Integrationsaspekt siehe auch Looks, oben unter 1.

zialstaatlichen Ziels als Sicherung eines menschenwürdigen Daseins durch eine solche Förderung der sozialen Integrationsfähigkeit des Individuums bedeutet die Erhebung des Mehrheitsprinzips zum Sozialstaatspostulat. Dies wäre zugleich der Verzicht auf jede inhaltliche Begrenzung der sozialstaatlichen Zielsetzung. Die Idee der Freiheit hat mit den Grundrechten eine direkte Verbindung zwischen Verfassung und Individuum erfahren, die auch im Hinblick auf das Sozialstaatsprinzip konkretisierende gesetzliche Freiheitseinschränkungen zu beachten ist. Die gesamtverfassungsrechtliche Freiheitsentscheidung des Grundgesetzes deutet hin auf einen gewissen Vorrang der Freiheit gegenüber der Sozialstaatlichkeit.[1130] Soweit gesetzgeberische Zielsetzungen nicht auf den Ausgleich sozialer Ungleichheiten gerichtet sind, verliert sich die Zahl in diesem Sinne als sozialstaatlich motiviert zu bezeichnender Regelungsziele im Unendlichen. Es ist fast kein Gegenstand denkbar, der nicht das Wohl bestimmter Bevölkerungsgruppen zu fördern bestimmt ist und so als eine mit der Sozialstaatlichkeit verknüpfte Materie bezeichnet werden könnte. Diese Verknüpfung kann für die Begründung des Verfassungsrangs des Regelungsgegenstands nicht hinreichend sein, sonst wäre annähernd jeder Interessenkonflikt zugleich eine verfassungsrechtliche Kollisionslage, das Sozialstaatsprinzip Grundlage für eine generelle Beschränkung grundrechtlicher Freiheiten.[1131]

Das Sozialstaatsprinzip spielte bislang in der Rechtsprechung des BVerfG zur Rechtfertigung von Eingriffen in vorbehaltlos garantierte Grundrechte keine entscheidende Rolle. Das Gericht entschied mehrfach, daß das Prinzip nicht geeignet sei, Grundrechte ohne nähere Konkretisierung durch den Gesetzgeber, also unmittelbar, zu beschränken.[1132] Dies deutet darauf hin, daß die sozialstaatliche Rechtfertigung von Eingriffen jedenfalls nicht generell ausgeschlossen wird.[1133] Bestätigung findet diese Vermutung in einer weiteren Entscheidung des BVerfG, in der ein Eingriff in die Wissenschaftsfreiheit auch mit dem Sozialstaatsprinzip gerechtfertigt wurde.[1134] Vor dem Hintergrund seiner verschwommene Konturen

1130 Stern, I, S. 923f.

1131 Seybold, S. 132; Voßkuhle, BayVBl 1995, 613 (620). Zur parallelen Problematik der Heranziehung des Gemeinwohlvorbehaltes des Art. 14 GG zur verfassungsrechtlichen Rechtfertigung siehe oben unter G.

1132 BVerfG, 13.01.1982, E 59, 231 (263). Siehe auch BVerfG, 06.11.1979, E 52, 283 (298); BVerfG, 19.10.1983, E 65, 182 (193).

1133 Anders Isensee/Kirchhof - Bethge, § 137, Rn. 29 und Bamberger, S. 112ff, die BVerfG, 13.01.1982, E 59, 231 (263), verstehen als gänzliche Absage an die Eignung des Sozialstaatsprinzips, auch gesetzlich geregelte Eingriffe in vorbehaltlos garantierte Grundrechte zu legitimieren.

1134 BVerfG, 08.04.1981, E 57, 70 (99). Siehe auchVG Bremen, DÖV 1979, 300ff (Regelung, wonach personelle Angelegenheiten des Stadttheaters der Mitbestimmung unterliegen, sei Ausformung des Sozialstaatsprinzips).

kommt das Sozialstaatsprinzip nach verbreiteter Auffassung in der Literatur als kollidierendes Verfassungsrecht zur Grundrechtsbegrenzung allenfalls in extremen Ausnahmefällen in Betracht.[1135]

Gegen die beschränkte eingriffslegitimierende Wirkung kann auch nicht eingewandt werden, Grundlage für eine solche Legitimation sei ein Gesetz, so daß die mangelnde inhaltliche Präzision des Sozialstaatsprinzips von dem konkretisierenden Gesetz überlagert sei.[1136] Aus diesem Blickwinkel wird das Problem der Unbestimmtheit des sozialstaatlichen Gebots nur verlagert auf die Frage, ob das einfache Gesetz das grundgesetzliche Sozialstaatsgebot konkretisiert. Die hiergegen von Neumann[1137] geführte Argumentation, die Unbestimmtheit des Sozialstaatsprinzips mindere zwar den Grad der Verpflichtung des Gesetzgebers, nicht aber dessen Ermächtigung zur sozialen Gestaltung, ist bereits insoweit inkonsequent, als Neumann die Eignung des Sozialstaatsprinzips zur Einschränkung vorbehaltlos garantierter Grundrechte mit dem diesem Prinzip im Gegensatz zu Kompetenznormen innewohnenden Handlungsauftrag begründet. Soweit die gesetzliche Regelung einer Materie nicht einmal ihrem Grunde nach ein sozialstaatliches Gebot ist, kann das gesetzgeberische Tätigwerden dem Belang auch keinen Verfassungsrang verleihen.

Will man die Eignung des sozialstaatlichen Prinzips nicht gänzlich leugnen, einfachgesetzlichen Zielsetzungen, die nicht auf den Abbau sozialer Ungleichheiten, sondern auf die Lösung anderer Interessenkonflikte gerichtet sind, Verfassungsrang zu verleihen, besteht die Schwierigkeit, Maßstäbe zur Abgrenzung der Extreme zu finden, bei denen ausnahmsweise das Sozialstaatsprinzip als kollidierendes grundrechtsbegrenzendes Verfassungsrecht heranzuziehen ist. Wie genau dieser Maßstab auszusehen hat, kann in diesem Zusammenhang offen bleiben. Die ästhetisch befriedigende Gestaltung der Umwelt gehört nicht zu den unabdingbaren Grundvoraussetzungen eines menschenwürdigen Daseins. Sie ist keine unmittelbare Forderung des sozialstaatlichen Prinzips, sondern berührt dieses allenfalls peripher. Die Umweltgestaltung hat zweifellos Einfluß auf die soziale Integrationsfähigkeit des Individuums; der ästhetischen Dimension der Gestal-

---

1135 Maunz/Dürig/Herzog/Scholz - Herzog, Art. 20, VIII, Rn. 45; AK - Kittner, Art. 20 I-III/IV, Rn. 56 (als Grundrechtsschranke nur im Hinblick auf den Abbau sozialer Ungleichheiten); ähnlich Mick, S. 98f ; Seybold, S. 131f; Uhle, JuS 1996, 96 (99). Seine Eignung als verfassungsimmanente Schranke gänzlich ablehnend Sachs, JuS 1995, 984 (987); Stern - Sachs, III/2, 577f m.w.N.; Waechter, Der Staat 1991, 19 (31); Steiner, VVDStRL 42, 7 (34, zu Art. 5 III 1 GG); Isensee/Kirchhof - Bethge, § 137, Rn. 29; Bamberger, S. 112ff; offensichtlich auch Merten, VSSR 1995, 155 (160).

1136 So aber Neumann, DVBl 1997, 92 (98).

1137 Neumann, DVBl 1997, 92 (98).

tung kommt, verglichen mit funktionalen Aspekten, dabei aber nur eine untergeordnete Rolle zu. Die ästhetische Umweltgestaltung ist kein herausragendes Bedürfnis, das ausnahmsweise als sozialstaatlicher Belang vorbehaltlos garantierte Freiheiten einschränken könnte.

Dies bekräftigt die mit der entgegengesetzten These verbundene Verpflichtung des Gesetzgebers, eine am bauästhetischen Geschmack der Mehrheit orientierte bauliche Umwelt zu gewährleisten oder bindende Baugestaltungskonzepte zu entwickeln. Nur jene einfachgesetzliche Regelungsmaterie kann als Konkretisierung des sozialstaatlichen Prinzips gelten und damit durch verfassungsimmanente Schranken gerechtfertigt sein, die zu regeln der Gesetzgeber kraft sozialstaatlicher Zielbestimmmung verpflichtet wäre. Daß sich der Gesetzgeber bei einem Fehlen baugestalterischer Normen im Hinblick auf die Sozialstaatsklausel einer verfassungswidrigen Unterlassung schuldig machen würde, läßt sich indes nicht behaupten. Die ästhetisch befriedigende Gestaltung der baulichen Umwelt mag ein mit dem Sozialstaatsprinzip in Verbindung zu bringender Belang sein, ein entsprechender grundrechtsbegrenzender Normgehalt kann der Sozialstaatsklausel hingegen nicht entnommen werden. Das Sozialstaatsprinzip kann den Eingriff in die Kunstfreiheit des Bauherrn und Architekten somit nicht legitimieren.[1138]

K. Das Kulturstaatsprinzip

Seybold, Mick und Knies sehen in der Kulturstaatlichkeit einen Verfassungswert, der, konkretisiert durch Baugestaltungsrecht, Eingriffe in die Baukunstfreiheit verfassungsrechtlich rechtfertigt. Im folgenden ist zu untersuchen, ob und mit welchem Inhalt ein verfassungsrechtlicher Kulturauftrag dem Grundgesetz zu entnehmen ist, und in welcher Beziehung ein solcher Kulturauftrag zu baugestaltungsrechtlichen Beschränkungen steht.

I. Inhalt und Grenzen eines verfassungsrechtlichen Kulturauftrags

Der grundgesetzliche Verfassungsstaat ist nach verbreiteter Auffassung in Literatur und Rechtsprechung Kulturstaat im Sinne von Staatszielbestimmung und Verfassungsauftrag.[1139] Dieser Befund wird abgeleitet aus der historischen Entwicklung, einem traditionellen kulturstaatlichen Selbstverständnis der Bundesre-

1138 Seybold, S. 132; Voßkuhle, BayVBl 1995, 613 (620).

1139 BVerfG, 29.11.1989, E 81, 108 (116); BVerfG, 05.03.1974, E 36, 321 (331); BVerfG, 29.05.1973, E 35, 79 (114); Maunz/Dürig/Herzog/Scholz - Scholz, Art. 5 III, Rn. 8; Sachs - Bethge, Art. 5, Rn. 199a; Zoller, S. 106f; Seybold, S. 68, 71, 134; Mick, S. 101ff; siehe auch Simon, Art. 11, Rn. 1.

publik[1140], den in manchen Landesverfassungen enthaltenen kulturellen Schutz- und Förderpflichten, den Kompetenzzuweisungen in Art. 74 Nr. 5 und Nr. 18 GG[1141] und kunstbezogen[1142] vor allem aus Art. 142 Satz 2 WRV, der Modellcharakter für Art. 5 III 1 GG gehabt habe.[1143]

Verfassungsrechtlich determinierte Kulturstaatlichkeit kann nur als zusammenfassende Beschreibung des sich aus der Verfassung selbst ergebenen Bestandes verstanden werden.[1144] Art. 5 III 1 GG wird dabei eine zentrale Stellung im System der grundgesetzlichen Kulturverfassung zugewiesen.[1145] Diese Normbezogenheit der Kulturstaatlichkeit ermöglicht es, in diesem Zusammenhang von einer grundsätzlichen Auseinandersetzung zum verfassungsrechtlichen Kulturauftrag abzusehen und das Interesse auf kunstbezogene kulturstaatliche Verpflichtungen aus Art. 5 III 1 GG zu konzentrieren. Zentrale Frage ist somit nicht, ob tatsächlich eine Staatszielbestimmung „Kulturstaat" besteht, sondern ob das Grundgesetz im Hinblick auf die Kunst entsprechende Staatsaufgaben festsetzt.

Schon der entpersonalisierte Wortlaut des Art. 5 III 1 GG deutet auf einen Schutz des Kulturbereichs Kunst hin.[1146] Als objektive Wertentscheidung für die Freiheit der Kunst ist Art. 5 III 1 GG die das Verhältnis des Lebensbereichs Kunst zum Staat regelnde Grundsatznorm.[1147] Nach Rechtsprechung des BVerfG und herrschender Auffassung in der Literatur ist Art. 5 III 1 GG die kulturstaatliche Aufgabe zu entnehmen, ein freiheitliches Kunstleben zu erhalten und zu för-

---

1140 Heckel, S. 127; Erbel, S. 175; ähnlich Knies, S. 212f. Bereits gegen die Prämisse einer solchen Tradition Geis, S. 120ff. Verstanden als den Staat verpflichtender immanenter Verfassungswert, leidet ein auf diese Weise konstruierter Kulturauftrag darüber hinaus am Fehlen einer verfassungstextlichen Anknüpfung.

1141 Mick, S. 103f.

1142 Andere Autoren verstehen Art. 5 III 1 GG als kulturelles Hauptgrundrecht und begründen daraus einen staatlichen Auftrag zur Pflege auch der über Wissenschaft und Kunst hinausgehenden Kultur, siehe dazu Benda/Maihofer/Vogel - Maihofer, § 25, Rn. 4f; ähnlich Maunz/Dürig/Herzog/Scholz - Scholz, Art. 5 III, Rn. 8. Ein umfassender staatlicher Kulturauftrag läßt sich indes Art. 5 III 1 GG nicht entnehmen. Die Begriffe Kunst und Kultur sind nicht synonym zu gebrauchen. Art. 5 III 1 GG schützt die Freiheit von Kunst und Wissenschaft, nicht die der Kultur allgemein, und kann daher nicht als allgemeine grundgesetzliche Kulturstaatsbestimmung verstanden werden, Steiner, VVDStRL 42, 7 (13f); Geis, S. 233f.

1143 Knies, S. 184.

1144 v. Mangoldt/Klein/Starck - Starck, Art. 5 III, Rn. 271.

1145 Maunz/Dürig/Herzog/Scholz - Scholz, Art. 5 III, Rn. 7f; Hempel, S. 59.

1146 Knies, S. 177, 191f.

1147 BVerfG, 24.02.1971, E 30, 173 (188); BVerfG, 17.07.1984, E 67, 213 (224); Häberle, AöR 1985, 577 (607); Sachs - Bethge, Art. 5, Rn. 199a; Hempel, S. 57; Hufen, NVwZ 1983, 516 (519).

dern.[1148] Daraus leite sich die Ermächtigung und Verpflichtung des Staates zum Schutz und zur positiven Pflege von Kunst ab.[1149] Nach anderer Auffassung ist die Kulturaufgabe des Staates nur staatstheoretischer Natur[1150], verfassungsrechtlich bestehe eine solche Pflicht weder allgemein noch hinsichtlich des Kunstbereiches.[1151] Als verfassungsimmanente Schranke kommt die kunstbezogene Kulturstaatlichkeit nur in Betracht, wenn sie eine staatliche Aufgabe im Sinne einer Verpflichtung des Staates zur Kunstförderung und nicht nur ein nach staatlichem Selbstverständnis bestehender selbstdefinierter Kulturauftrag ist. Dennoch soll zunächst eine kulturstaatliche Aufgabe als verfassungsrechtlich determiniert unterstellt werden und das Augenmerk auf Inhalt und Grenzen einer solchen Verpflichtung gelegt werden.

Die Kulturstaatlichkeit wäre ungeeignet, in Konkretisierung durch Baugestaltungsrecht der Kunstfreiheit des Bauherren und Architekten entgegengesetzt zu werden, wenn sie den Staat allein zum Wohle des Künstlers verpflichten würde. Der objektive Gehalt von Art. 5 III 1 GG umfaßt indes Schutz und Pflege der Kunst nicht allein im Hinblick auf die Bedeutung des schöpferischen Prozesses für den Urheber selbst. Im Zentrum kulturstaatlicher Tätigkeit hat auch der konsumptive Nutzer zu stehen. Auf der einen Seite hat der Kulturstaat Kunst schaffende Aktivitäten zu fördern, auf der anderen Seite ist der objektivrechtliche[1152] Teilhabeaspekt im Rahmen von Art. 5 III 1 GG auf die Förderung des freien Zugangs zur Kunst für alle gerichtet.[1153] Diese partizipatorische Komponente erschöpft sich nicht auf die Teilhabe am Vorhandenen, sondern ist wiederum auf die aktive Förderung des künstlerischen Schaffens gerichtet. Wo sich kulturelle Produktivität etwa aufgrund ökonomischer Zwänge nicht von selbst vollzieht, findet der Kulturstaat Anlaß zum Tätigwerden. Kulturstaatliches Enga-

1148 BVerfG, 05.03.1974, E 36, 321 (331); BVerfG, 29.11.1989, E 81, 108 (116); Häberle, AöR 1985, 577 (607); Erbel, S. 101, 174f; Dreier - Pernice, Art. 5 III, Rn. 15, 43; Sachs - Bethge, Art. 5, Rn. 199a; Isensee/Kirchhof - Denninger, § 146, Rn. 25, 27ff; Hempel, S. 57.

1149 Maunz/Dürig/Herzog/Scholz - Scholz, Art. 5 III, Rn. 5f, 16, 40.

1150 Zur staatstheoretischen Herleitung eines staatlichen Kulturauftrages siehe Roellecke, DÖV 1983, 653ff.

1151 Steiner, VVdStRL 42, 7 (80, Thesen 6, 7); kritisch auch Heuer, S. 95ff, 104ff.

1152 Zur subjektivrechtlichen Ausdehnung des Gewährleistungsbereiches auf die Kunstrezipenten siehe oben unter A. 1.

1153 BVerfG, 07.07.1971, E 31, 229 (230, ohne verfassungstextliche Anknüpfung); Häberle, AöR 1985, 577 (609); Benda/Maihofer/Vogel - Maihofer, § 25, Rn. 88ff; Seybold, S. 69, 71ff; Knies, S. 205f. Ähnlich Isensee/Kirchhof - Steiner, § 86, Rn. 6, der beide Aspekte dem Überschneidungsfeld sozial- und kulturstaatlicher Politik zuordnet. Mick, S. 78, 103, betont hingegen den Wert der Kultur als Gemeinschaftsgut und versteht den kulturstaatlichen Auftrag weiter als die Schaffung und Förderung eines freiheitlichen Kulturlebens.

gement ist insbesondere dort geboten, wo ansonsten keine Kultur stattfinden würde.[1154]

Die Kulturstaatlichkeit kommt vornehmlich in den kulturellen Freiheitsrechten des einzelnen zum Ausdruck, so daß die Grenzen kulturstaatlicher Tätigkeit besonders eng im empfindlichen Bereich der in Art. 5 III 1 GG garantierten Kunst gezogen sind.[1155] Soll eine staatliche Verpflichtung auf der objektiven Wertentscheidung des Art. 5 III 1 GG für die Freiheit der Kunst basieren, kann sie nicht gegen den subjektivrechtlichen Gehalt des Art. 5 III 1 GG gerichtet sein.[1156] Aus der Bedeutung der kulturellen Grundrechte als Abwehrrechte folgt demnach die kulturstaatliche Pflicht zu kulturpolitischer Neutralität und Toleranz. Die kulturstaatliche Verpflichtung zur Förderung und positiven Pflege von Kunst schließt nach allgemeiner Auffassung die Achtung ihrer Autonomie, immanenten Eigengesetzlichkeit und Pluralität ein. Staatliche Identifikation und jegliche Ingerenz öffentlicher Gewalt ist dem Kulturstaat verwehrt. Er hat auf jeden Künste inhaltlich bestimmenden Dirigismus zu verzichten, unabhängig davon, ob sein Werturteil stilistisch, ästhetisch, weltanschaulich, ideologisch oder politisch bedingt ist.[1157] Dies beinhaltet ebenso ein Verbot, die Kunstfreiheit für staatliche Zwecke zu instrumentalisieren. So kann Kunst zwar Integration bewirken[1158], sie darf ihr jedoch nicht als Zweck vorgegeben werden.[1159] Das Neutralitätsgebot ergibt sich zudem bereits aus dem Wesen von Kunst. Nach heutigem Kulturverständnis setzt Kunst Autonomie voraus. Kunst ist als Werk der Freiheit des Menschen nicht mit politisch-administrativen Mitteln machbar, sondern entsteht aus sich selbst, nach ihr immanenten, dem Wandel der Zeit unterworfen Regeln. Jedes staatliche Kunstrichtertum kann daher Kunst hemmen und verhindern, nicht aber erschaffen. Der moderne Staat kann Kunst fördern, ihr aber nicht die Werte ihres Schaffens vermitteln. In der Zeit ihrer Entstehung kann Kunst am allerwenigsten daraufhin beurteilt werden, ob von ihr ein bleibender Impuls ausge-

---

1154 Benda/Maihofer/Vogel - Maihofer, § 25, Rn. 92, 95; Seybold, S. 69ff; Knies, S. 205; Mick, S. 105f (das Bekenntnis des Staates zur Autonomie der Kultur beinhalte ein Bekenntnis zum Schutz der Kultur soweit deren Inhalt und Grenzen durch ökonomische Rentabilitätskriterien bestimmt zu werden drohen).

1155 Benda/Maihofer/Vogel - Maihofer, § 25, Rn. 81f.

1156 Zur Bestimmung des objektiven Gehalts in enger Anlehnung an den subjektiven Gehalt von Art. 5 III 1 GG siehe auch Häberle, AöR 1985, 577 (607); Heuer, S. 74.

1157 BVerfG, 24.02.1971, E 30, 173 (190); BGH, 03.06.1975, NJW 1975, 1882 (1884); OVG Lüneburg, 27.05.1982, NJW 1983, 1218; Benda/Maihofer/Vogel - Maihofer, § 25, Rn. 83ff; Maunz/Dürig/Herzog/Scholz - Scholz, Art. 5 III, Rn. 8, 38; Isensee/Kirchhof - Steiner, § 86, Rn. 9; Hufen. S. 180ff; Hufen, NVwZ 1983, 516 (519); Seybold, S. 69ff, 72ff; Knies, S. 205; Mick, S. 105f.

1158 Häberle, AöR 1985, 577 (591, 602).

1159 Dreier - Pernice, Art. 5 III, Rn. 16; Heuer, S. 83.

hen wird, so daß wertende Eingriffe in den Entstehungsprozeß von Kunst nicht kulturstaatlich zu begründen sind.[1160]

Nur förderungspolitisch, bzw. im Bereich aktiver staatlicher Kulturgestaltung wird begrenzt eine qualitative Differenzierung zwischen Kunst und Nichtkunst für zulässig erachtet.[1161] Doch selbst hier sind die Grundsätze der Eigengesetzlichkeit, Autonomie und Pluralität der Kunst sowie das Prinzip staatlicher Neutralität zu beachten.[1162] Es ist somit zu unterscheiden zwischen der Förderung der Kunst, die eine qualitative Bewertung grundsätzlich zuläßt, und dem status libertatis, der einer qualitativen schrankenbezogenen Differenzierung unzugänglich ist.[1163]

2. Kulturstaatliche Baugestaltungsmacht

a) Kulturstaatliche Aufgabe der Baupflege nach Seybold, Mick und Knies

Ausgehend von diesem Verständnis vom Gehalt des verfassungsrechtlichen Kulturauftrages, begründen Seybold, Mick und Knies auf unterschiedlichen Wegen eine kulturstaatliche Rechtfertigung staatlicher Beeinträchtigungen künstlerischer Baugestaltungsfreiheit.

Nach Seybold und Mick findet in ästhetisch motivierten Baubeschränkungen eine aus der allgemeinen Kulturgestaltungsmacht des Staates fließende Baugestaltungsmacht ihren Ausdruck, die sich zum einen aus der Bedeutung der Baukunst für das Gemeinwesen ergebe und zum anderen aus dem Bedürfnis der Bevölkerung nach kultureller Daseinsvorsorge, das als leistungsrechtlicher Aspekt von Art. 5 III 1 GG in Erscheinung trete.[1164] Die Bedeutung für das Gemeinwesen zeige sich bereits darin, daß sich Äußerungen staatlicher Repräsen-

---

1160 Benda/Maihofer/Vogel - Maihofer, § 25, Rn. 84.

1161 Knies, S. 224ff; Maunz/Dürig/Herzog/Scholz - Scholz, Art. 5 III, Rn. 8, 40, 79; v. Mangoldt/Klein/Starck - Starck, Art. 5 III, Rn. 294; Dreier - Pernice, Art. 5 III, Rn. 44f m.w.N.; Berka/Häberle/Heuer/Lerche - Lerche, S. 1 (8f); Häberle, AöR 1985, 577 (611); Isensee/Kirchhof - Steiner, § 86, Rn. 11f (nach seinem Verständnis nicht als grundgesetzlich gefordert sondern zulässig); Isensee/Kirchhof - Denninger, § 146, Rn. 34f; Hempel, S. 58; Erbel, S. 177; Zoller, S. 107; Knies, S. 214 mit Fn. 180, 224ff, 221. Ablehnend Hufen, S. 183. Gegen qualitative Unterscheidungen auch im Förderbereich Geis, S. 247ff. Zur tatsächlichen Förderung von Baukunst und Kunst am Bau siehe Chiavi, STZ 1996, 55ff.

1162 Maunz/Dürig/Herzog/Scholz - Scholz, Art. 5 III, Rn. 40, 79. Zu den Grenzen siehe insbesondere Hufen, S. 117, 182f.

1163 Ausdrücklich auch Knies, S. 214 mit Fn. 180, 224ff, 221.

1164 Seybold, S. 75ff, hinsichtlich der Gemeinschaftsbezogenheit auch Mick, S. 84ff, 107f.

tanten oft einer der Baukunst entlehnten Phraseologie bedienten.[1165] Bauwerke ließen den überindividuellen Zusammenhang von Ensemble, Straße, Ort und Landschaft nie unberührt, Baukultur habe ein hohes Maß sozialer Außenwirkung. Zur Vermeidung amorpher Stadtbilder und baugestalterischer Anarchie sei ein kultureller Konsens nötigenfalls vorzugeben.[1166] Baukunst fördere die Entstehung von Öffentlichkeit, die für das demokratische Gemeinwesen unerläßlich ist, und habe so Einfluß auf die Bildung einer urbanen Gemeinschaft, in welcher der Einzelne bereit ist, sich in der Begegnung mit anderen mit diesen und ihren Ideen auseinanderzusetzen. Die bauliche Umgebung habe nur dann als Basis und Rahmen für Gemeinschaftsbewußtsein integrierende Wirkung, könne nur dann öffentliche Identität von Menschen fördern, wenn sie nicht von Funktionsgerechtigkeit beherrscht, sondern als ansprechend empfunden werde. Die künstlerische Baugestaltung sei unentbehrliche Voraussetzung für die demokratische Gesellschaft.[1167] Die Erwerbskultur dränge mit ihrem Rentabilitätsprinzip das bauästhetische Niveau auf ein Minimum zurück und lasse dem Staat Kulturgestaltungsmacht erwachsen, die baukulturellen Defizite bzw. den Ausfall der Baukultur zu beheben, um dem Bedürfnis der Bevölkerung nach kultureller Daseinsvorsorge in diesem Bereich gerecht zu werden.

Mick verweist daneben auf ein Bedürfnis des Staates nach kultureller Selbstdarstellung, was eine Einbeziehung der überall wahrnehmbaren Baukultur in die Selbstdarstellung des Staates legitimiere.[1168] Aus der grundgesetzlichen Kulturstaatlichkeit erwüchsen Auftrag und Ermächtigung des Staates zu kultureller Förderung und positiver, aktiver Pflege der Bauästhetik. Dies umfasse auch die Berechtigung zu Eingriffen auf dem Gebiet der Bauästhetik, die nur durch den Grundsatz der Verhältnismäßigkeit begrenzt sei.[1169]

Während Seybold seine Argumentation auf die Bedeutung der Baukultur für die Allgemeinheit beschränkt, verdeutlicht Mick das Spannungsverhältnis zwischen der vom Kulturstaat zu achtenden kulturellen Autonomie und der von Mick für zulässig erachteten staatlichen Ingerenz. Zwar werde das Verhältnis des Staates zur Kultur vornehmlich durch Autonomie und Pluralität bestimmt - auch Baukultur sei nicht mit politisch-administrativen Mitteln zu erzeugen[1170] - der Einfluß auf die Stadtgestalt mache Baukunst aber eher zur Sache der Allgemeinheit als der des Individuums. Das Spannungsverhältnis zwischen Öffentlichkeits-

---

1165 Seybold, S. 75, „Grundmauern, Fundament, Pfeiler des Staates, Staatsaufbau“.
1166 Mick, S. 84ff.
1167 Seybold, S. 75f.
1168 Mick, S. 104. Aus seinen Ausführungen geht nicht hervor, daß er diese Legitimität auf die Selbstdarstellung mittels eigener Bauwerke beschränkt wissen will.
1169 Seybold, S. 134, 77.
1170 Mick, S. 84.

bezug der Baukultur und kultureller Autonomie sei zugunsten der Zulässigkeit und Erforderlichkeit staatlicher Ingerenz zu lösen. Die Prinzipien Neutralität und Nichtidentifikation hätten zurückzutreten.[1171]

Knies gelangt ohne Abwägung baukultureller Belange mit dem Neutralitätsgebot zu einem aus der kulturstaatlichen Aufgabe der Baupflege resultierenden Baugestaltungsanspruch des Staates, der individuelle baukünstlerische Gestaltungsfreiheit beschränken könne. Das qualitative Definitions- und Differenzierungsverbot ist nach Knies durch relative, auf die Umgebung und das Orts- und Straßenbild bezogene Verunstaltungsverbote nicht verletzt, denn höchste Baukunst genieße unter diesen Anforderungen keine Vorzugsstellung - die Umgebung dürfe weder durch das Bauwerk eines berühmten Architekten, noch durch eine Mietskaserne gesprengt werden. Alle Bauvorhaben seien von relativen Verunstaltungsverboten prinzipiell gleich betroffen, die Norm differenziere gerade nicht nach Qualität. Zwar sei das wirkliche Baukunstwerk häufig besser gestellt, doch liege das in der Natur der Sache, da von solchen Gebäuden wegen ihrer ästhetischen Qualität in der Regel keine verunstaltende Wirkung ausgehe.[1172] Diese Begründung läßt darauf schließen, daß Knies ausschließlich relative, also auf die Umgebung bezogene Verunstaltungsverbote für kulturstaatlich legitimiert erachtet.

b) Diskussion

Bedenken gegen eine kulturstaatliche Legitimation von Baugestaltungsbeschränkungen gründen nicht nur im fraglichen kulturellen Bezug ästhetischer Belange, sondern vornehmlich darin, daß der aus der Freiheitsgarantie der Kunst in Art. 5 III 1 GG abgeleitete Kulturauftrag des Staates zugleich als Schranke der individuellen Kunstfreiheit fungieren können soll. Ob die Kulturstaatlichkeit als Staatsziel geeignet ist, die Beschränkung kultureller Freiheiten zu legitimieren, ist in Rechtsprechung und rechtswissenschaftlicher Literatur so gut wie nicht angesprochen, da der Kulturstaat fast ausschließlich unter Förderungs- und Leistungsaspekten und damit als Modalität des Freiheitsschutzes thematisiert wird. Auch der aus Art. 5 III 1 GG für den Bereich der Kunst abgeleitete Kulturauftrag wird vom BVerfG mit der Erhaltung und Förderung eines freiheitlichen Kunstlebens umschrieben.[1173] Ein so verstandener Kulturauftrag macht jedenfalls die nicht auf die Erhaltung anderer kultureller Freiheiten gerichtete kulturstaatliche Einschränkung künstlerischer Freiheit wenn nicht gar zu einem Absurdum, so doch in hohem Maße begründungsbedürftig. Schutz und Förderung der Kunst-

1171 Mick, S. 84ff, 106ff.
1172 Knies, S. 227ff.
1173 BVerfG, 05.03.1974, E 36, 321 (331); BVerfG, 29.11.1989, E 81, 108 (116).

freiheit meint in erster Linie die Ermöglichung der Freiheit und nicht ihre Einschränkung.[1174]

Die bauästhetisch motivierte Beschränkung der Kunstfreiheit ist nicht gleichzusetzen mit der Förderung von Kunst. Ästhetik und Kunst sind zwei voneinander zu unterscheidende Kategorien. Ein Künstler kann einen ästhetischen Anspruch haben, Kunst ist aber nicht zwangsläufig auch ästhetisch. Schönheit ist weder ein Qualitätsmerkmal von Kunst, noch ein kunstbegründendes Merkmal.[1175] Baugestalterische Einschränkungen dienen daher in aller Regel nicht der Förderung von Kunst. Gleiches ergibt sich daraus, daß Kunst wesensmäßig Autonomie voraussetzt. Staatliche Vorgaben an dic Gestaltung baulicher Anlagen können keine Kunst hervorbringen.

Ist kulturstaatliches Ziel die Erhaltung der Pluralität, kann Kulturstaatlichkeit nicht herangezogen werden, um den Zwang zu einer gewissen ästhetischen Harmonie mittels Verbot des Andersartigen zu legitimieren.

Schließlich kann auch der Aspekt der Teilhabe, der Kulturpflege um des konsumptiven Nutzers willen, entgegen der Ansicht von Seybold[1176] keine bauästhetischen Vorgaben legitimieren. Die partizipatorische Komponente ist auf Förderung kulturellen Schaffens gerichtet, mit baugestalterischen Vorgaben an Baukunstwerk wird aber kein ungedeckter Bedarf der Rezipienten an baukulturellen Angeboten befriedigt, sondern vielmehr eine Form von Kunst durch eine andere ausgetauscht. Die Ausfüllung von Nichtkultur kann hierin nur gesehen werden, wenn entgegen dem Verbot qualitativer Differenzierung verunstaltete Bauwerke als Nichtkunst zu verstehen wären. Kulturstaatliches kunstkonsumentenbezogenes Handeln wäre, ungeachtet dessen Zulässigkeit, thematisch gegeben bei Vorschriften, die einen gewissen Teil der Bausumme zur zweckfreien Verwendung für künstlerische Elemente bestimmten. Ebenso vom Regelungszusammenhang dem Kulturstaatlichen zuzuordnen wären Vorschriften, die eine größere Pluralität der Baukultur bezwecken würden, also anders als Verbote aus dem Rahmen fallender Gestaltungen, gerade diese fördern würden. Normen aber, die baukünstlerische Anlagen verhindern sollen, die mehrheitlich als verunstaltet empfunden werden, dienen nicht der kulturkonsumptiven Daseinsvorsorge.

Durchgreifende Bedenken gegen eine kulturstaatliche Legitimation bauästhetischer Normen ergeben sich darüber hinaus aus dem Gebot staatlicher Neutralität.[1177] Öffentliche Kulturverantwortung darf nicht in einer Form wahrgenommen

---

1174 Manssen, S. 180; siehe auch Grimm, VVDStRL 42, 46 (66f).

1175 Manssen, S. 181. Siehe dazu oben unter I. A.

1176 Seybold, S. 77.

1177 Bedenken auch bei Voßkuhle, BayVBl 1995, 613 (620); Würkner, DÖV 1992, 150 (153); Schütz, JuS 1996, 498 (505, Fn. 102); Manssen, S. 181f; eingeschränkt Bull, S. 456.

werden, die bestimmte Künste aus qualitativen Gründen verhindert. Ein kulturpolitisches Diktat liegt auch dann vor, wenn Bauwerke am Durchschnittsgeschmack in der Gesellschaft zu orientieren sind. Zwar ist es hier primär ein gesellschaftlicher Konsens, der über die Zulässigkeit eines Bauwerkes entscheidet, der Staat bedient sich jedoch dieser Ansichten und eignet sich diese an.

Entgegen der Auffassung von Knies[1178] liegt eine qualitative Differenzierung nicht nur bei umgebungsunabhängigen Verunstaltungsverboten vor. Werden Baugestaltungen verboten, die nach dem Empfinden des Durchschnittsmenschen die Umgebung verunstalten, kann das zwar das Bauvorhaben eines berühmten Architekten ebenso treffen wie eine Mietskaserne. Das heißt, ob das Bauwerk isoliert betrachtet als häßlich empfunden wird, ist zumindest theoretisch unerheblich. Dennoch besteht auch hier ein qualitativ bewertender Maßstab. Ob sich ein Bauwerk in die Umgebung einfügt oder diese verunstaltet, kann nur aufgrund eines ästhetischen Urteils entschieden werden. Gegenstand der Betrachtung ist bei relativen im Gegensatz zu absoluten Verunstaltungsverboten die Umgebung und nicht die in Frage stehende Anlage selbst. Der qualitative, zwischen verschiedenen schöpferischen Gestaltungsmöglichkeiten wertend differenzierende Beurteilungsmaßstab ist hingegen bei objekt- und umgebungsorientierten Anforderungen derselbe. Zu einem anderen Befund kommt nur, wer das Differenzierungsverbot auf das Objekt selbst beschränkt versteht. Die Umgebung verunstaltende Kunst kann für sich genommen auch „hohe“ Baukunst sein, so daß ein Verbot nach dieser Interpretation nicht unzulässig unterscheidet. Auf ein solches Verständnis deutet die Bemerkung von Knies[1179] hin, vor relativen Verunstaltungsverboten werde auch die höchste Baukunst nicht bevorzugt. Daß unmittelbar objektbezogen zumindest theoretisch keine Differenzierung zwischen „hoher“ und „geringer“ Kunst erfolgt, kann aber nicht darüber hinwegtäuschen, daß ein Geschmacksurteil über die optische Wirkung eines Kunstwerkes und damit über das Kunstwerk selbst getroffen wird. Das Urteil über umgebungsbezogene Verunstaltungen durch Bauwerke erscheint nur dann objektiv, wenn man von einer vorgegebenen Unterscheidbarkeit zwischen hoher und geringer Baukunst ausgeht und nur diese Unterscheidung als kulturstaatlich unzulässig erachtet. Doch ist zum einen die Unterscheidung hoher von geringer Kunst objektiv nicht möglich, sondern subjektiv begründet. Zum anderen ist ein qualitatives Urteil nicht ausschließlich dann gegeben, wenn eine Differenzierung zwischen hoher und geringer Kunst erfolgt, vielmehr ist jedes staatliche Werturteil unzulässig, unabhängig davon, ob es stilistisch, ästhetisch, ideologisch oder politisch bedingt ist.

1178 Knies, S. 227ff; siehe auch PrOVG, 02.03.1922, E 77, 460 (463f).
1179 Knies, S. 229.

Auch die Integrationsfunktion konsensual als befriedigend empfundener Baukunst kann dem Neutralitätsgebot, entgegen der Auffassung von Mick[1180], nicht entgegengesetzt werden. Aus dem Neutralitätsgebot folgt ein Verbot, die Kunstfreiheit zu instrumentalisieren. Damit darf der Staat künstlerische Mittel zur Selbstdarstellung einsetzen, er darf sein politisches Selbstverständnis in der Architektur seiner Bauten ausdrücken[1181], nicht aber die kulturelle Freiheit seiner Bürger zu diesem Zwecke instrumentalisieren. Zudem ist der von Seybold[1182] herangezogene Integrationsaspekt, wonach der mittels Baukunst geschaffenen Öffentlichkeit Einfluß auf die Bildung einer Gemeinschaft zukomme, in welcher der einzelne bereit sei, sich in der Begegnung mit anderen mit diesen und ihren Ideen auseinanderzusetzen, zweifelhaft. Soll Baukunst eine Auseinandersetzung mit den Mitmenschen ermöglichen, muß sie authentisch sein. Je mehr die Gestaltung privater Bauwerken staatlich reglementiert ist, desto weniger ist in ihnen der Bauherr oder Bewohner zu erkennen.

Entgegen der Ansicht von Mick und Seybold[1183] besteht kein Spannungsverhältnis zwischen öffentlicher Kulturverantwortung und dem Autonomiebedarf der Kultur. Ein solches Spannungsverhältnis kann allenfalls im Bereich öffentlicher Kulturförderung und -pflege entstehen, nicht aber bei kulturstaatlich zu legitimierenden Eingriffen in die Kunstfreiheit. Kulturstaatlichkeit bezieht sich gerade nicht auf eine qualitativ zu bestimmende Kultur. Gegenstand des staatlichen Kulturauftrages kann die Förderung und positive Pflege der Pluralität der Kunst sein, nicht aber die Erringung eines bestimmten Niveaus künstlerischer Baugestaltung unter Verhinderung unliebsamer Kunst. Ist aber öffentliche Kulturverantwortung schon nicht auf eine Hebung der Baukultur gerichtet, besteht auch kein Abwägungsverhältnis zwischen Staatsziel und kultureller Autonomie. Der Eingriff in die Kunstfreiheit von Bauherren und Architekten durch baugestalterische Anforderungen ist nicht kulturstaatlich legitimiert.

1180 Mick, S. 104. Zur unzulässigen Funktionalisierung der Kunstfreiheit siehe Hufen, S. 99ff.

1181 Isensee/Kirchhof - Steiner, § 86, Rn. 9.

1182 Seybold, S. 75f.

1183 Mick, S. 84ff, 106ff. Seybold benennt dieses Spannungsverhältnis nicht ausdrücklich, sein Verständnis von Kulturstaatlichkeit ist aber mit seiner Argumentation zur kulturstaatlichen Legitimation baugestalterischer Eingriffe nur vereinbar, wenn er zugleich eine Abwägung zwischen kulturstaatlicher Neutralität und dem von ihm vertretenen Bedürfnis nach baukultureller Regulierung für zulässig erachtet.

L. Kulturstaatliche Legitimation baugestalterischer Anforderungen zum Schutz von Baudenkmalen

Baurechtliche, in die individuelle Kunstfreiheit eingreifende ästhetische Anforderungen können, wie festgestellt, nicht kulturstaatlich legitimiert werden. Das gilt sowohl für Verunstaltungsverbote als auch für besondere, eine bestimmte Gestaltung beabsichtigende Anforderungen. Denkmalschutz ist nicht auf ästhetisches Wohlgefallen, sondern auf den Erhalt besonderer Zeugnisse der Geschichte gerichtet. Diesem Schutzzweck sind auch Anforderungen an das Erscheinungsbild des Denkmals zugeordnet. Der Veränderung eines Baudenkmals dürfen, soweit die Veränderung nicht durch ein überwiegendes öffentliches Interesse geboten ist, Gründe des Denkmalschutzes nicht entgegenstehen. Auch Anlagen in der engeren Umgebung von Baudenkmälern[1184] unterliegen hinsichtlich ihrer Wirkung auf das Erscheinungsbild des Schutzobjektes denkmalschutzrechtlichen Anforderungen.[1185] Aufgrund der Besonderheiten des Denkmalschutzes im Vergleich zu baugestalterischen Anforderungen im eigentlichen Sinne - der Erhalt vorhandener Substanz und die nicht primär ästhetische Schutzmotivation - könnten Einschränkungen der Baukunstfreiheit hinsichtlich der denkmalgeschützten Anlage selbst, aber auch im Hinblick auf baukünstlerische Vorhaben in der unmittelbaren Nachbarschaft eines Denkmals kulturstaatlich gerechtfertigt sein.

1. Denkmalschutz als kulturstaatliche Kunstpflege

Dem oben verfolgten Ansatz entsprechend und eine in der Literatur vertretene Auffassung aufgreifend, soll zunächst untersucht werden, ob das an einen baukünstlerisch ambitionierten Eigentümer eines Baudenkmals gerichtete Verbot, das Baudenkmal nach eigenen künstlerischen Vorstellungen umzubauen[1186], durch einen aus Art. 5 III 1 GG abgeleiteten staatlichen Auftrag zur Pflege und zum Schutz der Kunst gerechtfertigt sein könnte. May leitet aus der Kunstfrei-

---

1184 Als Baudenkmäler werden, im Gegensatz zum Begriff der Baudenkmale, häufig nur im engeren Sinne gewollte Denkmäler bezeichnet. Die für den hier interessierenden Bereich unerhebliche Unterscheidung wird im folgenden nicht übernommen, statt dessen werden beide Pluralformen synonym verwendet.

1185 Im einzelnen siehe oben unter 1. Teil § 3 II.

1186 Für die das Erscheinungsbild eines Denkmals schützenden Anforderungen an die Baugestaltung benachbarter Anlagen kann unter dem Aspekt des Schutzes von Kunstwerken nichts anderes gelten, als oben unter D.1. für den Schutz von Baukunstwerken vor ästhetischen Beeinträchtigungen durch die Umgebung festzustellen war. Hier sind folglich nur die Besonderheiten gestalterischer Anforderungen an die Veränderung von Baudenkmälern zu untersuchen, die sich aus der substanziellen Identität von geschütztem Denkmal und verhindertem Baukunstwerk ergeben.

heitsgarantie des Art. 5 III 1 GG eine Garantie des Bestands der Kunstwerke ab, die den Gesetzgeber verpflichte, Baudenkmäler zu schützen.[1187] Auch andere Autoren sehen in der Kunstfreiheitsgarantie die Grundlage für den Denkmalschutz.[1188]

Ein solcher zur Rechtfertigung von denkmalschützenden Beschränkungen der Eigentümerbefugnisse herangezogener Verfassungsauftrag wäre nach herrschender Verfassungsdogmatik[1189] als verfassungsimmanente Schranke grundsätzlich auch der Kunstfreiheit entgegenzusetzen.

Vorbedingung für diese Konstruktion ist ein von Art. 5 III 1 GG umfaßter Kunstwerkschutz. Nach verbreiteter Ansicht umfaßt der Schutz des Art 5 III 1 GG auch das geschaffene Kunstwerk.[1190] Zwar kann sich Freiheit nur auf den Menschen selbst und somit die Freiheitsgarantie des Art. 5 III 1 GG nur auf das künstlerische Tätigsein beziehen, doch wäre diese Freiheit unvollständig und würde leerlaufen, wenn nicht auch der Wirkbereich künstlerischen Schaffens geschützt wäre.[1191] Daraus schlußfolgert May einen von Art. 5 III 1 GG geforderten Schutz der Denkmäler der Baukunst vor Zerstörung.[1192] Der Gesetzgeber sei aufgrund dieser Kunstwerkgarantie berechtigt und verpflichtet, Regelungen zum Schutz der Baudenkmale zu treffen.[1193]

Dieser Auffassung scheint bereits der Denkmalbegriff im Sinne der Denkmalschutzgesetze entgegenzustehen. Die Kunsteigenschaft ist nach den heutigen Denkmalschutzgesetzen nicht mehr konstitutiv für die Denkmaleigenschaft, der Denkmalbegriff insoweit weiter als der Kunstbegriff.[1194] Geschützte Baudenkmäler sind oft, nicht aber begriffsnotwendig Kunstwerke. Insbesondere die sogenannten ungewollten Denkmale, wie Industriedenkmale, technische Denkmale und Bauten mit alleinigem Wohn- und Arbeitszweck, sind regelmäßig nicht zugleich Kunstwerke. Denkmalschutz kann daher nicht generell als Kunstwerkschutz der individuellen Kunstfreiheit entgegengehalten werden. Daß ein

1187 May, S. 94ff, 119f.

1188 Maunz/Dürig/Herzog/Scholz - Scholz, Art. 5 III, Rn. 73; Heckel, S. 70ff; ähnlich Kummer, S. 30, 94; Henke, S. 75f; Mick, S. 92. Siehe auch Berka/Häberle/Heuer/Lerche - Lerche, S. 1 (16); Erhardt, S. 41.

1189 Siehe oben unter III. D.

1190 Maunz/Dürig/Herzog/Scholz - Scholz, Art. 5 III, Rn. 17; v. Mangoldt/Klein/Starck - Starck, Art. 5 III, Rn. 284 (unabhängig davon, ob das Objekt als Kunstwerk geschaffen wurde und der Urheber noch lebt); Heckel, S. 76ff; May, S. 94ff; Siebertz, S. 85; Dilcher, FS Coing II, S. 73 (85).

1191 BVerfG, 24.02.1971, E 30, 173 (189); May, S. 105; Heckel, S. 70ff, 76ff.

1192 May, S. 107; Heckel, S. 70ff, 79, 95.

1193 May, S. 119f.

1194 Müller, M., S. 75f; Siebertz, S. 86; Rieger, S. 95; Lülsdorf, S. 57. Diese nur partielle Überschneidung sieht auch May, S. 113 mit Fn. 1.

verfassungsrechtlich gebotener Schutz von Kunstwerken dem Denkmalschutz allenfalls partiell Verfassungsrang verleihen kann, zwingt indes nicht zur Annahme gänzlicher Untauglichkeit dieser Konstruktion.[1195]

Soweit ein Kunstwerkschutz an die individualrechtliche Freiheit anknüpft, begegnet diese Schlußfolgerung vornehmlich zwei Bedenken. Der erste Einwand ergibt sich aus der Verknüpfung des Werkschutzes mit dem personalen Schutz des Art. 5 III 1 GG. Eine am Freiheitsrecht orientierte Ausweitung des Schutzes auf das Kunstwerk ist nicht vom künstlerischen Schaffen zu trennen, Kunstwerkschutz ist lediglich Folge der unlösbaren Einheit von Werk- und Wirkbereich. Der Schutz des Kunstwerkes bleibt daher selbst künstlerbezogen.[1196] Das Kunstwerk ist nur insoweit geschützt, als der Wirkbereich des künstlerischen Schaffens notwendig dem in Art. 5 III 1 GG garantierten Freiheitsraum innewohnt.[1197] Bei Baudenkmälern besteht diese Verknüpfung von Werk- und Wirkbereich in aller Regel nicht mehr, ein künstlerbezogener Schutz ist dem Denkmalschutz selten immanent. Selbst wenn man einen vom BVerfG in der Mephisto-Entscheidung[1198] angenommenen postmortalen Persönlichkeitsschutz auf die individuelle Kunstfreiheit ausdehnte, kann Denkmalschutz nicht als Ausfluß des Künstlerschutzes angesehen werden. Denkmalschutz ist vielmehr losgelöst von den bei ihrer Errichtung schöpferisch tätigen Personen. In vielen Fällen ist nicht einmal bekannt, wer ein denkmalgeschütztes Gebäude entworfen hat. Ein postmortaler, aus der individuellen Kunstfreiheit fließender Kunstwerkschutz würde darüber hinaus Grundrechte nachträglich vor dem Erlaß des Grundgesetzes tätigen Künstlern verleihen.[1199] Diese Bedenken wären möglicherweise gegenstandslos, wenn man mit der hier vertretenen Auffassung[1200] den potentiellen Rezipienten vom personalen Schutzbereich der Kunstfreiheit umfaßt sieht.

Eine Entkräftung personaler Bedenken ließe jedoch einen zweiten Einwand unangetastet: Die geltenden Denkmalschutzgesetze könnten einem individualrechtlichen Anspruch auf Schutz der Objektivationen künstlerischen Schaffens nicht gerecht werden, denn ein aus dem Freiheitsrecht fließender Schutz der Kunstwerke käme jedem Kunstwerk zugute. Zwar ist bei literarischen oder musikalischen Werken eine materielle Zerstörung kaum möglich, sobald deren Wirken nicht von vornherein unterbunden würde. Bei Werken der bildenden Kunst, deren Zerstörung das Kunstwerk als solches treffen würde, wäre eine Schutzpflicht ebenfalls regelmäßig von untergeordneter Bedeutung, da an ihrer Beseiti-

1195 So aber Rieger, S. 95; Lülsdorf, S. 56f.
1196 Müller, M., S. 74f; Siebertz, S. 86.
1197 Siebertz, S. 86.
1198 BVerfG, 24.02.1971, E 30, 173 (194).
1199 Eberl/Martin/Petzet - Eberl, Einleitung, Rn. 5.
1200 Siehe oben unter A. 1.

gung selten ein Interesse besteht. Baukunstwerke wären hingegen angesichts der Unvermehrbarkeit des Bodens als besonders gefährdet anzusehen und damit besonders schutzbedürftig.[1201] Im Freiheitsbereich darf der Staat nicht qualitativ differenzieren, so daß nicht nur Denkmale, sondern alle Baukunstwerke vom Objektschutz des Art. 5 III 1 GG umfaßt wären. Leitet man aus der Kunstfreiheit des Art. 5 III 1 GG eine Pflicht des Staates zum Schutz von Kunstwerken ab, bestünde diese für jedes Baukunstwerk, und damit für eine unermeßliche Vielzahl baulicher Anlagen.[1202] Aufgrund dieser Einwände ist festzustellen, daß der Schutz von Baudenkmälern nicht in der individuellen Kunstfreiheit wurzeln kann.

Der objektive Gehalt von Art. 5 III 1 GG beinhaltet nach allgemeiner Auffassung den Schutz und die Pflege der Kunst nicht nur hinsichtlich des schöpferischen Prozesses, sondern auch im Hinblick auf die Partizipation[1203]; kulturstaatliches Engagement ist auch den Bedürfnissen des Kunstkonsumenten zu dienen bestimmt. Die objektiv-rechtliche Dimension des Art. 5 III 1 GG umfaßt folglich auch den Schutz des Kunstwerkes.[1204] Dieser auf den Konsumenten bezogene Schutz ist unabhängig vom individuellen Schutz des Künstlers im künstlerischen Schaffensprozeß. Er bezieht sich auch auf Ergebnisse längst vergangener künstlerischer Tätigkeit. Ein aus dem Auftrag zur Pflege der Kunst abgeleiteter Verfassungsauftrag zum Schutz von Kunstwerken ließe dem Gesetzgeber einen gewissen Spielraum in der Entscheidung, welchen Kunstwerken er besonderen Schutz zukommen lassen will, so daß eine Beschränkung der Fürsorge auf bestimmte Baukunstwerke, wie sie das Recht des Denkmalschutzes enthält, grundsätzlich zulässig wäre.

Dennoch kann ein in Art. 5 III 1 GG verorteter Verfassungsauftrag zum Schutz von Baukunstwerken die denkmalschützende Beschränkung der individuellen Kunstfreiheit nicht legitimieren: In dieser Konstellation geht der Schutz eines Kunstwerkes mit der Verhinderung eines anderen einher; der Schutz des Baudenkmals ist nur um den Preis der Beschränkung künstlerischen Schaffens zu leisten. Der enthaltene Eingriff in die individuelle Kunstfreiheit verbietet eine qualitative Differenzierung zwischen dem bestehenden und dem zu schaffenden Kunstwerk. Zwar stehen nach den Denkmalschutzgesetzen alle Umbauten eines Denkmals unabhängig von ihrer künstlerischen Qualität unter dem Vorbehalt des Denkmalschutzes. Es findet keine konkrete qualitative Gegenüberstellung des

---

1201 May, S. 94, 96. Siehe auch Heckel, S. 79.

1202 Siebertz, S. 86; Eberl/Martin/Petzet - Eberl, Einleitung, Rn. 5.

1203 Häberle, AöR 1985, 577 (609); Benda/Maihofer/Vogel - Maihofer, § 25, Rn. 88ff; Maunz/Dürig/Herzog/Scholz - Scholz, Art. 5 III, Rn. 21. Ähnlich Isensee/Kirchhof - Steiner, § 86, Rn. 6, der beide Aspekte dem Überschneidungsfeld sozial- und kulturstaatlicher Politik zuordnet.

1204 May, S. 112f; in diese Richtung auch Heckel, S. 71ff, 73, 75, 77f, 93.

Vorhandenen mit dem zu Schaffenden statt. Denkmalschutz verstanden als kulturstaatliche Kunstpflege beruht vielmehr auf einer Bewertung des Kunstwertes des Baudenkmals, durch die dem Baudenkmal abstrakt Vorrang vor allen denkbaren künstlerischen Vorhaben eingeräumt und eine Abwägung im Einzelfall überflüssig gemacht wird. Ein auf seinen Kunstwert bezogener Schutz des Denkmals beruht daher zwangsläufig auf qualitativ differenzierenden Erwägungen, die sich im Vorfeld, in der Feststellung der Denkmalseigenschaft manifestieren.

Darüber hinaus steht im Mittelpunkt aller aus Art. 5 III 1 GG abzuleitenden Gewährleistungen das geschützte Individuum[1205]; der in Art. 5 III 1 GG geschützte Wert ist primär nicht der Gegenstand Kunst, sondern die Freiheit.[1206] Der Freiheit des Individuums zum schöpferischen Gestalten käme daher prinzipiell größeres Gewicht zu als der vom subjektiv-individuellen Schutz gelösten, vom Kunstwert motivierten Erhaltung eines Baukunstwerkes. Der Seltenheitswert des bestehenden Baukunstwerkes führt zu keiner anderen Interessengewichtung, denn mit der Einmaligkeit des vorhandenen Kunstwerkes geht die Einmaligkeit des aus der Veränderung hervorgehenden Kunstwerkes einher.

Der Schutz des im Denkmal verkörperten Kunstwerkes kann Eingriffe in die künstlerische Baugestaltungsfreiheit des Umbauwilligen nicht über einen kulturstaatlichen Verfassungsauftrag zur Pflege der Kunst rechtfertigen.

2. Denkmalschutz als kulturstaatliche Pflege des kulturellen Erbes

Daß Denkmalschutz nicht als Schutz von Kunstwerten dem Eingriff in die individuelle Kunstfreiheit entgegenzusetzen ist, läßt offen, ob ein vom Kunstwert losgelöster Schutzzweck kulturstaatlich legitimiert sein kann.

Grimm[1207] bestimmt die grundgesetzliche Verankerung und den Inhalt eines verfassungsrechtlichen Kulturauftrages anhand von Funktion und Bedeutung von Kultur. Kultur sei ein überpersonales System von Interpretationen, Werten und Ausdrucksformen, das dem einzelnen Orientierung in Kommunikations- und Entscheidungssituationen zu geben vermag. Als gemeinsamer Grundvorrat an Wissen, Sinnerleben und Verhaltensformen ermögliche Kultur intersubjektive Kommunikation und schaffe einen gesellschaftlichen Zusammenhalt, eine kollektive Identität.[1208] Die vom Staat zu gewährleistende soziale Integration hänge von kulturellen Bedingungen ab, deren Sicherung daher auch ohne verfassungs-

1205 Hufen, S. 261, 264.
1206 Knies, S. 217.
1207 Grimm, VVDStRL 42, 46 (61ff).
1208 Grimm, VVDStRL 42, 46 (61f).

textliche Erwähnung zur Staatsaufgabe werde.[1209] Im kulturellen Bereich lägen Gelingensvoraussetzungen für die Realisierung personaler Würde in grundrechtlich gewährleisteter individueller Freiheit. Individualität sei keine naturgegebene, sondern eine kulturell vermittelte Errungenschaft. Ein die individuelle Freiheit sichernder und der Menschenwürde verpflichteter Staat habe daher auch die kulturellen Grundlagen der Individualität zu sichern. Die verfassungsrechtliche Entscheidung für die Individualfreiheit enthalte zugleich die Anerkennung eines staatlichen Kulturauftrages.[1210] Stellvertretend für alle Grundrechte seien daher Art. 1 und 2 I GG verfassungstextliche Anknüpfung eines grundgesetzlichen Kulturauftrages.[1211]

Folgt man dieser Konzeption, ist für bestimmte denkmalschützende Beschränkungen der Baukunstfreiheit eine kulturstaatliche Rechtfertigung denkbar.[1212]

Anerkanntes Ziel des Denkmalschutzes ist die Erhaltung des kulturellen Erbes, die Wahrung der Individualität des geschichtlich Gewordenen.[1213] Als Objektivationen von Kulturepochen machen Denkmäler Geschichte anschaulich und gegenwärtig. Sie haben als seltene noch erhaltene Bauwerke einer bestimmten Stilrichtung oder als Schauplätze historischer Ereignisse Erinnerungswert. Im Bewußtsein der Bevölkerung stellen Denkmäler einen Bezug zu den Verhältnissen einer vergangenen Zeit her.[1214] Mit der Hinwendung zu seiner Geschichte befriedigt der Mensch Grundbedürfnisse nach der Erfahrung von Zeit als Lebensdimension, nach Orientierung und zur Standortbestimmung der eigenen Werte.[1215] Wandlungsprozesse in Vergangenheit und Gegenwart können durch die Beschäftigung mit Geschichte intellektuell bewältigt werden.[1216] Auf überin-

---

1209 Grimm, VVDStRL 42, 46 (64f).

1210 Grimm, VVDStRL 42, 46 (65ff). Siehe auch Heuer, S. 106ff; Gröschner, S. 48f; Henke, S. 78f; Isensee/Kirchhof - Häberle, § 20, Rn. 60. Zu Menschenwürde und Freiheit als allein legitime Basis eines Kulturstaatsverständnisses Geis, S. 165ff, 171, 235ff.

1211 Grimm, VVDStRL 42, 46 (67).

1212 Parallel hierzu BVerfG, 07.03.1990, E 81, 278 (293), das die Verfassungsimmanenz des Schutzes der Bundesflagge damit begründete, daß die Bundesrepublik auf die Identifikation ihrer Bürger mit den in der Flagge versinnbildlichten Werten angewiesen ist.

1213 Zoller, S. 11; Moench/Schmidt, S. 132f; Eberl, BayVBl 1987, 353.

1214 Moench/Schmidt, S. 67ff; Zoller, S. 7; MLS - Hallauer, S. 9 („Alte Bauten sind steinerne Bücher, erschließen uns das Werden, Sein und Vergehen vom Menschen und seiner Sehnsüchte."); siehe auch die vom Europarat im September 1975 beschlossene Europäische Denkmalschutz-Charta, DVBl 1975, 946f.

1215 Dilcher, FS Coing II, S. 73 (79). „A people without history is like a man without memory" Lord Duncan-Sandys, zitiert nach Dilcher, FS Coing II, S. 73 (79f).

1216 Faulenbach, Jahrbuch Arbeit Bildung Kultur 1997/98, 7 (24); Europäische Denkmalschutz-Charta, DVBl 1975, 946f.

dividueller Ebene bildet sich durch die Konfrontation mit der gemeinsamen Geschichte ein kollektives Bewußtsein, durch das sich eine Gruppe mit der Vergangenheit im Hinblick auf die Gegenwart und Zukunft in Beziehung setzt.[1217] Geschichtsbewußtsein stärkt das Bewußtsein historischer Verantwortung im Hinblick auf Gegenwart und Zukunft [1218] und nimmt durch seine Werthaftigkeit Einfluß auf die politische Kultur der Gegenwart.[1219]

Mit der Funktion des auch von Denkmälern vermittelten Bewußtseins gemeinsamer Geschichte unmittelbar verbunden ist die Sicherung von Identität. Kulturelle Identität einer Gesellschaft ist wesentlich von der gemeinsamen Vergangenheit bestimmt.[1220] Diese manifestiert sich vor allem in den Zeugnissen der Baukultur.[1221] Denkmäler prägen als sichtbare Identitätszeichen[1222] das geistige und kulturelle Bewußtsein der Allgemeinheit. Als historische Zeugnisse werden diese Objekte zum kulturellen Allgemeingut.[1223] Die Erhaltung überkommener Kulturgüter im Rahmen der Denkmalpflege ist daher zugleich Bewahrung kultureller Identität durch Sorge um das kulturelle Gedächtnis.[1224] Das besondere Interesse der Allgemeinheit an der Erhaltung historischer Bausubstanz ist gerichtet auf die Erhaltung der Dokumente ihrer Geschichte, das in der Begegnung geformte Geschichtsbewußtsein ist ein gewisser integrativer Faktor in der Gesellschaft. Die kulturelle Funktion von Denkmälern liegt in ihrem Wert als Erinnerungszeichen, die auch dem Nichteigentümer eine Anschauung vom gemeinsamen kulturellen Erbe erlauben.[1225]

Die kulturstaatliche Relevanz der kollektiven Bedeutung in Baudenkmälern verkörperter Vergangenheit widerspricht nicht der oben dargestellten individualfreiheitlichen Verankerung kulturstaatlicher Aufgaben im Grundgesetz. Der von Grimm entwickelte verfassungsrechtliche Kulturauftrag bezieht sich auch auf die Sicherung kultureller Grundlagen kollektiver Identität und enthält insoweit ein

---

1217 Denkmäler sichern das Bewußtsein der gemeinsamen Geschichte, so die Deklaration von Amsterdam zum baulichen Erbe Europas, verabschiedet vom Kongreß über das europäische Bauerbe am 25.10.1975, DVBl 1975, 947ff; Europäische Denkmalschutz-Charta, DVBl 1975, 946f.

1218 Faulenbach, Jahrbuch Arbeit Bildung Kultur 1997/98, S. 7 (24). Denkmäler halten das Wissen lebendig, daß unser Verhalten auch eine historische Dimension hat, Entwurfsbegründung zum DSchG NW, LT-Drs. 8/4492, S. 27.

1219 Faulenbach, Jahrbuch Arbeit Bildung Kultur 1997/98, 7 (8f).

1220 Eberl/Martin/Petzet - Eberl, Einleitung, Rn. 1; Faulenbach, Jahrbuch Arbeit Bildung Kultur 1997/98, 7 (24).

1221 Eberl/Martin/Petzet - Eberl, Einleitung, Rn. 1.

1222 Entwurfsbegründung zum DSchG NW, LT-Drs. 8/4492, S. 27.

1223 Melchinger, S. 229f unter Übertragung der Argumentation von BVerfG, 11.10.1988, E 79, 29 (42); BVerfG, 14.07.1981, E 58, 137 (148f).

1224 Isensee/Kirchhof - Steiner, § 86, Rn. 25.

1225 Körner, S. 130f.

konservatives Element.[1226] Die Bestimmung von Individualität als eine kulturell vermittelte Errungenschaft und die Deutung von Kultur als ein überpersonales System[1227] begründen einen engen Zusammenhang von individueller Freiheit und kollektiver Identität.

Eine an den Grundfreiheiten und ihren kulturellen Grundlagen orientierte Kulturstaatskonzeption umfaßt somit die Bewahrung des kulturellen Erbes und speziell den Schutz historischer, zum kulturellen Allgemeingut gewordener Bausubstanz. Hält man objektive Verfassungsgüter entgegen der hier vertretenen Auffassung für geeignet, gesetzlich konkretisiert Eingriffe in vorbehaltlose Grundrechte zu rechtfertigen[1228], ist zu klären, in welchem Umfang der Wahrung des kulturellen Erbes grundrechtsbegrenzende Funktion zukommen kann.

Die Ermöglichung einer Anschauung vom gemeinsamen kulturellen Erbe setzt nicht zwingend die reale Erhaltung des Objekts voraus. Mit der wissenschaftlichen Dokumentation historischer Bauten können ebenfalls Erinnerungszeichen erhalten werden. Die rein ideelle Bewahrung ist aber nicht ebenso geeignet, dieses Erbe zur Anschauung zu bringen wie die tatsächliche Erhaltung als Bauwerk. Die bloße Information über die Geschichte wirkt auf den einzelnen weniger intensiv und hat eine deutlich geringere Breitenwirkung als die unmittelbare Konfrontation mit historischen Zeugnissen. Gerade die Möglichkeit einer unmittelbaren Anschauung vom kulturellen Erbe ist ungleich besser geeignet, kollektive Identität zu sichern.[1229] Die mit dem Denkmalschutz verfolgten Ziele sind nicht auf die Erhaltung des Gegenstandes gerichtet[1230], die Zielerreichung setzt jedoch die gegenständliche Erhaltung voraus.

Anforderungen an die optische Wirkung baulicher Anlagen in der Umgebung eines Denkmals können in keinem Fall kulturstaatlich gerechtfertigt werden. Die Entscheidung darüber, was in der Umgebung das Erscheinungsbild des Denkmals beeinträchtigt, kann nur anhand einer ästhetischen Wertung getroffen werden. Gegenstand ist nicht mehr der Erhalt von Erinnerungswerten, denn diese sind unabhängig von der Umgebungsgestaltung. Im Denkmal verkörperte Geschichte bleibt anschaulich, auch wenn die Umgebung einen mit dem Denkmal nicht harmonierenden Charakter aufweist.

Eine kulturstaatliche Rechtfertigung setzt voraus, daß ein besonderes Erhaltungsinteresse an der geschützte Anlage besteht, weil diese dem gemeinsamen kulturellen Erbe zuzurechnen und kulturelles Allgemeingut geworden ist. Dem

1226 Grimm, VVDStRL 42, 46 (68).
1227 Grimm, VVDStRL 42, 46 (61ff).
1228 Siehe oben unter III. D. 2. Gegen die Eignung der Kulturstaatlichkeit als verfassungsimmanente Schranke, Geis, S. 263f.
1229 Körner, S. 130f.
1230 Zoller, S. 3.

Denkmal muß Bedeutung für die kollektive Identität zukommen, es muß zu einem Wahrzeichen für die Gemeinschaft geworden sein. Damit kommt nur hinsichtlich des Schutzes von wenigen herausragenden identitätsstiftenden Denkmalen im Sinne der Denkmalschutzgesetze eine kulturstaatlich begründete Rechtfertigung von Eingriffen in die Kunstfreiheit des veränderungswilligen Künstlers in Betracht.[1231] Bei der Entscheidung über die Zulässigkeit einer baukünstlerischen Veränderung eines die kollektive Identität mitbestimmenden Baudenkmals sind die Bedeutung der Kunstfreiheit des Bauherren und die Gründe, die dem Schutz des Objektes verfassungsrechtliche Bedeutung verleihen, gegeneinander abzuwägen.

M. Das gemeindliche Selbstgestaltungsrecht, Art. 28 II GG

Unbestritten kann sich die Gemeinde weder unmittelbar noch mittelbar gegenüber einem privaten Bauherren auf die Kunstfreiheit nach Art. 5 III 1 GG berufen, da sie nicht Grundrechtsträgerin ist.[1232]

Vermehrt leiten Stimmen in der Literatur[1233] eine Rechtfertigung zahlreicher Beschränkungen künstlerischer Baufreiheit aus der Garantie kommunaler Selbstverwaltung ab. Ausgangspunkt ist das von Blümel konzeptionell entwickelte und nach verbreiteter Auffassung in Art. 28 II GG zu verortende, von besonderen

1231 Dies gilt sowohl bei einem Verständnis der geschichtlichen Bedeutung als zentrales, die einzelnen in den gesetzlichen Denkmalbestimmungen festgelegten Kategorien verklammerndes Element des Denkmalbegriffes - so BVerwG, 03.07.1987, E 78, 23 (28f); Moench/Schmidt, S. 65f, 74; Körner, S. 29, 129; Melchinger, S. 35f - in besonderem Maße aber unter Zugrundelegung einer weiten Interpretation des Denkmalbegriffes, wonach als Denkmäler auch Objekte der Gegenwart in Betracht kommen, für deren Erhaltung künstlerische oder ästhetisch-gestalterische Gründe vorliegen - so Lülsdorf, S. 4 m.w.N.; Kummer, S. 39; weitere Nachweise bei Melchinger S. 226 mit Fn. 62 - bzw. wonach Denkmalschutz umfassend als Schutz der ästhetischen Qualität alter Häuser und Sorge für ein gutes Wohnmilieu, als Psychotop- und Milieuschutz zu verstehen ist - so Henke, S. 33, 64f.

1232 BVerfG, 02.05.1967, E 21, 362 (369ff); BayVGH, 13.10.1994, NVwZ 1995, 502 (503).

1233 Dolderer, BauR 1999, 691 (695ff); Voßkuhle, BayVBl 1995, 613 (621); Manssen, Verw 1991, 33 (43ff); Koenig/Zeiss, Jura 1997, 225 (230); Zeiss, ZfBR 1997, 286 (290f); Geis, S. 262 mit Fn. 9; Battis, S. 207; Klein, S.259, 281f. Siehe auch Simon, Ortsbildgestaltung, S. 25 (Legitimation der Eingriffe in Art. 5 I 2 GG in Form von ortsrechtlichen Antennenverboten durch Art. 28 II GG). Allgemein Schmidt-Jortzig, Rn. 523 (Einrichtungsstatute seien verfassungsrechtliche Grundentscheidungen, ihre Garantien daher gegen jeden Akteur anzuwenden, von welchem sie tatsächlich beeinträchtigt werden können. Selbst Zugriffe von zivilrechtlicher Seite seien ggf. mit der Einrichtungsgarantie abzuwehren.).

Vorschriften oder besonderen Planungen unabhängige Selbstgestaltungsrecht der Gemeinde, das diese beruft, das Gepräge und die Struktur ihres Ortes zu bestimmen, ihre ureigene Identität und ein unverwechselbares sozial-ökonomisches Profil zu entwickeln und zu bewahren.[1234] Das Selbstgestaltungsrecht sichere den Gemeinden einen Spielraum für die eigene Entwicklung und schütze ihre gewachsene soziale und kulturelle Identität.[1235] Die Gemeinde stehe daher aufgrund ihrer Position aus Art. 28 II GG dem Baukünstler mit prinzipiell gleichberechtigten eigenen Gestaltungsvorstellungen gegenüber.[1236]

Das gemeindliche Selbstgestaltungsrecht wird erst bei grundlegender Veränderung des örtlichen Gepräges oder der örtlichen Strukturen als berührt angesehen.[1237] Ausgehend von dieser anerkannten Prämisse bestehen unterschiedliche Vorstellungen darüber, wann von einer grundlegenden Veränderung des örtlichen Gepräges oder örtlicher Strukturen auszugehen ist. Zum Teil wird bereits ungewöhnlich auffallenden Werbeanlagen und gegen generelle Regelungen der Gemeinde in örtlichen Bauvorschriften verstoßenden baulichen Anlagen diese Wirkung zugeschrieben[1238], andere betonen, daß ein Attraktivitätsverlust der Gemeinde[1239] oder der unerwünschte Anblick einer Bahnstromleitung[1240] irrelevant seien. Das Vorhaben müsse von gewisser Größenordnung sein und weiträumige Auswirkungen im Gemeindegebiet haben.[1241] Dementsprechend wird Art. 28 II GG nicht pauschal als Schranke der Baukunstfreiheit verstanden, sondern nur in Ausnahmefällen zur Rechtfertigung bauästhetisch motivierter Eingriffe herangezogen.[1242]

1234 Blümel, FS Ule, S. 19ff; AK-Faber, Art. 28 II, Rn. 31; Voßkuhle, BayVBl 1995, 613 (621); Mick, DÖV 1991, 623 (623, 629); Mick, S. 109ff (baukulturelles Selbstbestimmungsrecht), 113ff; Manssen, Verw 1991, 33 (42ff); Koenig/Zeiss, Jura 1997, 225 (230). Zurückhaltend BayVGH, 19.11.1985, BayVBl 1986, 370 (372).

1235 Langer, VerwArch 1989, 352 (353f).

1236 Voßkuhle, BayVBl 1995, 613 (621); Manssen, Verw 1991, 33 (46); Mick, S. 121f, 109.

1237 BayVGH 18.08.1987, BRS 47, Nr. 131; BayVGH 19.11.1985, BayVBl 1986, 370 (372); BayVGH, 06.06.1989, BayVBl 1990, 48 (50); Blümel, FS Ule, S. 35; Koenig/Zeiss, Jura 1997, 225 (230). Allgemein BVerwG, 19.03.1976, NJW 1976, 2175 (2176, nur wenn das Selbstgestaltungsrecht innerlich ausgehöhlt und fast wertlos würde).

1238 BayVGH, 18.08.1987, BRS 47, Nr. 131.

1239 Blümel, FS Ule, S. 36.

1240 BayVGH, 19.11.1985, BayVBl 1986, 370 (372); Blümel, FS Ule, S. 36.

1241 Blümel, FS Ule, S. 35f.; BayVGH, 19.12.1983, BayVBl 1984, 303 (wesentliche Umgestaltung des Ortsbildes).

1242 Koenig/Zeiss, Jura 1997, 225 (230); Zeiss, ZfBR 1997, 286 (290f).

1. Anforderungen an die zu rechtfertigenden baugestalterischen Eingriffe

Bevor es gilt, die Eignung eines gemeindlichen Selbstgestaltungsrechts zur verfassungsimmanenten Beschränkung der Baukunstfreiheit zu beleuchten, soll zunächst geklärt werden, für welche baugestalterischen Anforderungen eine Rechtfertigung über die kommunale Selbstverwaltungsgarantie in Betracht kommt.

Dolderer schließt in den Kreis auf diese Art zu rechtfertigender baugestalterischer Reglementierungen Festsetzungen in einfachgesetzlichen Planungen und die daran anknüpfenden gesetzlichen Bestimmungen ebenso ein wie die planersetzende Regelung des § 34 BauGB.[1243] Voßkuhle und Zeiss setzen einen gestalterischen Spielraum der Gemeinde voraus; Eingriffe in vorbehaltlos garantierte Grundrechte durch umgebungsunabhängige Verunstaltungsverbote seien daher nicht mit dem kommunalen Selbstverwaltungsrecht zu rechtfertigen. Den erforderlichen Bezug zum Selbstverwaltungsrecht würden nur ästhetische Konzepte zur Durchführung städtebaulicher Absichten bezüglich eines bestimmten Orts-, Straßen- oder Landschaftsbildes aufweisen. Diese Konzepte könnten in örtlichen Bauvorschriften bestehen, müßten aber nicht rechtsverbindlich sein.[1244] Nach Koenig und Zeiss soll die gemeindliche Selbstgestaltungsfreiheit dann als kollidierendes Verfassungsgut herangezogen werden können, wenn Gepräge und Struktur des Gemeindegebietes nachhaltig verändert werden.[1245] Demnach könnten im Einzelfall auch Verunstaltungsverbote und andere nicht von gemeindlichen Konzepten abgeleitete baugestalterische Anforderungen mit der Selbstverwaltungsgarantie gerechtfertigt werden.

Ausdruck kommunaler Selbstverwaltung und -gestaltung kann begriffsnotwendig nur ein gemeindliches Gestaltungskonzept sein.[1246] Gestaltungsanforderungen, die nicht unmittelbar von der Gemeinde selbst gestellt werden, können allenfalls dann hinreichenden Bezug zu einem Selbstgestaltungsrecht der Gemeinde haben, wenn sie der Durchsetzung gemeindlicher gestalterischer Absichten zu dienen bestimmt sind. Baugestalterische Generalklauseln, die Bezug nehmen auf eine Verletzung des ästhetischen Empfindens des Durchschnittsmenschen - der nicht mit dem durchschnittlichen Gemeindebürger identisch sein muß - dienen nicht der Durchsetzung gemeindlicher Gestaltungskonzeptionen. Sie sind losgelöst von den gestalterischen Absichten der jeweiligen Gemeinde, ohne daß es darauf ankäme, ob mit ihnen eine Verunstaltung des Orts- , Straßen- oder

1243 Dolderer, BauR 1999, 691 (695, 698).

1244 Voßkuhle, BayVBl 1995, 613 (621f); Zeiss, ZfBR 1997, 286 (291).

1245 Koenig/Zeiss, Jura 1997, 225 (230f). Anders aber Zeiss, ZfBR 1997, 286 (290f).

1246 Siehe aber OVG Koblenz, 02.05.1974, BRS 28, Nr. 81 (Baugestalterische Generalklausel könne hinsichtlich der Störung des Orts- und Straßenbildes ein Klagerecht der Gemeinde begründen).

Landschaftsbildes oder nur eine Verunstaltung des Gebäudes selbst abgewehrt werden soll. Selbst der Umgebungsschutz bezieht sich zwar auf örtliche Gegebenheiten, nicht aber auf gemeindliche Gestaltungsabsichten.

Denkbare Ausnahme sind Anforderungen zum Schutz der beabsichtigten ästhetischen Gestaltung nach § 12 II 1 BauO NW, da mit ihnen der rechtsförmlich[1247] konkretisierte Gestaltungswillen der Gemeinde durchgesetzt werden soll. Eigenständige Bedeutung kommt der Norm jedoch nur zu, soweit sich die Störung der beabsichtigten Gestaltung nicht unmittelbar aus dem Ortsrecht selbst ergibt. Gerade in dieser Konstellation ist aber die gemeindliche Gestaltungskonzeption nicht mehr unmittelbarer Maßstab der baugestalterischen Anforderungen. Inhalt der Vorgaben nach § 12 II 1 BauO NW ist hier die Abwehr von Disharmonien zwischen der von einem gemeindlichen Gestaltungskonzept bestimmten Umgebung und einem Bauvorhaben, das gerade nicht von diesem Konzept der Gemeinde umfaßt ist, nach Maßgabe des Empfindens eines Durchschnittsmenschen.[1248] Das ästhetische Verhältnis zwischen der gemeindlich gestalteten Umgebung und dem von den Gestaltungsabsichten nicht betroffenen Vorhaben ist nicht Gegenstand erfolgter gemeindlicher Planung. Von den Tatbeständen des § 12 II 1 BauO NW zur Abwehr von Umgebungsverunstaltungen unterscheidet sich diese Alternative nur darin, daß Beurteilungsmaßstab nicht die real vorhandene Umgebung, sondern ihre Gestalt bei Realisierung der gemeindlichen Gestaltungskonzeption ist.

Die Geeignetheit der kommunalen Selbstverwaltungsgarantie, die Kunstfreiheit verfassungsimmanent zu beschränken vorausgesetzt, käme eine Rechtfertigung nur für Eingriffe in Betracht, die der Durchsetzung konkretisierter baugestalterischer Absichten der Gemeinde dienen. Anwendungsbereich einer solchen Konstruktion wären daher Baugestaltungssatzungen und baugestalterische Festsetzungen in Bebauungsplänen, nicht aber bauästhetische Generalklauseln der Bauordnungen und Anforderungen nach § 34 oder § 35 BauGB.

1247 Bereits PrOVG, 24.05.1937, E 100, 261; PrOVG, 27.03.1941, E 106, 80; LVG Minden, 14.03.1950, BRS 1, S. 61f; OVG Münster, 31.03.1953, BRS 3, 55ff; HessVGH, 23.01.1981, BRS 38, Nr. 146; HessVGH, 02.11.1984, HessVGRspr 19, 50; Gädtke/Böckenförde/Temme/Heintz - Heintz, § 12, Rn. 33f; Schlez, § 11, Rn. 13; Thiel/Mampel/Moog/Tyczewski - Rößler, § 12, Anm. 3; Boeddinghaus/Hahn/Schulte - Boeddinghaus, § 12, Rn. 23.

1248 Siehe oben unter 1. Teil § 4 II. C.

2. Kommunale Selbstverwaltung als verfassungsimmanente Grundrechtsschranke

a) Rechtsprechung und Literatur

Nicht nur Teile der Literatur, auch die Rechtsprechung betonte wiederholt die Eignung der kommunalen Selbstverwaltungsgarantie zur verfassungsrechtlichen Rechtfertigung von Eingriffen in vorbehaltlos garantierte Grundrechte.[1249]

Von der prinzipiellen Möglichkeit einer Eingriffsrechtfertigung durch Art. 28 II 1 GG im Zusammenhang mit der Baukunstfreiheit scheint das OVG Koblenz auszugehen, das aber auf eine nähere Auseinandersetzung verzichtet.[1250]

Der BayVGH[1251] hatte sich mit der Beeinträchtigung der Religionsausübung durch rufschädigende Äußerungen eines Bürgermeisters gegen eine ortsansässige Religionsgesellschaft zu befassen. Er stellte fest, zu den in anderen Verfassungsbestimmungen liegenden Grenzen der Religionsfreiheit gehöre auch das Recht der Gemeinden aus Art. 28 II 1 GG, alle Angelegenheiten der örtlichen Gemeinschaft in eigener Verantwortung zu regeln. Erst im Rahmen einer Abwägung gab das Gericht der Religionsfreiheit den Vorrang, da eine Äußerung der Gemeinde zu den Siedlungsvorhaben und den örtlichen kulturellen Plänen der Religionsgemeinschaft in einer Weise möglich sei, die nicht die Glaubensrichtung herabwürdige.[1252]

Ausführungen zur Eignung der gemeindlichen Selbstverwaltungsgarantie aus Art. 28 II GG, Grundrechte verfassungsimmanent zu beschränken, erschöpfen sich auch in der Literatur überwiegend in bloßen Behauptungen, die nicht selten als Konsequenz bis dahin erfolglosen Suchens nach verfassungsrechtlichen Rechtfertigungsmöglichkeiten erscheinen.[1253] Der Frage, ob die durch Art. 28 II

1249 Allgemein gegen eine solche Wirkung von Art. 28 II GG im Verhältnis zu privaten Dritten, Schmidt-Aßmann - Schmidt-Aßmann, Rn. 9. A.A. Schmidt-Jortzig, Rn. 523. Im Kontext der Baukunstfreiheit siehe die unter Fn. 1233 Genannten.

1250 OVG Koblenz, 24.07.1997, NJW 1998, 1422 (1423 „Eine Kollision mit dem Selbstverwaltungsrecht der Gemeinde nach Art. 28 I 2 GG [gemeint: Art. 28 II 1 GG] ... liegt daher nicht vor“).

1251 BayVGH, 13.10.1994, NVwZ 1995, 502 (503), zu Äußerungen eines Bürgermeisters gegen die Ansiedlung von 100 bis 300 Mitgliedern einer Religionsgemeinschaft in der 2500 Einwohner zählenden Gemeinde.

1252 BayVGH, 13.10.1994, NVwZ 1995, 502 (503).

1253 OVG Koblenz, 24.07.1997, NJW 1998, 1422 (1423); Battis, S. 207; Simon, Ortsbildgestaltung, S. 25; Geis, S. 262 mit Fn. 9. Koenig/Zeiss, Jura 1997, 225 (230) und Zeiss, ZfBR 1997, 286 (290f), widmen sich zwar der Frage nach den Anforderungen an eine Rechtfertigung über Art. 28 II GG, die generelle Eignung der Selbstverwaltungsgarantie als Quelle verfassungsimmanenter Schranken wird von ihnen nicht thematisiert.

GG garantierte kommunale Selbstverwaltung nach ihrem Inhalt tatsächlich als verfassungsimmanente Grundrechtsschranke fungieren kann, widmet sich eingehend, soweit ersichtlich, nur Dolderer.

Art. 28 II 1 GG normiert das Recht der Gemeinden, alle Angelegenheiten der örtlichen Gemeinschaft im Rahmen der Gesetze in eigener Verantwortung zu regeln. Prinzipiell erkennt auch Dolderer an, daß hierin eine Kompetenzbestimmung liegt und intrapersonelle Aufgabenübertragungen grundsätzlich keine Befugnisse im interpersonalen Außenrechtsverhältnis zum Bürger begründen können. Kompetenznormen können mangels materieller Substanz Grundrechte nicht verfassungsimmanent beschränken.[1254] Aufgrund einer Verschränkung von Rechten und Kompetenzen, die darin zum Ausdruck komme, daß jedes Recht zugleich die Kompetenz beinhalte, das Recht auszuüben, sollen Kompetenzen unter besonderen Umständen dennoch zur Grundrechtsbeschränkung geeignet sein.[1255]

Bereits dieser erste Schluß ist nicht unzweifelhaft. Die dargestellte Verschränkung ist lediglich einseitig: Jedes Recht umfaßt eine Kompetenz. Daß auch Kompetenzen mit Rechten einhergehen müssen, ist damit nicht zum Ausdruck gebracht. Gerade eine solche umgekehrte Verschränkung wäre aber erforderlich, um die grundrechtsbeschränkende Kraft von Kompetenzen zu veranschaulichen.

Unerläßlich für eine ausnahmsweise bestehende Eignung als verfassungsimmanente Schranke sei eine hinreichende materielle Substanz der Kompetenzbestimmung.[1256] Diese materielle Substanz der Selbstverwaltungsgarantie leitet Dolderer aus drei signifikanten Unterschieden der Selbstverwaltungsgarantie zu anderen Kompetenzzuweisungen ab: aus der für Grundfreiheiten üblichen Formulierung eines Rechts, aus der mit der Grundrechtsdogmatik vergleichbaren strukturellen Konzeption[1257] und aus der Zuordnung der gemeindlichen Selbstverwaltung in Art. 127 WRV und in der Paulskirchenverfassung zu den bürgerlichen Freiheitsrechten.

Wenn auch die historische Argumentation angesichts der Verankerung der kommunalen Selbstverwaltung im Abschnitt II des Grundgesetzes „Der Bund und die Länder" nur wenig überzeugen kann, ist die strukturelle Grundrechtsnähe nicht von der Hand zu weisen.

1254 Dolderer, BauR 1999, 691 (696). Siehe auch oben unter H.

1255 Dolderer, BauR 1999, 691 (696).

1256 Dolderer, BauR 1999, 691 (696).

1257 Dolderer, BauR 1999, 691 (697, Schutzbereich, Eingriff, Gesetzesvorbehalt, Geltung des Verhältnismäßigkeitsprinzip, der dem Art. 19 II GG vergleichbaren Wesensgehaltsgarantie bezüglich des Kernbereichs sowie die Parallelität des Rechtsschutzes nach Art. 93 I Nr. 4b GG zur Verfassungsbeschwerde nach Art. 93 I Nr. 4a GG).

Daraus den Schluß zu ziehen, die Selbstverwaltungsgarantie habe eine Zwischenposition zwischen Kompetenz und Recht inne, die sie zu einem Verfassungswert mache, der bei Zusammentreffen mit vorbehaltlosen Grundrechten mit diesen in Abwägung zu bringen sei[1258], ist dennoch voreilig.

b) Kommunale Selbstverwaltung als Kompetenzgarantie

Der subjektiv-rechtliche Charakter des Art. 28 II GG ist, wie im folgenden darzustellen ist, auf den intrapersonalen Bereich beschränkt.

Ist der Gemeinde gemäß Art. 28 II GG das Recht gewährleistet, im Rahmen der Gesetze alle Angelegenheiten der örtlichen Gemeinschaft zu regeln, kann ein Eingriff in dieses Recht nur dann vorliegen, wenn der Gemeinde bestimmte Aufgaben entzogen werden. Über das Wie der Aufgabenerfüllung trifft die Norm keine Aussagen. Art. 28 II GG ist eine funktionale Aufgabenverteilungsnorm, eine zum Recht erstarkte Kompetenzgarantie.

Sinn der Selbstverwaltung ist es, gesellschaftliche Kräfte zu aktivieren, den entsprechenden gesellschaftlichen Gruppen die Regelung solcher Angelegenheiten, die sie selbst betreffen und die sie in überschaubaren Bereichen am sachkundigsten beurteilen können, eigenverantwortlich zu überlassen, und dadurch den Abstand zwischen Normgeber und Normadressat zu verringern. Der Gesetzgeber wird davon entlastet, örtliche, für ihn nur schwer erkennbare Besonderheiten berücksichtigen zu müssen, auf deren Veränderung er nicht flexibel genug reagieren könnte.[1259]

Der Zweck kommunaler Selbstverwaltungsgarantie - Dezentralisation und Verstärkung demokratischer Legitimation[1260] - macht Art. 28 II GG zu einer Bestimmung vertikaler Gewaltenteilung und damit zu einer Staatsorganisationskonzeption.[1261]

Art. 70 I GG und Art. 72 II GG verwenden ebenfalls den Terminus Recht im Zusammenhang mit Gesetzgebungsbefugnissen des Landes bzw. Bundes, ohne daß hiermit ein über das Ob der Kompetenz hinausgehende Bestimmung zum Ausdruck käme. Ebensowenig wie ein Land aus Art. 30, 70 I oder 83 GG kann die Gemeinde aus Art. 28 II GG ein Recht ableiten, das über die Aufgabenüberlassung hinausgeht.

1258 Dolderer, BauR 1999, 691 (698); Voßkuhle, BayVBl 1995, 613 (621).

1259 BVerfG, 09.05.1972, NJW 1972, 1504 (1506).

1260 Dreier - Dreier, Art. 28, Rn. 79; Langer, VerwArch 1989, 352 (379).

1261 Letztlich ist kommunale Selbstverwaltung eine Organisationsform zur Freiheitssicherung und nicht zur erweiterten Möglichkeit ihrer Einschränkung. Vgl. für den Kulturbereich Hufen, NVwZ 1983, 516 (520ff), zur Erfüllung kultureller Aufgaben in Selbstverwaltung der Gemeinden als strukturelle Bedingung des Schutzes kultureller Eigengesetzlichkeit.

Daß die eigenverantwortliche Regelungskompetenz nicht gleichbedeutend ist mit einem prinzipiell unbeschränkten Freiraum im Hinblick auf die Art und Weise der Kompetenzwahrnehmung, belegt die Einbindung kommunaler Selbstverwaltung in die Sphäre des Staates:

Die kommunale Selbstverwaltung ist kein Gegensatz zu staatlicher Verwaltung und auch keine Zwischenstufe zwischen Gesellschaft und Staat im Sinne der dualistischen Sicht des Konstitutionalismus[1262], sondern eine innerstaatliche Organisationsform der Dezentralisation im Sinne einer Ausgliederung von juristischen Personen des öffentlichen Rechts aus dem Bereich der unmittelbaren Staatverwaltung.[1263] Die Ausübung kommunaler Selbstverwaltung ist somit staatliche Gewalt und gemäß Art. 1 III GG nur in den Grenzen der Grundrechte möglich.[1264]

Nach Ansicht von Mick macht es für den Bürger einen Unterschied, ob staatliche Institutionen von außen in die persönliche Baugestaltungsfreiheit eingreifen oder die Gemeinde einen gestalterischen Konsens herbeiführt.[1265] Gemeindebelange seien aggregierte Bürgerbelange, die Willensbildung über die bauliche Formgebung sei keine autoritäre Entscheidung von oben, sondern eine demokratische Übereinkunft von unten, die körperschaftliche Verbindung der in der Gemeinde lebenden Bürger erschließe sich in bezug auf die Bau- und Stadtgestalt einen kulturellen Konsens.[1266] Ob gemeindliche Regelungen beim Bürger auf größere Akzeptanz stoßen[1267], mag dahingestellt bleiben - für den Freiheitsbereich macht es keinen Unterschied, ob er durch gemeindliche oder andere staatliche Gewalt eingeschränkt wird. Daß die Einflußmöglichkeiten des einzelnen auf die Entscheidungsfindung auf Gemeindeebene größer sind, ändert daran nichts, denn auch bürgernah zustande gekommene Entscheidungen binden den einzelnen; eine Identität zwischen Herrschern und Beherrschten ist auch auf örtlicher Ebene nicht gegeben.[1268] Ein grundrechtlicher Schutz der Minderheit vor der Mehrheit ist in Angelegenheiten der örtlichen Gemeinschaft nicht minder dringend als in anderen Belangen, zumal in örtlicher Gemeinschaft mitunter eher eine relative Homogenität in kulturellen und moralischen Ansichten festzustellen ist, die eine besondere Schutzbedürftigkeit der Minderheit begründet.

1262 Langer, VerwArch 1989, 352 (379).

1263 Stern, I, S. 397.

1264 Dreier - Dreier, Art. 28, Rn. 79, 82; Langer, VerwArch 1989, 352 (379); Schmidt-Aßmann - Schmidt-Aßmann, Rn. 8; Mick, S. 133.

1265 Mick, S. 109, 131.

1266 Mick, S. 119f.

1267 So Mick, S. 131.

1268 So auch ausdrücklich Mick, S. 132.

Gemeindliche Aufgabenwahrnehmung kann auch nicht als gebündelte Wahrnehmung der Grundrechte der Gemeindebürger verstanden werden[1269], was im Ergebnis aber keiner Erörterung bedarf, da ein entsprechendes Grundrecht des einzelnen auf eine auch nur verunstaltungsfreie Stadtgestalt nicht besteht[1270]. Das Resümee von Mick, so unbestritten Bürger als Individuen positive Gestaltungsziele verwirklichen könnten, so zwingend müßten sie dies in der kommunalen Gruppenverbindung tun können[1271], ist daher nur insoweit überzeugend, wie dieses Tun nicht mit dem Zwang Dritter einher geht.

Darüber hinaus steht die Gesetzesakzessorität kommunaler Selbstverwaltung einem materiellen, mittelbar gegen Grundrechte gerichteten Gehalt der Selbstverwaltungsgarantie entgegen.

Das Selbstverwaltungsrecht ist lediglich im Rahmen der Gesetze garantiert. Selbst soweit der Selbstverwaltungsgarantie zu entnehmen wäre, daß eine Aufgabe zwingend der Gemeinde zu überlassen sei, befreit dies die Gemeinde hinsichtlich der Art und Weise der Aufgabenerfüllung nicht von der Bindung an die Gesetze.[1272]

Art. 28 II GG ist insbesondere keine Grundlage für Eingriffe in Grundfreiheiten.[1273] Jeder gemeindliche Eingriff bedarf nach allgemeiner Auffassung einer formellgesetzlichen Grundlage. Der Gesetzgeber darf die ihm zugewiesene Aufgabe nicht anderen Stellen innerhalb oder außerhalb der Staatsorganisation zu freier Verfügung überlassen, insbesondere bei Ermächtigungen zu Grundrechtseingriffen hat er eine gesteigerte Verantwortung.[1274] Der Gesetzesvorbehalt ist auch im Verhältnis Gemeinde - Gesetzgeber kein bloß formales Prinzip. Vor diesem Hintergrund erscheint es folgewidrig, vom Gesetzgeber die Ermächtigung der Gemeinden zu Grundrechtseingriffen zu verlangen oder diese zu billigen, zu denen er selbst nicht allein aus kompetenzrechtlichen, sondern aus materiellen Gründen nicht berechtigt wäre. Die Zulässigkeit von Eingriffszwecken kann sich nicht allein aus dem grundgesetzlich vorgesehenen Vorhandensein eines Verwaltungsträgers ergeben[1275], es sei denn die Existenz des Verwaltungsträgers würde ohne diesen Eingriffszweck in Frage gestellt.

1269 Siehe auch BayVGH, 19.11.1985, BayVBl 1986, 370 (371) m.w.N. zur unzulässigen Prozeßstandschaft.

1270 Siehe oben unter A. bis E.

1271 Mick, S. 121.

1272 Schmidt-Aßmann - Schmidt-Aßmann, Rn. 95.

1273 Dreier - Dreier, Art. 28, Rn. 100 m.w.N.; Manssen, Verw 1991, 33 (39, 34) m.w.N.; Schmidt-Aßmann - Schmidt-Aßmann, Rn. 96; Manssen, S. 135ff.

1274 BVerfG, 09.05.1972, NJW 1972, 1504 (1506).

1275 So aber Manssen, Verw 1991, 33 (40ff).

Daß der gemeindlichen Selbstverwaltungsgarantie zwar der Verfassungswert zu entnehmen ist, die Regelung örtlicher Angelegenheiten grundsätzlich der Gemeinde und nicht anderen staatlichen Institutionen zu überlassen, Art. 28 II GG jedoch keine Positivierung eines materiellen Verfassungswertes ist, zeigt schließlich ein Blick auf die dogmatische Struktur der Norm.

Art. 28 II GG ist nach allgemeiner Auffassung eine institutionelle Garantie[1276], welche die universelle Zuständigkeit der Gemeinden für alle Angelegenheiten der örtlichen Gemeinschaft und die Eigenverantwortlichkeit der Gemeinden umfaßt.[1277] Die Gewährleistung beider Elemente besteht - wie für institutionelle Garantien typisch - vorbehaltlich einer anderen gesetzlichen Regelung. Der Gesetzgeber kann Aufgaben entziehen und die Eigenverantwortlichkeit begrenzen[1278]. Die gesetzgeberische Ausgestaltungsbefugnis findet wiederum ihre Grenzen im Kernbereich kommunaler Selbstverwaltung[1279] sowie im gemeindespezifischen materiellen Aufgabenverteilungsprinzip. Der unentziehbare Kernbestand an Aufgaben ist nicht mit einem gegenständlichen Aufgabenkatalog fixierbar.[1280] Zum Kernbereich zählt daher vor allem die gemeindliche Zuständigkeit für alle nicht anderweitig zugewiesenen Aufgaben sowie die Unzulässigkeit einer gänzlichen Beseitigung oder Aushöhlung eigenständiger organisatorischer Gestaltungsfähigkeit.[1281] Das gemeindespezifische materielle Aufgabenverteilungsprinzip bindet den Entzug einer Aufgabe an das Erfordernis, daß eine ordnungsgemäße Aufgabenerfüllung durch die Gemeinde nicht sicherzustellen wäre, und erfüllt so eine dem Übermaßverbot vergleichbare Funktion.[1282] Die Eigenständigkeit und Selbstverantwortung der Gemeinden garantiert Art. 28 II GG somit allein durch die effektive Einbindung in den öffentlichen Aufgabenverbund.[1283]

Selbst wenn man ähnlich der Konstruktion mittelbarer Grundrechtsdrittwirkung die Zielrichtung der kommunalen Selbstverwaltung nicht auf den staatlichen Bereich beschränkt[1284], wäre eine solche Drittwirkung an den festgestellten Gehalt gebunden. Eine Kollision mit der Selbstverwaltungsgarantie könnte nur dann

---

1276 BVerfG, 02.12.1958, E 8, 332 (359); Dreier - Dreier, Art. 28, Rn. 812 m.w.N.

1277 Dreier - Dreier, Art. 28, Rn. 103.

1278 Dreier - Dreier, Art. 28, Rn. 109.

1279 BVerfG, 07.10.1980, E 56, 298 (312); BVerfG, 12.07.1960, E 11, 266 (274); BVerfG, 16.11.1963, E 17, 172 (182); BVerfG, 17.01.1967, E 21, 117 (130); BVerfG, 10.06.1969, E 26, 172 (180); BVerfG, 10.12.1974, E 38, 258 (278).

1280 BVerfG, 23.11.1988, E 79, 127 (146); Dreier - Dreier, Art. 28, Rn. 116.

1281 BVerfG, 07.10.1980, E 56, 298 (312); BVerfG, 17.01.1967, E 21, 117 (130); BVerfG, 21.05.1968, E 23, 353 (367ff).

1282 BVerfG, 23.11.1988, E 79, 127 (153); Dreier - Dreier, Art. 28, Rn. 118ff.

1283 Langer, VerwArch 1989, 352 (379).

1284 Schmidt-Jortzig, Rn. 523.

vorliegen, wenn Private die Aufgabenwahrnehmung durch die Gemeinde als solche behindern oder unmöglich machen.

Zusammenfassend ist somit festzustellen: Die kommunale Selbstverwaltungsgarantie ist lediglich eine auf die eigenverantwortliche Regelung der örtlichen Angelegenheiten gerichtete Kompetenzgarantie. Diese kann nur beeinträchtigt werden, indem eine andere staatliche Ebene eine örtliche Angelegenheit regelt oder der Gemeinde entsprechende Kompetenzen entzieht, ohne daß es darauf ankäme, ob sie ihrerseits von dieser Kompetenz Gebrauch macht. Ein materieller Gehalt, der es der Gemeinde erlauben würde, Regelungen zu treffen, zu denen auch andere staatliche Ebenen nicht nur aus kompetenzrechtlichen Gründen nicht befugt wären, ist Art. 28 II GG nicht zu entnehmen. Neben der Selbstverwaltungsgarantie existierten keine Verfassungsgüter, die als verfassungsimmanente Schranke der Kunstfreiheit zur Rechtfertigung bauästhetisch motivierter Eingriffe in die Kunstfreiheit in Betracht kommen. Eine entsprechende Regelung ist jeder staatlichen Ebene verwehrt. Folglich kann auch die Selbstverwaltungsgarantie keine Regelungsbefugnis der Gemeinde begründen, da eine Kompetenzverletzung nicht in Rede steht.

c) Kommunales Selbstgestaltungsrecht und Kernbereich der Selbstverwaltungsgarantie

Dem oben festgestellten Charakter der Selbstverwaltungsgarantie als Aufgabenüberlassungsgarantie entsprechend, wird auch das Selbstgestaltungsrecht üblicherweise im Hinblick auf die Reduktion kommunaler Hoheit durch überörtliche Planungen problematisiert.[1285] Doch auch ungeachtet der konzeptionellen Beschränkung der Selbstverwaltungsgarantie auf die Garantie bestimmter Kompetenzen ist keine Kollision zwischen einem Recht aus Art. 28 II GG auf kommunal-öffentliche Bestimmung der Baugestaltung und der Baukunstfreiheit des Privaten denkbar, die im Wege praktischer Konkordanz auszugleichen wäre.

Die mit dem Gesetzesvorbehalt verbundene Verantwortung des Gesetzgebers für Grundrechtseingriffe der Gemeinde sowie die Qualifizierung kommunaler Selbstverwaltung als staatliche Gewalt und als institutionelle Garantie lassen die Selbstverwaltungsgarantie aus Art. 28 II GG allenfalls dann als mit Art. 5 III 1 GG kollidierendes Verfassungsgut erscheinen, wenn die Regelung der örtlichen Baugestaltung ein Bereich wäre, der zwingend den Gemeinden zu überlassen wäre. Als verfassungsimmanente Schranke kann die Selbstverwaltungsgarantie nur in Betracht kommen, soweit der in Frage stehende Aufgabenbereich der verfassungsrechtlichen Selbstverwaltungsgarantie immanent ist. Regelungen der ört-

1285 Siehe etwa Langer, VerwArch 1989, 352ff.

lichen Baugestaltung müßten daher, um als Konkretisierung von Art. 28 II GG gelten zu können, in Ausübung der zum Kernbereich der kommunalen Selbstverwaltung gehörenden Aufgaben erfolgen.[1286]

Mit dem gemeindlichen Selbstgestaltungsrecht ist nach Ansicht von Koenig und Zeiss zugleich der Kernbereich kommunaler Selbstverwaltung betroffen.[1287] Mit dieser Auffassung geht ein enges Verständnis darüber einher, in welchen Konstellationen das Selbstgestaltungsrecht betroffen ist[1288], so daß allein bauästhetisch motivierte Regelungen nur in seltenen Ausnahmefällen dem Kernbereich kommunaler Selbstverwaltung zuzuordnen wären.

Die Baugestaltung gehört jedoch, wie Folgendes nahelegt, auch nicht in Ausnahmefällen zu den Bereichen, deren Regelung den Gemeinden durch Art. 28 II GG unentziehbar übertragen ist.

Das Selbstgestaltungsrecht ist eine Fortentwicklung der Planungshoheit. Die gemeindliche Planungshoheit ist Bestandteil des Rechts in Art. 28 II GG, alle Angelegenheiten der Gemeinschaft in eigener Verantwortung zu regeln.[1289] Ob die Planungshoheit zum unentziehbaren Kernbereich gemeindlicher Aufgaben gehört, ist umstritten.[1290] Selbst eine Zuordnung zum Kernbereich hätte jedoch nicht die Konsequenz, daß eine eigenständige Regelungsbefugnis bezüglich aller denkbaren Festsetzungen bestünde. Staatliche Dirigierung wäre nicht gänzlich unzulässig, denn der Kernbereich kommunaler Selbstverwaltung ist nicht über einen festumrissenen Aufgabenkatalog zu beschreiben.[1291] Aus der Planungshoheit sind daher keine Aussagen über den Standort des Selbstgestaltungsrechts im Rahmen der Selbstverwaltungsgarantie abzuleiten.

Mit dem Kernbereich ist das Essentielle geschützt, das aus einer Institution nicht entfernt werden kann, ohne deren Struktur und Typus zu verändern.[1292] Baukultur hat zwar schon wegen ihrer Immobilität einen besonderen Ortsbezug[1293], die bauliche Gestalt kann zudem die Identität einer Gemeinde mitbestimmen. Gleichwohl sind Art. 28 II GG keine zwingenden Verfassungsgebote

---

1286 Koenig/Zeiss, Jura 1997, 225 (230); Zeiss, ZfBR 1997, 286 (290).

1287 Koenig/Zeiss, Jura 1997, 225 (231); Zeiss, ZfBR 1997, 286 (290).

1288 Siehe die erläuternde Beispiele bei Zeiss, ZfBR 1997, 286 (290f).

1289 BVerfG, 23.06.1987, E 76, 107 (118); Hoppe/Grotefels - Grotefels, § 2, Rn. 26ff m.w.N.; Ernst/Hoppe - Hoppe, Rn. 167; Rabe/Steinfort/Heinz, S. 40.

1290 Dreier - Dreier, Art. 28, Rn. 130 m.w.N.; Nachweise bei Manssen, S. 113, und Langer, VerwArch 1989, 352 (379). Offengelassen in BVerfG, 07.10.1980, E 56, 298 (312f), und BVerfG, 23.06.1987, E 76, 107 (118f). BVerfG, 23.11.1988, E 79, 127 (146), betonte, zum Wesensgehalt kommunaler Selbstverwaltung gehöre kein gegenständlich bestimmter Aufgabenkatalog.

1291 Schmidt-Aßmann - Schmidt-Aßmann, Rn., Rn. 21; Manssen, S. 125 m.w.N.

1292 Schmidt-Aßmann - Schmidt-Aßmann, Rn. 20; Schmidt-Jortzig, Rn. 519.

1293 Mick, S. 115.

für ein gemeindliches Baugestaltungsrecht zu entnehmen; der Gesetzgeber könnte ohne Verstoß gegen Art. 28 II GG auf eine Ermächtigung der Gemeinden zur Reglementierung grundrechtlich-privater Baugestaltungsfreiheit verzichten.[1294] Örtliche Baugestaltungsvorschriften sind ihrer Natur nach nicht zwingend dem eigenen[1295] oder dem übertragenen[1296] Wirkungskreis zuzuordnen, entsprechend unterschiedlich sind die einzelnen landesgesetzlichen Regelungen.[1297] Auch eine historische Betrachtung zeigt, daß der Erlaß baugestalterischer Normen nicht untrennbar mit Gemeindefunktionen verbunden ist.[1298] Der mit der Selbstverwaltungsgarantie geförderten Möglichkeit gemeindlicher Identitätsbildung dienen auch die Planungshoheit, die Finanzhoheit und die Satzungshoheit.[1299] Das Gepräge einer Gemeinde wird nur unter anderem durch die ästhetische Gestaltung der in ihr vorhandenen Bauwerke mitbestimmt, gemeindliche Selbstgestaltung ist nicht zwingend darauf angewiesen, Bestimmungen über die zweckfreie Gestaltung von Bauwerken treffen zu können.

Das Selbstgestaltungsrecht gehört nicht als ganzes zum unantastbaren Kernbereich der Selbstverwaltung. Ein Abwehranspruch der Gemeinde aus Art. 28 II GG gegen staatliche Maßnahmen kann allenfalls dann gegeben sein, wenn das Selbstgestaltungsrecht innerlich ausgehöhlt und fast wertlos würde.[1300] Nach anderer Umschreibung kann es nur Vorhaben entgegengesetzt werden, die für die Gemeinden unmittelbare Auswirkungen von solchem Gewicht hätten, daß ein Bürger sie unter Berufung auf Art. 14 GG als schwere und unerträgliche Beeinträchtigung rügen könnte.[1301] Ein allein ästhetischen Bauvorstellungen der Gemeinde widersprechendes Vorhaben kann einen Abwehranspruch nicht begründen.

Der Erlaß örtlicher Baugestaltungsvorschriften gehört nicht zum unentziehbar der Gemeinde zustehenden Aufgabenbereich. Folglich ist aus der Selbstverwaltungsgarantie erst recht keine Verpflichtung des Gesetzgebers abzuleiten, den Gemeinden Reglementierungsbefugnisse zur Durchsetzung gemeindlicher Baugestaltungskonzepte zu verleihen.

1294 Langer, VerwArch 1989, 352 (380); siehe auch Manssen, Verw 1991, 33 (39f).

1295 BVerwG, 28.04.1972, BRS 25, Nr. 127; VGH BW, 26.08.1982, VBlBW 1983, 179 (181); Seybold, S. 46ff m.w.N.; Gaentzsch, Der Städtetag 1969, 374 (376f).

1296 BayVGH, 19.11.1985, BayVBl 1986, 370 (371); Ernst-Hoppe - Ernst, Rn. 858; Plate, S. 161f m.w.N.; weitere Nachweise bei Seybold, S. 46.

1297 Siehe dazu Manssen, S. 110ff, 113ff, 146.

1298 Im Rahmen der BauGVO erlassenes Ortsgestaltungsrecht wurde dem übertragenen Wirkungskreis zugerechnet, OVG Lüneburg, 30.11.1973, BRS 28, Nr. 107.

1299 Manssen, S. 141f.

1300 BVerwG, 19.03.1976, BayVBl 1976, 692 (693); siehe auch BayVGH, 23.04.1985, BayVBl 1985, 626 (628).

1301 Lerche, FS BayVGH, S. 223 (233f).

d) Ergebnis

Die kommunale Selbstverwaltungsgarantie ist auf die Aufgabenüberlassung gerichtet. Sie wirkt als Recht nur staatsintern. Regelungsbefugnisse, die anderen staatlichen Ebenen aus materiellen Gründen verwehrt sind, kann die Garantie kommunaler Selbstverwaltung der Gemeinde nicht vermitteln. Art. 28 II GG ist daher ungeeignet, einen Verfassungswert zu begründen, der ästhetisch motivierte Eingriffe in die Baukunstfreiheit verfassungsrechtlich rechtfertigen könnte.

Dies ergibt sich zudem aus dem beschränkten Umfang des gemeindlichen Selbstgestaltungsrechts. Die Reglementierung der Baugestaltung ist kein den Gemeinden unentziehbar zugewiesener Aufgabenbereich. Kann der Gesetzgeber auf eine Ermächtigung der Gemeinden zum Erlaß bauästhetischer ortsrechtlicher Bestimmungen gänzlich verzichten, kann die Ausnutzung einer erfolgten Ermächtigung nicht als Konkretisierung von Art. 28 II GG anderen Verfassungsbestimmungen entgegengesetzt werden.

VI. Zusammenfassung

Der Kunstgehalt baugebundener oder baubezogener Gestaltungen ergibt sich unzweifelhaft aus der Möglichkeit, sie bestimmten Kunstgattungen zuzuordnen. Die Bestimmung von Architektur als Werk angewandter Kunst kann aufgrund einer Gewichtung ihrer kommunikativen und funktionalen Zwecke erfolgen, vor allem aber anhand des schöpferischen Gehalts, der in der Originalität der Gestaltung seinen Ausdruck findet. Bauwerke, die als absolut verunstaltet bezeichnet werden, sind in diesem Sinne, soweit der ästhetisch unbefriedigende Zustand nicht auf einer Verwahrlosung beruht, regelmäßig Baukunstwerke. Gleiches gilt eingeschränkt auch für die Umgebung verunstaltende bauliche Anlagen. Im Hinblick auf positive Gestaltungsanforderungen können generelle Aussagen über den Kunstgehalt baulicher Anlagen nicht getroffen werden.

Jede baugestalterisch motivierte, die Realisierung des Baukunstwerkes in Frage stellende Anforderung ist ein Eingriff in Art. 5 III 1 GG, der nur soweit er verfassungsimmanente Schranken konkretisiert verfassungsrechtlich zu rechtfertigen ist.

Weder eine negative Kunstzugangsfreiheit des Rezipienten, noch der Schutz der körperlichen Unversehrtheit oder ein in Art. 2 I i.V.m. Art. 1 I GG verortetes Grundrecht auf Stadtgestaltung können als hinter baugestalterischen Anforderungen stehend den mit ihnen verbundenen Eingriff in die Kunstfreiheit rechtfertigen. Auch nachbarliche Grundrechte aus Art. 5 III 1 GG oder Art. 14 GG begründen keine Kollision verfassungsrechtlich geschützer Interessen, die durch baugestalterische Anforderungen aufgelöst würde. Da allein grundrechtlich geschützte Interessen vorbehaltlos garantierte Grundrechte verfassungsimmanent beschränken können, sind Baugestaltungsanforderungen, soweit sie Baukunstwerke betreffen, verfassungswidrig.[1302]

Selbst wenn auch nicht-grundrechtliche Verfassungsgüter zur verfassungsrechtlichen Rechtfertigung von Eingriffen in schrankenlose Grundrechte geeignet wären, sind bauästhetisch motivierte Beschränkungen der Baukunstfreiheit nicht verfassungsrechtlich zu rechtfertigen. Das in Art. 2 I GG erwähnte Sittengesetz ist ebenso wenig wie das in Art. 14 II GG normierte Gemeinwohlprinzip ein Verfassungswert, der baugestalterische Anforderungen an Baukunstwerke rechtfertigen könnte. Den Kompetenzbestimmungen, dem Staatsziel Umweltschutz und dem Sozialstaatsprinzip ist ebenfalls kein hinreichender Bezug zu bauästhetischen Anforderungen zu entnehmen. Gleichermaßen kann ein verfassungsrechtlicher Kulturauftrag im Sinne eines Auftrags zur Förderung von Kunst nicht als hinter Baugestaltungsanforderungen stehend mit ihnen verbundene Eingriffe in die Kunstfreiheit rechtfertigen. Der Garantie kommunaler Selbstverwaltung in Art. 28 II GG erwächst kein gemeindliches Selbstgestaltungsrecht, das den durch Art. 5 III 1 GG geschützten Gestaltungsvorhaben entgegengestellt werden könnte.

Lediglich die kulturstaatliche Pflege des kulturellen Erbes als Element des in den Grundrechten zu verortenden verfassungsrechtlichen Kulturauftrages könnte in engen Grenzen Beschränkungen der künstlerischen Betätigung an dem kulturellen Allgemeingut zuzurechnenden Denkmälern legitimieren.

§ 3 Die Vereinbarkeit baugestalterischer Anforderungen mit sonstigen Grundrechten

I. Betroffene Grundrechte - Eingrenzung des Untersuchungsgegenstandes

Anforderungen an die Baugestaltung können zahlreiche grundrechtlich geschützte Interessen verschiedener Personen berühren.

Außenwerbeanlagen bilden aufgrund spezifischer Normierung in den Bauordnungen[1303] und vielfacher Regelung durch örtliche Gestaltungssatzungen[1304]

1302 Bereits Nipperdey - Kitzinger, Art. 142, S. 473f, nennt baugestalterische Anforderungen den „unverhülltesten Ausdruck des Hineinregierens in die Kunst, den unser Recht kennt“. Dieses Kunstrichtertum der Polizei stehe im Widerspruch zur Garantie freier Kunst.

1303 Siehe Fn. 192.

einen bedeutsamen Anwendungsbereich bauästhetischer Bestimmungen.[1305] Verfassungsrechtliche Grenzen findet hier das Baugestaltungsrecht vor allem in der durch Art. 14 GG garantierten Eigentumsfreiheit und der Berufsausübungsfreiheit des Werbetreibenden.[1306] Werbung genießt Schutz als Meinungsäußerung und -verbreitung[1307] bzw. als Presseerzeugnis[1308], die Reglementierung von Außenwerbeanlagen könnte daher auch an Art. 5 I GG zu messen sein.[1309] Verbote störender Häufung von Werbeanlagen wären schließlich auf ihre Vereinbarkeit mit Art. 3 I GG zu untersuchen.[1310]

Spezifische Grundrechtsberührungen sind nicht nur bei Gestaltungsbeschränkungen von Außenwerbeanlagen gegeben. Insbesondere soweit Graffitis und andere an bauliche Anlagen angebrachte Aussagen von Baugestaltungsanforderungen betroffen sind, wäre zu prüfen, ob der Bauherr den Schutz der Meinungsfreiheit beanspruchen kann.[1311]

Häufig wird aus gestalterischen Gründen die Anbringung oder Aufstellung von Antennen und Satellitenschüsseln beschränkt.[1312] Hier stellt sich die Frage

---

1304 1994 existierten 250 die Aufstellung von Werbeanlagen regelnde örtliche Bauvorschriften, Becker, S. 5.

1305 Zur Thematik siehe Engelmann, passim.

1306 Siehe dazu BVerwG, 28.06.1955, E 2, 172 (174, 179); BVerwG, 25.06.1965, E 21, 251; BVerwG, 28.04.1972, BRS 25, Nr. 127; OVG Münster, 20.01.1964, BRS 15, Nr. 77; Friedrich, WRP 1972, 113; Schmidt-Tophoff, S. 58; Engelmann, S. 207ff; Kretzschmar, BB 1956, 321 (322); Kiehne, S. 59; Jürgens, VerwArch 1962, 105 (109f); Bull, BB 1951, 649; Lerche, Werbung, S. 72ff, 88, 92, 130ff; Seybold, S. 89ff; Beckmann, WRP 1978, 693ff.

1307 Auch politisch - werbliche Äußerungen können Meinungen i.S.v. Art. 5 I GG sein, BVerfG, 04.04.1967, E 21, 271 (279); Friedrich, WRP 1972, 113 (114); Lerche, Werbung, S. 76ff, 154f. Anders noch BVerwG, 04.031954, NJW 1954, 1133 (1134); BVerwG, 28.06.1955, E 2, 172 (178); Schmidt-Tophoff, S. 58: Sinn der Werbung sei nicht die Meinungsäußerung, sondern die Beeinflussung des Käufers mit dem Ziel, ihn kaufbereit zu machen.

1308 Friedrich, WRP 1972, 113 (114).

1309 Siehe dazu BVerwG, 28.06.1955, E 2, 172 (178); OVG Münster, 10.04.1973, BRS 27, Nr. 118; Engelmann, S. 210f; Friedrich, WRP 1972, 113 (114f).

1310 Siehe dazu OVG Berlin, 11.02.1966, BB 66, 1205; Engelmann, S. 215; Lerche, Werbung, S. 136.

1311 Zu Graffiti siehe Wesel, NJW 1997, 1965; Kruse/Graumann/Lantermann - Kagelmann, S. 541ff. Beispiel eines sich begattende Paradiesvögel zeigenden Mosaiks an einer Hausfassade bei Watzke, S. 62.

1312 Beschränkungen ergeben sich vor allem aus Gestaltungssatzungen und Bebauungsplänen, aber auch in Anwendung baugestalterischer Generalklauseln der Bauordnungen. Zum Teil ermächtigen die Bauordnungen ausdrücklich zu Antennenanlagen betreffenden Gestaltungsregelungen, siehe § 88 I Nr. 6 LBauO RP. Eine grundsätzlich verunstaltende Wirkung von Antennenwäldern wird entgegen Hermann, S. 41, sicherlich nicht angenommen werden können.

nach der Vereinbarkeit mit der grundrechtlich garantierten Rundfunkempfangsfreiheit.[1313]

Aus zumindest scheinbar bauästhetischen Gründen kann schließlich der Bau religiöser Einrichtungen in der von der betroffenen Religionsgemeinschaft vorgesehenen Form verhindert werden[1314] - eine Beeinträchtigung, die, sollte sie als Eingriff in die ebenso wie die Kunstfreiheit vorbehaltlos garantierte Religionsfreiheit zu verstehen sein, verfassungsrechtlich nicht zu rechtfertigen wäre.

Im Rahmen dieser Untersuchung können nicht all diese und sämtliche weitere denkbare Grundrechtsbeeinträchtigungen beleuchtet werden. Einer näheren Betrachtung sollen entsprechend dem Untersuchungsziel nur jene Grundrechtsbezüge unterzogen werden, die dem Baugestaltungsrecht gewissermaßen immanent sind. Dies sind nur jene Grundrechtseingriffe, die sich aus der bauästhetischen Motivation der Beschränkung ergeben bzw. in unmittelbarem Zusammenhang mit entsprechenden Interessen des Beeinträchtigten stehen.

A. Eigentumsgarantie, Art. 14 GG

Gestalterische Anforderungen hindern den Eigentümer daran, seine abweichenden Gestaltungsabsichten zu verwirklichen. Ob diese Absichten grundrechtlich geschützt sind, kann nicht losgelöst davon beantwortet werden, ob die Grund-

---

1313 BVerwG, 23.08.1991, NVwZ 1992, 475f, bestätigt durch BVerfG 11.12.1991, NVwZ 1992, 463 (keine Grundrechtsverletzung wenn in Baugebiet mit zweistöckiger Reihenhausbebauung und relativ kleinen Freiflächen ein 17,5m hoher, die Häuser um das Doppelte überragender Funkantennenmast, dessen 5m breite Tragekonstruktion nahezu die gesamte Breite des Hausgartens einnimmt, wegen Verstoß gegen § 12 BauO NW nicht errichtet werden darf); BayVerfGH, 27.09.1985, DVBl 1986, 44ff (Grundrechtsverletzung durch Ortssatzung wenn Breitbandkabel Empfangseinbuße bedeutet, da Einbuße bei Landschafts- und Ortsbild geringer wiege als der Eingriff in die Rundfunkempfangsfreiheit). Nach Ricker, NJW 1991, 602 (604) können nur sicherheitstechnische Gründe einen Eingriff in die Rundfunkempfangsfreiheit legitimieren, nicht aber allein ästhetische Gründe. Siehe auch Hermann, S. 73f, 96ff; Ernst/Zinkahn/Bielenberg/Krautzberger - Söfker, § 34, Rn. 69; Gädtke/Böckenförde/Temme/Heintz - Heintz, § 12, Rn. 3; Simon, Art. 11, Rn. 6c, 30; Simon, Ortsbildgestaltung, S. 25.

1314 Siehe BayVGH, 29.08.1996, BRS 58, Nr. 9, zur Beeinträchtigung des Erscheinungsbildes eines Kirchengebäudes durch ein mehr als 300m entfernt geplantes Minarett, fehlerhafte Abwägung der Gemeinde bei Erstellung des einem Minarett entgegenstehenden Bebauungsplanes wegen nicht hinreichender Beachtung von Art. 4 GG; BayVGH, 25.06.1990, BRS 50, Nr. 133 (zu rechteckigen Grundrissen verpflichtende Baugestaltungssatzung als Reaktion auf aus religiösen Gründen beantragten kleeblattförmigen Grundriß). Zum Konflikt zwischen kommunaler Planung und Sakralarchitektur siehe Dolderer, BauR 1999, 691.

stücksbebauung als solche von der Eigentumsgewährleistung nach Art. 14 I 1 GG umfaßt ist. Sollten staatliche Entscheidungen über die Bebaubarkeit eines Grundstücks nicht an die Eigentumsgarantie des Art. 14 GG gebunden sein, kann nur schwer eine ebensolche Bindung bei der Bestimmung von Art und Weise der Bebauung begründet werden.

Nach herrschender Meinung gehört die Baufreiheit zu den Essentialia der Grundeigentümerbefugnisse und ist verfassungsrechtlich geschützt.[1315] Nach anderer Auffassung ist die Baufreiheit erst verwaltungsrechtlich vermittelt.[1316] Mit der Theorie einer verfassungsrechtlichen Baufreiheit wird keine unantastbare Rechtsposition begründet; der Gesetzgeber ist unbestritten berufen, Inhalts- und Schrankenbestimmungen nach Art. 14 I 2 GG zu treffen, hat dabei aber die ihm aus der Eigentumsgarantie gesetzten Grenzen zu beachten.[1317] Aus einer nur verwaltungsrechtlich vermittelten Bebauungsbefugnis könnte abgeleitet werden, daß Einschränkungen der Baufreiheit nicht am verfassungsrechtlichen Maßstab des Art. 14 I GG zu messen seien, der Gesetzgeber somit nicht den Grenzen für Inhalts- und Schrankenbestimmungen unterliege.[1318] Diese Konsequenz ist von den Vertretern der Theorie staatlicher Baurechtsverleihung nicht gewollt[1319] und auch nicht zwingend, denn der Gesetzgeber ist auch bei der konstitutiven Inhaltsbestimmung des Eigentums nicht ungebunden. Es kann somit dahingestellt bleiben, ob die Baufreiheit unmittelbar aus Art. 14 GG abzuleiten ist oder verwaltungsrechtlich als Rechtsposition verliehen wird.

Die ästhetische Gestaltung eines Bauwerks ist eine Form der Eigentumsnutzung; der Ausschluß jeder Einwirkung auf die Erscheinung der Sache ist von der Eigentumsfreiheit umfaßt.[1320] Anforderungen an die ästhetische Gestaltung bauli-

---

1315 BVerwG, 06.06.1975, E 48, 271 (273); BGH, 30.06.1983, BGHZ 88, 51 (59); Leisner, DVBl 1992, 1065; Isensee/Kirchhof - Leisner, § 149, Rn. 104; Battis, S. 65; Hoppe/Grotefels - Grotefels, § 2, Rn. 56; Maunz/Dürig/Herzog/Scholz - Papier, Art. 14, Rn. 58ff; v. Mangoldt/Klein/Starck - Depenheuer, Art. 14, Rn. 119f; Peine, Rn. 119.

1316 Benda/Maihofer/Vogel - Badura, § 10, Rn. 80; Dreier - Wieland, Art. 14, Rn. 32.

1317 Leisner, DVBl 1992, 1065 (1067); Hoppe/Grotefels - Grotefels, § 2, Rn. 55f.

1318 So der Einwand gegen eine Verleihung der Bebauungsbefugnis, Leisner, DVBl 1992, 1065 (1071); Isensee/Kirchhof - Leisner, § 149, Rn. 104; Maunz/Dürig/Herzog/Scholz - Papier, Art. 14, Rn. 66; v. Mangoldt/Klein/Starck - Depenheuer, Art. 14, Rn. 121; Hoppe/Grotefels - Grotefels, § 2, Rn. 56; Peine, Rn. 120.

1319 Dreier - Wieland, Art. 14, Rn. 32; v. Münch/Kunig - Bryde, Art. 14, Rn. 14. Die faktische Annäherung beider Positionen kommt insbesondere bei Benda/Maihofer/Vogel - Badura, § 10, Rn. 80ff, zum Ausdruck. Siehe auch Schmidt-Aßmann - Krebs, Rn. 28f.

1320 BVerwG, 28.06.1955, E 2, 172 (179); OVG Lüneburg, 28.04.1954, BRS 4, S. 214 (217); HessVGH, 13.08.1953, BRS 3, S. 197ff (199f); Looks, S. 64ff; Büge/Zinkahn, S. 17; Seybold, S. 57; Manssen, S. 173f; v. Mangoldt/Klein/Starck -

cher Anlagen sind Inhalts- und Schrankenbestimmungen des Eigentums im Sinne von Art. 14 I 2 GG.[1321]

Der Gesetzgeber muß bei der Bestimmung von Eigentumsinhalt und -schranken sowohl die wesentlichen Strukturmerkmale des Rechtsinstituts Eigentum, d.h. die Privatnützigkeit und grundsätzliche Verfügungsbefugnis des Eigentümers, zum anderen das Sozialgebot des Art. 14 II GG beachten. Er muß die Individualinteressen und die Gemeinschaftbelange in einen sachgerechten, den Grundsätzen des Übermaßverbotes[1322] genügenden Ausgleich bringen.[1323] Gegen dem nicht entsprechende Inhalts- und Schrankenbestimmungen setzt sich die Eigentumsgarantie als Abwehrrecht durch.[1324]

1. Öffentlicher Belang

Eine Beschränkung des Eigentümers ist gemäß Art. 14 II GG nur zum Wohl der Allgemeinheit zulässig.[1325] Daß die Ziele baugestalterischer Normen tatsächlich im öffentlichen Interesse liegen, wird überwiegend nicht bezweifelt.

Manssen[1326] hält hingegen den erforderlichen sozialen Bezug der ästhetischen Baugestaltung für nicht ohne weiteres gegeben. Die Förderung der Ästhetik sei kein Belang, der ein öffentliches Interesse an einer Eigentumsbindung begründen könne, da andernfalls auch sonstige Gegenstände des täglichen Bedarfs ästhetischen Beschränkungen unterworfen werden könnten.[1327] Erst die qualifizierte

---

Starck, Art. 5 III, Rn. 319; Burkhard, S. 60ff; Hoffmann, NJW 1985, 237 (244) m.w.N.

1321 Benda/Maihofer/Vogel - Badura, § 10, Rn. 82; Sachs - Wendt, Art. 14, Rn. 127; Moench/Schmidt, S. 46; Klein, S. 264.

1322 BVerfG, 03.11.1982, E 62, 169 (183); BVerfG, 10.07.1958, E 8, 71 (80); BVerfG, 08.04.1987, E 75, 78 (97f); BVerfG, 15.07.1987, E 76, 220 (238); Sachs - Wendt, Art. 14, Rn. 73; Maunz/Dürig/Herzog/Scholz - Papier, Art. 14, Rn. 64, 303ff; v. Münch/Kunig - Bryde, Art. 14, Rn. 59; Jarass/Pieroth - Jarass, Art. 14, Rn. 33. Kritisch AK - Rittstieg, Art. 14, Rn. 167.

1323 BVerfG, 15.01.1969, E 25, 112 (118); BVerfG, 15.07.1981, E 58, 300 (338); BVerfG, 14.07.1981, E 58, 137 (147); BVerfG, 23.09.1992, E 87, 114 (138f); BVerfG, 08.01.1985, E 68, 361 (367); BVerfG, 12.06.1979, E 52, 1 (29); Dreier - Wieland, Art. 14, Rn. 32, 66f, 79; Hoppe/Grotefels, Grotefels, § 2, Rn. 49 m.w.N. Benda/Maihofer/Vogel - Badura, § 10, Rn. 53.

1324 Hoppe/Grotefels - Grotefels, § 2, Rn. 49.

1325 BVerfG, 15.01.1969, E 25, 112 (118); Dreier - Wieland, Art. 14, Rn. 79.

1326 Einschränkend auch Seybold, S. 61f. Entsprechende Bedenken bereits bei Baumeister, S. 265: „Aber ist denn das [der Beitrag hübscher Häuser zum angenehmen Eindruck einer Stadt - N.K.] ein nothwendiges öffentliches Interesse? Kann man die Aesthetik in gleiche Linie setzen mit Feuersicherheit, Gesundheit und freiem Verkehr?“

1327 Manssen, S. 177f.

Wirkung verunstalteter Bauwerke auf die Mehrheit der Betrachter, die Verletzung ihres ästhetischen Empfindens und die dadurch verursachte verringerte Lebensqualität begründe eine hinreichend gewichtigen sozialen Bezug und damit ein öffentliches Interesse an einer Eigentumsbindung.[1328] Umgebungsbezogene Anforderungen dienten jedoch nicht der Förderung der Ästhetik, sondern zum Beispiel dem Schutz des Orts- und Straßenbildes oder der Bewahrung historischer Identität.[1329] Diese Ziele seien ästhetisch indifferent. Umgebungsschützende Anforderungen zögen lediglich die Konsequenzen, die sich aus der spezifischen Belegenheit des Gebäudes in einem bestimmten Gebiet ergeben.[1330] Auch positive Gestaltungspflege sei nicht in Anwendung der oben erlangten Ergebnisse unzulässig, denn ein aus der Selbstverwaltungsgarantie in Art. 28 II GG fließendes Selbstgestaltungsrecht der Gemeinden könne Eingriffe zur Durchsetzung positiver Gestaltungskonzepte legitimieren.[1331]

Es ist nicht einsichtig, daß aus der Selbstverwaltungsgarantie ein Selbstgestaltungsrecht der Gemeinden fließen soll, das nicht auf das Wohl der Allgemeinheit gerichtet ist. Erkennt man jedoch an, daß die der Gemeinde eine Identität gebende oder bewahrende Gestaltung dem gemeinschaftlichen Wohl dient, ist kein Grund ersichtlich, warum erst die Selbstverwaltungsgarantie positive Gestaltungskonzepte legitimieren können soll. Nicht überzeugen kann auch die Unterscheidung zwischen ästhetischen Belangen und dem Schutz des Orts-, Landschafts- oder Straßenbildes. Allenfalls der substanzielle Erhalt bestimmter Gebäude kann als losgelöst von ästhetischen Zielsetzungen betrachtet werden, da hier der Erhalt Zeugnissen bestimmter Ereignisse oder Epochen und nicht ausschließlich ihrer ästhetischen Wirkung gilt.[1332] Der Schutz der Umgebung durch baugestalterische Anforderungen hat allein die optische Wirkung der baulichen Anlage und ihrer Umgebung auf den Betrachter zum Gegenstand. Will man das verfolgte Ziel der Harmonie zwischen Bauwerk und Umgebung nicht als ästhetisches Ziel betrachten, da auch ein harmonisches Bild nicht zwangsweise schön ist[1333], ist damit die Beförderung des allgemeinen Wohls durch entsprechende Bestimmungen nicht bewiesen; eine Darlegung, warum diese als nicht-ästhetisch bestimmten Regelungen ein öffentliches Anliegen schützen, erübrigt sich nicht.

1328 Manssen, S. 179.

1329 Zur Differenzierung zwischen ästhetischen Zwecksetzungen und dem Schutz des Orts-, Straßen- und Landschaftsbildes siehe auch Flagge - Kromik, S. 95 (102), wonach Ziel von Gestaltungssatzungen nicht nur die optische Ästhetik, sondern auch eine schön gebaute Umwelt und dadurch beeinflußte Lebensqualität sei.

1330 Manssen, S. 192.

1331 Manssen, Verw 1991, 33 (41f); Manssen, S. 219f.

1332 Siehe oben unter § 2 V. L.

1333 Manssen, S. 192.

Die Inkonsequenzen in der Argumentation Manssens bedürfen indes keiner Auflösung, da bereits das zugrundeliegende restriktive Verständnis der Bauästhetik als öffentlicher Belang nicht überzeugen kann. Daß auch andere Gegenstände, deren ästhetischer Erscheinung die Öffentlichkeit ausgesetzt ist[1334], normierten ästhetischen Anforderungen nicht unterliegen können, ergibt sich aus dem Verhältnismäßigkeitsgrundsatz, ohne daß das allgemeine Wohl entsprechend eng interpretiert werden müßte. Sobald ästhetische Reglementierungen für die Allgemeinheit von Nutzen sind, kann die Förderung des allgemeinen Wohls nicht bestritten werden. Dazu ist weder eine entsprechende Wirkung auf die Mehrheit der Betrachter erforderlich, noch der hohe Beeinträchtigungsgrad einer Verletzung des ästhetischen Empfindens, wohl aber die Konfrontation der Allgemeinheit mit dem Gegenstand[1335]. Die zwingende Beschränkung der Gestaltungsanforderungen in den Generalklauseln resultiert allein aus Bestimmtheitsanforderungen, eine Förderung des allgemeinen Wohls ist nicht davon abhängig, ob eine Verletzung des ästhetischen Empfindens einer Mehrheit der Betrachter abgewendet wird.

2. Abwägung

Die Abwehr baulicher Verunstaltungen wird allgemein als zulässige Eigentumsbestimmung angesehen.[1336] Unter Umständen kann aber nach Auffassung des BVerwG der Verhältnismäßigkeitsgrundsatz bestimmte Einschränkungen erforderlich machen.[1337] Bauliche Anlagen prägen das Stadtbild und bestimmen so Atmosphäre und Lebensqualität der Umgebung mit.[1338] Verunstaltungsverbote verlangen keine bestimmte Gestaltung, sondern verbieten bestimmte Gestaltungen; dem Bauherrn bleiben unzählige Gestaltungsmöglichkeiten. Aufgrund des fehlenden gesellschaftlichen Konsenses in gestalterischen Fragen wird nur im

---

1334 Wie etwa die von Manssen, S. 178, vergleichend herangezogenen Krawatten und Autolackierungen.

1335 Manssen, S. 178, nennt beispielhaft die Wohnzimmergestaltung.

1336 BVerwG, 11.04.1989, NJW 1989, 2638; BVerwG, 28.06.1955, E 2, 172 (179); BVerwG, 06.12.1999, 4 B 75/99 (für die Forderung, Bauwerk nach anerkannten Regeln der Baukunst durchzubilden); BVerwG, 27.06.1991, NVwZ 1991, 983 (984); OVG Münster, 06.02.1992, BRS 54, Nr. 129; Sachs - Wendt, Art. 14, Rn. 127; Benda/Maihofer/Vogel - Badura, § 10, Rn. 82 m.w.N.; Looks, S. 68f; Büge/Zinkahn, S. 17f m.w.N.; v. Mangoldt/Klein/Starck -Starck, Art. 5 III, Rn. 319; Namgalies, S. 181.

1337 BVerwG, 11.04.1989, NJW 1989, 2638 (im vorliegenden Fall - vom mittellosen Eigentümer wird eine 250.000 DM kostende Verunstaltungsbeseitigung verlangt - sei jedoch die Schwelle der Unzumutbarkeit nicht erreicht).

1338 BVerwG, 11.04.1989, NJW 1989, 2638.

seltenen Ausnahmefall eine Verunstaltung festzustellen sein. Die geringe Intensität der dem Eigentümer mit Verunstaltungsverboten auferlegten Beschränkung läßt eine Vereinbarkeit mit der Eigentumsgarantie auch ohne detaillierte Interessenanalyse abstrakt grundsätzlich nicht unplausibel erscheinen.

Anders verhält es sich mit über die Verunstaltungsabwehr hinausgehenden Anforderungen. Deren eigentumsrechtliche Zulässigkeit wird in Rechtsprechung und Literatur differenzierter beurteilt.[1339] Nur solche Anforderungen seien mit der Eigentumsgarantie vereinbar, denen eine angemessene Abwägung zwischen dem sachgerechten öffentlichen Gestaltungsanliegen und den privaten Eigentümerbefugnissen zugrunde liege.[1340] Abwägungsentscheidend ist vielfach die vorgefundene Prägung des Baugebietes.[1341] Eine Beurteilung der eigentumsrechtlichen Zulässigkeit baugestalterischer Anforderungen ist daneben in hohem Maße abhängig davon, wie sehr die Gestaltungsfreiheit des Bauherren eingeschränkt wird, mithin vom konkreten Inhalt der zu beurteilenden Bestimmung. Über die bloße Verunstaltungsabwehr hinausgehende positive Gestaltungsanforderungen sind vielfältig, Kombinationsmöglichkeiten erhöhen die Zahl der differenziert zu beurteilenden baugestalterischen Eingriffe ins Unendliche. Eine nach Regelungsinhalten unterscheidende Betrachtung kann daher in diesem Rahmen nicht erfolgen. Statt dessen sind im folgenden Abwägungskriterien herauszuarbeiten, die Geltung für jede eigentumsrechtliche Beurteilung ästhetisch motivierter Eingriffe in die Baugestaltungsfreiheit beanspruchen können.

Ein Kriterium zur Beurteilung von Eigentumsbestimmungen kann die historische Entwicklung liefern. Baugestaltungsrechtliche Anforderungen waren auch in der Vergangenheit weit verbreitet. Eine historische Betrachtung läßt aber auch erkennen, daß ästhetisch motivierte Einschränkungen nicht untrennbar mit der

1339 Siehe Moench/Schmidt, S. 48f; Schmidt-Aßmann - Krebs, Rn. 197; Friauf/Wendt, S. 40.

1340 BVerwG, 28.04.1972, E 40, 94; VGH BW, 26.08.1982, BRS 39, Nr. 133 m.w.N.; OVG Münster, 06.02.1992, BRS 54, Nr. 112; OVG Münster, 30.06.1978, BRS 33, Nr. 115; OVG Münster, 30.06.1981, BRS 38, Nr. 138; OVG Lüneburg, 12.02.1982, BRS 39, Nr. 132; OVG Lüneburg, 17.04.1985, BRS 44, Nr. 116; BayVGH, 25.06.1990, BRS 50, Nr. 133; OVG SH, 21.12.1994, BRS 57, Nr. 172.

1341 BVerwG, 28.04.1972, E 40, 94 (Verstoß gegen Art. 14 GG durch Werbeverbote in Mischgebieten, da dort keine einheitliche Prägung existiere); ebenso OVG Münster, 30.06.1983, BRS 40, Nr. 152; OVG Münster, 06.02.1992, BRS 54, Nr. 112 (Fremdwerbeverbot in Kerngebieten sei wegen Uneinheitlichkeit dieser Gebiete unzulässig, ebenso in historischen Stadtkernen, wenn auch Gebiete ohne einheitliche Prägung betroffen sind). Zu Fremdwerbeverboten in bestimmten Baugebieten siehe auch BVerwG, 16.03.1995, BRS 57, Nr. 175. OVG Lüneburg, 17.04.1985, BRS 44, Nr. 116 (Vorgabe, Außenwände mit roter Verblendung zu versehen, sei mangels einheitlicher Umgebung nichtig); BayVGH, 12.09.1988, BRS 48, Nr. 110; BayVGH, 25.06.1990, BRS 50, Nr. 133.

Eigentumsgarantie verbunden sind. Die geschichtliche Entwicklung indiziert allenfalls eine prinzipielle Befugnis des Staates, zu ästhetischen Zwecken die Eigentumsfreiheit zu beschränken, läßt jedoch keine Aussagen über die zulässige Intensität dieser Beschränkungen zu.[1342]

Aufgrund der Unvermehrbarkeit und Unverzichtbarkeit des Bodens haben das Grundeigentum betreffende Bestimmungen, so das BVerfG in ständiger Rechtsprechung, die Interessen der Allgemeinheit in weit stärkerem Maße zur Geltung zu bringen, als Regelungen zu anderen Vermögensgütern.[1343] Die Außenwirkung von Bauwerken begründe einen gesteigerten sozialen Bezug der Baufreiheit, der dem Gesetzgeber einen weiten Gestaltungsspielraum bei der Inhaltsbestimmung verschaffe.[1344] Ob dies auch für die ästhetische Grundstücksgestaltung gilt, kann nicht durch pauschalen Verweis auf allgemeine Merkmale von Grund und Boden oder den Sozialbezug von Bauwerken unterstellt werden. Eine Differenzierung nach dem sozialen Bezug des Eigentumobjektes kann nur auf die soziale Bedeutung abstellen, die dem Nutzungsinteresse des Nichteigentümers an dem Objekt zukommt.[1345] Erst eine Bestimmung der Bedeutung von ästhetischen Einwirkungen der Baugestalt auf die Allgemeinheit kann Aufschluß darüber geben, ob die Gestaltung des Bauwerks schlechthin nicht Angelegenheit privater Exklusivität sein kann[1346].

Gleiches gilt für die Formel der Situationsgebundenheit[1347] zur Bestimmung der zulässigen Eingriffstiefe. Mit ihr wird auf eine gewisse natürliche Gebunden-

---

1342 Siehe auch Lerche, Werbung, S. 132; Isensee/Kirchhof - Leisner, § 149, Rn. 36ff.

1343 BVerfG, 12.01.1967, E 21, 73 (82f); BVerfG, 12.06.1979, E 52, 1 (33); Sachs - Wendt, Art. 14, Rn. 112.

1344 BVerwG, 06.12.1999, 4 B 75/99; Moench/Schmidt, S. 47.

1345 Siehe etwa BVerfG, 12.01.1967, E 21, 73, zum landwirtschaftlichen Grundstücksverkehr und BVerfG, 04.02.1975, E 38, 348 (370), zum sozialen Mietrecht auf der einen Seite und BVerfG, 12.06.1979, E 52, 1 (32f), zum Kleingartenwesen sowie BVerfG, 19.06.1985, E 70, 191 (211), zu Fischereirechten auf der anderen Seite. Das Angewiesensein ist nicht beschränkt auf die reale Nutzung des Objekts durch den Nichteigentümer, es kann auch aus einer besonderen Bedeutung der ideellen Nutzung durch andere resultieren. Siehe Körner, S. 130ff, und Melchinger, S. 227f, 230, zur Bedeutung von Denkmälern, Dritten die unmittelbare Anschauung vom kulturellen Erbe zu ermöglichen.

1346 So aber Seybold, S. 59.

1347 BVerfG, 15.01.1969, E 25, 112 (117, 120); BVerwG, 14.11.1975, E 49, 365; BGH, 25.03.1957, DÖV 1957, 669 (669f); weitere Nachweise bei Dreier-Wieland, Art. 14, Rn. 80. Bedenken gegen die Formel der Situationsgebundenheit bei Isensee/Kirchhof - Leisner, § 149, Rn. 157ff. Zur Anwendung der Formel zur Beurteilung von Baugestaltungsanforderungen siehe Seybold, S. 81: „Indem hier der Bauherr (...) angehalten wird, eine bestimmte baukünstlerische Gestaltung zugunsten einer anderen, den Charakteristika der Umgebung eher entsprechenden aufzugeben, wird heit des Eigentums durch seine Lage verwiesen, die durch die gesetzliche Bindung nur nachgezeichnet werde. Eine die situative Belastung des Grundstücks zum Ausdruck bringende Regelung sei regelmäßig eine nach Art. 14 I 2 GG zulässige Inhaltsbestimmung.[1348] Diese Formel allein kann die Vereinbarkeit baugestalterischer umgebungsbezogener Anforderungen mit Art. 14 GG nicht begründen. Es kann nicht genügen, die ästhetische Baugestaltung als natürlich vorgegebenes Interesse zu benennen, ohne diese Qualifizierung nachzuweisen.[1349]

Ebenfalls unzulässig ist ein Erst-recht-Schluß aus einer Vereinbarkeit gänzlicher Bauverbote mit der Eigentumsgarantie auf die Zulässigkeit den Eigentümer vergleichsweise weniger belastender gestalterischer Anforderungen.[1350] Für ein konkretes, an sich zulässiges Bauvorhaben kann aus der abstrakt bestehenden Möglichkeit eines gänzlichen Verbotes nicht geschlußfolgert werden, daß erst recht mildere Bauanforderungen zulässig sein müßten. Zudem kann nur die konkrete Interessenlage entscheidend sein. Den Eigentümer besonders belastende Anforderungen können gerechtfertigt sein, ohne daß damit die Rechtfertigung anderer, ihn weniger belastender Anforderungen einher geht, wenn für letztere nur andere, weniger schützenswerte oder bedrohte Interessen streiten.[1351]

Aber auch die umgekehrte Argumentation, wonach die mit dem Zweck gefahrenabwehrender Bestimmungen nicht vergleichbare Plausibilität bauästhetischer Restriktionen eine zurückhaltende Auslegung und Anwendung dieser Normen erfordere[1352], ist in ihrer Pauschalität nicht überzeugend.

Soweit in Literatur und Rechtsprechung Baugestaltungsanforderungen an der Eigentumsgarantie gemessen werden, beschränken sich die Ausführungen auf Aussagen über die Bedeutung der Bestimmungen für die ästhetische Qualität des Gebietes, über den Umfang der dem Eigentümer verbleibenden Gestaltungsmöglichkeiten oder über die wirtschaftlichen Auswirkungen. Auf eine dem vorausgehende, die Grundlage einer Abwägung bildende Bestimmung und Wertung der Interessen wird verzichtet. Die Qualifizierung einer gezielten Gestaltung einzel-

ihm nur etwas genommen, was ein vernünftiger und einsichtiger Eigentümer von sich aus mit Rücksicht auf die gegebene besondere Situation ohnehin ins Auge fassen würde."

1348 Hoppe/Grotefels - Grotefels, § 2, Rn. 69.

1349 Anders Seybold, S. 80ff.

1350 So aber Jürgens, VerwArch 1962, 105 (111f). Ähnlich auch Moench/Schmidt, S. 48: „In diesem Zusammenhang ist zu berücksichtigen, daß die Baufreiheit ohnehin in starkem Ausmaß durch das Bodenrecht und das herkömmliche Bauordnungsrecht eingeschränkt ist. Daraus folgt, daß in Gestaltungsvorschriften grundsätzlich ein Rahmen gesetzt werden darf."

1351 Siehe auch BayVGH, 12.09.1988, BRS 48, Nr. 110.

1352 Schmidt-Aßmann - Krebs, Rn. 30.

ner baulicher Anlagen und des Straßen-, Orts- und Landschaftsbildes als ein bedeutsames öffentliches Anliegen und die Notwendigkeit, dem Eigentümer einen gewissen Gestaltungsspielraum zu belassen, werden lediglich behauptet.[1353]

Auch die zumindest partiell gegenteiligen Feststellungen von Seybold, Baugestaltungssatzungen zur Verwirklichung eines einheitlichen Ortsbildes bewirkten regelmäßig öde Gleichförmigkeit, das verfolgte Ziel läge ebenso wenig im Interesse der Allgemeinheit im Sinne von Art. 14 II GG wie die Nachahmung historischer Bauweisen oder die Übertreibung regionaler Stilelemente[1354] - auch diese Behauptung bleibt eine Begründung schuldig.

Die Richtigkeit der Feststellung, bauästhetische Anforderungen würden ein ungeregeltes Durcheinander der verschiedenen Baustile und Gestaltungsweisen und damit eine gemeinschaftsschädigende Verwendung des Eigentums verhindern, was den Gesetzgeber zum Erlaß entsprechender Normen eigentumsrechtlich legitimiere[1355], ist nicht derart offensichtlich, daß auf eine dezidierte Darlegung verzichtet werden könnte. Ob baugestalterischen Eingriffen eine angemessene Abwägung zwischen der Eigentumsgarantie und Gemeinschaftsbelangen zugrunde liegt, kann nicht beurteilt werden, ohne die Interessen der Allgemeinheit an einer Reglementierung der bauästhetischen Gestaltung und das Interesse des Eigentümers an einer selbstbestimmten Gestaltung seiner baulichen Anlage zu präzisieren und zu gewichten.

Die Eigentumsgarantie soll dem Grundrechtsträger einen Freiheitsraum im vermögensrechtlichen Bereich sichern und ihm die Entfaltung und eigenverantwortliche Gestaltung des Lebens ermöglichen.[1356] Der dem Individualinteresse des Eigentümers beizumessende Wert wird daher mit dem Grad des Persönlichkeitsbezuges dieses Interesses korrelieren.[1357] Die Interessen des Eigentümers an einer bestimmten Gestaltung seines Eigentum sind vielfältig. Häufig sind diese zumindest auch - mitunter sogar in erster Linie - wirtschaftlicher Art, weil die

---

1353 BVerwG, 22.02.1980, BRS 36, Nr. 149; VGH BW, 26.08.1982, BRS 39, Nr. 133; OVG Münster 30.06.1983, BRS 40, Nr. 152 (Bedeutung des ästhetischen Umweltschutzes für die industrielle Massengesellschaft mit hoher Siedlungsdichte dürfe nicht bagatellisiert werden, sei aber nicht genauso schutzwürdig wie Leben, Gesundheit und politische Freiheit); Moench/Schmidt, S. 48ff; Plate, S. 135f; Lerche, Werbung, S. 132; Bull, BB 1951, 649; Schulte, S. 195 (gestalterischer Schutz baulicher Anlagen und des Orts-, Straßen- und Landschaftsbildes sei eine bedeutsame und wichtige Forderung der Allgemeinheit).

1354 Seybold, S. 61f.

1355 Burkhard, S. 63.

1356 BVerfG, 18.12.1968, E 24, 367 (389); BVerfG, 16.03.1971, E 30, 292 (334); BVerfG, 28.02.1980, E 53, 257 (290); BVerfG, 31.10.1984, E 68, 193 (222); BVerfG, 14.02.1989, E 79, 292 (303f).

1357 Siehe auch Sachs - Wendt, Art. 14, Rn. 89, 91.

vom Eigentümer präferierte Gestaltung billiger zu realisieren ist, eine längere Haltbarkeit verspricht[1358] oder ein bestimmter funktionaler Nutzen bei Beachtung der Gestaltungsbestimmungen nicht gezogen werden kann[1359]. Bereits diese ökonomischen Interessen, die durch Baugestaltungsanordnungen auf vielfältigste Weise berührt sein können, stehen der Beurteilung entgegen, Gestaltungssatzungen hätten für den Eigentümer nicht im entferntesten die eigentumsrechtliche Bedeutung einen Bebauungsplanes[1360]. Die Bestimmung und Gewichtung dieser Interessen ist bereits aufgrund ihrer Objektivierbarkeit wenig problematisch. Anders verhält es sich mit dem zweckfreien, ästhetischen Interesse des Eigentümers an einer bestimmten Gestaltung seines Eigentums. Dieses Interesse ist von der Privatnützigkeit des Eigentums ebenfalls umfaßt, denn Nutzen ist nicht auf ökonomischen Nutzen beschränkt. Das gestalterische Interesse ist ausschließlich subjektiv und daher nur schwer einer Abwägung zugänglich. Die Bestimmung und Gewichtung der Eigentümerinteressen an einer unreglementierten Baugestaltung soll daher im folgenden[1361] auf den Aspekt beschränkt werden, welche Bedeutung dem zweckfreien gestalterischen Interesse des Bauherren zukommt, das nicht funktionaler und im weitesten Sinne ökonomischer Art ist.

Für eine am Verhältnismäßigkeitsprinzip orientierte Abwägung ist des weiteren der verfassungsrechtliche Standort des verfolgten Eingriffsziels von Bedeutung.[1362] Wie oben festzustellen war, ist die Bauästhetik kein verfassungsrechtlich fundierter Belang[1363]. Dieser Aspekt ist bei der Gewichtung der

---

1358 Siehe nur BayVGH, 12.09.1988, BRS 48, Nr. 110 (Tonziegel statt Betondachsteinen); OVG Münster, 12.04.1967, BRS 18, Nr. 34 (verunstaltender Bretterzaun, der nach Klägerangabe in anderer Ausführung zu schnell verrotten und keinen Diebstahlschutz leisten könnte). Insbesondere die Anordnung denkmalschützender Erhaltungsmaßnahmen kann aufgrund der hohen wirtschaftlichen Belastung des Eigentümers gemessen an dem ihm verbleibenden Nutzwert im Einzelfall unverhältnismäßig sein bzw. nur mit kompensatorischen Ausgleichsmaßnahmen vor Art. 14 I GG Bestand haben, BVerfG 02.03.1999, NJW 1999, 2877ff. Zu den Belastungen des Eigentümers durch denkmalschützende Anforderungen siehe Körner, S. 48ff.

1359 Siehe etwa die Reglementierung von Werbeanlagen, OVG Münster, 30.06.1983, BRS 40, Nr. 152. Die Vorschrift, Türen asymmetrisch an der Fassade zu plazieren, bestimmt die innere Erschließung und die Aufteilung der Nutzflächen mit, Beispiel aus Flagge - Kromik, S. 95 (103). Gleiches gilt für Dachgauben. Zu vorgeschriebenen Befensterungsmustern siehe auch Flagge - Gutschow, S. 92 (93).

1360 So aber OVG Lüneburg, 12.02.1982, BRS 39, Nr. 132.

1361 Siehe unter II.

1362 Sachs - Wendt, Art. 14, Rn. 97; siehe auch Seybold, S. 62f; Melchinger, S. 210ff; Hermann, S. 93. Zum fehlenden Verfassungsauftrag zum Schutz ästhetischer Belange, Lerche, Werbung, S. 132 mit Fn. 163.

1363 § 2 V. Wie unter 1. Teil § 3 II. und 2. Teil § 2 V. L. festgestellt, verfolgt das Denkmalschutzrecht mit Anordnungen, die das zu schützende Denkmal selbst betreffen -

abwägungsrelevanten Interessen zu berücksichtigen. Aus der fehlenden verfassungsrechtlichen Verankerung kann jedoch nicht auf die Unzulässigkeit positiver Gestaltungsanforderungen geschlossen werden; der Gesetzgeber ist, soweit er nicht in vorbehaltlos garantierte Grundrechte eingreift, auch zur Verfolgung von Zielen befugt, die keinen Bezug zu Verfassungsaufträgen aufweisen. Das Wohl der Allgemeinheit ist nach Art. 14 II GG grundsätzlich hinreichender Belang zur Beschränkung des Eigentümers.

B. Berufsfreiheit des Architekten, Art. 12 I GG

Je mehr die Baugestaltungsfreiheit eingeschränkt wird, desto weniger Spielraum bleibt der Kreativität entwerfender Architekten. Ob baugestaltungsrechtliche Normierungen die in Art. 12 I GG garantierte Berufsfreiheit des Architekten berühren, wird unterschiedlich beurteilt. Anforderungen an die Gestaltung von Bauwerken haben keine unmittelbare berufsregelnde Zielrichtung. Ihr Adressat ist ausschließlich der Bauherr. Nach richtiger Auffassung gehen von ihnen aber mittelbare, in engem Zusammenhang mit der Berufsausübung stehende Auswirkungen aus, die objektiv eine berufsregelnde Tendenz deutlich erkennen lassen.[1364] Vor diesen Auswirkungen gewährt Art. 12 I GG ebenfalls Schutz.[1365] Berufsregelnde Tendenz kommt Normen zu, die ausschließlich oder im wesentlichen nur auf berufliche Tätigkeiten anwendbar sind.[1366] Baugestaltungsanforderungen treffen Bauherren und Architekten. Es ist als untypische Ausnahme anzusehen, wenn Bauherren ohne maßgebliche Architektenbeteiligung ein Bauwerk entwerfen und realisieren; selbst wenn nicht unmittelbar ein Architekt einbezogen wird, liegt dem Projekt regelmäßig eine bereits erbrachte Architektenleistung zugrunde. Allenfalls bei kleineren Vorhaben, die ebenfalls Baugestal-

---

anders als mit umgebungsschützenden Bestimmungen - keine ästhetischen Zwecke im eigentlichen Sinne, siehe zur kulturellen Sozialfunktion von Denkmälern auch Körner, S. 130ff. Deshalb sollen Bestimmung und Gewichtung der hinter diesen Bestimmungen stehenden Gemeinwohlbelange im folgenden außer Betracht bleiben.

1364 Voßkuhle, BayVBl 1995, 613ff (616); Flagge - Kromik, S. 95 (101); Moench/Schmidt, S. 2. Anders Manssen, S. 174; ebenso HessVGH, 27.07.1988, NVwZ-RR 1989, 360 (361), für Steinmetze, die von einer die Zulässigkeit von Grabmalplatten einschränkenden Friedhofsgestaltungsbestimmung betroffen sind; hingegen die Maßgeblichkeit von Art. 12 GG offenlassend, BayVGH, 12.12.1980, BayVBl 1981, 207 (209). Zu diesem Bereich siehe Spranger, S. 196ff.

1365 BVerfG, 11.10.1977, E 47, 1 (21); BVerfG, 19.06.1985, E 70, 191 (214); BVerfG, 30.10.1961, E 13, 181 (185f); BVerfG, 15.07.1980, E 55, 7 (25ff); BVerwG, 18.04.1995, E 71, 183 (191ff); BVerwG, 18.10.1990, E 87, 37 (41ff); Jarass/Pieroth - Jarass, Art. 12, Rn. 12.

1366 Jarass/Pieroth - Jarass, Art. 12, Rn. 12.

tungsvorschriften unterliegen, wie bei der Veränderung von Fassaden und anderen Bauteilen oder der Gestaltung von Einfriedungen und Garagen, wird üblicherweise auf die Mithilfe eines Architekten verzichtet. Die kreativ-planerische, architektonisch-künstlerische Gestaltung, die über die Lösung bautechnischer Probleme hinausgeht, macht einen wesentlichen Bereich der Architektentätigkeit aus.[1367] Nur selten ist die Arbeit des Architekten auf die Bewältigung technisch-statischer Anforderungen beschränkt. Daß Ausarbeitung und Realisierung eines Baugestaltungskonzeptes nicht zwingend die Tätigkeit eines Architekten voraussetzen, ändert nichts an der berufsregelnden Tendenz baugestalterischer Bestimmungen.

Eine totale Reglementierung der Baugestaltung würde den Architektenberuf in seinem Wesen verändern und daher die Berufswahlfreiheit berühren.[1368] Gestaltungsanforderungen nach geltendem Recht haben nur Auswirkungen auf die Berufsausübungsfreiheit. In gestalterisch reglementierten Gebieten kann der Architekt Bauwerke nicht frei und eigenverantwortlich entwerfen.[1369]

Eingriffe in die Berufsausübungsfreiheit sind gerechtfertigt, wenn vernünftige Allgemeinwohlerwägungen sie als zweckmäßig erscheinen lassen[1370] und der Betroffene nicht übermäßig belastet wird.[1371] Nach verbreiteter Auffassung können nur gestalterische Regelungen mit Rahmencharakter diese Bedingungen erfüllen, dem Architekten müsse ein hinreichender Gestaltungsspielraum verbleiben.[1372]

Kromik ist der Ansicht, detaillierte positive Gestaltungsbestimmungen schüfen eine Mittelmaßarchitektur. Der typische Betrachter fühle sich durch Verstöße gegen positive Gestaltungsanforderungen nicht gestört, sondern empfinde sie als normal. Die Berufsausübung des Architekten werde daher unverhältnismäßig beschnitten. Grundsätzlich sei nur die negative Darlegung von Gestaltungsanforderungen verhältnismäßig.[1373] Auch diese Beurteilung setzt ebenso wie die allgemeine Feststellung, wann der Rahmencharakter überschritten ist, eine genaue Interessenanalyse voraus. Eine Grenzziehung zwischen positiven Gestaltungsanforderungen und negativ formulierten Gestaltungsanforderungen erscheint jedoch wenig überzeugend. Eine negative Umschreibung kann derart

1367 So auch Voßkuhle, BayVBl 1995, 613ff (616).
1368 Flagge - Kromik, S. 95 (101).
1369 Flagge - Kromik, S. 95 (101); Moench/Schmidt, S. 2.
1370 BVerfG, 11.06.1958, E 7, 377 (405); BVerfG, 04.10.1983, E 65, 116 (125); BVerfG, 14.05.1985, E 70, 1 (28); BVerfG, 10.05.1988, E 78, 155 (162).
1371 BVerfG, 11.02.1992, E 85, 248 (259); BVerfG, 23.01.1990, E 81, 156 (188f); BVerfG, 17.10.1990, E 83, 1 (19).
1372 Flagge - Kromik, S. 95 (102); Moench/Schmidt, S. 48 (in Bezug zu Art. 14 GG).
1373 Flagge - Kromik, S. 95 (103f).

erschöpfend sein, daß sie inhaltlich einer positiven gleich kommt. Die Unterschiede zwischen positiven und negativ formulierten Anforderungen sind vor allem formaler, nicht aber zwingend inhaltlicher Natur.

Baugestaltungsanforderungen greifen in die Berufsausübungsfreiheit des Architekten ein. Ihre Zulässigkeit ist somit auch im Hinblick auf Art. 12 I GG vornehmlich durch den Grundsatz der Verhältnismäßigkeit bestimmt, deren Anwendung eine differenzierte Interessenanalyse voraussetzt.

C. Recht der freien Persönlichkeitsentfaltung, Art. 2 I GG

Soweit sich der von Baugestaltungsbestimmungen Betroffene nicht auf die Eigentumsgarantie oder andere spezielle Freiheitsrechte berufen kann, ist sein Interesse an einer unreglementierten Baugestaltung durch die subsidiäre, in Art. 2 I GG garantierte allgemeine Handlungsfreiheit geschützt.[1374] Nach einer früher vertretenen Auffassung ist der Bereich zulässigen staatlichen Zwangs auf die Gefahrenabwehr begrenzt. Die Wohlfahrtspflege gehöre nicht zur verfassungsmäßigen Ordnung im Sinne von Art. 2 I GG. Folglich seien nur Verunstaltungsverbote, nicht aber die positive Gestaltungspflege mit Art. 2 I GG vereinbar.[1375] Sieht man als Prämisse dieser Auffassung die Differenzierung zwischen Gefahrenabwehr und anderen Regelungszielen an, ist nicht überzeugend, warum die Verunstaltungsabwehr als Gefahrenabwehr einzustufen sein soll. Auch die Behauptung, Bestandteil der verfassungsmäßigen Ordnung könnten nur überragende Forderungen des Gemeinwohls sein, kann als Argumentationsgrundlage nicht überzeugen. Um als Bestandteil der verfassungsmäßigen Ordnung gerechtfertigt zu sein, haben Baugestaltungsanforderungen lediglich den Verhältnismäßigkeitsgrundsatz zu beachten.[1376]

1374 Siehe auch Mick, S. 80ff. Zur Subsidiarität gegenüber Art. 14 GG siehe v. Mangoldt/Klein/Starck - Starck, Art. 2 I , Rn. 76.

1375 Rauschenbach, MA 1953, 17 (22ff); Grewe, MA 1951, 243 (248, 254); Kretzschmar/v. Eisenhart-Rothe, S. 15; aA. OVG Hamburg, 30.08.1951, MDR 1952, 60 (61); OVG Lüneburg, 28.01.1954, BBauBl 1954, 337 (338); Gaentzsch, Die Bauverwaltung 1973, 410 (410f); Engelmann, S. 213; Büge/Zinkahn, S. 21; Zinkahn, DÖV 1953, 161 (163f).

1376 Allgemein siehe BVerfG, 24.05.1977, E 44, 353 (373); BVerfG, 06.06.1989, E 80, 137 (153); v. Mangoldt/Klein/Starck - Starck, Art. 2 I, Rn. 23, 28f.

II. Die sozio-psychologische Relevanz einer ästhetischen Baugestaltung als Abwägungsbelang

Die Befugnis des Gesetzgebers zur Einschränkung der Baugestaltungsfreiheit als Ausfluß vorbehaltlich garantierter Grundrechte ist vor allem durch den Verhältnismäßigkeitsgrundsatz beschränkt. Die relative Unbestimmtheit des Verunstaltungsbegriffes verschiebt die Frage nach der Verhältnismäßigkeit weitgehend auf die Ebene der Gesetzesanwendung. Andere Baugestaltungsanforderungen existieren in einer Vielfältigkeit, die im vorliegenden Rahmen eine normbezogene Analyse unmöglich macht. Kann das Objekt nicht abstrakt gefaßt werden, ist auch eine den Einzelfall entscheidende generelle Beurteilung der Relation zwischen Maßnahmenzweck und freiheitsbeschränkender Intensität des Mittels unmöglich. Die nachfolgende Untersuchung muß sich daher beschränken auf die allgemeine Bestimmung der im Bereich ästhetisch motivierter Baugestaltungseinschränkungen widerstreitenden Interessen sowohl hinsichtlich ihrer Natur, als auch - soweit eine generelle Beurteilung überhaupt möglich ist - ihrer Dimension.

Dabei sind zwei, wenn auch nicht völlig losgelöst voneinander bestehende, Aspekte zu unterscheiden: Einerseits ist zu untersuchen, welche Bedeutung eine freie Baugestaltung für den Bauherrn selbst hat.[1377] Gegenstand der weiteren Betrachtung ist die Wirkung einer bestimmten Baugestaltung auf den Betrachter, den Dritten.[1378] Welchen Einfluß hätte eine Baugestaltungsfreiheit, die dem einzelnen ein Bauen nach seinen ästhetischen Vorstellungen ermöglicht, auf das Wohlbefinden, die seelische Verfassung derjenigen, die so entstandene Gebäude - die im äußersten Fall ihren bauästhetischen Vorstellungen gänzlich widersprechen - wahrnehmen?

Das OVG Münster umschrieb das Ziel der Forderung nach anständiger Baugesinnung mit der Erhaltung der unersetzbaren Werte, die das Orts- und Landschaftsbild für die Allgemeinheit darstellt, der Erhaltung von Grundwerten des sozialen und kulturellen Lebens.[1379] Um diese Interessen der Allgemeinheit und jene des bauwilligen einzelnen zu definieren und zu gewichten, ist indes ein Blick auf Erkenntnisse sozialwissenschaftlicher Disziplinen unerläßlich. Zu diesen Disziplinen zählen in erster Linie die Umweltpsychologie, die Architekturpsychologie sowie die Ökosoziologie. Umweltpsychologie und Ökologische Psychologie bezeichnen eine aus der Gestaltpsychologie entwickelte junge Schule, die sich mit den Wechselwirkungen zwischen Mensch und sozio-physischer Umwelt befaßt. Seit Anfang der 60er Jahre bilden die Beziehungen zwischen Mensch und

---

1377 Siehe unter A.

1378 Siehe unter B.

1379 OVG Münster, 28.07.1952, VerwRspr 5 (1953), Nr. 101.

gebauter Umwelt einen Forschungsschwerpunkt der Umweltpsychologie.[1380] Parallel zur Ökologischen Psychologie[1381] bildete sich in den sechziger Jahren die sich vor allem durch einen interdisziplinären Ansatz auszeichnende Architekturpsychologie heraus, deren Forschungsthema der Zusammenhang von Planen, Bauen, Wohnen und seelischer Gesundheit ist. In den 20er Jahren entwickelte sich die Chicagoer Schule[1382] der Ökologischen Soziologie.[1383] Schwerpunkte ihrer Forschung zu den Wechselbeziehungen zwischen sozialen Gruppen und ihrer Umwelt lagen vor allem im Bereich der Erklärung räumlicher Segregation und der Kriminalitätssoziologie.[1384] Inzwischen gibt es umfangreiches Wissen über die psychosozialen Wirkungen gebauter Umwelt.[1385]

A. Das Interesse des Bauherrn resp. Nutzers an selbstbestimmter Baugestaltung

Der funktionale Aspekt des Bauens ist für den Bauherrn bzw. Bewohner[1386] von zweifellos überragender Bedeutung. Vorrangig vor der äußeren Gestaltung interessiert ihn, welche Nutzungsmöglichkeiten ihm das Gebäude bietet. Selbst das -

---

1380 Zu den Pionieren zählt vor allem die Gruppe der Ökopsychologen Ittelson, Proshansky, Rivlin und Winkel.

1381 Ob diese Richtung der Ökopsychologie zuzuordnen oder als eigene Wissenschaftsdisziplin zu betrachten ist, kann hier dahingestellt bleiben.

1382 Die Chicagoer Schule der Ökologischen Soziologie ist in engem Zusammenhang mit den beiden Chicagoer Schulen der Architektur zu sehen. Die erste, Ende des 19. Jahrhunderts entstandene, wurde geprägt von den Arbeiten von Dankmar Adler, William Holabird, Martin Roche und Louis Henry Sullivan (form follows function), dessen Schüler Frank Lloyd Wright wohl zu den berühmtesten Architekten überhaupt zu zählen ist. Die zweite Chicagoer Schule der Architektur bildete sich nach dem zweiten Weltkrieg unter der Führung von Ludwig Mies van der Rohe ("less is more"). Beiden Schulen gemeinsam war die Grundprämisse, Architektur habe Bedürfnisse zu befriedigen und könne daher nicht isoliert von psychologischen und soziologischen Fragestellungen gesehen werden.

1383 Als deren Vertreter sind vor allem Ernest W. Burgess, Robert E. Park, R.D. McKenzie, Clifford R. Shaw und Henry McKay zu nennen.

1384 Sie bildete die Basis für Forschungen von Jane Jacobs und später von Oscar Newman zur Frage, wie mit bestimmten gestalterischen Maßnahmen Einfluß auf Kriminalität genommen werden kann.

1385 Einen Überblick über die hier interessierenden Schulen und Disziplinen geben Koffka, S. 35ff; Kruse/Graumann/Lantermann, Zur Einführung, S. 1ff; Hellbrück/ Fischer, S. 21ff.

1386 Die aufgrund der Fokussierung auf widerstreitende Interessen hinsichtlich der Gestaltung von Wohnhäusern gewählte gleichsam synonyme Verwendung der Begriffe Bewohner und Bauherr soll nicht darüber hinwegtäuschen, daß sich für weite Teile der Bevölkerung nicht zuletzt aus ökonomischen Gründen die Frage nach einer selbstbestimmten äußeren Gestaltung ihrer Wohnung nicht stellt.

insoweit nur mittelbare - Interesse an einer bestimmten äußeren Erscheinung ist nicht selten funktionaler Art; so kann die äußere Form entscheidend von der bezweckten Funktion bestimmt oder der Gestaltungsanreiz finanzieller Art sein. Dennoch zeigt nicht zuletzt die farbliche Fassadengestaltung, daß es nicht immer und nicht nur diese Motivation ist, die hinter einer bestimmten Baugestaltung steht. Diese aktiv-expressive Dimension ästhetischen Verhaltens wurde bislang im Rahmen der psychologischen Umweltästhetik im Gegensatz zur ästhetischen Rezeptivität nur vereinzelt thematisiert.[1387]

Gestalten ist ein menschliches Grundbedürfnis. Die Veränderung und Verarbeitung von Dingen ist eine Form der Selbstverwirklichung. Das entstandene Produkt dokumentiert eine für die Person spezifische kreative Tätigkeit, es verweist auf ihre Intentionen und Fähigkeiten und zeugt so von der Identität der Person.[1388] Das gilt, wie im folgenden zu zeigen ist, in ganz besonderer Weise für die Gestaltung der unmittelbaren (Wohn)umgebung. Ein erstes Indiz für diesen Befund ist die nicht selten vorzufindende Namensgebung für Gebäude. Ein Eigenname individualisiert ein Objekt und indiziert, daß dieses Objekt für den Namensgeber von vitaler Bedeutung ist.[1389] Das eigene Haus und die eigene Wohnung sind ein Teil des materiellen Selbst.[1390]

Eine Trennung von Bau und Kunst hat es nie gegeben. Die Behausung des Menschen hatte von Anfang an nicht nur die Funktionen, vor Unwetter zu schützen und den verschiedensten Wohnbedürfnissen gerecht zu werden, sondern auch die, durch eine bestimmte äußere Gestaltung den privaten Bereich erkennbar zu machen und so vor Eindringlingen zu schützen.[1391] Bereits die in den Gebäuden der ersten Siedlungen zwischen 10000 und 5000 v.u.Z. lebenden Familien oder Gruppen gewannen durch die Abgrenzung ihres Bereiches Individualität. Die Gebäudegestaltung war zugleich auf die Abwehr von Eindringlingen gerichtet, d.h. Botschaft nach außen über seine Bewohner und die Herrschaft im Territorium. Durch die Art, wie es von außen verziert war, konnte ein Gebäude Auskunft über die besonderen Fähigkeiten seiner Bewohner geben, an Größe und Lage innerhalb der Siedlung war zudem der Status der Bewohner innerhalb der Gemeinschaft ablesbar. Diese Aufgabe, Nachrichten nach außen zu senden, blieb ab sofort mit Architektur untrennbar verbunden. Dies zeigt sich nicht nur am Bei-

1387 Kruse/Graumann/Lantermann - Schneider, S. 301.
1388 Habermas, S. 50f, 53.
1389 Habermas, S. 189.
1390 Habermas, S. 21.
1391 Bereits dem Homo sapiens sapiens, der vor etwa 30 000 Jahren seine Höhlenwände mit Malereien verzierte, kann keine rein utilitaristische Motivation unterstellt werden, Koffka, S. 73. Zur Geschichte der politischen Architektur siehe Deutscher Bundestag - Nerdinger, S. 10ff.

spiel von in keinem Verhältnis zur übrigen Baugestaltung stehenden Sakralbauten vieler Kulturen oder anhand der einen starken Herrscherkult widerspiegelnden ägyptischen Pyramiden. Als mit der Herausbildung der griechischen Stadtstaaten (polis) im 9. Jahrhundert v.u.Z. die Gemeinschaft der Menschen in den Vordergrund rückte, galt das baugestalterische Augenmerk nicht mehr ausschließlich den sakralen Bauten, sondern den öffentlichen Plätzen, Theatern, Sportstätten und Stadtmauern. Dem sich später entwickelnden und immer mächtiger werdenden Mittelstand (demos) wurde die Gestaltung seiner Wohnviertel und einzelnen Häuser ein wichtiges Anliegen. Je mächtiger die Schicht wurde, je stärker sich die Individualität der Bürger entwickelte, desto prächtiger und individueller wurden die Bauten.[1392]

Schon diese historische Perspektive zeigt, daß Architektur der Befriedigung nicht nur materieller Bedürfnisse, sondern darüberhinausgehender psychologischer Bedürfnisse dient. Wie diese zu beschreiben sind, soll im folgenden untersucht werden.

Der Mensch entwickelt seine Identität in der Interaktion mit seiner physischen und sozialen Umwelt, er identifiziert sich mit ihr und wird von anderen mit ihr identifiziert. Daraus lassen sich zwei miteinander verschränkte Bedeutungsaspekte autonomer Baugestaltung ableiten: Durch die äußere Gestaltung seiner Behausung teilt der Mensch etwas über sich mit; Architektur ist Kommunikation. So wie eine mittelalterliche Trutzburg die Botschaft aussendete, die Burg sei uneinnehmbar und wehrhaft, dokumentierte das Schloß Versailles die Macht und das Sicherheitsgefühl des Königs.[1393] Informationsadressat ist zum einen der Bauherr bzw. Bewohner selbst[1394], zum anderen ist die Information an seine Mitmenschen[1395] gerichtet.

1392 Zur historischen Entwicklung siehe Koffka, S. 73ff.

1393 Beispiele aus Koffka, S. 80. Dies ist nicht auf Wohngebäude beschränkt. Auch die Architektur eines Firmengebäudes sendet Botschaften. Sie verkörpert die Philosophie der Firma, ihr Menschenbild, ihre finanziellen Möglichkeiten und ihre gesellschaftliche und wirtschaftliche Position. Die Firma wird durch die Gestalt ihres Gebäudes repräsentiert, Koffka, S. 556. Zur Präsentation der Firmenphilosophie durch die farbliche Gestaltung des Firmengebäudes, Annette Wild, SZ Beilage Nr. 88, 14.04.2000, V2/1. Siehe auch die tiefenhermeneutische Analyse zweier Frankfurter Hochhäuser bei Ribou, S. 52f, passim, sowie zur Architektur als Machtzeichen, Deutscher Bundestag - Nerdinger, S. 10 (14ff).

1394 Siehe im folgenden unter 1.

1395 Siehe im folgenden unter 2.

1. Intrapersonale Kommunikation

Die personenspezifische Gestaltung der Umwelt impliziert eine intrapersonale Kommunikation. Die so gestaltete Umwelt repräsentiert das Innenleben des Nutzers und wird so für diesen zum Träger von Informationen über sich selbst. Die kommunizierte Information wirkt auf den Sender zurück. Durch diese reflektierte Selbstpräsentation versichert sich das Individuum seiner Einzigartigkeit und erreicht eine Identitätsbildung und -stabilisierung auf zweierlei Art. Zum einen ergibt sich eine synchrone Identität, soweit die Umwelt zum Ausdrucksmittel psychischer Gegebenheiten des Nutzers wird, zum anderen entwickelt sich eine der Sicherung biographischer historischer oder kultureller Kontinuität dienende diachrone Identität, indem Spuren vergangener Handlungen Erinnerungen auslösen.[1396]

Zwischen Selbstverwirklichung als dem nach der Maslowschen Pyramide an höchster Stelle stehenden Bedürfnis und der Wohnumwelt besteht somit ein enger Zusammenhang. Die zu einer Person-Umwelt-Kongruenz führende Gestaltung der Wohnumwelt wäre unmittelbarster Ausdruck des Selbst. Auch wenn es keinem Menschen uneingeschränkt und den meisten nicht einmal annähernd möglich ist, mit einer personenspezifischen Gestaltung eine Person-Umwelt-Kongruenz herzustellen, ist die Bedeutung freier Umweltgestaltung etwa am „Home-handyman syndrome" erkennbar, d.h. an der weit verbreiteten Lebensart, jede freie Minute zur Instandhaltung und Verschönerung des Zuhauses zu verwenden, sei es durch individuelle Gestaltung von Gärten, das Anbringen neuer Fassaden oder wechselnde Fenstergestaltungen.[1397]

Hiermit eng verbunden ist das starke menschliche Bedürfnis nach Umweltaneignung. Der ökopsychologische Aneignungsbegriff bezeichnet den Prozeß, Kontrolle über die Umwelt zu gewinnen, sich die Umwelt zu eigen machen, mit ihr vertraut werden. Der Mensch entwickelt durch Aneignung eine Beziehung zur Umwelt; die Dinge und Räume bleiben für ihn nicht mehr beliebig. Um sich seine Umwelt anzueignen, wird der Mensch aktiv. Er schafft sich eine persönliche Umwelt, macht sie zu etwas ihm eigenen (humanum). Er muß sich die Umwelt assimilieren, damit er sich in ihr wiederfindet. Eine bedeutende Aneignungsform ist neben dem Benennen, Ertasten oder Zerstören die Personalisierung. Die Personalisierung der Umwelt ist sowohl eine symbolische als auch reale Form der Aneignung. Die Individualisierung von Räumen schafft Unverwechselbarkeit und eine die Eigenart des Individuums ausdrückende Privat-

1396 Harloff - Fuhrer/Kaiser, S. 58ff; Hellbrück/Fischer, S. 393. Siehe auch Habermas, S. 243ff (Objekte als Mittel der Selbstkommunikation).

1397 Hellbrück/Fischer, S. 392.

sphäre.[1398] Eine Wohnung ist für den Nutzer erst dann wohnlich und als angeeignet zu beschreiben, wenn die Ordnung auf eigene Handlungen zurückgeführt werden kann, wenn sie zeichenhaft, durch Spuren eigenen Tuns, und symbolisch auf den sich eingerichteten Bewohner verweist.[1399] Personalisierung setzt einen entsprechend großen Spielraum des Individuums voraus. Reglementierungen verhindern die Individualisierung der Wohnumwelt und vereiteln letztlich auch ein Verantwortungsgefühl des Menschen für seine Umwelt. Der Rückzug ins Private, Desinteresse und Vandalismus, Desintegration sind auch auf unzureichende Möglichkeiten zur individuellen Ausgestaltung des engeren und weiteren Wohnumfeldes zurückzuführen.[1400]

Mit der in der autonomen Gestaltung der Wohnumgebung liegenden Selbstdarstellung versichert sich das Individuum seiner Identität und findet über ein „Zu-eigen-Werden" der Umwelt zu einer emotionalen Identifikation mit der Umwelt, die bei einem hohen individuellen Grad an Kongruenz zu einer Ortsabhängigkeit oder Ortsidentität[1401] führt.

2. Interpersonale Kommunikation

Die spezielle persönliche oder private Sphäre ist nicht nur für das Individuum selbst, sondern auch aus Sicht anderer ein Persönlichkeitsmerkmal, Ausdruck der Individualität der Person. Gerade die Wohnung bzw. die Wohnumwelt ermöglicht dem Individuum, seine Selbstdarstellung gegenüber anderen zu bestimmen, sich und seine Sachen selektiv zu verbergen bzw. zu repräsentieren. Die Wohnung und ihre unmittelbare Umgebung zeigen die zur Selbstdarstellung gewählte Identität.[1402] Die gewählte Gestaltung wird so zum Träger sozialer Informationen, sie teilt anderen mit, wer der Bewohner ist oder sein möchte. Die Mitmenschen erfahren über die Wahrnehmung der unmittelbaren Wohnumwelt eines Menschen etwas über dessen Grundhaltungen, Ziele, Wünsche und Absichten, was es ihnen erleichtert, ihr Handeln auf das Handeln dieses Menschen abzustimmen. Die Umweltgestaltung kann anderen zeigen, ob sich der Gestalter als Mitglied einer Gruppe, z.B. als Nachbar, definiert oder aber von der Gruppe ab-

1398 Zur Aneignung durch Personalisierung siehe Kruse/Graumann/Lantermann - Graumann, S. 124 (125ff); Flade, S. 32ff; Pieper, S. 53. Speziell zur Bedeutung der ästhetischen Dimension für die Aneignung, Kruse/Graumann/Lantermann - Schneider, S. 301, 306f. Zu Graffiti als Reflexion symbolischer Aneignung, Kruse/Graumann/Lantermann - Kagelmann, S. 541.

1399 Habermas, S. 131. Siehe auch Schmidt-Brümmer - Dechau, S. 195ff.

1400 Kruse/Graumann/Lantermann - Miller, S. 493 (495f).

1401 Kruse/Graumann/Lantermann - Fuhrer, S. 143 (144).

1402 Habermas, S. 127, 129.

grenzen will.[1403] Gestaltung hat somit als Mittel interpersonaler Kommunikation auch eine Funktion sozialer Regulation.[1404]

Die in der Gestaltung liegende Repräsentation als Form der Selbstdarstellung ist daher nicht nur in Bezug auf eine dadurch ermöglichte Kommunikation zu betrachten[1405], sondern ist selbst Kommunikation. Der Bewohner kommuniziert identitätsrelevante Aspekte, d.h. reale oder auch ideale Selbstanteile, nach außen, die vom Betrachter als identitätsrelevantes Kommunikat des Bewohners identifiziert und interpretiert werden.[1406] Untersuchungen von Sadalla, Vershure und Burroughs haben gezeigt, daß vor allem hinsichtlich der Eigenschaften Intellektualität und Individualität Selbstbeschreibungen von Hausbewohnern weitgehend übereinstimmen mit fiktiven Fremdbeschreibungen auf Grundlage der Hausinnen- und Hausaußenansicht.[1407]

Diese Kommunikation ermöglicht erst soziale Interaktion. Sind sich miteinander agierende Personen unbekannt, können sie keine Erwartungen aufbauen und infolgedessen ihre Handlungen nicht aufeinander abstimmen. Die Signalisierung von Identität, insbesondere durch dem Interaktionspartner zugeschriebene Objekte, schafft den Interaktionspartnern eine gemeinsame Basis. Auf diese Weise erhalten Identitätssymbole wiederum für das Selbst außerordentliche Bedeutung, denn sie erlauben eine selbstgewählte Identität; das Inidividuum ist nicht darauf angewiesen, sich allein passiv durch die Reaktion anderer zu definieren, sondern kann sich selbst anderen ausweisen.[1408]

1403 Beispielhaft ist der in der Berner Zeitung vom 13.01.1990, S. 21, dokumentierte Sachverhalt: Der Eigentümer mußte die hellblaue Fassade seines Mehrfamilienhauses überstreichen, da es inmitten einer geschlossenen Häuserzeile mit Rot- und Ockertönen „visuell aus der Reihe tanzte" und „die einheitliche Aussage in der geschlossenen Bauweise" störte. Dem Architekten kommt die hier erkennbare anspruchsvolle Aufgabe zu, das hinter diesem Wunsch stehende Bedürfnis richtig zu deuten, siehe dazu Harloff - Fuhrer/Kaiser, S. 67ff, und den Bauherren entsprechend zu beraten.

1404 Harloff - Fuhrer/Kaiser, S. 58ff; Hellbrück/Fischer, S. 393; Pieper, S. 45. Siehe auch Baumeister, Deutsche Zeit- und Streitfragen 1887, 207 (211) zu Städten mit parallelen bzw. sich rechtwinklig kreuzenden Straßen, die früher als schön empfunden wurden, weil „ihre handgreifliche Regelmäßigkeit in Europa den unumschränkten Willen ihres Gründers, in Amerika die republikanische Gleichheit ausdrückte". Schon zu Zeiten Baumeisters galten jene Städte als langweilig, ebenda.

1405 So Looks, S. 133.

1406 Ritterfeld, S. 51f, unter Verweis auf Cooley, Mead, Goffmann, Sadalla, Duncan, u.a.

1407 Ritterfeld, S. 51. Diese Übereinstimmung konnte sogar allein aufgrund des gewählten Fassadenmaterials festgestellt werden.

1408 Habermas, S. 233ff.

3. Territorialität

Ein inter- und intrapersonale Kommunikationen vereinigendes Phänomen, das der selbstbestimmten Umweltgestaltung eine besondere Bedeutung verleiht, ist die Territorialität. Aus Sicht der Verhaltensforschung ist ein Territorium ein in irgendeiner Form beschriebener und mit symbolischen oder tatsächlichen Grenzen versehener immobiler Raum, der von einem Individuum oder einer Gruppe verteidigt wird.[1409] Territorien von Menschen sind Räume, die diese identifizieren und über die sie ein bestimmtes Maß an Kontrolle ausüben können. Territorialität beinhaltet nicht nur das Ziehen von Grenzen, sondern vor allen Dingen emotionale Prozesse und Zusammenhänge.[1410]

Territorien bieten Schutz. Da auch symbolische Grenzen ein Territorium abstecken können, liegt der Schutz nicht wesensmäßig darin, daß objektiv ein unerwünschtes Eindringen Fremder nicht möglich ist. Territorien gewähren vielmehr Schutz, wenn und weil sie von anderen Individuen respektiert werden. Für den innerhalb eines Territoriums Stehenden ist mit dem gewährten Schutz Sicherheit und so auch Selbst-Sicherheit verbunden, die Entspannungs- und Erholungszustände erst ermöglicht. Ein Territorium ist aber nicht nur ein geschützter Raum, sondern zugleich auch ein Ort zum Zurückziehen, der von anderen respektiert wird. Territorien festigen so die eigene Identität.[1411]

Sollen Territorien auf diese Weise Identität, Selbstbewußtsein und Selbstwertgefühl geben, dürfen sie nach außen nicht anonym sein. Für die Inbesitznahme eines Raumes - Grundvoraussetzung für die Entstehung eines Territoriums - ist der Prozeß der Ausgestaltung des Raumes von hervorragender Bedeutung.[1412] Grenzen werden also durch persönliche signifikante Zeichen gekennzeichnet bzw. personalisiert.

Diese Personalisierung symbolisiert die Wechselwirkung zwischen Individuum und Raum und begründet die Verbindung zwischen Raum und Identität.[1413] Mit der selbstbestimmten Ausgestaltung des Lebensraumes wird eigene Identität ausgedrückt und auf diese Weise eine symbolische Grenze sichtbar. Je intensiver diese Grenze von der Persönlichkeit des Individuums geprägt ist, desto eindeutiger ist sie, und desto enger ist das Territorium mit Identitätsbildung und Sicherheit verbunden. Der Bereich der Wohnung gehört zu den primären Territorien

1409 Siehe Hellbrück/Fischer, S. 335ff; Habermas, S. 123f.

1410 Koffka, S. 412.

1411 Kruse/Graumann/Lantermann - Miller, S. 333 (335).

1412 Zu denken ist nur an die Bedeutung die dem am eigenen Geschmack ausgerichteten Verteilen von Gegenständen beim Inbesitznehmen einer Wohnung oder auch nur eines Hotelzimmers zukommt.

1413 Kruse/Graumann/Lantermann - Miller, S. 333 (335); Habermas, S. 132.

eines Menschen, er ist ein enger, genau beschriebener Raum, den der Bewohner sein eigen nennt und mit aller Kraft verteidigen würde. Der äußeren Kennzeichnung der Territoriumsgrenze, der die eigene Persönlichkeit repräsentierenden Gestaltung seines Hauses, kommt daher eine nicht zu unterschätzende Bedeutung zu. Es ist kein Zufall, daß in allen Kulturen der Gestaltung des Eingangsbereiches von Behausungen große Aufmerksamkeit gewidmet wird.[1414]

Der autonomen Gestaltung der unmittelbaren Wohnumgebung kommen somit sowohl eine identitäts- und identifikationsfördernde, als auch eine sozial-kommunikative Funktion zu[1415], die sich im Phänomen der Territorialität beispielhaft realisieren.

Die Dimension des Ästhetischen eröffnet ein rein-subjektives Ausdruckspotential und ist so von besonderer Bedeutung. Funktionale Präferenzen sind nur beschränkt subjektiv bedingt, ästhetische Attribute hingegen prädestiniert, die Identität des Individuums zu repräsentieren. Das Bedürfnis, sich mit Schönem zu umgeben, ist namentlich auf die Gestaltung der Umgebung nach eigenen Vorstellungen gerichtet.[1416]

Gehören zur menschlichen Persönlichkeit nicht nur hehre Bedürfnisse, sondern auch das Streben nach Individualität oder gar nach Dominanz, der Wunsch, aus der Masse herauszuragen oder gar andere zu regieren, können diese evolutionär erklärbaren Bedürfnisse nicht negiert werden. Die Problemlösung darf daher nicht an der unüberwindbaren menschlichen Natur ansetzen, sondern an der Frage, ob anderen geschadet wird.[1417] Nur dann kann auch von Auswüchsen des

1414 Habermas, S. 125.

1415 Realiter sind diese Funktionen nicht deutlich zu unterscheiden, was am Beispiel der von Weber verurteilten anonymen Fassadengestaltung von Bürogebäuden deutlich wird, „die nicht erkennen lassen, ob Lieschen Müller oder Herr Schmidt hinter dem Fenster Nr. 1 oder Nr. 7264 sitzt und daß diese beiden außerdem noch verschiedene Menschen sind mit eigenem Vorstellungsvermögen, das, so bescheiden es auch sein mag, für sie eines der wertvollsten Dinge in ihrem Leben darstellt, Schmid - Weber, S. 27 (28f). Siehe auch zur übergroßen Beschriftung eines Balkons mit „Meier" an einem Studentenwohnheim, dokumentiert in Schmidt-Brümmer - Dechau, S. 195ff.

1416 So zählt die Möglichkeit zur individuellen Ausgestaltung des Wohnbereichs neben dem Grad der Privatheit und der Freiheit zur Geselligkeit zu den zentralen Wohnpräferenzen, Kruse/Graumann/Lantermann - Miller, S. 493 (494).

1417 Selbst wenn man wie Heinz, S. 13, im Zeitalter uneingeschränkter kommunaler Bauhoheit die Blütezeit der Städtebaukunst erblickt und heute nur noch einen krampfhaften Drang nach 'Originalität' ausmacht, kann es nur darum gehen, dieses Originalitätsbedürfnis mit etwaigen entgegengesetzten Bedürfnissen zu vereinbaren. Eine Gefährdung der städtebauliche Qualität, die Manssen, Verw 1991, 33 (41), erkennt, wenn diesem Originalitätsdrang der Eigentümer nachgegeben würde, ist folglich nur dann hinreichender Grund, das Gestaltungsbedürfnis des einzelnen unberücksichtigt zu lassen, wenn auch mit jener städtebaulichen Qualität Bedürfnisse befriedigt werden.

Freiheitsgebrauchs gesprochen werden, als die Baugestaltung, die dem allgemeinen ästhetischen Empfinden zuwiderläuft, verbreitet bezeichnet wird.

B. Bedeutung der Baugestaltung für den Betrachter

Bereits das oben dargelegte Phänomen der interpersonalen Kommunikation zeigt, daß Architektur auch auf die Befindlichkeit der Betrachter Einfluß nimmt. Der Versuch, mit monumentalen Bauwerken wie Gerichtsgebäuden, Rathäusern oder Schlössern Autorität zu demonstrieren, wäre untauglich, würden diese Bauten nicht entsprechend auf den Betrachter wirken. Grenzen, die ein Territorium entstehen lassen - insbesondere symbolische, und jede Grenze ist letztlich nur symbolisch - bedürfen der Akzeptanz und daher notwendig der Registrierung durch die Individuen außerhalb dieser Grenzen.

Wie bauliche Umwelt das Befinden beeinflußt[1418], soll im folgenden dargestellt werden[1419], bevor anschließend[1420] anhand dieses Befundes Feststellungen über die sozio-psychologische Bedeutung ästhetisch unreglementierter Bebauung zu treffen sind.

Zwei grundlegende Aussagen sind diesem voranzustellen:

Ein angesichts der Wahlfreiheit jedes Menschen bezüglich seines Standortes und der Nutzung seiner Umwelt fehlender unmittelbarer Zusammenhang zwischen baulicher und sozialer Umwelt steht einem deterministischen Ansatz entgegen; menschliches Verhalten wird durch physische Umweltbedingungen nicht gesteuert. Umwelt ist als ein „System von Gelegenheiten" zu verstehen. Sie kann bestimmte gewünschte Aktivitäten verhindern oder stimulieren. Das Individuum strebt nach einem Umfeld, das ihm einen möglichst breiten Handlungsspielraum und Wahlfreiheit für alternative Handlungsmuster bietet.[1421]

Grundlage für eine Beeinflussung des Menschen durch seine gebaute Umwelt ist die Umweltwahrnehmung durch das Individuum. Mit der Wahrnehmung eines Gegenstandes, wie zum Beispiel eines Bauwerks, ist dessen Interpretation durch den Betrachter untrennbar verbunden. Der Betrachter nimmt einen Charakter, eine Stimmung wahr, er ordnet der Sache bestimmte Bedeutungen und Qualitäten

---

1418 Siehe 1., 2. und 3.

1419 Das Interesse gilt ausschließlich der Bedeutung der ästhetischen Qualität baulicher Umwelt, so daß andere sozialwissenschaftliche Erkenntnisse über den Einfluß der Stadtgestalt auf das Wohlbefinden ihrer Bewohner unbeachtet bleiben müssen. Beispielhaft genannt sei nur die Theorie des defensible space von Oscar Newman, die konkrete Anforderungen unter anderem hinsichtlich der Gebäudeorientierung und der Unterscheidbarkeit von privaten und öffentlichen Domänen an eine kriminalitätsabwehrende Architektur aufstellt, Koffka, S. 499ff; Hellbrück/Fischer, S. 439ff.

1420 Siehe 4.

1421 „Konzept der Wahlfreiheit", BRBS, S. 14f, 18f.

zu. Die Wahrnehmung wird bestimmt von individuellen Erwartungen und Erfahrungen, die eine Selektion der mit der Betrachtung des Gegenstandes verfügbaren Informationen bewirken. Die Persönlichkeitsstruktur des Betrachters steuert auf diese Weise, welche Informationen überhaupt aufgenommen werden und wie sich schließlich das Bild des Betrachters vom Gegenstand zusammensetzt. Das wahrgenommene Objekt ist somit stets subjektiv und nicht identisch mit dem Gegenstand selbst. Bei vergleichbaren Informationsfiltern, also etwa gleichen Erfahrungen, Bedürfnissen, Wertvorstellungen, gleicher Bildung, weisen die subjektiven Umwelten Ähnlichkeiten auf, es kommt zu sogenannten intersubjektiven Vorstellungen.[1422]

1. Reizkonfiguration

Das menschliche Informationsaufnahmesystem weist eine physiologisch bedingte Obergrenze auf, deren Überschreitung zur Überlastung führt. Erreichen jedoch zu wenig Reize das Nervensystem, führt dies ebenfalls zu Störungen und Unlustgefühlen.[1423] Das Auge läßt den Betrachter einen Gegenstand in einer generalisierten Form sehen. Einzelheiten, d.h. Abweichungen von der so erfaßten Grundform, werden erst beim näheren Hinsehen erfaßt. Bieten sich dem Auge nur gleichmäßige Sequenzen und Monotonie in der Stadtgestalt[1424], wird das „höhere" Seh-Potential nicht gefordert. Diese Unausgelastetheit kann Langeweile

---

1422 Namgalies, S. 25ff, 28; zum Wahrnehmungsvorgang siehe auch Henke, S. 62f. m.w.N.

1423 Namgalies, S. 25f; Henke, S. 63 m.w.N. im Hinblick auf den entwicklungspsychologisch bedeutsamen Prozeß der Indentitätsfindung. Entsprechend wird vertreten, auch das ästhetische Gefallen sei funktional in Form eines umgekehrten U vom Erregungspotential einer Reizkonfiguration abhängig, d.h. ein mittleres Erregungsniveau werde am angenehmsten erlebt. An dieser vielfach experimentell bestätigten These wird die fehlende Einbeziehung inhaltlicher (assoziativer) Aspekte - bei Gegenständen mit ausgeprägt assoziativ-inhaltlichem Charakter sei die These möglicherweise überhaupt nicht anwendbar - und die fehlende Meßbarkeit des Erregungspotentials kritisiert. Außerdem würden entgegengesetzte empirische Befunde für einen linearen Zusammenhang zwischen Gefallen und Vielfalt sprechen, Kruse/Graumann/Lantermann - Schneider, S. 301ff.

1424 Die „Unwirtlichkeit", „Häßlichkeit", ja „Unmenschlichkeit", die deutschen Städten vielfach attestiert wird - siehe nur Namgalies, passim; Schultze-Fielitz, S. 12, 185, 216 - vor allem aber die in Städten besonders intensive Konfrontation des Menschen mit der gebauten Umwelt sind ursächlich dafür, daß psychologische und soziologische Forschung über die Auswirkungen von Architektur auf die seelische Verfassung des Menschen weitgehend auf die Stadtgestalt bezogen wurde. Die so erkannten Gesetzmäßigkeiten sind aber grundsätzlich auf kleinere Siedlungsarten übertragbar, so daß sich die Darstellung im folgenden ohne weiteres auf Forschungen zum Einfluß der Stadtgestaltung auf die Städter beziehen kann.

bewirken. Ebenfalls physiologisch bedingt werden kleinflächige Strukturen mehr beachtet als einheitliche große Flächen, von denen fast nur die Ränder gesehen werden. Großflächige unstrukturierte Objekte wirken daher ebenfalls oft langweilig.[1425]

Daß der Mensch Innovationen erfahren kann, ist ein Ziel der Stadtgestaltung.[1426] Bauliche Monotonie an Straßen, Wegen und Plätzen durch gleichförmige Siedlungen ohne belebende, differenzierende Elemente, Wohnblöcke mit gleichmäßigen einförmigen Fassaden, eine durchgehend symmetrische Anordnung einzelner architektonischer Elemente, gleiche Materialien, Farben und Details und übermäßige bauliche Massierung wird aus dem Blickwinkel der Nutzer überaus negativ wahrgenommen. Brechungen endloser Gebäudefluchten und deutliche Variationen im baulichen Detail sind dem Nutzer gerade bei häufiger Wiederholung des gleichen Gebäudetyps überaus wichtig.[1427] Um dem Betrachter Anregung zu verschaffen, muß Stadtgestalt hinreichend komplex sein und ein Mindestmaß an ständiger Veränderung aufweisen.[1428]

2. Orientierung und Sicherheitsgefühl

Monotone Stadtgestaltung steht darüber hinaus dem grundlegenden menschlichen Bedürfnis nach Orientierung entgegen.[1429] Das Sich-zurechtfinden in einer Stadt fördert das Sicherheits- und Geborgenheitsempfinden. Auf der anderen Seite können Frustration, Angst und Bedrängnisgefühle hervorgerufen werden, wenn der Nutzer seinen Standort in der Umgebung nicht definieren kann.[1430] Sich zurechtfinden setzt voraus, daß ausreichend markante Punkte bestehen, die Orientierung bieten.

Die kommunikative Dimension von Architektur ermöglicht ebenfalls Orientierung. Der Interpretationsvorgang bei der Wahrnehmung eines Gegenstandes ist

---

1425 Namgalies, S. 33f.

1426 Trieb, Einführung, S. 7, 13.

1427 BRBS - Stadtentwicklung, S. 149, 108, 106; Namgalies, S. 46. Monotonie ist ein oft herausgehobener Aspekt, der für die Unwirtlichkeit deutscher Städte verantwortlich gemacht wird, siehe etwa Piperek, Umweltvergiftung, 11ff; Schultze-Fielitz, S. 12, 185, 216; Namgalies, S. 3. dazu bereits Baumeister, S. 265, der zu bedenken gibt, daß durch bauästhetische Vorgaben allenfalls Gleichförmigkeit, nicht aber schöne Stadtteile erzielt werden, „zum wahrhaft erfreulichen Eindruck gehört Mannigfaltigkeit".

1428 Trieb, Einführung, S. 13.

1429 Zur Bedeutung von Orientierungsmöglichkeiten in der gebauten Umwelt aus entwicklungspsychologischer Sicht, Henke, S. 61ff.

1430 Namgalies, S. 46ff; Trieb, Einführung, S. 6, 12f. Die Analyse des Orientierungsproblems verbindet sich vor allem mit den Arbeiten von Kevin Lynch.

bestimmt durch die Dekodierung von Symbolen. Das physische Sein eines Gebäudes gibt diesem noch keine Bedeutung, doch kann einem Bauwerk durch bestimmte Details eine bestimmte Konnotation beigelegt werden. Der Betrachter dekodiert wiederum diese Zeichen, die so zu Kommunikationsmitteln werden.[1431] Symbolisierung ermöglicht es dem Betrachter, mit Hilfe der Zeichen die Umgebung sogleich funktionsmäßig einzuordnen, er kann sich leichter zurechtfinden und steht nicht anonym und ratlos in einer ihm fremden Umgebung.[1432] Mit der Wahrnehmung der Umgebung entwickelt der Betrachter eine bestimmte Erwartung darüber, welches Verhalten in dieser Umgebung gewünscht bzw. möglich ist. Stimmt die Erwartung mit dem tatsächlich möglichen Verhalten überein, fühlt sich die Person wohl, sie ist positiv der Umgebung gegenüber eingestellt.[1433] Widerspricht die Realität ihren Erwartungen, findet ihre Phantasie in der Realität keine Entsprechung, kommt es zu Frustrationsgefühlen, zu einer negativen Einstellung zur Umgebung, die als kalt, feindlich und unheimlich erlebt wird.[1434] Der Ökopsychologe Barker prägte das Konzept der behavior settings, wonach sich Verhalten genauer als mit Hilfe von Kenntnissen über individuelle Eigenschaften und Einstellungen des Handelnden vorhersagen lasse, wenn man die zeitliche und räumliche Situation kennt, in welcher es auftreten würde. Bestimmte behavior settings lösen bestimmte Verhaltensweisen aus, die individuell handelnde Person ist in großem Maße austauschbar, denn mit dem Erkennen des behavior setting ist die Übernahme einer entsprechenden Rolle verbunden, es entstehen synomorphe Beziehungen zwischen räumlich-dinglicher Anordnung und darin typischerweise anzutreffenden Verhaltensmustern. Verhalten von Menschen und ihre unmittelbare Umgebung sind interdependent.[1435]

Für die Orientierung im umfassenden Sinne und ein damit verbundenes Sicherheitsgefühl ist unabdingbar, daß Bauwerke Bedeutung und Interessen symbolisieren und diese vom Betrachter richtig und schnell erkannt werden.

1431 Auf welche Art Zeichen dem Beobachter ermöglichen, einem Gebäude eine bestimmte Bedeutung und Funktion zuzuordnen, wie also die Bedeutungsverleihung zu erfolgen hat, damit der Mensch in der Lage ist, diese zu erkennen, ist Gegenstand der Semiotik. Siehe dazu Sipek, passim. Zur Architektur als Symbolbildung, Berndt/Lorenzer/Horn - Lorenzer, S. 51 (84ff).

1432 Namgalies, S. 39.

1433 Namgalies, S. 42.

1434 Namgalies, S. 43.

1435 Koffka, S. 66ff; Kruse/Graumann/Lantermann - Kaminski, S. 154ff.

3. *Identifikation mit der Umgebung*

Das Empfinden von Sicherheit und Geborgenheit stärkt das Selbstwertgefühl, setzt Entfaltungsmöglichkeiten frei und ermöglicht erst Kommunikation und Interaktion in der Öffentlichkeit. Damit Sicherheit und Geborgenheit empfunden werden können, ist ein Vertrauen zur Umgebung erforderlich. Vertrauen basiert auf einer Identifizierung mit der Umgebung, einem im Individuum ablaufenden Prozeß, der zu einer Verbundenheit mit der Umgebung führt und positive emotionale Interdepedenzen hervorruft. Die Möglichkeit, sich in der Umgebung zu orientieren, ist auch hierfür ein entscheidender Faktor.[1436] Im Bereich der urbanen Umwelt wird der Identifikationsprozeß daneben vor allem bedingt durch die Wohnlichkeit der Umgebung, also die äußeren Umstände wie Sicherheit vor Lärmbelästigungen und Luftverschmutzungen, Begrünung und Erreichbarkeit aller zum Wohnen gehörenden Einrichtungen.[1437] Ein weiterer entscheidender Aspekt ist, ob das Individuum eine positive emotionale Beziehung zu seiner räumlichen und sozialen Umwelt, ein Heimatgefühl, entwickeln kann, was in erster Linie davon abhängig ist, ob es eine soziale Heimat gefunden hat. Der Grad der Ortsbindung eines Menschen ist abhängig von den sich ihm an diesem Ort bietenden Möglichkeiten zum sozialen Austausch.[1438] Es wird sogar vertreten, ein hoher Stellenwert für die Identifikation mit der Umwelt und die Entstehung eines Heimatgefühls käme ausschließlich der Qualität und Häufigkeit sozialer Beziehungen und nicht den physischen Eigenschaften der Umgebung als solche zu.[1439] Zwischen Kommunikation und Identifikation mit der Umgebung bestehen demnach beidseitige Wechselbeziehungen; beides ist sowohl Voraussetzung als auch Ergebnis des anderen. Ein Ort, an dem immer wieder soziale Kontakte zustande kommen, wird in der Vorstellung so unlösbar mit der sozialen Gruppe verbunden, daß er selbst zur Gruppe gehört. Letztlich kann der Ort als Symbol die Vorstellung von den Menschen und ihrem sozialen Miteinander hervorrufen, die Wahrnehmung des Symbols macht die sozialen Kontaktmöglichkeiten bewußt und ruft so ein Gefühl der Geborgenheit und Sicherheit hervor. Das auf den sozialen Kontakt bezogene Heimatgefühl wird so identisch mit einer symbolischen Ortsbezogenheit. Ein solcher Prozeß wird erleichtert durch optisch unverwechselbare Orte sozialer Kontakte.[1440]

1436 Gute räumliche Orientierung führt zu einer positiven emotionalen Identifikation mit der Umgebung, Kruse/Graumann/Lantermann - Schneider, S. 263 (264).

1437 Namgalies, S.50f; zum Identifikationsprozeeß, Trieb, Einführung, S. 13. Zu den wechselseitig fördernden Beziehungen zwischen Umweltidentifikation und Identität, Henke, S. 63.

1438 „soziale Regulation“, Harloff - Fuhrer/Kaiser, S. 61.

1439 So Pieper, S. 50ff, mit Verweisen auf zahlreiche Studien.

1440 Namgalies, S. 52ff; Hellbrück/Fischer, S. 479f.

Eine Identifizierung mit dem Ort ist abhängig von den Möglichkeiten, sich dort seiner Identität zu versichern. Findet sich das Individuum in den Interessen und Werten wieder, die seine bauliche Umwelt symbolisiert, findet es sich in seiner Stadt also selbst repräsentiert, identifiziert es sich mit ihr.[1441]

4. Implikationen für ästhetisch unreglementierte Bebauung

Die Gestaltung der baulichen Umwelt beeinflußt vielfältig das Empfinden und schließlich das soziale Verhalten der Menschen in dieser Umwelt. Aber geht ein solcher Einfluß auch von den Gestaltungsmerkmalen aus, die mit Verunstaltungsverboten durchgesetzt werden? Bestehen vergleichbare Beziehungen zwischen der das ästhetische Empfinden der Mehrheit verletzenden Gestaltung eines Bauwerks und dem Sicherheits- und Geborgenheitsempfinden der Betrachter, ihren Interaktionen im öffentlichen Raum, ihrer Identifikation mit der Umgebung? Welche Bedeutung kommt nicht am ästhetischen Empfinden der Mehrheit orientierten positiven Gestaltungsanforderungen zu?

a) Der Einfluß auf die Identifikation mit der Umgebung

Die Identifikation mit der Umwelt[1442] setzt eine gewisse Übereinstimmung des Individuums mit der Umgebung voraus. Sie wird daher auch dadurch bedingt, daß die Umwelt als ästhetisch befriedigend empfunden wird.

In Übertragung der Forschungsansätze zu Image, Attitüde und Stereotyp ist davon auszugehen, daß auch der ästhetische Eindruck nicht nur auf der Grundlage objektiver Merkmale gebildet wird, sondern in funktionaler Beziehung zur Identität des Betrachters steht; es gefällt das, was relevante reale oder ideale Selbstanteile zumindest annähernd widerspiegelt.[1443] Der Identifikationsprozeß ist nach Mayer-Tasch abhängig davon, inwieweit der Drang nach immer stärkerer morphologischer Differenzierung der Lebensäußerungen in der architektonischen Umwelt des Menschen eine Entsprechung findet.[1444] Daraus schlußfolgert er, daß eine verunstaltete Umwelt emotionale Umweltbeziehungen verwehrt.[1445]

Eine Differenzierung der Lebensäußerungen findet jedoch gerade dann eine Entsprechung in der architektonischen Umwelt, wenn diese selbst durch Differenzierung geprägt ist, die einzelnen Elemente gerade keine Einheitlichkeit aufweisen, sondern die Vielheit der Menschen repräsentieren. Schönheit ist im Sinne

1441 Berndt/Lorenzer/Horn - Lorenzer, S. 51 (86ff); Harloff - Fuhrer/Kaiser, S. 60.
1442 Siehe oben unter 3.
1443 Ritterfeld, S. 50.
1444 Mayer-Tasch, S. 24, mit Verweis auf Portmann und Mitscherlich.
1445 Mayer-Tasch, S. 55.

der Wertästhetik eine subjektive Erfahrung. Die oben beschriebenen Gesetzmäßigkeiten der Wahrnehmung sind ursächlich dafür, daß es nur bei einer kollektiven Subjektivität, d.h. bei ähnlicher, zu gleichen Wahrnehmungsfiltern führender Konstitution der Betrachter, zu Gemeinsamkeiten bei der ästhetischen Bewertung, zu sogenannten intersubjektiven Vorstellungen[1446], kommt. In der baulichen Umwelt einer aus einer Vielfalt von Gruppen bestehenden pluralistischen Gesellschaft müssen für jeden die ihm eigenen Gestaltmerkmale vorhanden und ablesbar sein, damit sich jedes Gruppenmitglied mit der Umgebung identifizieren kann. Soll die Umgebung eine Vielzahl unterschiedlicher Geschmacksrichtungen bedienen, muß sie sich durch Individualität, Unverwechselbarkeit, Vielfalt, Originalität, Unterschiedlichkeit der Hausformen und Fassaden, Farben und Materialien auszeichnen.[1447]

Dies intendiert, daß Baugebiete, die aufgrund monotoner Gebäudegestaltung oder kasernenartiger Anordnung der Bauwerke als verunstaltet empfunden werden[1448], nur eingeschränkt Identifikationsmöglichkeiten bieten. Abgesehen von der theoretischen Möglichkeit, daß strenge Baugestaltungsregeln solche monotonen Umwelten entstehen lassen, ist Ursache stets die in der Hand eines einzigen Bauträgers liegende Bebauung eines ganzen Gebietes für sozioökonomisch unterprivilegierte Bevölkerungsgruppen. Auf diese Weise gestaltete Gebiete erschweren bei entsprechender Größe für die Vielzahl der Betrachter, die sich nicht in den wenigen Gestaltungselementen wiederfinden können, die Identifikation. Insbesondere der Schutz der Bewohner, die sich durch ihre kasernenartigen Häuser nicht repräsentiert fühlen und deren Identität nur schwer über die unpersonifizierte Gestaltung Festigung erfährt, läßt die Baugestaltung betreffende Regulierungen erforderlich erscheinen.[1449]

Mögen so zu charakterisierende Wohngebiete auch als verunstaltet bezeichnet werden, der bauordnungsrechtliche Verunstaltungsbegriff umfaßt keine baulichen Anlagenkomplexe, die aufgrund ihrer Eintönigkeit als häßlich empfunden wer-

1446 Namgalies, S. 25ff, 28; zum Wahrnehmungsvorgang siehe auch Henke, S. 62f m.w.N.

1447 Namgalies, S. 77ff.

1448 Nach Malz, S. 44, werden auch solche Umwelten als verunstaltet empfunden.

1449 Hierfür kommen sowohl direkt an die Baugestaltung ansetzende Regelungen in Betracht, als auch solche, die dem potentiellen Bewohner eine Wahlfreiheit hinsichtlich seines Wohnortes verschaffen und so die Baugestaltung zu einem vom Bauherrn aus ökonomischen Gründen zu berücksichtigenden Aspekt macht. Über die staatliche Förderung des sozialen Wohnungsbaus und in Anbetracht der regelmäßigen Realisierung solcher Neubaugebiete durch kommunal beauftragte Bauträger ist Raum für vielfältige vertragliche Regelungen zur Verhinderung monotoner, kasernenartiger Bebauung.

den.[1450] Auch Ortsgestaltungsrecht ist nur sehr eingeschränkt geeignet, bauliche Vielfalt zu fördern. Zwar ist nicht auszuschließen, daß aufgrund positiver Gestaltungsanforderungen markante Gebiete entstehen, die deutlich von anderen Gebieten zu unterscheiden sind. Innerhalb des reglementierten Gebietes gewährleisten positive Baugestaltungsanforderungen indes keine vielfältigen Bauformen, sondern eine relative Einheitlichkeit.

Festzuhalten ist, daß eine die Identifizierung erleichternde Umwelt Elemente für jede Geschmacksrichtung enthalten muß und dafür der Kreativität vieler bedarf.[1451] Auf dieser Grundlage plädiert Namgalies dafür, bestimmte Baugebiete nur mit einem Minimum an einschränkenden Festsetzungen zu belegen und ansonsten so bauen zu lassen, wie jeder möchte.[1452] Neben der räumlichen Beschränkung auf einen Teil der Baugebiete grenzt er aber die soeben favorisierte Baugestaltungsfreiheit sogleich substanziell ein: Individualität dürfe nicht zur Verwirrung führen, indem kein Haus dem anderen gleicht, ein Mindestmaß an Gleichartigkeit sei unbedingt erforderlich.[1453]

b) Das Bedürfnis nach harmonischer Einheit

Um die Erforderlichkeit einer gewissen Regelmäßigkeit der Baugestaltung beurteilen zu können, ist die Bestimmung des Zwecks gleichartiger Bebauung unabdingbar.

Eine Umweltgestaltung, die der bauästhetischen Favorisierung einer einheitlichen Baugestaltung entspricht, muß zwangsläufig Bedürfnisse anderer unberücksichtigt lassen. Sollte eine mehrheitliche kollektive Subjektivität dahingehend festzustellen sein, daß bauästhetische Vorlieben der harmonisch einheitlichen Baugestaltung gelten, erscheinen relative Verunstaltungsverbote und gebietsbezogene positive Baugestaltungsanforderungen geeignet, diese Inkompatibilität sachgerecht zu bewältigen, denn umgebungsbezogene Verunstaltungsverbote fördern ebenso wie gebietseinheitliche Gestaltungsanforderungen eine gewisse Einheitlichkeit.

Andererseits ist zu berücksichtigen, daß gerade dann, wenn eine beachtliche Mehrheit eine einheitliche Baugestaltung als ästhetisch befriedigend empfindet, eine Berücksichtigung dieses mehrheitlichen Interesses nicht unvermeidbar mit der Mißachtung gegenläufiger Interessen einhergehen muß. Gibt es weitverbreitete Gemeinsamkeiten bei der ästhetischen Beurteilung, spiegelt sich dies bei ei-

1450 Siehe oben unter § 1 II. B. 1. e) (1) (b).

1451 Schmid - Schulze-Fielitz, S. 97 (109): „Nur die Aktivität oder Kreativität vieler ist geeignet, Banalität zu vermeiden.".

1452 Namgalies, S. 78.

1453 Namgalies, S. 79, 76.

ner unreglementierten Baugestaltung auch in der urbanen Umwelt wider. Eine gewisse harmonische Gestaltung von Wohnumwelten ergibt sich darüber hinaus aus dem jedem Menschen innewohnenden Bedürfnis nach Zugehörigkeit, die soziale Integration innerhalb der Nachbarschaft würde regelmäßig auch ohne entsprechende Normierung mittels Baugestaltung interpersonal kommuniziert.[1454] Es ist letztlich eine Frage des Einzelfalls, ob bei weitverbreiteter Präferierung einer harmonisch bis einheitlichen Baugestaltung tatsächlich ein einzelnes aus dem Rahmen fallendes Gebäude diese Harmonie gänzlich zerstört oder nur aus ihr heraustritt.[1455]

c) Das Bedürfnis nach Orientierung

Eine klar strukturierte architektonische Umwelt führt nach Mayer-Tasch zu einer affektiven Anteilnahme an dieser Umwelt, zur Intensivierung des Lebensgefühls und erhöhter sozialer Kontaktbereitschaft, eine schlecht strukturierte architektonische Umwelt jedoch zu innerer Abkehr von dieser Umwelt, Unsicherheit, Kontaktarmut und unfruchtbaren Introversionen. Eine verunstaltete Umwelt ziehe Frustrationsgefühle nach sich, die zu neurotischer Aggressions- und Resignationsbereitschaft führen können.[1456]

Diese Argumentation bewegt sich entgegen der Absicht von Mayer-Tasch außerhalb des durch die baurechtlichen Verunstaltungsverbote gesteckten Rahmens.[1457] Ob eine Umwelt klare Strukturen aufweist, ist unabhängig davon, ob sie dem ästhetischen Empfinden des Durchschnittsbetrachters entspricht. Ein imaginäres Stadtviertel, daß aus gleichmäßig angeordneten, identischen Bauwerken besteht, deren Proportionen und Fassadenfarbe das ästhetische Empfinden vieler Passanten verletzt, kann den fehlenden zwingenden Zusammenhang zwischen Struktur und ästhetischem Empfinden verdeutlichen.

Der von Lynch herausgearbeitete Aspekt der Orientierung[1458] kann die Abwehr besonders auffallender Bebauung ebensowenig rechtfertigen. Wie oben festgestellt, gehört die Ermöglichung einer ständigen visuellen Orientierung des Menschen zu den Zielen einer sozialen Stadtgestaltung. Es ist aber gerade eine

---

1454 Siehe zu diesem Aspekt Flade, S. 146.

1455 Es ist nicht fernliegend, daß in einem durch einheitliche Gestaltung gekennzeichneten Gebiet ein „Fremdkörper“ als solcher empfunden wird, so daß die Einheitlichkeit der übrigen Bebauung nicht mehr wahrgenommen werden kann.

1456 Mayer-Tasch, S. 25f, mit Verweis auf den Gestaltpsychologen Kevin Lynch.

1457 Das ist bereits dadurch indiziert, daß Mayer-Tasch schon hier die psychosozialen Folgen von Verunstaltungen darlegt, bevor er in einem späteren Kapitel den Verunstaltungsbegriff selbst analysiert.

1458 Siehe oben unter 2.

einförmige Stadtgestalt, die einer Orientierung hinderlich ist. Markante Bauwerke hingegen können die Orientierung fördern. Damit sind es gerade auffallende unharmonische und damit per se nur punktuell anzutreffende bauliche Anlagen, die ein Sich-Zurechtfinden in der Stadt erleichtern. Nach Lynch sind für Orientierung vor allem drei Strukturelemente der Stadt von Bedeutung: Verkehrswege, bedeutsame Knotenpunkte, wie Plätze und Kreuzungen, sowie Merkzeichen, d.h. einmalige, spezielle optische Bezugspunkte wie auffällige Baulichkeiten.[1459] Wege gewinnen eine besondere Bedeutung für die Orientierung wenn sie bestimmte Nutzungen konzentrieren, besonders eng oder breit sind oder andere besondere räumliche Eigenschaften aufweisen, oder sich auf andere Weise besonders einprägen.[1460] Eine besondere, gleichmäßig gestaltete Fassade der begrenzenden Bebauung ist also nur ein Punkt unter vielen anderen, der Orientierung erleichtern kann. Vielmehr geht es primär um Differenz, die eine Einprägsamkeit ermöglicht.

Eine einprägsame Stadtstruktur kann allenfalls durch positive Gestaltungsanforderungen gefördert werden. Gebietsbezogene einheitliche Anforderungen können jedoch nur einem bestimmten Stadtgebiet im Vergleich zu anderen ein typisches Gepräge geben, sie können daher lediglich die grobe Orientierung in der Stadt erleichtern. Zudem wird eine Unterscheidbarkeit von Stadtvierteln vielfach bereits durch Nutzungskonflikte abwehrende Anforderungen an Arten, Maße und Plazierung baulicher Anlagen erreicht. Innerhalb des reglementierten Gebietes können einheitlich geltende Gestaltungsanforderungen, je nach ihrer Intensität, durch Verhinderung markanter Punkte die Orientierung sogar erschweren.

d) Das Bedürfnis nach ausgewogener Reizkonfiguration

Auch die städtebauliche Zielsetzung, dem Städter visuelle Innovationsangebote zu machen[1461], wird durch eine eigenwillige Gestaltung bestimmter Bauwerke gerade nicht vereitelt. Ästhetische Bedürfnisse befriedigen heißt nicht in erster Linie Schaffen von inaktivem Wohlbefinden, sondern von Anregungen.[1462] Vor allem Bauwerke, die sich nicht der übrigen Bebauung anpassen, können dem Betrachter Anregungen bieten.

Das ästhetische Empfinden ist in hohem Maße zeitbedingt.[1463] Ob ein Gegenstand visuell anregend ist, hängt ebenfalls damit zusammen, ob er überraschend, neu, unwahrscheinlich, selten ist. Zeit und Gewöhnung bringen eine Verschie-

1459 Pieper, S. 35; Kruse/Graumann/Lantermann - Schneider, S. 263 (264).
1460 Pieper, S. 35.
1461 Siehe oben unter 1.
1462 Trieb, Einführung, S. 13f.
1463 Trieb, Einführung, S. 13f.

bung vom Originalen zum Banalen und eine Erhöhung der Reizschwelle, die nur durch Änderung der ästhetischen Information wieder erniedrigt werden kann. Aus psychologischer Perspektive wird das Überraschende durch Gewöhnung zum Banalen.[1464] Ist ein großer Teil der Wandlungen im Städtebau Ergebnis der Ermüdung am vorher Gängigen[1465], scheint es angezeigt, der freien Baugestaltung größtmöglichsten Spielraum zu lassen.

Verunstaltungsverbote schaffen keine visuellen Anregungen. Fragwürdig ist auch, ob positive Gestaltungsanforderungen ein visuelles Innovationsangebot gewährleisten, das bei unreglementierter Bauweise nicht zu erwarten wäre.

Das menschliche Informationsaufnahmesystem weist, wie oben festgestellt, eine physiologisch bedingte Obergrenze auf, deren Überschreitung zur Überlastung führt. Es wäre denkbar, daß Verunstaltungen abzuwehren sind, um dieser Überlastung vorzubeugen. Ob ein Bauwerk im baurechtlichen Sinne verunstaltet wirkt, ist anhand der einzelnen Anlage bzw. ihrer engeren Umgebung zu beurteilen. Das Bedürfnis, im Leben keinen Gegenständen zu begegnen, die dem eigenen ästhetischen Empfinden widersprechen, ist von geringem Gewicht, so daß die Untersuchung der Auswirkungen eines verunstalteten Bauwerks nicht auf die Situation des Betrachtens des konkret in Frage stehenden Objekts beschränkt bleiben kann. Die Bedürfnisse der Allgemeinheit sind, um auch qualitativ aussagekräftig zu sein, an größeren Einheiten zu messen. Es kann folglich nicht darum gehen, ob der Betrachter ein einzelnes Bauwerk als häßlich empfindet, sondern wie er seine Umwelt, etwa sein Quartier oder seine Stadt insgesamt erlebt.

Bauwerke, die ganz und gar nicht dem durchschnittlichen Geschmack entsprechen, wären schon aufgrund dieser Eigenschaft auch bei ausnahmslos gewährleisteter Baugestaltungsfreiheit selten, denn es bestehen keine Anzeichen dafür, daß der bauästhetische Geschmack von Bauherren eklatant von dem der übrigen Bevölkerung abweicht. Wären aber verunstaltete Bauwerke eine seltene Erscheinung, kann nicht zugleich eine Reizüberflutung desjenigen prognostiziert werden, der sich in der Stadt oder dem Wohnbezirk aufhält. Untersuchungen, die ein zunehmendes subjektives Wohlgefühl in schönen Räumen verbunden mit dem Wunsch, dort länger zu verweilen, resümieren[1466], haben daher nur geringe Aussagekraft für die Bedeutung der Verunstaltungsverhinderung.

1464 Schmid - Schulze-Fielitz, S. 97 (109), der folgerichtig auf das Bedürfnis nach einem „Tapetenwechsel“ als Triebkraft hinter dem Tourismus verweist und die freie und änderbare Ausfüllung eines technischen Rahmens zur Vermeidung ästhetischer Entropie befürwortet.

1465 Flagge - Matthaei, S. 9 (10, mit Verweis auf Albers).

1466 Kruse/Graumann/Lantermann - Schneider, S. 301 (305).

Damit könnten allenfalls einheitliche positive Gestaltungsanforderungen einer Reizüberflutung entgegenwirken. Es ist jedoch zu berücksichtigen, daß bereits nicht-ästhetisch motivierte Bebauungsanforderungen eine gewisse Einheitlichkeit und damit ein relativ niedriges Reizpotential bedingen. Dazu gehören zum einen auch heute noch Einschränkungen durch die Begrenzung des technisch Machbaren. Daneben gibt es eine Vielzahl rechtlicher Anforderungen[1467], deren Beachtung eine bestimmte Baugestaltung mit sich bringt. Diese Normen bezwecken zwar keine einheitliche Baugestaltung, führen aber dennoch zu einer gewissen Einheitlichkeit im äußeren Erscheinungsbild baulicher Anlagen in einem bestimmten Gebiet.

Setzt man die Verhinderung von Reizüberlastungen in Bezug zum Bedürfnis nach Vertrautem, nach einer Stabilität der Umweltbedingungen[1468], ist zudem eine Obergrenze für die ständige Veränderung des Quartiers intendiert, nicht aber die Erhaltung oder Schaffung einer bestimmten gestalterischen Qualität. Anders ausgedrückt: Das Stabilitätsbedürfnis kann darauf gerichtet sein, daß alles bleibt wie es ist, nicht aber darauf, daß alles was ist und was geschaffen wird, bestimmten ästhetischen Anforderungen genügt.

e) Kommunikative Bedürfnisse

Ein weiterer Aspekt ergibt sich aus einer Rückschau auf den oben dargestellten Prozeß der Symbolisierung[1469]. Mit der selbstbestimmten Gestaltung seines Bauwerks drückt der Bauherr seine Identität aus. Der Betrachter entschlüsselt die Gestaltung und weist dem Bauherrn daraufhin bestimmte Eigenschaften oder Verhaltensweisen zu. Das Bauwerk sendet eine Information nach außen, beim Betrachter kommt eine - wie bei jeder Form der Kommunikation nicht zwangsläufig dieselbe - an. Durch diese Kommunikation bleibt das Bauwerk nicht eine anonyme Ansammlung von Steinen, sondern bekommt für den Passanten ein Gesicht. Auch die Bewohner dieser Häuser werden so aus der Anonymität geholt und für den Betrachter ihrer Häuser zu Persönlichkeiten. Wer Menschen einordnen kann, weil er ihnen bestimmte Merkmale zuordnet, für den sind diese Menschen keine Unbekannten mehr, er fühlt sich sicherer.[1470] Dieses Sicherheits-

---

1467 Siehe zur Stadtgestaltung mittels nicht originär bauästhetischer Festsetzungen Heinz, S. 11.

1468 Kruse/Graumann/Lantermann - Wohlwill, S. 131 (134f); Engel, AfK 1975, 213 (216); Piperek, Umweltpsychohygiene, S. 37f.

1469 Siehe oben unter A. 2.

1470 Diesen Sicherheitsaspekt verdeutlicht ein Vergleich mit der Bedeutung, die der Kleidung eines Fremden für denjenigen zukommt, der sich ein Bild von diesem Menschen macht.

gefühl aufgrund architektonisch vermittelter Kommunikation kann unmittelbare Kommunikation fördern.

Das heißt aber auch, daß baugestalterische Vorgaben Interpretationsfehler verursachen. Je mehr die Gestaltung einer baulichen Anlage reglementiert wird, desto weniger kommt in ihr die Identität des Bauherrn zum Ausdruck. Im äußersten Fall stimmt die Interpretation des Beobachters nicht mit der Realität überein oder ein Symbolisierungsprozeß findet gar nicht statt, weil der Betrachter weiß, daß das Bauwerk nichts über den Bauherrn und Bewohner zu erkennen gibt. Beide Varianten haben Unsicherheiten zur Folge. Die freie Gestaltung von Bauwerken ist daher Element einer schützenswerten Kommunikation zwischen Bauherrn und Betrachter. Diese Schutzwürdigkeit ist nicht zu unterschätzen. Menschen sind im allgemeinen kognitiven Dissonanzen gegenüber sehr empfindlich, es ist daher aus dieser Perspektive kontraindiziert, durch baugestalterische Vorgaben den Anschein einer Gleichartigkeit hervorzurufen, die tatsächlich nicht vorhanden ist.

f) Frustrationsgefühle aufgrund verunstalteter Gebäude

Eine verunstaltete Umwelt zieht nach Mayer-Tasch Frustrationsgefühle nach sich, die zu neurotischer Aggressions- und Resignationsbereitschaft führen können.[1471] Baurechtliche Verunstaltungsverbote richten sich gegen bauliche Anlagen, die das ästhetische Empfinden einer deutlich überwiegenden Mehrheit verletzen und verhindern daher nicht zwingend eine verunstaltete Umwelt etwa im Sinne einer mehrheitlich als häßlich empfundenen Stadt. Vielmehr unterbinden sie einzelne dem Mehrheitsgeschmack widersprechende Bauwerke, die regelmäßig nur aus nächster Nähe wahrnehmbar sind, bzw. aus größerer Entfernung deutlich an Einfluß auf das ästhetische Empfinden verlieren. Diese Orientierung am einzelnen Bauwerk verbunden mit der Beschränkung auf die Verhinderung das mehrheitliche ästhetische Empfinden offensichtlich verletzender Bauwerke bewirken den minimalen Einfluß baurechtlicher Verunstaltungsverbote auf die Stadtgestalt und das Wohlbefinden der Stadtbewohner. Eine verunstaltete Umwelt ist aus Sicht des Einzelnen eine Umgebung, die weitgehend keine oder nur untergeordnete Elemente aufweist, die seinem ästhetischen Geschmack entsprechen. Die sozialpsychologische Bedeutung baurechtlicher Verunstaltungsverbote läßt sich nicht mit Auswirkungen einer verunstalteten Umwelt auf das psychische Wohlbefinden des Menschen darlegen.

Frustrationsgefühle beim Betrachten einer verunstalteten baulichen Anlage, die aufgrund ihrer Augenblicklichkeit von geringer Relevanz sind, könnten über-

1471 Mayer-Tasch, S. 25f.

dies durch Gewöhnung minimiert sein. Wie sich Umweltvertrautheit auf ästhetische Reaktionen auswirkt, ist noch ungeklärt. Für positive Reaktionen existieren Befunde, die eine Abschwächung, eine Stagnation oder eine Verstärkung der Intensität vermuten lassen. Ebenso gibt es Theorien, wonach sich durch wiederholte Wahrnehmung eine ursprünglich neutrale oder negative Reaktion ins Positive verändert.[1472] Die These, eine schnelle Gewöhnung an optische Reize würde mit der Zeit auch die ästhetische Empfindung abschwächen[1473], ist somit nicht bewiesen.

g) Community spirit

Looks begründet die von verunstalteten Bauwerken[1474] ausgehende negative Wirkung mit der kommunikativen Bedeutung durch Symbole geschaffener gemeinsamer Kristallisationspunkte. Kommunikation ermöglichende Gemeinsamkeit müsse in einem Ort vorstrukturiert sein; die bauliche Umwelt wirke als symbolbildender Prozeß für die Integration der Gemeinde. Folglich werde eine lebendige Kommunikation gefördert, wenn der öffentliche Raum die Gemeinschaft repräsentiere. Stadtgestalt bilde so die Basis für ein „community spirit". Als Nachweis für die Integrationsfunktion einer ästhetisch ansprechenden Baugestaltung dient Looks der Vergleich mit Kirchengebäuden, die eine Beziehung zwischen Individuum und gemeinsamen religiösen Sinngebilden herstellten und so zum Kristallisationspunkt einer Integration würden.[1475]

Die Bedeutung einer gemeinschaftliche Identität fördernden Stadtgestalt ist nicht zu unterschätzen. Der oben dargestellte Prozeß einer Identifizierung mit der Umwelt über Selbstdarstellung kann auch über die Umweltgestaltung in Form der Selbstdarstellung sozialer Institutionen erfolgen und auf diese Weise eine gemeinschaftliche Identität festigen. Stellt sich mittels Architektur eine Gemeinschaft dar, identifiziert sich idealtypisch der einzelne über das Objekt mit den anderen und fühlt sich so der Gemeinschaft verbunden.[1476]

Rückschlüsse auf die Bedeutung des Baugestaltungsrechts können nur in Abhängigkeit vom konkreten Regelungsinhalt der zu beurteilenden Norm gezogen

1472 Kruse/Graumann/Lantermann - Schneider, S. 301 (305).

1473 Zu denken ist nur an die massenhaften Mißfallensäußerungen bezüglich der noch jungen ersten Generation Frankfurter Hochhäuser. Heute sind diese Hochhäuser nach Ribou, S. 7, der Stolz vieler Frankfurter.

1474 Looks Arbeit bezieht sich auf bauästhetische Vorschriften zu denen er Forderungen nach anständiger Baugesinnung, einwandfreier Gestaltung, werkgerechter Durchbildung, Einfügen in die Umgebung sowie Verunstaltungsverbote zählt.

1475 Looks, S. 137f.

1476 Berndt/Lorenzer/Horn - Lorenzer, S. 51 (78f); siehe auch Schultze-Fielitz, S. 182ff.

werden. Verunstaltungsverbote verhindern dem mehrheitlichen Geschmack beträchtlich widersprechende Bebauung. Gerade der von Looks gewählte Vergleich mit christlichen Kirchengebäude weckt aber Zweifel daran, daß gerade eine übereinstimmende ästhetische Präferenzen ausdrückende Architektur die gemeinschaftliche Identitätsbildung fördert. Kirchen sind einzelne von einer Gemeinschaft genutzte Gebäude und daher hinsichtlich der identitätsstiftenden Wirkung ihrer Architektur nur bedingt mit Städten vergleichbar. Gemeinschaftliche Häuser sind per se Ausdruck der Gemeinschaft der Nutzer, unabhängig davon, ob es sich um ein als reizvoll empfundenes Objekt, ein schlichtes Vereinshaus oder ein überwiegend als häßlich beurteiltes Universitätsgebäude handelt. Eine die Identifikation des einzelnen Gemeindemitglieds fördernde Funktion hat eine Kirche nicht in erster Linie, weil ihre Gestaltung dem ästhetischen Empfinden der Nutzer entspricht, sondern bereits deshalb, weil es funktional die Gemeinschaft der Gläubigen symbolisiert. Für die Stärkung einer schon vorhandenen starken Identifikation, wie etwa die der Kirchenmitglieder mit ihrer Gemeinde, ist die bauliche Realisierung übereinstimmender ästhetischer Präferenzen ein untergeordneter Belang. Hier reicht die architektonische Reproduktion der Gemeinschaft aus, um den Betrachter der gemeinschaftlichen Identität zu versichern. Ist eine solch starke Identifikation nicht ohnehin vorhanden, kann hingegen nicht ausgeschlossen werden, daß für eine Identifikation mit dem sich präsentierenden Ganzen eine gewisse Übereinstimmung zwischen der Gestaltung und den ästhetischen Präferenzen des einzelnen von Bedeutung ist.[1477] Es ist demnach für die Schaffung einer gemeinschaftlichen Identität der Stadtbewohner nicht bedeutungslos, daß die Gemeinschaft repräsentierende Architektur dem ästhetischen Geschmack möglichst vieler entspricht. Folglich ist nicht auszuschließen, daß absolute Verunstaltungsverbote ein Gemeinschaftsgefühl fördern. Vor allem aber positive Anforderungen und eingeschränkt auch umgebungsbezogene Verunstaltungsverbote scheinen durch die mit ihnen zu erzielende Einheitlichkeit der Baugestaltung die Repräsentation von Gemeinschaft zu unterstützen.

Damit ist jedoch nicht die Notwendigkeit oder auch nur die Opportunität verbunden, die Architektur einer Stadt umfassend als Gemeinschaftsrepräsentation zu konzipieren, denn in den Dienst der Symbolisierung von Gemeinschaft gestellte private Bauten sind nur eingeschränkt geeignet, zugleich Individuen zu repräsentieren.

Der öffentliche Raum, vor allem Straßen, Plätze und öffentliche Einrichtungen fungieren als Kristallisationspunkte für Kommunikation und bilden so eine öffentliche Identität der Städter.[1478] Einzelne, sorgfältig gestaltete öffentliche

1477 Kruse/Graumann/Lantermann - Schneider, S. 301 (307).

1478 Looks, S. 137; Schultze-Fielitz, S. 183.

Plätze bieten insbesondere dann, wenn sie besonders einprägsam sind und eine zentrale Funktion innerhalb des Straßen- und Wegenetzes innehaben, Möglichkeiten zur Identifikation mit dem Stadtteil.[1479] Bauten für Kultur, Bildung, Erholung, Justiz, Polizei, Verwaltung und Verkehr, staatliche Denkmäler und Parkanlagen sind schon funktional Ausdruck der Gemeinschaft. Ihre Gestaltung kann eine Identifikation des einzelnen mit seiner Stadt fördern und verdient daher besondere Beachtung. Angesichte der umfangreichen staatlichen Bautätigkeit[1480] und der gemeinschaftlich geprägten Makrostruktur einer Stadt, ist nicht ersichtlich, warum die Gemeinschaft repräsentierende Funktion generell auch privater Baugestaltung zukommen soll. Um in der Stadt Gemeinschaft darstellende Punkte und Strukturen zur Schaffung und Stärkung einer städtischen Identität in hinreichender Menge und Qualität zur Verfügung zu stellen, ist es grundsätzlich nicht erforderlich, der privaten Baugestaltung Vorgaben zu machen, die dem privaten Bauwerk einen Gemeinschaftsbezug geben.

Zudem ist fragwürdig, ob etwa private Wohnhäuser überhaupt geeignet sind, durch eine bestimmte Gestaltung die Identifikation des Betrachters mit der städtischen Gemeinschaft zu fördern, oder ob nicht vielmehr ein solcher Prozeß die funktionale Beziehung des Gebäudes zur Gemeinschaft voraussetzt. Führen gestalterische Reglementierungen nicht zu einer gewissen Einheitlichkeit der Bauwerke, ist bereits daran zu zweifeln, daß die einzelnen Personen zuzuordnenden Bauwerke Gemeinschaft repräsentieren können. Städte bestehen aus vielen Individuen mit nicht nur im Bereich des ästhetischen Geschmacks unterschiedlichen Ansichten. Daher kann eine Stadtgestalt, die auch mittels funktional einzelnen Menschen zuzuordnenden Gebäuden ausschließlich die durchschnittlichen ästhetischen Ansichten verwirklicht, allenfalls einen fiktiven Durchschnittsbürger repräsentieren, nicht aber eine Gemeinschaft.

Anders verhält es sich mit Gebäuden, die zum symbolischen Träger städtischer Identität, zum Wahrzeichen einer Stadt, geworden sind und vielen Stadtbewohner eine Identifikation mit der Stadt ermöglichen. Diese Objekte sind nicht zwingend öffentliche Gebäude. Identitätsträger in diesem Sinne können insbesondere einzelne historische Gebäude, die Stadtsilhouette oder der Altstadtbereich einer Stadt sein.[1481] Hier ist aus sozial-psychologischem Blickwinkel zu überlegen, ob die identitätsprägende Gestalt dieser Gebäude und Ensembles nicht

1479 BRBS - Stadtentwicklung, S. 145.

1480 Siehe etwa die Auflistung aller zwischen 1946 und 1984 in NRW fertiggestellten staatlichen Bauten in Der Minister für Landes- und Stadtentwicklung des Landes NRW (Hrsg.), Architektur des Staates, Kleve 1984, Anhang. Etwa 12 % des gesamten Hochbaus ist öffentlich, davon entfallen 60% auf kommunale Bautätigkeit, MLS - Pahl, S. 91 (92).

1481 Hellbrück/Fischer, S. 479, 492.

derart zu einem städtischen Allgemeingut geworden ist, daß auf die Baugestaltung der einzelnen Bauwerke zur Erhaltung des community spirit Einfluß genommen werden sollte.[1482]

Baugestaltungsanforderungen, die eine relativ einheitliche Bauweise bewirken, können ebenfalls Gemeinschaft repräsentieren. Dies läßt sich verstärkt im Südwesten der USA beobachten, wo aufgrund der zunehmenden Zahl lateinamerikanischer Hauseigentümer mit eigenen Gestaltungsvorstellungen deren fremdartige Baugestaltung von Weißen, die mit einer einheitlichen Grundstücksgestaltung traditionell die Gleichheit der Amerikaner symbolisierten, als Bedrohung empfunden wird. Nicht selten reagieren die Städte mit baugestalterischen Vorgaben.[1483] Nach Kaiser kann ein ausschließlich aus rot gestrichenen Häusern bestehendes Wohngebiet den Bewohnern ein Zusammengehörigkeitsgefühl vermitteln, sie identifizieren sich mit der Gruppe und erfahren auf diese Weise eine Ortsbindung. Streicht hier ein Bewohner sein Haus blau[1484], würde das Haus nach Kaiser aus kommunikationstheoretischer Sicht die an die Uniformität gebundene soziale Integration und so die Ortsbindung der anderen bedrohen, was bei der Umgestaltung des Hauses zu berücksichtigen sei.[1485] Diese These ist zumindest nicht evident, denn ein einzelnes abweichend gestaltetes Haus muß nicht die gemeinschaftliche Identität der Quartiersbewohner bedrohen, sondern kann auch eine Neudefinition der Gemeinschaft unter Ausschluß des einen Hauses bzw. seiner Bewohner bewirken. Vor allem zeigt aber dieses Beispiel, daß eine Reglementierung privater Baugestaltung, die eine Darstellung von Gemeinschaft bezweckt, die individuelle Repräsentation manipuliert. Die Verkörperung einer Gemeinschaft ist auf diese Weise nur über die architektonische Darstellung einer fiktiven Gleichartigkeit der Bewohner zu erreichen und damit, soweit sie mittels verbindlicher Normen durchgesetzt werden soll, nicht unbedenklich.

C. Zusammenfassung

Die bauliche Umgebung wirkt in vielfältiger Weise auf das Wohlbefinden der in ihr Lebenden ein. Ob ein Mensch sich in seiner urbanen Umwelt wohl fühlt, hängt in erster Linie davon ab, welche Betätigungsmöglichkeiten sie ihm bietet, d.h. ob und in welcher Entfernung er die erwünschte Infrastruktur und Freiräume

---

1482 Hier greift aber regelmäßig das Denkmalschutzrecht, so daß Baugestaltungsrecht im engeren Sinne diesen Fall unbeachtet lassen kann. Siehe dazu oben unter § 2 V. K.

1483 Siehe dazu Davis, S. 51ff.

1484 Der Sachverhalt ist einem in der Berner Zeitung vom 13.01.1990, S. 21, dokumentierten Ereignis nachgestellt.

1485 Harloff - Fuhrer/Kaiser, S. 67ff.

vorfindet, ob eine verkehrstechnische Erschließung ihm den Zugang ermöglicht, und welchen Komfort ihm seine Wohnung[1486] bietet. Einen hohen Stellenwert haben materielle Umweltaspekte wie Lärm, Luftverschmutzung, Sicherheit für Fußgänger.[1487] Die Lebensqualität wird darüber hinaus dadurch beeinflußt, ob verschiedene Nutzungsformen wie Gewerbe, Dienstleistung, Industrie und Wohnen auf miteinander vereinbare Weise angeordnet sind und wieweit sich aus den Funktionstrennungen zeitabhängige Überlastungen oder Verödungen des Gebietes ergeben, wie die soziale Segregation der Wohnbevölkerung aufgrund bestimmter baulicher Bedingungen wie Wohnungsgrößen, Alter der Bausubstanz und dadurch bedingter Mietpreise in einem Wohngebiet erfolgt[1488], ob ein Quartier durch Abwanderung der Wohnbevölkerung in andere Wohnzonen verödet und welche Wohndichte die Umgebung aufweist. Die Bebauung ist in allen diesen Fällen relevant für die Bedürfnisbefriedigung der hier lebenden Menschen. Diese Umweltqualitäten sind aber von der Makrostruktur der Städte oder Stadtteile und der Art der vorhandenen Nutzung und damit von funktionalen Aspekten bestimmt und nicht von der eigentlichen architektonischen Gestaltung.

Doch auch die architektonische Gestaltung selbst kann das Wohlbefinden beeinflussen, denn das mentale Abbild des urbanen Raumes wirkt unmittelbar auf die Psyche des Nutzers. Dieser Einfluß spiegelt sich in den Zielsetzungen der Stadtgestaltung im eigentlichen Sinne - die Identifikation des Menschen mit seiner Umwelt, die Ermöglichung einer ständigen visuellen Orientierung und die Schaffung von Innovationsangeboten[1489] - wider.

Ob ein einzelnes Bauwerk den eigenen ästhetischen Ansichten ent- oder widerspricht, hat nur eine untergeordnete Bedeutung für das von der architektonischen Umgebungsgestaltung bedingte Wohlbefinden. Das Wohlbefinden mag allenfalls im Moment der Betrachtung eines als häßlich empfundenen Bauwerks getrübt sein, nachhaltige Auswirkungen solcher Architektur sind indes so gut wie nicht zu erkennen.

Auch unter den Bewohneransprüchen hat die ästhetische bauliche Gestaltung der Wohngebiete keine Priorität.[1490] Baulich-gestalterische Aspekte werden als Kriterium der Einstufung eines Quartiers weniger zum Ausdruck gebracht. Ästhetische Aspekte werden mehr in Verbindung mit dem Grünflächenangebot ge-

1486 Für das Wohlbefinden des Menschen in der Stadt ist seine Wohnung von besonderer Bedeutung, Namgalies, S. 16.

1487 Zur Hierarchie der Ansprüche siehe BRBS - Stadtentwicklung, S. 125ff, 140ff.

1488 Zur Bedeutung sozialer Heterogenität für die Lebendigkeit eines Wohngebietes und deren Beeinflussung durch altstädtische Baumaßnahmen siehe Henke, S. 69f.

1489 Trieb, Einführung, S. 32ff.

1490 BRBS - Stadtentwicklung, S. 126f.

sehen.[1491] Demoskopisch ermittelte positive Bewertungen von Stadtgebieten werden von den Befragten vorzugsweise mit baulichen Merkmalen begründet, negativ gefärbte Einschätzungen dagegen in der Regel mit sozialen Tatbeständen in Zusammenhang gebracht. Im ersten Fall liegt der Hauptaspekt auf dem baulichen Erscheinungsbild eines Gebietes insgesamt, im zweiten Fall in der Wahrnehmung sozialer Problemgruppen.[1492]

Für die Qualifizierung einer Situation als gute bauliche Gestaltung hat weniger eine ganz bestimmte architektonische Form Einfluß, sondern die Individualität und Intimität sowie die Einmaligkeit einer Situation. So gelten mit Grünflächen und Pflanzen ausgestattete Bereiche wegen der dortigen Ruhe und Ungestörtheit als angenehm, ebenso wie intimere Wohnstraßen und Wege, Einfamilienhausgebiete, Straßen mit älteren Häusern von jeweils anderem Charakter, besondere historische Wahrzeichen und andere Situationen, die den Eindruck von Individualität oder von charakteristischer Besonderheit vermitteln.[1493]

Erkenntnisse darüber, ob der Eindruck einer baulichen Anlagen überwiegend als schön oder häßlich angegeben wird, lassen für sich genommen keine Rückschlüsse auf die Bedeutung dieser Beurteilung für den Betrachter zu. Vergleichsweise verläßlich sind hierzu behavioristische Methoden.[1494] Wegeverläufe sind im wesentlichen zentripetal und selbst dann nicht an ihrer Attraktivität ausgerichtet, wenn schöne Wege mit nur einem kleinen Umweg verbunden wären.[1495] Rückschlüsse von Nutzungsmustern auf die soziale Qualität der baulichen Umgebung sind daher vor allem dann aussagekräftig, wenn sie nicht von zweckorientierterten Aufenthalten im Freien wie dem Weg zur Arbeit, zum Einkauf oder zu Freunden, sondern von Aktivitäten im Rahmen großer persönlicher Dispositionsfreiheit, also etwa von Spaziergängen ausgehen.[1496] Diese wenig zieldominierten Aktivitäten erfolgen weniger direkt, sondern schließen Umwege ein.[1497] Die Einordnung von Stellen im Stadtgebiet als ästhetisch unangenehm oder angenehm[1498] steht aber auch hier nur bedingt in Zusammenhang

---

1491 BRBS - Stadtentwicklung, S. 111, 140, 146.

1492 BRBS - Stadtentwicklung, S. 137, 140.

1493 BRBS - Stadtentwicklung, S. 113, 115, 123.

1494 Entsprechend den Befunden sozialgeografischer Forschung z.B. der Schulen von Hägerstrand (Schweden) und Chapin (USA), die ihre planerischen Empfehlungen aufgrund sozialräumlicher Aktivitätenbudgets abgeben, BRBS - Stadtentwicklung, S. 19.

1495 BRBS - Stadtentwicklung, S. 84, 95.

1496 BRBS - Stadtentwicklung, S. 19.

1497 BRBS - Stadtentwicklung, S. 96.

1498 Auf die Frage, ob es eine Stelle im Wohngebiet gibt, wo Häuser und unmittelbare Umgebung von Häusern nicht so gut gestaltet sind, BRBS - Stadtentwicklung, S. 108, bzw. auf die Frage, an welcher Stelle im Wohngebiet Häuser und unmittelbare mit der anhand von Wegeprotokollen festgestellten tatsächlichen Wegewahl. Nutzung und spontan geäußerte Wahrnehmung stimmen nicht überein. Nutzungsmuster sind nur bedingt durch ästhetische Kriterien und ästhetisch bestimmte Wahrnehmungsweisen beeinflußt.[1499]

Nicht die optisch ästhetische Wirkung, sondern funktionale und soziale Aspekte, wie die eröffneten Nutzungsmöglichkeiten oder die Wahrscheinlichkeit sozialer Kontakte sind für die subjektive Qualität einer Freiraumsituation entscheidend.[1500] Auch die spezifischen Möglichkeiten positiver Gestaltungsanforderungen, die nicht am mehrheitlichen ästhetischen Geschmack orientiert sind, sondern gebietsbezogen einheitliche Baugestaltungen bzw. Gestaltungselemente fordern, haben nur eingeschränkt Bedeutung für das psycho-soziale Wohlbefinden der Nutzer.

Umgebung von Häusern besonders gut gestaltet sind, so daß die Befragten dorthin mit ihrem Besuch, der das Wohngebiet noch nicht kennt, gehen würden, BRBS - Stadtentwicklung, S. 106.

1499 BRBS - Stadtentwicklung, S. 108.

1500 BRBS - Stadtentwicklung, S. 108.

3. Teil: Fazit

§ 1 Die wesentlichen Ergebnisse in Thesen

I. Ergebnisse zum 1. Teil: Grundlagen

1. Seit Menschen bauen, dienen Bauwerke nicht allein dem Schutz vor äußeren Einflüssen, sondern haben auch Repräsentationsfunktion. Ähnlich traditionell ist der Anspruch der Allgemeinheit, die individuelle Baugestaltungsfreiheit einzuschränken. Bedingt durch den mit neuen Technologien wachsenden Gestaltungsspielraum und die Entwicklung individueller Gestaltungsvorstellungen konnten schon früh allgemeine Baugestaltungsvorgaben nur sehr eingeschränkt die optische Erscheinung der baulichen Umwelt beeinflussen. (§ 2)
2. Eine bestimmte ästhetische Gestaltung bezweckende Normen sind vor allem die bauordnungsrechtlichen absoluten und umgebungsbezogenen Verunstaltungsverbote und örtliche Bauvorschriften. Ästhetische Belange werden, wenn auch nicht als alleinige Belange, mit dem Denkmalschutzrecht einschließlich der Erhaltungssatzungen nach § 172 I Nr. 1 BauGB, dem BNatSchG und den Landschaftsgesetzen verfolgt. Ein Verstoß gegen das Einfügungsgebot des § 34 I 1 BauGB kann ebenso durch die ästhetische Erscheinung der baulichen Anlage bedingt sein, wie eine Ortsbildbeeinträchtigung gemäß § 34 I 3 BauGB. Von den bauplanungsrechtlichen Anforderungen des § 35 BauGB an Vorhaben im Außenbereich betreffen nur die Verunstaltungsverbote und partiell das Verbot einer Beeinträchtigung von Denkmalschutzbelangen die optische Erscheinung der baulichen Anlage. Baugestalterisch intendiert können zudem Instandsetzungs-, Abbruch- und Baugebote nach §§ 175ff BauGB sein. (§ 3)
3. Verunstaltungsverbote betreffen nur Beeinträchtigungen, die von einem Bestandteil oder Zubehör der baulichen Anlage oder der baulichen Anlage als Ganzes ausgehen. (§ 4 II. A.)
4. Ästhetische Beeinträchtigungen sind prinzipiell unabhängig vom Gestaltungszweck. (§ 4 II. B.)
5. Nur von der Allgemeinheit üblicherweise wahrnehmbare Anlagen sind hinsichtlich ihrer optischen Wirkung reglementierbar. (§ 4 II. B.)
6. Auch bei schleichenden Umgebungsverunstaltungen kann erst das Vorhaben, das die Schwelle zur Verunstaltung überschreitet, mit Verunstaltungsverboten

unterbunden werden. Bei einer vorhandenen Umgebungsverunstaltung ist nur deren empfindliche Steigerung tatbestandsmäßig. (§ 4 II. C.)

7. Umgebungsbezogene Verunstaltungsverbote umfassen weitgehend als absolut verunstaltet in Betracht kommende Anlagen. (§ 4 II. C.)
8. Neben der Unschärfe der Anforderungen selbst, die aus dem Erfordernis einer geschmacklichen Wertung resultiert, basiert die mangelnde Überzeugungskraft zahlreicher Entscheidungen zu umgebungsbezogenen Verunstaltungsverboten auf einer willkürlichen oder gänzlich fehlenden Bestimmung der maßgeblichen Umgebung. (§ 4 II. C.)
9. Die beabsichtigte Gestaltung im Sinne von § 12 II 1 BauO NW ist nur der durch Rechtssatz konkretisierte Gestaltungswille. (§ 4 II. C.)

II. Ergebnisse zum 2. Teil: Der verfassungsrechtliche Rahmen

A. Zu § 1: Die Vereinbarkeit baugestalterischer Generalklauseln mit dem Bestimmtheitsgrundsatz

1. Generalklauselförmige Gestaltungsanforderungen sind nicht mittels objektiver ästhetischer Werte bestimmbar. (§ 1 II. A.)
2. Der nach gängiger Formel für die Bestimmung einer Verunstaltung maßgebliche gebildete Durchschnittsmensch ist als fiktive Figur nicht konkretisierbar. Er läßt sich weder anhand seines Bildungsstands, seiner Offenheit für ästhetische Eindrücke oder seiner moralischen Einstellung bestimmen. (§ 1 II. B. 1. a)
3. Verstanden als Maßgeblichkeit des ästhetischen Urteils eines gebildeten Durchschnittsmenschen - in Gestalt des Rechtsanwenders - ist die Formel ebenfalls ungeeignet. (§ 1 II. B. 1. b)
4. Die Formel vom gebildeten Durchschnittsmenschen kann folglich nur als Verweisung auf die in der Gesellschaft herrschenden ästhetischen Ansichten verstanden werden. (§ 1 II. B. 1.c)
5. Baugestaltungsanforderungen, die auf ästhetische Mehrheitsauffassungen verweisen, sind nicht hinreichend demokratisch legitimiert (§ 1 II. B. 1. d), insbesondere ist dieses Legitimationsdefizit nicht durch die Unverzichtbarkeit einer generalklauselförmigen Gestaltungsregel ausgeglichen. (§ 3 II. B.)
6. Die nur mittels empirischer Methoden festzustellende Verletzung einer gesellschaftlichen Mehrheit in ihrem ästhetischen Empfinden ist nicht tatbestandlich. (§ 1 II. B. 1. e) (2)
7. Die Feststellung einer mehrheitlichen Verletzung des ästhetischen Empfindens durch eine bauliche Anlage weist weitaus größere Probleme auf, als die Feststellung ethisch-moralischer Mehrheitsauffassungen. (§ 1 II. B. 1. e) (1)

(a) In nur äußerst seltenen Ausnahmefällen wird eine mehrheitliche Verletzung des ästhetischen Empfindens durch eine bauliche Anlage hinreichend offensichtlich sein. Insbesondere hinsichtlich einer absoluten Verunstaltung reduziert die Schwierigkeit, entsprechende mehrheitliche ästhetische Ansichten festzustellen, den Anwendungsbereich der Normen auf Null. Landschaftsverunstaltungen lassen sich indes prinzipiell leichter feststellen. (§ 1 II. B. 1. e) (1) (b)

8. Einen weiteren Anwendungsbereich kann auch ein Rückgriff auf ergangene Rechtsprechung den Verunstaltungsverboten nicht eröffnen. Trotz der Fülle Verunstaltungsverbote betreffender Entscheidungen machen diese eine Normanwendung im Einzelfall nicht vorhersehbar. (§ 1 II. B. 1. e) (3) und Teil 1 § 4 I.)
9. Das Urteils des Experten oder Ansässigen kann für die Bestimmung einer Verunstaltung nicht maßgeblich sein. (§ 1 II. B. 2.)
10. Das Gebot des Art. 1 I BayBO, bauliche Anlagen nach den allgemein anerkannten Regeln der Baukunst durchzubilden, ist bauästhetisch intendiert. Es geht jedoch nicht über die Verunstaltungsabwehr hinaus. (§ 1 III.)

B. Zu § 2: Die Vereinbarkeit baugestalterischer Anforderungen mit Art. 5 III 1 GG

I. Zu I. - IV.: Eingriff in den Schutzbereich und Einschränkbarkeit der Baukunstfreiheit

1. Der Kunstbegriff des Art. 5 III 1 GG ist auch hinsichtlich Baukunst qualitativ neutral, so daß Verunstaltungen und andere, bauästhetischen Vorgaben nicht genügende Anlagen nicht bereits durch eine Ablehnung ihres künstlerischen Wertes der Schutz des Art. 5 III 1 GG abgesprochen werden kann. (I. A.)
2. Die Bestimmung als Kunst im Sinne von Art. 5 III 1 GG ist unproblematisch im Hinblick auf zweckfreie baugebundene oder baubezogene Gestaltungen, die typischen Kunstgattungen zuzuordnen sind. Schwierigkeiten bereitet aufgrund der mangelnden Aussagekraft des phänotypischen Ansatzes bei angewandter Kunst die Unterscheidung von grundrechtlich geschützter Kunst und Nichtkunst im Bereich der Architektur. (I. C.)
3. Der künstlerische Anspruch des Gestalters ist nur bedingt zur Abgrenzung geeignet. Insbesondere darf über die Fiktion des Gestalterwillens nicht mittelbar ein qualitativer Maßstab aufgestellt werden. (I. C. 1.)
4. Eine Gewichtung der kommunikativen und funktionalen Zweckbestimmung des Objekts ist ebenfalls nur eingeschränkt geeignet, es als Kunst oder Nichtkunst zu bestimmen. (I. C. 2, 3.)

5. Parallel zum Urheberrecht erscheint die Originalität der Gestaltung ein geeignetes Kriterium, im Bereich der angewandten Kunst grundrechtlich geschützte Kunst von Nichtkunst zu unterscheiden. (I. C. 4.)
6. Das Aufstellen baubezogener Kunst ist auch dann vom geschützten Wirkbereich der Kunstfreiheit umfaßt, wenn das Kunstwerk nicht oder nicht primär der Allgemeinheit dargeboten werden soll. (II. A.) Daß der Betrachter möglicherweise unfreiwillig mit dem Baukunstwerk konfrontiert wird, verweist Baukunst ebenfalls nicht aus dem grundrechtlich geschützten künstlerischen Wirkbereich. (II. B.)
7. Versuche, den grundrechtlichen Schutz der Baukunst vor baugestalterischen Anforderungen durch die Entwicklung spezieller Schranken restriktiv zu fassen, sind nicht überzeugend. Schranken anderer Grundrechte sind nicht übertragbar (III. A.), die Schrankendivergenz von Art. 5 III 1 GG und der von Eingriffen in die Baukunstfreiheit stets mitberührten Eigentumsgarantie kann die umfassende Maßgeblichkeit der Schranken des Art. 14 GG nicht begründen (III. B.), eine sphärenabhängige Schrankendifferenzierung ist ebenfalls ungeeignet, der Baukunst andere als verfassungsimmanente Schranken beizulegen (III. C.). Die Baukunstfreiheit untersteht ebenso wie die Freiheit zu jeder anderen Kunstform nur einem Verfassungsvorbehalt.
8. Verfassungsgüter, die geeignet sind, verbaliter schrankenlos garantierte Grundrechte zu begrenzen, sind ausschließlich Grundrechte Dritter. (III. D. 2.)

2. Zu V.: Durch Baugestaltungsanforderungen konkretisierte Verfassungsgüter

1. Art. 5 III 1 GG umfaßt auch die Kunstzugangsfreiheit des Rezipienten. Negatives Korrelat einer solchen Freiheit ist indes nicht die Freiheit vor einer Konfrontation mit Baukunstwerken. (A.)
2. Art. 2 II GG schützt nicht vor Beeinträchtigungen des psychischen Wohlbefindens durch den Anblick ungefälliger baulicher Anlagen, so daß es hinsichtlich des Grundrechts auf körperliche Unversehrtheit bereits an einer Kollisionslage mangelt, die eine verfassungsrechtliche Rechtfertigung begründen könnte. (B.)
3. Ein Grundrecht auf Stadtgestaltung ist dem Art. 2 I i.V.m. Art. 1 I GG nicht zu entnehmen. Es wäre zudem ungeeignet, baugestaltungsrechtliche Eingriffe in die Baukunstfreiheit verfassungsrechtlich zu rechtfertigen. (C.)
4. Einen zu einer ideellen Inanspruchnahme fremder Grundstücke berechtigenden Umgebungsschutz enthält Art. 5 III 1 GG nicht. Eine Reglementierung der Baugestaltung kommt folglich nicht zum Schutz der Kunstfreiheit Dritter, die die optische Wirkung ihrer Baukunstwerke beeinträchtigt sehen,

in Betracht. (D. 1.) Die Eigentumsgarantie des Art. 14 GG umfaßt nicht den Schutz vor einer optisch unbefriedigenden Umgebung. (D. 2.) Baugestaltungsanforderungen dienen nicht dem Schutz nachbarlicher Grundrechte.

5. Bauästhetische Regelungen sind keine sittlichen Normen. Darüberhinaus ist das in Art. 2 I GG erwähnte Sittengesetz auch dann kein Verfassungswert, der vorbehaltlos garantierte Grundrechte beschränken könnte, wenn entgegen der hier vertretenen Auffassung (III. D. 2.) nicht-grundrechtliche Verfassungswerte als mögliche verfassungsimmanente Schranken angesehen werden. (F.)
6. Das in Art. 14 II GG aufgestellte Gemeinwohlprinzip ist kein genereller Verfassungssatz, der als verfassungsimmanente Schranke den Eingriff in vorbehaltlose Grundrechte rechtfertigen könnte. (G.)
7. Auch den Kompetenzbestimmungen ist kein hinreichender Bezug zu bauästhetischen Anforderungen zu entnehmen. (H.)
8. Die Möglichkeit einer verfassungsrechtlichen Rechtfertigung von baugestalterischen Eingriffen zum Schutz vor ästhetischen Landschaftsbeeinträchtigungen durch den in Art. 20a GG postulierten Schutz der natürlichen Lebensgrundlagen ist vom BVerwG nicht behauptet worden. (I.1.) Art. 20a GG schützt die Landschaft nicht hinsichtlich ihrer ästhetischen Dimension. (I.2.)
9. Baugestaltungsnormen lösen keinen schichtenspezifischen Interessenkonflikt. (J.2.) Auch hinsichtlich der über den Ausgleich sozialer Ungleichheiten hinausgehenden Zielsetzung des in Art. 20 I GG verankerten Sozialstaatsprinzips (J.3.) besteht keine hinreichende Affinität einer am Durchschnittsgeschmack oder an staatlichen Gestaltungskonzepten orientierten Baugestaltung, die den Status des Sozialstaatsprinzips als verfassungsimmanente Schranke für Eingriffe in die Baukunstfreiheit begründen könnte. (J.4.)
10. Auch ein verfassungsrechtlicher Kulturauftrag im Sinne eines Auftrags zur Förderung von Kunst kann nicht als hinter Baugestaltungsanforderungen stehend, mit ihnen verbundene Eingriffe in die Kunstfreiheit rechtfertigen. (K.)
11. Nicht als kulturstaatliche Kunstpflege, wohl aber als kulturstaatliche Pflege des kulturellen Erbes ist Denkmalschutz Element des in den Grundrechten zu verortenden verfassungsrechtlichen Kulturauftrages. Hält man objektive Verfassungsgüter entgegen der hier vertretenen Auffassung (III. D. 2.) für geeignet, gesetzlich konkretisiert Eingriffe in vorbehaltlos garantierte Grundrechte zu rechtfertigen, können Beschränkungen der künstlerischen Betätigung an dem kulturellen Allgemeingut zuzurechnenden Denkmälern legitimiert sein. (L.)
12. Der subjektiv-rechtliche Charakter des Art. 28 II GG ist auf den intrapersonalen Bereich beschränkt, die Selbstverwaltungsgarantie enthält keinen darüberhinausgehenden materiellen Verfassungswert, eine Kollisionslage zwischen Art. 28 II GG und einem gemeindlichen Gestaltungskonzepten

entgegenstehenden Baukunstvorhaben besteht daher nicht. (M. 2. b) Auch ungeachtet der Charakteristik der Selbstverwaltungsgarantie als intrapersonaler Kompetenzbestimmung gehört die eigenverantwortliche bauästhetische Gestaltung nicht zu den Bereichen, die den Gemeinden durch Art. 28 II GG unentziehbar übertragen wäre. (M. 2. c.) Der Garantie kommunaler Selbstverwaltung in Art. 28 II GG erwächst kein gemeindliches Selbstgestaltungsrecht, das den durch Art. 5 III 1 GG geschützten Gestaltungsvorhaben entgegengestellt werden könnte.

13. Das durch Baugestaltungsrecht geschützte Interesse ist somit nicht verfassungsrechtlich determiniert. Allenfalls Beschränkungen künstlerischer Betätigung an Denkmälern können - die Eignung nicht-grundrechtlicher Verfassungsgüter zur Rechtfertigung von Eingriffen in schrankenlos garantierte Grundrechte fingiert - unter engen Voraussetzungen kulturstaatlich gerechtfertigt sein.

C. Zu § 3: Die Vereinbarkeit baugestalterischer Anforderungen mit sonstigen Grundrechten

1. Anforderungen an die ästhetische Gestaltung baulicher Anlagen sind Inhalts- und Schrankenbestimmungen des Eigentums im Sinne von Art. 14 I 2 GG und Eingriffe in die durch Art. 12 GG gewährleistete Berufsausübungsfreiheit des Architekten. Daß Baugestaltungsanforderungen dem Allgemeinwohl dienen und den Betroffenen nicht übermäßig belasten, kann nicht pauschal mit einem Verweis auf die Unvermehrbarkeit und Unverzichtbarkeit des Bodens, den gesteigerten sozialen Bezug der Baufreiheit und die Situationsgebundenheit des Grundeigentums belegt werden, ohne den spezifischen Bezug dieser Merkmale zur ästhetischen Dimension des Bauens darzulegen. (I.)
2. Ob baugestalterischen Eingriffen eine angemessene Abwägung zwischen den grundrechtlich geschützten Interessen des einzelnen und entgegenstehenden Gemeinschaftsbelangen zugrunde liegt, kann insbesondere für über die Verunstaltungsabwehr hinausgehende Anforderungen nicht beurteilt werden, ohne die Interessen der Allgemeinheit an einer Reglementierung der bauästhetischen Gestaltung und das Interesse des Eigentümers an einer selbstbestimmten Gestaltung seiner baulichen Anlage zu präzisieren und zu gewichten. (I.)
3. Der für eine solche Interessenbestimmung erforderliche psychologische und sozialwissenschaftliche Blickwinkel läßt erkennen, daß der selbstbestimmten Gestaltung des Domizils erhebliche Bedeutung für den Bewohner zukommt. Als intrapersonelle Kommunikation ist die Gestaltung identitätssichernde Selbstpräsentation und Umweltaneignung durch Personalisierung. Als inter-

personelle Selbstdarstellung fördert sie soziale Interaktion. Die selbstbestimmte Gestaltung der unmittelbaren Umwelt ermöglicht schließlich Territorialität. (II. A.)

4. Die am ästhetischen Empfinden der Mehrheit ausgerichtete Reglementierung der Gestaltung privater Bauten hat nur untergeordnete Bedeutung für das Wohlbefinden der Betrachter. Verunstaltungsverbote stehen in keinem nennenswert engen Zusammenhang zur Förderung der Identifikation des Menschen mit seiner Umwelt, seiner visuellen Orientierungsfähigkeit und zur Gewährleistung einer ausgewogenen Reizkonfiguration der Umwelt. Gleiches gilt, wenn auch nicht in eben diesem Ausmaß, für Gestaltungsanforderungen, die eine relative Einheitlichkeit der Baugestaltung in einem Gebiet bewirken sollen. (II. B.)

§ 2 Verfassungspolitische Bewertung

Die Feststellungen, die zum verfassungsrechtlichen Rahmen bauästhetischer Reglementierungen, aber auch zur sozio-psychologischen Bedeutung der Baugestaltung zu treffen waren, plädieren für eine auf Makroebene umsichtig geplante Stadtgestaltung, die dem einzelnen die Freiheit selbstbestimmter Gestaltung seines Hauses läßt, soweit er nicht die Rechte anderer verletzt[1501]. In dem Wunsch, dem Haus ein unverwechselbares Gesicht zu geben, verwirklicht sich ein Abgrenzungsbedürfnis, das jedem Menschen innewohnt. Gerade das eigene Domizil, nach der Kleidung die dritte Haut des Menschen, dient daher immer mehr der Selbstdarstellung.[1502]

1501 Das Persönlichkeitsrecht des Nachbarn kann nur betroffen sein, wenn sich eine Darbietung erkennbar gegen ihn richtet, BGH, 15.05.1970, BGHZ 54, 56. Aus der baugestaltungsrechtlichen Judikatur kommen hierfür in Betracht VGH BW, 25.11.1982, BRS 39, Nr. 144 (Barrikadenzaun); AG Grünstadt, 11.02.1994, NJW 1995, 889 („Frustzwerge"); AG Münster, 10.05.1983, NJW 1983, 2886 (Müll auf der dem Nachbargrundstück zugewandten Zaunseite). Für die Lösung entsprechender Konflikte stehen zivilrechtliche Mittel bereit. Es greift gegebenfalls das Schikaneverbot aus § 226, 826 BGB, siehe BGH, 07.03.1969, BGHZ 51, 396, oder soweit die Baugestaltung auf dem Nachbargrundstück das Persönlichkeitsrecht berührt, § 1004 BGB analog, § 826 BGB, § 823 II BGB i.V.m. § 185 StGB, § 826 BGB, Palandt - Bassenge, § 903, Rn. 10; KG, 11.09.1987, NJW-RR 1988, 586; LG Limburg, 19.02.1986, NJW-RR 1987, 81 (zielgerichtete sittenwidrige Schädigung des Nachbarn durch Errichtung eines Galgen mit einer hängenden Puppe begründe Abwehrrecht aus §§ 826, 249 Satz 1 BGB).

1502 Siehe auch Oswald, SZ Beilage Nr. 88, 14.04.2000 S. V2/4.

Die Interessen der Allgemeinheit an einer diese Selbstrepräsentation beschränkenden Ordnung sind demgegenüber nur von geringem Ausmaß. Um so mehr verwundert die Vehemenz, mit der baugestalterische Verunstaltungsverbote und darüber hinausgehende Reglementierungen privater Baugestaltung eingefordert werden. Zum einen ist dies in der unzulässigen Gleichsetzung von Verunstaltungsabwehr mit stadtgestalterischer Planung zu verorten. Daß dem einzelnen ein größtmöglicher Freiheitsbereich in der äußeren Gestaltung seines Domizils gewährt werden sollte, bedeutet nicht, daß auch auf eine Stadtplanung auf Makroebene verzichtet werden dürfte. Ein weiterer Grund ist die selten offen vertretene, aber dennoch immer wieder deutlich werdende Prämisse, Schönheit sei ein absoluter Wert.[1503]

Vor allem ursächlich erscheint eine Verbindung des für die Beurteilung einer Verunstaltung erforderlichen ästhetischen Urteils mit sozialen Kriterien. Nach klassischer Bestimmung ist ästhetisches Verhalten gegenüber Objekten durch Zweckfreiheit definiert.[1504] Gegenstand eines ästhetischen Urteils ist das Erleben von Umwelt nicht im Hinblick auf deren funktionale Nutzung, sondern bezüglich ihres Anmutungs- und Ausdrucksgehalts.[1505] Demoskopische Untersuchungen lassen jedoch vermuten, daß die Bewertung einer baulichen Anlagen als schön oder häßlich sehr oft nicht auf die ästhetische Wirkung der baulichen Umwelt sondern den vielfältigen Einfluß anderer Faktoren zurückzuführen ist. Gefallensurteile sind von sozialen Normen und inneren Einstellungen beeinflußt. Ein kontrastierendes Wohnhaus gefällt nicht, weil die symbolisierte Individualität, das Herausragen aus der anonymen Gemeinschaft, das Anderssein bzw. -seinwollen nicht akzeptiert werden kann. Im äußersten Fall liegt der ästhetischen Ablehnung ein Gefühl der Bedrohung durch das Andere zugrunde. Das scheinbar ästhetische Urteil über das Bauwerk ist ein Werturteil über die repräsentierte Person.[1506] Dies veranschaulicht das kollektive ästhetische Urteil über Wohnhochhäuser: Während sie in Deutschland in der Regel als häßlich gelten, haben sie in Israel

1503 Siehe beispielhaft die Schrift der Deutschen Akademie für Städtebau und Landesplanung - Landesgruppe Bayern „Zur Farbe im Stadtbild“ (1978): „Die Farbe und die durch falsche Farbgebung verursachten Beeinträchtigungen sind zwar verhältnismäßig leicht zu korrigieren; nur schwer rückgängig zu machen ist aber der durch Gewöhnung an reklamehafte Buntheit bewirkte Wandel des Farbempfindens“, zitiert nach Koepf, S. 50.

1504 Siehe Kant, § 56.

1505 Kruse/Graumann/Lantermann - Schneider, S. 301, 306f.

1506 Eine vielen verletzend ins Auge stoßende hellblau gestrichene Fassade in einer Häuserzeile aus ocker- und rotgetönten Häusern stört nicht wegen der farblichen Disharmonie, sondern weil der Eigentümer nicht den Versuch erkennen läßt, sich einzugliedern. Siehe das Urteil des Präsidenten der die Behörde beratenden „Ästhetischen Kommission“ in Berner Zeitung 13.01.1990, S. 21.

ein positives Image. Zugleich leben in deutschen Hochhäusern vor allem soziale Randgruppen, während in Israel Hochhäuser typischerweise aus Eigentumswohnungen mittlerer und oberer Einkommensschichten bestehen und sozial unterprivilegierte Menschen in vierstöckigen Mietshäusern wohnen.[1507] Nur scheinbar ästhetisch motiviert sind auch die im Südwesten der USA zu beobachtenden Konflikte zwischen Weißen und lateinamerikanischen Immigranten, die erst jetzt immer öfter zu Hauseigentümern werden: „Inter-cultural skirmishes also take place on purely audio-visual fronts. Neighborhood aesthetic wars have become commonplace as Latino carnivality collides with the psychosexual anxieties of Truman Show white residental culture. Thus the glorious sorbet palette of Mexican and Caribbean house paint - verde limón, rosa, mexicano, azul añil, morado - is perceived as sheer visual terrorism by non-Hispanic homeowners who believe that their equity directly depend upon a neighborhood color order of subdued pastels and white picket fences."[1508]

Zeitgenössische Skulpturen im Stadtraum werden ebenfalls nicht selten als abstoßend empfunden. Sie widersprechen verbreiteten Ordnungsvorstellungen und erinnern so an die Freiheitsmöglichkeiten eines jeden einzelnen. „Wer läßt sich aber schon gern an seine eigene Unfreiheit erinnern, deren Unterdrückungsmechanismen man mit Sachzwängen des Alltags so perfekt überdecken kann. Verwundert es da noch, wenn sich Frustration, Ärger und zutiefst empfundenes Unbehagen gegen die Objekte richtet, die unserer Entfremdung abgerungen sind?"[1509]

Die Inkorporation moralischer Erwägungen in das dadurch nur scheinbar ästhetische Urteil ist nicht an sich zu verurteilen; in vielen anderen Bereichen sind Restriktionen ebenfalls nur von moralischen Motivationen getragen. Dennoch ist Freiheit von geringem Wert, wenn sie bedenkenlos allein um der Mehrheitsmeinungen willen zurückgedrängt werden kann.

Die Repräsentation von Gemeinschaft und die Förderung eines Gemeinschaftsgefühls kann angesichts des fehlenden funktionalen Bezuges zur Gemeinschaft nur sehr eingeschränkt durch die bauliche Gestaltung von Privathäusern erzielt werden. Soweit die Gestaltung privater Bauten ausnahmsweise auch gemeinschaftliche Identitäten berührt, sollte die Beratung von Bauherren präferiertes Mittel der Stadtgestaltungspolitik sein.[1510] Das Bedürfnis der Gemeinschaft

---

1507 Flade, S. 90f.

1508 Davis, S. 54.

1509 Makert über die Plastiken von Erich Hauser, zitiert nach MLS - Flagge, S. 153 (164).

1510 Zur Bedeutung der baugestalterischen Beratung von Hausbesitzern siehe auch Gädtke/Böckenförde/Temme/Heintz - Heintz, § 12, Rn. 15; Simon, Art. 11, Rn. 38; Große-Suchsdorf/Lindorf/Schmaltz/Wiechert - Wiechert, § 53, Rn. 14; Flagge -

nach Selbstrepräsentation ist um so mehr durch die Gestaltung von gemeinschaftlichen Gebäuden und Plätzen zu befriedigen. Über die Gestaltung öffentlicher Einrichtungen kann Identifikation mit der Gemeinschaft stattfinden. Dieses Potential gilt es zu nutzen, indem ein Meinungsbildungsprozeß über die optische Gestaltung öffentlicher Plätze und Gebäude gefördert und die Gestaltung dieser Objekte an den Vorstellungen und Wünschen der Bürger orientiert wird. Man mag, begründet durch eigene künstlerische Vorlieben, den Abriß der 1992 zur documenta 9 errichteten hölzerne Treppeninstallation des Künstlers Gustav Langes auf dem Kasseler Königsplatz zutiefst bedauern. Der große Beifall, den dieser Abriß in der Kasseler Bevölkerung auslöste, bei der das Kunstwerk schon immer verbreitet Ablehnung hervorrief[1511], belegt dennoch die Richtigkeit dieser Entscheidung. Öffentliche Räume sind zuvörderst den Bedürfnissen der Allgemeinheit zu dienen bestimmt, und es ist vermessen zu behaupten, diese Bedürfnisse besser als die Betroffen selbst erkennen zu können. Auch die Entscheidung über den Abriß im öffentlichen Raum stehender identitätsstiftender baulicher Anlagen hat eben diese emotionale Bedeutung der Anlage für die Bewohner zu beachten. So bedenklich wie der geplante Abriß des ehemaligen Palast der Republik in Berlin ist, weil der Beschluß nicht als Resultat eines gesellschaftlichen Meinungsbildungsprozesses angesehen werden kann, so erfreulich ist der durch eine Spendenkampagne ermöglichte Erhalt der Installation "Man walking to the sky" des Amerikaners Jonathan Borofsky in Kassel. Dieses 1992 zur documenta errichtete Kunstwerk, das die Kasseler derart begeisterte, daß sie es in ihrer Stadt behalten wollten, ist heute längst ein städtisches Wahrzeichen.

Soweit die Kunstfreiheit betroffen ist, sind optisch-ästhetische Anforderungen an die Gestaltung von Bauwerken unzulässig. Hier offenbart sich keine verfassungsrechtliche Lücke, sondern eine für die Freiheit der Kunst unverzichtbare Eingriffsgrenze[1512]: Beschränkungen freier künstlerischer Gestaltung dürfen nicht an die künstlerische Aussage selbst anknüpfen. Man mag an der verfassungspolitischen Berechtigung der Vorbehaltlosigkeit künstlerischer Freiheit zweifeln - das Schutzniveau der Garantien des Art. 5 I GG ist das Mindeste, was Kunst braucht,

Gutschow, S. 92ff; Maier, BayVBl 1980, 5 (9, 10). Zu finanziellen Anreizen siehe Trieb/Grammel/Schmidt, S. 47f, 142.

1511 Eine Initiative gegen den Abriß der Treppe wurde nicht von 10% der Wahlberechtigten unterstützt und führte daher zu keinem Bürgerentscheid. Das Kunstwerk war Anlaß zahlreicher Debatten im Stadtrat und schließlich Wahlkampfthema der CDU bei den Kommunalwahlen.

1512 Siehe bereits Nipperdey - Kitzinger, Art. 142, S. 475: „Sie (die ästhetische Baupolizei - Anm. N.K.) auch bei uns zu beseitigen, der Kunst auch hier die freie Bahn zu geben, die ihr zu geben die Verfassung gebietet, fordert Wagemut. Aber diesen Mut sollte der Deutsche aufbringen, der deutsche Richter ihm dazu verhelfen!“

um als geschützt gelten zu können. Baukünstlerische Reglementierungen, welche die optisch-ästhetische Erscheinung des Bauwerks zum Gegenstand haben, könnten indes nicht einmal den für diese Grundrechte geltenden Anforderungen genügen.[1513] Daß ein Kunstwerk Widerspruch herausfordert oder nicht gefällt, kann nicht hinreichend für eine Freiheitseinschränkung sein. Im Gegenteil: Was bequem ist, kann auch keinen bewegen[1514].

Nicht ästhetische Abgestumpftheit, sondern die Fähigkeit zur Toleranz erlaubt es, unbefangen auf Irreguläres zu blicken.

1513 Anders Voßkuhle, BayVBl 1995, 613 (621).
1514 MLS - Flagge, S. 153.

Literaturverzeichnis

Achterberg, Norbert: Öffentliche Ordnung im pluralistischen Staat. Analytische Bemerkungen zu einem Grundbegriff des Polizei- und Ordnungsrechts, ders. (Hrsg.), Öffentliches Recht und Politik. Festschrift für Hans Ulrich Scupin zum 70. Geburtstag, Berlin 1973, S. 9

Adamaschek, Barbara: Die polizeiliche Generalklausel unter besonderer Berücksichtigung des Rechtsstaatsgedankens, Bonn 1980

Alexejew, Igor: § 12, Alexejew, Igor/Haase, Ehrenfried/ Großmann, Peter/Möhl, Eckart, Hamburgisches Bauordnungsrecht, Band 1, Lsbl., Kiel 6/2000

Antoni, Michael: Art. 5, Seifert, Karl-Heinz/Hömig, Dieter, Grundgesetz für die Bundesrepublik Deutschland, 6. Aufl., Baden-Baden 1999

Arx, Peter von: Der Ästhetikparagraph (§ 238) im zürcherischen Planungs- und Baugesetz, Zürich 1983

Aust, Manfred: Kap. 28, Kodal, Kurt/ Krämer, Helmut, Straßenrecht, 6. Aufl., München 1999

Badura, Peter: § 10, Benda, Ernst/Maihofer, Werner/Vogel, Hans-Jochen, Handbuch des Verfassungsrechts, 2. Aufl., Berlin 1994

Badura, Peter: Staatsrecht, 2. Aufl., München 1996

Baltz, Constanz/Fischer, Friedrich Wilhelm: Preußisches Baupolizeirecht, 6. Aufl. 1934, Nachdruck Berlin 1954

Bamberger, Christian: Verfassungswerte als Schranken vorbehaltloser Freiheitsgrundrechte, Frankfurt 1999

Bartlsperger, Richard: Denkmalschutz zwischen staatlicher Fachverwaltung und städtebaulicher Planifizierung, DVBl 1981, 284

Bassenge, Peter: Überbl. v. § 903, § 903, Palandt, Otto (Hrsg.), Bürgerliches Gesetzbuch, 59. Aufl., München 2000

Battis, Ulrich: Öffentliches Baurecht und Raumordnungsrecht, 4. Aufl., Stuttgart 1999

Bauer, Daniela: Rechtliche und tatsächliche Bedeutung der Generalklausel im Bauordnungsrecht, München 1981

Baumbach, Adolf/Hefermehl, Wolfgang: Wettbewerbsrecht, 21. Aufl., München 1999

Baumeister, Reinhard: Moderne Stadterweiterungen, Deutsche Zeit- und Streitfragen 1887, 207

Baumeister, Reinhard: Stadt-Erweiterungen in technischer, baupolizeilicher und wirthschaftlicher Beziehung, Berlin 1876

Becker, Derk Ulrich: Werbung und Baurecht. Örtliche Bauvorschriften, Bonn 1994

Becker, Ludwig: Das Bayerische Gesetz gegen verunstaltende Außenwerbung, BBauBl 1954, 483

Beckmann, Friedrich-Wilhelm: Grenzen für den Erlaß örtlicher Bauvorschriften - Auswirkungen auf die Außenwerbung (Lichtwerbung), WRP 1978, 693

Beigel, Herbert: Urheberrecht des Architekten, Wiesbaden 1984

Beisel, Daniel: Die Kunstfreiheitsgarantie des Grundgesetzes und ihre strafrechtlichen Grenzen, Heidelberg 1997

Benda, Ernst: Konsens, Meinungsforschung und Verfassung, DÖV 1982, 877

Benda, Ernst: § 17, Benda, Ernst/Maihofer, Werner/Vogel, Hans-Jochen, Handbuch des Verfassungsrechts, 2. Aufl., Berlin 1994

Benda, Ernst/Kreuzer, Karl: Demoskopie und Recht, JZ 1972, 497

Berg, Wilfried: Konkurrenzen schrankendivergierender Freiheitsrechte im Grundrechtsabschnitt des Grundgesetzes, Berlin 1968

Berkemann, Jörg: Politisches Straßentheater - ohne Kunst?, NVwZ 1982, 85

Bernsdorff, Norbert: Positivierung des Umweltschutzes im Grundgesetz (Art. 20a GG), NuR 1997, 328

Bethge, Herbert: § 137, Isensee, Josef/Kirchhof, Paul, Handbuch des Staatsrechts, Band 6, Heidelberg 1989

Bethge, Herbert: Art. 5, Sachs, Michael (Hrsg.), Grundgesetz, 2. Aufl., München 1999

Bettermann, Karl August: Publikationsfreiheit für erschlichene Informationen?, NJW 1981, 1065

Bielenberg, Walter: §§ 176, 177, 178, Ernst, Werner/Zinkahn, Willy/Bielenberg, Walter/Krautzberger, Michael, Baugesetzbuch, Band 3, Lsbl., München 3/1999

Bielenberg, Walter/Stock, Jürgen: § 172, Ernst, Werner/Zinkahn, Willy/Bielenberg, Walter/Krautzberger, Michael, Baugesetzbuch, Band 3, Lsbl., München 3/1999

Biermann, Johannes: Privatrecht und Polizei in Preußen, Berlin 1897

Bleckmann, Albert: Zum materiellrechtlichen Gehalt der Kompetenzbestimmungen des Grundgesetzes, DÖV 1983, 129

Bleckmann, Albert/Wiethoff, Claudia: Zur Grundrechtskonkurrenz, DÖV 1991, 722

Blümel, Willi: Das Selbstgestaltungsrecht der Städte und Gemeinden, Blümel, Willi/Merten, Detlef/ Quaritsch, Helmut, Verwaltung im Rechtsstaat. Festschrift für Carl Hermann Ule zum 80. Geburtstag am 26. Februar 1987, Köln 1987, S. 19

Böckenförde, Dieter: §§ 61, 86, 87, Gädtke, Horst/Böckenförde, Dieter/Temme, Heinz-Georg/Heintz, Detlef/Krebs, Winnifred, Landesbauordnung Nordrhein-Westfalen, 9. Aufl., Düsseldorf 1998

Boeckh, Martin: § 12, Dieckmann, Jochen/Lange, Hans-Georg, Die neue Landesbauordnung für Nordrhein-Westfalen, Band 1, Lsbl., Kissing 12/1993

Boeddinghaus, Gerhard: § 12, Boeddinghaus, Gerhard/Hahn, Dittmar/ Schulte, Bernd H., Bauordnung für das Land Nordrhein-Westfalen 1995, Band 1, Lsbl., München 9/1999

Boeddinghaus, Gerhard: Das Einfügungsgebot des § 34 Abs. 1 BBauGB als Mittel zu Wahrung einer vorgegebenen städtebaulichen Ordnung, BauR 1986, 506

Boeger, Wilhelm/Ctwrtecka, E.: Bauordnungsrecht in der Praxis, Berlin 1968

Boie, Peter: Zur Außenwerbung im Bauordnungsrecht, Der Städtebund 1970, 161

Boldt, Hans: Lisken, Hans/Denninger, Erhard, Handbuch des Polizeirechts, 2. Aufl., München 1996

Bork, Gundolf/Köster, Wolf: Landesbauordnung Nordrhein-Westfalen, 2. Aufl., Köln 1988

Brandhuber, Klaus: Kein Gewissen an deutschen Hochschulen?, NJW 1991, 725

Brohm, Winfried: Öffentliches Baurecht, 2. Aufl., München 1999

Bryde, Brun-Otto: Art. 14, v. Münch, Ingo/Kunig, Philip (Hrsg.), Grundgesetz-Kommentar, Band 1, 4. Aufl., München 1992

Büge, Max/Zinkahn, Willy: Der Rechtsschutz gegen Verunstaltung. Ein Wegweiser durch das Recht der Baugestaltung und Außenwerbung, Düsseldorf 1952

Bull, Hans-Joachim: Rechtsprobleme der Außenwerbung, BB 1951, 649

Bull, Hans-Joachim: Die neue Rechtsgrundlage der Außenwerbung, BB 1956, 324

Bull, Hans Peter: Die Staatsaufgaben nach dem Grundgesetz, Kronberg 1977

Bundesminister für Raumordnung, Bauwesen und Städtebau: Wohnumfeld und Wohnquartier aus der Sicht des Stadtbewohners, Koblenz 1982, zit.: BRBS

Büning, W.: Die Baupolizei und die Baukunst, Neue Bauwelt 1951, 67

Büning, W.: Die Baukunst und die Baupolizei. Der Standpunkt der fachlichen Öffentlichkeit, Neue Bauwelt 1951, 212

Burkhard, Fritz: Baufreiheit, Baubeschränkungen und Enteignungen nach heutigem Bauplanungs- und Bauordnungsrecht, 1965

Campenhausen, Axel Frhr. von: § 136, Isensee, Josef/Kirchhof, Paul, Handbuch des Staatsrechts, Band 6, Heidelberg 1989

Chiavi, Bruno: Baukunst und Kunst am Bau, STZ 1996, 55

Clasen, Heinrich: Der ästhetische Wertungs- und Erkenntnismaßstab in den wertausfüllenden Begriffen des Baurechts, Bauamt und Gemeindebau 1966, 369

Clasen, Heinrich: Die Frage der Bestimmbarkeit und ästhetischen Wertung der in § 1 BaugestaltungsVO verwandten unbestimmten Rechtsbegriffe, Bauamt und Gemeindebau 1958, 48

Davis, Mike: Magical Urbanism. Latinos Reinvent the US City, New York 2000

Davy, Benjamin: Urteilsanmerkung zu VfGH Wien, 24.12.1985, EuGRZ 1985, 514, a.a.O, S. 516

Dechau, Wilfried: Wohnen heißt Spuren hinterlassen, Schmidt-Brümmer, Horst, Alternative Architektur, Köln 1983, S. 195

Degenhardt, Christoph: Art. 5 I, II, Dolzer, Rudolf/Vogel, Klaus (Hrsg.), Bonner Kommentar zum Grundgesetz, Band 4, Lsbl., Heidelberg 12/1999, zit.: BK

Denninger, Erhard: Lisken, Hans/Denninger, Erhard, Handbuch des Polizeirechts, 2.Aufl., München 1996

Denninger, Erhard: § 146, Isensee, Josef/Kirchhof, Paul, Handbuch des Staatsrechts, Band 6, Heidelberg 1989

Denninger, Erhard: Polizei und demokratische Politik, JZ 1970, 145

Denninger, Erhard: Polizei in der freiheitlichen Demokratie, Frankfurt 1968

Denninger, Erhard: Vor Art. 1, Denninger, Erhard (Hrsg.), Kommentar zum Grundgesetz für die Bundesrepublik Deutschland, Band 1, 2. Aufl., Neuwied 1989, zit.: AK

Depenheuer, Otto: Art. 14 GG, v. Mangoldt, Hermann/Klein, Friedrich/Starck, Christian, Das Bonner Grundgesetz, Band 1, 4. Aufl., München 1999

Dickersbach, Alfred: Sittenwidrigkeit im Gewerberecht, WiVerw 1986, 1

Dickersbach, Alfred: § 33a, Friauf, Karl Heinrich, Kommentar zur Gewerbeordnung - GewO. Gewerberechtlicher Teil, Lsbl., Neuwied 3/2000

Dierkes, Mathias: Gemeindliche Satzungen als Instrumente der Stadterhaltung und -gestaltung, Berlin 1991

Dilcher, Hermann: Denkmalschutz, Horn, Norbert (Hrsg.), Europäisches Rechtsdenken in Geschichte und Gegenwart. Festschrift für Helmut Coing zum 70. Geburtstag, Band 2, München 1982, S. 73

Discher, Thomas: Die Peep-Show-Urteile des BVerwG - BVerwGE 64, 274, und BVerwG, NVwZ 1990, 668, JuS 1991, 642

Dittus, Rolf: Die Baukunst und die Baupolizei. Der Standpunkt des Gesetzgebers, Neue Bauwelt 1951, 211

Dolderer, Michael: Kommunale Planungen im Konflikt mit vorbehaltlosen Grundrechten. Planungshoheit gegen Baukunst und Sakralarchitektur, BauR 1999, 691

Dreier, Horst: Art. 20 (Demokratie), Art. 28, Dreier, Horst, Grundgesetz, Band 2, Tübingen 1998

Dreier, Horst: Vorb., Art. 1 III, Dreier, Horst, Grundgesetz, Band 1, Tübingen 1996

Dreier, Ralf: Forschungsbegrenzung als verfassungsrechtliches Problem, DVBl 1980, 471

Drews, Bill/Wacke, Gerhard: Allgemeines Polizeirecht, 6. Aufl., Berlin 1952

Dürig, Günter: Art. 2 GG, Maunz, Theodor/Dürig, Günter/ Herzog, Roman/ Scholz, Rupert u.a., Grundgesetz, Band 1, Lsbl., München 2/1999

Dürig, Günter: Diskussionsbeitrag, VVDStRL 38, 331

Dürr, Hansjochen: Das Verhältnis zwischen Naturschutzrecht und Baurecht in der verwaltungsgerichtlichen Rechtsprechung, NVwZ 1992, 833

Dürr, Hansjochen: § 34, Brügelmann, Hermann u.a., Baugesetzbuch, Band 2, Lsbl., Stuttgart 2/2000

Dürr, Hansjochen/Middeke, Andreas: Baurecht für Nordrhein-Westfalen, 2. Aufl., Baden-Baden 1999

Eberl, Wolfgang: Denkmalschutzgesetz und örtliche Bauvorschriften, BayVBl. 1987, 353

Eberl, Wolfgang: Einleitung, Eberl, Wolfgang/Martin, Dieter/ Petzet, Michael, Bayerisches Denkmalschutzgesetz, 3. Aufl., Köln 1985

Ekardt, Felix: Grundgesetz, Art. 20a: Staatsziel Umweltschutz, BUNDschau 4/97, S. 24

Engel, Helmut: Zur Erhaltung des Stadtbildes, AfK 1975, 213

Engelmann, Gerhard: Der baurechtliche Verunstaltungsbegriff bei den Anlagen der Außenwerbung, Nürnberg 1986

Erbel, Günter: Inhalt und Auswirkungen der verfassungsrechtlichen Kunstfreiheitsgarantie, Heidelberg 1966

Erbel, Günter: Ein "Definitionsverbot" für den verfassungsrechtlichen Begriff "Kunst" (Art. 5 Abs. 3 Satz 1 GG)?, DVBl 1969, 863

Erbel, Günter: Rechtsschutz für Tiere - Eine Bestandsaufnahme anläßlich der Novellierung des Tierschutzgesetzes, DVBl 1986, 1235

Erbel, Günter: Der Streit um die "öffentliche Ordnung" als polizeirechtliches Schutzgut, DVBl 1972, 475

Erhardt, Elmar: Kunstfreiheit und Strafrecht, Heidelberg 1989

Ernst, Werner/Hoppe, Werner: Das öffentliche Bau- und Bodenrecht, Raumplanungsrecht, 2. Aufl., München 1981

Etzrodt, Wolf: Der Grundrechtsschutz der negativen Vereinigungsfreiheit, Frankfurt 1980

Faber, Heiko: Art. 28 II, Denninger, Erhard (Hrsg.), Kommentar zum Grundgesetz für die Bundesrepublik Deutschland, Band 1, 2. Aufl., Neuwied 1989, zit.: AK

Fahse, Hermann: Artikel 5 GG und das Urheberrecht der Architektur-Professoren, GRUR 1996, 331

Faulenbach, Bernd: Geschichtsbewußtsein und demokratische politische Kultur. Zur gesellschaftlichen Funktion von Geschichte in Deutschland, Jahrbuch Arbeit Bildung Kultur 1997/98, 7

Fechner, Erich: Gutachten über die Rechtsgültigkeit von Friedhofsordnungen, die eine einheitliche Gestaltung der Begräbnisstätten bezwecken, Friedhof und Denkmal 1958, Heft 11/12, S. 1

Fenchel, Jörg: Negative Informationsfreiheit, Berlin 1997

Fickert, Hans Carl: Der Verkehrswegebau im Lichte des neuen Naturschutz- und Landschaftspflegerechts, BayVBl. 1978, 681

Fikentscher, Wolfgang/Möllers, Thomas M.J.: Die (negative) Informationsfreiheit als Grenze von Werbung und Kunstdarbietung, NJW 1998, 1337

Finkelnburg, Klaus: Zum Schutz von Baudenkmalen in Berlin, Wilke, Dieter (Hrsg.), Festschrift zum 125-jährigen Bestehen der Juristischen Gesellschaft zu Berlin, Berlin 1984, S. 129, zit: FS JG

Finkelnburg, Klaus/Ortloff, Karsten-Michael: Öffentliches Baurecht. Band 2: Bauordnungsrecht, Nachbarschutz, Rechtsschutz, 4. Aufl., München 1998

Fischer, Erwin: Anständige Baugesinnung und Baugenehmigung, Die Bürgerrechte 1950, 50

Flade, Antje: Wohnen psychologisch betrachtet, Bern 1987

Flagge, Ingeborg: Die überforderte Kunst am Bau. Gedanken zu architekturbezogener Kunst nach dem Kriege im allgemeinen und in NRW im besonderen, Der Minister für Landes- und Stadtentwicklung des Landes NRW (Hrsg.), Architektur des Staates, Kleve 1984, S. 153, zit.: MLS

Friauf, Karl Heinrich: Polizei- und Ordnungsrecht, Schmidt-Aßmann, Eberhard (Hrsg.), Besonderes Verwaltungsrecht, 11. Aufl., Berlin 1999

Friauf, Karl Heinrich: Baurecht und Raumordnung, von Münch, Ingo, Besonderes Verwaltungsrecht, 4. Aufl., Berlin 1976

Friauf, Karl Heinrich/Wendt, Rudolf: Zur Zulässigkeit eines baurechtlichen "Denkmalschutzes" für Arbeiterwohnsiedlungen, Bochum 1980

Friedrich, Roland O.: Neuregelungen des Rechts der Außenwerbung, WRP 1972, 500

Friedrich, Roland O.: Der Grundrechtsschutz der Außenwerbung, WRP 1972, 113

Froelich: Baupolizeirecht, Brauchitsch, Max von/Drews, Bill/Lassar, Gerhard, Verwaltungsgesetze für Preußen, Band 2/2, 22. Aufl., Berlin 1932, S. 489

Fuhrer, Urs: Person-Umwelt-Kongruenz, Kruse, Lenelis/ Graumann, Carl Friedrich/Lantermann, Ernst-Dieter (Hrsg.), Ökologische Psychologie, München 1990, S. 143

Fuhrer, Urs/Kaiser, Florian: Ortsbindung. Ursachen und deren Implikationen für die Wohnungs- und Siedlungsgestaltung, Harloff, Hans Joachim (Hrsg), Psychologie des Wohnungs- und Siedlungsbaus. Psychologie im Dienste von Architektur und Stadtplanung, Göttingen 1993, S. 57

Funk, Ludwig: Urteilsanmerkung BVerwG, 28.06.1955, NJW 1955, 1647, a.a.O.

Gaentzsch, Günter: Baugestaltung durch Gemeindesatzungen, Der Städtetag 1969, 374

Gaentzsch, Günter: Möglichkeiten ortsrechtlicher Regelung der Außenwerbung, Die Bauverwaltung 1973, 410

Gallwas, Hans-Ullrich: Faktische Beeinträchtigungen im Bereich der Grundrechte, Berlin 1970

Gamm, Otto-Friedrich Frhr. v.: Der Architekt und sein Werk. Möglichkeiten und Grenzen des Urheberrechts, BauR 1982, 97

Garbe, Thorsten: Die naturschutzrechtliche Eingriffsregelung und ihre Bedeutung im Bauplanungsrecht, Bremen 1996

Gassner, Ulrich M.: Gesetzgebung und Bestimmtheitsgrundsatz, ZG 1996, 36

Gassner, Ulrich M.: Parlamentsvorbehalt und Bestimmtheitsgrundsatz, DÖV 1996, 18

Geis, Max-Emanuel: Kulturstaat und kulturelle Freiheit. Eine Untersuchung des Kulturstaatskonzepts von Ernst Rudolf Huber aus verfassungsrechtlicher Sicht, Baden-Baden 1990

Geitmann, Roland: Bundesverfassungsgericht und "offene" Normen, Berlin 1971

Gelzer, Konrad/Birk, Hans-Jörg: Bauplanungsrecht, 5. Aufl., Köln 1991

Goldschmidt, Otto: Die preußischen Gesetze gegen Verunstaltung, Berlin 1912

Göpfert, Andreas: Der Architekt als "technischer Zeichenstift"? Das Urheberrecht des Architekten contra das Urheberrecht des Bauherrn, BauR 1999, 312

Götz, Volkmar: Allgemeines Polizei- und Ordnungsrecht, 12. Aufl., Göttingen 1995

Götzfried, Eva: Das Recht, nicht zuhören zu müssen, NJW 1963, 1961

Graumann, Carl-Friedrich: Aneignung, Kruse, Lenelis/Graumann, Carl Friedrich/Lantermann, Ernst-Dieter (Hrsg.), Ökologische Psychologie, München 1990, S. 124

Grefe, Christiane: Erbitterter Kampf um Windmühlenflügel, SZ, 21.02.1998, S. 8

Grewe, Wilhelm: Schutz und Grenzen der Außenwerbung nach dem Grundgesetz, MA 1951, 243

Grimm, Dieter: Kulturauftrag im staatlichen Gemeinwesen, VVDStRL 42, 46

Grimm, Jakob/Grimm, Wilhelm: Deutsches Wörterbuch, 12. Band, I. Abteilung, Leipzig 1956

Gröschner, Rolf: Art. 20 (Sozialstaat), Dreier, Horst, Grundgesetz, Band 2, Tübingen 1998

Gröschner, Rolf: Menschenwürde und Sepukralkultur in der grundgesetzlichen Ordnung, Stuttgart 1995

Grotefels, Susan: §§ 2, 14, Hoppe, Werner/Grotefels, Susan, Öffentliches Baurecht, München 1995

Grunsky, Wolfgang: Urteilsanmerkung zu BGH, 15.05.1970 - V ZR 20/68, JZ 1970, 782, JZ 1970, 785

Grupp, Klaus: § 9, Marschall, Ernst A. u.a., Bundesfernstraßengesetz, 5. Aufl., Köln 1998

Gursky, Karl-Heinz: § 1004, J. von Staudingers Kommentar zum Bürgerlichen Gesetzbuch mit Einführungsgesetz und Nebengesetzen, Drittes Buch, Sachenrecht, §§ 985-1011, Berlin 1999

Gusy, Christoph: Die Bedeutung des verfassungsrechtlichen Bestimmtheitsgebotes im Ausländerrecht, DVBl 1979, 575

Gusy, Christoph: Polizeirecht, 4. Aufl., Tübingen 2000

Gusy, Christoph: Urteilsanmerkung zu BVerfG, 07.03.1990 (Deutschlandlied), JZ 1990, 640

Gutschow, Niels: Kommunale Stadtbildpflege mit Gestaltungssatzungen, Flagge, Ingeborg (Hrsg.), Gestaltung und Satzung. Baufreiheit oder verordnete Baugestaltung, München 1982, S. 92

Häberle, Peter: § 20, Isensee, Josef/Kirchhof, Paul, Handbuch des Staatsrechts, Band 1, 2. Aufl., Heidelberg 1995

Häberle, Peter: Freiheit der Kunst im Verfassungsstaat, AöR 1985, 577

Häberlin, Paul: Allgemeine Ästhetik, Basel 1929

Habermas, Tilmann: Geliebte Objekte. Symbole und Instrumente der Identitätsbildung, Berlin 1996

Hahn, Dittmar: §§ 61, 86, 87, Boeddinghaus, Gerhard/Hahn, Dittmar/Schulte, Bernd H., Bauordnung für das Land Nordrhein-Westfalen 1995, Band 2, Lsbl., München 9/1999

Hallauer, Fridolin: Der Staat als Bauherr - Der Staat als Architekt, Der Minister für Landes- und Stadtentwicklung des Landes NRW (Hrsg.), Architektur des Staates, Kleve 1984, S. 9, zit.: MLS

Halstenberg, Friedrich: Freie Bahn der Außenwerbung?, BBauBl 1952, 239

Heckel, Martin: Staat Kirche Kunst, Tübingen 1968

Heintz, Detlef: §§ 9, 12, Gädtke, Horst/Böckenförde, Dieter/ Temme, Heinz-Georg/Heintz, Detlef/Krebs, Winnifred, Landesbauordnung Nordrhein-Westfalen, 9. Aufl., Düsseldorf 1998

Heinz, Harald: Planungsrecht und Baugestalt, Wiesbaden 1985
Hellbrück, Jürgen/Fischer, Manfred: Umweltpsychologie, Göttingen 1999
Hellermann, Johannes: Die sogenannte negative Seite der Freiheitsrechte, Berlin 1993
Hempel, Heinrich: Die Freiheit der Kunst, Zürich 1991
Henke, Reginhard: Stadterhaltung als kommunale Aufgabe, Berlin 1985
Henneke, Hans-Günter: Der Schutz der natürlichen Lebensgrundlagen in Art. 20a GG, NuR 1995, 325
Henschel, Johann Friedrich: Die Kunstfreiheit in der Rechtsprechung des BVerfG, NJW 1990, 1937
Hermann, Burkhard: Öffentlich-rechtliche Antennenverbote: Erscheinungsformen und verfassungsrechtliche Probleme, Mainz 1988
Herzog, Roman: Art. 20 GG, Maunz, Theodor/Dürig, Günter/ Herzog, Roman/ Scholz, Rupert u.a., Grundgesetz, Band 3, Lsbl., München 2/1999
Herzog, Roman: Art. 4 GG, Maunz, Theodor/Dürig, Günter/Herzog, Roman/ Scholz, Rupert u.a., Grundgesetz, Band 1, Lsbl., München 2/1999
Herzog, Roman: Art. 5 I, II GG, Maunz, Theodor/Dürig, Günter/ Herzog, Roman/ Scholz, Rupert u.a., Grundgesetz, Band 1, Lsbl., München 2/1999
Herzog, Roman: Art. 8 GG, Maunz, Theodor/Dürig, Günter/ Herzog, Roman/ Scholz, Rupert u.a., Grundgesetz, Band 1, Lsbl., München 2/1999
Herzog, Roman: § 58, Isensee, Josef/Kirchhof, Paul, Handbuch des Staatsrechts, Band 3, 2. Aufl., Heidelberg 1996
Heuer, Carl-Heinz: Die Besteuerung der Kunst, 2. Aufl., Köln 1984
Heyde, Wolfgang: Der Regelungsspielraum des Gesetzgebers bei vorbehaltlos gewährleisteten Grundrechten, Fürst, Walther/Herzog, Roman/Umbach, Dieter C., Festschrift für Wolfgang Zeidler, Band 2, Berlin 1987, S. 1429
Hill, Hermann: Abschied von der öffentlichen Ordnung im Polizei- und Ordnungsrecht?, DVBl 1985, 88
Hoffmann, Josef: Kunstfreiheit und Sacheigentum. Bemerkungen zum "Sprayer"-Beschluß des BVerfG, NJW 1985, 237
Hoffmann, Josef: Die Kunstfreiheitsgarantie des Grundgesetzes und die Organisierung einer Mediengewerkschaft, Köln 1981
Hoffmann-Riem, Wolfgang: Art. 5 I, II, Denninger, Erhard (Hrsg.), Kommentar zum Grundgesetz für die Bundesrepublik Deutschland, Band 1, 2. Aufl., Neuwied 1989, zit.: AK
Hofmann, Hasso: § 21, Benda, Ernst/Maihofer, Werner/Vogel, Hans-Jochen, Handbuch des Verfassungsrechts, 2. Aufl., Berlin 1994
Hömig, Dieter: Die Grundrechte, Art. 20a, Seifert, Karl-Heinz/ Hömig, Dieter, Grundgesetz für die Bundesrepublik Deutschland, 6. Aufl., Baden-Baden 1999

Hönes, Ernst-Rainer: Historische Park- und Gartenanlagen zwischen Kunstfreiheit und Umweltschutz, DÖV 1998, 491

Hoppe, Werner: § 8, Hoppe, Werner/Grotefels, Susan, Öffentliches Baurecht, München 1995

Hufen, Friedhelm: Die Freiheit der Kunst in staatlichen Institutionen, Baden-Baden, 1982

Hufen, Friedhelm: Urteilsanmerkung zu VG Berlin, 26.5.1995, NJW 1995, 2650, "Verhüllter Reichstag", JuS 1996, 454

Hufen, Friedhelm: Zur rechtlichen Regelung der Straßenkunst - kommunikativer Gemeingebrauch oder Verbot mit Erlaubnisvorbehalt?, DÖV 1983, 353

Hufen, Friedhelm: Kulturauftrag als Selbstverwaltungsgarantie. Legitimationszusammenhänge kommunaler Kulturpolitik, NVwZ 1983, 516

Hülshoff, Thomas: Emotionen, München 1999

Ipsen, Jörn: Staatsrecht II (Grundrechte), 2. Aufl., Neuwied 1998

Isensee, Josef: Demokratischer Rechtsstaat und staatsfreie Ethik, Essener Gespräche 1977, 92

Isensee, Josef: Kunstfreiheit im Streit mit Persönlichkeitsschutz, AfP 1993, 619

Jäde, Henning: Verunstaltungsverbot und Einfügungsgebot. Zur Auslegung von Art. 12 III BayBO, BayVBl. 1984, 10

Jansen, R.: Regeln der Baukunst - Erfahrungen eines Gerichtssachverständigen, BauR 1990, 555

Jarass, Hans D.: Vorb. vor Art. 1, Art. 2, 5, 12, 14, 20, 20a GG, Jarass, Hans D./Pieroth, Bodo, Grundgesetz für die Bundesrepublik Deutschland, 5. Aufl., München 2000

Jauernig, Othmar: Zivilrechtlicher Schutz des Grundeigentums in der neueren Rechtsentwicklung, JZ 1986, 605

Jebens, A. Wilhelm: Der Vorgarten, PrVerwBl 1905, 819

Jung, Hans: Das Recht der Außenwerbung, DVBl 1961, 265

Jürgens, Erhard: Verfassungsmäßige Grenzen der Wirtschaftswerbung, VerwArch 1962, 105

Justi, Johann Heinrich Gottlob von: Grundsätze der Policeywissenschaft, 3. Aufl., Göttingen 1782, Nachdruck Frankfurt 1969

Kagelmann, H. Jürgen: Graffiti, Kruse, Lenelis/Graumann, Carl Friedrich/ Lantermann, Ernst-Dieter (Hrsg.), Ökologische Psychologie, München 1990, S. 541

Kalkbrenner: Urteilsanmerkung zu BayVGH, BayVGH 30.07.1979, BRS 35, Nr. 135, BayVBl. 1980, 21

Kaminski, Gerhard: Behavior Setting-Analyse, Kruse, Lenelis/ Graumann, Carl Friedrich/Lantermann, Ernst-Dieter (Hrsg.), Ökologische Psychologie, München 1990, S. 154

Kannengießer, Christoph: Vorb. vor Art. 1, Schmidt-Bleibtreu, Bruno/ Klein, Fritz, Kommentar zum Grundgesetz, 9. Aufl., Neuwied 1999

Kant, Immanuel: Kritik der Urteilskraft, Vorländer, Karl (Hrsg.), 7. Aufl., Hamburg 1990

Katz, Alfred: Staatsrecht, 14. Aufl., Heidelberg 1999

Kese, Volkmar: Rechtssystematische und grundrechtsdogmatische Aspekte der Durchsetzung entkriminalisierter Verhaltensgebote durch die polizeirechtliche Ordnungsklausel, Frankfurt 1991

Kiehne, Hans-Erich: Der Schutz der freien Landschaft vor Außenwerbung, Göttingen 1961

Kimminich, Otto: Die Freiheit, nicht zu hören, Der Staat 1964, 61

Kirchhof, Paul: Die Garantie der Kunstfreiheit im Steuerstaat des Grundgesetzes, NJW 1985, 225

Kittner, Michael: Art. 20 I-III/IV, Denninger, Erhard (Hrsg.), Kommentar zum Grundgesetz für die Bundesrepublik Deutschland, Band 1, 2. Aufl., Neuwied 1989, zit.: AK

Kitzinger: Art. 142 Satz 1, Nipperdey, Hans Carl (Hrsg.), Die Grundrechte und Grundpflichten der Reichsverfassung. Kommentar zum zweiten Teil der Reichsverfassung, Band 2: Artikel 118-142, Berlin 1930

Klappenbach, Ruth/Steinitz, Wolfgang: Wörterbuch der deutschen Gegenwartssprache, Band 6, Berlin 1977

Klein, Hans H.: Zur Auslegung des Rechtsbegriffs der "öffentlichen Sicherheit und Ordnung", DVBl 1971, 233

Klein, Martin: Kommunale Baugestaltungssatzungen. Rechtliche Bedeutung und praktischer Einsatz, Köln 1992

Kloepfer, Michael: Der Vorbehalt des Gesetzes im Wandel, JZ 1984, 685

Kloepfer, Michael: Produkthinweispflichten bei Tabakwaren als Verfassungsfrage, Berlin 1991, zit.: Tabakwaren

Kloepfer, Michael: Grundrechte als Entstehenssicherung und Bestandsschutz, München 1970, zit.: Grundrechte

Kloepfer, Michael: Umweltschutz als Verfassungsrecht - Zum neuen Art. 20a GG, DVBl 1996, 73

Kloepfer, Michael: Tierversuchsbeschränkungen und Verfassungsrecht, JZ 1986, 205

Kloepfer, Michael: Art. 20a, Dolzer, Rudolf/Vogel, Klaus (Hrsg.), Bonner Kommentar zum Grundgesetz, Band 4, Lsbl., Heidelberg 12/1999, zit.: BK

Kluge, Friedrich/Seebold, Elmar: Etymologisches Wörterbuch der deutschen Sprache, 23. Aufl., Berlin 1999

Kluge, Hans-Georg: Vorbehaltlose Grundrechte am Beispiel des Schächtens, ZRP 1992, 141

Knies, Wolfgang: Schranken der Kunstfreiheit als verfassungsrechtliches Problem, München 1967

Koch, Hans/Molodovsky, Paul/Famers, Gabriele: Bayerische Bauordnung, Band 1, Lsbl., München 4/2000

Koenig, Christian/Zeiss, Christopher: Baukunst und Kunst am Bau im Spannungsfeld zwischen Bauplaungsrecht und Kunstfreiheit, Jura 1997, 225

Koepf, Hans: Städtebaukunst, Sigmaringen 1985

Koffka, Bettina M.: Die kreative Arbeitsumwelt, 1996

Körner, Raimund: Denkmalschutz und Eigentumsschutz, Berlin 1992

Krause, Christian L./ Klöppel, Dieter: Landschaftsbild in der Eingriffsregelung, Bonn 1996

Krebs, Walter: Baurecht, Schmidt-Aßmann, Eberhard (Hrsg.), Besonderes Verwaltungsrecht, 11. Aufl., Berlin 1999

Kretschmer, Ernst: Nochmals: Der "gebildete Durchschnittsmensch", DVBl 1970, 55

Kretzschmar, Alfons: Außenwerbung und Warenautomaten an Läden und Geschäftsräumen, BB 1956, 321

Kretzschmar, Alfons/v. Eisenhart-Rothe, Sigismund: Außenwerbung und Warenautomaten im geltenden Recht, Heidelberg 1956

Krieg, Willy: Kunst am Bau. Dekoratives Alibi?, BBauBl 1994, 699

Kriele, Martin: Vorbehaltslose Grundrechte und die Rechte anderer, JA 1984, 629

Kromik, Wolfgang: Gestaltungssatzungen aus verfassungs- und bauplanungsrechtlicher Sicht, Flagge, Ingeborg (Hrsg.), Gestaltung und Satzung. Baufreiheit oder verordnete Baugestaltung, München 1982, S. 95

Kronecker: Polizeiliche Schönheitspflege. "Landschaftlich hervorragende Gegenden", DJZ 1911, 1202

Kruse, Lenelis/Graumann, Carl Friedrich/Lantermann, Ernst-Dieter: Zur Einführung, dies. (Hrsg.), Ökologische Psychologie, München 1990

Kuhl, Thomas/Unruh, Peter: Tierschutz und Religionsfreiheit am Beispiel des Schächtens, DÖV 1991, 94

Kuhlmann, Hartmut: Der Mitweltschutz im gesamtdeutschen Grundgesetz, NuR 1995, 1

Kuhn, Gustav: Ästhetische Bevormundung durch Bebauungspläne?, DVBl 1968, 497

Kummer, Michael: Denkmalschutzrecht als gestaltendes Baurecht, München 1981

Kunig, Philip: Das Rechtsstaatsprinzip, Tübingen 1986

Kutzelnigg, Artur: Die Begriffe Form, Gestalt und Größe, Muttersprache 1972, 27

Ladeur, Karl-Heinz: Art. 5 III/II, Denninger, Erhard (Hrsg.), Kommentar zum Grundgesetz für die Bundesrepublik Deutschland, Band 1, 2. Aufl., Neuwied 1989, zit.: AK

Lange, Albert: Von der Gestaltung des Wohnhauses, Jena 1939

Langer, Stefan: Gemeindliches Selbstgestaltungsrecht und überörtliche Raumplanung, VerwArch 1989, 352

Lehner, Moris: Zur Bestimmtheit von Rechtsnormen - am Beispiel einer Entscheidung des Österreichischen VerfGH, NJW 1991, 890

Leisner, Walter: § 149, Isensee, Josef/Kirchhof, Paul, Handbuch des Staatsrechts, Band 6, Heidelberg 1989

Leisner, Walter: Baufreiheit oder staatliche Baurechtsverleihung?, DVBl 1992, 1065

Lema Devesa, Carlos: Außenwerbung und Landschaftsschutz im spanischen, amerikanischen und schweizerischen Recht, GRUR Int 1981, 25

Lepa, Manfred: Grundrechtskonflikte, DVBl 1972, 161

Lerche, Peter: Übermaß und Verfassungsrecht, Köln 1961, zit.: Übermaß

Lerche, Peter: Werbung und Verfassung, München 1967, zit.: Werbung

Lerche, Peter: Ausgewählte Fragen der Kunstfreiheit nach deutschem Verfassungsrecht, Berka,Walter/Häberle, Peter/Heuer,Carl-Heinz/Lerche,Peter, Kunst und Recht im In- und Ausland, Heidelberg 1994, S. 1

Lerche, Peter: Grenzen der Wehrfähigkeit kommunaler Planungshoheit, Maunz, Theodor (Hrsg.), Verwaltung und Rechtsbindung. Festschrift zum hundertjährigen Bestehen des Bayerischen Verwaltungsgerichtshofes, S. 223

Lieske, Hans: Die Gesetze gegen die Verunstaltung von Stadt und Land, Berlin 1911 (ca.)

Loeper, Eisenhart v.: Studentische Gewissensfreiheit und mitgeschöpfliche Sozialbindung, ZRP 1991, 224

Loeper, Eisenhart v.: Tierschutz ins Grundgesetz, ZRP 1996, 143

Loeper, Eisenhart v./Reyer, Wasmut: Das Tier und sein rechtlicher Status, ZRP 1984, 205

Loewenheim, Ulrich: Urteilsanmerkung zu BGH, 15.11.1974 - V ZR 83/73, NJW 1975, 170, NJW 1975, 826

Looks, Volker: Bauästhetische Vorschriften und Verfassungsrecht, Kiel 1969

Lorenz, Dieter: § 128, Isensee, Josef/Kirchhof, Paul, Handbuch des Staatsrechts, Band 6, Heidelberg 1989

Lorenzer, Alfred: Städtebau: Funktionalismus und Sozialmontage? Zur sozialpsychologischen Funktion der Architektur, Berndt, Heide/Lorenzer, Alfred/ Horn, Klaus, Architektur als Ideologie, 4. Aufl., Frankfurt 1971, S. 51

Lübbe-Wolff, Gertrude: Verfassungsrechtliche Fragen der Normsetzung und Normkonkretisierung im Umweltrecht, ZG 1991, 219

Lühle, Stefan: Nachbarschutz gegen Windenergieanlagen, NVwZ 1998, 897
Lülsdorf, Wilfried: Eigentumsrelevante Maßnahmen im Denkmalschutzrecht, Köln 1992
Mahrenholz, Ernst Gottfried: § 26, Benda, Ernst/Maihofer, Werner/Vogel, Hans-Jochen, Handbuch des Verfassungsrechts, 2. Aufl., Berlin 1994
Maier, Günter: Bauordnungsrechtliche Anforderungen an die Gestaltung von Bauwerken. Zur Auslegung von Art. 11 der Bayerischen Bauordnung, BayVBl. 1980, 5
Maihofer, Werner: § 25, Benda, Ernst/Maihofer, Werner/Vogel, Hans-Jochen, Handbuch des Verfassungsrechts, 2. Aufl., Berlin 1994
Malz, Friedrich: Umweltplanung und Grundgesetz, Berlin 1982
Manssen, Gerrit: Regelung der Baugestaltung und gemeindliche Selbstverwaltung, Verw 1991, 33
Manssen, Gerrit: Stadtgestaltung durch örtliche Bauvorschriften, Berlin, 1990
Manssen, Gerrit: Ortsbildschutz im unbeplanten Innenbereich, NWVBL 1992, 381
Martens, Wolfgang: §§ 1, 16, 18 Drews, Bill/Wacke, Gerhard/Vogel, Klaus/ Martens, Wolfgang, Gefahrenabwehr, 9. Aufl., Köln 1986
Mataja, Victor: Die Reklame, Leipzig 1910
Matthaei, Joachim: Gestaltung und Satzung, Flagge, Ingeborg (Hrsg.), Gestaltung und Satzung. Baufreiheit oder verordnete Baugestaltung, München 1982, S. 9
Maué, Bernhard: Das ästhetische Empfinden des gebildeten Durchschnittsmenschen als Beurteilungsmaßstab bei der Anwendung von § 1 Baugestaltungsverordnung, BBauBl 1957, 470
May, Peter: Denkmalschutz und Eigentum, München 1972
Mayer-Maly, Theo: Die guten Sitten als Maßstab des Rechts, JuS 1986, 596
Mayer-Maly, Theo: Was leisten die guten Sitten?, AcP 1994, 105
Mayer-Tasch, Peter Cornelius: Nachbarschutz und Bauästhetik, 1971
Mehlhorn, Dieter-Jürgen: Stadterhaltung als städtebauliche Aufgabe, Düsseldorf 1988
Melchinger, Hansjörg: Die Eigentumsdogmatik des Grundgesetzes und das Recht des Denkmalschutzes, Berlin 1994
Menzel, Andreas: Nochmals: Zum materiellrechtlichen Gehalt der Kompetenzbestimmungen des Grundgesetzes, DÖV 1983, 805
Merten, Detlef: § 20, Benda, Ernst/Maihofer, Werner/Vogel, Hans-Jochen, Handbuch des Verfassungsrechts, 2. Aufl., Berlin 1994
Merten, Detlef: Grenzen des Sozialstaats, VSSR 1995, 155
Merten, Detlef: Der "Kruzifix-Beschluß" des Bundesverfassungsgerichts aus grundrechtsdogmatischer Sicht, Burmeister, Joachim (Hrsg.), Verfassungs-

staatlichkeit. Festschrift für Klaus Stern zum 65. Geburtstag, München 1997, S. 987

Michel, Klaus: Die Verunstaltungsbegriffe im Baurecht. Auslegung und Anwendung der Wertbegriffe, Bonn 1967

Michel, Lutz H.: Staatszwecke, Staatsziele und Grundrechtsinterpretation unter besonderer Berücksichtigung der Positivierung des Umweltschutzes im Grundgesetz, Frankfurt 1986

Mick, Otmar: Instrumentarien und Grenzen öffentlicher Bau- und Stadtgestaltung im Kultur- und Rechtsstaat, Frankfurt 1990

Mick, Otmar: Rechtliche Möglichkeiten ästhetischer Bau- und Stadtgestaltung im unverplanten Innenbereich, DÖV 1991, 623

Miller, Rudolf: Hausformen, Kruse, Lenelis/Graumann, Carl Friedrich/Lantermann, Ernst-Dieter (Hrsg.), Ökologische Psychologie, München 1990, S. 493

Miller, Rudolf: Territorialität, Kruse, Lenelis/Graumann, Carl Friedrich/Lantermann, Ernst-Dieter (Hrsg.), Ökologische Psychologie, München 1990, S. 333

Moench, Christoph/Schmidt, Thomas: Aktuelle Probleme im Recht des Denkmalschutzes und der Baugestaltung, dargestellt anhand der Rechtslage in Bayern, Düsseldorf 1989

Müller, Friedrich: Freiheit der Kunst als Problem der Grundrechtsdogmatik, Berlin 1969, zit.: Kunst

Müller, Friedrich: Strukturierende Rechtslehre, Berlin 1984, zit: Rechtslehre

Müller, Martin: Baudenkmalschutz und Eigentumsbeeinträchtigung, Gelsenkirchen 1985

Murswiek, Dietrich: Art. 2, 20a, Sachs, Michael (Hrsg.), Grundgesetz, 2. Aufl., München 1999

Murswiek, Dietrich: Staatsziel Umweltschutz als verfassungsimmanente Schranke der Kunstfreiheit. Zu BVerwG, 13.04.1995 - 4 B 70/95, JuS 1995, 1131

Murswiek, Dietrich: Staatsziel Umweltschutz (Art. 20a GG), NVwZ 1996, 222

Namgalies, Johannes A.: Das Grundrecht auf Stadtgestaltung, Speyer 1980

Naumann, Richard: Eingriffe in die Reklamefreiheit unter Kontrolle der Verwaltungsgerichte, DVBl 1951, 398

Nerdinger, Winfried: Politische Architektur, Deutscher Bundestag (Hrsg.), Architektur und Demokratie, Stuttgart 1992

Neuffer, Otto/von Arnim, Achim/Schlotterbeck, Karlheinz: § 11, Das neue Baurecht in Baden-Württemberg, Band 4, Lsbl., Stuttgart 10/1999

Neumann, Volker: Sozialstaatsprinzip und Grundrechtsdogmatik, DVBl 1997, 92

Noelle-Neumann, Elisabeth: Das Bundesverfassungsgericht und die ungeschriebenen Gesetze - Antwort an Ernst Benda, DÖV 1982, 883

Noorden, Wolf Dieter von: Die Freiheit der Kunst nach dem Grundgesetz (Art. 5 Abs. 3 Satz 1 GG) und die Strafbarkeit der Verbreitung unzüchtiger Darstellungen (§ 184 Abs. 1 Nr. 1 StGB), Köln 1969

Oettinger, Klaus: Vom Sachverstand des Kunstsachverständigen, JZ 1974, 285

Ossenbühl, Fritz: § 62, Isensee, Josef/Kirchhof, Paul, Handbuch des Staatsrechts, Band 3, 2. Aufl., Heidelberg 1996

Oswald, Ansgar: Exklusivität von der Stange, SZ Beilage Nr. 88, 14.04.2000, V2/4

Ott, Sieghart: Kunst und Staat. Der Künstler zwischen Freiheit und Zensur, München 1968

Pahl, Jürgen: Staatlicher Hochbau - Ein Stück Architekturgeschichte, Der Minister für Landes- und Stadtentwicklung des Landes NRW (Hrsg.), Architektur des Staates, Kleve 1984, S. 91, zit.: MLS

Papier, Hans-Jürgen: Genehmigung von Tierversuchen, NuR 1991, 162

Papier, Hans-Jürgen: Art. 14 GG, Maunz, Theodor/Dürig, Günter/ Herzog, Roman/Scholz, Rupert u.a., Grundgesetz, Band 2, Lsbl., München 2/1999

Papier, Hans-Jürgen: Der Bestimmtheitsgrundsatz, Friauf, Karl Heinrich (Hrsg.), Steuerrecht und Verfassungsrecht, Köln 1989, S. 61

Papier, Hans-Jürgen/Möller, Johannes: Das Bestimmtheitsgebot und seine Durchsetzung, AöR 122 (1997), 177

Peine, Franz-Joseph: Öffentliche Ordnung als polizeirechtliches Schutzgut, Verw 1979, 25

Peine, Franz-Joseph: Öffentliches Baurecht, 3. Aufl., Tübingen 1997

Pernice, Ingolf: Art. 5 III (Kunst), Dreier, Horst, Grundgesetz, Band 1, Tübingen 1996

Peters, Heinz-Joachim: Art. 20a GG - die neue Staatszielbestimmung des Grundgesetzes, NVwZ 1995, 555

Pfeifer, Wolfgang: Etymologisches Wörterbuch des Deutschen, Band Q-Z, Berlin 1989

Pieper, Richard: Soziologie im Städtebau, Stuttgart 1979

Pieroth, Bodo: Art. 20 GG, Jarass, Hans D./Pieroth, Bodo, Grundgesetz für die Bundesrepublik Deutschland, 5. Aufl., München 2000

Pieroth, Bodo: Materiale Rechtsfolgen grundgesetzlicher Kompetenz- und Organisationsnormen, AöR 1989, 422

Pieroth, Bodo/Schlink, Bernhard: Staatsrecht, Band 2: Grundrechte, 16. Aufl., Heidelberg 2000

Piperek, Max: Umweltpsychohygiene, Wohn- und Baupsychologie, Wien 1975, zit.: Umweltpsychohygiene

Piperek, Max: Psychische Umweltvergiftung, Wien 1974, zit.: Umweltvergiftung

Plate, Klaus: Neues Landesbauordnungsrecht, Göttingen 1972

Proksch, Roland: Das Bauordnungsrecht in der Bundesrepublik Deutschland, Berlin 1981

Rabe, Klaus/Steinfort, Frank/Heintz, Detlef: Bau- und Planungsrecht, 4. Aufl., Köln 1997

Rauschenbach, Gerhard: Außenwerbung und Baugestaltung, MA 1953, 17

Rauschning, Dietrich: Staatsaufgabe Umweltschutz, VVDStRL 38, 168

Ribou, Renè: Ästhetischer Alltag, 1991

Richter, Gerhard: Aspekte des Umweltschutzes in der Rechtsprechung von 1850 bis 1945, Dresden 1999

Ricker, Reinhart: Die Freiheit des Fernseh-Direktempfangs und die rechtliche Zulässigkeit ihrer Beschränkung, NJW 1991, 602

Ridder, Helmut: Freiheit der Kunst nach dem Grundgesetz, Berlin 1963

Riedel, Robert: Vom Standpunkt der Bauverwaltung gesehen!, Neue Bauwelt 1951, 68

Rieger, Erich: Der Einfluß der Baubehörde auf die Gestaltung von Bauvorhaben unter Berücksichtigung des Denkmalschutzrechts, Würzburg 1980

Ritterfeld, Ute: Psychologie der Wohnästhetik: Wie es uns gefällt, Weinheim 1996

Rittstieg, Helmut: Art. 14, Denninger, Erhard (Hrsg.), Kommentar zum Grundgesetz für die Bundesrepublik Deutschland, Band 1, 2. Aufl., Neuwied 1989

Roellecke, Gerd: Kulturauftrag im staatlichen Gemeinwesen - Zum ersten Beratungsgegenstand der Staatsrechtslehrertagung, DÖV 1983, 653

Römer, H.: Verwaltungsgerichte und Ästhetik, Bauamt und Gemeindebau 1966, 6

Ropertz, Hans-Rolf: Die Freiheit der Kunst nach dem Grundgesetz, Darmstadt 1963

Rößler, Hans-Günter: § 12, Thiel, Fritz/Mampel, Dietmar/Moog, Wilfried E./ Tyczewski, Thomas, Baurecht in Nordrhein-Westfalen, Lsbl., Köln 3/2000

Sachs, Michael: Vor Art. 1, Art. 20, Sachs, Michael (Hrsg.), Grundgesetz, 2. Aufl., München 1999

Sachs, Michael: §§ 78, 79, 81, 82, Stern, Klaus, Das Staatsrecht der Bundesrepublik Deutschland, Band III/2, München 1994

Sachs, Michael: Grundrechtsbegrenzungen außerhalb von Gesetzesvorbehalten, JuS 1995, 984

Sack, Rolf: Das Anstandsgefühl aller billig und gerecht Denkenden und die Moral als Bestimmungsfaktoren der guten Sitten, NJW 1985, 761

Sack, Rolf: Die lückenfüllende Funktion der Sittenwidrigkeitsklausel, WRP 1985, 1

Salzwedel, Jürgen: § 85, Isensee, Josef/Kirchhof, Paul, Handbuch des Staatsrechts, Band 3, 2. Aufl., Heidelberg 1996

Schaper, Günter: Vom Wesen des Bauens und der Baukunst. Bemerkungen zur Philosophie der Architektur, Würzburg 1961

Scheerbarth, Walter: Das allgemeine Bauordnungsrecht, 2. Aufl., Köln 1966

Schenke, Wolf-Rüdiger: Polizei- und Ordnungsrecht, Steiner, Udo, Besonderes Verwaltungsrecht, 6. Aufl., Heidelberg 1999, S. 173

Schink, Alexander: Umweltschutz als Staatsziel, DÖV 1997, 221

Schlez, Georg: Landesbauordnung für Baden-Württemberg, 4. Aufl., München 1996

Schmidt-Aßmann, Eberhard: Kommunalrecht, Schmidt-Aßmann, Eberhard (Hrsg.), Besonderes Verwaltungsrecht, 11. Aufl., Berlin 1999

Schmidt-Aßmann, Eberhard: § 24, Isensee, Josef/Kirchhof, Paul, Handbuch des Staatsrechts, Band 1, 2. Aufl., Heidelberg 1995

Schmidt-Jortzig, Edzard: Kommunalrecht, Stuttgart 1982

Schmidt-Tophoff, Alfons: Ist § 1 der Baugestaltungsverordnung nur mit Einschränkungen rechtsgültig?, BBauBl 1957, 232

Schmidt-Tophoff, Alfons: Das Recht der Außenwerbung, Köln 1965

Schneider, Gerhard: Umweltästhetik, Kruse, Lenelis/Graumann, Carl Friedrich / Lantermann, Ernst-Dieter (Hrsg.), Ökologische Psychologie, München 1990, S. 301

Schneider, Gerhard: Umweltpräsentation: Problembereiche, Kruse, Lenelis/ Graumann, Carl Friedrich/Lantermann, Ernst-Dieter (Hrsg.), Ökologische Psychologie, München 1990, S. 263

Schneider, Horst: Der Verunstaltungsbegriff im Recht der Außenwerbung, WRP 1959, 1

Schneider, Horst: Außenwerbung und Verunstaltungsabwehr, DB 1962, 1461

Scholz, Rupert: Art. 5 III GG, Maunz, Theodor/Dürig, Günter/ Herzog, Roman/ Scholz, Rupert u.a., Grundgesetz, Band 1, Lsbl., München 2/1999

Scholz, Rupert: Art. 20a GG, Maunz, Theodor/Dürig, Günter/ Herzog, Roman/ Scholz, Rupert u.a., Grundgesetz, Band 3, Lsbl., München 2/1999

Schulte, Bernd: Rechtsgüterschutz durch Bauordnungsrecht, Berlin 1982

Schultzenstein: Polizeiliche Schönheitspflege. Zum Gesetze gegen die Verunstaltung landschaftlich hervorragender Gegenden vom 2. Juni 1902, DJZ 1902, 468

Schulze-Fielitz, Eckhard: Die Zukunft der menschlichen Umwelt, Schmid, Reinhard, Das Ende der Städte? Über die Zukunft der menschlichen Umwelt. Strukturen - Systeme - Pro(vo)gramme, Stuttgart 1968, S. 97

Schulze-Fielitz, Helmuth: Art. 2 II, Dreier, Horst, Grundgesetz, Band 1, Tübingen 1996

Schulze-Fielitz, Helmuth: Art. 20a, Dreier, Horst, Grundgesetz, Band 2, Tübingen 1998

Schulze-Fielitz, Helmuth: § 27, Benda, Ernst/Maihofer, Werner/Vogel, Hans-Jochen, Handbuch des Verfassungsrechts, 2. Aufl., Berlin 1994

Schulze-Fielitz, Helmuth: Sozialplanung im Städtebaurecht, Königstein 1979

Schütz, Peter: Artemis und Aurora vor den Schranken des Bauplanungsrechts - BVerwG, NJW 1995, 2648, JuS 1996, 498

Schwabe, Jürgen: Probleme der Grundrechtsdogmatik, Darmstadt 1977

Schwabe, Jürgen: Grundrechtskonkurrenzen, JA 1979, 191

Schweiger, Karl: Der "gebildete Durchschnittsmensch" und der unbestimmte Rechtsbegriff, DVBl 1968, 481

Sendler, Horst: Der verhüllte Reichstag und die Smendsche Integrationslehre, NJW 1995, 2602

Sening, Christoph: Das Grundrecht auf Naturgenuß im Widerstreit der Meinungen, BayVBl. 1976, 72

Seybold, Eberhard: Bauästhetisches Ortsrecht, Regensburg 1988

Siebertz, Paul: Denkmalschutz in Bayern, München 1977

Simon, Alfons: Art. 3, 9, 11, 78, Simon, Alfons (Hrsg.), Bayerische Bauordnung, München 2/2000

Simon, Alfons: Bayerische Bauordnung 1994. Synopse mit Erläuterungen, München 1994, zit: Synopse

Simon, Alfons: Verordnungen der Gemeinden und Landkreise zur Regelung der Außenwerbung, BayBgm 1964, 100

Simon, Alfons: Ortsbildgestaltung durch Satzung. Ein vernachlässigtes Instrument, Würzburg 1992, zit.: Ortsbildgestaltung

Sipek, Borek: Architektur als Vermittlung. Semiotische Untersuchung der architektonischen Form als Bedeutungsträger, Stuttgart 1980

Söfker, Wilhelm: §§ 34, 35, Ernst, Werner/Zinkahn, Willy/ Bielenberg, Walter/ Krautzberger, Michael, Baugesetzbuch, Band 2, Lsbl., München 3/1999

Spengler, Oswald: Der Untergang des Abendlandes. Umrisse einer Morphologie der Weltgeschichte, 2. Band: Welthistorische Perspektiven, 16.-30. Auflage, München 1922

Spranger, Tade Matthias: Die Beschränkungen des kommunalen Satzunggebers beim Erlaß von Vorschriften zur Grabgestaltung, Berlin 1999

Starck, Christian: Art. 2, 5 GG, v. Mangoldt, Hermann/Klein, Friedrich/Starck, Christian, Das Bonner Grundgesetz, Band 1, 4. Aufl., München 1999

Steiger, Heinhard: Verfassungsrechtliche Grundlagen, Salzwedel, Jürgen u.a., Grundzüge des Umweltrechts, 2.Aufl., Stand 10/1998

Steinberg, Rudolf/: Herbert, Georg: Grenzen politischer Meinungsäußerung auf der Straße - BVerwGE 56, 24 und 63 und BGHSt 28, 275, JuS 1980, 108

Steiner, Udo: § 86, Isensee, Josef/Kirchhof, Paul, Handbuch des Staatsrechts, Band 3, 2. Aufl., Heidelberg 1996

Steiner, Udo: Kulturauftrag im staatlichen Gemeinwesen, VVDStRL 42, 46

Stern, Klaus: § 92, Stern, Klaus, Das Staatsrecht der Bundesrepublik Deutschland, Band III/2, München 1994

Stern, Klaus: § 72, Das Staatsrecht der Bundesrepublik Deutschland, Band III/1, München 1988

Stern, Klaus: Das Staatsrecht der Bundesrepublik Deutschland, Band 1, 2. Aufl., München 1984

Stock, Jürgen: Vorb. §§ 172-174, Ernst, Werner/Zinkahn, Willy/Bielenberg, Walter/Krautzberger, Michael, Baugesetzbuch, Band 3, Lsbl., München 9/1998

Stock, Wolfgang Jean: Was Kunst am Bau sein kann, Baumeister 1996, 40

Stollmann, Frank: Zum Verhältnis von Eingriffstatbestand und Landwirtschaftsklausel im Naturschutzrecht, DVBl 1993, 643

Stree, Walter: Deliktsfolgen und Grundgesetz, Tübingen 1960

Taut, Bruno: Architekturlehre, Hamburg 1977

Thiele, Willi: Bedeutungswandel des polizeirechtlichen Begriffs der "öffentlichen Ordnung", ZRP 1979, 7

Trieb, Michael: Harmonisierung von Planungs-, Umwelt- und Bauordnungsrecht, Schuster, Franz (Hrsg.), Neues Städtebaurecht, Melle 1984, S. 147

Trieb, Michael: Einführung in die Ziele, Mittel und Methoden der Stadtgestaltung, Stuttgart 1974, zit: Einführung

Trieb, Michael/Grammel, Ursula/Schmidt, Alexander: Stadtgestaltungspolitik. Aufgaben, Instrumente, Strategien, Stuttgart 1978

Uechtritz, Michael: Nachbarschutz durch Kunstfreiheit?, NJW 1995, 2606

Uhle, Arnd: Das Staatsziel Umweltschutz im System der grundgesetzlichen Ordnung, DÖV 1993, 947

Uhle, Arnd: Das Staatsziel "Umweltschutz" und das Sozialstaatsprinzip im verfassungsrechtlichen Vergleich, JuS 1996, 96

Uhle, Arnd: Das Staatsziel "Umweltschutz" und das Bundesverfassungsgericht, UPR 1996, 55

Ule, Carl Hermann: Umweltschutz im Verfassungs- und Verwaltungsrecht, DVBl 1972, 437

Vesting, Thomas: § 35 III BauGB zwischen Umweltschutz und Kunstfreiheit, NJW 1996, 1111

Vlachopoulos, Spyridon: Kunstfreiheit und Jugendschutz, Berlin 1996

Vollmer, Horst: Baugestaltungsrecht, ArchPF 1980, 101

Voßkuhle, Andreas: Bauordnungsrechtliches Verunstaltungsverbot und Bau-Kunst, BayVBl. 1995, 613

Waechter, Kay: Forschungsfreiheit und Fortschrittsvertrauen, Der Staat 1991, S. 19

Watzke, Hans-Georg: Die Baugestaltung als Aufgabe der Baupolizei, Münster 1972

Weber, Joseph P.: Unsere gebaute Umwelt an der Schwelle des dritten Jahrtausends, Schmid, Reinhard, Das Ende der Städte? Über die Zukunft der menschlichen Umwelt. Strukturen - Systeme - Pro(vo)gramme, Stuttgart 1968, S. 27

Weber, Ralph: Gedanken zur Konkretisierung der Generalklauseln durch Fallgruppen, AcP 1992, 516

Weißgerber, Othmar: Die öffentlich-rechtlichen Beschränkungen der Außenreklame, Frankfurt 1960

Wendt, Rudolf: Art. 14, Sachs, Michael (Hrsg.), Grundgesetz, 2. Aufl., München 1999

Wendt, Rudolf: Art. 5, v. Münch, Ingo/Kunig, Philip (Hrsg.), Grundgesetz-Kommentar, Band 1, 4. Aufl., München 1992

Wesel, Uwe: Nachdenken über Graffiti, NJW 1997, 1965

Weyreuther, Felix: Eigentum, öffentliche Ordnung und Baupolizei, Köln 1972

Wiechert, Reinald: § 53, Große-Suchsdorf, Ulrich/Lindorf, Dietger/Schmaltz, Hans Karsten/Wiechert, Reinald, Niedersächsische Bauordnung, 6. Aufl., Hannover 1996

Wieland, Jochen: Art. 14, Dreier, Horst, Grundgesetz, Band 1, Tübingen 1996

Wild, Annette: Orange als Muntermacher, SZ Beilage Nr. 88, 14.04.2000, S. V2/1.

Wohland, Werner: Informationsfreiheit und politische Filmkontrolle, Berlin 1968

Wohlwill, Joachim F.: Stimuluszentrierter Ansatz, Kruse, Lenelis/Graumann, Carl Friedrich/Lantermann, Ernst-Dieter (Hrsg.), Ökologische Psychologie, München 1990, S. 131

Wolf, Rainer: Gehalt und Perspektiven des Art. 20a GG, KritVj 1997, 280

Wolff, J.: Der Wiederaufbau zerstörter Wohngebiete, BBauBl 1954, 3

Wolff, J.: Zur baurechtlichen Beurteilung der Baugestaltung, BBauBl 1957, 341

Würkner, Joachim: Effektivierung des Grundrechtsschutzes durch Grundrechtskumulation?, DÖV 1992, 150

Würkner, Joachim: Das Bundesverfassungsgericht und die Freiheit der Kunst, München 1994

Würtenberger, Thomas: Vom strafrechtlichen Kunstbegriff, Jescheck, Hans-Heinrich/Lüttger, Hans (Hrsg.), Festschrift für Eduard Dreher zum 70. Geburtstag, Berlin 1977, S. 79

Zacher, Hans F.: § 25, Isensee, Josef/Kirchhof, Paul, Handbuch des Staatsrechts, Band 1, 2. Aufl., Heidelberg 1995

Zängl, Siegfried: Rechtsverbindlichkeit technischer Regeln (Normen) im Baurecht, BayVBl. 1986, 353